Ulrich Pape
Grundlagen der Finanzierung und Investition

Ulrich Pape

Grundlagen der Finanzierung und Investition

Mit Fallbeispielen und Übungen

5., vollständig überarbeitete und aktualisierte Auflage

DE GRUYTER
OLDENBOURG

ISBN 978-3-11-099876-4
e-ISBN (PDF) 978-3-11-098762-1
e-ISBN (EPUB) 978-3-11-098768-3

Library of Congress Control Number: 2022949822

Bibliografische Information der Deutschen Nationalbibliothek
Die Deutsche Nationalbibliothek verzeichnet diese Publikation in der Deutschen
Nationalbibliografie; detaillierte bibliografische Daten sind im Internet über
http://dnb.dnb.de abrufbar.

© 2023 Walter de Gruyter GmbH, Berlin/Boston
Titelbild: alexsl / E+ / Bildnachweis
Satz: bsix information exchange GmbH, Braunschweig
Druck und Bindung: CPI books GmbH, Leck

www.degruyter.com

Vorwort zur fünften Auflage

Finanzierungs- und Investitionsentscheidungen sind von grundlegender Bedeutung für den Erfolg eines jeden Unternehmens. Das gilt in wirtschaftlich stabilen Zeiten ebenso wie in Krisenphasen. Nur Unternehmen, die profitable Investitionsprojekte realisieren, steigern ihren Unternehmenswert. Voraussetzung für die Realisierung dieser Investitionsprojekte ist wiederum die fristgerechte Beschaffung der erforderlichen Finanzmittel zu marktgerechten Konditionen. Die betriebliche Finanzwirtschaft befasst sich mit der Beschaffung und Verwendung finanzieller Mittel. Finanzwirtschaftliche Kenntnisse sind für Studierende der Wirtschaftswissenschaften zwingend erforderlich; sie gehören aber auch zum elementaren Handwerkszeug von z. B. Unternehmerinnen, Managern, Beraterinnen und Bankern. Letztlich profitieren alle, die sich beruflich oder privat mit wirtschaftlichen Fragestellungen beschäftigen, von fundierten Kenntnissen finanzwirtschaftlicher Zusammenhänge.

Die Grundlagen der Finanzierung und Investition erscheinen nunmehr in fünfter, vollständig überarbeiteter und aktualisierter Auflage. Angesichts der positiven Resonanz folgt das Buch weiterhin seiner bewährten Struktur mit Fallbeispielen und Übungsaufgaben, die die behandelten Themen praxisorientiert verdeutlichen. Für die Neuauflage wurden die Ausführungen ebenso wie die Beispiele, Aufgaben und Literaturhinweise aktualisiert. Darüber hinaus wurde der Text um aktuelle finanzwirtschaftliche Fragestellungen (z. B. zur Gründungsfinanzierung) ergänzt. Die Lösungen zu den im Buch enthaltenen Übungsaufgaben finden Sie auf der Homepage des Verlages De Gruyter Oldenbourg.

Auch diese Neuauflage profitiert von dem Feedback, das ich von Kolleginnen und Kollegen sowie Leserinnen und Lesern erhalten habe. Für die konstruktiven Anregungen bedanke ich mich herzlich. In besonderem Maße danke ich Frederic Lammers, Claudio Schütz und Thomas Ulmer sowie Christian Forsch und Ibrahim Loubany für die wertvollen Beiträge, die sie zu dieser Neuauflage geleistet haben. Des Weiteren bedanke ich mich herzlich bei Sabine Scholz für ihre wie immer sorgfältige Durchsicht des Manuskripts. Stefan Giesen vom Verlag De Gruyter Oldenbourg gilt mein Dank für die angenehme und professionelle Zusammenarbeit. Schließlich danke ich meiner Frau Manuela für ihr Verständnis und ihre Unterstützung während der Manuskripterstellung.

Berlin, im Dezember 2022 Ulrich Pape

Link zur Verlagswebsite
und zum Zusatzmaterial

https://doi.org/10.1515/9783110987621-201

Vorwort zur ersten Auflage

Das vorliegende Lehrbuch bietet Ihnen, liebe Leserinnen und Leser, eine anwendungsorientierte Einführung in die grundlegenden Fragestellungen der Finanzierung und Investition. Unter Studentinnen und Studenten gilt die betriebliche Finanzwirtschaft vielfach als besonders anspruchsvolles Fach, das für die eine oder andere studentische Sorgenfalte verantwortlich ist. Diese Sorgen sind unbegründet, da nach meiner Erfahrung jeder den Zugang zu finanzwirtschaftlichen Fragestellungen finden kann. Voraussetzungen für das Verständnis der Finanzierung und Investition sind eine strukturierte Herangehensweise, praxisbezogene Beispiele sowie eine ausreichende Anzahl von Übungsaufgaben. Darüber hinaus zählt natürlich auch regelmäßige Übung zu den notwendigen Voraussetzungen für den Lernerfolg.

Das vorliegende Buch basiert auf langjährigen Erfahrungen im Rahmen meiner Lehrveranstaltungen an der ESCP Business School Berlin, der Technischen Universität Berlin sowie der Fachhochschule für Oekonomie und Management. Den Fragen und Kommentaren meiner Studentinnen und Studenten verdanke ich eine Vielzahl konstruktiver Hinweise. Weitere Anregungen entstanden im Dialog mit Kollegen und Mitarbeitern dieser Hochschulen. Ihnen allen bin ich zu Dank verpflichtet, auch wenn letztlich der Verfasser für seine Ausführungen verantwortlich bleibt. Die Diskussion mit Studierenden und Kollegen will ich weiterführen, sodass ich für Anregungen aus dem Leserkreis dankbar bin.

Ein Buchprojekt entsteht nicht ohne Unterstützung. Herzlich danke ich daher meinem Kollegen Rolf Brühl, der große Teile des Manuskripts Korrektur gelesen und mich durch seine konstruktiven Hinweise unterstützt hat. Hervorzuheben sind darüber hinaus die aktuellen bzw. ehemaligen wissenschaftlichen Mitarbeiter am Lehrstuhl für Finanzierung und Investition der ESCP Business School Berlin, Sophia Oberhuber, Matthias Schlecker und Marina Steinbach, denen ich eine Vielzahl an wertvollen Anregungen verdanke. Die nachfolgenden Ausführungen spiegeln daher auch die Ergebnisse der gemeinsamen Arbeit am Lehrstuhl wider. Gabriele Krautschick danke ich herzlich für ihre Unterstützung beim Kampf gegen den Tippfehlerteufel und Gerrit Kronenberg für seine Literatur- und Datenrecherchen. Darüber hinaus gilt mein Dank Jürgen Schechler vom Oldenbourg-Verlag für die effiziente und angenehme Zusammenarbeit.

Abschließend danke ich meiner Frau Manuela, die mich bei der Korrektur des Manuskripts unterstützt und mit viel Verständnis die Opportunitätskosten der Manuskripterstellung getragen hat.

Berlin, im September 2008   Ulrich Pape

https://doi.org/10.1515/9783110987621-202

Inhalt

Abbildungsverzeichnis

https://doi.org/10.1515/9783110987621-204

Tabellenverzeichnis

https://doi.org/10.1515/9783110987621-205

Abkürzungsverzeichnis

ABS	Asset Backed Securities
Abs.	Absatz
AfA	Absetzung für Abnutzung
AG	Aktiengesellschaft
AV	Anlagevermögen
BaFin	Bundesanstalt für Finanzdienstleistungsaufsicht
BdF	Bundesministerium der Finanzen
BGB	Bürgerliches Gesetzbuch
BIZ	Bank für Internationalen Zahlungsausgleich
BörsG	Börsengesetz
BP	Basispunkt
BStBl	Bundessteuerblatt
B. V.	Besloten Vennootschap (niederländische Kapitalgesellschaft mit beschränkter Haftung)
CAPM	Capital Asset Pricing Model
CP	Commercial Paper
CRD	Capital Requirements Directive
DAI	Deutsches Aktieninstitut e. V.
DCF	Discounted Cashflow
e. G.	eingetragene Genossenschaft
e. V.	eingetragener Verein
EBIT	Earnings before Interest and Taxes (Ergebnis vor Zinsen und Steuern)
EBITDA	Earnings before Interest, Taxes, Depreciation and Amortization (Ergebnis vor Zinsen, Steuern sowie Abschreibungen auf Sachanlagen und immaterielle Vermögensgegenstände)
EFTA	European Free Trade Association (Europäische Freihandelsassoziation)
EK	Eigenkapital
EMMI	European Money Markets Institute
EPS	Earnings per Share (Gewinn je Aktie)
ESG	Environmental, Social, Government (Umwelt, Soziales, verantwortliche Unternehmensführung)
EStG	Einkommensteuergesetz
et al.	et alii (und andere)
EU	Europäische Union
Euribor	European Interbank Offered Rate
EZB	Europäische Zentralbank
f.	folgende (Seite)
Fed	Federal Reserve System (US-amerikanische Notenbank)
ff.	folgende (Seiten)
FK	Fremdkapital
GewStG	Gewerbesteuergesetz
GmbH	Gesellschaft mit beschränkter Haftung
GmbHG	Gesetz betreffend die Gesellschaften mit beschränkter Haftung (GmbH-Gesetz)
GuV	Gewinn- und Verlustrechnung
HGB	Handelsgesetzbuch
i. e. S.	im engeren Sinn
i. V. m.	in Verbindung mit
i. w. S.	im weiteren Sinn

https://doi.org/10.1515/9783110987621-206

IASB	International Accounting Standards Board
IDW	Institut der Wirtschaftsprüfer in Deutschland e. V.
IFRS	International Financial Reporting Standards
InsO	Insolvenzordnung
IPO	Initial Public Offering (erstmaliger Gang an die Börse)
IRB	Internal Ratings Based (bankinterner Ratingansatz)
ISIN	International Securities Identification Number (internationale Wertpapierkennnummer)
IT	Informationstechnologie
IZF	Interner Zinsfuß
Jg.	Jahrgang
KG	Kommanditgesellschaft
KGV	Kurs-Gewinn-Verhältnis
km	Kilometer
KMU	Kleine und mittlere Unternehmen
KonTraG	Gesetz zur Kontrolle und Transparenz im Unternehmensbereich
KWG	Gesetz über das Kreditwesen (Kreditwesengesetz)
LBO	Leveraged Buy-out
M&A	Mergers & Acquisitions (Unternehmensfusionen und -übernahmen)
MBI	Management-Buy-in
MBO	Management-Buy-out
MBV	Marktwert-Buchwert-Verhältnis
Mio.	Million
MMVO	Marktmissbrauchsverordnung
Mrd.	Milliarde
MTN	Medium Term Note
n. St.	nach Steuern
NA	Namensaktie
PER	Price-Earnings-Ratio (Kurs-Gewinn-Verhältnis)
PLC	Public Limited Company (Aktiengesellschaft)
ROCE	Return on Capital Employed
ROE	Return on Equity
ROI	Return on Investment
S&P	Standard & Poor's (US-amerikanische Ratinggesellschaft und Herausgeber des S&P 500)
S.	Seite(n)
S. A.	Sociedad Anónima (Aktengesellschaft)
SE	Societas Europaea (Europäische Aktiengesellschaft)
Sp.	Spalte
URL	Uniform Resource Locator (Quellenangabe einer Internetadresse)
US-GAAP	United States Generally Accepted Accounting Principles
UV	Umlaufvermögen
v. St.	vor Steuern
VAG	Gesetz über die Beaufsichtigung der Versicherungsunternehmen (Versicherungsaufsichtsgesetz)
VC	Venture Capital
VG	Verschuldungsgrad
WACC	Weighted Average Cost of Capital
WpHG	Wertpapierhandelsgesetz
WpPG	Wertpapierprospektgesetz
WG	Wechselgesetz

1 Einleitung

Bedeutung der Finanzierung und Investition

Finanzwirtschaftliche Entscheidungen spielen in der Unternehmenspraxis eine zentrale Rolle, wobei das Entscheidungsspektrum von der Aufnahme eines Betriebsmittelkredites über die Investition in eine neue Maschine bis zur Übernahme eines anderen Unternehmens reicht. Letztlich haben sämtliche unternehmerischen Entscheidungen finanzielle Auswirkungen. So nehmen Unternehmen finanzielle Mittel auf, um ihrer Geschäftstätigkeit nachgehen zu können, während durch die betriebliche Geschäftstätigkeit wiederum neue Finanzmittel erwirtschaftet werden. Ein funktionierender Finanzmittelkreislauf ist die notwendige Voraussetzung für eine erfolgreiche Unternehmensentwicklung.

Vor diesem Hintergrund befasst sich die betriebliche Finanzwirtschaft mit den Finanzierungs- und Investitionsentscheidungen von Unternehmen. Finanzierungsentscheidungen beschäftigen sich mit der Beschaffung finanzieller Mittel, wobei sie Art und Volumen der Kapitalaufnahme festlegen. Demgegenüber betreffen Investitionsentscheidungen die im Hinblick auf die unternehmensspezifischen Ziele optimale Finanzmittelverwendung. In der Praxis haben Unternehmen eine Vielzahl an Finanzierungs- und Investitionsentscheidungen zu treffen. Nachfolgend sind einige dieser Entscheidungssituationen exemplarisch skizziert:

- Der auf Bioprodukte spezialisierte Einzelhändler Paul Grünwald nimmt bei seiner Hausbank einen kurzfristigen Kredit auf, um Waren von seinen regionalen Lieferanten zu erwerben. Dieser Kredit soll anschließend mit Hilfe der durch den Warenverkauf erzielten Einnahmen zurückgezahlt werden.
- Als technologieorientiertes Start-up hat die Optico KG eine innovative Foto-App entwickelt, die sich sowohl bei Smartphone-Nutzern als auch bei ambitionierten Hobbyfotografen zunehmender Beliebtheit erfreut. Um das zukünftige Wachstum bewältigen zu können, haben sich die drei Gründerinnen erfolgreich um die Aufnahme in ein Accelerator-Programm beworben. Mit diesem Schritt verfolgen die Gründerinnen der Optico KG das Ziel, ihr Unternehmen und das Geschäftsmodell zu professionalisieren. Darüber hinaus erwarten sie positive Auswirkungen auf eine zukünftige Finanzierung durch Venture-Capital-Investoren.
- Angesichts der guten Auftragslage plant die Maschinenbau GmbH die Investition in eine neue Fertigungsanlage zur Herstellung von Spezialmaschinen. Zur Finanzierung dieser Investition erhöhen die bisherigen Gesellschafter ihre Einlagen, indem sie dem Unternehmen aus ihrem Privatvermögen zusätzliche Finanzmittel zur Verfügung stellen.
- Infolge ihrer erfolgreichen Geschäftstätigkeit hat die Kellenhusener Immobilienbeteiligungsgesellschaft AG finanzielle Überschüsse in Höhe von 10 Mio. Euro erwirtschaftet. Diese Finanzmittel werden in drei Monaten zur Finanzierung

https://doi.org/10.1515/9783110987621-001

weiterer Expansionsschritte benötigt. In der Zwischenzeit legt das Unternehmen die Finanzmittel als Termingeld bei der Erfolgsbank AG an.

– Die Holzwurm GmbH fertigt hochwertige Holzspielwaren. Angesichts der positiven Absatzentwicklung möchte das Unternehmen eine neue Anlage anschaffen, um die Herstellungskapazitäten zu erhöhen. Daher holt die Holzwurm GmbH Angebote von mehreren einschlägigen Herstellern ein. Im Rahmen der Analyse des Erweiterungsprojekts stellt sich zunächst die Frage, ob sich die Kapazitätserweiterung grundsätzlich lohnt. Wenn sich das Projekt als vorteilhaft erweist, ist anschließend eine Entscheidung zwischen den alternativen Angeboten zu treffen.

– Als erfolgreicher Anbieter schienengebundener Nahverkehrsleistungen plant die Schnellbahn AG die Beschaffung neuer Elektrotriebwagen im Volumen von 75 Mio. Euro, um den Takt auf den von ihr betriebenen Stadtbahnstrecken zu verdichten. Da die Schnellbahn AG nicht über die für die Anschaffung der Fahrzeuge erforderlichen Finanzmittel verfügt, holt sie Kreditangebote von verschiedenen Kreditinstituten ein. Als Alternative zur Kreditfinanzierung prüft die Schnellbahn AG auch das Angebot einer Leasinggesellschaft, über die die Fahrzeuge für die geplante Nutzungsdauer geleast werden können.

– Der Online-Versandhändler Salamando GmbH ist seit einigen Jahren am Markt tätig und in dieser Zeit stark gewachsen. Für die Gesellschafter hat Umsatz- und Marktanteilswachstum Priorität vor dem schnellen Erreichen der Gewinnschwelle. Um den aus dieser Strategie resultierenden Kapitalbedarf zukünftig decken zu können, plant das Unternehmen die Umwandlung in eine europäische Aktiengesellschaft (Societas Europaea [SE]) sowie den anschließenden Gang an die Börse.

– Angesichts der unsicheren gesamtwirtschaftlichen Rahmenbedingungen möchte die Geschäftsführerin der Ökobau GmbH & Co. KG das finanzielle Risiko des Unternehmens reduzieren. Hierzu schlägt sie der Gesellschafterversammlung vor, dass die Komplementär-GmbH ebenso wie sämtliche Kommanditisten ihre Einlagen erhöhen. Mit den neuen Finanzmitteln soll ein Teil der Bankkredite getilgt und damit die Verschuldung des Unternehmens verringert werden.

– Um Synergieeffekte zu realisieren, plant die Apfel SE, ein börsennotierter Hersteller von Computern und Unterhaltungselektronik, die Übernahme eines ebenfalls börsennotierten Softwareentwicklers. Die Finanzierung dieser Transaktion im Volumen von 3 Mrd. Euro, von der sich die Apfel SE eine Stärkung ihrer Wettbewerbsposition verspricht, erfolgt zu zwei Dritteln aus einbehaltenen Gewinnen sowie zu einem Drittel durch den Kredit eines Bankenkonsortiums unter Führung der Europäischen Investbank AG.

– Die Konglomerat AG ist auf verschiedenen Geschäftsfeldern tätig. Nach Auffassung der Vorstandsvorsitzenden sollte die Anzahl der Tätigkeitsfelder reduziert und hierzu zunächst ein Geschäftsbereich verkauft werden. Um die finanziellen Rahmenbedingungen eines potenziellen Verkaufs dieses Geschäftsbereichs zu

prüfen, gibt der Finanzvorstand bei einer Investmentbank eine Unternehmensbewertung in Auftrag. Ziel des Auftrages ist es, einen Überblick über potenzielle
Kaufinteressenten sowie über eine Spanne möglicher Unternehmenswerte zu erhalten.

– Das Ehepaar Häuslich hat die Möglichkeit, die von ihnen seit mehr als zehn Jahren genutzte Mietwohnung zu erwerben. Während Eva und Max Häuslich 25 %
des Kaufpreises für die Eigentumswohnung aus eigenen Mittel aufbringen können, wollen sie für den verbleibenden Betrag ein langfristiges Darlehen aufnehmen. Unter finanziellen Aspekten ist zunächst die Frage zu beantworten, ob das
Ehepaar die aus der Darlehensaufnahme resultierenden finanziellen Belastungen tragen kann. Darüber hinaus müssen die Eheleute ein Angebot aus der Vielzahl an verfügbaren Darlehensalternativen auswählen.

Die angesprochenen Beispiele verdeutlichen das breite Spektrum an finanzwirtschaftlichen Entscheidungssituationen, die in der Unternehmenspraxis auftreten.
Zudem erkennen Sie Leserinnen und Leser, die starken Interdependenzen zwischen
Finanzierungs- und Investitionsentscheidungen, da in fast allen Beispielen Aspekte
der Finanzmittelbeschaffung und -verwendung zu beachten sind. Schließlich zeigt
das Beispiel der privaten Darlehensaufnahme, dass bei unternehmerischen und privaten Finanzierungsentscheidungen grundsätzlich die gleichen Fragen zu beantworten sind. Im Mittelpunkt der weiteren Ausführungen stehen privatwirtschaftliche
Unternehmen, die finanzielle Mittel an den Kapitalmärkten aufnehmen, um diese
anschließend zur Verwirklichung der Unternehmensziele zu investieren. Doch auch
wenn der Fokus des Buches auf Finanzierungs- und Investitionsentscheidungen von
Unternehmen liegt, sollten auch Ihre privaten Finanzen von den neu erworbenen
Kenntnissen profitieren. In diesem Sinne erweist sich die Anschaffung des Buches
hoffentlich als vorteilhafte Investition!

Als unternehmerische Kernfunktionen sind Finanzierung und Investition grundlegende Bausteine der Betriebswirtschafts- und Managementlehre. Ursprünglich
galt die betriebliche Finanzwirtschaft lediglich als Hilfsfunktion, deren Aufgabe die
Sicherstellung der betrieblichen Leistungserstellung mit ihren Hauptfunktionen Beschaffung, Produktion und Absatz war (vgl. z. B. *Steiner/Kölsch*, 1989, S. 413 ff.;
Büschgen, 1976, Sp. 458 ff. oder *Grochla*, 1976, Sp. 413 ff.). Mit der entscheidungsorientierten Betriebswirtschaftslehre hat sich das Verhältnis zwischen der Finanzwirtschaft und dem betrieblichen Leistungsbereich jedoch gewandelt. Heute ist die
Überprüfung der finanzwirtschaftlichen Vorteilhaftigkeit zwingender Bestandteil betrieblicher Entscheidungsprozesse. Die in der Praxis weit verbreiteten Konzepte
wertorientierter Unternehmensführung integrieren die Anforderungen der Kapitalgeber in das Zielsystem des Unternehmens, ohne deshalb die Interessen anderer
Unternehmensbeteiligter zu ignorieren (vgl. z. B. *Pape*, 2010, S. 143 ff.). Vor diesem
Hintergrund sind finanzwirtschaftliche Kenntnisse für Absolventinnen und Absol-

venten wirtschaftswissenschaftlicher Studiengänge ebenso unabdingbar wie für Führungskräfte in der Unternehmenspraxis.

Zielsetzung und Aufbau des Buches

Das vorliegende Lehrbuch verfolgt das Ziel, grundlegende Fragestellungen und Themen der betrieblichen Finanzwirtschaft zu erläutern. Nach der Lektüre des Buches sollen Sie, liebe Leserinnen und Leser, finanzwirtschaftliche Entscheidungen beurteilen und selbst treffen können. Das Themenspektrum umfasst finanzwirtschaftliche Rahmenbedingungen und Institutionen (z. B. Kapitalmärkte), die grundlegenden Prinzipien von Finanzierungs- und Investitionsentscheidungen, die wesentlichen Finanzierungsinstrumente, bedeutende Kennzahlen zur finanzwirtschaftlichen Unternehmensanalyse, die wichtigsten Investitionsrechenverfahren sowie Verfahren zur Bewertung ganzer Unternehmen. Sämtliche Fragestellungen werden anwendungsorientiert erläutert und anhand von Fallbeispielen illustriert. Abgerundet werden die auch für Leser ohne finanzwirtschaftliche Vorkenntnisse geeigneten Ausführungen durch Verständnisfragen und praxisbezogene Übungsaufgaben.

Das Buch ist folgendermaßen aufgebaut: Nach der Einleitung (Kapitel 1) werden in Kapitel 2 zunächst die finanzwirtschaftlichen Grundlagen erläutert. Darauf aufbauend folgen die an den Kapitalmärkten zur Beschaffung finanzieller Mittel verfügbaren Finanzierungsinstrumente. Da jede finanzwirtschaftliche Entscheidung von der zugrunde liegenden Finanzierungssituation abhängig ist, behandeln wir nicht nur die wesentlichen Finanzierungsinstrumente, sondern auch deren Einsatzmöglichkeiten und -grenzen in konkreten Finanzierungsanlässen. Kapitel 3 behandelt die Beteiligungsfinanzierung durch Eigentümer, anschließend beschäftigen wir uns mit der Kreditfinanzierung durch Gläubiger (Kapitel 4), bevor schließlich die Innenfinanzierung aus laufender Geschäftätigkeit erläutert wird (Kapitel 5). Ergänzt werden die Ausführungen zu den Finanzierungsinstrumenten durch eine Einführung in die finanzwirtschaftliche Unternehmensanalyse (Kapitel 6).

Im Anschluss an die Finanzierungsentscheidungen befassen wir uns mit der Bewertung von einzelnen Investitionsprojekten und ganzen Unternehmen. Hierzu werden in Kapitel 7 zunächst die Grundlagen des Investitionsentscheidungsprozesses behandelt. Zentraler Bestandteil dieses Entscheidungsprozesses sind die Investitionsrechenverfahren, die die Vorteilhaftigkeit von Investitionsprojekten beurteilen. Statische Investitionsrechenverfahren (Kapitel 8) beurteilen Investitionsprojekte auf Basis eines relevanten Durchschnittsjahres, während dynamische Investitionsrechenverfahren (Kapitel 9) die Vorteilhaftigkeit von Investitionsprojekten auf Basis von finanzmathematischen Modellen (z. B. Barwerten) beurteilen. Die zur Unternehmensbewertung eingesetzten Modelle bauen grundsätzlich auf Verfahren der Investitions- und Aktienbewertung auf, zeichnen sich jedoch durch die deutlich höhere

Komplexität bei der Bewertung eines ganzen Unternehmens aus. In Kapitel 10 werden zunächst die Grundlagen der Unternehmensbewertung behandelt, bevor anschließend die wesentlichen in der Praxis genutzten Bewertungsverfahren erläutert und illustriert werden. Nach Lektüre der Kapitel 7 bis 10 sollten Sie die wesentlichen Bewertungsverfahren kennen und ihre Aussagefähigkeit beurteilen können.

Didaktisches Konzept

Das vorliegende Lehrbuch macht Sie mit den Grundlagen der Finanzierung und Investition vertraut. Hierzu werden die finanzwirtschaftlichen Fragestellungen aus anwendungsorientierter Perspektive erläutert und durch eine Vielzahl von Abbildungen und Tabellen verdeutlicht. Zur Illustration dienen praxisbezogene Fallbeispiele. Querverweise erleichtern das Verständnis von Zusammenhängen zwischen den verschiedenen finanzwirtschaftlichen Fragestellungen. Grundsätzlich sollten Sie die Kapitel in der vorgegebenen Reihenfolge lesen, da die Inhalte aufeinander aufbauen. Es ist allerdings möglich, die Ausführungen zu den Investitionsentscheidungen (Kapitel 7 bis 9) vor den Finanzierungsentscheidungen (Kapitel 3 bis 6) durchzuarbeiten. In jedem Fall sollten Sie mit dem grundlegenden Kapitel 2 beginnen. Kapitel 10 sollte schließlich den Abschluss ihrer Lektüre bilden, da die Ausführungen zur Unternehmensbewertung auf den zuvor behandelten Fragestellungen aufbauen.

Am Ende eines jeden Hauptkapitels finden Sie Verständnisfragen zur Kontrolle des Lernfortschritts sowie Übungsaufgaben zur selbständigen Wiederholung des Stoffes. Nach Lektüre eines Kapitels sollten Sie dazu in der Lage sein, die entsprechenden Fragen zu beantworten und die zugehörigen Übungsaufgaben zu lösen. Zur Kontrolle ihrer Rechenergebnisse können Sie sich eine PDF-Datei mit den Lösungen von der Homepage des Verlages De Gruyter Oldenbourg (www.degruyter.com) herunterladen. Auf der Verlagshomepage finden Sie zudem eine Formelsammlung sowie Zinstabellen, die Ihnen bei der Lösung finanzwirtschaftlicher Fragestellungen ebenfalls gute Dienste leisten.

In den nachfolgenden Ausführungen spiegeln sich die relevanten Erkenntnisse der modernen Finanzierungstheorie wider. Mit Bezug auf die Zielsetzung des Buches wird allerdings auf die explizite Darstellung finanzierungstheoretischer Modelle verzichtet und stattdessen auf die einschlägige Literatur verwiesen. Die Literatur- und Quellenangaben weisen darüber hinaus auf vertiefende Veröffentlichungen zur Finanzwirtschaft, auf verwandte Teildisziplinen der Betriebswirtschaftslehre (z. B. das Rechnungswesen) sowie auf praxisbezogene Informationsmöglichkeiten (z. B. relevante Internetseiten) hin.

Für Ihren Einstieg in die betriebliche Finanzwirtschaft wünsche ich Ihnen viel Erfolg und neben dem Erkenntnisfortschritt auch Spaß bei der Beschäftigung mit den Grundlagen der Finanzierung und Investition!

2 Finanzwirtschaftliche Grundlagen

Kapitel 2 führt Sie in die grundlegenden Themen der betrieblichen Finanzwirtschaft ein. Hierzu befassen wir uns einleitend mit den Begriffen, Zielen und Aufgaben der betrieblichen Finanzwirtschaft (Kapitel 2.1), anschließend mit der Systematisierung der wesentlichen Finanzierungsformen (Kapitel 2.2) und abschließend mit den für Finanzierungs- und Investitionsrechnungen unentbehrlichen finanzmathematischen Grundlagen (Kapitel 2.3). Abgerundet wird das Kapitel durch Verständnisfragen und Übungsaufgaben (Kapitel 2.4).

2.1 Begriffe, Ziele und Aufgaben der betrieblichen Finanzwirtschaft

Die Kenntnis der einschlägigen begrifflichen Grundlagen ist eine notwendige Voraussetzung für das Verständnis von Finanzierungs- und Investitionsentscheidungen. Daher lautet das *Lernziel von Kapitel 2.1*, die grundlegenden Begriffe, Ziele und Aufgaben der betrieblichen Finanzwirtschaft zu verstehen sowie die grundlegenden Charakteristika von Finanzierungs- und Investitionsentscheidungen kennenzulernen.

2.1.1 Grundbegriffe

Die *betriebliche Finanzwirtschaft* befasst sich sowohl mit Finanzierungs- als auch mit Investitionsentscheidungen. Das vorliegende Lehrbuch folgt damit dem international üblichen Verständnis, nach dem *Finanzierung* und *Investition* die beiden interdependenten Teilgebiete der betrieblichen Finanzwirtschaft bilden.

Untersuchungsobjekte

Untersuchungsobjekte der betrieblichen Finanzwirtschaft sind sämtliche Fragestellungen, die sich in Zusammenhang mit der *Beschaffung und Verwendung finanzieller Mittel* durch Unternehmen ergeben. Im Fokus der betrieblichen Finanzwirtschaft stehen Unternehmen, die sich finanzielle Mittel auf Kapitalmärkten beschaffen und diese Finanzmittel auf Güter- oder Dienstleistungsmärkten einsetzen, um die Ziele des Unternehmens zu verfolgen. Finanzierungs- und Investitionsentscheidungen werden allerdings nicht nur durch die Unternehmensziele beeinflusst, sondern auch durch das Umfeld, in dem diese Entscheidungen getroffen werden. Das Entscheidungsumfeld wird durch verschiedene finanzwirtschaftliche Institutionen geprägt, deren Funktionen ebenfalls zu den Untersuchungsobjekten der betrieblichen Finanzwirtschaft zählen (siehe auch Abbildung 2.1). Wesentliche finanzwirtschaftliche

https://doi.org/10.1515/9783110987621-002

Institutionen sind Finanz- und Kapitalmärkte sowie Finanzintermediäre (z. B. Banken oder Versicherungen).

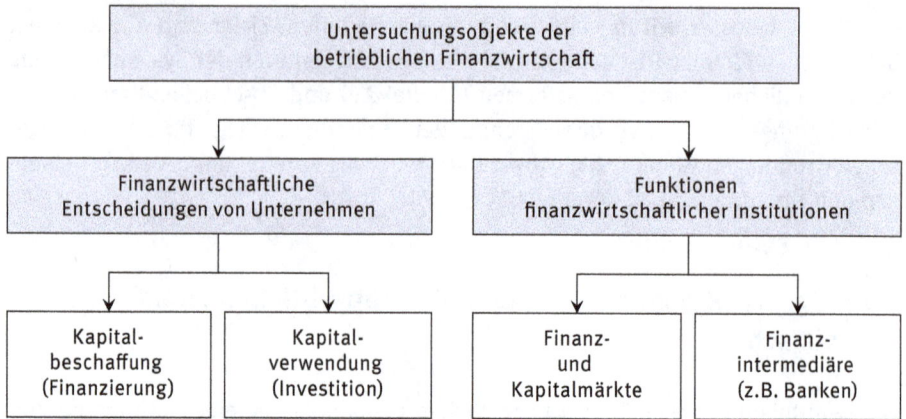

```
┌─────────────────────────────────┐
│      Untersuchungsobjekte der    │
│     betrieblichen Finanzwirtschaft │
└─────────────────────────────────┘
```

Finanzwirtschaftliche Entscheidungen von Unternehmen	Funktionen finanzwirtschaftlicher Institutionen

Kapital-beschaffung (Finanzierung)	Kapital-verwendung (Investition)	Finanz- und Kapitalmärkte	Finanz-intermediäre (z.B. Banken)

Abb. 2.1: Untersuchungsobjekte der betrieblichen Finanzwirtschaft.

Im Rahmen ihrer Geschäftstätigkeit agieren Unternehmen auf unterschiedlichen Märkten, wobei Austauschbeziehungen zu Beschaffungs- und Absatzmärkten bestehen (siehe Abbildung 2.2). Auf den Beschaffungsmärkten werden Güter und Dienstleistungen erworben, die in den betrieblichen Leistungserstellungsprozess eingehen. Ergebnis der Leistungserstellung sind wiederum Güter bzw. Dienstleistungen, die das Unternehmen auf seinen Absatzmärkten anbietet.

Zur Realisierung des Leistungserstellungsprozesses benötigen Unternehmen finanzielle Mittel, die an den Finanz- bzw. Kapitalmärkten aufgenommen werden. Bei der betriebswirtschaftlichen Analyse wird daher zwischen Leistungs- und Finanzbereich unterschieden (vgl. *Peters/Brühl/Stelling*, 2005, S. 32–35). Der *Leistungsbereich* umfasst den gesamten Prozess der Leistungserstellung und damit sämtliche Güter- bzw. Dienstleistungsströme, die durch das Unternehmen fließen.

In die Verantwortung des *Finanzbereiches* fallen die durch das Unternehmen fließenden Zahlungsströme, die entgegengesetzt zu den Güter- und Dienstleistungsströmen verlaufen. Damit ist die betriebliche Finanzwirtschaft für die finanzwirtschaftlichen Prozesse verantwortlich, z. B. für die Aufnahme eines neuen Kredites oder für die Investition in eine neue Maschine. Angesichts vielfältiger Interdependenzen zwischen den beiden Teilbereichen müssen die Konsequenzen finanzwirtschaftlicher Entscheidungen auf den Leistungsbereich des Unternehmens in die Entscheidungsfindung einbezogen werden. Umgekehrt sind allerdings auch die Auswirkungen der leistungswirtschaftlichen Aktivitäten auf die Zahlungsströme des Unternehmens und damit auf den Finanzbereich zu berücksichtigen. Beispielhaft sei hier die Abstimmung zwischen dem durch die betriebliche Leistungserstellung entstehenden Kapitalbedarf und den Finanzierungsmöglichkeiten des Unternehmens genannt.

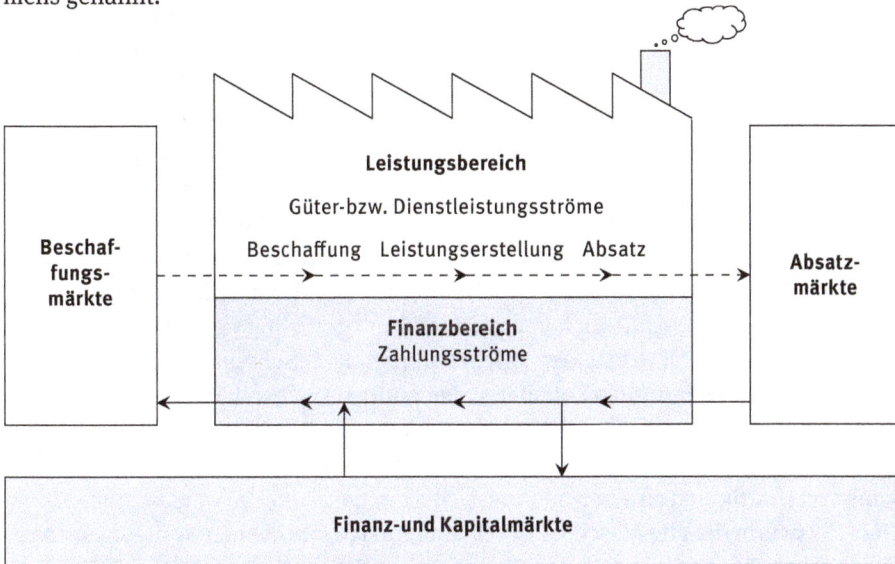

Abb. 2.2: Finanz- und Leistungsbereich.

Kapitalbedarf

Die Austauschbeziehungen zwischen Unternehmen sowie den Finanz- und Kapitalmärkten zählen zum originären Aufgabenbereich der betrieblichen Finanzwirtschaft (siehe auch Abbildung 2.2). Finanz- bzw. Kapitalmärkte dienen dazu, den Prozess der betrieblichen Leistungserstellung zu ermöglichen. Bevor Unternehmen Güter herstellen oder Dienstleistungen erbringen und an ihre Kunden verkaufen können, benötigen sie die für die Leistungserstellung erforderlichen Betriebsmittel, wie z. B. Betriebsräume, Maschinen, Mitarbeiter, Roh- und Betriebsstoffe oder Dienstleistungen. Zur Beschaffung der Betriebsmittel werden wiederum finanzielle Mittel benötigt. Aufgabe der betrieblichen Finanzwirtschaft ist es, die *Höhe des Finanzmittelbedarfs* zu ermitteln. Neben Art und Umfang der benötigten Betriebsmittel wird die Höhe des Finanzmittelbedarfs durch die Zeit bestimmt, die zwischen dem Abfluss der finanziellen Mittel für den Beschaffungsprozess und dem Finanzmittelzufluss durch den Absatz der eigenen Leistungen vergeht. Je mehr Zeit der Leistungserstellungsprozess benötigt bzw. je später die Kunden zahlen, umso höher ist der Bedarf an finanziellen Mitteln.

Beispiel: Kapitalbedarf

Die Holzwurm GmbH ist ein erfolgreicher Hersteller von Holzspielwaren. Das Unternehmen versteht sich als Premiumanbieter auf dem Spielwarenmarkt. Im Produktionsprogramm finden sich ausschließlich qualitativ hochwertige Holzspielwaren, die weltweit angeboten werden. Ein Klassiker des Produktionsprogramms ist die Holzeisenbahn; darüber hinaus haben sich das sehr realistische Programm mit holzgefertigten Zoo- und Nutztieren sowie multifunktionsfähige Puppenhäuser am Markt etabliert. Um das hohe Qualitätsniveau dauerhaft zu garantieren, werden die angebotenen Produkte vollständig am Heimatstandort gefertigt. Die Produktion basiert auf hochwertigen Naturhölzern, wobei entsprechend der nachhaltigen Unternehmensphilosophie ausschließlich heimische Hölzer verarbeitet werden.

Ernst-August Holzwurm, der geschäftsführende Gesellschafter der Holzwurm GmbH, diskutiert mit Andrea Kalkuletta, der kaufmännischen Leiterin des Unternehmens, die Kapitalbedarfsplanung für das kommende Geschäftsjahr. Nach derzeitigem Planungsstand ist im Laufe des Geschäftsjahres eine ältere Anlage für die Fertigung von Holzfiguren zu ersetzen. Angesichts der positiven Marktaussichten möchte Herr Holzwurm die alte Maschine durch eine Anlage mit höherer Fertigungskapazität ersetzen. Für die neue Anlage wäre ein Investitionsbetrag von knapp 1 Mio. Euro erforderlich, während eine Anlage mit der bisherigen Fertigungskapazität lediglich Anschaffungsausgaben von 400.000 Euro verursachen würde. Im Rahmen der finanzwirtschaftlichen Planung ist zunächst zu entscheiden, ob die Investition in die leistungsfähigere Fertigungsanlage vorteilhaft ist oder ob eine Anlage mit der bisherigen Fertigungskapazität ausreicht.

Im Anschluss an die Investitionsentscheidung wird die Finanzierungsentscheidung getroffen. In Abhängigkeit von der Investitionsentscheidung ergibt sich ein Kapitalbedarf von 400.000 Euro bzw. 1 Mio. Euro. Ein Teilbetrag von 200.000 Euro kann in jedem Fall aus einbehaltenen Gewinnen finanziert werden. Andrea schlägt ihrem Chef vor, ergänzend einen langfristigen Kredit zur Investitionsfinanzierung zu nutzen. Für den Fall, dass die Investitionsentscheidung zugunsten der teureren Anlage ausfällt, sollte zusätzlich das haftende Eigenkapital der Holzwurm GmbH erhöht werden. Auch wenn das Unternehmen bislang weitgehend auf die Finanzierung durch Bankkredite verzichtet hat, stimmt Ernst-August Holzwurm dieser Idee zu und verspricht seiner kaufmännischen Leiterin, dass er mit den anderen Gesellschaftern über die notwendigen zusätzlichen Gesellschaftereinlagen sprechen wird. In der Zwischenzeit holt Andrea bereits einige Kreditangebote von der Hausbank, aber auch von konkurrierenden Kreditinstituten ein.

Andrea macht ihren Chef darauf aufmerksam, dass das Unternehmen infolge der Investition weitere Finanzmittel zur Finanzierung der laufenden Geschäftstätigkeit benötigt. So müssen beispielsweise Holz und weitere Rohstoffe vorfinanziert werden. Löhne und Gehälter sind ebenfalls zu bezahlen, bevor die fertigen Holzspielwaren verkauft werden. Nach einer gemeinsam mit dem Fertigungsleiter erstellten Schätzung liegt die durchschnittliche Kapitalbindung durch den Beschaffungs- und Fertigungsprozess bei ca. 45 Tagen. Zusätzlich gewährt die Holzwurm GmbH ihren Kunden ein Zahlungsziel von maximal 30 Tagen, wobei die Kunden im Durchschnitt nach 15 Tagen zahlen. Insgesamt beträgt die Kapitalbindung somit ca. 60 Tage (= 45 + 15 Tage). Die liquiden Mittel der Holzwurm GmbH müssen daher ausreichen, um die laufenden betrieblichen Auszahlungen für ungefähr zwei Monate vorzufinanzieren.

Fällt die Investitionsentscheidung zugunsten der größeren Fertigungsanlage aus, entsteht neben der eigentlichen Investitionsausgabe weiterer Finanzmittelbedarf durch die Kapazitätsausweitung. Andrea erwartet zusätzliche betriebliche Auszahlungen in Höhe von 75.000 Euro im Monat, sodass sich unter Berücksichtigung der Kapitalbindungsdauer von zwei Monaten ein Finanzierungsbedarf von 150.000 Euro ergibt. Dieser Finanzmittelbedarf könnte z. B. durch eine Erhöhung der Kreditlinie auf dem Geschäftskonto finanziert werden. Andrea schlägt ihrem Chef jedoch vor, zur Finanzierung der Betriebsmittel den geplanten langfristigen Kredit um 150.000 Euro aufzustocken. Die langfristige Kreditfinanzierung ist zum einen fristengerecht, da sich der Finanzmittelbedarf aus der betrieblichen Geschäftstätigkeit rollierend erneuert. Zum anderen ist diese Kreditform regelmäßig günstiger als ein Überziehungskredit. Der Geschäftsführer der Holzwurm GmbH und seine kaufmännische Leiterin beschließen, zunächst weitere Informationen einzuholen, bevor sie die Finanzplanung in der folgenden Woche fortsetzen.

Finanzmärkte

Im vorangegangenen Beispiel sind bereits einige Möglichkeiten angesprochen worden, den Kapitalbedarf eines Unternehmens zu decken. Die Deckung des Kapitalbedarfs erfolgt über Finanz- bzw. Kapitalmärkte, wobei die Begriffe in Literatur und Praxis unterschiedlich abgegrenzt werden. Auch wenn die beiden Begriffe teilweise synonym verwendet werden, hat es sich als zweckmäßig erwiesen, zwischen Finanz- und Kapitalmärkten zu differenzieren. Im Folgenden werden unter dem Oberbegriff *Finanzmärkte* sämtliche Märkte subsumiert, an denen finanzielle Mittel gehandelt werden. Mit Bezug auf die Art der gehandelten Finanzmittel lassen sich Finanzmärkte anschließend in Geld-, Kapital- und Währungsmärkte unterteilen (siehe Abbildung 2.3 sowie *Büschgen/Börner*, 2003, S. 98 ff. und *Spremann/Gantenbein*, 2022, S. 59 ff.).

– Auf dem *Geldmarkt* werden die von den Geschäftsbanken bei der Zentralbank, z. B. der Europäischen Zentralbank (EZB) für den Euroraum oder dem US-amerikanischen Federal Reserve System (Fed), unterhaltenen kurzfristigen Guthaben gehandelt. Der Geldmarkt dient den Geschäftsbanken dazu, überschüssige Finanzmittel kurzfristig anzulegen oder kurzfristigen Kapitalbedarf zu decken. Die Laufzeiten von Geldmarktgeschäften liegen zwischen einem Tag (Tagesgeld) und zwei Jahren. Für Geschäftsbanken ist der Geldmarkt eine elementare und sehr bedeutende Möglichkeit zur kurzfristigen Liquiditätsbeschaffung.

– Der *Kapitalmarkt* ist das Segment des Finanzmarktes, auf dem die längerfristige Überlassung finanzieller Mittel von Kapitalgebern an Kapitalnehmer erfolgt. Kapitalmarktakteure sind Kapitalanbieter (z. B. private oder institutionelle Investoren) sowie Kapitalnachfrager (z. B. Unternehmen, Privatpersonen oder der Staat). Darüber hinaus zählen Finanzintermediäre (z. B. Banken, Börsen oder Versicherungen) sowie weitere Institutionen (z. B. Aufsichtsbehörden, Ratingagenturen oder Wirtschaftsmedien) zu den Kapitalmarktakteuren. Kapitalmärkte können an einem bestimmten Ort eingerichtet werden (z. B. die Frankfurter Wertpapierbörse). Sie können sich jedoch auch räumlich weit ausdehnen (z. B. der Kreditmarkt in Deutschland) oder lediglich virtuell existieren (z. B. Xetra, der elektronische Handelsplatz der Deutschen Börse für Aktien und Investmentfonds).

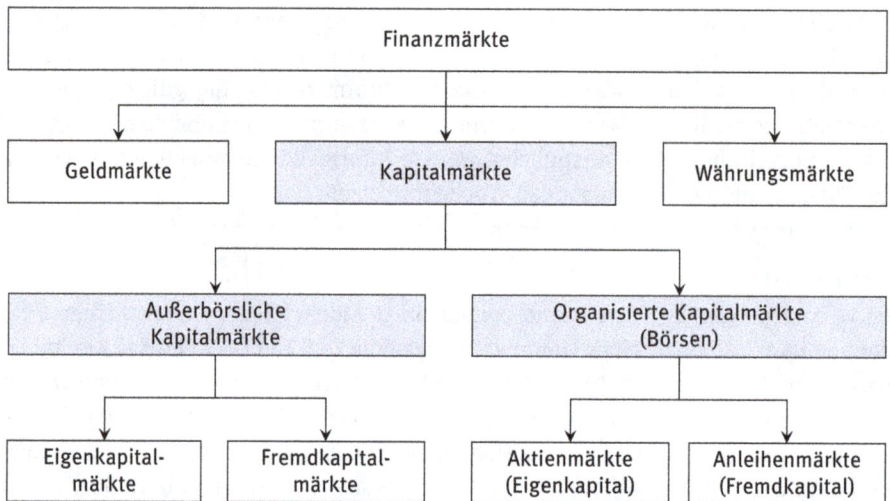

Abb. 2.3: Finanz- und Kapitalmärkte.

– Der *Währungs- bzw. Devisenmarkt* ist das Finanzmarktsegment, das dem Handel von Währungen dient. Auf dem Währungsmarkt tauschen Exporteure z. B. ihre US-Dollar in Euro um, während Importeure japanische Yen oder andere Fremdwährungen gegen Euro erwerben. Der Währungsmarkt ist ein Interbankenmarkt, der durch die weltweiten Handelsbeziehungen zwischen den Banken begründet wird. Neben Ex- und Importeuren nutzen Investoren den Währungsmarkt, um durch Spekulationsgeschäfte von Wechselkursschwankungen zu profitieren. Schließlich dient der Währungsmarkt den Zentralbanken zur Umsetzung ihrer währungspolitischen Ziele.

Im Mittelpunkt der weiteren Ausführungen stehen die Kapitalmärkte, da Unternehmen diese Märkte zur Aufnahme langfristigen Kapitals nutzen. An den Kapitalmärkten werden Transaktionen unterschiedlicher Art abgewickelt. Wenn ein Unternehmen z. B. einen Kredit bei seiner Bank oder Sparkasse aufnimmt, handelt es sich um ein Geschäft am Fremdkapitalmarkt, der Teil des außerbörslichen Kapitalmarktes ist. Eine Kapitalmarkttransaktion liegt jedoch auch vor, wenn sich beispielsweise die Siemens AG durch die Ausgabe neuer Aktien zusätzliches Eigenkapital beschafft. In diesem Fall handelt es sich um eine Kapitalaufnahme über den Aktienmarkt, der Bestandteil des organisierten Kapitalmarktes ist. Eine Transaktion am außerbörslichen Eigenkapitalmarkt liegt dagegen vor, wenn die Gesellschafter einer Personengesellschaft ihre Kapitaleinlagen erhöhen. Anhand der genannten Beispiele können Sie erkennen, dass über den Kapitalmarkt eine Vielzahl unterschiedlicher Transaktionen abgewickelt wird. Daher werden üblicherweise verschiedene Segmente des Kapitalmarktes unterschieden (siehe Abbildung 2.3).

Die beiden grundlegenden Kapitalmarktsegmente sind organisierte und nicht organisierte Märkte. Als *organisierte Kapitalmärkte* werden Börsen bezeichnet, an denen der Handel mit Finanzkontrakten in institutionalisierter und standardisierter Form stattfindet. Börsenfähige Finanzkontrakte können über die Börse vergleichsweise einfach ver- bzw. gekauft werden. Bedeutende Formen des organisierten Kapitalmarktes sind die Aktien- sowie die Anleihenmärkte. An den Aktienbörsen werden Wertpapiere gehandelt, die einen Miteigentumsanspruch an der Aktiengesellschaft verbriefen (z. B. die o. a. Siemens-Aktie). Demgegenüber dienen die Anleihenmärkte dem Handel mit Anleihen (Schuldverschreibungen), die einen Gläubigeranspruch gegenüber dem Schuldner verbriefen (z. B. Staats- oder Unternehmensanleihen). Im Gegensatz zu den Börsen findet an den *nicht organisierten Kapitalmärkten* kein regelmäßiger Handel mit den zugrunde liegenden Finanzkontrakten statt. Nicht organisierte Märkte werden daher als außerbörsliche Kapitalmärkte bezeichnet. Auch die an außerbörslichen Märkten gehandelten Kontrakte können danach unterschieden werden, ob sie Eigentums- oder Gläubigerrechte beinhalten. An den Eigenkapitalmärkten wird haftendes Eigenkapital von den Eigentümern des Unternehmens (z. B. Gesellschaftereinlagen) aufgenommen, während Fremdkapital- oder Kreditmärkte dazu dienen, Kapital von Gläubigern aufzunehmen (z. B. in Form eines Bankkredites).

Funktionen von Kapitalmärkten

Die Aufnahme finanzieller Mittel an den Kapitalmärkten ist eine notwendige Voraussetzung für die betriebliche Geschäftstätigkeit. Ohne finanzielle Mittel ist die betriebliche Leistungserstellung nicht möglich, sodass die Existenz des Unternehmens in Frage gestellt würde. Die Kapitalbereitstellung ist allerdings nicht die einzige Funktion von Kapitalmärkten. Neben die Kapitalallokation treten Bewertungs- und Informationsfunktionen (siehe Abbildung 2.4 sowie *Spremann/Gantenbein*, 2022, S. 72 ff.).

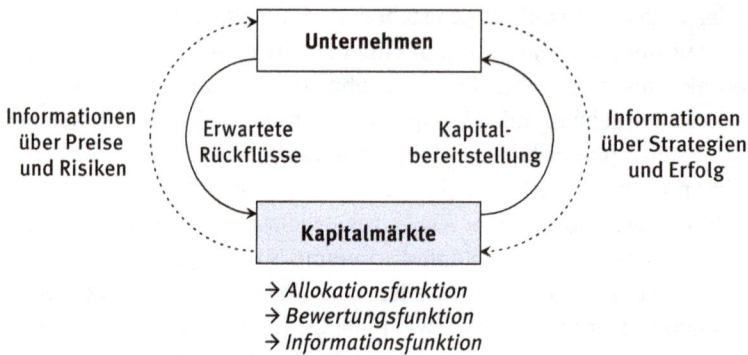

Abb. 2.4: Funktionen von Kapitalmärkten.

- Die *Allokationsfunktion* bezieht sich auf die effiziente Zuordnung von Kapitalangebot und -nachfrage. Die Kapitalallokation gilt als effizient, wenn diejenigen Kapitalnachfrager die angebotenen Finanzmittel erhalten, die mit dem Kapitaleinsatz den höchsten Nutzen erzielen können. Finanzwirtschaftliches Effizienzkriterium für die Kapitalallokation ist die Verzinsung des eingesetzten Kapitals. Die erwartete Verzinsung entspricht dem Preis für die Kapitalüberlassung und hat die Funktion, das Kapitalangebot mit der vorteilhaftesten Kapitalverwendung zusammenzuführen.
- Die *Bewertungsfunktion* von Kapitalmärkten wird vor allem an den Börsen deutlich, an denen Wertpapiere (z. B. Aktien oder Anleihen) gehandelt werden. Mit jeder Preisfeststellung erfolgt eine Bewertung der entsprechenden Aktie oder Anleihe. Die laufende Bewertung der von Unternehmen ausgegebenen Wertpapiere spiegelt wider, wie die Kapitalmarktakteure den zukünftigen Erfolg der Unternehmenstätigkeit einschätzen. Finanzkontrakte werden allerdings nicht nur an der Börse, sondern auch an außerbörslichen Kapitalmärkten bewertet (z. B. bei der Kreditwürdigkeitsprüfung durch Banken).
- Die *Informationsfunktion* hat entscheidende Bedeutung für die Funktionsfähigkeit von Kapitalmärkten, da Kapitalmarktakteure ihre Entscheidungen auf Basis der verfügbaren Informationen treffen. Die kapitalnachfragenden Unternehmen stellen den potenziellen Kapitalgebern Informationen über bisherige Erfolge (z. B. durch den Jahresabschluss) sowie über geplante Strategien zur Verfügung. Umgekehrt erhalten die Kapitalnachfrager am Kapitalmarkt Informationen über das Verhältnis von Preisen und Risiken. Der Preis für die Kapitalüberlassung ist grundsätzlich vom Risiko der Kapitalverwendung abhängig, wobei Kapitalgeber üblicherweise mit steigendem Risiko eine höhere Rendite fordern. Anhand der am Kapitalmarkt üblichen Renditen können sich potenzielle Kapitalnachfrager daher über ihre risikoabhängigen Finanzierungskosten informieren.

2.1.2 Finanzwirtschaftliche Ziele

Kapitalmärkte prägen das Umfeld finanzwirtschaftlicher Entscheidungen und üben damit einen wesentlichen Einfluss auf die Entscheidungsfindung aus. Weitere Einflussfaktoren mit unmittelbarer Relevanz für finanzwirtschaftliche Entscheidungen sind die Unternehmensziele. Im Folgenden werden zunächst die allgemeinen Unternehmensziele und anschließend die finanzwirtschaftlichen Ziele erörtert.

Ziele von Unternehmen

Die Existenz von Unternehmenszielen ist Voraussetzung für eine erfolgreiche Unternehmenstätigkeit. Insofern gilt die Definition von Unternehmenszielen in Theorie und Praxis als notwendiger Bestandteil der Unternehmensführung (vgl. *Bamberger/ Wrona*, 2012, S. 96 ff.). Gegenüber ähnlichen Begriffen wie dem Zweck oder der Aufgabe werden Ziele anhand von Zieldimensionen abgegrenzt, zu denen der Zielinhalt, das angestrebte Zielerreichungsniveau sowie der hierarchische Rang des Zieles zählen (vgl. *Macharzina/Wolf, 2018, S. 205 ff.; Welge/Al-Laham/Eulerich, 2017, S. 207 ff.* sowie *Staehle*, 1999, S. 414 f.).

Nach dem *Zielinhalt* lassen sich Sach-, Sozial- und Formalziele unterscheiden. *Sachziele* beziehen sich auf Art und Umfang des unternehmerischen Leistungsangebotes. Das Sachziel der Holzwurm GmbH besteht z. B. darin, qualitativ hochwertiges Holzspielzeug für Kinder herzustellen. Bei *Sozialzielen* handelt es sich ebenfalls um leistungswirtschaftliche Ziele, die sich an den im Unternehmen tätigen Menschen sowie an der Unternehmensumwelt orientieren. Die Sozialziele unseres Spielwarenherstellers können sich beispielweise auf umweltfreundliche Herstellungsverfahren sowie auf die Mitbestimmung der Arbeitnehmer beziehen. *Formalziele* geben die Kriterien für unternehmerische Entscheidungen vor. Im Mittelpunkt dieser Zielkategorie stehen die monetären Formalziele (Wertziele), die den angestrebten finanziellen Unternehmenserfolg quantifizieren (vgl. *Hahn/Hungenberg*, 2001, S. 19). Formalziele der Holzwurm GmbH sind beispielsweise die langfristige Erwirtschaftung eines angemessenen Gewinns sowie die jederzeitige Aufrechterhaltung der Zahlungsfähigkeit.

Das *Zielniveau* bezeichnet den absoluten oder relativen Umfang der angestrebten Zielerfüllung, wobei zwischen begrenzten und unbegrenzten Zielen differenziert wird. Während unbegrenzte Ziele die Optimierung des Zielinhaltes anstreben (z. B. Gewinnmaximierung oder Kostenminimierung), formulieren begrenzte Ziele eine Anspruchsniveauforderung, die bei Zielrealisierung mindestens erreicht werden sollte (z. B. Mindestverzinsung des eingesetzten Kapitals von 12 %).

Nach ihrer *hierarchischen Rangfolge* lassen sich Ober-, Zwischen- und Unterziele sowie Hauptziele und Nebenbedingungen unterscheiden. Durch die Bildung von Zwischen- und Unterzielen werden die Oberziele des Unternehmens für die Entscheidungsträger operationalisiert. Hauptziele legen die grundsätzlich anzustrebenden

Sachverhalte fest und werden üblicherweise als Maximierungs- oder Minimierungsforderung formuliert. Demgegenüber werden konkurrierende Sachverhalte durch Nebenbedingungen in Form von Mindestanforderungen bzw. Höchstgrenzen berücksichtigt.

Über die genannten Zieldimensionen hinaus werden Ziele anhand ihrer Beziehungen innerhalb des Zielsystems unterschieden (vgl. *Heinen*, 1976, S. 89 ff.). Anhand der *Zielbeziehungen* wird zwischen komplementären, konkurrierenden und neutralen Zielen differenziert. Bei *komplementären Zielen* führt eine höhere Zielerreichung des einen Zieles automatisch zu einem höheren Zielerreichungsgrad beim komplementären Ziel. *Konkurrierende Ziele* sind dadurch charakterisiert, dass ein höherer Zielerreichungsgrad bei einem Ziel die verminderte Zielerreichung des anderen Zieles zur Folge hat. *Neutrale Ziele* sind hinsichtlich der Zielerreichung voneinander unabhängig; die Erreichung des einen Zieles hat keine Auswirkung auf das andere Ziel. Nach dieser kurzen Charakterisierung der allgemeinen Unternehmensziele widmen wir uns im Folgenden den finanzwirtschaftlichen Unternehmenszielen.

Finanzwirtschaftliches Oberziel

Als finanzwirtschaftliches Oberziel erwerbswirtschaftlicher Unternehmen dominiert heute die *langfristige Steigerung des Unternehmenswertes*. Die Idee der Unternehmenswertsteigerung lässt sich auf das aus den USA stammende Konzept des *Shareholder Value* zurückführen (vgl. grundlegend *Rappaport*, 1986), das in den 1990er Jahren auch in Deutschland eine Diskussion über die grundlegende Orientierung der Unternehmenspolitik ausgelöst hat. Shareholder-Value-Konzepte stellen die Steigerung des Aktienwertes in den Mittelpunkt der Unternehmenspolitik. Während die Aktionärsorientierung in den USA schnell an Popularität gewann, stand man dem Shareholder Value in Deutschland zunächst eher skeptisch gegenüber. Heute wird die Notwendigkeit zur Orientierung der Unternehmenspolitik an den Interessen der Kapitalgeber allerdings kaum noch bestritten.

In der jüngeren Vergangenheit haben sich darüber hinaus die traditionellen Finanzierungsbeziehungen zwischen Unternehmen und Banken verändert. Nicht zuletzt durch den *Baseler Eigenkapitalakkord* erhöhen sich für kreditnachfragende Unternehmen die Transparenz- und Informationsanforderungen (siehe Kapitel 6.1.2). Im Rahmen von *internen oder externen Ratings* wird die Kreditwürdigkeit (Bonität) der Unternehmen einer standardisierten Prüfung unterzogen, wobei das Ergebnis dieser Bonitätsprüfung unmittelbare Konsequenzen für die Kreditvergabe und die Finanzierungskosten des Unternehmens hat. Auch die zunehmende Verbreitung der internationalen Rechnungslegungsstandards reflektiert die erhöhten Transparenz- und Informationsanforderungen der Kapitalmärkte. Die *International Financial Reporting Standards (IFRS)* stellen das Informationsbedürfnis der Investoren und damit die Informationsfunktion des Jahresabschlusses in den Mittelpunkt der Rechnungslegung (vgl. z. B. *Pellens et al.*, 2021 oder *Bieg et al.*, 2009). Im Ergebnis steigt die Bedeutung von *Kapitalmarktstandards und Kapitalgeberinteressen* für die Ableitung der unternehmenspolitischen Ziele. Vor diesem Hintergrund hat sich die langfristige Steigerung des Unternehmenswertes als oberstes Finanzziel in Theorie und Praxis weitgehend durchgesetzt.

Die gelegentlich geäußerte Kritik an der Unternehmenswertorientierung beruht häufig auf Missverständnissen, da Finanzziele mit dem obersten Unternehmensziel verwechselt werden. Gemeinsam mit Sach- und Sozialzielen steht das Streben nach Wertsteigerung als Finanzziel auf der zweiten Zielebene unterhalb des obersten Unternehmenszieles (siehe Abbildung 2.5). Während sich Sachziele auf das Leistungsangebot des Unternehmens beziehen, beschreiben Sozialziele die unternehmenspolitische Verantwortung gegenüber der Umwelt, den Mitarbeiterinnen und Mitarbeitern sowie der Gesellschaft. In der Praxis haben sich in diesem Zusammenhang die sogenannten ESG-Kriterien etabliert. Die ESG-Kriterien beschreiben nachhaltigkeitsorientierte Verantwortungsbereiche von Unternehmen und setzen sich aus den Bereichen *Environmental* (Umwelt), *Social* (Soziales) sowie *Government* (verantwortliche Unternehmensführung) zusammen. ESG-Kriterien sind regelmäßig integraler Bestandteil bei Anlageentscheidungen von Investoren, so dass die Erfüllung dieser Kriterien entscheidende Bedeutung für Unternehmen hat, die Kapitalmärkte zur Aufnahme von Finanzmitteln nutzen.

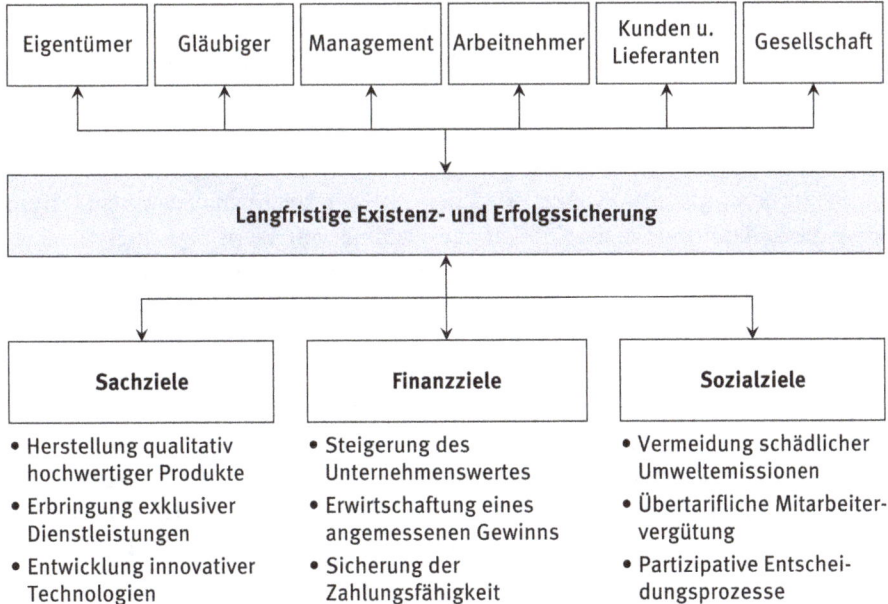

Abb. 2.5: Unternehmensziele und Anspruchsgruppen.

In der Betriebswirtschafts- und Managementlehre gilt die nachhaltige Existenz- und Erfolgssicherung als oberste Zielsetzung des Unternehmens, sofern hierdurch sämtliche Unternehmensbeteiligte ihre individuellen Ziele realisieren können (vgl. z. B. *Müller/Wrobel*, 2021, S. 63 ff.; *Welge/Al-Laham/Eulerich*, 2017, S. 195 ff. sowie *Hahn/ Hungenberg*, 2001, S. 13). Vor diesem Hintergrund darf die Orientierung am Unternehmenswert nicht mit einer ausschließlich an den Interessen der Eigentümer bzw. Aktionäre ausgerichteten Unternehmenspolitik gleichgesetzt werden. Vielmehr streben wertorientierte Führungskonzepte danach, den Unternehmenswert im Interesse sämtlicher Anspruchsgruppen zu steigern. Im Idealfall schafft die nachhaltige Steigerung des Unternehmenswertes die Voraussetzung dafür, die Interessen sämtlicher am Unternehmen beteiligten Anspruchsgruppen erfüllen zu können (vgl. *Pape*, 2010, S. 150–154).

Wertorientierte Unternehmensführung

Das *Ziel der Unternehmenswertsteigerung* beruht auf grundlegenden finanzwirtschaftlichen Prinzipien, da die Berücksichtigung der Kapitalmarkt- bzw. Kapitalgeberanforderungen notwendige Voraussetzung für eine erfolgreiche Unternehmenstätigkeit ist. Folglich ist die Wertorientierung der Unternehmenspolitik zwingend, da erwerbswirtschaftliche Unternehmen in einer Marktwirtschaft nur dann eine Existenzberechtigung haben, wenn sie neben den Ansprüchen der anderen Unternehmensbeteiligten auch die Mindestverzinsungsansprüche der Kapitalgeber erfüllen. Um die gesamte Unternehmenstätigkeit am Ziel der Unternehmenswertsteigerung auszurichten, umfassen wertorientierte Führungskonzepte verschiedene interdependente Aufgabenkomplexe (siehe Abbildung 2.6), in deren Mittelpunkt die strategische Planung sowie die Performancemessung stehen (vgl. *Pape*, 2000, S. 712–714).

In der *strategischen Planung* wird das Ziel der Unternehmenswertsteigerung durch periodenübergreifende Größen zur Planung von Wertsteigerungsstrategien (z. B. Kapitalwerte) konkretisiert. Zur *retrospektiven Performancemessung* dienen ergänzend periodenbezogene Größen (z. B. Residualgewinne oder Economic Value Added), die den in der jeweiligen Periode generierten Wertbeitrag ermitteln (vgl. z. B. *Langguth*, 2008, S. 131 ff. sowie *Stewart*, 1991). Flankiert werden die leistungs- und finanzwirtschaftlichen Wertsteigerungsstrategien von der Informationspolitik, deren Aufgabe darin besteht, unternehmensinterne und -externe Adressaten über das unternehmerische Wertsteigerungspotenzial zu informieren. Das *wertorientierte Controlling* übernimmt schließlich Informations- und Koordinationsaufgaben zwischen den verschiedenen Unternehmensfunktionen (vgl. *Günther*, 1997, S. 203 ff.).

```
┌─────────────────────────────────────────────────────────────────┐
│              Wertorientierte Unternehmensführung                 │
└─────────────────────────────────────────────────────────────────┘
        │                      │                       │
        ▼                      ▼                       ▼
┌──────────────────┐  ┌──────────────────┐  ┌──────────────────┐
│    Strategie-    │  │   Performance-   │  │  Informations-   │
│     planung      │  │     messung      │  │     politik      │
└──────────────────┘  └──────────────────┘  └──────────────────┘

 • Investitionspolitik   • Strategiekontrolle   • Investor Relations
 • Finanzierungspolitik  • Vergütungspolitik    • Rechnungslegung

        ▲                      ▲                       ▲
        │                      ▼                       │
┌─────────────────────────────────────────────────────────────────┐
│                 Wertorientiertes Controlling                     │
└─────────────────────────────────────────────────────────────────┘
```

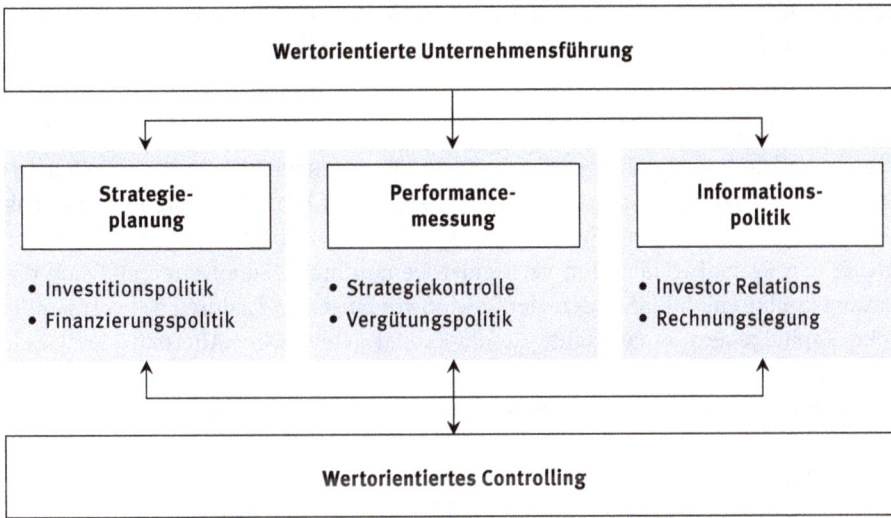

Abb. 2.6: Aufgabenkomplexe wertorientierter Unternehmensführung.

Weitere finanzwirtschaftliche Ziele

Aus dem finanzwirtschaftlichen Oberziel der Unternehmenswertsteigerung leiten sich weitere finanzwirtschaftliche Ziele ab, wobei in Theorie und Praxis verschiedene Finanzziele existieren. Als zentrale Finanzziele gelten *Rentabilität, Liquidität, Sicherheit, Wachstum* und *Unabhängigkeit*, die in der einschlägigen Literatur mit unterschiedlicher Schwerpunktsetzung genannt werden (vgl. z. B. *Perridon/Steiner/Rathgeber*, 2017, S. 13 ff.; *Franke/Hax*, 2009, S. 8 f.; *Elschen*, 2001, Sp. 900 ff.; *Bieg/Kußmaul*, 2000, S. 5 ff.; *Spremann*, 1996, S. 197 ff.; *Gerke/Bank*, 1995, S. 618).

Rentabilität

Das Ziel der *Rentabilität* leitet sich unmittelbar aus dem Ziel der Unternehmenswertsteigerung ab, da der Unternehmenswert nur gesteigert wird, wenn die Investitionsrendite über den Kapitalkosten des Unternehmens liegt. Die Rentabilität informiert über die Höhe der Verzinsung und damit über die *Effizienz des unternehmerischen Kapitaleinsatzes*. Wie in der betrieblichen Finanzwirtschaft mehrheitlich üblich, werden die beiden Begriffe der Rentabilität und der Rendite im Weiteren synonym verwendet (zu einer möglichen Differenzierung siehe *Däumler/Grabe/Meinzer*, 2019, S. 68 ff. und S. 230 ff.). Um die Rentabilität des Kapitaleinsatzes zu ermitteln, wird eine Erfolgsgröße ins Verhältnis zum investierten Kapital gesetzt. In Theorie und Praxis existiert eine Vielzahl unterschiedlicher Rentabilitätskennzahlen (vgl. z. B. *Wöhe/Döring/Brösel*, 2020, S. 823 ff.; *Brühl*, 2016, S. 426 ff.; *Schierenbeck/Wöhle*,

2016, S. 796 ff. oder *Drukarczyk/Lobe*, 2014, S. 120 ff.). Zwei weit verbreitete Kennzahlen sind die Gesamtkapital- und die Eigenkapitalrentabilität.

Gesamtkapitalrentabilität

Die *Gesamtkapitalrentabilität* ermittelt die auf das investierte Kapital erzielte Verzinsung (vgl. *Coenenberg/Haller/Schultze*, 2021, S. 1239 ff.). Als Bezugsgröße dient das Gesamtkapital (Eigen- und Fremdkapital), sodass als Erfolgsgröße der Gewinn vor Abzug von Fremdkapitalzinsen verwendet werden muss. Somit errechnet sich die Gesamtkapitalrentabilität, indem der Gewinn vor Zinsen (v. Z.) durch das von sämtlichen Kapitalgebern aufgebrachte Gesamtkapital geteilt wird. Alternativ lässt sich die Gesamtkapitalrentabilität errechnen, indem die Summe aus Gewinn nach Zinsen (n. Z.) und Fremdkapitalzinsen durch das Gesamtkapital geteilt wird.

$$\text{Gesamtkapitalrentabilität} = \frac{\text{Gewinn v.Z.}}{\text{Gesamtkapital}} = \frac{\text{Gewinn n.Z.} + \text{Zinsen}}{\text{Gesamtkapital}} \qquad (2.1)$$

Die *Rentabilität als relative Kennzahl* zeichnet sich im Vergleich zu absoluten Kennzahlen wie dem Gewinn durch höhere Aussagekraft und bessere Vergleichbarkeit aus. Wenn ein Unternehmen einen Gewinn vor Zinsen von z. B. 50.000 Euro erwirtschaftet, sagt diese absolute Größe relativ wenig über den Unternehmenserfolg aus. Entscheidend ist in diesem Zusammenhang die Höhe des eingesetzten Kapitals. Bei einem Gesamtkapital von z. B. 400.000 Euro errechnet sich eine Gesamtkapitalrentabilität von 12,5 %, während sie bei einem Kapitaleinsatz von 1.000.000 Euro lediglich 5 % beträgt. Eine aussagefähige Beurteilung des Unternehmenserfolges ist somit nur möglich, wenn der Gewinn in Beziehung zum Kapitaleinsatz gesetzt wird.

Rentabilitätskennzahlen ermöglichen nicht nur den Vergleich zwischen verschiedenen Unternehmen; sie können auch sehr gut mit anderen Größen verglichen werden. Hierzu wird das Rentabilitätsziel entweder als Optimierungsbedingung (Rentabilitätsmaximierung) oder als Anspruchsniveauforderung (z. B. Rentabilität von mindestens 9 % p. a.) operationalisiert (siehe S. 15). Zur Ableitung der Mindestrentabilität dienen in Theorie und Praxis üblicherweise die *Kapitalkosten* des Unternehmens. Wenn die durchschnittlichen Gesamtkapitalkosten des Unternehmens 9 % betragen, muss es eine Gesamtkapitalrentabilität von mehr als 9 % erwirtschaften, um den Unternehmenswert zu steigern.

Eigenkapitalrentabilität

Eine zweite häufig genutzte Rentabilitätskennzahl ist die *Eigenkapitalrentabilität*. Diese Kennzahl ermittelt die Verzinsung, die mit dem von den Eigentümern zur Verfügung gestellten Eigenkapital erwirtschaftet wird (vgl. *Coenenberg/Haller/Schultze*, 2021, S. 1228 ff.). Da das Eigenkapital als Bezugsgröße dient, wird als Erfolgsgröße der den Eigentümern zustehende Gewinn nach Abzug der Fremdkapitalzinsen verwendet. Die Eigenkapitalrentabilität errechnet sich, indem der Gewinn nach Zinsen durch das Eigenkapital dividiert wird.

$$\text{Eigenkapitalrentabilität} = \frac{\text{Gewinn nach Zinsen}}{\text{Eigenkapital}} \qquad (2.2)$$

Auch für die Eigenkapitalrentabilität ist das angestrebte Zielniveau zu operationalisieren. Als Mindestforderung dienen die *Eigenkapitalkosten des Unternehmens*. Nach dem Opportunitätskostenprinzip leiten sich die Eigenkapitalkosten aus der besten alternativen Kapitalverwendungsmöglichkeit ab, auf welche die Eigentümer verzichten, wenn sie dem Unternehmen Eigenkapital zur Verfügung stellen (vgl. *Brealey/ Myers/Allen*, 2020, S. 7 ff.).

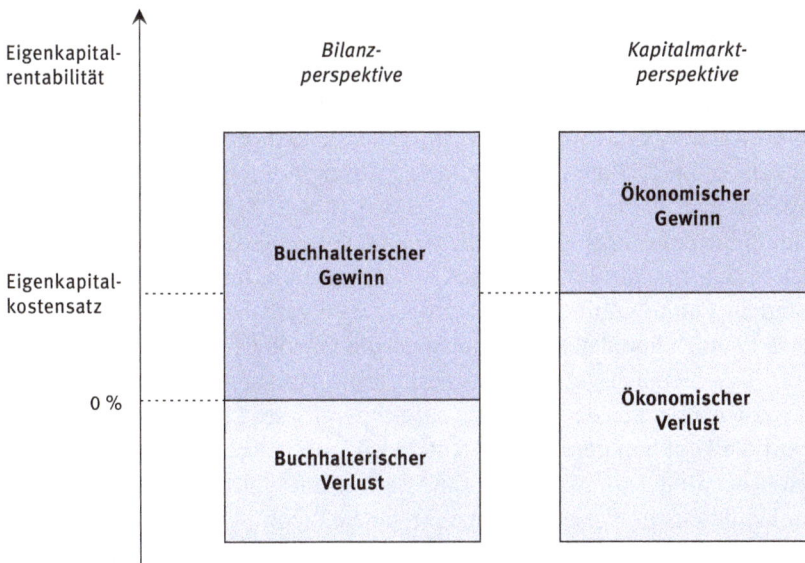

Abb. 2.7: Bilanz- versus Kapitalmarktperspektive.

Der in der Bilanz bzw. Gewinn- und Verlustrechnung ausgewiesene Gewinn berücksichtigt definitionsgemäß keine Eigenkapitalkosten. Um aus Sicht der Eigentümer erfolgreich zu wirtschaften, reicht eine positive Eigenkapitalrentabilität nicht aus. Ein Unternehmen, das eine Eigenkapitalrentabilität von 6 % erwirtschaftet, dessen Eigenkapitalkosten jedoch 10 % betragen, ist aus finanzwirtschaftlicher Perspektive nicht erfolgreich. Erfolgreich sind nur Unternehmen, die neben sämtlichen anderen Kosten auch die Eigenkapitalkosten verdienen. Aus Kapitalmarktperspektive erwirtschaften diese Unternehmen einen ökonomischen Gewinn (Residualgewinn), der zur Steigerung des Unternehmenswertes beiträgt (siehe Abbildung 2.7). In unserem

Beispiel sollte das Unternehmen daher eine Eigenkapitalrentabilität von mehr als 10 % erzielen.

Gemeinsam mit den leistungswirtschaftlichen Unternehmensfunktionen verfolgt das betriebliche Finanzmanagement das Ziel, die Rentabilität des Unternehmens zu steigern. Aus finanzwirtschaftlicher Perspektive existieren zwei Einflussmöglichkeiten zur Rentabilitätssteigerung. Zum einen kann die Effizienz der Kapitalverwendung gesteigert und damit ein höherer Gewinn bei gleichbleibendem Kapitaleinsatz erwirtschaftet werden. Zum anderen kann der Kapitaleinsatz reduziert werden, solange dadurch die Höhe des betrieblichen Gewinns nicht negativ beeinflusst wird.

Liquidität

Die Aufrechterhaltung der Liquidität ist das Finanzziel, das in einem engen Spannungsverhältnis zum Rentabilitätsziel steht. Analog zu anderen betriebswirtschaftlichen Begriffen wird auch der Begriff der *Liquidität* in Theorie und Praxis unterschiedlich verwendet (vgl. z. B. *Wöhe et al.*, 2013, S. 25 ff. oder *Drukarczyk/Lobe*, 2014, S. 49 ff.). Die nachfolgend erläuterten Begriffsabgrenzungen stehen allerdings in enger Verbindung zueinander.

- Die Liquidität bezeichnet die *Geldnähe* eines Vermögensgegenstandes. Dieser Liquiditätsbegriff stellt darauf ab, wie lange es dauert, um den Vermögensgegenstand in Zahlungsmittel umzuwandeln. Bankguthaben oder Wertpapiere sind z. B. deutlich liquider als Sachanlagen oder Immobilien.
- Die vom Unternehmen gehaltenen und in der Bilanz ausgewiesenen *liquiden Mittel* werden ebenfalls als Liquidität bezeichnet. Dieses Liquiditätsverständnis stellt auf die Funktion der liquiden Mittel als Liquiditätsreserve ab. Neben den ausgewiesenen liquiden Mitteln (v. a. Kassenbestand und Bankguthaben) zählen zur Liquiditätsreserve auch nicht ausgenutzte Kreditlinien.
- Liquidität ist die *jederzeitige Zahlungsfähigkeit* des Unternehmens. Ein Unternehmen ist zahlungsfähig (liquide), wenn es zu jedem Zeitpunkt seine fälligen Auszahlungen aus eigenen Finanzmitteln oder aus nicht ausgenutzten Kreditlinien begleichen kann.

Das finanzwirtschaftliche Liquiditätsziel stellt vor allem auf die *jederzeitige Zahlungsfähigkeit* des Unternehmens ab. Nach der Insolvenzordnung ist Zahlungsunfähigkeit ein Konkursgrund (vgl. § 17 InsO), sodass die Aufrechterhaltung der Liquidität grundlegende Bedeutung für die langfristige Existenzsicherung des Unternehmens hat. Neben der Rentabilität ist die Liquidität folglich eines der beiden wichtigsten Finanzziele. Besondere Bedeutung hat das Liquiditätsziel für die betriebliche Finanzplanung (vgl. z. B. *Däumler/Grabe*, 2013, S. 39 ff. oder *Pape*, 2007, S. 483–485).

Finanzplanung und -kontrolle

Zur Sicherung der Liquidität dient die *kurzfristige Finanzplanung und -kontrolle*, deren Aufgabe die laufende, bei Bedarf tägliche Abstimmung der betrieblichen Ein- und Auszahlungen ist. Hierbei muss für jeden Zeitpunkt innerhalb des Planungshorizonts die folgende Bedingung erfüllt sein:

$$\text{Finanzmittelbestand} + \text{Einzahlungen} - \text{Auszahlungen} \geq \text{Liquiditätsreserve} \quad (2.3)$$

Die Höhe der *Liquiditätsreserve* wird dabei vom unternehmerischen Finanzmanagement unter Berücksichtigung der unternehmensspezifischen Rahmenbedingungen festgelegt (z. B. Zahlungsverhalten der Kunden, Stabilität des Umsatzes oder prognostizierte Entwicklung der Auszahlungen). Sofern im Rahmen der Finanzplanung bzw. -kontrolle Abweichungen festgestellt werden, greift die kurzfristige Liquiditätssicherung ein, indem beispielsweise nicht zwingend notwendige Auszahlungen verschoben oder finanzielle Reserven aufgelöst werden.

Ergänzt wird die kurzfristige Liquiditätsplanung durch die *langfristige bzw. strukturelle Finanzplanung und -kontrolle*. Aufgabe der strukturellen Finanzplanung ist die langfristige Abstimmung von Investitionsprojekten und Finanzierungsmaßnahmen, um das finanzielle Gleichgewicht des Unternehmens aufrechtzuerhalten (vgl. *Vormbaum*, 1995, S. 85 ff.). Hierzu wird vor allem die Fristigkeit der Finanzmittelbeschaffung mit der Kapitalbindungsdauer abgestimmt. Im Mittelpunkt der strukturellen Finanzplanung steht die Maxime, dass langfristige Investitionsprojekte durch langfristige Finanzierungsmaßnahmen zu finanzieren sind. Auf diese Weise soll verhindert werden, dass ein Finanzierungsinstrument (z. B. ein Kredit) zur Rückzahlung fällig wird, bevor dem Unternehmen die aus den Investitionsprojekten erwarteten Einzahlungen zugeflossen sind.

Rentabilität versus Liquidität

Unter Verweis auf das angestrebte Zielniveau beziehen sich sowohl das Rentabilitätsziel als auch das Liquiditätsziel auf Optimallösungen. Die jeweiligen Zielvorschriften lauten also, die Rentabilität bzw. die Liquidität zu maximieren. Bei gleichzeitiger Maximierung der beiden Ziele entsteht allerdings ein *Zielkonflikt*, da Rentabilität und Liquidität konkurrierende Ziele sind (siehe S. 15). Der Zielkonflikt zeigt sich beispielsweise darin, dass zur Erhöhung der Rentabilität ceteris paribus ein hoher Investitionsgrad erforderlich ist, der sich allerdings negativ auf die Liquidität auswirkt. Unter dem Aspekt der Liquiditätssicherung ist wiederum ein möglichst hoher Bestand an finanziellen Mitteln sinnvoll, mit denen sich allerdings nur eine geringe Verzinsung erzielen lässt. Im Ergebnis stärkt ein hoher Liquiditätsbestand zwar die Zahlungsfähigkeit des Unternehmens, die Auswirkungen auf das Rentabilitätsziel sind jedoch negativ.

In der Praxis steuert das betriebliche Finanzmanagement die *Abstimmung zwischen Rentabilitäts- und Liquiditätsziel*. Die Steigerung der Rentabilität ist das für die langfristige Erfolgssicherung notwendige *Hauptziel* erwerbswirtschaftlicher Unternehmen, während die Liquiditätssicherung als originäre Aufgabe des Finanzmanagements eine *zwingende Nebenbedingung* zur langfristigen Existenzsicherung des Unternehmens ist (vgl. *Serfling*, 1992, S. 201). Aus der Perspektive des betrieblichen Finanzmanagements folgt aus der strengen Nebenbedingung der Liquiditätssicherung, dass im Einzelfall ein unter Rentabilitätsaspekten vorteilhaftes Investitionsvorhaben nicht durchgeführt wird, wenn ansonsten die Mindestanforderungen an die Liquidität verletzt würden. Befindet sich das Unternehmen in einer individuellen Krise oder droht gar eine allgemeine Wirtschaftskrise, kann sich die Bedeutung der beiden finanzwirtschaftlichen Ziele umdrehen. In Krisenzeiten dominiert in der Regel das Liquiditätsziel, da eine ausreichende Liquidität notwendige Voraussetzung für die Existenz des Unternehmens ist.

Sicherheit

Das Ziel der *Sicherheit* ist auf die Begrenzung des aus der Unternehmenstätigkeit resultierenden Risikos gerichtet. Unternehmensrisiken entstehen durch leistungswirtschaftliche Unternehmensaktivitäten ebenso wie durch Finanzierungsmaßnahmen. Dementsprechend wird zwischen dem leistungswirtschaftlichen und dem finanzwirtschaftlichen Risiko unterschieden (vgl. *Süchting*, 1995, S. 465 ff.).

– Unter dem *leistungswirtschaftlichen Risiko* wird die Schwankungsanfälligkeit der Unternehmenserfolge aufgrund von Konjunktur- oder Marktrisiken verstanden. Darüber hinaus beeinflussen Beschaffungs- oder Prozessrisiken die Höhe der zukünftigen Unternehmenserfolge und damit das leistungswirtschaftliche Risiko.

– Das *finanzwirtschaftliche Risiko* resultiert aus der durch die Verschuldungspolitik determinierten Kapitalstruktur des Unternehmens. Es ist umso höher, je stärker das Unternehmen verschuldet ist.

Aufgabe der betrieblichen Finanzwirtschaft ist die Steuerung bzw. Begrenzung der beiden Risiken, wobei sich das leistungs- und finanzwirtschaftliche Risiko gegenseitig verstärken. Ein Grundsatz der betrieblichen Finanzierungspolitik lautet daher, dass sich Unternehmen mit einem hohen leistungswirtschaftlichen Risiko weniger stark verschulden sollten als Unternehmen mit einem geringeren leistungswirtschaftlichen Risiko. Ergänzend zur Verschuldungspolitik dient auch das betriebliche Risikomanagement (z. B. Währungs- oder Zinsmanagement) dazu, unternehmerische Risiken zu begrenzen.

Wachstum

Das *Wachstumsziel* ist darauf gerichtet, die Finanzierungspotenziale zu erschließen, die zur Finanzierung der unternehmerischen Wachstumsprozesse erforderlich sind. Nicht ausgenutzte Finanzierungspotenziale ermöglichen es dem Unternehmen, auf neue Entwicklungen an den Güter- oder Finanzmärkten flexibel zu reagieren. Die hierdurch gewonnene strategische Flexibilität ist ein entscheidender finanzwirtschaftlicher Wettbewerbsvorteil für die langfristige Existenz- und Erfolgssicherung des Unternehmens (vgl. z. B. *Van't Land/Strasser*, 1980, S. 297). In Bezug auf das Zielniveau kann das angestrebte Wachstum nur in *Abhängigkeit vom Rentabilitätsziel* bestimmt werden. Wachstum ist nur in den Bereichen sinnvoll, in denen die Rentabilität oberhalb der Kapitalkosten liegt, sodass der Unternehmenswert gesteigert wird. Wächst ein Unternehmen dagegen in Bereichen, die langfristig ihre Kapitalkosten nicht verdienen, wird der Unternehmenswert vermindert.

Unabhängigkeit

Das finanzwirtschaftliche Ziel der *Unabhängigkeit* stellt darauf ab, die unternehmerische Dispositionsfreiheit zu erhalten (vgl. *Perridon/Steiner/Rathgeber*, 2017, S. 13 f.). Das Unabhängigkeitsziel ist insbesondere bei der Entscheidung über eine Kapitalaufnahme relevant, da Kapitalgeber für die Kapitalüberlassung Informations- und Mitspracherechte verlangen. Diese Rechte sind bei der Aufnahme neuer Miteigentümer umfangreicher als beispielsweise bei einer Kreditfinanzierung. Allerdings verlangen auch Kreditgeber bestimmte, von Art und Volumen des Kredites abhängige Informations- und Kontrollrechte. Bei der Kreditaufnahme wird die Dispositionsfreiheit des Unternehmens darüber hinaus durch die Stellung von Sicherheiten vermindert. Das Unabhängigkeitsziel ist typischerweise kein Hauptziel, sondern eine Nebenbedingung finanzwirtschaftlichen Handelns. Diese Nebenbedingung kann jedoch dazu führen, dass Unternehmen auf eine Kapitalaufnahme und das damit verbundene Wachstum verzichten, um die unternehmerische Handlungsfreiheit nicht zu beschränken.

Insbesondere für börsennotierte Aktiengesellschaften birgt das Unabhängigkeitsziel allerdings die *Gefahr von Interessenkonflikten*. Wenn einem Unternehmen z. B. das Übernahmeangebot eines potenziellen Aufkäufers vorliegt, kann es aus Aktionärssicht vorteilhaft sein, dieses Angebot anzunehmen. Demgegenüber muss der Vorstand der Aktiengesellschaft befürchten, nach der Übernahme das Recht zur Leitung des Unternehmens und damit seinen Job zu verlieren. Im Gegensatz zu den Aktionären sind die Vorstandsmitglieder daher vielfach nicht an einer Übernahme interessiert. Derartige Interessenkonflikte können in der Praxis zwischen verschiedenen Unternehmensbeteiligten (z. B. Eigentümer, Gläubiger, Management oder Arbeitnehmer) entstehen (vgl. *Pape*, 2009b, S. 158 ff.).

2.1.3 Finanzierungs- und Investitionsentscheidungen

Nachdem in den letzten Abschnitten die begrifflichen Grundlagen sowie die finanzwirtschaftlichen Ziele erläutert wurden, behandeln die folgenden Ausführungen die betrieblichen Finanzierungs- und Investitionsentscheidungen, die den engeren Objektbereich der betrieblichen Finanzwirtschaft bilden. Nach einer kurzen Einführung in den Aufgabenbereich des betrieblichen Finanzmanagements werden die finanzwirtschaftlichen Entscheidungen anschließend aus bilanzorientierter sowie aus zahlungsorientierter Perspektive erörtert.

Finanzmanagement

Dem betrieblichen Finanzmanagement kommt die Aufgabe zu, finanzwirtschaftliche Entscheidungen vor dem Hintergrund der unternehmerischen Finanzziele zu treffen und damit die betriebliche Finanzwirtschaft zielgerichtet zu gestalten. In der Betriebswirtschafts- und Managementlehre wird zwischen der funktionalen und der institutionellen Dimension des Managements unterschieden (vgl. z. B. *Becker*, 2018, S. 16 ff.).

– In *funktionaler Perspektive* werden unter dem Begriff des Finanzmanagements die Aufgaben der betrieblichen Finanzwirtschaft subsumiert (vgl. *Pape*, 2009b, S. 149 ff.). Der finanzwirtschaftliche Aufgabenkatalog umfasst die Planung, Durchführung und Kontrolle von Finanzierungs- und Investitionsentscheidungen. Angesichts der vielfältigen Interdependenzen zwischen Finanz- und Leistungsbereich können diese Aufgaben nur in enger Abstimmung mit den leistungswirtschaftlichen Unternehmensfunktionen erfüllt werden. Bestimmte finanzwirtschaftliche Aufgaben (z. B. Verschuldungspolitik oder Liquiditätssicherung) sind dabei originäre Funktionen, während das Finanzmanagement bei anderen Aufgaben (z. B. Investitionsbeurteilungen) in erster Linie die Verantwortung für den Entscheidungsprozess sowie die einzusetzenden Methoden trägt.

– In *institutioneller Perspektive* bezieht sich das Finanzmanagement auf die Führungspersonen, die Verantwortung für die Umsetzung der finanzwirtschaftlichen Aufgaben tragen (vgl. z. B. *Brealey/Myers/Allen*, 2020, S. 6 ff. oder *Spremann*, 1996, S. 200 ff.). Die institutionelle Umsetzung des Finanzmanagements ist dabei primär von der Unternehmensgröße abhängig. In Kleinunternehmen übernehmen die Eigentümer bzw. Gesellschafter das Finanzmanagement häufig in Personalunion mit anderen Managementfunktionen. Dagegen ist das Finanzmanagement in mittleren und größeren Unternehmen üblicherweise als eigene Abteilung bzw. als eigener Unternehmensbereich (z. B. Finanz- und Rechnungswesen) organisiert. Angesichts der hohen Bedeutung, die finanzwirtschaftliche Entscheidungen für die langfristige Existenz- und Erfolgssicherung des Unternehmens haben, sollte die Leitung des Finanzbereichs grundsätzlich in der Unternehmensführung verankert sein.

Im Weiteren wird der Begriff des Finanzmanagements primär im funktionalen Sinne verwendet. Damit stehen die finanzwirtschaftlichen Aufgaben im Mittelpunkt der folgenden Ausführungen und nicht die Führungspersonen, die diese Aufgaben übernehmen.

Bilanzorientierte Perspektive

Finanzierungs- und Investitionsentscheidungen sind die beiden grundlegenden finanzwirtschaftlichen Aufgabenfelder. Während sich *Finanzierungsentscheidungen* mit der Frage nach der optimalen Finanzmittelherkunft beschäftigen, behandeln *Investitionsentscheidungen* die Frage nach der optimalen Verwendung finanzieller Mittel. In bilanzorientierter Perspektive spiegeln sich Investitionsentscheidungen auf der Aktivseite der Bilanz wider, während Finanzierungsentscheidungen auf der Passivseite erfasst werden (zu den Grundlagen der Bilanzierung siehe z. B. *Döring/Buchholz*, 2021 oder *Coenenberg/Haller/Schultze*, 2021).

Aktiva	BILANZ	Passiva
Investition: Verwendung der finanziellen Mittel	*Finanzierung: Herkunft der finanziellen Mittel*	
▪ Langfristige Vermögenswerte (Anlagevermögen)	▪ Eigenkapital	
▪ Kurzfristige Vermögenswerte (Umlaufvermögen)	▪ Langfristiges Fremdkapital	
	▪ Kurzfristiges Fremdkapital	

Abb. 2.8: Investition und Finanzierung in bilanzorientierter Perspektive.

In bilanzorientierter Perspektive handelt es sich bei einer Investition um die *längerfristige Bindung finanzieller Mittel* in materiellen Objekten (z. B. Fabriken, Maschinen, Kraftfahrzeuge) oder in immateriellen Objekten (z. B. Lizenzen, Patente, Markenrechte). Die im Zusammenhang mit einem Investitionsprojekt beschafften Vermögensgegenstände werden auf der *Aktivseite der Bilanz* im Anlagevermögen ausgewiesen (siehe Abbildung 2.8). Darüber hinaus beeinflussen Investitionsentscheidungen regelmäßig auch das Umlaufvermögen, da sich infolge der Ausweitung von Geschäftsaktivitäten beispielsweise die Vorräte oder die Forderungen aus Lieferungen und Leistungen erhöhen.

Finanzierungsentscheidungen sind das zweite Aufgabenfeld der betrieblichen Finanzwirtschaft. Die Finanzierung beschäftigt sich mit den Fragen der zieladäquaten *Beschaffung und Disposition von Finanzmitteln*. Der Finanzierungsbegriff wird dabei mehrheitlich weit gefasst, sodass neben der eigentlichen Kapitalbeschaffung auch die Kapitalrückzahlung sowie außerordentliche Finanzierungsvorgänge, z. B. Unternehmensgründungen, Fusionen oder Sanierungen zur Finanzierung zählen (vgl. *Peemöller*, 2001, Sp. 1936 ff.). Finanzierungsmaßnahmen werden auf auf der *Passivseite der Bilanz* ausgewiesen. Das Eigenkapital ist das haftende Kapital, das dem Unternehmen von seinen Eigentümern unbefristet zur Verfügung gestellt wird. Fremdkapital wird dem Unternehmen dagegen von seinen Gläubigern nur für einen befristeten Zeitraum überlassen und es haftet nicht für Verluste des Unternehmens. Die Zielsetzung der betrieblichen Finanzwirtschaft besteht darin, die Beschaffung finanzieller Mittel unter Bezug auf die unternehmerischen Finanzziele zu optimieren. Neben den Finanzierungskosten spielen dabei z. B. auch die Auswirkungen auf das Verhältnis zwischen Eigen- und Fremdkapital (Verschuldungsgrad) oder auf die zeitliche Struktur der Finanzmittel eine Rolle.

Interdependenzen zwischen Finanzierung und Investition

Zwischen den beiden Teilgebieten der betrieblichen Finanzwirtschaft existiert eine Reihe von *Interdependenzen*, die dazu führen, dass Investitions- und Finanzierungsentscheidungen nicht unabhängig voneinander getroffen werden können:

- Diese Interdependenzen betreffen zum Beispiel die *Höhe des Kapitalbedarfs* sowie das potenzielle *Finanzierungsvolumen*. Wenn ein Unternehmen ein neues Investitionsprojekt plant, das nicht aus vorhandenen Finanzmitteln finanziert werden kann, muss es Finanzmittel in Höhe des benötigten Investitionsvolumens aufnehmen. Anderenfalls kann das Investitionsprojekt nicht realisiert werden. Vor der Investitionsentscheidung ist daher der Kapitalbedarf (Aktivseite) mit dem Finanzierungsvolumen (Passivseite) abzustimmen (zur Kapitalbedarfsplanung siehe *Däumler/Grabe*, 2013, S. 42 ff.).
- Auch der *zeitliche Bezug* stellt eine Verbindung zwischen Investitionsprojekten und Finanzierungsmaßnahmen her. Investitionsprojekte sind betriebliche Entscheidungen mit langfristiger Kapitalbindung und diese sind nach dem *Grundsatz der Fristenkongruenz* auch langfristig zu finanzieren. Diese Anforderung findet sich z. B. in der aus der Finanzierungspraxis bekannten *goldenen Bilanzregel* wieder, nach der Investitionen in das Anlagevermögen sowie in den langfristig gebundenen Teil des Umlaufvermögens durch Eigenkapital oder langfristiges Fremdkapital zu finanzieren sind (vgl. *Pape/Schlecker*, 2007, S. 479 f.). Die goldene Bilanzregel dient ebenso wie andere Finanzierungsregeln dazu, das finanzielle Gleichgewicht zu bewahren und dadurch die strukturelle Liquidität des Unternehmens zu sichern (siehe auch Kapitel 6.3.2).
- Eine weitere Verbindung zwischen Investitions- und Finanzierungsentscheidungen ergibt sich bei der Beurteilung der *monetären Vorteilhaftigkeit*. Die Vorteilhaftigkeit eines Investitionsprojektes wird in entscheidendem Maße durch die Finanzierungskosten bestimmt. Ohne den Ausführungen zur Investitions-

rechnung vorzugreifen, ist es unter finanziellen Aspekten unvorteilhaft, eine Investition mit einer Rendite von 6 % p. a. zu realisieren, wenn das Projekt mit einem Kredit zu 8 % p. a. finanziert wird. In finanzwirtschaftlicher Perspektive ist die Realisierung eines Investitionsprojektes nur sinnvoll, wenn die Investitionsrendite oberhalb der projektspezifischen Finanzierungskosten liegt. In diesem Fall wird der Wert des Unternehmens gesteigert; anderenfalls erfolgt eine Vermögensvernichtung.

Die bilanzorientierte Perspektive folgt einer statischen Sichtweise, da die mit finanzwirtschaftlichen Entscheidungen verbundenen Konsequenzen für die Zahlungsströme des Unternehmens nicht berücksichtigt werden. Zur Entscheidungsunterstützung nutzt das betriebliche Finanzmanagement daher vor allem das zahlungsorientierte Verständnis von Finanzierungs- und Investitionsentscheidungen. Bevor wir die zahlungsorientierte Perspektive behandeln, sind einige Grundbegriffe des Finanz- und Rechnungswesens zu erläutern.

Grundbegriffe des Finanz- und Rechnungswesens

Das Finanz- und Rechnungswesen von Unternehmen hat üblicherweise verschiedene Ebenen (vgl. *Küpper*, 2002, Sp. 2036–2038). Aus dem externen Rechnungswesen kennen Sie die *Finanzbuchhaltung*, deren Aufgabe die Gesamterfolgsermittlung auf Basis der einschlägigen buchhalterischen Vorschriften ist. Der Gesamterfolg des Unternehmens errechnet sich als Differenz von Ertrag und Aufwand. Erträge und Aufwendungen sind zeitraumbezogene Stromgrößen, die die Veränderung einer zeitpunktbezogenen Bestandsgröße während der Rechnungsperiode (z. B. ein Geschäftsjahr) erfassen. Aufwand entsteht dabei durch den bewerteten Verzehr von Gütern oder Dienstleistungen, während die bewertete Entstehung von Gütern oder Dienstleistungen als Ertrag bezeichnet wird (vgl. *Döring/Buchholz*, 2021, S. 29 ff.).

Das interne Rechnungswesen stellt mit der *Kosten- und Erfolgsrechnung* ein zweites Rechnungssystem zur Erfolgsermittlung bereit (vgl. *Ewert/Wagenhofer*, 2014, S. 27 ff.). Im Unterschied zum externen Rechnungswesen (Gesamterfolgsebene) ermittelt die Kosten- und Erfolgsrechnung den durch die Verfolgung des Sachziels entstehenden betrieblich bedingten Erfolg (Betriebserfolgsebene). Der vor allem für unternehmensinterne Steuerungszwecke verwendete Betriebserfolg errechnet sich als Differenz von Erlösen und Kosten. Auch bei diesen beiden Erfolgsgrößen handelt es sich um Stromgrößen. Im Unterschied zu den buchhalterischen Erfolgsgrößen entstehen Erlöse bzw. Kosten jedoch nur, wenn die jeweilige Unternehmensaktivität dem eigentlichen Betriebszweck dient. Als Erlös wird die betrieblich bedingte und bewertete Entstehung von Gütern oder Dienstleistungen bezeichnet, während es sich bei Kosten um den betrieblich bedingten und bewerteten Verzehr von Gütern oder Dienstleistungen handelt (vgl. z. B. *Brühl*, 2016, S. 54–60). Der Unterschied zwischen Erlös und Ertrag bzw. Kosten und Aufwand wird in der Finanzbuchhaltung als neutraler Erfolg ausgewiesen (siehe Abbildung 2.9). Neutrale Erträge werden in der Erfolgsrechnung nicht als Erlös berücksichtigt, während neutrale Aufwendungen keine Kosten darstellen.

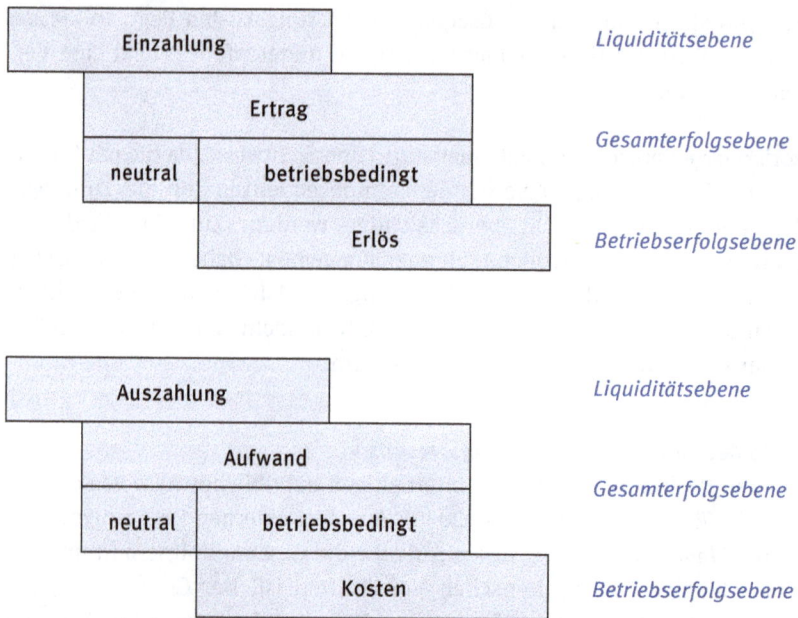

Abb. 2.9: Abgrenzung finanzwirtschaftlicher Stromgrößen.

Finanzierungs- und Investitionsrechnungen bilden die dritte Rechnungsebene des Unternehmens. Diese Rechnungen verfolgen das Ziel, die Auswirkungen unternehmerischer Entscheidungen auf den Finanzmittelbestand (Liquiditätssaldo) des Unternehmens zu ermitteln. Der Liquiditätssaldo errechnet sich als Differenz von Ein- und Auszahlungen. In Finanzierungs- und Investitionsrechnungen werden ausschließlich zahlungswirksame Größen erfasst. Im Unterschied zu Erträgen bzw. Erlösen liegt eine Einzahlung erst vor, wenn der Kunde des Unternehmens die offene Rechnung bezahlt hat. Eine Auszahlung liegt umgekehrt nur in den Fällen vor, in denen finanzielle Mittel aus dem Unternehmen abfließen. Wenn eine Spedition z. B. einen Lastkraftwagen erwirbt und diesen sofort bezahlt, liegt eine Auszahlung vor. Der Lastkraftwagen wird in der Finanzbuchhaltung über die betriebsgewöhnliche Nutzungsdauer und in der Kostenrechnung über die wirtschaftliche Nutzungsdauer abgeschrieben, wobei es sich bei den verrechneten Abschreibungen um Aufwand bzw. Kosten handelt. Die zahlungsorientierten Finanzierungs- und Investitionsrechnungen berücksichtigen ausschließlich die Investitionsauszahlung und keine Abschreibungen.

Da sich Finanzierungs- und Investitionsentscheidungen vor allem auf die Liquiditätsebene auswirken, orientieren sich die weiteren Ausführungen primär an Zahlungsgrößen. Auf buchhalterische bzw. kalkulatorische Stromgrößen des Rechnungswesens werden wir jedoch zurückkommen, wenn beispielsweise bei der
Ermittlung des steuerpflichtigen Gewinns Abschreibungen verrechnet werden, um
die Ertragsteuerzahlungen zu bestimmen.

Zahlungsorientierte Perspektive

Ergänzt wird das bilanzorientierte Verständnis der betrieblichen Finanzwirtschaft
durch die zahlungsorientierte Perspektive, die charakteristisch für die *entscheidungsorientierte Investitions- und Finanzierungstheorie* ist (vgl. *Heinen*, 1985, S. 139).
Da finanzwirtschaftliche Entscheidungen üblicherweise einen mittel- bis langfristigen Zeithorizont aufweisen, meist ein hohes Volumen an finanziellen Mitteln binden
und regelmäßig nur schwer reversibel sind, determinieren sie den zukünftigen
Handlungsspielraum des Unternehmens und haben einen erheblichen Einfluss auf
den zukünftigen Unternehmenserfolg. Diese Eigenschaften machen eine systematische Zukunftsorientierung der betrieblichen Finanzwirtschaft zwingend erforderlich
(vgl. *Pape/Steinbach*, 2011, S. 140 f.).

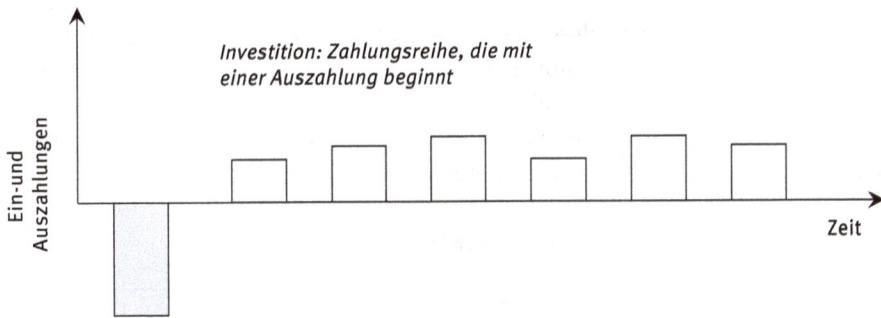

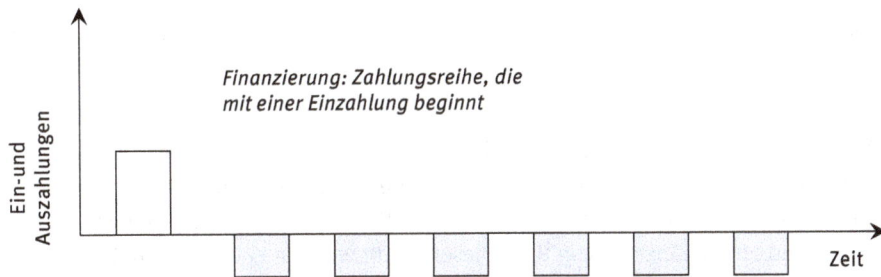

Abb. 2.10: Zahlungsströme von Finanzierungs- und Investitionsprojekten.

Investitions- und Finanzierungsentscheidungen sind mit zukunftsorientierten Zahlungsströmen verbunden, die durch ihre Höhe, die zeitliche Struktur der Zahlungen sowie deren Risiko charakterisiert werden. Investitionsprojekte und Finanzierungsmaßnahmen verursachen zu unterschiedlichen Zeitpunkten Aus- und Einzahlungen, wobei sich die Zahlungsströme von Investitions- und Finanzierungsprojekten durch ihre Struktur unterscheiden (siehe Abbildung 2.10).

Investitionsprojekte sind dadurch charakterisiert, dass der aus Ein- und Auszahlungen bestehende Zahlungsstrom mit einer Auszahlung beginnt (vgl. *Schneider*, 1992, S. 20 f.). Demgegenüber beginnt der Zahlungsstrom von *Finanzierungsmaßnahmen* mit einer Einzahlung. Bei der Analyse finanzwirtschaftlicher Entscheidungen wird häufig vereinfachend unterstellt, dass der aus einem Investitionsprojekt oder einer Finanzierungsmaßnahme resultierende Zahlungsstrom lediglich einen Vorzeichenwechsel hat. In diesem Fall folgen im Anschluss an eine oder mehrere Investitionsauszahlungen nur noch positive Rückflüsse, während bei einer Finanzierungsmaßnahme auf eine oder mehrere Einzahlungen nur noch Auszahlungen folgen. Die projektspezifischen Zahlungsströme bilden die Grundlage für die Vorteilhaftigkeitsbeurteilung von Finanzierungs- und Investitionsprojekten.

In Tabelle 2.1 sind beispielhaft ein Investitionsprojekt sowie die korrespondierende Finanzierungsmaßnahme dargestellt. Das *Investitionsprojekt* verursacht eine Anschaffungsauszahlung von 10.000 Euro und generiert während der geplanten Nutzungsdauer von vier Jahren die dargestellten Rückflüsse. Bei den Rückflüssen handelt es sich um die Einzahlungsüberschüsse, die als Saldo der zukünftig erwarteten Ein- und Auszahlungen ermittelt werden. Die Einzahlungen entstehen aus dem Absatz der betrieblichen Leistungen, während die Auszahlungen durch die betriebliche Leistungserstellung verursacht werden.

Tab. 2.1: Zahlungsströme von Finanzierungs- und Investitionsprojekten.

Jahr	0	1	2	3	4
Investitionsprojekt (€)	−10.000	+2.500	+3.500	+4.500	+4.000
Finanzierungsmaßnahme (€)	+10.000	−800	−800	−800	−10.800
Saldo pro Jahr (€)	0	1.700	2.700	3.700	−6.800
Kumulierter Saldo (€)	0	1.700	4.400	8.100	1.300

Durch die *Finanzierungsmaßnahme* nimmt das Unternehmen Kapital auf, um das Investitionsprojekt zu realisieren. Der in Tabelle 2.1 dargestellte Zahlungsstrom entspricht einem endfälligen Kredit in Höhe von 10.000 Euro mit einer Laufzeit von vier Jahren und einem Zinssatz von 8 %. Dieser Kredit wird im Zeitpunkt t = 0 aufgenommen. In den folgenden vier Jahren zahlt das Unternehmen jährlich 800 Euro Zinsen und am Laufzeitende wird der Kreditbetrag von 10.000 Euro in einer Summe getilgt.

Bereits anhand dieses kleinen Beispiels lassen sich zwei elementare finanzwirtschaftliche Fragestellungen illustrieren. Zum einen geht es um die monetäre Vorteilhaftigkeit (Rentabilität) des Investitionsprojektes, zum anderen um die Gewährleistung der Liquidität.

– Die *Vorteilhaftigkeit* wird anhand der Zahlungsströme von Investitionsprojekt und Finanzierungsmaßnahme beurteilt. Bei der Vorteilhaftigkeitsanalyse lautet die entscheidende Frage, ob der Zahlungsstrom des Investitionsprojektes wertvoller ist als der Zahlungsstrom der Finanzierungsmaßnahme. In den unteren beiden Zeilen von Tabelle 2.1 ist der jährliche sowie der kumulierte Saldo der beiden Zahlungsströme dargestellt. Insgesamt erwirtschaftet das Projekt einen kumulierten Saldo von 1.300 Euro nach Finanzierungskosten. Um die Vorteilhaftigkeit des Projektes beurteilen zu können, benötigen wir allerdings nicht nur die Angaben zur Höhe und zeitlichen Struktur der Zahlungen, sondern auch Informationen hinsichtlich des Risikos. Darüber hinaus muss die Zeit- und Risikopräferenz der Investoren bekannt sein, da verschiedene Investoren unterschiedliche Präferenzen hinsichtlich der zeitlichen Zahlungsstruktur und des Risikos haben. Daher lässt sich die Vorteilhaftigkeit des Investitionsprojektes nicht allgemeingültig, sondern nur aus der subjektiven Perspektive eines bestimmten Investors beurteilen.

– Hinsichtlich der *Liquidität* ist die Frage zu beantworten, ob die dem Unternehmen zufließenden Einzahlungen in jedem Jahr ausreichen, um die in dieser Periode fälligen Auszahlungen zu bedienen. Wenn sich in einem Jahr ein negativer Saldo ergibt, der nicht durch finanzwirtschaftliche Korrekturmaßnahmen ausgeglichen werden kann, droht die Zahlungsunfähigkeit. Der in Tabelle 2.1 dargestellte Zahlungsstrom weist bis zum dritten Jahr positive Salden auf. Lediglich im vierten Jahr ist der jährliche Saldo aus Ein- und Auszahlungen negativ. Da der negative Saldo durch die Zahlungsmittelüberschüsse der ersten drei Jahre ausgeglichen werden kann, ist das Investitionsprojekt unter Liquiditätsaspekten akzeptabel.

Da das Liquiditätsziel erfüllt wird, entscheidet das Unternehmen unter Bezug auf die finanzwirtschaftliche Vorteilhaftigkeit. Bei dieser Entscheidung geht es um die Frage, ob der kumulierte Zahlungsmittelüberschuss von 1.300 Euro ausreicht, um das mit der Investition verbundene Risiko zu tragen. Die Antwort auf diese Frage ist letztlich von den individuellen Präferenzen der jeweiligen Investoren abhängig.

Finanzmittelkreislauf

Wie Sie den bisherigen Ausführungen entnehmen konnten, stellt die zahlungsorientierte Perspektive auf die mit finanzwirtschaftlichen Entscheidungen verbundenen Konsequenzen für die Zahlungsströme (Cashflows) des Unternehmens ab. Anhand der betrieblichen Zahlungsströme lassen sich die im Rahmen der laufenden Geschäftstätigkeit erforderlichen finanzwirtschaftlichen Entscheidungen verdeutlichen (siehe Abbildung 2.11). Die Darstellung abstrahiert von konkreten Investitionsprojekten oder Finanzierungsinstrumenten und bezieht sich stattdessen auf die grundlegenden Zahlungsvorgänge.

Der Finanzmittelkreislauf startet am Kapitalmarkt, wenn das Unternehmen finanzielle Mittel von seinen Kapitalgebern aufnimmt. Die *Kapitalbeschaffung* wird als Außenfinanzierung bezeichnet, da die Finanzmittel von externen Kapitalgebern aufgenommen werden. Aus finanzwirtschaftlicher Perspektive geht es in diesem Schritt vor allem um die zielgerichtete Auswahl und Kombination verschiedener Finanzierungsinstrumente. Der zweite Schritt betrifft die Entscheidung über die *Kapitalverwendung*. Typischerweise werden die durch das Unternehmen aufgenommenen Finanzmittel für Investitionszwecke verwendet. Im Mittelpunkt der Investitionsentscheidung steht die Auswahl der unter Bezug auf die unternehmensspezifischen Finanzziele optimalen Investitionsprojekte. Die Realisierung von Investitionsprojekten verursacht zunächst Auszahlungen, denen bei erfolgreichem Verlauf der Investitionsprojekte Einzahlungen folgen. Die Finanzierung durch Einzahlungen aus laufender Geschäftstätigkeit wird als Innenfinanzierung bezeichnet.

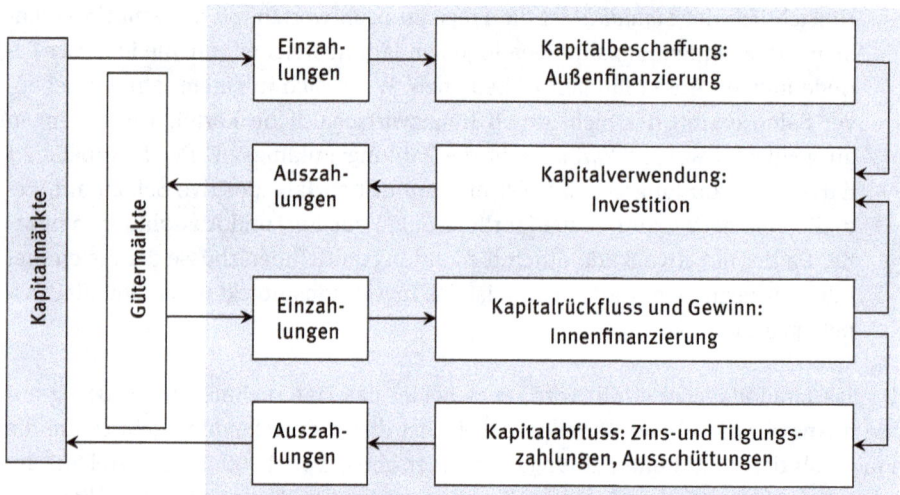

Abb. 2.11: Kreislauf finanzieller Mittel.

Nach dem Zufluss der Finanzmittel steht das Unternehmen wiederum vor einer finanzwirtschaftlich relevanten Entscheidungssituation. Die erwirtschafteten Finanzmittel können entweder im Unternehmen einbehalten oder an die Kapitalgeber ausgezahlt werden. Die *Einbehaltung von Finanzmitteln* dient zur Finanzierung der Geschäftstätigkeit, indem z. B. neue Investitionsprojekte aus den selbst erwirtschafteten Mitteln alimentiert werden. Begrenzt wird die Dispositionsfreiheit des Unternehmens über die erwirtschafteten Finanzmittel von den Ansprüchen der Kapitalgeber. Wenn vertragliche Ansprüche von Kapitalgebern bestehen, z. B. auf Zins- oder Tilgungszahlungen, müssen die entsprechenden Finanzmittel ausgezahlt werden. Lediglich bei Ansprüchen von Kapitalgebern, die vertraglich nicht fixiert sind, besteht die Möglichkeit zur unternehmerischen Entscheidung zwischen Einbehaltung der Finanzmittel und *Auszahlung an die Kapitalgeber*. Ein typisches Beispiel für diesen Fall sind die Ansprüche der Eigentümer, die regelmäßig weder zeitlich noch der Höhe nach fixiert sind. Anhand der Abbildung 2.11 können Sie auch erkennen, dass die Außenfinanzierung eine Alternative zur Innenfinanzierung bietet. Wenn das Unternehmen aufgrund vertraglicher Verpflichtungen finanzielle Mittel an Kapitalgeber auszahlen muss, obwohl die Mittel zur Realisierung von Investitionsprojekten benötigt werden, bietet der Kapitalmarkt eine Alternative, um neue Finanzmittel aufzunehmen.

2.2 Finanzierungsformen im Überblick

Im Mittelpunkt des vorangegangenen Abschnitts standen die notwendigen begrifflichen Grundlagen. Wir haben uns u. a. mit den grundlegenden Aufgaben der betrieblichen Finanzwirtschaft beschäftigt, zu denen die Deckung des Finanzmittelbedarfs zählt. Hierzu steht den Kapitalnehmern an den Kapitalmärkten eine nahezu unüberschaubare Anzahl an Finanzierungsinstrumenten zur Verfügung. Um angesichts der Vielzahl an Finanzierungsinstrumenten nicht den Überblick zu verlieren, lautet das *Lernziel von Kapitel 2.2*, die verschiedenen Finanzierungsformen und -instrumente zu systematisieren. Da die Systematisierung der Finanzierungsformen als Basis für die spätere Erläuterung der Finanzierungsinstrumente dient, ist das Verständnis dieser Systematik von grundlegender Bedeutung. Sie sollten den nachfolgenden Ausführungen daher Ihre ungeteilte Aufmerksamkeit widmen.

2.2.1 Systematisierung der Finanzierungsformen

Finanzierungsmaßnahmen dienen zur Deckung des Kapitalbedarfs von Unternehmen, wobei Kapitalnachfrager unter einer Vielzahl alternativer Finanzierungsinstrumente wählen können. Um die einzelnen Instrumente einordnen und beurteilen zu können, werden Finanzierungsformen systematisiert.

Systematisierungskriterien
Aus der einschlägigen Literatur sind verschiedene Kriterien zur Systematisierung von Finanzierungsformen und -instrumenten bekannt (vgl. z. B. *Perridon/Steiner/Ra-*

thgeber, 2017, S. 419 ff.; *Däumler/Grabe*, 2013, S. 30 ff. oder *Wöhe et al.*, 2013, S. 14 ff.). Gängige Systematisierungskriterien sind der Finanzierungsanlass, die Kapitalüberlassungsdauer, die Finanzmittelherkunft sowie die Rechtsstellung der Kapitalgeber (siehe Abbildung 2.12).

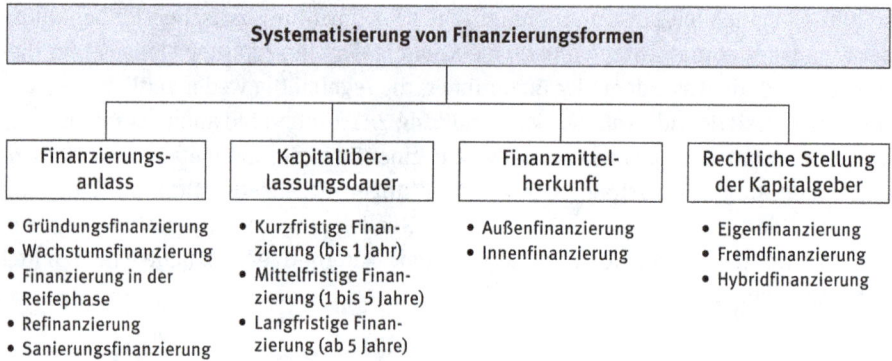

Systematisierung von Finanzierungsformen			
Finanzierungs-anlass	**Kapitalüber-lassungsdauer**	**Finanzmittel-herkunft**	**Rechtliche Stellung der Kapitalgeber**
• Gründungsfinanzierung • Wachstumsfinanzierung • Finanzierung in der Reifephase • Refinanzierung • Sanierungsfinanzierung	• Kurzfristige Finan-zierung (bis 1 Jahr) • Mittelfristige Finan-zierung (1 bis 5 Jahre) • Langfristige Finan-zierung (ab 5 Jahre)	• Außenfinanzierung • Innenfinanzierung	• Eigenfinanzierung • Fremdfinanzierung • Hybridfinanzierung

Abb. 2.12: Kriterien zur Systematisierung von Finanzierungsformen.

Finanzierungsanlass

Nach dem Finanzierungsanlass werden verschiedene typisierte Finanzierungsphasen im Lebenszyklus eines Unternehmens unterschieden, wobei Anzahl und Abgrenzung der Phasen in Literatur und Praxis variieren (vgl. *Portisch*, 2017, S. 11 ff.; *Betsch/Groh/Lohmann*, 2000, S. 310 ff.; *Engelmann et al.*, 2000, S. 25 ff. und *Zimmer*, 1998, S. 41 ff.). Als wesentliche Finanzierungsphasen werden nachfolgend die Unternehmensgründung, das Wachstum sowie die Reife abgegrenzt. Ergänzt werden diese grundlegenden Phasen durch die Refinanzierung sowie die Sanierung, bei denen es sich um außerordentliche Finanzierungsanlässe handelt.

– Im Mittelpunkt der *Gründungsphase* steht die Beschaffung des für die Betriebsaufnahme erforderlichen Kapitals, um die zukünftige Unternehmensentwicklung zu gewährleisten.

– Die auf die Gründung folgende *Wachstumsphase* zeichnet sich typischerweise durch hohen Kapitalbedarf zur Finanzierung des unternehmerischen Wachstums aus.

– Unternehmen in der *Reifephase* sind durch eine stabile Wettbewerbssituation gekennzeichnet und können die laufende Geschäftstätigkeit mehrheitlich aus eigener Kraft finanzieren, sodass der externe Kapitalbedarf in dieser Phase grundsätzlich geringer ist.

– Bei einer *Refinanzierung* wird die bisherige Finanzierungsstruktur durch eine neue und im Hinblick auf die Finanzziele günstigere Kombination von Finanzierungsinstrumenten ersetzt.

– Eine *Sanierungsfinanzierung* wird erforderlich, wenn sich Unternehmen in einer finanziellen Krise befinden. Die Sanierung verfolgt das Ziel, die Insolvenz des betroffenen Unternehmens abzuwenden.

Kapitalüberlassungsdauer

Das Kriterium der Kapitalüberlassungsdauer stellt auf die Laufzeit der Finanzierungsmaßnahmen ab. Üblicherweise wird dabei zwischen kurz-, mittel- und langfristiger Finanzierung unterschieden. Auch wenn die zeitliche Abgrenzung nicht einheitlich vorgenommen wird, orientieren sich Theorie und Praxis mehrheitlich an der handelsrechtlichen Abgrenzung (vgl. § 268 Abs. 4, 5 und § 285 Nr. 1a HGB). Bedeutung hat das Kriterium der Kapitalüberlassungsdauer vor allem für die Gewährleistung der Fristenkongruenz zwischen Investition und Finanzierung (siehe S. 27).
– *Kurzfristige Finanzierungsmaßnahmen* weisen eine Laufzeit von bis zu einem Jahr auf.
– *Mittelfristige Finanzierung* liegt bei Laufzeiten zwischen einem und fünf Jahren vor.
– *Langfristige Finanzierungsmaßnahmen* haben eine Laufzeit von mindestens fünf Jahren.

Finanzmittelherkunft

Die Finanzmittelherkunft beantwortet die Frage nach der Quelle der finanziellen Mittel, wobei zwischen Außen- und Innenfinanzierung unterschieden wird.
– Maßnahmen der *Außenfinanzierung* führen dem Unternehmen zusätzliches Kapital zu, das die Kapitalgeber unabhängig von der laufenden Geschäftstätigkeit zur Verfügung stellen. Als Gegenleistung für die Kapitalüberlassung erhalten die Kapitalgeber bestimmte Eigentümer- bzw. Gläubigerrechte (z. B. Gewinn-, Verzinsungs- oder Tilgungsansprüche). Wenn zusätzliches Kapital aufgenommen wird, bewirkt die Außenfinanzierung eine Bilanzverlängerung. Dient das neue Kapital dagegen zur Ablösung bisheriger Finanzierungsmaßnahmen, handelt es sich um einen Passivtausch.
– *Innenfinanzierung* erfolgt durch die Freisetzung finanzieller Mittel, wobei zwei Fälle unterschieden werden. Zum einen kann das Unternehmen zusätzliches Kapital bilden, indem finanzielle Mittel aus dem Umsatzprozess gebunden werden (z. B. durch Einbehaltung von Gewinnen). Zum anderen kann Innenfinanzierung auch dadurch erfolgen, dass finanzielle Mittel durch Vermögensumschichtung freigesetzt werden. In bilanzieller Perspektive liegt bei der Kapitalbildung eine Bilanzverlängerung vor, während es sich bei der Vermögensumschichtung um einen Aktivtausch handelt.

Rechtliche Stellung des Kapitalgebers

Schließlich lassen sich Finanzierungsformen anhand der rechtlichen Stellung der Kapitalgeber abgrenzen. Nach der Rechtsstellung wird zwischen Eigen-, Fremd- und Hybridfinanzierung unterschieden.

- *Eigenfinanzierung* erfolgt durch die Bereitstellung von Eigenkapital, das für die Verluste des Unternehmens haftet. In rechtlicher Perspektive handelt es sich bei den Eigenkapitalgebern um die Eigentümer des Unternehmens.
- Bei der *Fremdfinanzierung* stellen die Kapitalgeber Fremdkapital zur Verfügung, das nicht für die Verluste des Unternehmens haftet. Fremdkapitalgeber sind Gläubiger, die Verzinsungs- und Rückzahlungsansprüche gegenüber dem Kapitalnehmer haben.
- Das auch als Mezzanine-Kapital bezeichnete *Hybridkapital* umfasst Finanzierungsinstrumente, die Elemente von Eigen- und Fremdkapital verbinden und damit zwischen den beiden traditionellen Finanzierungsformen stehen.

Systematik der Finanzierungsformen und -instrumente

Die nachfolgende Systematik differenziert auf der ersten Ebene nach der Finanzmittelherkunft (siehe Abbildung 2.13). Damit ergibt sich die Unterscheidung zwischen Außen- und Innenfinanzierung. Die Außenfinanzierungsmaßnahmen werden nach der rechtlichen Stellung der Kapitalgeber abgegrenzt, wodurch sich die Außenfinanzierung mit *Eigen-, Hybrid- und Fremdkapital* ergibt. Nach der Finanzierungsart wird die Innenfinanzierung in die *Finanzierung aus dem Umsatzprozess* sowie in die *Finanzierung aus Vermögensumschichtung* unterschieden. Ergebnis der vorliegenden Systematik sind fünf Finanzierungsformen, die im Folgenden dargelegt werden.

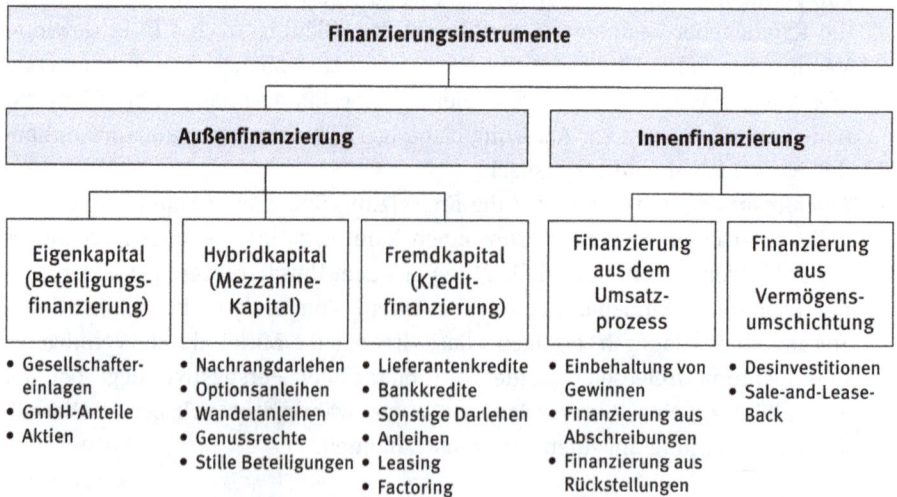

Abb. 2.13: Systematisierung von Finanzierungsformen und -instrumenten.

Formen der Außenfinanzierung

Beteiligungsfinanzierung ist Außenfinanzierung mit Eigenkapital. Bei dieser Finanzierungsform stellen die Kapitalgeber dem Unternehmen haftendes Eigenkapital zeitlich unbefristet zur Verfügung. Als Eigentümer erhalten die Eigenkapitalgeber Mitwirkungsrechte bei der Geschäftsführung des Unternehmens. Bei der Beteiligungsfinanzierung handelt es sich um die grundlegende Form der Unternehmensfinanzierung. Das von den Eigentümern aufgebrachte Eigenkapital wirkt als Verlustpuffer und ist Voraussetzung dafür, dass weitere Kapitalgeber dem Unternehmen Finanzmittel (z. B. Kredite) zur Verfügung stellen. Die konkrete Ausgestaltung der Beteiligungsfinanzierung ist von der Rechtsform des Unternehmens abhängig. Einzelunternehmen und Personengesellschaften nehmen externes Eigenkapital durch die Einlagen des Unternehmers bzw. der Gesellschafter auf. Bei der Gesellschaft mit beschränkter Haftung (GmbH) erfolgt die Beteiligungsfinanzierung durch Ausgabe von GmbH-Anteilen gegen Einlagen der Gesellschafter. Die Aktiengesellschaft (AG) nimmt externes Eigenkapital auf, indem sie Aktien gegen die Einlagen der Aktionäre ausgibt.

Bei der *Kreditfinanzierung* handelt es sich um Außenfinanzierung mit Fremdkapital. Im Gegensatz zur Beteiligungsfinanzierung haftet Fremdkapital nicht für die Verluste des Unternehmens. Die Kapitalüberlassung ist regelmäßig zeitlich befristet. Als Gläubiger haben die Fremdkapitalgeber einen Anspruch auf Rückzahlung des überlassenen Kapitals, während ihnen grundsätzlich keine Mitwirkungsrechte bei der Geschäftsführung zustehen. Typische Beispiele für die Kreditfinanzierung sind Bankkredite, die in Deutschland traditionell eine hohe Bedeutung für die Unternehmensfinanzierung haben. Weitere Beispiele sind Kredite anderer Kapitalgeber, z. B. Lieferantenkredite oder Gesellschafterdarlehen. Durch festverzinsliche Anleihen stellen die Anleihegläubiger dem Emittenten ebenfalls Fremdkapital zur Verfügung. Im Gegensatz zu Krediten können Anleihen an der Börse gehandelt werden, da die Gläubigerrechte in einem Wertpapier verbrieft sind. Abschließend sind Leasing und Factoring zu nennen, die aus finanzwirtschaftlicher Perspektive ebenfalls der Kreditfinanzierung zugerechnet werden.

Neben den klassischen Formen der Außenfinanzierung mit Eigen- oder Fremdkapital existieren hybride Finanzierungsinstrumente, die als Mezzanine-Kapital in der jüngeren Vergangenheit an Popularität gewonnen haben. Unter *Hybrid- bzw. Mezzanine-Kapital* versteht man Finanzierungsinstrumente, die Merkmale von Eigen- und Fremdkapital kombinieren. Mezzanine Finanzierungsinstrumente verfolgen das Ziel, die Vorteile beider Kapitalarten in einem Instrument zu verbinden. In rechtlicher Hinsicht dominiert dabei meistens der Fremdkapitalcharakter, während Mezzanine-Kapital in wirtschaftlicher Hinsicht mehrheitlich dem Eigenkapital zugerechnet wird. Der Eigenkapitalcharakter von Mezzanine-Kapital bewirkt Vorteile bei der Kreditwürdigkeit des Unternehmens, während aus dem Fremdkapitalcharakter vor allem steuerliche Vorteile resultieren. Beispiele für hybride Finanzierungsinstrumente sind Nachrangdarlehen, Wandelanleihen oder stille Beteiligungen.

Formen der Innenfinanzierung

Die *Finanzierung aus Umsatzerlösen* ist die typische Form der Innenfinanzierung. Bei dieser Finanzierungsform werden Umsatzerlöse im Unternehmen einbehalten und für die Finanzierung der weiteren Geschäftstätigkeit genutzt. Damit wird deutlich, dass diese Form der Innenfinanzierung nur für Unternehmen in Frage kommt, die bereits erfolgreich am Markt tätig sind und Umsatzerlöse erwirtschaften. Eine für profitable Unternehmen typische Form der Innenfinanzierung ist die Selbstfinanzierung, bei der Gewinne nicht an die Gesellschafter ausgeschüttet, sondern einbehalten werden. Das durch die Gewinneinbehaltung gebildete Kapital steht den Unternehmenseignern zu; daher ist die Selbstfinanzierung eine Form der Innenfinanzierung mit Eigenkapital. Bei der Finanzierung durch Abschreibungs- bzw. Rückstellungsgegenwerte handelt es sich ebenfalls um Finanzierung aus Umsatzerlösen. Durch die Bildung einer Abschreibung bzw. Rückstellung werden finanzielle Mittel im Unternehmen gebunden, da ein Aufwand gebucht wird, dem keine Auszahlung gegenübersteht. Bis zu dem Zeitpunkt, zu dem die zugehörige Auszahlung fällig wird, stehen diese Finanzmittel dem Unternehmen für Finanzierungszwecke zur Verfügung. Während die Finanzierung aus Abschreibungsgegenwerten in rechtlicher Perspektive eine Mischfinanzierung aus Eigen- und Fremdkapital ist, handelt es sich bei der Finanzierung aus Rückstellungsgegenwerten um Fremdkapital, da Rückstellungen ungewisse Verbindlichkeiten sind.

Die *Finanzierung aus Vermögensumschichtung* zählt ebenfalls zur Innenfinanzierung. Diese Finanzierungsform bewirkt einen Finanzierungseffekt durch Freisetzung gebundenen Kapitals. Ein typisches Beispiel sind Desinvestitionen, indem Vermögensgegenstände verkauft werden, die für die laufende Geschäftstätigkeit nicht benötigt werden (z. B. Finanzanlagen oder ein Reservegrundstück). Ein weiteres Beispiel ist das Sale-and-Lease-Back-Verfahren, bei dem ein Vermögensgegenstand (z. B. das selbstgenutzte Bürogebäude) an eine Leasinggesellschaft verkauft und anschließend im Rahmen eines Leasingvertrages gemietet wird. Neben Kostenaspekten ist mit dieser Transaktion ein Liquiditätszufluss verbunden. In rechtlicher Perspektive handelt es sich bei der Finanzierung aus Vermögensumschichtung in der Mehrzahl der Fälle um eine Mischfinanzierung aus Eigen- und Fremdkapital.

2.2.2 Eigen- versus Fremdkapital

Angesichts der Vielzahl an verfügbaren Finanzierungsinstrumenten stellt sich für das unternehmerische Finanzmanagement die Frage nach der idealen Kombination dieser Instrumente. Auf diese Frage gibt es keine allgemeingültige Antwort; sie lässt sich nur anhand der in der konkreten Finanzierungssituation relevanten Kriterien beantworten. Im Folgenden werden die Eigen- und Fremdfinanzierung anhand verschiedener Kriterien verglichen (siehe Abbildung 2.14). Der Vergleich erfolgt aus Perspektive des kapitalnachfragenden Unternehmens.

Kriterium	Eigenkapital (EK)	Fremdkapital (FK)
Rechtliche Stellung der Kapitalgeber	Eigentümer	Gläubiger
Haftung für Verluste des Unternehmens	Haftung: nachrangiger Anspruch der Kapitalgeber im Insolvenzfall	Keine Haftung: vorrangiger Anspruch der Kapitalgeber im Insolvenzfall
Partizipation an der Unternehmensleitung	Recht zur Geschäftsführung	Kein Recht zur Geschäftsführung
Zeitliche Verfügbarkeit	Unbefristete Laufzeit	Befristete Laufzeit
Beteiligung am Unternehmenserfolg	Unbegrenzte Beteiligung an Gewinn bzw. Verlust	Fester Zinsanspruch; keine Gewinn- bzw. Verlustbeteiligung
Steuerliche Behandlung	Belastung des Gewinns mit Ertragsteuern	Steuerliche Entlastung durch Zinszahlungen
Belastung der Liquidität	Ausschüttung nur bei Gewinnerzielung	Gewinnunabhängige (feste) Zinszahlungen

Abb. 2.14: Abgrenzung von Eigen- und Fremdkapital.

Rechtsstellung und Haftung

In rechtlicher Hinsicht besteht der grundsätzliche Unterschied zwischen Eigen- und Fremdkapital in der *Rechtsstellung der Kapitalgeber*. Eigenkapitalgeber sind die Eigentümer des Unternehmens, während es sich bei Fremdkapitalgebern um Gläubiger handelt. Als Eigentümer haften die Eigenkapitalgeber für die Verbindlichkeiten des Unternehmens, wobei die *Haftung* in Abhängigkeit von der Rechtsform entweder unbegrenzt oder auf die Höhe der Kapitaleinlage begrenzt ist. Im Gegensatz zu den Eigenkapitalgebern haften die Gläubiger nicht. Aus Unternehmenssicht spricht das Kriterium der Haftung daher eindeutig für die Aufnahme von Eigenkapital. Eine höhere Eigenkapitalquote stärkt die Haftungsbasis und erhöht damit die Kreditwürdigkeit (Bonität) des Unternehmens. Unternehmen mit hoher Bonität haben ein entsprechend gutes Standing an den Kapitalmärkten und damit Vorteile bei der Kapitalbeschaffung.

Unternehmensleitung und zeitliche Verfügbarkeit

Auch bei der Teilhabe an der *Leitung des Unternehmens* zeigt sich die unterschiedliche rechtliche Stellung der Kapitalgeber. Als Eigentümer haben die Eigenkapitalgeber das Recht, die zukünftige Unternehmenspolitik mitzugestalten. Unabhängig von der Möglichkeit, sich im Finanzierungsvertrag bestimmte Informations- und Kontrollrechte einräumen zu lassen, steht den Fremdkapitalgebern grundsätzlich kein

Geschäftsführungsrecht zu.[1] Aus Unternehmenssicht wird dieser Aspekt üblicherweise als Vorteil der Fremdfinanzierung betrachtet, da neue Kapitalgeber keine Mitspracherechte erhalten und die Mehrheitsverhältnisse der bisherigen Eigentümer dadurch nicht verändert werden. Hinsichtlich der *zeitlichen Verfügbarkeit* zeichnet sich Eigenkapital durch seine unbefristete Laufzeit aus. Demgegenüber ist die Laufzeit von Fremdkapital regelmäßig befristet. Aus Sicht des Kapital suchenden Unternehmens weist Fremdkapital damit den Nachteil auf, dass das Unternehmen eine Rückführung bzw. Ablösung der Finanzmittel zum Laufzeitende einplanen muss. Hinsichtlich der zeitlichen Verfügbarkeit sind mit der Aufnahme von Eigenkapital keine Restriktionen verbunden, sodass dieser Punkt für die Aufnahme von Eigenkapital spricht.

Erfolgsbeteiligung und Finanzierungskosten

Als Preis für die Kapitalüberlassung erhalten Kapitalgeber eine *Beteiligung am Unternehmenserfolg*. Die Art der Erfolgsbeteiligung ist abhängig von der Rechtsstellung des Kapitalgebers. Eigenkapitalgeber sind als Residualberechtigte am Gewinn bzw. Verlust beteiligt, der verbleibt, nachdem die Ansprüche der anderen Unternehmensbeteiligten einschließlich der Fremdkapitalgeber bedient worden sind. Da der Residualgewinn mit dem Markterfolg des Unternehmens schwankt, ist die Erfolgsbeteiligung der Eigenkapitalgeber variabel. Im Gegensatz dazu haben Fremdkapitalgeber typischerweise einen festen Verzinsungsanspruch, der unabhängig vom Unternehmenserfolg ist. Im Vergleich zu den Eigenkapitalgebern tragen die Fremdkapitalgeber ein geringeres Risiko, was sich in geringeren Finanzierungskosten widerspiegelt. Unter Kostenaspekten ist daher meistens Fremdkapital zu bevorzugen.

Steuerliche Auswirkungen

Der Vorteil des Fremdkapitals hinsichtlich der Finanzierungskosten wird durch die unterschiedliche *steuerliche Behandlung* der beiden Finanzierungsarten noch einmal verstärkt. Bei den auf das Fremdkapital zu leistenden Zinszahlungen handelt es sich um Betriebsausgaben, die den steuerpflichtigen Gewinn des Unternehmens vermindern. Damit werden die Fremdfinanzierungskosten bei der steuerlichen Gewinnermittlung abgezogen, während die Kosten des Eigenkapitals nicht berücksichtigt werden. Stattdessen muss der erwirtschaftete Gewinn mit dem relevanten Ertragsteuersatz versteuert werden, bevor er an die Eigenkapitalgeber ausgeschüttet werden kann. Je nach Rechtsform und Art des Unternehmens sind Einkommen- bzw. Körperschaftsteuer, Gewerbesteuer, Solidaritätszuschlag sowie ggf. Kirchensteuer zu berücksichtigen. Die unterschiedliche steuerliche Behandlung führt zur Bevorzu-

---

1 Auch wenn sich Banken oder andere Gläubiger in den Kreditverträgen häufig relativ weitgehende Informations- und Kontrollrechte einräumen lassen, partizipieren sie nicht an der laufenden Geschäftsführung.

gung der Fremd- gegenüber der Eigenfinanzierung, wobei die Höhe des Steuervorteils von den steuerlichen Rahmenbedingungen des Kapitalnehmers abhängig ist.

Liquiditätsbelastung

Unterschiede zwischen Eigen- und Fremdkapital bestehen schließlich auch hinsichtlich der Auswirkungen auf die *Liquidität des Unternehmens*. Die Zinszahlungen auf das Fremdkapital sind unabhängig von der Höhe der erwirtschafteten Rückflüsse. Auch wenn ein Unternehmen keinen Gewinn erwirtschaftet, müssen die vertraglich vereinbarten Zins- und Tilgungszahlungen geleistet werden. Demgegenüber erfolgen Gewinnausschüttungen an die Eigenkapitalgeber nur, wenn das Unternehmen die entsprechenden Finanzmittel zuvor erwirtschaftet hat. Im Gegensatz zum Fremdkapital besteht bei der Nutzung von Eigenkapital nicht die Gefahr, Zahlungen zu Lasten der Unternehmenssubstanz leisten zu müssen. Unter Liquiditätsaspekten ist daher die Eigenkapitalaufnahme vorteilhafter als die Aufnahme von Fremdkapital.

Zusammenfassende Beurteilung

Wenn Sie für die Gegenüberstellung von Eigen- und Fremdkapital ein zusammenfassendes Gesamturteil treffen wollen, werden Sie feststellen, dass keine der beiden Finanzierungsalternativen in Bezug auf sämtliche Kriterien überlegen ist. Beide Finanzierungsformen weisen Vorteile, aber auch Nachteile auf. Eine universelle Handlungsempfehlung lässt sich weder auf der abstrakten Ebene Eigen- versus Fremdkapital noch für einzelne Finanzierungsinstrumente ableiten. Die Vorteilhaftigkeit bestimmter Finanzierungsformen ist vielmehr von der jeweiligen Finanzierungssituation des Unternehmens und den in dieser Situation dominierenden Finanzzielen abhängig. Ein junges Technologieunternehmen wird in der ersten Phase nach der Unternehmensgründung primär Eigenkapital nutzen, da die Aufnahme von Fremdkapital im Hinblick auf das Liquiditätsziel problematisch wäre – unabhängig davon, dass dieses Unternehmen auch Schwierigkeiten hätte, Fremdkapitalgeber zu finden. Auf der anderen Seite wird ein reifes Unternehmen, das stabile Gewinne erwirtschaftet, neben dem vorhandenen Eigenkapital auch Fremdkapital einsetzen, um im Hinblick auf das Rentabilitätsziel Kosten- und Steuervorteile auszunutzen. In der Praxis nutzen die meisten Unternehmen sowohl Eigen- als auch Fremdkapital zur Finanzierung ihrer Geschäftstätigkeit.

2.2.3 Leverage-Effekt

Im vorangegangenen Abschnitt haben wir beim Vergleich zwischen der Außenfinanzierung mit Eigen- bzw. Fremdkapital festgestellt, dass aufgrund des geringeren Risikos die Fremdkapitalkosten typischerweise unter den Eigenkapitalkosten des Unternehmens liegen. Der Kostenvorteil des Fremdkapitals kommt u. a. im Rahmen des

Leverage-Effekts zum Tragen. Der Leverage-Effekt (Hebel-Effekt) bezeichnet den Umstand, dass sich die Rentabilität des Eigenkapitals durch die Aufnahme von Fremdkapital steigern lässt.

Grundlagen und Herleitung

Der *Leverage-Effekt* basiert auf der Unterscheidung zwischen externer Eigen- und externer Fremdfinanzierung, wobei angenommen wird, dass sich das investierte Kapital ausschließlich aus Eigen- und Fremdkapital zusammensetzt. Beide Gruppen von Kapitalgebern haben einen Anspruch darauf, dass ihnen die Kapitalüberlassung vergütet wird. Die *Vergütung der Fremdkapitalgeber* erfolgt annahmegemäß durch feste Zinszahlungen, deren Höhe vertraglich fixiert ist. Die *Eigenkapitalgeber erhalten den Residualgewinn*, der sich aus der Differenz zwischen den Investitionsrückflüssen und den Zinszahlungen an die Fremdkapitalgeber ergibt. Angesichts der Tatsache, dass die Investitionsrückflüsse schwanken, ist der Residualgewinn eine variable Größe. Die Rentabilität der Eigenkapitalgeber wird damit einerseits durch die variable Investitionsrendite und andererseits durch den festen Fremdkapitalzinssatz bestimmt. Sofern die Investitionsrendite höher als der Zinssatz ist, entsteht ein positiver Effekt auf die Eigenkapitalrentabilität. Aus didaktischen Gründen wird im Folgenden angenommen, dass sowohl die Gesamtkapitalrentabilität als auch der Fremdkapitalzinssatz konstant sind.

Ausgangspunkt für die *Herleitung des Leverage-Effekts* ist die Rentabilität des Eigenkapitals (siehe auch S. 20 f.). Die Eigenkapitalrentabilität (r_{EK}) errechnet sich, indem gemäß Formel (2.4) der den Eigenkapitalgebern zustehende Gewinn nach Zinsen (G) durch das Eigenkapital (EK) dividiert wird.

$$r_{EK} = \frac{G}{EK} \tag{2.4}$$

Bei verschuldeten Unternehmen entspricht der Gewinn nach Zinsen der Differenz zwischen dem Gewinn vor Zinsen und den Zinszahlungen auf das Fremdkapital. Um den Gewinn vor Zinsen zu errechnen, wird das investierte Gesamtkapital (GK) mit der Gesamtkapitalrentabilität (r_{GK}) multipliziert. Die Zinszahlungen lassen sich durch Multiplikation des Fremdkapitals (FK) mit dem Zinssatz (i) bestimmen. Der Zähler aus Formel (2.4) lässt sich nunmehr als Differenz des Gewinns vor Zinsen und der Zinszahlungen darstellen. Anschließend wird das Gesamtkapital durch die Summe aus Eigenkapital und Fremdkapital ersetzt.

$$r_{EK} = \frac{r_{GK} \cdot GK - i \cdot FK}{EK} \tag{2.5}$$

$$r_{EK} = \frac{r_{GK} \cdot (EK + FK) - i \cdot FK}{EK} \tag{2.6}$$

$$r_{EK} = r_{GK} \cdot 1 + r_{GK} \cdot \frac{FK}{EK} - i \cdot \frac{FK}{EK} \qquad (2.7)$$

Leverage-Formel

Durch Umstellen der Formel (2.7) ergibt sich schließlich die in Theorie und Praxis übliche Darstellung des *Leverage-Effekts* gemäß Formel (2.8). Das Verhältnis zwischen Fremdkapital (FK) und Eigenkapital (EK) wird als *Verschuldungsgrad (VG)* bezeichnet.

$$r_{EK} = r_{GK} + \frac{FK}{EK} \cdot (r_{GK} - i) \qquad (2.8)$$

$$VG = \frac{FK}{EK} \qquad (2.9)$$

Mit Bezug auf Formel (2.8) lässt sich die Kernaussage des Leverage-Effekts ableiten: Wenn die mit dem investierten Kapital erwirtschaftete Gesamtkapitalrentabilität (= Rendite der Investitionen) höher ist als der Fremdkapitalzinssatz, steigt die Eigenkapitalrentabilität mit zunehmendem Verschuldungsgrad. In diesem Fall ergibt sich ein positiver Leverage-Effekt, der als *Leverage-Chance* bezeichnet wird. Wenn die Gesamtkapitalrentabilität allerdings unterhalb des Fremdkapitalzinssatzes liegt, wirkt der Leverage-Effekt negativ und aus der Leverage-Chance wird ein *Leverage-Risiko*. In diesem Fall bewirkt der steigende Verschuldungsgrad eine sinkende Eigenkapitalrentabilität, die im Extremfall auch negativ werden kann. Nachfolgend wird der Leverage-Effekt anhand eines Beispiels verdeutlicht.

Beispiel: Leverage-Effekt

Ernst-August Holzwurm, der Geschäftsführer der Ihnen bereits bekannten Holzwurm GmbH, ist stolz darauf, dass sein Unternehmen bislang weitgehend ohne Fremdkapital auskommt. Zwar nutzt auch die Holzwurm GmbH eine Kreditlinie bei ihrer Hausbank, wenn z. B. infolge umfangreicher Materialeinkäufe ein kurzfristiger Finanzierungsbedarf entsteht. Die langfristige Unternehmensfinanzierung erfolgt jedoch ausschließlich durch Eigenkapital. Als Herr Holzwurm wieder einmal seine Hausbank besucht, versucht deren Firmenkundenbetreuer, Christian von Hebel, den Geschäftsführer der Holzwurm GmbH von den Vorteilen einer – selbstverständlich maßvollen – Verschuldung zu überzeugen. Das Interesse der Bank an einem Kreditgeschäft stellt er gar nicht in Abrede. Vor allem verweist Christian von Hebel jedoch auf die positiven Auswirkungen der Verschuldung auf die Eigenkapitalrentabilität der Gesellschafter. Durch diesen Hinweis wird Herr Holzwurm hellhörig und der Kundenbetreuer erläutert ihm seine Überlegungen.

Die Holzwurm GmbH plant neue Projekte mit einem Investitionsvolumen von 500.000 Euro. Aus diesen Investitionen erwartet das Unternehmen Rückflüsse von 50.000 Euro pro Jahr, sodass die erwartete Investitionsrendite bei 10,0 % liegt. Die Bank bietet dem Unternehmen an, die Investitionsvorhaben über einen langfristigen Kredit mit einem Zinssatz von 6,0 % zu finanzieren. Die maximale Kredithöhe beträgt 400.000 Euro, da die Hausbank eine Eigenfinanzierung von mindestens 20 % fordert. In einem ersten Szenario hat Christian von Hebel die Auswirkungen unterschiedlicher Verschuldungsgrade dargestellt. Ausgangspunkt ist die Annahme, dass die Holzwurm GmbH das gesamte Investitionsvolumen mit Eigenkapital finanziert (Zeile 1 in Tabelle 2.2). In diesem Fall ist der Gewinn nach Zinsen gleich dem Rückfluss und die Rentabilität der Eigenkapitalgeber entspricht der Gesamtkapitalrentabilität (r_{GK}) von 10,0 %.

Tab. 2.2: Positiver Leverage-Effekt (Szenario 1).

EK (€)	FK (€)	VG	Rückfl. (€)	Zinsen (€)	Gewinn (€)	r_{GK}	i	r_{EK}
500.000	0	0,0	50.000	0	50.000	10,0 %	6,0 %	10,0 %
333.000	167.000	0,5	50.000	10.020	39.980	10,0 %	6,0 %	12,0 %
250.000	250.000	1,0	50.000	15.000	35.000	10,0 %	6,0 %	14,0 %
200.000	300.000	1,5	50.000	18.000	32.000	10,0 %	6,0 %	16,0 %
166.500	333.500	2,0	50.000	20.010	29.990	10,0 %	6,0 %	18,0 %
143.000	357.000	2,5	50.000	21.420	28.580	10,0 %	6,0 %	20,0 %
125.000	375.000	3,0	50.000	22.500	27.500	10,0 %	6,0 %	22,0 %
111.000	389.000	3,5	50.000	23.340	26.660	10,0 %	6,0 %	24,0 %
100.000	400.000	4,0	50.000	24.000	26.000	10,0 %	6,0 %	26,0 %

Tab. 2.3: Negativer Leverage-Effekt (Szenario 2).

EK (€)	FK (€)	VG	Rückfl. (€)	Zinsen (€)	Gewinn (€)	r_{GK}	i	r_{EK}
500.000	0	0,0	25.000	0	25.000	5,0 %	6,0 %	5,0 %
333.000	167.000	0,5	25.000	10.020	14.980	5,0 %	6,0 %	4,5 %
250.000	250.000	1,0	25.000	15.000	10.000	5,0 %	6,0 %	4,0 %
200.000	300.000	1,5	25.000	18.000	7.000	5,0 %	6,0 %	3,5 %
166.500	333.500	2,0	25.000	20.010	4.990	5,0 %	6,0 %	3,0 %
143.000	357.000	2,5	25.000	21.420	3.580	5,0 %	6,0 %	2,5 %
125.000	375.000	3,0	25.000	22.500	2.500	5,0 %	6,0 %	2,0 %
111.000	389.000	3,5	25.000	23.340	1.660	5,0 %	6,0 %	1,5 %
100.000	400.000	4,0	25.000	24.000	1.000	5,0 %	6,0 %	1,0 %

Wenn die Investitionsprojekte teilweise fremdfinanziert werden, erhöht sich die Eigenkapitalrentabilität. Die Kombination von z. B. 333.000 Euro Eigenkapital (EK) und 167.000 Euro Fremdkapital (FK) entspricht einem Verschuldungsgrad (VG) von 0,5 (Zeile 2 in Tabelle 2.2). Die Zinszahlungen auf das Fremdkapital betragen in diesem Fall 10.020 Euro, sodass sich ein Gewinn nach Zinsen in Höhe von 39.980 Euro ergibt. Bezogen auf das Eigenkapital in Höhe von 333.000 Euro ergibt das eine Eigenkapitalrentabilität (r_{EK}) von 12,0 %. Im Vergleich zum Ausgangsfall steigt die Eigenkapitalrentabilität infolge der Verschuldung an – bezogen auf das verminderte Eigenkapital. Dieser Effekt lässt sich auch mit Hilfe der Leverage-Formel (2.8) berechnen:

$$r_{EK} = 10\% + 0{,}5 \cdot (10\% - 6\%) = 10\% + 2\% = 12\% \tag{2.10}$$

Bevor Herr Holzwurm nachfragen kann, weist Christian von Hebel ihn auf das mit zunehmender Verschuldung entstehende Leverage-Risiko hin. Hierzu skizziert er ein zweites Szenario, bei dem sich die Gesamtkapitalrentabilität aufgrund verschlechterter Konjunkturaussichten auf 5,0 % reduziert.Wie Christian anhand von Tabelle 2.3 verdeutlicht, sinkt in diesem Szenario die Eigenkapitalrentabilität mit steigendem Verschuldungsgrad. Während die Eigenkapitalgeber bei vollständiger Eigenfinanzierung eine Rendite in Höhe von 5,0 % erzielen, sinkt diese mit zunehmender Verschuldung bis auf 1,0 %. Da die Hausbank eine Eigenkapitalquote von mindestens 20 % fordert, liegt der maximale Verschuldungsgrad bei 4,0. Auch wenn eine höhere Verschuldung im vorliegenden Beispiel nicht möglich ist, lässt sich ausrechnen, dass sich bei weiter steigenden Verschuldungsgraden eine negative Eigenkapitalrentabilität ergibt.

Tab. 2.4: Negativer Leverage-Effekt mit steigenden Zinssätzen (Szenario 3).

EK (€)	FK (€)	VG	Rückfl. (€)	Zinsen (€)	Gewinn (€)	r_{GK}	i	r_{EK}
500.000	0	0,0	25.000	0	25.000	5,0 %	6,0 %	5,0 %
333.000	167.000	0,5	25.000	10.354	14.646	5,0 %	6,2 %	4,4 %
250.000	250.000	1,0	25.000	16.000	9.000	5,0 %	6,4 %	3,6 %
200.000	300.000	1,5	25.000	19.800	5.200	5,0 %	6,6 %	2,6 %
166.500	333.500	2,0	25.000	22.678	2.322	5,0 %	6,8 %	1,4 %
143.000	357.000	2,5	25.000	24.990	10	5,0 %	7,0 %	0,0 %
125.000	375.000	3,0	25.000	27.000	−2.000	5,0 %	7,2 %	−1,6 %
111.000	389.000	3,5	25.000	28.786	−3.786	5,0 %	7,4 %	−3,4 %
100.000	400.000	4,0	25.000	30.400	−5.400	5,0 %	7,6 %	−5,4 %

Abschließend macht Christian von Hebel darauf aufmerksam, dass in beiden Szenarien ein konstanter Zinssatz unterstellt wird. Zu diesem Angebot steht die Bank weiterhin. Allerdings verdeutlicht der Firmenkundenbetreuer die Auswirkungen für den in der Praxis typischen Fall, dass die Kreditkosten mit zunehmender Verschuldung ansteigen. Ausgehend vom zweiten Szenario (Gesamtkapitalrentabilität = 5,0 %) sind in Tabelle 2.4 die Auswirkungen des Zinsanstieges dargestellt. In diesem dritten Szenario wird unterstellt, dass sich der Kreditzinssatz schrittweise von 6,0 % auf 7,6 % erhöht.

Anhand der Tabelle wird deutlich, dass sich das Leverage-Risiko infolge des steigenden Kreditzinssatzes noch einmal verstärkt. Während die Eigenkapitalrentabilität bei einem Verschuldungsgrad von 2,5 nur noch 0 % beträgt, sinkt sie bei weiter ansteigender Verschuldung in den negativen Bereich. Exemplarisch lässt sich die Eigenkapitalrentabilität für einen Verschuldungsgrad von 4,0 mit Hilfe der Leverage-Formel berechnen (siehe Formel (2.8) auf S. 45):

$$r_{EK} = 5,0\% + 4,0 \cdot (5,0\% - 7,6\%) = 5,0\% - 10,4\% = -5,4\% \tag{2.11}$$

Ernst-August Holzwurm geht die verschiedenen Szenarien noch einmal durch. Angesichts der stabilen Geschäftsentwicklung der Holzwurm GmbH ist er davon überzeugt, dass das Unternehmen von den positiven Auswirkungen des Leverage-Effekts profitieren wird. Solange die Verschuldung moderat bleibt, hält er das Leverage-Risiko darüber hinaus für tragbar. Daher sagt er seinem Firmenkundenbetreuer zu, eine Kreditfinanzierung ernsthaft zu prüfen. Zuvor wird er jedoch die Kreditkonditionen der Hausbank mit den Konditionen anderer Kreditinstitute vergleichen.

Bedeutung des Leverage-Effekts

Der Leverage-Effekt beschreibt den Zusammenhang zwischen dem Verschuldungsgrad und der Eigenkapitalrentabilität. Bereits anhand des relativ einfachen Beispiels wird deutlich, dass sich die Aufnahme von Fremdkapital positiv bzw. negativ auf die Eigenkapitalrentabilität auswirken kann. In Abbildung 2.15 ist die Abhängigkeit der Eigenkapitalrentabilität vom Verschuldungsgrad für das Beispiel der Holzwurm GmbH grafisch dargestellt.

Der Leverage-Effekt verdeutlicht die Auswirkungen der Verschuldung allerdings nur, ohne eine eindeutige und für sämtliche Finanzierungssituationen gültige Entscheidungsregel zu liefern. Da für das optimale Verhältnis von Eigen- zu Fremdkapital verschiedene unternehmensspezifische Einflussfaktoren maßgeblich sind, ist eine allgemeingültige Aussage nicht möglich. Anhand des Leverage-Effekts lassen sich die Konsequenzen der unternehmensspezifischen Verschuldungspolitik jedoch gut verdeutlichen.

Die für ein bestimmtes Unternehmen geeignete Verschuldung ist vor allem von der erzielbaren *Gesamtkapitalrentabilität (Investitionsrendite)* und von der Höhe des *Fremdkapitalzinssatzes* abhängig. Im Beispiel haben wir die Gesamtkapitalrentabilität jeweils konstant gehalten und der Zinssatz ist nur im dritten Szenario angestiegen. In der Praxis sind diese Einflussfaktoren allerdings nicht konstant. Stattdessen schwanken die ökonomischen Einflussgrößen und sie wirken sich unterschiedlich auf den Gewinn verschiedener Unternehmen aus. Insofern wird der anzustrebende Verschuldungsgrad maßgeblich von den Erwartungen des Unternehmens hinsichtlich der erzielbaren Investitionsrendite sowie des zukünftigen Zinsniveaus bestimmt. Da die Höhe beider Einflussgrößen nicht zuletzt von der Konjunkturentwicklung beeinflusst wird, ist die *Konjunkturabhängigkeit* der Unternehmenstätigkeit ein entscheidender Faktor für die Höhe des unternehmensspezifischen Verschuldungsgrades. Unternehmen aus weniger konjunkturabhängigen Branchen (z. B. Lebensmitteleinzelhandel oder Energieversorgung) können sich daher einen höheren Verschuldungsgrad leisten als Unternehmen aus zyklischen Branchen (z. B. Luxusgüter oder Maschinenbau). Würde ein sehr konjunkturabhängiges Unternehmen sich stark verschulden, bestände die Gefahr, dass sich die Hebeleffekte aus der betrieblichen Geschäftstätigkeit sowie aus der Verschuldung in einem Konjunkturabschwung gegenseitig verstärkten, wodurch das Unternehmen in finanzielle Schwierigkeiten geraten könnte. Insofern sollten diese Unternehmen einer eher moderaten Verschuldungspolitik folgen, während sich weniger konjunkturabhängige Unternehmen das Risiko einer etwas höheren Verschuldung leisten können.

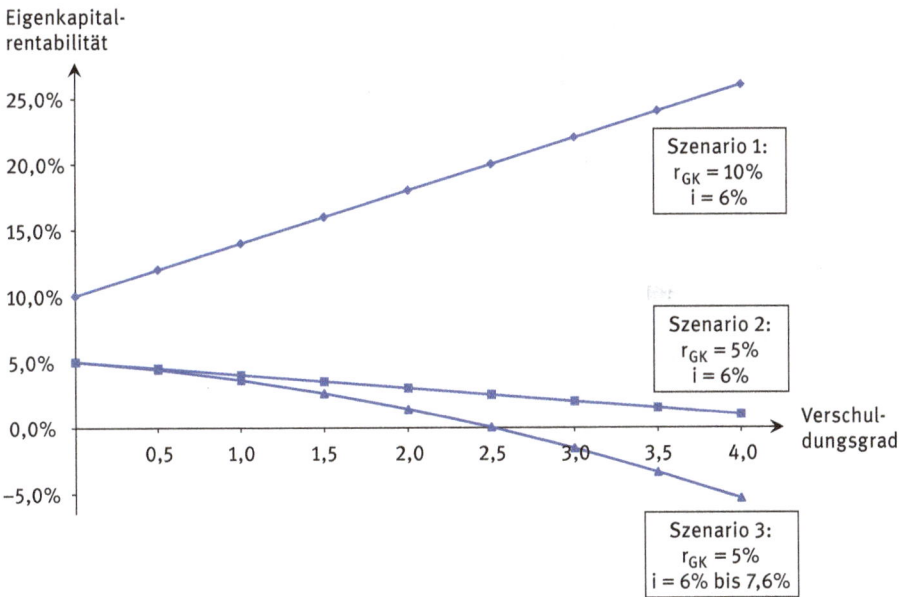

Abb. 2.15: Auswirkungen des Leverage-Effekts auf die Eigenkapitalrentabilität.

Abschließend bleibt festzuhalten, dass der Leverage-Effekt lediglich ein Faktor zur Erklärung der auf realen Kapitalmärkten zu beobachtenden unterschiedlichen Finanzierungsstrukturen ist. Der von einem Unternehmen präferierte Verschuldungsgrad wird darüber hinaus von einer Vielzahl weiterer Einflussfaktoren bestimmt, die wir bereits in Kapitel 2.2.2 behandelt haben (siehe S. 40 ff.). Da es sich bei der Verschuldungspolitik um ein grundlegendes Thema der Unternehmensfinanzierung handelt, werden wir auf diese Frage zurückkommen. Bereits jetzt sei allerdings der Hinweis darauf erlaubt, dass sich die Frage nach der *optimalen Verschuldung* nicht allgemeingültig beantworten lässt, auch wenn diese Antwort für Studierende nicht immer zufriedenstellend ist.

2.3 Finanzmathematische Grundlagen

Im vorangegangen Kapitel haben wir uns grundlegend mit Finanzierungs- und Investitionsentscheidungen beschäftigt. Dabei wurde die Bedeutung der zahlungsorientierten Sichtweise für finanzwirtschaftliche Entscheidungen herausgestellt (siehe S. 31 ff.). In zahlungsorientierter Perspektive werden Finanzierungsinstrumente ebenso wie Investitionsprojekte durch ihre jeweiligen Ein- und Auszahlungen charakterisiert. Diese Zahlungsströme dienen zur Fundierung finanzwirtschaftlicher Entscheidungen. Zur Beurteilung von Investitionsprojekten oder Finanzierungsinstrumenten müssen die mit diesen Maßnahmen verbundenen Zahlungen bekannt sein oder mit hinlänglicher Genauigkeit geschätzt werden können. Um die Zahlungen, die zu unterschiedlichen Zeitpunkten entstehen, vergleichbar zu machen, werden die einzelnen Zahlungen auf- bzw. abgezinst. Daher ist die Kenntnis der einschlägigen finanzmathematischen Grundlagen zwingende Voraussetzung für das Verständnis finanzwirtschaftlicher Entscheidungen.

Das *Lernziel von Kapitel 2.3* lautet, die für finanzwirtschaftliche Entscheidungen erforderlichen finanzmathematischen Grundlagen zu verstehen und die entsprechenden Rechentechniken anwenden zu können. Um den Rahmen nicht zu sprengen, müssen sich die folgenden Ausführungen auf die für das weitere Verständnis erforderlichen Grundlagen beschränken. Zur Vertiefung sei auf die einschlägige finanzmathematische Literatur verwiesen (siehe z. B. *Kruschwitz*, 2018, *Sydsaeter/ Hammond/Strøm/Carvajal*, 2018 oder *Hass/Fickel*, 2012).

2.3.1 Endwert und Barwert von Zahlungen

In finanzwirtschaftlicher Perspektive ist die Vorteilhaftigkeit von Finanzierungs- bzw. Investitionsprojekten von den durch das jeweilige Projekt verursachten Ein- und Auszahlungen abhängig (siehe 31 f.). Die Vorteilhaftigkeitsanalyse basiert auf der Zeitpräferenz der Investoren. Die Zeit- bzw. Konsumpräferenz drückt die von den Investoren gewünschte zeitliche Verteilung der projektbezogenen Zahlungen aus. Investoren präferieren dabei die zeitliche Verteilung der Rückflüsse, die ihnen eine möglichst unproblematische Erfüllung ihrer Konsumwünsche ermöglicht. In der Realität dürften allerdings nur wenige Projekte eine zeitliche Zahlungsstruktur aufweisen, die exakt den Konsumpräferenzen der Investoren entspricht. Um die erwarteten Zahlungsströme (Cashflows) mit den Konsumabsichten der Investoren vergleichbar zu machen, werden die zu unterschiedlichen Zeitpunkten entstehenden Zahlungen auf- bzw. abgezinst. Grundlegende Bedeutung kommt in diesem Zusammenhang den Begriffen *Zeitwert, Endwert* sowie *Barwert* zu.

Zeitwert

Unter dem *Zeit- bzw. Nominalwert* einer Zahlung wird der Wert verstanden, den diese Zahlung zum Zeitpunkt ihres Entstehens hat. Zahlungen, die zu unterschiedlichen Zeitpunkten entstehen, können nicht allein anhand ihres Zeitwertes verglichen werden, da der Zeitwert den zeitlichen Bezug der Zahlungen nicht berücksichtigt. Zum Vergleich von Zahlungen mit unterschiedlichen Zahlungszeitpunkten wird entweder der Endwert oder der Barwert dieser Zahlungen benötigt.

Endwert

Der *Endwert* ist der Wert einer Zahlung, die für n Jahre zum Zinssatz i angelegt worden ist. Der Endwert umfasst dabei den ursprünglichen Anlagebetrag zuzüglich Zinsen und Zinseszinsen. Errechnet wird der Endwert, indem der Zeitwert der ursprünglichen Zahlung mit dem Zinssatz über die Laufzeit aufgezinst wird. Hierzu wird der Ursprungsbetrag mit dem von Laufzeit und Zinssatz abhängigen Aufzinsungsfaktor multipliziert. In allgemeiner Form lässt sich die Formel für die Aufzinsung von Zahlungen folgendermaßen darstellen:

$$EW_n = C_0 \cdot (1 + i)^n \tag{2.12}$$

$$
\begin{aligned}
\text{mit} \quad EW_n &= \text{Endwert im Zeitpunkt n} \\
C_0 &= \text{Zahlung (Cashflow) im Zeitpunkt 0} \\
i &= \text{Zinssatz} \\
n &= \text{Laufzeit} \\
(1 + i)^n &= \text{Aufzinsungsfaktor}
\end{aligned}
$$

Barwert

Der finanzmathematische Gegenpol zum Endwert ist der *Barwert*. Als Barwert (BW_0) wird der heutige Wert einer zukünftigen Zahlung (C_n) bezeichnet. Zur Berechnung des Barwertes wird die zu ihrem Zeitwert angesetzte Zahlung mit dem Zinssatz (i) über die Laufzeit (n) abgezinst (diskontiert). Der Barwert beantwortet die Frage: Welchen Betrag muss ein Investor heute investieren, um nach n Jahren über das Endvermögen verfügen zu können? Zur Berechnung des Barwertes benötigen wir den von Laufzeit und Zinssatz abhängigen Abzinsungsfaktor. Mit dem Abzinsungsfaktor wird der Zeitwert der abzuzinsenden Zahlung multipliziert, sodass sich folgende Formel für die Abzinsung (Diskontierung) von Zahlungen ergibt:

$$BW_0 = C_n \cdot (1+i)^{-n} = \frac{C_n}{(1+i)^n} \qquad (2.13)$$

mit
$\quad BW_0 \quad$ = Barwert im Zeitpunkt 0
$\quad\quad C_n \quad$ = Zahlung (Cashflow) im Zeitpunkt n
$\quad\quad\; i \quad$ = Zinssatz
$\quad\quad\; n \quad$ = Laufzeit
$\quad (1+i)^{-n} \quad$ = Abzinsungs– bzw. Diskontierungsfaktor

---

Beispiel: Geldanlage

Bruno studiert an einer renommierten Hochschule und hofft, sein Studium innerhalb von fünf Jahren abschließen zu können. Schon heute plant er, für seine Freunde eine Party zum erfolgreichen Studienabschluss zu veranstalten. Um die Party in fünf Jahren finanzieren zu können, legt er zu Studienbeginn einen Betrag von 2.000 Euro für fünf Jahre bei der Erfolgsbank AG an. Die Bank bietet ihm für die fünfjährige Anlage einen Zinssatz von 5 % pro Jahr. Über welches Kapital kann Bruno nach fünf Jahren verfügen, wenn er während der Laufzeit keine Auszahlungen vornimmt?

Bei schrittweiser Berechnung errechnen wir zunächst den Endwert nach einem Jahr (EW_1). Wie im Beispiel genannt, legt der Investor sein Kapital anschließend für ein weiteres Jahr zum Zinssatz von 5 % an. Nach Ende des zweiten Jahres wiederholt sich die Wiederanlage drei weitere Male, bis wir den Endwert zum Ende des fünften Jahres (EW_5) erhalten:

$$
\begin{aligned}
EW_1 &= 2.000,00\,€ \cdot (1+0,05) = 2.100,00\,€ \\
EW_2 &= 2.100,00\,€ \cdot (1+0,05) = 2.205,00\,€ \\
EW_3 &= 2.205,00\,€ \cdot (1+0,05) = 2.315,25\,€ \\
EW_4 &= 2.315,25\,€ \cdot (1+0,05) = 2.431,01\,€ \\
EW_5 &= 2.431,01\,€ \cdot (1+0,05) = 2.552,56\,€
\end{aligned}
$$

Der Endwert (EW_5) von 2.552,56 Euro ist der Betrag, den Bruno nach einer Anlagedauer von fünf Jahren inklusive Zinsen und Zinseszinsen erhält. Die schrittweise Berechnung verdeutlicht die Entwicklung des Anlagevermögens. Durch den Zinseszinseffekt steigt der Betrag, um den das Vermögen wächst, von Jahr zu Jahr. Wenn Sie nur an der Höhe des Endvermögens interessiert sind, errechnen Sie den Endwert nach fünf Jahren in einem Schritt:

$$EW_5 = 2.000,00\,€ \cdot (1+0,05)^5 = 2.552,56\,€$$

Beispiel: Kreditaufnahme

Die Fragestellung des Beispiels lässt sich auch umdrehen. Sophie studiert an derselben Hochschule wie Bruno. Zur Mitfinanzierung des Studiums haben ihre Großeltern einen Sparplan abgeschlossen, aus dem sie in drei Jahren eine Zahlung in Höhe von 10.000 Euro erhalten wird. Sophie benötigt das Geld allerdings bereits heute. Daher nimmt sie bei der Erfolgsbank AG einen Kredit auf, den sie in drei Jahren inklusive Zinsen und Zinseszinsen mit der erwarteten Zahlung von 10.000 Euro zurückzahlen wird. Über welchen Kreditbetrag kann Sophie heute verfügen, wenn die Bank für den dreijährigen Kredit einen Zinssatz von 8 % verlangt?

Für dieses Beispiel muss der Barwert der zukünftig erwarteten Zahlung errechnet werden. In unserem Beispiel müssen wir den Betrag von 10.000 Euro über drei Jahre mit dem Kreditzinssatz von 8 % abzinsen, um den Barwert zu ermitteln:

$$BW_0 = 10.000\,€ \cdot (1 + 0{,}08)^{-3} = 10.000\,€ \cdot 0{,}7938 = 7.938\,€$$

Sophie erhält von ihrer Bank einen Kredit (Vorschuss) von 7.938 Euro ausgezahlt, den sie nach drei Jahren inklusive Zinsen mit dem erwarteten Betrag von 10.000 Euro tilgen kann.

Finanzmathematische Kurzformeln

In der Finanzierungspraxis werden End- bzw. Barwerte nicht nur für einzelne Zahlungen, sondern auch für Zahlungsströme bzw. Zahlungsreihen ermittelt. Der End- bzw. Barwert einer aus mehreren einzelnen Zahlungen bestehenden Zahlungsreihe wird ebenfalls durch Auf- bzw. Abzinsung der einzelnen Zahlungen ermittelt. Für einige spezielle Zahlungsreihen lässt sich die Rechnung allerdings durch Kurzformeln vereinfachen. Finanzwirtschaftlich relevant sind in diesem Zusammenhang insbesondere die Rente, die ewige Rente sowie die Annuität.

End- bzw. Barwert einer Rente

Unter einer *Rente* versteht man eine zeitlich begrenzte Reihe gleich hoher Zahlungen, die jeweils am Ende einer bestimmten Periode (z. B. eines Jahres) anfallen. Diese Zahlungen werden als nachschüssig bezeichnet, während vorschüssige Zahlungen zu Periodenbeginn entstehen. Wegen der höheren praktischen Relevanz konzentrieren wir uns im Weiteren auf nachschüssige jährliche Zahlungen. Zur Rechnung mit unterjährigen oder vorschüssigen Zahlungen siehe z. B. *Sydsaeter/ Hammond/Strøm/Carvajal*, 2018, S. 432 ff. oder *Kruschwitz*, 2018, S. 25 ff.

Zur Ermittlung des *Endwertes einer Rente* benötigt man den vom Kalkulationszinssatz (i) sowie von der Laufzeit (n) abhängigen Rentenendwertfaktor (REF). Multipliziert man den Zeitwert der konstanten Rentenzahlung mit dem Rentenendwertfaktor, erhält man den Endwert dieser Rente:

$$EW_n = C \cdot REF(i,n) = C \cdot \frac{(1+i)^n - 1}{i} \tag{2.14}$$

mit EW_n = Endwert im Zeitpunkt n
            C   = Konstante jährliche Zahlung (Cashflow)
            i   = Zinssatz
            n   = Laufzeit
        REF   = Rentenendwertfaktor

Um den *Barwert einer Rente* zu ermitteln, benötigt man den ebenfalls von Zinssatz und Laufzeit abhängigen Rentenbarwertfaktor (RBF). Zur Ermittlung des Barwertes wird der Zeitwert der Rentenzahlung mit dem Rentenbarwertfaktor multipliziert:

$$BW_0 = C \cdot RBF(i,n) = C \cdot \frac{(1+i)^n - 1}{(1+i)^n \cdot i} \tag{2.15}$$

mit BW_0 = Barwert im Zeitpunkt 0
            C   = Konstante jährliche Zahlung (Cashflow)
            i   = Zinssatz
            n   = Laufzeit
        RBF   = Rentenbarwertfaktor

Barwert einer ewigen Rente

Die *ewige Rente* ist ebenfalls eine Reihe konstanter Zahlungen, die allerdings auf unbegrenzte Zeit wiederkehren. Bei Vorliegen einer ewigen Rente vereinfacht sich die Berechnungsvorschrift des Barwertes noch einmal. Um den Barwert einer ewigen Rente zu ermitteln, wird die ewig fließende Rentenzahlung (C) durch den Kalkulationszinssatz geteilt:

$$BW_0 = \frac{C}{i} \tag{2.16}$$

mit BW_0 = Barwert im Zeitpunkt 0
            C   = Konstante jährliche Zahlung (Cashflow)
            i   = Zinssatz

Annuitäten

Bei der *Annuität* handelt es sich um eine periodenbezogene Zahlung, die dadurch entsteht, dass eine einzelne heutige Zahlung (C_0) in eine zeitlich begrenzte Reihe gleich hoher Zahlungen (Annuitäten) transformiert wird. Die Annuität wird nach Formel (2.17) ermittelt, indem die heutige Zahlung mit dem Wiedergewinnungs- bzw. Annuitätenfaktor (WF) multipliziert wird. Beim Wiedergewinnungsfaktor handelt es sich um den Kehrwert des Rentenbarwertfaktors.

$$AN = C_0 \cdot WF(i, n) = C_0 \cdot \frac{(1+i)^n \cdot i}{(1+i)^n - 1} \qquad (2.17)$$

mit C_0 = Einmalige Zahlung im Zeitpunkt 0
      AN = Annuität
      WF = Wiedergewinnungs – bzw. Annuitätenfaktor
      i = Zinssatz
      n = Laufzeit

2.3.2 Finanzwirtschaftliche Bedeutung der Zinseszinsrechnung

Nachdem wir uns mit der Ermittlung von Bar- und Endwerten beschäftigt haben, geht es im Folgenden um die Bedeutung der finanzmathematischen Grundlagen für finanzwirtschaftliche Entscheidungen. Hierzu werden zunächst Funktionsweise und Auswirkungen des Zinseszinseffekts illustriert, bevor anschließend kurz einige praktische Einsatzmöglichkeiten diskutiert werden.

Zinseszinseffekt bei Aufzinsung

Eine zentrale Rolle bei der Berechnung von End- bzw. Barwerten spielt der zur Auf- bzw. Abzinsung verwendete Zinssatz. Diese Bedeutung folgt aus dem finanzmathematischen Zusammenhang zwischen der Höhe des Zinssatzes und dem Endwert. Je höher der Zinssatz ist, umso höher ist auch der Endwert des angelegten Betrages, wobei der Anstieg aufgrund des Zinseszinseffektes progressiv verläuft.

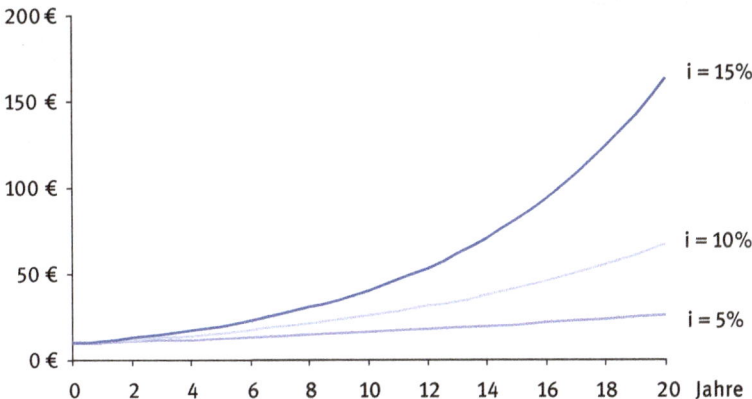

Abb. 2.16: Endwert und Zinseszinseffekt.

Abbildung 2.16 zeigt, wie sich ein Betrag von 10 Euro entwickelt, der zu Zinssätzen von 5 %, 10 % bzw. 15 % über unterschiedlich lange Laufzeiten angelegt wird. Wie Sie sehen, verstärkt sich der Zinseszinseffekt mit zunehmender Laufzeit, sodass sich der Endwert bei hohen Zinssätzen und langen Laufzeiten zu einem großen Teil aus Zinsen und Zinseszinsen zusammensetzt.

Verdoppelung des investierten Kapitals

Die Bedeutung des Zinssatzes für die Höhe des Endwertes (EW) lässt sich auch anhand der Frage verdeutlichen, wie viel Zeit vergeht, bis sich das angelegte Kapital verdoppelt hat. Bei einem Zinssatz von 7 % und jährlicher Zinszahlung dauert es gut 10 Jahre, bis sich der Anlagebetrag verdoppelt hat. Bei einem Zinssatz von 10 % hat sich das investierte Kapital dagegen bereits nach gut 7 Jahren verdoppelt. In den Formeln (2.18) und (2.19) ist dieser Zusammenhang für einen Anlagebetrag von jeweils 100 Euro illustriert.

$$EW_{10} = 100\,€ \cdot 1{,}07^{10} = 100\,€ \cdot 1{,}9672 = 196{,}72\,€ \tag{2.18}$$

$$EW_7 = 100\,€ \cdot 1{,}10^7 = 100\,€ \cdot 1{,}9487 = 194{,}87\,€ \tag{2.19}$$

Zinseszinseffekt bei Abzinsung

Bei der Abzinsung wirkt der Zinseszinseffekt in vergleichbarer Weise. Je höher der verwendete Zinssatz ist, umso kleiner wird der Barwert der abzuzinsenden Zahlung, wobei sich die Höhe des Barwertes aufgrund des Zinseszinseffekts mit zunehmender Laufzeit degressiv entwickelt. Abbildung 2.17 zeigt, wie sich ein Betrag von 100 Euro entwickelt, wenn er zu Zinssätzen von 5 %, 10 % bzw. 15 % über unterschiedlich lange Laufzeiten abgezinst wird.

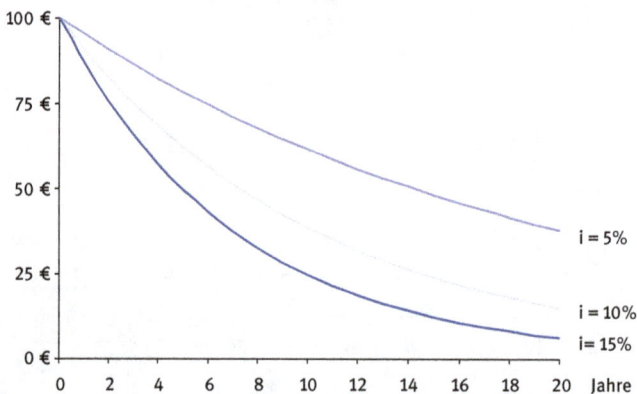

Abb. 2.17: Barwert und Zinseszinseffekt.

Kalkulationszinssatz

Die zuvor dargelegten finanzmathematischen Zusammenhänge verweisen auf den starken Einfluss, den der Kalkulationszinssatz (Diskontierungszinssatz) auf die Höhe des End- bzw. Barwertes hat. Insofern hat die Auswahl des geeigneten Zinssatzes entscheidende Bedeutung für das Ergebnis der Rechnung und damit natürlich auch für jede auf Basis dieses Ergebnisses getroffene finanzwirtschaftliche Entscheidung. Nach dem *Opportunitätskostenprinzip* ist der aus der spezifischen Entscheidungssituation des Investors abgeleitete Zinssatz relevant (vgl. *Brealey/Myers/Allen*, 2020, S. 7 ff.). Investoren, die einen Betrag anlegen wollen, verwenden den für die Geldanlage realisierbaren Anlagezinssatz (Habenzinssatz). Demgegenüber nutzen potenzielle Kreditnehmer den für die Kapitalaufnahme relevanten Kreditzinssatz (Sollzinssatz). Aus Vergleichbarkeitsgründen muss bei der Auswahl des Kalkulationszinssatzes darauf geachtet werden, dass dieser mit dem Bewertungsobjekt hinsichtlich Laufzeit, Risiko und Währung übereinstimmt. Angesichts der hohen Bedeutung werden wir noch mehrmals auf die Ableitung des Kalkulationszinssatzes zurückkommen.

Bedeutung der Auf- bzw. Abzinsung

Die Bedeutung der Zinseszinsrechnung ist sowohl für die Finanzierungstheorie als auch für die Unternehmenspraxis außerordentlich hoch. Durch Auf- bzw. Abzinsung kann der Wert eines jeden Zahlungsstroms zu jedem beliebigen Zeitpunkt ermittelt werden. Finanzierungstheoretisch ist es dabei gleichgültig, ob Sie finanzwirtschaftliche Entscheidungen auf der Basis von Bar- oder Endwerten treffen. Da der Entscheidungszeitpunkt jedoch regelmäßig zu Beginn eines Finanzierungs- bzw. Investitionsprojektes liegt, werden in der Unternehmenspraxis üblicherweise Barwerte verwendet und die entscheidungsrelevanten Zahlungen auf den heutigen Tag abgezinst. Barwertbezogene Entscheidungen finden Sie in nahezu jedem Teilgebiet der Finanzwirtschaft. Typische Beispiele sind der Vergleich unterschiedlicher Kreditalternativen, die Bewertung von Wertpapieren, die Beurteilung von Investitionsvorhaben oder die Bewertung ganzer Unternehmen. Das folgende Beispiel illustriert die Anwendung der Barwertrechnung, indem verschiedene Handlungsalternativen anhand ihrer Barwerte verglichen werden.

Beispiel: Studienkredit

Die Studentin Anna hat soeben ihr Hochschulstudium erfolgreich abgeschlossen. Die Kosten ihres Studiums hat sie teilweise über einen Studienkredit der Erfolgsbank AG finanziert. Nach Abschluss des Studiums sind einschließlich Zinsen 45.000 Euro zurückzuzahlen, wobei die Bank verschiedene Rückzahlungsalternativen anbietet. Nachfolgend sind die vier unterschiedlichen Alternative (inklusive Zinsen) aufgeführt:

1. Sofortige Zahlung der Gesamtsumme von 45.000 Euro mit einem Abschlag von 3 %,
2. Zahlung einer Summe von 68.000 Euro am Ende des fünften Jahres,
3. Zahlung von zehn Jahresraten in Höhe von jeweils 6.600 Euro,
4. Zahlung von 50 Jahresraten in Höhe von jeweils 3.500 Euro.

Anna möchte die für sie günstigste Rückzahlungsalternative ermitteln. Hierzu hat sie sich bei ihrer Hausbank nach Finanzierungsmöglichkeiten erkundigt. Die Hausbank bietet einen Kredit mit einem Zinssatz von 8 % p. a. an, den Anna bei Bedarf in Anspruch nehmen kann. Um die beste Alternative herauszufinden, ermittelt Anna die Barwerte (BW_0) der einzelnen Rückzahlungsalternativen. Die Abzinsungsfaktoren können entweder mit den Formeln (2.13) auf S. 52 bzw. (2.15) auf S. 54 berechnet oder Tabelle 2.5 entnommen werden.

1. $BW_0 = 45.000 \cdot (1 - 0,03) = 45.000 - 1.350 = 43.650 \, €$

2. $BW_0 = 68.000 \cdot (1 + 0,08)^{-5} = 68.000 \cdot 0,6806 = 46.281 \, €$

3. $BW_0 = 6.600 \cdot RBF\,(8\,\%,\ 10 J.) = 6.600 \cdot \dfrac{(1+0,08)^{10}-1}{(1+0,08)^{10} \cdot 0,08} = 6.600 \cdot 6,7101 = 44.287 \, €$

4. $BW_0 = 3.500 \cdot RBF\,(8\,\%,\ 50 J.) = 3.500 \cdot \dfrac{(1+0,08)^{50}-1}{(1+0,08)^{50} \cdot 0,08} = 3.500 \cdot 12,2335 = 42.817 \, €$

Auf Basis der o. a. Daten sollte sich Anna für die Rückzahlungsalternative 4 entscheiden. Diese Alternative weist mit 42.817 Euro den geringsten Barwert auf, sodass die finanzielle Gesamtbelastung niedriger als bei den anderen Alternativen ist. Diese Aussage gilt allerdings nur unter der Voraussetzung, dass sich die Rahmenbedingungen nicht ändern.

Tab. 2.5: Auf- und Abzinsungsfaktoren für den Zinssatz von 8 %.

Jahre	Aufzinsungs-faktor	Abzinsungs-faktor	Rentenbar-wertfaktor	Annuitäten-faktor	Rentenend-wertfaktor
1	1,0800	0,9259	0,9259	1,0800	1,0000
2	1,1664	0,8573	1,7833	0,5608	2,0800
3	1,2597	0,7938	2,5771	0,3880	3,2464
4	1,3605	0,7350	3,3121	0,3019	4,5061
5	1,4693	0,6806	3,9927	0,2505	5,8666
6	1,5869	0,6302	4,6229	0,2163	7,3359
7	1,7138	0,5835	5,2064	0,1921	8,9228
8	1,8509	0,5403	5,7466	0,1740	10,6366
9	1,9990	0,5002	6,2469	0,1601	12,4876
10	2,1589	0,4632	6,7101	0,1490	14,4866
50	46,9016	0,0213	12,2335	0,0817	573,7702

Interessant ist darüber hinaus ein Vergleich der Alternativen 3 und 4. Die Jahresrate der Alternative 4 wird 50 Jahre gezahlt, während die nicht einmal doppelt so hohe Jahresrate von Alternative 3 nur für zehn Jahre gezahlt wird. Dennoch ist der Barwert der Alternative 4 geringer, da sich der Abzinsungseffekt der in der weiteren Zukunft liegenden Zahlungen auswirkt. Es ist allerdings noch einmal darauf hinzuweisen, dass die Ergebnisse und damit die Rangfolge der Rückzahlungsalternativen vom verwendeten Zinssatz abhängig sind. Bei einem anderen Zinssatz oder bei einer Änderung der Konditionen während der Laufzeit kann sich die Rangfolge der Rückzahlungsalternativen ändern.

2.4 Fragen und Aufgaben zu den finanzwirtschaftlichen Grundlagen

Die Fragen und Aufgaben dienen zur selbständigen Wiederholung des in diesem Kapitel behandelten Stoffes. Sie ergänzen die Ausführungen und Beispiele des vorliegenden Kapitels und bieten Ihnen gleichzeitig die Möglichkeit, Ihre Kenntnisse des behandelten Stoffes zu überprüfen.

2.4.1 Verständnisfragen

Die folgenden Fragen beziehen sich auf Kapitel 2. Nachdem Sie das Kapitel durchgearbeitet haben, sollten Sie in der Lage sein, die Fragen zu beantworten. In Zweifelsfällen finden Sie Hinweise auf die Antworten zu den nachfolgenden Fragen im Text der Unterkapitel, in denen das betreffende Thema behandelt wird.

1. Was sind die Untersuchungsobjekte der betrieblichen Finanzwirtschaft?
2. Wodurch entsteht der betriebliche Kapitalbedarf und welche Aufgabe übernimmt in diesem Zusammenhang der Finanzbereich des Unternehmens?
3. Wodurch unterscheiden sich Finanz-, Kapital-, Geld- und Währungsmärkte?
4. Welche Funktionen haben Kapitalmärkte? Erläutern Sie die einzelnen Funktionen!
5. Was versteht man unter wertorientierter Unternehmensführung und welche Bedeutung hat der Unternehmenswert für die langfristige Existenz- und Erfolgssicherung des Unternehmens?
6. Welche finanzwirtschaftlichen Ziele kennen Sie? Erläutern Sie die wichtigsten Finanzziele von Unternehmen!
7. In welchem Verhältnis stehen das Rentabilitätsziel und das Liquiditätsziel zueinander?
8. Welche Interdependenzen bestehen zwischen Finanzierungs- und Investitionsentscheidungen?

9. Erläutern Sie die Begriffe der Finanzierung bzw. der Investition aus zahlungsorientierter Perspektive!
10. Skizzieren Sie den Kreislauf finanzieller Mittel in einem Unternehmen!
11. Anhand welcher Kriterien lassen sich Finanzierungsformen systematisieren?
12. Erläutern Sie die auf dem Kriterium der Finanzmittelherkunft beruhende Systematik der Finanzierungsformen und -instrumente!
13. Erläutern Sie den Unterschied zwischen Außen- und Innenfinanzierung. Unterstützen Sie Ihre Ausführungen anhand von Beispielen!
14. Grenzen Sie die Außenfinanzierung mit Eigenkapital anhand verschiedener Kriterien von der Außenfinanzierung mit Fremdkapital ab!
15. Weshalb kann die Innenfinanzierung üblicherweise nicht von Unternehmen in der Gründungsphase genutzt werden?
16. Was versteht man unter dem Leverage-Effekt? Erläutern Sie den Effekt und grenzen Sie die Leverage-Chance und das Leverage-Risiko ab!
17. Welche Bedeutung haben die Schlussfolgerungen des Leverage-Effekts für die Verschuldungspolitik eines Unternehmens?
18. Was ist der Bar- bzw. Endwert einer Zahlung? Wie errechnen sich die Bar- bzw. Endwerte von Zahlungsreihen?
19. Welche Bedeutung hat der Zinseszinseffekt für finanzwirtschaftliche Entscheidungen?

2.4.2 Übungsaufgaben

Die nachfolgenden Übungsaufgaben beziehen sich auf die in Kapitel 2 behandelten Grundlagen. Sie lassen sich mit Hilfe der in den einzelnen Unterkapiteln vorgestellten und erläuterten Formeln lösen. Eine PDF-Datei mit den Lösungen kann von der Homepage des Verlages De Gruyter Oldenbourg (www.degruyter.com) heruntergeladen werden.

Aufgabe 2.1: Finanzwirtschaftliche Grundbegriffe
Die stark vereinfachte Bilanz der Alpha GmbH umfasst folgende Positionen:

Aktiva (€)		Passiva (€)	
Sachanlagen	5.000.000	Eigenkapital	3.500.000
Vorräte	3.500.000	Fremdkapital	6.500.000
Forderungen	1.000.000		
Liquide Mittel	500.000		
	10.000.000		10.000.000

a) Geben Sie für folgende Geschäftsvorfälle die Richtung und die Höhe der Veränderung in den betroffenen Bilanzpositionen an!
- Die Hausbank überweist der Alpha GmbH einen zusätzlichen Kredit in Höhe von 250.000 € auf das Geschäftskonto.
- Die Alpha GmbH kauft Rohstoffe auf Vorrat; die Rechnung in Höhe von 500.000 € wird jedoch erst später bezahlt.
- Ein Gesellschafter der Alpha GmbH erhöht seinen Geschäftsanteil und überweist dazu vereinbarungsgemäß eine Bareinlage in Höhe von 225.000 €.
- Die Alpha GmbH kauft eine neue Maschine im Wert von 175.000 € zu Lasten der liquiden Mittel.
- Ein Kreditgeber hat mit der Alpha GmbH vereinbart, dass die Kreditverbindlichkeit in Höhe von 600.000 € in Eigenkapital umgewandelt wird, so dass dieser Kreditgeber Gesellschafter der GmbH wird.
- Für die Herstellung neuer Produkte werden Vorräte im Volumen von 750.000 € aus dem Lager entnommen und in den Produktionsprozess eingebracht. Die Produkte werden anschließend für 1.000.000 € verkauft.
- Die Alpha GmbH begleicht ausstehende Verbindlichkeiten in Höhe von 1.400.000 € durch Banküberweisung.

b) Erläutern Sie für die einzelnen Geschäftsvorfälle, ob eine Finanzierung oder eine Investition vorliegt!

Aufgabe 2.2: Leverage-Effekt

Die Beta AG hat einen Gesamtkapitalbedarf von 1.500 Mio. €, den sie komplett durch Eigenkapital gedeckt hat. Das Unternehmen erwirtschaftet einen Gewinn von 150 Mio. € pro Jahr. Um die Eigenkapitalrentabilität zu erhöhen, prüft der Finanzvorstand die Möglichkeit, einen Teil des Eigenkapitals durch Fremdkapital zu ersetzen. Der Fremdkapitalzinssatz liegt bei konstant 7 %.

a) Ermitteln Sie rechnerisch für verschiedene Verschuldungsgrade zwischen 0 und 4, welche Auswirkungen der Ersatz von Eigenkapital durch Fremdkapital auf die Eigenkapitalrentabilität hat! Gehen Sie hierzu von einer konstanten Gesamtkapitalrentabilität aus!

b) Wie ändern sich Ihre Ergebnisse, wenn der Gewinn des Unternehmens nur noch 90 Mio. Euro pro Jahr beträgt?

c) Stellen Sie Ihre Ergebnisse grafisch dar!

d) Interpretieren Sie Ihr Ergebnis und geben Sie dem Finanzvorstand der Beta AG eine Handlungsempfehlung!

Aufgabe 2.3: Leverage-Effekt

Die Diwan GmbH ist ein erfolgreicher Möbelhersteller, der Holzmöbel für gehobene Ansprüche fertigt. Das Unternehmen ist vollständig eigenfinanziert; die Höhe des Eigenkapitals beträgt 605 Mio. €. Für den Bau eines neuen Möbelwerks mit einer erwarteten Gesamtkapitalrendite von 12 % rechnet die Diwan GmbH mit einem Investitionsvolumen von 60 Mio. €. Da die eigenen Finanzmittel überwiegend in anderen Projekten gebunden sind, stehen für den Bau des Möbelwerks nur 15 Mio. € an Eigenkapital zur Verfügung. Der restliche Investitionsbetrag soll über einen Kredit zu einem Zinssatz von 8 % finanziert werden, für den das Unternehmen bereits die verbindliche Zusage der Spardosenbank e. G. hat.

a)   Wie hoch ist die Eigenkapitalrentabilität dieser Investition?
b)   Wie hoch wäre die Eigenkapitalrentabilität der Investition, wenn die Spardosenbank e. G. den Zinssatz für den Kredit auf 13 % anheben würde?
c)   Stellen Sie den Leverage-Effekt für beide Szenarien grafisch dar!
d)   Die Diwan GmbH erwirtschaftet auf das nicht in der neuen Investition gebundene Eigenkapital in Höhe von 590 Mio. € einen Gewinn von 175 Mio. €. Bestimmen Sie die Eigenkapitalrentabilität des Gesamtunternehmens unter Berücksichtigung der bisherigen Geschäftstätigkeit sowie der neuen Investition!

Aufgabe 2.4: Finanzmathematik

Donald Dusel findet bei einem Sonntagsspaziergang mit seiner Frau einen ausgefüllten Lottoschein auf der Straße. Er fragt sich, ob einige richtig angekreuzte Zahlen dabei sind, und bringt den Schein am nächsten Tag zur Lotto-Annahmestelle. Dort erfährt er, dass er tatsächlich den Jackpot gewonnen hat und selbst bestimmen kann, zu welchen Konditionen er sich den Gewinn auszahlen lassen möchte. Die Lottogesellschaft bietet ihm die folgenden fünf Auszahlungsvarianten an, von denen er eine auswählen kann:

a)   eine Sofortauszahlung von 1 Mio. Euro,
b)   eine Zahlung von 1,5 Mio. Euro nach 5 Jahren,
c)   eine Rente von 150.000 Euro über 10 Jahre,
d)   eine ewige Rente in Höhe von 115.000 Euro pro Jahr oder
e)   eine ewige Rente, die im ersten Jahr mit 50.000 Euro startet und anschließend um 3 % p. a. wächst.

Für welche Alternative sollte sich Donald Dusel entscheiden, wenn der einheitliche Kapitalmarktzinssatz für Geldanlagen und Kreditaufnahmen 6 % beträgt? Hinweis: Die Rentenzahlungen erfolgen nachschüssig.

Aufgabe 2.5: Finanzmathematik

Mina ist hocherfreut, als sie von ihrer besten Freundin Sina gefragt wird, ob sie Taufpatin werden möchte. Sofort denkt sie darüber nach, was sie ihrem künftigen Patensohn Friedrich zum 18. Geburtstag schenken kann. Mina wird ihm Geld für den Führerschein schenken. Nun überlegt Mina, wie viel Geld Friedrich in 18 Jahren brauchen wird. Nach heutigen Preisen sollte ein Betrag von 3.000 Euro ausreichen. Allerdings wird dieser Betrag in 18 Jahren wohl zu gering sein, da Mina vermutet, dass der Preisanstieg für den Besuch der Fahrschule oberhalb der allgemeinen Inflationsrate liegen wird.

a) Wie viel Geld benötigt Mina in 18 Jahren, wenn sie eine jährliche Teuerungsrate von 4 % unterstellt?

b) Für längerfristige Anlagen offeriert Minas Hausbank eine jährliche Verzinsung von 5 %. Wie viel Geld müsste Mina heute anlegen, damit sie Friedrich die erforderliche Summe in 18 Jahren zur Verfügung stellen kann?

c) Mina möchte die in 18 Jahren erforderliche Summe lieber in jährlichen Raten ansparen. Wie viel Geld müsste sie pro Jahr anlegen, wenn ihre Bank für den Sparplan eine jährliche Verzinsung von 4 % anbietet?

d) An seinem 18. Geburtstag erhält Friedrich das Geschenk seiner Patentante. Als angehender Student und leidenschaftlicher Radfahrer möchte Friedrich den Geldbetrag allerdings lieber zur Finanzierung seines Bachelorstudiums verwenden. Gehen Sie davon aus, dass Friedrich das Studium gerade beginnt und dass er mit einer Studienzeit von drei Jahren rechnet. Welchen Betrag kann Friedrich in den folgenden drei Jahren jährlich entnehmen, wenn er das Geld zu 6 % anlegt?

Aufgabe 2.6: Finanzmathematik

Bolle Bollmann betreibt eine Kneipe in Berlin-Kreuzberg. Um seinen Gästen etwas Unterhaltung zu bieten, hat er auf Anraten seiner Frau kürzlich einen Glücksspielautomaten aufgestellt. Da Bolle dem Glücksspiel jedoch sehr skeptisch gegenübersteht, hat er seiner Frau die gesamten finanziellen Überschüsse versprochen, die sich durch den Betrieb des Glücksspielautomaten ergeben. Der Automatenbetreiber prognostiziert für Bolles Kneipe die in der nachfolgenden Zahlungsreihe dargestellten Aus- bzw. Einzahlungsüberschüsse, wobei sämtliche für den Betrieb erforderlichen Auszahlungen bereits abgezogen wurden.

Jahr	0	1	2	3	4	5
Zahlungsreihe (€)	−11.000	6.000	9.000	−3.000	4.000	3.000

Am Kapitalmarkt kann das Geld zu einem Zinssatz von 13 % angelegt werden; zum gleichen Zinssatz ist auch eine Kreditaufnahme möglich. Für die Auszahlung der

Überschüsse schlägt Bolle seiner Frau verschiedene Alternativen vor. Welchen Zeitwert hat Bolles Geschenk an seine Frau für die folgenden Alternativen?

a) Sie erhält den Endwert nach Ablauf von fünf Jahren.

b) Bolle zahlt seiner Frau den Barwert der finanziellen Überschüsse unmittelbar nach Aufstellung des Automaten aus.

c) Bolle zahlt ihr fünf gleichmäßige Raten jeweils zum Ende der folgenden fünf Jahre.

d) Bolle zahlt drei gleichmäßige Raten jeweils am Ende des dritten bis fünften Jahres; in den ersten beiden Jahren gibt es keine Auszahlungen.

3 Beteiligungsfinanzierung

Nachdem wir uns im zweiten Kapitel mit den finanzwirtschaftlichen Grundlagen beschäftigt haben, stehen die Finanzierungsinstrumente im Mittelpunkt der folgenden Kapitel. Wir beginnen mit der Außenfinanzierung, wobei zwischen Beteiligungsfinanzierung (Kapitel 3) und Kreditfinanzierung (Kapitel 4) unterschieden wird. Im Anschluss an die Außenfinanzierung folgen die verschiedenen Formen der Innenfinanzierung (Kapitel 5). Für das Verständnis von Finanzierungsentscheidungen ist es von Bedeutung, die wesentlichen Instrumente und deren grundlegende Charakteristika zu kennen. Mit diesen Kenntnissen können Sie neu entstehende Finanzierungsinstrumente (Finanzinnovationen) in die Systematik der Finanzierungsformen einordnen, deren Funktionsweise verstehen und diese Instrumente ebenfalls hinsichtlich ihrer Nutzungsmöglichkeiten beurteilen.

Kapitel 3 widmet sich der Außenfinanzierung mit Eigenkapital (Beteiligungsfinanzierung). Hierzu befassen wir uns einleitend mit den Grundlagen der Beteiligungsfinanzierung (Kapitel 3.1); anschließend wird die Beteiligungsfinanzierung der nicht emissionsfähigen Unternehmen (Kapitel 3.2) sowie der emissionsfähigen Unternehmen (Kapitel 3.3) behandelt. Abgerundet werden die Ausführungen zur Beteiligungsfinanzierung durch Verständnisfragen und Übungsaufgaben (Kapitel 3.4).

3.1 Grundlagen

Bei der *Beteiligungs- bzw. Einlagenfinanzierung* handelt es sich um Außenfinanzierung mit Eigenkapital (zur Systematik der Finanzierungsinstrumente siehe S. 37). Eigenkapitalgeber stellen dem Unternehmen finanzielle Mittel von außen und damit unabhängig vom Umsatzprozess zur Verfügung. In rechtlicher Perspektive sind Eigenkapitalgeber die Eigentümer des Unternehmens, wobei der Umfang der Eigentumsrechte von der Rechtsform des Unternehmens abhängt. Die finanziellen Mittel stammen dabei entweder aus dem Privatvermögen der Gesellschafter oder sie stammen aus dem Betriebsvermögen eines anderen Unternehmens. Das *Lernziel von Kapitel 3.1* besteht darin, die Funktionen der Beteiligungsfinanzierung kennenzulernen und die verschiedenen Formen der Beteiligungsfinanzierung abgrenzen zu können.

Funktionen des Eigenkapitals

Die Beteiligungs- bzw. Einlagenfinanzierung ist die grundlegende Form der Unternehmensfinanzierung, da die Bereitstellung von Eigenkapital notwendige Voraussetzung für jede Unternehmenstätigkeit ist. Vor diesem Hintergrund erfüllt das von den Unternehmenseignern zur Verfügung gestellte Eigenkapital verschiedene grundlegende Funktionen (vgl. z. B. *Bieg/Kußmaul*, 2000, S. 43–49 und *Arnim*, 1976, Sp. 284–289):

https://doi.org/10.1515/9783110987621-003

- Die *Gründungsfunktion* zielt darauf ab, dass eine Unternehmensgründung ohne die Bereitstellung haftenden Eigenkapitals nicht möglich ist. In Abhängigkeit von der Rechtsform ist darüber hinaus ein bestimmter Mindestbetrag an Eigenkapital für die Unternehmensgründung erforderlich (z. B. bei der Gesellschaft mit beschränkter Haftung oder bei der Aktiengesellschaft).
- Die Beteiligungsfinanzierung hat – wie jede andere Finanzierungsform auch – eine *Finanzierungsfunktion*, da dem Unternehmen durch die Aufnahme von Eigenkapital finanzielle Mittel zur Verfügung gestellt werden.
- Im Unterschied zu anderen Finanzierungsformen übernimmt Eigenkapital darüber hinaus eine *Haftungsfunktion*, da Eigenkapital für eventuelle Verluste des Unternehmens haftet.
- Eng mit der Haftungsfunktion verbunden ist die *Kreditwürdigkeitsfunktion*. Durch eine hohe Eigenkapitalquote verbessert sich die Kreditwürdigkeit (Bonität) des Unternehmens, wodurch wiederum die Aufnahme weiterer Finanzmittel erleichtert wird.
- Des Weiteren übt Eigenkapital eine *Existenzsicherungsfunktion* aus, da das Unternehmen durch eine angemessene Eigenkapitalausstattung in die Lage versetzt wird, Verlustjahre zu überstehen.
- Die *Herrschaftsfunktion* ist ebenfalls unmittelbar mit dem Eigenkapital verbunden. Die Eigentümer haben das Geschäftsführungsrecht und damit die Befugnis zur Leitung des Unternehmens.
- Schließlich übernimmt das Eigenkapital die *Gewinnverteilungsfunktion*, da der durch das Unternehmen erwirtschaftete Gewinn den Eigenkapitalgebern zusteht. Die Eigenkapitalanteile sind typischerweise die entscheidende Bemessungsgrundlage für die Verteilung des Gewinns auf die einzelnen Gesellschafter.

Rechtsform des Unternehmens

Die verschiedenen Finanzierungsinstrumente, die unter dem Begriff der Beteiligungsfinanzierung subsumiert werden, lassen sich nach der *Rechtsform* des Kapital aufnehmenden Unternehmens systematisieren. Das juristische Merkmal der Rechtsform ist eines der am weitesten verbreiteten Kriterien zur Differenzierung unterschiedlicher Unternehmenstypen (vgl. z. B. *Wöhe/Döring/Brösel*, 2020, S. 210 ff. oder *Schierenbeck/Wöhle*, 2016, S. 36 ff.). Da die konkrete Ausgestaltung der zur Beteiligungsfinanzierung verfügbaren Finanzierungsinstrumente von der Rechtsform des Unternehmens abhängig ist, erscheint dieses Systematisierungskriterium grundsätzlich auch in der betrieblichen Finanzwirtschaft sinnvoll. Unter Bezug auf die Rechtsform wird zwischen Personengesellschaften und Kapitalgesellschaften unterschieden (siehe Abbildung 3.1).

	Personengesellschaften	Kapitalgesellschaften
Unternehmens-existenz	Abhängig von den Interessen der Gesellschafter	Unabhängig von den Interessen der Gesellschafter
Rechtsfähigkeit	Keine eigene Rechtspersön-lichkeit; eingeschränkte Rechtsfähigkeit	Juristische Person mit eigener Rechtspersönlichkeit
Anzahl der Gesellschafter	Geringere Anzahl an Gesellschaftern; aufwendiger Gesellschafterwechsel	Höhere Anzahl an Gesellschaftern; leichterer Gesellschafterwechsel
Haftung der Gesellschafter	Persönliche Haftung der Gesellschafter	Haftung der Gesellschafter auf Kapitaleinsatz begrenzt
Einfluss der Gesellschafter	Stimmrecht abhängig von der Anzahl der Gesellschafter	Stimmrecht abhängig von der Höhe der Kapitalbeteiligung
Leitung des Unternehmens	Geschäftsführung durch die Gesellschafter	Geschäftführung durch die Organe der Gesellschaft

Abb. 3.1: Charakteristika von Personen- und Kapitalgesellschaften.

Bei einer *Personengesellschaft* handelt es sich um den Zusammenschluss mehrerer Personen zur Verfolgung des gemeinsamen Unternehmenszwecks, wobei die Personengesellschaft keine juristische Person ist. Mit Ausnahme der Kommanditisten einer Kommanditgesellschaft haften die Gesellschafter einer Personengesellschaft ebenso wie ein Einzelunternehmer grundsätzlich unbeschränkt mit ihrem Privatvermögen. Auch die *Kapitalgesellschaft* ist ein Zusammenschluss von Gesellschaftern zur Verfolgung des gemeinsamen Zwecks. Im Gegensatz zur Personengesellschaft handelt es sich bei der Kapitalgesellschaft um eine juristische Person, sodass die Gesellschaft selbst Träger von Rechten und Pflichten ist. Bei der Kapitalgesellschaft wird die Haftung typischerweise auf das Gesellschaftsvermögen beschränkt; die Gesellschafter haften daher nicht mit ihrem Privatvermögen.

Bei der Mehrzahl der deutschen Unternehmen, insbesondere bei kleinen und mittleren Unternehmen (KMU), handelt es sich um Einzelunternehmen oder Personengesellschaften (siehe Tabelle 3.1). Unter den Kapitalgesellschaften dominiert in Deutschland die Gesellschaft mit beschränkter Haftung (GmbH). Die Rechtsform der Aktiengesellschaft (AG), der Kommanditgesellschaft auf Aktien (KGaA) sowie der Europäischen Aktiengesellschaft (SE) nutzen insgesamt knapp 15.000 Unternehmen (vgl. *Bayer/Lieder/Hoffmann*, 2022, S. 779).

Tab. 3.1: Unternehmen nach Rechtsformen im Berichtsjahr 2020 (Quelle: *Statistisches Bundesamt,* 2022).

Rechtsform	Anzahl an Unternehmen
Einzelunternehmer	1.995.622
Personengesellschaften	405.500
Kapitalgesellschaften	764.904
Sonstige Rechtsformen	208.557
Insgesamt	**3.374.583**

Emissionsfähigkeit

Im Unterschied zu anderen betriebswirtschaftlichen Teildisziplinen ist die ausschließliche Differenzierung zwischen Personen- und Kapitalgesellschaften für die Untersuchungszwecke der betrieblichen Finanzwirtschaft nicht ausreichend. Eine GmbH, die ihren Finanzierungsbedarf durch die Aufnahme zusätzlichen Eigenkapitals decken will, ist hinsichtlich ihrer Finanzierungsmöglichkeiten wesentlich eher mit einer Personengesellschaft als mit einer börsennotierten Aktiengesellschaft vergleichbar. Während die Aktiengesellschaft die Börse zur Deckung ihres Eigenkapitalbedarfs nutzt, sind GmbH und Personengesellschaften auf außerbörsliche Finanzierungsquellen angewiesen. Die Fähigkeit eines Unternehmens, den organisierten Kapitalmarkt zur Aufnahme finanzieller Mittel durch die Emission von Wertpapieren zu nutzen, wird als *Emissionsfähigkeit* bezeichnet. Grundsätzlich umfasst der Begriff der Emissionsfähigkeit die Ausgabe von Beteiligungspapieren (Aktien) oder Gläubigerpapieren (Anleihen). Im Rahmen der Beteiligungsfinanzierung stellt die Emissionsfähigkeit auf die rechtliche Möglichkeit von Unternehmen ab, zur Aufnahme von Eigenkapital Aktien auszugeben (siehe Abbildung 3.2).

		Fähigkeit zur Aktienemission	
		Nicht emissions-fähige Unternehmen	Emissionsfähige Unternehmen
Rechtsform	**Personen-gesellschaften**	• Einzelunternehmung • Offene Handels-gesellschaft (OHG) • Kommanditgesell-schaft (KG)	
	Kapital-gesellschaften	• Gesellschaft mit beschränkter Haftung (GmbH)	• Aktiengesellschaft (AG) • Kommanditgesellschaft auf Aktien (KGaA) • Europäische Aktien-gesellschaft (SE)

Abb. 3.2: Unternehmensformen nach Emissionsfähigkeit und Rechtsform.

Emissionsfähige Unternehmen können den organisierten Kapitalmarkt zur externen Eigenfinanzierung in Anspruch nehmen und über die Börse hohe Kapitalbeträge aufnehmen. Demgegenüber haben *nicht emissionsfähige Unternehmen* keine Möglichkeit, die Börse zur Beschaffung von Eigenkapital zu nutzen. Fremdkapital kann allerdings auch eine entsprechend bonitätsstarke GmbH über die Börse aufnehmen, indem sie Anleihen emittiert (siehe Kapitel 4.4).

Die *Fähigkeit zur Aktienemission* hat aus finanzwirtschaftlicher Perspektive eine hohe Bedeutung für die Finanzierungskraft von Unternehmen. Während das Finanzierungsvolumen für nicht emissionsfähige Unternehmen durch das Vermögen einer beschränkten Anzahl von Gesellschaftern begrenzt ist, steht emissionsfähigen Unternehmen an den internationalen Kapitalmärkten ein nahezu unbegrenztes Volumen an finanziellen Mitteln zur Verfügung. Im Folgenden wird zunächst die Beteiligungsfinanzierung der nicht emissionsfähigen Unternehmen behandelt, bevor anschließend auf die Beteiligungsfinanzierung der emissionsfähigen Unternehmen eingegangen wird.

3.2 Beteiligungsfinanzierung nicht emissionsfähiger Unternehmen

Bei der Mehrzahl der deutschen Unternehmen handelt es sich um nicht emissionsfähige Unternehmen (siehe Tabelle 3.1 auf S. 68), die darüber hinaus einen Großteil der Arbeitsplätze in Deutschland anbieten. Nicht emissionsfähige Unternehmen bilden dabei ein breites Spektrum an Unternehmensformen ab, das vom selbständigen Handwerker bis zum Großunternehmen in Familienbesitz reicht. Das *Lernziel von Kapitel 3.2* besteht darin, die verschiedenen Formen der Beteiligungsfinanzierung nicht emissionsfähiger Unternehmen kennenzulernen und die Vorteilhaftigkeit der einzelnen Finanzierungsinstrumente beurteilen zu können. In rechtlicher Perspektive umfassen die nicht emissionsfähigen Unternehmen die Einzelunternehmung, die offene Handelsgesellschaft (OHG), die Kommanditgesellschaft (KG) sowie die Gesellschaft mit beschränkter Haftung (GmbH). Darüber hinaus zählen Mischformen wie die GmbH & Co. KG zu den nicht emissionsfähigen Unternehmen.

3.2.1 Einzelunternehmung und Personengesellschaften

Da die Beteiligungsfinanzierung von Einzelunternehmungen und Personengesellschaften durch finanzielle Einlagen der Gesellschafter erfolgt, wird sie vielfach auch als Einlagenfinanzierung bezeichnet. Beide Begriffe werden im Folgenden synonym verwendet.

Beteiligungsfinanzierung der Einzelunternehmung

Die *Einzelunternehmung* hat nur einen einzigen Gesellschafter,[1] der als Alleineigentümer persönlich und unbeschränkt für die Verbindlichkeiten des Unternehmens haftet. In enger Begriffsabgrenzung bezieht sich die Einzelunternehmung vor allem auf den Einzelkaufmann (vgl. §1 Abs. 1 HGB), wobei die Kaufmannseigenschaft unter finanzwirtschaftlichen Aspekten keine notwendige Voraussetzung der Einzelunternehmung ist. Typische Beispiele für Einzelunternehmen sind kleine Gewerbetreibende (z. B. Einzelhändlerin oder Handwerker) sowie Dienstleister (z. B. Arzt oder Rechtsanwältin). Darüber hinaus gibt es auch mittlere bzw. große Unternehmen, die vor Jahrzehnten als Einzelunternehmung gegründet worden sind und über die Zeit gewachsen sind, ohne die Rechtsform zu wechseln.

Die *Beteiligungs- bzw. Einlagenfinanzierung* der Einzelunternehmung erfolgt dadurch, dass der Eigentümer dem Unternehmen haftendes Eigenkapital aus seinem Privatvermögen zur Verfügung stellt. Die erste Bereitstellung von Eigenkapital erfolgt im Zeitpunkt der Unternehmensgründung. Im weiteren Verlauf der Unternehmensexistenz kann der Eigentümer das Eigenkapital bei Bedarf durch weitere Einlagen erhöhen. Hinsichtlich der Höhe des bereitzustellenden Eigenkapitals existieren für die Einzelunternehmung keine gesetzlichen Vorschriften. Eine Mindesthöhe für das Eigenkapital ist allerdings auch nicht erforderlich, da der Eigentümer einer Einzelunternehmung unbegrenzt für Verluste des Unternehmens haftet. Die Haftung bezieht sich auf das Betriebsvermögen ebenso wie auf das Privatvermögen. Da der Einzelunternehmer das gesamte mit der Unternehmenstätigkeit verbundene Risiko trägt, stehen ihm auch sämtliche Eigentumsrechte zu. Neben dem Geschäftsführungsrecht hat der Unternehmenseigner insbesondere den Anspruch auf den Gewinn des Unternehmens.

Beispiel: Einzelunternehmung

Keimzelle der Ihnen bereits bekannten Holzwurm GmbH ist eine Tischlerei, die Karl-August Holzwurm, der Vater von Ernst-August Holzwurm, vor fünfzig Jahren als Einzelunternehmung gegründet hat. Karl-August Holzwurm hat seine Tischlerei mit eigenen Finanzmitteln, aber vor allem mit hohem persönlichem Arbeitseinsatz aufgebaut und zu respektabler Größe geführt. Aus dem Unternehmen wurden jeweils nur die Finanzmittel entnommen, die zum Lebensunterhalt der Familie Holzwurm erforderlich waren. Ansonsten wurden die erwirtschafteten Gewinne im Unternehmen reinvestiert. Damit hat das Unternehmen eine im Verhältnis zum Geschäftsumfang so-

---

[1] Ebenso wie sämtliche anderen in diesem Buch verwendeten geschlechtsspezifischen Bezeichnungen bezieht sich auch der Begriff des Gesellschafters ausdrücklich auf Damen und Herren, die diese Funktion ausüben. Im Interesse der besseren Lesbarkeit wird allerdings darauf verzichtet, jedes Mal beide Formen zu verwenden.

lide Eigenkapitalausstattung aufgebaut, sodass Karl-August Holzwurm auf Kredite weitgehend verzichten konnte.

Für die Tischlerei von Karl-August Holzwurm war die Einzelunternehmung die passende Rechtsform. Als selbständiger Unternehmer hat Herr Holzwurm seine Entscheidungen schnell und eigenverantwortlich getroffen, ohne sich mit Mitgesellschaftern oder anderen Kapitalgebern abstimmen zu müssen. Somit konnte das Unternehmen flexibel auf neue Entwicklungen an den Absatz- und Beschaffungsmärkten reagieren. Nicht zuletzt durch das hohe persönliche Engagement des Alleingesellschafters hat sich das Unternehmen erfolgreich entwickelt. Da die erwirtschafteten Gewinne allein dem Eigentümer zustehen, hat sich der Einsatz für Karl-August Holzwurm auch finanziell ausgezahlt. Im Interesse des Unternehmens hat Karl-August Holzwurm seinen Sohn schrittweise in die Geschäftsführung eingebunden. In diesem Zusammenhang ist die Idee entstanden, den Geschäftszweck des Unternehmens auf die Herstellung von Holzspielwaren zu verlagern. Durch diesen Schritt soll die Wertschöpfung des Fertigungsprozesses erhöht und damit die Gewinnentwicklung des Unternehmens stabilisiert werden.

Kurz nach Übernahme des Unternehmens durch Ernst-August Holzwurm sind die Grenzen der bisherigen Rechtsform deutlich geworden. Für die Aufnahme der Spielwarenherstellung sind nicht unerhebliche Investitionen erforderlich, die der neue Inhaber aus eigenen Finanzmitteln nicht aufbringen kann. Karl-August Holzwurm ist jedoch auch nach dem Rückzug aus der Geschäftsleitung bereit, sich finanziell im Unternehmen zu engagieren. Nach einigen Diskussionen entschließen sich Vater und Sohn, das Unternehmen in die Rechtsform der GmbH umzuwandeln. Damit erhält das Unternehmen eine eigene Rechtspersönlichkeit, die eine gute Basis für die zukünftige Geschäftsentwicklung bildet. Darüber hinaus lassen sich bei Bedarf zusätzliche Gesellschafter aufnehmen, wodurch weiteres Finanzierungspotenzial erschlossen wird.

Hinsichtlich der Eigenfinanzierung ist das *Außenfinanzierungsvolumen* der Einzelunternehmung durch das Vermögen des Eigentümers begrenzt. Daher hat die Selbstfinanzierung aus einbehaltenen Gewinnen vielfach eine höhere Bedeutung als die Einlagenfinanzierung. Durch Außenfinanzierungsmaßnahmen kann das Eigenkapital nur erhöht werden, wenn der Einzelunternehmer zusätzliche Finanzmittel in das Unternehmen einzahlt. Vielfach lässt sich jedoch kein zusätzliches Finanzmittelpotenzial für das Unternehmen erschließen, da der zur Unternehmensfinanzierung vorgesehene oder vorhandene Teil des Privatvermögens bereits vollständig im Unternehmen gebunden ist. Darüber hinaus ist zu bedenken, dass Einzelunternehmer aus dem Gewinn des Unternehmens auch die Aufwendungen für ihren persönlichen Lebensunterhalt bestreiten müssen. Schließlich ist das für die Unternehmensfinanzierung verfügbare Finanzmittelpotenzial von den individuellen Zielen bzw. der subjektiven Risikoeinstellung des Unternehmenseigners abhängig. Trotz verfügbarer

Mittel ist der Eigentümer möglicherweise nicht zu einer Kapitalerhöhung bereit, da er den betreffenden Teil seines Privatvermögens aus Gründen der Risikostreuung anderweitig anlegt.

Die *begrenzten Finanzierungsmöglichkeiten* verdeutlichen den engen Zusammenhang zwischen der Einzelunternehmung und ihrem Eigentümer. Das gilt nicht nur für die Leitung des Unternehmens, sondern auch für dessen Möglichkeiten zur Aufnahme von Eigenkapital. Die Finanzierungsmöglichkeiten sind unmittelbar vom Privatvermögen des Unternehmers sowie von seiner Bereitschaft zur Kapitaleinlage in das Unternehmen abhängig. Unter finanzwirtschaftlichen Aspekten ist die begrenzte Fähigkeit zur Eigenkapitalaufnahme ein limitierender Faktor der Einzelunternehmung. Wie nicht zuletzt die hohe Anzahl an Einzelunternehmen in Deutschland zeigt (siehe Tabelle 3.1 auf S. 68), sind die Finanzierungsmöglichkeiten der Einzelunternehmung dennoch für viele Unternehmen ausreichend. Das gilt insbesondere für kleine und mittlere Unternehmen aus Branchen mit begrenztem Kapitalbedarf (z. B. Handwerkerin, Einzelhändler oder Rechtsanwältin).

Problematisch ist das begrenzte Finanzierungspotential der Einzelunternehmung für Unternehmen, die sich in einer Wachstumsphase befinden. Unternehmenswachstum ist nur möglich, wenn die Unternehmenseigner ausreichend Eigenkapital zur *Wachstumsfinanzierung* bereitstellen können. Ist der Einzelunternehmer dazu nicht in der Lage, müssen Wachstumsunternehmen auf alternative Möglichkeiten der Eigenfinanzierung zurückgreifen. Eine Alternative ist die Aufnahme zusätzlicher Gesellschafter. Durch die Einlagen der neuen Gesellschafter wird die Eigenkapitalbasis gestärkt und damit die finanzielle Voraussetzung für eine erfolgreiche Unternehmensentwicklung geschaffen. Die neuen Gesellschafter können entweder als stille Gesellschafter oder durch Gründung einer Personengesellschaft aufgenommen werden. Im Folgenden beschäftigen wir uns mit der Offenen Handelsgesellschaft und der Kommanditgesellschaft als typische Beispiele für Personengesellschaften, während die stille Beteiligung im Rahmen des Hybridkapitals behandelt wird (siehe Kapitel 4.6).

Beteiligungsfinanzierung der Personengesellschaften
In Deutschland existieren knapp 400.000 Personengesellschaften, bei denen es sich überwiegend um mittelständische Unternehmen handelt (siehe Tabelle 3.1 auf S. 68). Personengesellschaften verfügen über mehrere Gesellschafter. Die beiden grundlegenden Formen sind die OHG und die KG; darüber hinaus sind in der Praxis einige Zwischenformen entstanden:
- Die *Offene Handelsgesellschaft (OHG)* hat ausschließlich persönlich und unbegrenzt haftende Gesellschafter, wobei grundsätzlich sämtliche Gesellschafter zur Geschäftsführung des Unternehmens berechtigt sind (vgl. §§ 105–160 HGB).
- Bei der *Kommanditgesellschaft (KG)* gibt es zwei unterschiedliche Typen von Gesellschaftern (vgl. §§ 161–177a HGB). *Komplementäre* sind die voll haftenden Ge-

sellschafter, die das Recht zur Geschäftsführung der Kommanditgesellschaft haben. Damit ist die Rechtsstellung der Komplementäre grundsätzlich mit derjenigen von OHG-Gesellschaftern vergleichbar. Die Haftung der *Kommanditisten* ist dagegen auf die im Handelsregister eingetragene Haftsumme (i. d. R. die Kapitaleinlage) begrenzt und sie sind von der Geschäftsführung ausgeschlossen.

– Unter den in der Praxis entstandenen Zwischenformen ist die *GmbH & Co. KG* relativ weit verbreitet. Bei dieser Rechtsform handelt es sich um eine Kommanditgesellschaft, deren Komplementär eine GmbH ist. Die GmbH & Co. KG hat damit keinen voll haftenden natürlichen Gesellschafter, obwohl Unternehmen dieser Rechtsform zu den Personengesellschaften zählen.

Die Beteiligungs- bzw. Einlagenfinanzierung der Personengesellschaften erfolgt *durch Kapitaleinlagen der Gesellschafter.* Primäre Finanzierungsquelle ist dabei das Vermögen der bisherigen Gesellschafter. Im Gegensatz zur Einzelunternehmung ist das Finanzierungsvolumen allerdings nicht durch das Privatvermögen der bisherigen Gesellschafter begrenzt, da der Kapitalbedarf auch durch die Aufnahme neuer Gesellschafter gedeckt werden kann. Begrenzt wird die Fähigkeit der Personengesellschaft zur Aufnahme neuen Eigenkapitals durch die engen Beziehungen zwischen den Gesellschaftern sowie durch die Geschäftsführungsbefugnisse der voll haftenden Gesellschafter. Angesichts dieser Rahmenbedingungen haben Personengesellschaften in der Praxis üblicherweise nur wenige Gesellschafter. Lediglich bei den Mischformen (z. B. bei der GmbH & Co. KG) finden sich größere Unternehmen mit einer höheren Anzahl von Gesellschaftern.

Bei Personengesellschaften wird für jeden Gesellschafter ein eigenes *Kapitalkonto* geführt, auf dem zunächst die von diesem Gesellschafter geleistete Kapitaleinlage erfasst wird. Das Kapitalkonto stellt allerdings keine Forderung des Gesellschafters gegenüber dem Unternehmen dar. Vielmehr geht das Verfügungsrecht über die eingezahlten Beträge auf die Gesellschaft über, sodass die Gesellschafter über die eingezahlten Beträge nur gemeinsam verfügen können. Darüber hinaus dienen die Kapitalanteile der Gesellschafter als Maßstab für die Verteilung des erwirtschafteten Gewinns.

Bezüglich der *Gewinnverteilung* lautet die handelsrechtliche Regelung für die OHG, dass zunächst jeder Gesellschafter eine Verzinsung von 4 % auf seinen Kapitalanteil erhält, sofern der Jahresgewinn hierzu ausreicht. Der verbleibende Gewinn bzw. ein entstandener Verlust werden gleichmäßig auf die Gesellschafter verteilt (vgl. § 121 HGB). Auch bei der KG erfolgt zunächst eine Kapitalverzinsung in Höhe von 4 %, während der darüber hinausgehende Gewinn bzw. ein entstandener Verlust im Verhältnis der Kapitalanteile verteilt werden (vgl. § 168 HGB). Die gesetzlichen Vorschriften gelten allerdings nur für den Fall, dass die Satzung der betreffenden Gesellschaft keine anderslautende Regelung trifft. In der Praxis wird die Gewinnverteilung regelmäßig in der Satzung festgeschrieben, wobei auch diese Regelungen auf die Höhe der Kapitaleinlagen Bezug nehmen. Über die Gewinnverteilung hinaus dient das Kapitalkonto des Gesellschafters als Bezugsgröße für die Zulässigkeit von Entnahmen sowie für die Berechnung eines eventuellen Liquidationsguthabens.

Hinsichtlich der *Höhe des Eigenkapitals* existieren für Personengesellschaften keine rechtlichen Vorschriften, die der Gesellschaft eine bestimmte Mindestkapitalausstattung vorschreiben. Bei einer KG sind die Anzahl der Kommanditisten sowie die Höhe ihrer Einlagen im Handelsregister einzutragen (vgl. § 162 HGB). Darüber hinaus dürfen Gewinne nur dann an die Kommanditisten ausgezahlt werden, wenn die entsprechenden Einlagen vollständig eingezahlt wurden, diese Einlagen nicht durch Verluste gemindert sind und selbige auch nicht durch die Auszahlung unter ihren Nennwert sinken würden (vgl. § 169 Abs. 1 HGB).

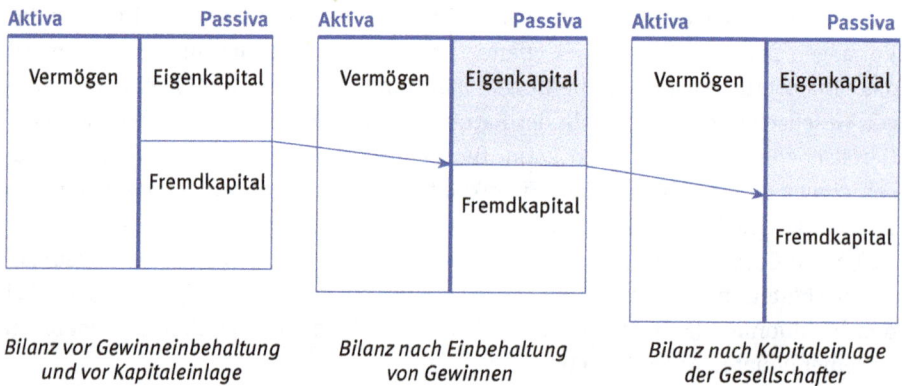

Abb. 3.3: Eigenkapitalveränderungen einer Personengesellschaft.

Der Kapitalanteil eines Gesellschafters ist eine buchhalterische Größe, die dem Buchwert seiner Beteiligung entspricht. Das gesamte Eigenkapital einer Personengesellschaft errechnet sich als Summe der Kapitalanteile sämtlicher Gesellschafter. Die Kapitalkonten der Gesellschafter verändern sich im Laufe eines Geschäftsjahres analog zu den *Veränderungen des Eigenkapitals* der Gesellschaft. Die Eigenkapitalschwankungen resultieren aus Gewinnzuschreibungen bzw. Verlustverrechnungen sowie aus Entnahmen und Kapitaleinlagen der Gesellschafter. Sämtliche Kapitalveränderungen werden auf den Kapitalkonten erfasst; eine bilanzielle Unterteilung des Eigenkapitals in die ursprüngliche Kapitaleinlage und spätere Kapitalveränderungen erfolgt nicht (siehe Abbildung 3.3).

Nachfolgend werden einige wesentliche Fragestellungen, die mit der Beteiligungsfinanzierung von Personengesellschaften zusammenhängen, am Beispiel einer OHG verdeutlicht.

Beispiel: Beteiligungsfinanzierung von Personengesellschaften

Die Studenten Kevin, Leon und Marie sind zu gleichen Teilen Gesellschafter der KLM Party OHG. Der Geschäftszweck des Unternehmens besteht darin, Partys an ausgefallenen Locations zu veranstalten, wobei das Geschäftsmodell vom großen Netzwerk der drei Gesellschafter profitiert. Die Veranstaltungsorte werden jeweils einzeln angemietet. Zur Durchführung der Partys engagieren die Gesellschafter Hilfskräfte (z. B. für Einlasskontrolle, Musik und Getränkeverkauf) aus ihrem studentischen Umfeld. Da die KLM Party OHG weder Anlagevermögen noch hohe laufende Fixkosten hat, ist der Kapitalbedarf vergleichsweise gering. Ein Bedarf an Finanzmitteln entsteht vor allem dadurch, dass das Unternehmen die für die Durchführung einer Party entstehenden Kosten (z. B. Raummiete, Getränkeeinkauf und Hilfskräfte) vorfinanzieren muss. Darüber hinaus ist eine finanzielle Reserve für den Fall vorgesehen, dass sich eine Location einmal als Flop erweisen sollte.

Als Startkapital haben Kevin, Leon und Marie jeweils 10.000 Euro in das Unternehmen eingelegt. Im ersten Geschäftsjahr ist die Anzahl der von der KLM Party OHG veranstalteten Partys noch überschaubar. Angesichts eines Gewinns von 36.000 Euro ist ein gewisses Erfolgspotenzial jedoch absehbar. Die Gesellschafter beschließen eine Ausschüttung von 7.000 Euro pro Gesellschafter, um einen Beitrag zum eigenen Lebensunterhalt zu erhalten und darüber hinaus die anfallende Einkommensteuer begleichen zu können. Der restliche Gewinnanteil von 5.000 Euro pro Gesellschafter wird einbehalten und den Kapitalkonten gutgeschrieben.

Activa (€)		Passiva (€)	
Vermögen	57.000	Eigenkapital	
		– Ursprüngliche Kapitaleinlagen	30.000
		– Einbehaltene Gewinne	15.000
		– Neue Kapitaleinlagen	12.000
	57.000		57.000

Abb. 3.4: Vermögen und Kapital der KLM Party OHG.

Um eine finanzielle Reserve für die geplante Ausweitung der Geschäftsaktivitäten aufzubauen, fassen Kevin, Leon und Marie nach einem halben Jahr den Beschluss, das Gesellschaftskapital zu erhöhen und 4.000 Euro pro Person einzulegen. In Abbildung 3.4 sind Vermögen und Kapital des nicht bilanzierungspflichtigen Unternehmens nach Gewinneinbehaltung und Kapitalerhöhung dargestellt. Die Unterteilung des Eigenkapitals erfolgt zur Verdeutlichung der Kapitalzusammensetzung.

Die *Offene Handelsgesellschaft (OHG)* weist gegenüber der *Kommanditgesellschaft (KG)* den Vorteil auf, dass sämtliche Gesellschafter gegenüber den Gläubigern des Unternehmens voll haften. Bei gleicher Gesellschafteranzahl hat die OHG ceteris paribus eine *höhere Kreditwürdigkeit* als die KG. Da sämtliche Gesellschafter zur Geschäftsführung berechtigt sind, bleibt die Größe einer OHG allerdings auf eine überschaubare Anzahl von Gesellschaftern begrenzt. Die *KG* hat in diesem Zusammenhang *Vorteile bei der Eigenkapitalbeschaffung*, da die Gesellschafteranzahl durch die Aufnahme zusätzlicher Kommanditisten leichter zu steigern ist. Die mit einer hohen Anzahl an Gesellschaftern verbundene Komplexität wird vermieden, weil nur die Komplementäre zur Geschäftsführung berechtigt sind. Darüber hinaus ist die Haftung der Kommanditisten beschränkt, sodass Investoren als Gesellschafter gewonnen werden können, die zu unbeschränkter Haftung nicht bereit wären. Insofern bietet die Kommanditgesellschaft einen Rahmen, der grundsätzlich auch für eine größere Anzahl an Gesellschaftern geeignet ist. Begrenzt wird die Gesellschafteranzahl einer KG in der Praxis häufig durch die mit zunehmender Größe entstehenden Informationsprobleme bzw. durch die zwischen verschiedenen Gesellschaftern auftretenden Interessenkonflikte.

3.2.2 Gesellschaft mit beschränkter Haftung

Die *Gesellschaft mit beschränkter Haftung (GmbH)* ist dadurch charakterisiert, dass ausschließlich das Gesellschaftsvermögen für die Verbindlichkeiten des Unternehmens haftet. Die Haftung der Gesellschafter ist auf ihre Kapitaleinlage sowie eine eventuell vereinbarte Nachschusspflicht begrenzt; das Privatvermögen der Gesellschafter haftet nicht für die Gesellschaftsverbindlichkeiten.

Charakteristika und Organe

Die GmbH ist eine *Kapitalgesellschaft mit eigener Rechtspersönlichkeit*. Vertreten wird die Gesellschaft durch die gesetzlich vorgesehenen Organe. Die Organe der GmbH umfassen die Gesellschafterversammlung, die Geschäftsführer und – soweit vorhanden – den Aufsichtsrat (vgl. §§ 35 ff. GmbHG). Während die *Gesellschafterversammlung* für Beschlüsse von grundlegender Bedeutung zuständig ist (z. B. Bestellung der Geschäftsführer, Gewinnverteilung oder Erhöhung des Stammkapitals), obliegt die laufende Geschäftsführung den *Geschäftsführern*. Ein *Aufsichtsrat* ist für die GmbH nicht zwingend erforderlich, sondern kann freiwillig eingerichtet werden. Vorgeschrieben ist die Einrichtung eines Aufsichtsrats allerdings bei Gesellschaften mit mehr als 500 Mitarbeitern, die unter die Vorschriften des Mitbestimmungs- bzw. Drittelbeteiligungsgesetzes fallen. Die Hauptaufgabe des Aufsichtsrats besteht in der Überwachung der Geschäftsführer (vgl. § 52 GmbHG i. V. m. § 111 AktG); darüber hinaus kann der Aufsichtsrat die Geschäftsführung beraten.

Eine GmbH wird durch einen oder mehrere Gesellschafter gegründet, bei denen es sich um natürliche oder juristische Personen handeln kann (vgl. § 1 GmbHG). Die *Gründung der GmbH* erfolgt durch Abschluss eines Gesellschaftervertrages (Satzung). Sowohl die Gründung als auch spätere Satzungsänderungen bedürfen der notariellen Beurkundung und müssen in das Handelsregister eingetragen werden.

Im Gegenzug gegen die Ausgabe von Gesellschaftsanteilen stellen die Gesellschafter haftendes Eigenkapital zur Verfügung, das als *Stammkapital* der GmbH bezeichnet wird. Die Höhe des Stammkapitals wird in der Satzung festgelegt, wobei ein Mindeststammkapital von 25.000 Euro erforderlich ist (vgl. § 5 Abs. 1 GmbHG). Mit der Vorschrift zur Mindestkapitalausstattung berücksichtigt der Gesetzgeber den Umstand, dass bei der GmbH ausschließlich das Gesellschaftsvermögen für die Ansprüche von Gläubigern haftet und nicht das persönliche Vermögen der Gesellschafter. Die anfängliche Höhe des Eigenkapitals sowie die spätere Kapitalerhaltung sind daher von grundlegender Bedeutung für den Erfolg und die Existenzsicherung einer GmbH.

Haftungsbeschränkte Unternehmergesellschaft

Eine Variante der GmbH ist die *haftungsbeschränkte Unternehmergesellschaft* (vgl. § 5a GmbHG), die insbesondere Existenzgründern die Kapitalaufbringung erleichtern soll. Die zum 1. November 2008 eingeführte Unternehmergesellschaft ist keine neue Rechtsform. Vielmehr handelt es sich um eine GmbH, für die bei der Gründung keine Vorschriften zum Mindeststammkapital gelten. Zum Jahresbeginn 2022 nutzten knapp 176.000 Unternehmen die Rechtsform der UG, während es zu diesem Zeitpunkt ca. 1,4 Mio. GmbH gab (vgl. *Bayer/Lieder/Hoffmann*, 2022, S. 779). Die Einführung der haftungsbeschränkten Unternehmergesellschaft dient dem Ziel, die Rechtsform der GmbH im europäischen Vergleich wettbewerbsfähiger zu machen, da in vielen Mitgliedstaaten der Europäischen Union geringere formale Anforderungen hinsichtlich Gründung und Mindestkapital von Kapitalgesellschaften gelten.

Die in der Praxis auch als „Mini-GmbH" bezeichnete Unternehmergesellschaft muss im Firmennamen die Bezeichnung „Unternehmergesellschaft (haftungsbeschränkt)" oder „UG (haftungsbeschränkt)" führen (vgl. § 5a Abs. 1 GmbHG). Die Unternehmergesellschaft muss grundsätzlich 25 % des erwirtschafteten Jahresüberschusses einbehalten und in eine gesetzliche Rücklage einstellen (vgl. § 5a Abs. 3 GmbHG). Wenn die Rücklagen gemeinsam mit dem Stammkapital das Mindeststammkapital von 25.000 Euro erreichen, kann die Unternehmergesellschaft eine Kapitalerhöhung aus Gesellschaftsmitteln durchführen (§ 57c GmbHG) und zukünftig die Rechtsform der GmbH führen.

Entwicklung des Eigenkapitals

Geschäftsentwicklung, Gewinnverwendung und Kapitalmaßnahmen führen zu Schwankungen in der Höhe des Eigenkapitals. Die *Gewinnverteilung* erfolgt bei der GmbH grundsätzlich im Verhältnis der Gesellschaftsanteile (vgl. § 29 Abs. 3 GmbHG). Hierzu werden bei der GmbH für jeden Gesellschafter eigene Kapitalkonten geführt. Da das Eigenkapital der GmbH im Gegensatz zu den Personengesellschaften in verschiedene Positionen untergliedert wird, werden neben den Kapitalkonten für die Stammeinlage weitere Eigenkapitalkonten für Gewinn- bzw. Kapitalrücklagen geführt. Solange keine Kapitalerhöhung oder -herabsetzung stattfindet, wird das Stammkapital in konstanter Höhe als gezeichnetes Kapital ausgewiesen.

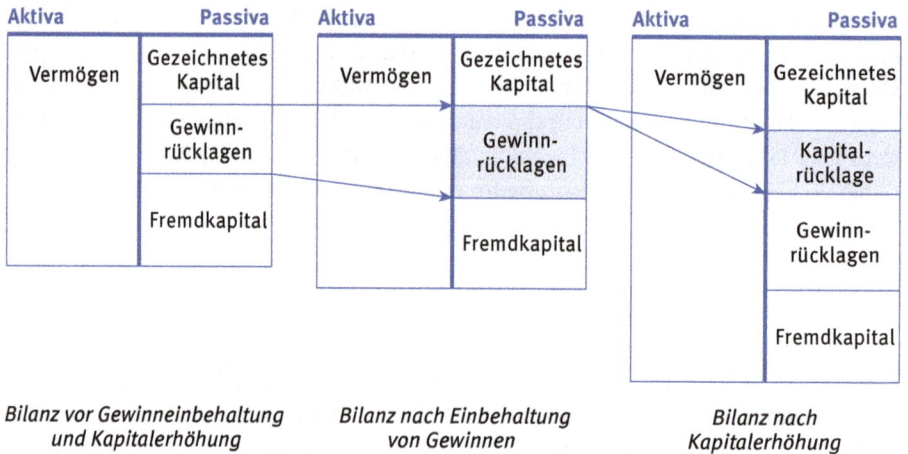

Abb. 3.5: Eigenkapitalveränderungen bei der GmbH.

Beschließt die Gesellschafterversammlung, den in einem Geschäftsjahr erwirtschafteten Gewinn zur Finanzierung der zukünftigen Geschäftstätigkeit ganz oder teilweise einzubehalten, werden die einbehaltenen Teile den Kapitalkonten der Gesellschafter gutgeschrieben und in der Bilanz getrennt vom Stammkapital als *Gewinnrücklagen* ausgewiesen (vgl. § 272 Abs. 3 HGB). Einbehaltene Gewinne bewirken dabei eine Erhöhung der Gewinnrücklagen (siehe Abbildung 3.5), während ein Verlustausgleich oder eine Ausschüttung zu Lasten der Rücklagen die Höhe der bisherigen Gewinnrücklagen vermindert. Aus bilanzieller Perspektive bilden die Gewinnrücklagen einen Verlustpuffer.

Die Höhe des Stammkapitals bleibt allerdings auch dann konstant, wenn die Rücklagen zum Ausgleich eines Verlustes nicht ausreichen. In diesem Fall wird ein *Verlustvortrag* in Höhe des Differenzbetrages ausgewiesen, der die Höhe des Eigenkapitals entsprechend korrigiert. Wenn das gesamte Eigenkapital durch Verluste aufgezehrt ist, ergibt sich ein Überschuss der Passiv- über die Aktivpositionen, der auf der Aktivseite als „Nicht durch Eigenkapital gedeckter Fehlbetrag" auszuweisen ist (vgl. § 268 Abs. 3 HGB).

Neben Gewinnen bzw. Verlusten verändern Kapitalmaßnahmen die Höhe des Eigenkapitals. Für die *Erhöhung oder Verminderung des Stammkapitals* ist eine Satzungsänderung erforderlich, die von der Gesellschafterversammlung mit Dreiviertelmehrheit beschlossen werden muss (vgl. §§ 53, 55 GmbHG). Wie bei allen Satzungsänderungen muss der Beschluss notariell beurkundet werden und die Kapitalerhöhung ist nach Übernahme der Stammanteile in das Handelsregister einzutragen. Die Anteile aus einer Kapitalerhöhung werden entweder von den bisherigen Gesellschaftern oder von neuen Gesellschaftern übernommen. Wenn im Rahmen einer Kapitalerhöhung neue Gesellschafter Anteile an der GmbH übernehmen, stellt sich die Frage der Anteilsbewertung. Durch die bisherige Unternehmenstätigkeit hat die GmbH offene sowie stille Rücklagen gebildet, an denen die neuen Gesellschafter automatisch beteiligt werden. Als Preis für die Beteiligung an den entstandenen Rücklagen verlangen die bisherigen Gesellschafter von den neuen Gesellschaftern ein *Aufgeld (Agio)*, das zusätzlich zur Stammeinlage zu leisten ist (siehe Abbildung 3.5). Bilanziell wird das bei Erhöhung des Stammkapitals geleistete *Aufgeld als Kapitalrücklage* ausgewiesen (vgl. § 272 Abs. 2 HGB). Das nachfolgende Beispiel illustriert die Eigenkapitalerhöhung einer GmbH durch Aufnahme eines neuen Gesellschafters.

Beispiel: Beteiligungsfinanzierung der GmbH

Die Havelblick GmbH ist ein Schifffahrtsunternehmen, das seit Jahren erfolgreich Dampferfahrten im Berliner Raum anbietet. Auch wenn Berlin seine Position als führende europäische Touristenmetropole weiter gefestigt hat, plant das Unternehmen eine Ausweitung der Geschäftsaktivitäten auf mehrtägige Flusskreuzfahrten, die u. a. nach Hamburg, Dresden und Prag führen werden. Auf diese Weise sollen zusätzliche Einnahmepotenziale erschlossen und gleichzeitig das Geschäftsrisiko diversifiziert werden. Für die erste Ausbaustufe hat Lars Jensen, der Geschäftsführer der Havelblick GmbH, gemeinsam mit seiner Steuerberaterin Manuela Hakelmacher einen Eigenkapitalbedarf von 3 Mio. Euro ermittelt. Das zusätzliche Eigenkapital dient primär zum Kauf bzw. Umbau von Schiffen. Die laufenden Betriebsausgaben werden durch Bankkredite finanziert.

Zur Deckung des Eigenkapitalbedarfs ist eine Kapitalerhöhung geplant. Diese soll gleichzeitig dazu genutzt werden, den Gesellschafterkreis zu erweitern. Jan Michels, ein befreundeter Reeder aus Hamburg, ist zur Übernahme der neuen Gesellschaftsanteile bereit. Lars Jensen bespricht mit der Steuerberaterin die zur Durchführung der Kapitalerhöhung notwendigen Schritte. Zunächst erfolgt eine Bewertung des Unternehmens, um den Kaufpreis für die neuen GmbH-Anteile bestimmen zu können. In Abbildung 3.6 ist die Bilanz des Unternehmens vor Durchführung der Kapitalerhöhung dargestellt.

Aktiva (€)		Passiva (€)	
Anlagevermögen	12.000.000	Stammkapital	5.000.000
Umlaufvermögen	6.000.000	Gewinnrücklagen	3.000.000
Liquide Mittel	1.000.000	Fremdkapital	11.000.000
Bilanzsumme	19.000.000	Bilanzsumme	19.000.000

Abb. 3.6: Bilanz der Havelblick GmbH.

Die Havelblick GmbH bilanziert konservativ. Daher verfügt das Unternehmen über stille Reserven, die vor allem in den eigenen Schiffen liegen. Für diese Vermögensgegenstände liegen die aktuellen Marktpreise deutlich über den Buchwerten. Manuela Hakelmacher und Lars Jensen schätzen, dass die stillen Reserven im Anlagevermögen ca. 5 Mio. Euro betragen. Darüber hinaus ist der auf dem Markt gut eingeführte Firmenname zu berücksichtigen, der als immaterieller Vermögensgegenstand nicht bilanziert wird, für den ein potenzieller Käufer jedoch ca. 2 Mio. Euro zahlen würde. Insgesamt haben die stillen Reserven somit einen Wert von 7 Mio. Euro. Auf Basis dieser Informationen erstellt die Steuerberaterin eine Vermögensaufstellung zu geschätzten Marktwerten, d. h. nach Auflösung der stillen Reserven (siehe Abbildung 3.7).

Aktiva (€)		Passiva (€)	
Anlagevermögen	12.000.000	Stammkapital	5.000.000
Umlaufvermögen	6.000.000	Gewinnrücklagen	3.000.000
Liquide Mittel	1.000.000	Stille Reserven	7.000.000
Nicht bilanziertes Vermögen	7.000.000	Fremdkapital	11.000.000
	26.000.000		26.000.000

Abb. 3.7: Vermögensaufstellung zu geschätzten Marktwerten.

Durch die Offenlegung der stillen Reserven von 7 Mio. Euro erhöht sich der Wert des Gesamtvermögens auf 26 Mio. Euro. Der rechnerische Marktwert des Eigenkapitals umfasst das Stammkapital, die Gewinnrücklagen sowie die stillen Reserven und beträgt 15 Mio. Euro. Damit wird das bisherige Stammkapital von 5 Mio. Euro mit einem Faktor von 3,0 bewertet:

$$5 \text{ Mio. €} + \frac{3 \text{ Mio. €} + 7 \text{ Mio. €}}{5 \text{ Mio. €}} = \frac{15 \text{ Mio. €}}{5 \text{ Mio. €}} = 3,0 \qquad (3.1)$$

Manuela Hakelmacher legt die Bewertung dem neuen Gesellschafter vor. Nachdem Jan Michels die Unterlagen geprüft hat, vereinbart er mit Lars Jensen einen Preis von 3 Mio. Euro für die Übernahme der neuen Gesellschaftsanteile im Nominalwert von 1 Mio. Euro, sodass die neuen Anteile ebenfalls mit dem Dreifachen ihres Nominalwertes bewertet werden. Mit dem Aufgeld von 2 Mio. Euro beteiligt sich Jan Michels anteilig an den offenen und stillen Reserven der Havelblick GmbH. Nach Durchführung der Kapitalerhöhung ergibt sich die folgende Bilanz bzw. Vermögensaufstellung:

Aktiva (€)		Passiva (€)	
Anlagevermögen	12.000.000	Stammkapital	6.000.000
Umlaufvermögen	6.000.000	Kapitalrücklage	2.000.000
Liquide Mittel	4.000.000	Gewinnrücklagen	3.000.000
		Fremdkapital	11.000.000
Bilanzsumme	22.000.000	Bilanzsumme	22.000.000
Nicht bilanziertes Vermögen	7.000.000	Stille Reserven	7.000.000
	29.000.000		29.000.000

Abb. 3.8: Vermögensaufstellung und Bilanz nach Durchführung der Kapitalerhöhung.

Die Kapitalerhöhung bewirkt einen Anstieg der liquiden Mittel auf 4 Mio. Euro (siehe Abbildung 3.8). Auf der Passivseite erhöht sich das Stammkapital um den Nominalbetrag von 1 Mio. Euro, während das Aufgeld von 2 Mio. Euro als Kapitalrücklage ausgewiesen wird. Die Bilanzsumme erhöht sich auf 22 Mio. Euro, während der Wert des Gesamtvermögens inklusive stiller Reserven auf 29 Mio. Euro ansteigt. Zum erfolgreichen Abschluss der Kapitalerhöhung lädt Lars Jensen seine Steuerberaterin und den neuen Gesellschafter in sein Lieblingsrestaurant am Lietzensee ein.

Finanzierungspotenzial der GmbH

Im Vergleich zu den Personengesellschaften hat die GmbH Vorteile hinsichtlich der Eigenkapitalbeschaffung. Durch die auf die Kapitaleinlage *beschränkte Haftung* können für die GmbH auch Gesellschafter gewonnen werden, die nicht mit ihrem gesamten Privatvermögen haften wollen. Trotz der auf das Gesellschaftsvermögen begrenzten Haftung haben grundsätzlich sämtliche Gesellschafter der GmbH die Möglichkeit, aktiv an der Gestaltung der Unternehmenspolitik mitzuwirken – im Gegensatz z. B. zu den Kommanditisten einer KG.

Ein weiterer Vorteil der GmbH ergibt sich *unter steuerlichen Aspekten*. Während der Gewinn einer Personengesellschaft mit dem persönlichen Einkommensteuersatz der Gesellschafter versteuert wird, ist die GmbH als juristische Person körperschaftsteuerpflichtig. Seit dem Veranlagungszeitraum 2008 beträgt der einheitliche Körperschaftsteuersatz 15 % (§ 23 Abs. 1 KStG), während der progressiv verlaufende Einkommensteuersatz zwischen 14 % und 45 % liegt (vgl. § 32a EStG). Bei gewerbesteuerpflichtigen Unternehmen ist zusätzlich die Belastung durch die Gewerbesteuer zu berücksichtigen. Auch wenn die Einkommensteuer für einbehaltene und damit im Unternehmen reinvestierte Gewinne auf 28,25 % reduziert werden kann (§ 34a Abs. 1 EStG), bleibt für die GmbH im Vergleich zu den Personengesellschaften ein *Steuervorteil bei Gewinneinbehaltung* bestehen. Bei ausgeschütteten Gewinnen ergibt sich für die GmbH allerdings eine *Doppelbesteuerung*. Sind die Gesellschafter natürliche Personen, müssen diese den ausgeschütteten Betrag noch einmal mit ihrem persönlichen Einkommensteuersatz versteuern, sofern nicht die Abgeltungsteuer greift. Um die Auswirkungen der Doppelbesteuerung etwas abzumildern, sind nach dem Teileinkünfteverfahren lediglich 60 % des zufließenden Betrages zu versteuern (vgl. § 3 Nr. 40 EStG). Zusammenfassend ergibt sich bei Gewinneinbehaltung – in Abhängigkeit von der Höhe der Gewerbesteuer – eine ertragsteuerliche Gesamtbelastung von ca. 30 %. Im Ausschüttungsfall ist die steuerliche Gesamtbelastung von den individuellen Verhältnissen der Gesellschafter abhängig; sie ist jedoch regelmäßig deutlich höher als im Thesaurierungsfall (zur Unternehmensbesteuerung siehe z. B. *Niehus/Wilke*, 2018; *Niehus/Wilke*, 2020; *Kudert*, 2019 und *Stobbe/Aßmann/Brunold*, 2019).

Unter *Kostenaspekten* ist die Rechtsform der GmbH weniger vorteilhaft, da die mit der Gründung und dem laufenden Betrieb einer GmbH verbunden Kosten höher sind als bei einer Personengesellschaft (z. B. durch Erfüllung der Formvorschriften, notarielle Beurkundungen und Handelsregistereinträgen). Mit der Eintragung im Handelsregister ist darüber hinaus eine gewisse *Publizität* verbunden, die in der Praxis häufig ebenfalls als nachteilig empfunden wird.

Während die GmbH im Vergleich zu den Personengesellschaften Vorteile bei der Eigenfinanzierung hat, ergeben sich *Nachteile bei der Aufnahme von Fremdkapital*. Da die Gesellschafter nicht mit ihrem Privatvermögen haften, ist die Haftungsbasis der GmbH typischerweise geringer. Aufgrund der auf das Gesellschaftsvermögen beschränkten Haftung hat die GmbH gegenüber einer vergleichbaren Personengesellschaft eine geringere Kreditwürdigkeit (Bonität). In der Praxis sind Kreditinstitute häufig nur dann zu einer Kreditvergabe an eine GmbH bereit, wenn sie von den Gesellschaftern selbstschuldnerische Bürgschaften erhalten. Durch diese zusätzlichen Kreditsicherheiten wird die Aufnahme von Fremdkapital für die GmbH erleichtert, die Gesellschafter verlieren allerdings den Vorteil der Haftungsbegrenzung auf das Gesellschaftsvermögen.

Zusammenfassend ist die GmbH für *mittelständische Unternehmen mit einer begrenzten Anzahl von Gesellschaftern* geeignet, die sich mit nennenswertem Kapitaleinsatz beteiligen und dabei aktiv an der Gestaltung der Unternehmenspolitik mitwirken wollen. Darüber hinaus gibt es aber auch Großunternehmen, die in der Rechtsform der GmbH geführt werden. Eines der bekanntesten Beispiele ist die Robert Bosch GmbH, ein weltweit tätiger Automobilzulieferer mit ca. 79 Mrd. Euro Jahresumsatz und mehr als 402.000 Beschäftigten (vgl. *Bosch*, 2022).

3.2.3 Gründungsfinanzierung

Nachdem der Fokus der letzten beiden Kapitel mehrheitlich auf etablierten Unternehmen lag, behandeln wir im Folgenden außerbörsliche Finanzierungsformen, die insbesondere von neu gegründeten und jungen Unternehmen (Start-ups) genutzt werden. Im Mittelpunkt des vorliegenden Abschnitts steht die Gründungsfinanzierung, während sich der danach folgende Abschnitt dem Crowdfunding widmet.

Phasen im Lebenszyklus von Unternehmen

Unter *Gründungsfinanzierung* bzw. *Start-up-Finanzierung* versteht man die Finanzierung eines neu gegründeten Unternehmens, das in dieser Form bislang nicht existiert hat. Ein neu gegründetes Unternehmen durchläuft in seinem Lebenszyklus verschiedene Phasen, die sich unter Finanzierungsaspekten folgendermaßen einteilen lassen (vgl. z. B. *Portisch*, 2017 und *Engelmann et al.*, 2000):

–   Die *Seed-Phase* bezieht sich auf den Prozess der Unternehmensgründung. Diese Phase widmet sich insbesondere dem Geschäftsmodell und dem Marktumfeld, um einen funktionsfähigen Prototypen des Produktes bzw. der Dienstleistung zu erschaffen.
–   In der *Start-up-Phase* befindet sich das Unternehmen im Aufbau oder es ist seit kurzem im Geschäft. Im Fokus der Start-up-Phase stehen die Weiterentwicklung des Produktes bis zur Marktreife sowie der Markteintritt.
–   Mit dem Markteintritt beginnt die *Expansions- bzw. Wachstumsphase*, die durch einen hohen Kapitalbedarf charakterisiert ist. Die finanziellen Mittel werden für die Skalierung des Geschäftsmodells, das Durchdringen des Marktes sowie die Umsatzsteigerung benötigt. Unternehmen in der Wachstumsphase verfolgen das Ziel, die Gewinnschwelle (Break-Even-Punkt) zu erreichen, um die weitere Unternehmenstätigkeit durch selbst erwirtschaftete Finanzmittel (Innenfinanzierung) alimentieren zu können.
–   In der *Reifephase* hat sich das Unternehmen am Markt etabliert. Im Fokus der Reifephase stehen u. a. die Konsolidierung des Leistungsangebots, die Internationalisierung der Geschäftstätigkeit, Zukäufe und Restrukturierungen sowie Refinanzierungen. Das Unternehmen kann nunmehr unter verschiedenen am Kapitalmarkt verfügbaren Finanzierungsformen wählen.

Zum Gründungszeitpunkt kann der Finanzierungsbedarf üblicherweise nur durch Eigenkapital gedeckt werden, während in späteren Lebenszyklusphasen weitere Finanzierungsquellen erschlossen werden können.

Finanzierung in der Seed-Phase

In der *Seed-Phase* steht dem Unternehmen typischerweise vor allem das von den Gründern sowie dem Familien- und Freundeskreis aufgebrachte Eigenkapital zur Verfügung. Aus Sicht von professionellen Investoren ist die Eigenkapitalaufbringung durch die Gründer eine notwendige Voraussetzung für spätere Finanzierungsschritte, da eine angemessene Eigenkapitalausstattung als positives Signal der

Gründer hinsichtlich ihres Engagements für eine erfolgreiche Geschäftsentwicklung gilt. Dieses Signal wird noch einmal gestärkt, wenn sich das Umfeld der Gründer finanziell beteiligt. Aus Unternehmensperspektive hat die Kapitalbeteiligung von Familienangehörigen und Freunden darüber hinaus den Vorteil, dass angesichts der persönlichen Nähe vorteilhafte und flexible Konditionen für die Kapitalüberlassung vereinbart werden können (vgl. *Brettel/Rudolf/Witt*, 2005, S. 37 ff.).

Zusätzlich zu den eigenen Finanzmitteln sowie den Mitteln ihres persönlichen Umfeldes können Gründer externe Finanzierungsquellen nutzen, wobei in der Seed-Phase *Inkubatoren* und *Acceleratoren* zur Verfügung stehen. Inkubatoren und Acceleratoren sind Institutionen, die z. B. von privatwirtschaftlichen Unternehmen oder Hochschulen eingerichtet werden, um neu gegründete Unternehmen bei ihren ersten Schritten zu unterstützen. Neben der Kapitalbereitstellung umfasst die Gründungsunterstützung Beratungsleistungen, Coaching und das Herstellen von Kontakten. Darüber hinaus werden aber auch Büroräume und weitere Dienstleistungen zur Verfügung gestellt. Während Inkubatoren vor allem bei der Ideenfindung sowie der Optimierung des Geschäftsmodells helfen, konzentrieren sich Acceleratoren auf die anschließende Phase der marktreifen Weiterentwicklung des Prototyps (vgl. *Brandkamp/Zillikens*, 2017, S. 197 f.).

Neben den privatwirtschaftlichen Formen der Gründungsfinanzierung existiert in Deutschland eine relativ starke staatliche Gründungsförderung durch *öffentliche Fördermittel*. Zur Förderung von Wirtschaftswachstum und Arbeitsplätzen haben Bund und Länder eine Vielzahl staatlicher Förderprogramme aufgelegt (vgl. *BMWK*, 2022). In Abhängigkeit von der Struktur und Zielsetzung der verschiedenen Programme werden öffentliche Fördermittel beispielsweise als Eigenkapitalbeteiligung, als Kredit, als Bürgschaft oder als Zuschuss gewährt.

Wenn Gründer in der Seed-Phase darauf verzichten, externes Kapital zu akquirieren, spricht man von *Bootstrapping*. Der Begriff des Bootstrapping bezieht sich darauf, die Gründung aus eigener Kraft zu bewerkstelligen und dazu mit dem begrenzten Kapitalbudget auszukommen. Im Mittelpunkt des Konzepts steht ein äußerst sparsamer Umgang mit den vorhandenen Finanzmitteln, wobei die Mittel vor allem für die Produktentwicklung und den zügigen Markteintritt verwendet werden. Das Ziel von Bootstrapping besteht darin, in kurzer Zeit Umsatzerlöse zu erwirtschaften und den Break-Even-Punkt zu erreichen. Zur weiteren Wachstumsfinanzierung stehen dann unterschiedliche interne und externe Finanzierungsquellen zur Verfügung.

Finanzierung in der Start-up- und Wachstumsphase

In Ergänzung zu den bereits in der Seed-Phase genutzten Finanzierungsquellen greifen junge Unternehmen in den späteren Lebenszyklusphasen zusätzlich auf außerbörsliches Beteiligungskapital (Private Equity) zurück. *Private Equity* bezeichnet die außerbörsliche Beteiligungsfinanzierung durch Finanzinvestoren, die typischerweise durch folgende Merkmale charakterisiert ist (vgl. *Schefczyk*, 2004, S. 17 ff.):

– *Eigenfinanzierung:* Finanzinvestoren stellen ihren Beteiligungsunternehmen haftendes Eigenkapital zur Verfügung, indem sie Gesellschaftsanteile übernehmen. In späteren Phasen kann das Eigenkapital durch Mezzanine- oder Fremdkapital ergänzt werden.

– *Minderheitsbeteiligung:* Im Rahmen der Gründungsfinanzierung gehen Finanzinvestoren üblicherweise Minderheitsbeteiligungen ein, damit die Verantwortung für die laufende Geschäftsführung bei den Gründern bleibt. Im Gegensatz dazu übernehmen Finanzinvestoren in späteren Lebenszyklusphasen (z. B. bei einer Restrukturierung oder einem Turnaround) die Mehrheit der Gesellschaftsanteile, um sich ihren Gestaltungsspielraum zu sichern.

– *Zeitlich begrenztes Engagement:* Finanzinvestoren beteiligen sich nur für einen begrenzten Zeitraum, der ex ante nicht in Jahren festgelegt wird, sondern sich an dem Erreichen bestimmter Wachstumsziele (Meilensteine) orientiert. Der Beteiligungsausstieg (Exit) hat eine hohe Bedeutung für den Erfolg der Beteiligungsfinanzierung, da die Investoren mit der Desinvestition den Wertzuwachs ihrer Anteile realisieren. Diese Wertsteigerung ist die Haupteinnahmequelle der Finanzinvestoren, die hierdurch ihre vom Risiko und der Beteiligungsdauer abhängige Rendite erzielen.

– *Wahrnehmung von Kontroll- und Mitspracherechten:* Finanzinvestoren lassen sich Mitspracherechte bei wesentlichen Entscheidungen der Gründer einräumen. Darüber hinaus installieren sie ein intensives Beteiligungscontrolling, um die wirtschaftliche Situation des Beteiligungsunternehmens und die Verwendung des investierten Kapitals zu überwachen.

– *Aktive Unternehmensentwicklung:* Durch Beratungs- und Unterstützungsleistungen beteiligen sich Finanzinvestoren aktiv daran, den Wert ihrer Beteiligungen zu steigern. Zur aktiven Unternehmenswertsteigerung initiieren sie beispielsweise strategische Kooperationen, Akquisitionen oder weitere Finanzierungsrunden.

Der Geschäftszweck von Finanzinvestoren ist es, jungen Unternehmen das im Rahmen des Gründungsprozesses erforderliche Kapital zur Verfügung zu stellen. Vor diesem Hintergrund haben Finanzinvestoren den Prozess der außerbörslichen Beteiligungsfinanzierung weitgehend strukturiert, um eine effektive Kapitalvergabe zu gewährleisten. Unabhängig von der konkreten Finanzierungssituation lässt sich der Beteiligungsprozess gemäß Abbildung 3.9 in vier Phasen einteilen (vgl. *Grichnik et al.*, 2017, S. 244 ff. sowie *Brettel/Rudolf/Witt*, 2005, S. 102 ff.).

Pre-Investment	Investment	Post-Investment	Exit
• Beteiligungsaus-wahl und Grob-analyse • Letter of Intent	• Due Diligence und Unternehmens-bewertung • Abschluss des Beteiligungs-vertrages	• Beratung, Unter-stützung und Monitoring • Steigerung des Unternehmens-wertes	• Ausstieg durch Verkauf der Beteiligungsanteile • Gewinnrealisierung

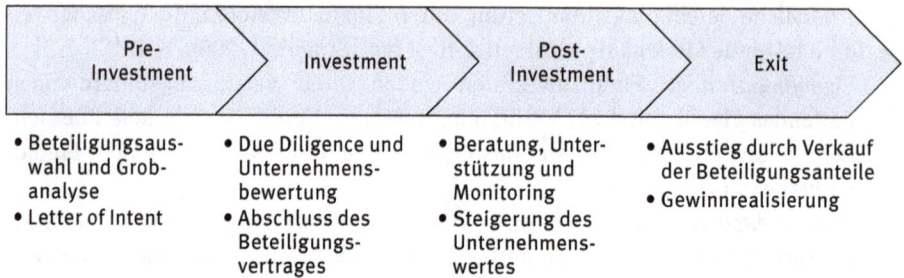

Abb. 3.9: Phasen der außerbörslichen Beteiligungsfinanzierung.

– In der *Pre-Investment-Phase* geht es aus Sicht der Investoren um die Auswahl potenzieller Beteiligungskandidaten, wobei mit Hilfe der von den Gründern be-reitgestellten Informationen zunächst eine Grobanalyse des Unternehmens durchgeführt wird. Nach positiver Evaluation wird die Pre-Investment-Phase mit dem *Letter of Intent* abgeschlossen. Hierbei handelt es sich um eine Ab-sichtserklärung, die außerbörsliche Beteiligungsfinanzierung mit dem Unter-nehmen einzugehen, sofern in der folgenden Investment-Phase keine schwer-wiegenden Unstimmigkeiten auftreten.

– Im Mittelpunkt der *Investment-Phase* steht die detaillierte Analyse der von den Gründern bereitgestellten Informationen über das Unternehmen. Die als *Due Di-ligence* (sorgfältige Prüfung) bezeichnete Unternehmensanalyse umfasst finan-zielle, rechtliche und steuerliche Prüfungen (vgl. z. B. *Hölscher/Nestler/Otto*, 2007, S. 21 ff.). Auf Basis der Due Diligence beurteilen die Investoren das Risiko und die Renditeerwartungen des Unternehmens und führen eine Unterneh-mensbewertung durch. Im Erfolgsfall endet die Investment-Phase damit, dass sich die Finanzinvestoren an dem Unternehmen beteiligen.

– In der *Post-Investment-Phase* werden die geplanten real- und finanzwirtschaftli-chen Wertsteigerungsstrategien umgesetzt, um den Wert des Beteiligungsunter-nehmens zu steigern. Die Investoren unterstützen das Beteiligungsunterneh-men in dieser Phase durch betriebswirtschaftliche Beratung sowie durch das Herstellen von Kontakten zu ihrem Netzwerk. Darüber hinaus überwachen sie die Erreichung der vereinbarten Meilensteine.

– Mit dem *Exit* endet die Beteiligung der Finanzinvestoren. Da die Investoren übli-cherweise nur eine geringe laufende Vergütung erhalten, erzielen sie ihren Beteiligungsgewinn erst durch einen erfolgreichen Beteiligungsausstieg. Mög-lichkeiten für den Exit sind der Gang an die Börse, der Verkauf an ein Industrie-unternehmen *(Trade Sale)*, der Verkauf an weitere Finanzinvestoren *(Secondary Purchase)* oder der Rückkauf der Anteile durch die Gründer.

Nachdem zunächst das Grundkonzept der außerbörslichen Beteiligungsfinanzie-rung *(Private Equity* i.w.S.) vorgestellt wurde, widmen sich die folgenden Ausführungen den außerbörslichen Finanzierungs- und Unterstützungsformen, die insbesondere von jungen Unternehmen in der Gründungs- und Wachstumsphase genutzt werden. Zu diesen außerbörslichen Finanzierungsformen zählen Business Angels, Venture-Capital-Investoren sowie Private-Equity-Investoren. Während Business Angels und Venture-Capital-Investoren Unternehmen in den frühen Lebenszyklusphasen finanzieren, liegt der Tätigkeitsschwerpunkt von Private-Equity-Investoren (i. e. S.) in den späteren Phasen. Weitere Unterstützung für Unternehmen in der Gründungs- und Wachstumsphase kommt von Inkubatoren und Acceleratoren. Im Folgenden werden die verschiedenen Akteure der Gründerlandschaft erläutert, die junge Unternehmen durch direkte Kapitalbeteiligungen, aber insbesondere auch durch Beratung und Coaching unterstützen.

Inkubatoren

Inkubatoren unterstützen junge Unternehmen in der Seed- bzw. Start-up-Phase, indem sie den Start-ups tangible oder intanbgible Ressourcen zur Verfügung stellen (vgl. *van Weele et al.*, 2020, S. 984 ff. und *Allen/McCluskey*, 1991, S. 61 ff.). Am Eigenkapital des Start-ups beteiligen sich Inkubatoren üblicherweise nicht, so dass die Gründer keine zusätzlichen finanziellen Mittel erhalten, aber auch keine Anteile an ihrem Unternehmen abgeben müssen. Getragen werden Inkubatoren beispielsweise von öffentlichen Institutionen oder Hochschulen. Auch wenn das Leistungsangebot sehr heterogen ist, stellen Inkubatoren typischerweise die nachfolgend erläuterten Ressourcen zur Verfügung.

Die grundlegende Unterstützungsfunktion von Inkubatoren besteht darin, dass diese den Start-ups Büroräume zu günstigen Preisen vermieten. Darüber hinaus stellen Inkubatoren die für den Geschäftsbetrieb erforderliche Infrastruktur bereit (z. B. Kommunikationstechnologie, Sekretariat, Rezeption oder Konferenzräume), wobei die teilnehmenden Unternehmen diese Ressourcen gemeinsam mit anderen Start-ups nutzen. Über die Bereitstellung tangibler Ressourcen hinaus bieten Inkubatoren fachliche Beratung sowie ein Coaching der Gründer an und gewähren Zugang zu ihren Netzwerken. Mit Blick auf ihre eigene Reputation erhöhen Inkubatoren die Legitimität von Start-ups, wodurch sich positive Auswirkungen auf die Beziehungen des Unternehmens zu seinen Geschäftspartnern sowie zu potenziellen Kapitalgebern ergeben. Während bei der Zusammenarbeit mit Inkubatoren zunächst die Bereitstellung tangibler Ressourcen (z. B. Büroräume und Geschäftsservices) im Vordergrund stand, verlagert sich der Fokus zunehmend auf den Wert der intangiblen Ressourcen (z. B. professionelle Beratung, Zugang zum Netzwerk sowie die Erhöhung der Legitimität des Start-ups). Diese Entwicklung spiegelt die hohe Bedeutung wider, die das Netzwerk und das Gründungswissen für die Überlebenswahrscheinlichkeit von Start-ups haben (vgl. *Bruneel et al.*, 2012, S. 110 f.).

Acceleratoren

Acceleratoren sind zeitlich begrenzte Programme, die die teilnehmenden Start-ups in der Seed- bzw. Start-up-Phase dadurch unterstützen, dass sie ihnen Zugang zu einer Vielzahl intangibler Ressourcen (z. B. Mentoring und Weiterbildung) gewähren (vgl. *Ulmer/Pape*, 2022a; *Cohen et al.*, 2019, S. 1781 ff. und *Hochberg*, 2016, S. 25 ff.). Darüber hinaus stellen Acceleratoren den Kontakt zu ihrem eigenen Gründungsnetzwerk her, das aus Mentoren, Gründern, Alumni, Investoren, erfahrenen Führungskräften sowie öffentlichen Einrichtungen besteht. Auch wenn die direkte Finanzierung nicht im Mittelpunkt dieser Programme steht, beteiligen sich Acceleratoren in der Regel mit einem geringen Eigenkapitalinvestment an den teilnehmenden Unternehmen und stellen ihnen darüber hinaus vielfach Büroräume zur Verfügung. Als weltweit erfolgreichste Programme gelten der 2005 in den USA als erster Accelerator gegründete Y Combinator sowie der zwei Jahre jüngere Accelerator Techstars. Nach dem Vorbild dieser beiden Programme sind in den letzten Jahren weltweit über 3.000 Acceleratoren entstanden, die einen bedeutenden Beitrag zur Stärkung der Gründungslandschaft leisten.

Acceleratoren lassen sich anhand verschiedener Charakteristika von anderen Formen der Gründungsfinanzierung abgrenzen (zu den nachfolgenden Kriterien siehe *Cohen et al.*, 2019, S. 1782). So haben die Programme von Acceleratoren regelmäßig eine begrenzte Laufzeit, wobei die durchschnittliche Programmdauer zwischen drei und sechs Monaten liegt. Darüber hinaus zeichnen sich Acceleratoren durch das sogenannte Kohortenprinzip aus, nach dem die Teilnahme an den Programmen in festen Gruppen erfolgt. Die Größe der einzelnen Kohorten ist von der Politik des jeweiligen Accelerators abhängig, wobei die Gruppengröße zwischen zehn und einhundert Teilnehmern liegen kann. Ein weiteres Charakteristikum sind Mentoren für die Start-ups sowie die Möglichkeit zur Weiterbildung und zum Aufbau von Netzwerken. Da Acceleratoren sich auf die Ausbildung ihrer Teilnehmer fokussieren, werden sie auch als „Start-up-Schulen" bezeichnet (vgl. *Gonzalez-Uribe/Leatherbee*, 2018, S. 1566 ff.). Der Auf- bzw. Ausbau des eigenen Netzwerks bildet für die Teilnehmer des Programms einen erheblichen Mehrwert, der aus eigener Kraft in dem kurzen Zeitraum kaum erreichbar wäre. Ein weiteres Alleinstellungsmerkmal von Acceleratoren ist schließlich der sogenannte Demo Day. Hierbei handelt es sich um das Abschlussevent des Accelerator-Programms, an dem sich die Start-ups einer Vielzahl von Investoren präsentieren, um Kapital für die weitere Unternehmensentwicklung zu akquirieren.

In der Praxis werden Acceleratoren von Investoren, Unternehmen, Universitäten oder öffentlichen Organisationen betrieben. Bei Acceleratoren, die wie z. B. Techstars oder Y Combinator von privaten Investoren geführt werden, steht das finanzielle Interesse der Organisatoren im Vordergrund. Das entscheidende Ziel dieser Acceleratoren besteht darin, die teilnehmenden Start-ups soweit zu entwickeln, dass sie für ein Frühphasen-Investment durch einen institutionellen Investor (z. B. eine

VC-Gesellschaft) bereit sind. Die von Unternehmen betriebenen Acceleratoren (Corporate Accelerators) verfolgen neben den finanziellen Zielen typischerweise zusätzlich strategische Ziele, indem sie sich auf Start-ups konzentrieren, die in dem gleichen oder einem ähnlichen Geschäftsfeld wie der Mutterkonzern agieren (vgl. *Kanbach/Stubner*, 2016, S. 1761 ff.). Darüber hinaus betreiben Universitäten Acceleratoren, um ihre Studierenden bei einer eventuellen Gründung zu unterstützen sowie um Ausgründungen aus der Wissenschaft zu fördern. Acceleratoren öffentlicher Institutionen haben in der Regel das Ziel, die Gründungslandschaft in bestimmten Regionen oder Unternehmensgründungen mit bestimmten Technologien zu fördern.

Business Angels

Business Angels sind vermögende Privatpersonen, die Unternehmen in der Gründungsphase unterstützen, indem sie diesen Unternehmen Kapital sowie Ihre Erfahrung und Kontakte zur Verfügung stellen. In der Regel handelt es sich bei diesen Investoren um Manager oder Unternehmer, die einschlägige Branchenerfahrungen haben. Business Angels zählen zu den ersten Investoren außerhalb des Gründernetzwerkes und investieren typischerweise Beträge zwischen 10.000 Euro und 500.000 Euro. Neben finanziellen Motiven verfolgen Business Angels unternehmerische Ziele, indem sie die Gründer bei der weiteren Unternehmensentwicklung unterstützen.

Um die Entwicklung des neu gegründeten Unternehmens zu unterstützen, greifen Business Angels auf ihre Erfahrungen, auf das erworbene Know-how sowie auf ihr Netzwerk zurück, sodass die Gründer Zugang zu weiteren immateriellen und finanziellen Ressourcen erhalten. Darüber hinaus übernehmen Business Angels Kontroll- und Überwachungsfunktionen, um Fehlentwicklungen zu vermeiden. In der Praxis gilt die Zusammenarbeit von neu gegründeten Unternehmen mit einem Business Angel üblicherweise als positives Signal, wodurch der spätere Zugang zu Venture-Capital-Finanzierungen erleichtert wird.

Venture Capital

Unter dem auch als Risiko- bzw. Wagniskapital bezeichneten *Venture Capital (VC)* wird die außerbörsliche Beteiligungsfinanzierung durch professionelle Investoren (VC-Gesellschaften) verstanden, die neben der Kapitalbereitstellung auch Beratungs- und Unterstützungsleistungen umfasst (vgl. *Pape/Beyer*, 2001, S. 627 ff.). VC-Gesellschaften stellen jungen Unternehmen mit hohem Wertsteigerungspotenzial Eigenkapital zur Verfügung, wobei die Investitionsbeträge bei 500.000 Euro beginnen. Um das finanzielle Risiko der Investoren zu begrenzen, werden die finanziellen Mittel nicht in einem Betrag ausgezahlt, sondern in mehreren Finanzierungsrunden. Dabei wird die nächste Finanzierungstranche nur ausgezahlt, wenn die vereinbarten Ziele (Meilensteine) der vorangegangenen Finanzierungsrunde erreicht worden sind. Angesichts des hohen Risikos von VC-Finanzierungen liegen die Renditeerwartungen von VC-Investoren bei ca. 35–45 % p. a. (vgl. *Grichnik et al.*, 2017, S. 246 ff.). Anbieter von VC-Finanzierungen sind u. a. öffentliche Beteiligungsgesellschaften, Corporate VC-Gesellschaften sowie privatwirtschaftliche VC-Gesellschaften.

Öffentliche Beteiligungsgesellschaften sind Einrichtungen des Bundes oder der Bundesländer, die entsprechend ihres Sitzes einen nationalen bzw. regionalen Investmentfokus haben. Die öffentlichen Beteiligungsgesellschaften dienen der Umsetzung wirtschaftspolitischer Ziele, indem sie Existenzgründer und junge Unternehmen finanzieren. Bei *Corporate VC-Gesellschaften* handelt es sich um Tochterunternehmen von etablierten Unternehmen (z. B. Informations- oder Technologieunternehmen), die Neu- oder Ausgründungen im Bereich der unternehmensrelevanten Technologien finanzieren. Mit den Corporate VC-Gesellschaften verfolgen die Mutterunternehmen das strategische Ziel, die Forschung und Entwicklung innovativer Produkte und Dienstleistungen auszulagern, um die Ergebnisse durch eine spätere Übernahme des Beteiligungsunternehmens in das eigene Unternehmen zu integrieren (vgl. *Nathusius*, 2001, S. 66 ff.).

Im Gegensatz zu öffentlichen Beteiligungsgesellschaften und Corporate VC-Gesellschaften verfolgen *privatwirtschaftliche VC-Gesellschaften* primär renditeorientierte Ziele. Zur Finanzierung ihrer Beteiligungsunternehmen legen privatwirtschaftliche VC-Gesellschaften einen oder mehrere Fonds auf. Fondsorientiertes Venture Capital ist als Limited Partnership organisiert (siehe Abbildung 3.10). Die VC-Gesellschaft (General Partner) akquiriert finanzielle Mittel von institutionellen Investoren, z. B. Pensionsfonds, Versicherungen, Stiftungen oder vermögenden Privatinvestoren (Limited Partners). Die eingeworbenen Finanzmittel werden dann in junge Wachstumsunternehmen mit hohem Wertsteigerungspotenzial investiert. Die VC-Gesellschaft ist für das Management des Beteiligungsportfolios sowie die Intermediation zwischen Investoren und den Portfoliounternehmen verantwortlich. Umgesetzt wird das Portfoliomanagement üblicherweise durch eine rechtlich eigenständige Managementgesellschaft, die von der VC-Gesellschaft gegründet wird. Die Investitionsphase erstreckt sich üblicherweise über mehrere Jahre, denen sich die Halteperiode anschließt. Wenn die Investitionsziele erreicht sind, werden die Portfoliounternehmen verkauft. Der Beteiligungsausstieg (Exit) kann durch den Gang an die Börse, durch den Verkauf an ein Industrieunternehmen oder durch den Verkauf an einen anderen Finanzinvestor erfolgen. Da während der Beteiligung keine oder nur geringe Ausschüttungen erfolgen, realisieren die Investoren erst mit dem Exit den Gewinn aus ihrer Investition.

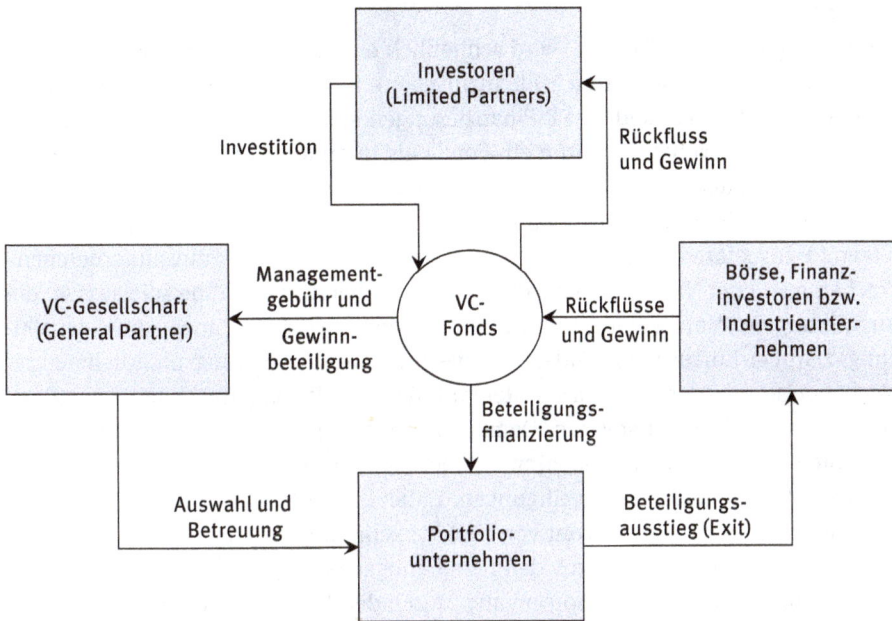

Abb. 3.10: Struktur einer VC-Finanzierung
(Quelle: in Anlehnung an *Grichnik et al.*, 2017, S. 247).

Die neben der Kapitalbereitstellung durch die VC-Gesellschaft angebotenen Beratungs- und Zusatzleistungen stellen einen entscheidenden Mehrwert dar, der VC-Finanzierungen attraktiv macht. Die nicht finanziellen Leistungen der VC-Gesellschaft umfassen Mentoring und Monitoring. Im Rahmen des *Mentorings* erhalten die Beteiligungsunternehmen Managementunterstützung bei strategischen und operativen Fragestellungen, wobei auf die Branchen- und Managementerfahrung der VC-Gesellschaft ebenso zurückgegriffen wird wie auf deren Finanzierungskenntnisse. Zusätzlich stellen VC-Investoren den Beteiligungsunternehmen ihr Netzwerk zur Verfügung, sodass diese Unternehmen Zugang zu immateriellen und materiellen Ressourcen erhalten, den die Gründer selbst nicht hätten bekommen können. Zu den immateriellen Ressourcen zählen Humankapital, intellektuelles Kapital sowie Sozialkapital. Darüber hinaus können VC-Gesellschaften weitere Finanzierungsquellen erschließen, indem sie den Kontakt zu potenziellen Folgeinvestoren herstellt. Im Rahmen des *Monitorings* übernehmen VC-Investoren die Überwachung und Kontrolle der Gründer hinsichtlich der laufenden Geschäftstätigkeit, sodass auf potenzielle Fehlentwicklungen rechtzeitig reagiert werden kann und potenzielle Interessenkonflikte reduziert werden.

Private Equity

Unter *Private Equity* (PE) i. e. S. wird schließlich eine außerbörsliche Beteiligungsfinanzierung (Eigenkapital) durch Finanzinvestoren in späten Unternehmensphasen (z. B. Reifephase) verstanden. PE-Finanzierungen sind ähnlich strukturiert wie VC-Finanzierungen, wobei wiederum ein Fonds als Intermediär zwischen Kapitalangebot und -nachfrage fungiert. PE-Fonds übernehmen ebenfalls Mentoring und Monitoring, um den Wert der Portfoliounternehmen zu steigern. Zur Wertsteigerung verfolgen PE-Investoren in Abhängigkeit vom Charakter des Beteiligungsunternehmens Wachstums- oder Restrukturierungsstrategien. Hierzu zählen beispielsweise die Ausweitung des Marktanteils, Umsatzsteigerungen oder Maßnahmen zur Kostensenkung. Darüber hinaus verschulden PE-Investoren ihre Beteiligungsunternehmen typischerweise relativ stark, um die Rentabilität ihrer Beteiligung durch Ausnutzen des Leverage-Effekts zu steigern. Damit PE-Investoren ihre Ziele erreichen und die geplanten Strategien umsetzen können, übernehmen sie im Gegensatz zu VC-Investoren regelmäßig Mehrheitsbeteiligungen. Dabei haben PE-Gesellschaften üblicherweise einen Beteiligungshorizont von fünf bis zehn Jahren. Beendet wird das Engagement von PE-Investoren durch den Beteiligungsausstieg (Exit), der analog zu VC-Finanzierungen durch einen Börsengang, durch den Verkauf an ein Industrieunternehmen oder durch den Verkauf an einen anderen Finanzinvestor erfolgt (vgl. *Lerch*, 2011, S. 5 ff.).

Venture Debt

Bei *Venture Debt* handelt es sich um ein weiteres Instrument zur Finanzierung junger Wachstumsunternehmen (vgl. *Ulmer/Pape*, 2022b, S. 47 ff.; *Hochberg/Serrano/ Ziedonis*, 2018, S. 74 ff. und *Rassenfosse/Fischer*, 2016, S. 235 ff.). Während Venture Capital und Private Equity vor allem eigenkapitalbasierte Finanzierungsformen umfassen, handelt es sich bei Venture Debt um eine Form der Kreditfinanzierung und damit um Fremdkapital. In Abgrenzung zur traditionellen Kreditfinanzierung bezeichnet Venture Debt die Vergabe von Krediten an Start-ups, die noch keine positiven Rückflüsse (Cashflows) erwirtschaften und keine Kreditsicherheiten stellen können. Typischerweise haben diese Kredite eine Laufzeit von 24 bis 36 Monaten und einen Zinssatz von 10 bis 15 % (vgl. *Davis/Morse/Wang*, 2020, S. 10). Venture Debt wird vor allem von Technologieunternehmen, wie z. B. Biotechnologie- oder IT-Unternehmen, genutzt. Anbieter von Venture Debt sind Banken (z. B. die Silicon Valley Bank) und spezialisierte Venture Debt Funds (z. B. Horizon Technology Finance oder Lighter Capital).

Auch wenn Venture Debt grundsätzlich in verschiedenen Unternehmensphasen in Anspruch genommen werden kann, nutzen Start-ups diese Finanzierungform üblicherweise erst, wenn informelle Investoren (z. B. Business Angels, Freunde oder Familie) am Unternehmen beteiligt sind. Die Rückzahlung erfolgt in der Regel, sobald das Start-up Zugang zu etablierten Eigen- und Fremdkapitalmärkten hat. Die

Funktion von Venture Debt besteht vor allem darin, den sogenannten Runway eines Start-ups zu verlängern. Der finanzielle Runway bezeichnet den Zeitraum, der einem Start-up mit negativen Rückflüssen (Cashflows) verbleibt, bis es zahlungsunfähig wird und Insolvenz anmelden muss. Venture Debt ist eine Form der Brückenfinanzierung, die dem Start-up die Möglichkeit gibt, vor der nächsten Finanzierungsrunde bestimmte Meilensteine zu erreichen. Hierdurch kann in der betreffenden Finanzierungsrunde eine höhere Unternehmensbewertung erzielt werden und die Gründer müssen für das aufzunehmende Eigenkapital weniger Anteile abgeben.

Bei der Nutzung von Venture Debt ergibt sich die Herausforderung, die Barrieren zu überwinden, die einer Kreditfinanzierung von Start-ups gewöhnlich im Wege stehen. Besondere Bedeutung für die Bereitschaft zur Vergabe von Venture Debt haben VC-Finanzierungen, Patente und Aktienoptionsscheine (vgl. z. B. *Rassenfosse/Fischer*, 2016, S. 235 ff.). So senden Start-ups, die bereits über eine VC-Finanzierung verfügen, ein wichtiges Qualitätssignal aus, wodurch die Bereitschaft der Kapitalgeber zur Kreditvergabe steigt. Das Signal wird noch einmal durch die Reputation des VC-Investors verstärkt, da eine hohe Reputation mit der Fähigkeit des VC-Investors assoziiert wird, qualitativ hochwertige Start-ups auszuwählen.

Neben negativen Cashflows gelten fehlende Sicherheiten als weiterer Faktor, der eine Kreditfinanzierung für Start-ups erschwert. Start-ups verfügen selten über tangible Vermögenswerte, die als Kreditsicherheit dienen können. Stattdessen haben sie häufig intangible Vermögenswerte, die schwierig zu bewerten und zu veräußern sind. Im Rahmen von Venture-Debt-Finanzierungen werden daher Patente als Substitut für tangible Sicherheiten genutzt. Hierzu muss die dem Patent zugrundeliegende Technologie nach einem Kreditausfall in einem anderen Unternehmen einsetzbar sein. Die Existenz entsprechender Patente ist aus Sicht der Kapitalgeber ein positives Signal, das die Wahrscheinlichkeit einer Kreditvergabe erhöht. Die Verwendung der Patente als Sicherheit birgt aber auch Risiken, da das aufgenommene Kapital wie bei jeder Kreditfinanzierung in einem bestimmten Zeitraum zurückgezahlt werden muss. Bei einem Kreditausfall verliert das Unternehmen seine Patente und damit die dem Start-up zugrundeliegende Technologie.

Die dritte Gestaltungsalternative zur Erleichterung der Kreditvergabe an Start-ups ist die Integration eines Optionsscheins in Venture-Debt-Finanzierungen. Der Optionsschein berechtigt die Kapitalgeber, zu einem späteren Zeitpunkt Unternehmensanteile zu einem bereits bei Kapitalaufnahme festgelegten Preis zu erwerben. Somit werden die Kapitalgeber am Wachstum und an der zukünftigen Wertsteigerung des Unternehmens beteiligt. Diese Beteiligung ist insbesondere bei Technologieunternehmen interessant, da selbige zwar hohe Risiken aufweisen, aber auch ein großes Wachstumspotenzial besitzen. In der Praxis gelten die Optionsscheine bei der Entscheidung über eine Kreditvergabe allerdings eher als Bonus und nicht als alleiniges Entscheidungskriterium. Durch die Integration des Optionsscheins handelt es sich bei Venture Debt nicht mehr um reines Fremdkapital, sondern eher um Hybridkapital. Um den Fremdkapitalcharakter von Venture Debt zu wahren, bezieht sich der Aktienoptionsschein üblicherweise nur auf 10–15 % des gesamten Kreditbetrages (vgl. *Davis/Morse/Wang*, 2020, S. 10).

Auch wenn Fremdkapital in Theorie und Praxis grundsätzlich als wenig geeignet für die Finanzierung von Start-ups gilt, wird deutlich, dass Venture Debt diese Problematik lösen kann. Hierzu werden die starren Voraussetzungen einer traditionellen Kreditfinanzierung an den dynamischen und flexiblen Kontext von Start-ups angepasst. Damit stellt Venture Debt gerade für Start-ups, die ihren Runway zwischen zwei Finanzierungsrunden verlängern wollen, eine attraktive Alternative dar.

3.2.4 Crowdfunding

In den letzten Jahren ist mit dem Crowdfunding eine weitere Finanzierungsform entstanden, die nicht zuletzt von Gründern genutzt wird. Als Ergänzung zur Gründungsfinanzierung widmen sich die folgenden Ausführungen daher dem Crowdfunding.

Begriff des Crowdfunding

Das auch als Schwarmfinanzierung bezeichnete *Crowdfunding* ist eine Form der Finanzierung durch eine Vielzahl von Kapitalgebern, zu der über das Internet aufgerufen wird. Dieser Aufruf erfolgt über eine Internetseite oder über spezialisierte Crowdfunding-Plattformen. Die Bereitstellung der finanziellen Mittel kann dabei als Spende erfolgen. Alternativ erhalten die Kapitalgeber ein Exemplar des zu finanzierenden Produktes oder ihnen werden Beteiligungs- bzw. Gläubigerrechte eingeräumt. Grundsätzlich können durch Crowdfunding sowohl einzelne Projekte, z. B. die Entwicklung eines Videospiels, als auch Unternehmensgründungen finanziert werden. In den letzten Jahren hat sich Crowdfunding mit hohen Wachstumsraten zu einer weiteren Quelle der Gründungs- und Beteiligungsfinanzierung entwickelt (vgl. *Dorfleitner et al.*, 2017, S. 5 ff.).

An einer Finanzierung durch Crowdfunding sind drei Parteien beteiligt. An erster Stelle sind die *Initiatoren* zu nennen, die eine Finanzierung für eine bestimmte Geschäfts- oder Produktidee suchen und hierzu den Aufruf zur Beteiligung starten. Die zweite Gruppe ist die sogenannte *Crowd*, bei der es sich um eine Vielzahl von Investoren handelt, die das benötigte Kapital zur Verfügung stellen. Als Kapitalgeber treten Privatpersonen ebenso auf wie professionelle Investoren. Der dritte Beteiligte ist die *Crowdfunding-Plattform*, die als Intermediär zwischen Kapitalnachfragern und -anbietern steht.

Aus *Perspektive der kapitalsuchenden Unternehmen* bietet Crowdfunding eine ortsunabhängige Alternative zu klassischen Formen der Kapitalbeschaffung, die für junge Unternehmen in der Gründungsphase ebenso geeignet ist wie für andere kleine und mittlere Unternehmen. Durch Crowdfunding können die Unternehmen damit die Abhängigkeit von traditionellen Formen der Beteiligungs- bzw. Kreditfinanzierung reduzieren. Darüber hinaus erhöhen Crowdfunding-Kampagnen die Bekanntheit des Unternehmens bzw. Produktes und haben somit positive PR-Effekte. Vielfach werden diese Kampagnen auch als Test für die Reaktion potenzieller Kunden auf das neue Produkt oder die neue Dienstleistung genutzt. Nachteile des Crowdfunding liegen darin, dass die Prüfung des Geschäftskonzepts durch Kreditinstitute oder andere Kapitalgeber entfällt und dass die Kapitalnehmer keine Beratungs- und Unterstützungsleistungen durch professionelle Investoren wie Business Angels oder VC-Investoren erhalten. Ein weiterer Nachteil resultiert aus den teilweise umfangreichen Veröffentlichungspflichten bezüglich der zu finanzierenden Innovation und der finanziellen Situation des Unternehmens.

Aus *Anlegerperspektive* bietet Crowdfunding den Vorteil, dass sämtliche Anleger einen Zugang zu Investitionsmöglichkeiten erhalten, die früher professionellen Investoren vorbehalten waren. Darüber hinaus kann Crowdfunding als soziale Aktivität verstanden werden, die über die Plattform den Austausch mit Gleichgesinnten ermöglicht. Die Investoren können dabei von der sogenannten Schwarmintelligenz profitieren, da die aggregierten Anlageentscheidungen von vielen Investoren zu besseren Ergebnissen führen können als die Entscheidung eines individuellen Anlegers. Zwischen Investoren und Unternehmen bestehen allerdings Informationsasymmetrien, da die Unternehmensvertreter regelmäßig besser über die Vermögens-, Finanz- und Ertragslage des Unternehmens informiert sind als die externen Investoren (vgl. *Schmidt/Terberger*, 1997, S. 412 ff. und *Göbel*, 2021, S. 153 ff.). Die asymmetrische Informationsverteilung führt zu potenziellen Interessenkonflikten und zu der Gefahr, dass Kapitalnehmer ihre Informationsvorteile durch opportunistisches Handeln ausnutzen.

Die *Crowdfunding-Plattformen* werden größtenteils als profitorientierte Unternehmen geführt. Ihre Einnahmen generieren sie über eine Transaktionsgebühr, die bei einem erfolgreichen Finanzierungsabschluss als prozentuelle Beteiligung am realisierten Finanzierungsvolumen fällig wird. Daher besteht für die Plattformbetreiber ein Anreiz, die Anzahl an erfolgreichen Projekten zu steigern, den Austausch zwischen Unternehmen und Investoren zu fördern sowie eine möglichst hohe mediale Aufmerksamkeit zu generieren. Darüber hinaus ist es für die Plattformbetreiber von entscheidender Bedeutung, eine zuverlässig funktionierende Infrastruktur bereitzustellen und mögliche Betrugsfälle zu vermeiden, um eine hohe Vertrauenswürdigkeit zu erreichen.

Vor der Inanspruchnahme von Crowdfunding müssen sich das Unternehmen und der Plattformbetreiber auf eine Unternehmensbewertung einigen. Unter Berücksichtigung von Kapitalbedarf und Unternehmenswert sowie auf Grundlage der erwarteten Nachfrage legt das Unternehmen das Volumen an finanziellen Mitteln fest, die im Rahmen der Crowdfunding-Kampagne eingeworben werden sollen. Auf dieser Grundlage wird ein standardisierter Vertrag erstellt, den die Crowdfunding-Plattform potenziellen Investoren anbietet. Üblicherweise werden dabei das maximal mögliche Finanzierungsvolumen sowie ein Zeitraum festgelegt, innerhalb dessen das Finanzierungsziel erreicht werden soll. Wird das Finanzierungsziel innerhalb dieses Zeitraums nicht erreicht, werden die eingeworbenen Mittel an die Investoren zurückgezahlt.

Arten des Crowdfunding

Unter dem Begriff des Crowdfunding lassen sich verschiedene Finanzierungsalternativen subsumieren, die danach unterschieden werden können, ob die Investoren für ihre Kapitalüberlassung eine finanzielle oder nicht finanzielle Kompensation erhalten. In der ursprünglichen Form bezieht sich Crowdfunding auf Finanzierungskampagnen, bei denen die Investoren keine finanziellen Anreize erhalten, sondern beispielsweise Vergünstigungen beim Erwerb der Produkte oder Dienstleistungen des Unternehmens. Wenn die Investoren dagegen eine Gewinnbeteiligung oder Unternehmensanteile als Gegenleistung für die Kapitalüberlassung erhalten, handelt es sich um finanzielle Anreize. Die finanziell motivierte Form des Crowdfunding wird in der Praxis als *Crowdinvesting* bezeichnet (vgl. *Appelhoff/Costa/Brettel*, 2013, S. 95).

Vor diesem Hintergrund werden üblicherweise vier Typen des Crowdfunding differenziert, die sich hinsichtlich der Investitionsziele unterscheiden: Beim eigen- bzw. fremdkapitalbasierten Crowdinvesting haben die Investoren finanzielle Motive, während sie beim belohnungs- bzw. spendenbasierten Crowdfunding nicht finanzielle Ziele verfolgen (vgl. *Belleflamme/Lambert/Schwienbacher*, 2013, S. 313 ff. und *Stanko/Henard*, 2017, S. 785 f.). Nachfolgend werden die verschiedenen Formen des Crowdfunding bzw. -investing jeweils kurz erläutert.

– Beim *eigenkapitalbasierten Crowdinvesting* (Equity-based Crowdinvesting) erhalten die Investoren als Gegenleistung für die Kapitalüberlassung Anteile am Unternehmen oder sie werden am Gewinn bzw. an der Unternehmenswertsteigerung beteiligt. Umgesetzt wird die Erfolgsbeteiligung der Investoren vielfach durch Mezzanine-Kapital (siehe Kapitel 4.6), das über eigenkapitalähnliche Ausstattungsmerkmale verfügt (z. B. stille Beteiligungen). Aufgrund sich ändernder rechtlicher Rahmenbedingungen hat sich das eigenkapitalbasierte Crowdinvesting in den letzten Jahren weiterentwickelt. Ursprünglich wurden vor allem stille Partnerschaften oder nicht besicherte Beteiligungsrechte genutzt, die aber nur bis zu einem Finanzierungsvolumen von 100.000 Euro von der Prospektpflicht befreit sind. Höhere Finanzierungsvolumina lassen sich beispielsweise durch partiarische Darlehen realisieren, die eine Beteiligung am Gewinn- oder der Wertsteigerung vorsehen. Nach dem Kleinanlegerschutzgesetz können partiarische Darlehen mit einem Volumen von maximal 2,5 Mio. Euro ohne Veröffentlichung eines Prospekts ausgegeben werden. Als problematisch für das weitere Wachstum des Equity-based Crowdinvesting werden aber weniger die regulatorischen Rahmenbedingungen, sondern eher die ungenügende Rendite vieler Investments angesehen (vgl. *Dorfleitner et al.*, 2017, S. 24.).

- Das *fremdkapitalbasierte Crowdinvesting* (Lending-based Crowdinvesting oder Crowdlending) gilt als die am stärksten wachsende Unterkategorie des Crowd-funding. Beim fremdkapitalbasierten Crowdinvesting gewähren die Investoren dem Unternehmen einen Kredit, sodass es sich in rechtlicher Perspektive um eine Gläubigerbeziehung handelt. Während gemeinschaftlich finanzierte Kredite an Privatpersonen schon in frühen Phasen des Crowdfunding angeboten wurden, kamen die komplexeren Varianten der Unternehmenskredite erst in der jüngeren Vergangenheit hinzu. Von den Kreditnehmern wird das fremdkapital-basierte Crowdinvesting hauptsächlich zur Ablösung anderer Kredite verwendet. Die Investoren verfolgen primär das Ziel, eine laufende und risikoadäquate Verzinsung auf das investierte Kapital zu erzielen. In der Praxis werden aber auch Varianten des fremdkapitalbasierten Crowdinvesting angeboten, bei denen die nicht finanziellen Anreize überwiegen und das Renditeziel in den Hintergrund tritt.
- Das *belohnungsbasierte Crowdfunding* (Reward-based Crowdfunding) richtet sich vor allem an innovationsorientierte Anwender, die aus Interesse oder Neugierde die Entwicklung eines Produktes oder eines Dienstleistungsangebots unterstützen wollen. Beim belohnungsbasierten Crowdfunding gibt es keine finanziellen Anreize als Gegenleistung für das Investment. Statt dessen erhalten die Anleger beispielsweise einen frühzeitigen Zugang zu neuen Produkten, regelmäßige Informationen über den Stand der Entwicklung oder einen direkten Kommunikationskanal zum Hersteller. Aus Unternehmenssicht eignet sich das belohnungsbasierte Crowdfunding insbesondere für die Vorfinanzierung eines bestimmten Projekts.
- Das *spendenbasierte Crowdfunding* (Donation-based Crowdfunding) zählt zu den ältesten Ausprägungen des Crowdfunding, da es ohne regulatorische Auflagen umgesetzt werden kann. Diese Form des Crowdfunding richtet sich an Anleger, die aus philanthropischen Motiven gemeinnützige Projekte ohne Gegenleistung unterstützen.

3.2.4 Finanzierungsgrenzen nicht emissionsfähiger Unternehmen

Bei der überwältigenden *Mehrzahl der in Deutschland tätigen Unternehmen* handelt es sich um nicht emissionsfähige Unternehmen. Einzelunternehmen, Personengesellschaften oder die GmbH sind für viele Unternehmen die unter Finanzierungsaspekten geeignete Rechtsform. Das gilt insbesondere für die vielen kleinen und mittleren Handels- und Dienstleistungsunternehmen, deren Eigenkapitalbedarf von den Gesellschaftern vergleichsweise einfach aufgebracht werden kann. Finanzierungsgrenzen ergeben sich jedoch für stark wachsende Unternehmen mit hohem Kapitalbedarf, die keinen Börsenzugang haben. Für die begrenzten Finanzierungsmöglichkeiten nicht emissionsfähiger Unternehmen gibt es verschiedene Gründe:

- Kapitalgeber nicht emissionsfähiger Unternehmen sehen sich mit dem Problem der *mangelnden Fungibilität der Gesellschaftsanteile* konfrontiert (vgl. § 91 BGB). Die Fungibilität von Gesellschaftsanteilen bestimmt deren Handelbarkeit und beantwortet die Frage, wie leicht sich die betreffenden Anteile in liquide Mittel umwandeln lassen. Anteile an börsengehandelten Unternehmen sind sehr fungibel, da sie jederzeit über die Börse gehandelt werden können. Anteile an nicht börsennotierten Unternehmen lassen sich demgegenüber nur mit einem erheblichen Aufwand veräußern, da kein organisierter Markt für den Kauf und Verkauf der Gesellschaftsanteile existiert. Angesichts der geringen Fungibilität der Gesellschaftsanteile kommt die Beteiligung an einem nicht emissionsfähigen Unternehmen primär für Kapitalgeber in Frage, die sich langfristig an das Unternehmen binden.

- Der Ein- bzw. Austritt von Gesellschaftern gestaltet sich bei nicht emissionsfähigen Unternehmen relativ aufwendig. Die Übertragung von Gesellschaftsanteilen ist meistens nur mit Zustimmung der anderen Gesellschafter zulässig. Darüber hinaus muss der Gesellschafterwechsel notariell beurkundet und ins Handelsregister eingetragen werden. Des Weiteren ist der Wechsel von Gesellschaftern mit *Bewertungsproblemen* verbunden, da für die Gesellschaftsanteile kein Marktpreis existiert. Typischerweise zahlen neue Gesellschafter einen Ausgleich für die offenen und stillen Rücklagen (siehe S. 76 f.). In der Praxis ist es schwierig, die angemessene Höhe dieser Ausgleichszahlung zu bestimmen, da insbesondere die Bewertung der stillen Reserven sowie die Einschätzung des zukünftigen Erfolgspotenzials mit hoher Unsicherheit behaftet sind. Schließlich werden die neuen Gesellschafter an der Geschäftsführung des Unternehmens beteiligt, was aus Perspektive der bisherigen Gesellschafter mit einem Machtverlust verbunden ist und daher vielfach negativ beurteilt wird.

- Die Problematik bei der Bewertung der Gesellschaftsanteile wird durch die *asymmetrische Informationsverteilung* zwischen den bisherigen Gesellschaftern und potenziellen Anteilskäufern verschärft (vgl. *Akerlof*, 1970). Im Vergleich zu den neuen Investoren sind die bisherigen Gesellschafter wesentlich besser über die Vermögens-, Finanz- und Ertragslage des Unternehmens informiert. Aus finanzierungstheoretischer Perspektive sind diese Informationsasymmetrien ein weiterer Grund für mögliche Probleme bei der Kapitalbeschaffung (vgl. *Schmidt/Terberger*, 1997, S. 432 ff. und *Göbel*, 2021, S. 153 ff.).

- Schließlich existiert für die Kapitalgeber das Problem, dass die meisten Gesellschafter nicht emissionsfähiger Unternehmen ihr Risiko nicht ausreichend diversifizieren können. Das betrifft sowohl das Vermögen als auch die Arbeitskraft des Gesellschafters. Angesichts des erforderlichen Kapitaleinsatzes ist ein erheblicher Anteil des Vermögens im Unternehmen investiert, sodass für die Gesellschafter *keine Risikostreuung* (Diversifikation) durch Aufteilung ihres Vermögens auf unterschiedliche Anlageklassen möglich ist. Darüber hinaus widmen die Gesellschafter meistens ihre gesamte Arbeitskraft genau dem Unternehmen, in dem ihr Vermögen gebunden ist. Eine Risikobegrenzung erfolgt nicht, da Vermögen und Arbeitseinkommen dem gleichen Unternehmensrisiko unterliegen.

Die angeführten Charakteristika sind typisch für die Finanzierungssituation nicht emissionsfähiger Unternehmen. Für die Mehrzahl der kleinen und mittleren Unternehmen (KMU) sind außerbörsliche Finanzierungsformen dennoch gut zur Alimentierung ihrer Geschäftätigkeit geeignet. Junge Unternehmen (Start-ups) nutzen die oben erläuterten Möglichkeiten der Gründungs- und Wachstumsfinanzierung, während etablierten KMU die traditionellen Instrumente der Einlagen- und Beteiligungsfinanzierung zur Verfügung stehen. Für stark wachsende Unternehmen kann der Kapitalbedarf allerdings so hoch werden, dass dieser nicht mehr über Formen der außerbörslichen Beteiligungsfinanzierung gedeckt werden kann. Diese Unternehmen können ihren Eigenkapitalbedarf über den organisierten Kapitalmarkt (Börse) decken. Die Finanzierung über die Börse durch Ausgabe von Aktien steht im Fokus des folgenden Abschnitts.

3.3 Beteiligungsfinanzierung emissionsfähiger Unternehmen

Nachdem wir im letzten Abschnitt die nicht emissionsfähigen Unternehmen behandelt haben, folgt jetzt die Beteiligungsfinanzierung der emissionsfähigen Unternehmen. Letztere geben Aktien aus, um Eigenkapital aufzunehmen. Das *Lernziel von Kapitel 3.3* besteht darin, die Grundlagen der Aktienfinanzierung zu verstehen, wesentliche Finanzierungsanlässe (z. B. Börsengang, Kapitalerhöhung oder Aktienrückkauf) kennenzulernen sowie die Anwendungsmöglichkeiten bzw. -grenzen der Aktienfinanzierung erklären zu können.

3.3.1 Grundlagen der Aktienfinanzierung

Bedeutung des organisierten Kapitalmarktes

Emissionsfähige Unternehmen nehmen externes Eigenkapital über den organisierten Kapitalmarkt auf, indem sie Aktien ausgeben. Rechtlich sind die *Aktiengesellschaft (AG)*, die *Kommanditgesellschaft auf Aktien (KGaA)* sowie die *Europäische Aktiengesellschaft (SE)* zur Emission von Aktien in der Lage (vgl. *Lutter*, 2001, Sp. 72 ff.). Bei einer Aktiengesellschaft ist das gesamte gezeichnete Kapital in Aktien verbrieft, während bei einer Kommanditgesellschaft auf Aktien das von den Kommanditisten aufgebrachte Kommanditkapital durch die Ausgabe von Aktien verbrieft wird. Aktien sind Wertpapiere, welche die Eigentumsrechte der Aktionäre verbriefen (vgl. § 2 Abs. 1 WpHG). Durch die *Verbriefung* können die Eigentumsrechte vergleichsweise einfach übertragen und die Aktien an der Börse gehandelt werden. Angesichts ihrer grundlegenden Bedeutung orientieren sich die folgenden Ausführungen primär an der Rechtsform der Aktiengesellschaft (AG). Sie sind jedoch grundsätzlich auf die KGaA und die SE übertragbar (zur KGaA siehe S. 109 und zur SE siehe S. 109).

Die Möglichkeit zum *institutionalisierten Aktienhandel* ist der unter Finanzierungsaspekten zentrale Vorteil der Aktienfinanzierung. Insbesondere große Publikumsaktiengesellschaften nutzen die Börsennotierung, während kleinere Aktiengesellschaften, vor allem Gesellschaften in Familienbesitz, von dieser Möglichkeit keinen Gebrauch machen. Bei den börsennotierten Unternehmen handelt es sich um Unternehmen mit hohem und sehr hohem Kapitalbedarf. Die Marktkapitalisierung der SAP SE lag im Juli 2022 beispielsweise bei ca. 105 Mrd. Euro, während die Zalando SE als eine kleinere im DAX notierte Aktiengesellschaft eine Marktkapitalisierung von ungefähr 7 Mrd. Euro aufwies (vgl. *Börse Frankfurt*, 2022). Die *Marktkapitalisierung* entspricht dem Marktwert des Eigenkapitals einer Aktiengesellschaft.

Segmente des organisierten Kapitalmarktes

Notwendige Voraussetzung für den Aktienhandel ist ein Markt, an dem *Kapitalgeber (Investoren)* und *Kapitalnehmer (Unternehmen)* die Aktien handeln können. In der Praxis erfolgt der Aktienhandel an den Wertpapierbörsen, die Teil des organisierten Kapitalmarktes sind. Der organisierte Kapitalmarkt umfasst den Primär-, Sekundär- und Tertiärmarkt (vgl. *Franke/Hax*, 2009, S. 53 f.):

- Der *Primärmarkt* bezeichnet den Teil des organisierten Kapitalmarktes, an dem haftendes Eigenkapital gegen die Ausgabe neuer Aktien aufgenommen wird. Am Primärmarkt erfolgt der Börsengang (Initial Public Offering), bei dem die Aktiengesellschaft ihre Aktien erstmalig den Investoren zum Erwerb anbietet. Auch die Kapitalerhöhung eines bereits an der Börse notierten Unternehmens durch die Ausgabe neuer Aktien zählt zum Primärmarkt. Primärmarkttransaktionen beziehen sich damit auf eine direkte Finanzierungsbeziehung zwischen dem emittierenden Unternehmen und den Investoren, die die neu emittierten Aktien erwerben und der Aktiengesellschaft Eigenkapital zur Verfügung stellen.
- Am *Sekundärmarkt* werden die umlaufenden Aktien zwischen den Investoren gehandelt. Bisherige Aktionäre verkaufen ihre Aktien auf dem Sekundärmarkt, während andere Investoren die Aktien erwerben. Die Ergebnisse des Sekundärmarkthandels können Sie börsentäglich in den Medien (z.B. Internet, Fernsehen und Zeitungen) nachvollziehen (siehe z. B. *Börse Frankfurt*, 2022). Wird in der Praxis von „der Börse" gesprochen, ist meistens der Sekundärmarkt gemeint.
- Der dritte Teilbereich des Kapitalmarktes ist der *Tertiärmarkt*. Auf diesem Marktsegment werden derivative Finanzinstrumente (Derivate) gehandelt. Derivative sind Finanzinstrumente, die aus Wertpapieren des Primär- bzw. Sekundärmarktes abgeleitet werden, und Kauf- bzw. Verkaufsrechte auf einen zu-

grunde liegenden Vermögensgegenstand verbriefen. Der Erfüllungszeitpunkt derivativer Finanzierungsinstrumente liegt regelmäßig in der Zukunft, weshalb diese Instrumente auch als Terminkontrakte und das Marktsegment als Terminmarkt bezeichnet werden (vgl. *Steiner/Bruns/Stöckl*, 2017, S. 455 ff. oder *Hull*, 2017, S. 23 ff.). Beispiele für Terminkontrakte sind z. B. der Erwerb einer Kaufoption auf Aktien oder der Verkauf von US-Dollar gegen Euro auf Termin an die Hausbank mit Hilfe eines Forward-Kontrakts. Terminkontrakte werden zur Absicherung von Risiken oder zur Spekulation genutzt.

Funktionen des organisierten Kapitalmarktes

Der börsenmäßige Handel der Unternehmensanteile ist von zentraler Bedeutung für die Beteiligungsfinanzierung emissionsfähiger Unternehmen, wobei die Börse verschiedene Funktionen übernimmt:

– Die *Kapitalumschlagsfunktion* ist die Grundfunktion des organisierten Kapitalmarktes, da die Börse ebenso wie andere Märkte dem Zusammenführen von Angebot und Nachfrage dient. An der Börse trifft das von den Investoren zur Verfügung gestellte Kapitalangebot auf die Kapitalnachfrage der Unternehmen.

– Über den Kapitalumschlag hinaus übernimmt die Börse *Transformationsfunktionen*, die von entscheidender Bedeutung für die Finanzierung emissionsfähiger Unternehmen sind. Die meisten Anleger haben einen zeitlich befristeten Anlagehorizont, während der Kapitalbedarf der Unternehmen unbefristet ist. Der Ausgleich zwischen den unterschiedlichen Zeithorizonten erfolgt durch die Fristentransformation des Sekundärmarktes. Die Aktiengesellschaft kann unbefristet über das aufgenommene Eigenkapital verfügen, auch wenn Aktionäre ihre Aktien am Sekundärmarkt an andere Anleger verkaufen. Eine weitere Transformationsfunktion betrifft die Losgrößentransformation zwischen Anlagevolumen und Kapitalbedarf. Die Börse bündelt die Anlagebeträge einzelner Investoren, sodass genügend Kapital bereitgestellt wird, um den hohen Kapitalbedarf eines börsennotierten Unternehmens zu decken.

– Von besonderer Bedeutung für die Finanzierungsbeziehungen zwischen den Unternehmen und ihren Investoren ist die *Informationsverarbeitungsfunktion* des Kapitalmarktes. Unternehmen stellen dem Kapitalmarkt Informationen über die bisher erwirtschaftete Rendite, die geplanten Strategien sowie das damit verbundene Risiko zur Verfügung (z. B. durch Pressemitteilungen oder Geschäftsberichte). Umgekehrt erhalten die Unternehmen Informationen über das Verhältnis zwischen Risiko und Rendite, da am Kapitalmarkt Informationen über die von den Investoren in Abhängigkeit vom Unternehmensrisiko geforderte Mindestrendite erhältlich sind.

– Eng mit der Informationsverarbeitungsfunktion ist die *Bewertungsfunktion* des Kapitalmarktes verbunden. An der Börse werden Preise für umlaufende Wertpapiere ermittelt. Diese Preise können als angemessen bezeichnet werden, wenn den Kapitalmarktteilnehmern sämtliche zum Bewertungszeitpunkt verfügbaren Informationen bekannt sind, sodass sich die Einschätzungen der Investoren in den Preisen widerspiegeln. Entsprechende Kapitalmärkte werden in der Finanzierungstheorie als informationseffizient bezeichnet (vgl. *Fama*, 1970 und *Fama*, 1991). Die Informationseffizienz ist eine zentrale Voraussetzung für die Funktionsfähigkeit eines Kapitalmarktes, da Käufer und Verkäufer von Wertpapieren in diesem Fall den gleichen Informationsstand haben. Nur auf informationseffizienten Märkten können die Marktteilnehmer handeln, ohne befürchten zu müssen, aufgrund von Informationsvorteilen ihres Handelspartners (z. B. Insiderinformationen) benachteiligt zu werden.

Organe der Aktiengesellschaft

Die Aktiengesellschaft (AG) ist ebenso wie die GmbH eine Kapitalgesellschaft mit eigener Rechtspersönlichkeit, deren Haftung gegenüber ihren Gläubigern auf das Gesellschaftsvermögen beschränkt ist. Als juristische Person ist die Aktiengesellschaft Träger von Rechten und Pflichten. Vertreten wird die Aktiengesellschaft durch ihre Organe: Hauptversammlung, Vorstand und Aufsichtsrat (vgl. §§ 76 ff. AktG).

Die *Hauptversammlung* ist die Versammlung sämtlicher Aktionäre, die mindestens einmal jährlich einberufen werden muss. Bei Abstimmungen wird die Mehrheit auf Basis des jeweiligen prozentualen Anteils am vertretenen Grundkapital festgestellt, wobei grundsätzlich jede Aktie das gleiche Gewicht hat. Folgende Entscheidungen stehen der Hauptversammlung zu (vgl. § 119 Abs. 1 AktG):

– Satzungsänderungen, insbesondere Kapitalerhöhungen und -herabsetzungen,
– Verwendung des Bilanzgewinns,
– Wahl und Bestellung der Aufsichtsratsmitglieder für die Kapitalseite,
– Entlastung der Mitglieder von Vorstand und Aufsichtsrat sowie
– Bestellung des Abschlussprüfers.

Üblicherweise besteht der *Vorstand* einer Aktiengesellschaft aus mehreren Personen, wobei ein Vorstandsmitglied zum Vorsitzenden oder Sprecher gewählt wird. Aktienrechtlich werden dem Vorstand relativ weitgehende Rechte eingeräumt. Als leitendes Organ nimmt er die Geschäftsführung in eigener Verantwortung wahr (vgl. § 76 Abs. 1 AktG). Die Aktionäre sind dem Vorstand gegenüber grundsätzlich nicht weisungsberechtigt. Über Fragen der Geschäftsführung kann die Hauptversammlung nur auf Verlangen des Vorstands entscheiden (vgl. § 119 Abs. 2 AktG).

Als Kontrollorgan der Aktiengesellschaft fungiert der *Aufsichtsrat*, der auf der Hauptversammlung von den Aktionären gewählt wird. Der Aufsichtsrat bestellt die Vorstandsmitglieder und überwacht die Vorstandstätigkeit (vgl. § 111 AktG). Dabei bezieht sich die Mitwirkung des Aufsichtsrats auf grundlegende Fragestellungen der Unternehmenspolitik. In der laufenden Geschäftsführung ist der Vorstand nicht an Weisungen des Aufsichtsrats gebunden.

Grundkapital und Nennwert

Gegen die Ausgabe (Emission) von Aktien stellen die Aktionäre der Aktiengesellschaft haftendes Eigenkapital zur Verfügung. Das von den Aktionären gezeichnete Kapital wird als *Grundkapital* bezeichnet und muss mindestens 50.000 Euro betragen (vgl. § 7 AktG). Das Grundkapital verbrieft die Eigentumsrechte der Aktionäre und ist in der Bilanz als gezeichnetes Kapital auszuweisen (vgl. § 152 Abs. 1 AktG und § 266 Abs. 3 HGB). Es entspricht dem Produkt aus der Anzahl der ausgegebenen Aktien und dem rechnerischen Nennwert einer Aktie (siehe Formel (3.2)). Neben dem Grundkapital umfasst das Eigenkapital der Aktiengesellschaft die Kapital- und Gewinnrücklagen, einen eventuellen Gewinn- oder Verlustvortrag sowie den ausgewiesenen Jahresüberschuss bzw. -fehlbetrag.

$$\text{Grundkapital} = \text{Aktienanzahl} \cdot \text{Nennwert} \qquad (3.2)$$

Der rechnerische *Nennwert* einer Aktie muss mindestens einen Euro betragen (vgl. § 8 Abs. 2 bzw. 3 AktG), sodass eine Aktiengesellschaft mit dem Mindestgrundkapital von 50.000 Euro höchstens 50.000 Aktien ausgeben darf. Aktien können mit einem Aufgeld (Agio) auf ihren Nennwert ausgegeben werden. Wenn die Aktien zu ihrem Nennwert ausgegeben werden, spricht man von einer Emission zu pari, bei der Ausgabe mit Agio von einer Emission über pari. Aus Gründen des Gläubigerschutzes ist eine Emission der Aktien unter ihrem Nennwert (unter pari) nicht zulässig (vgl. § 9 Abs. 1 AktG). In der Praxis werden Aktien üblicherweise mit einem Agio emittiert.

Beispiel: Aktienemission

Wenn eine Aktiengesellschaft beispielsweise Aktien mit einem Nennwert von einem Euro zu einem Ausgabepreis von 1,50 Euro emittiert, zahlen die Aktionäre ein Aufgeld von 0,50 Euro.

In der Bilanz wird der Nennwert der Aktien im Grundkapital ausgewiesen, während das Aufgeld als Kapitalrücklage bilanziert wird (siehe Abbildung 3.11). Die durch das Aufgeld zugeflossene Kapitalrücklage dient der Aktiengesellschaft als bilanzielle Reserve, um beispielsweise Anlaufverluste auszugleichen.

Aktiva (€)		Passiva (€)	
Vermögen	75.000	Grundkapital	50.000
		Kapitalrücklage	25.000
	75.000		75.000

Abb. 3.11: Eröffnungsbilanz einer Aktiengesellschaft.

Aktienarten nach Zerlegung des Grundkapitals

Eine Aktiengesellschaft kann unterschiedliche Arten von Aktien ausgeben, die sich nach verschiedenen Kriterien differenzieren lassen. Nach der Zerlegung des Grundkapitals in einzelne Anteile werden Nennwertaktien, Stückaktien und Quotenaktien unterschieden:

– *Nennwertaktien* lauten auf einen bestimmten in Geldeinheiten ausgedrückten Nenn- bzw. Nominalwert (z. B. 1 Euro pro Aktie), wobei nach deutschem Aktienrecht ein Mindestnennwert von einem Euro nicht unterschritten werden darf (vgl. § 8 Abs. 2 AktG). Der Nennwert je Aktie multipliziert mit der Anzahl der ausgegebenen Aktien ergibt das Grundkapital (siehe auch Formel (3.2) auf S. 103).

– *Stückaktien* verbriefen ebenso wie Nennwertaktien einen Anteil am Grundkapital, wobei die Aktie jedoch nicht auf einen bestimmten Nennwert lautet. Die Ausgabe von Stückaktien ist nach deutschem Aktienrecht zulässig, wenn die Anzahl der insgesamt ausgegebenen Aktien in der Satzung angegeben wird. Da die Höhe des Grundkapitals ebenfalls feststeht, kann der rechnerisch auf eine Stückaktie entfallene Anteil am Grundkapital ermittelt werden. Der Anteil einer einzelnen Stückaktie am Grundkapital muss ebenfalls mindestens einen Euro betragen (vgl. § 8 Abs. 3 AktG). Da sich der rechnerische Nennwert ermitteln lässt, stellen Stückaktien unechte nennwertlose Aktien dar.

– *Quotenaktien* sind im Gegensatz zu Stückaktien echte nennwertlose Aktien. Quotenaktien lauten auf eine bestimmte Quote (z. B. ein Hunderttausendstel) am Eigenkapital der Aktiengesellschaft. Während nach deutschem Aktienrecht keine Quotenaktien ausgegeben werden dürfen, ist diese Aktienart beispielsweise in den USA weit verbreitet.

Börsenkurs und Marktkapitalisierung

Der *Börsenkurs* wird unabhängig von der Aktienart als Stückkurs (z. B. in Euro pro Aktie) ausgedrückt. Während für Nennwertaktien grundsätzlich auch eine Prozentnotierung (in Prozent des Nennwertes) möglich ist, muss der Preis von Stück- bzw. Quotenaktien aufgrund des fehlenden Nennwertes als Stückkurs angegeben werden. Die Stücknotierung hat den Vorteil, dass der absolute Aktienwert erkennbar ist.

Um Missverständnisse zu vermeiden, beachten Sie bitte den Unterschied zwischen Börsenkurs und Nennwert. Der *Börsenkurs* ist der aktuelle Marktpreis, zu dem die Aktie an der Börse gehandelt wird, während der *Nennwert* den rechnerischen Anteil einer Aktie am Grundkapital bezeichnet. In der Praxis beträgt der Börsenkurs regelmäßig ein Vielfaches des (rechnerischen) Nennwertes. So hat z. B. die Siemens AG 850 Mio. nennwertlose Stückaktien ausgegeben (vgl. *Siemens*, 2022). Während der rechnerische Nennwert dieser Aktien 3,00 Euro beträgt, schwankte der Börsenkurs im ersten Halbjahr 2022 zwischen 99 und 156 Euro (vgl. *Börse Frankfurt*, 2022).

Der Unterschied zwischen Nennwert und Marktwert lässt sich auch anhand des Grundkapitals verdeutlichen. Das Grundkapital der Siemens AG hat einen Nennwert von 2,55 Mrd. Euro. Demgegenüber lag die Marktkapitalisierung im ersten Halbjahr 2022 zwischen ca. 84 Mrd. Euro und 133 Mrd. Euro. Als *Marktkapitalisierung* wird der Marktwert des Eigenkapitals bezeichnet. Errechnet wird die Marktkapitalisierung, indem die Anzahl der umlaufenden Aktien mit dem aktuellen Aktienkurs multipliziert wird (siehe Formel (3.3)).

$$\text{Marktkapitalisierung} = \text{Aktienanzahl} \cdot \text{Aktienkurs} \qquad (3.3)$$

An der Börse finden Sie Aktien, deren Kurse das Zehn- oder Hundertfache des (rechnerischen) Nennwertes betragen. Gleiches gilt für das Verhältnis von Marktkapitalisierung zu Grundkapital. Der Nennwert und das Grundkapital sind bilanzielle Größen und kein Maßstab für den aktuellen Marktwert der Aktie bzw. der Aktiengesellschaft.

Aktienarten nach der Form der Eigentumsübertragung

Eine zweite Abgrenzungsmöglichkeit ist die Form der Eigentumsübertragung. Nach der Übertragungsform werden Inhaberaktien, Namensaktien sowie vinkulierte Namensaktien unterschieden, wobei die Aktiengesellschaft in der Satzung festzulegen hat, ob die Aktien auf den Inhaber oder auf den Namen ausgestellt werden (vgl. § 23 Abs. 3 Nr. 5 AktG).

– Bei der *Inhaberaktie* handelt es sich rechtlich um ein Inhaberpapier, sodass sich die Eigentumsübertragung durch Einigung und Übergabe vollzieht (vgl. § 929 BGB). Inhaberaktien dürfen nur ausgegeben werden, wenn sie voll eingezahlt sind. Der Hauptvorteil der Inhaberaktien ist die einfache Übertragbarkeit beim Aktienkauf bzw. -verkauf.

– *Namensaktien* lauten auf den Namen des Aktionärs, der in das Aktienregister der Gesellschaft (Aktienbuch) eingetragen werden muss (vgl. § 67 AktG). Namensaktien sind geborene Orderpapiere, die durch Einigung, Indossament und Übergabe übertragen werden. Das Indossament ist ein schriftlicher Übertragungsvermerk, mit dem die Rechte an einem Orderpapier übertragen werden. Aktienrechtlich erfolgt die Übertragung von Namensaktien durch die Umschreibung im Aktienregister, da gegenüber der Aktiengesellschaft nur derjenige als Aktionär gilt, der im Aktienregister eingetragen ist. Aufgrund der Umschreibung im Aktienregister ist die Übertragung von Namensaktien etwas aufwendiger. Allerdings bietet die Namensaktie den großen Vorteil, dass die Aktiengesellschaft die Identität ihrer Anteilseigner kennt und diese unmittelbar ansprechen und informieren kann. Zudem kann die Gesellschaft Veränderungen in der Aktionärsstruktur leichter erkennen. In den letzten Jahrzehnten haben Namensaktien daher an Beliebtheit gewonnen, zumal sich der Aufwand für die Pflege des Aktienregisters durch die Einführung elektronischer Aktienbücher deutlich vermindert hat.

- Bei *vinkulierten Namensaktien* handelt es sich um Namensaktien, die nur mit Zustimmung der Aktiengesellschaft übertragen werden können (vgl. § 68 Abs. 2 AktG). Durch die Vinkulierung kann die Gesellschaft die Zusammensetzung des Aktionärskreises beeinflussen und verhindern, dass sich Investoren an der Gesellschaft beteiligen, deren Beteiligung aus unternehmenspolitischen Gründen nicht gewollt ist. Darüber hinaus ist mit der Vinkulierung ein Schutz vor Unternehmensübernahmen verbunden. Aus Investorenperspektive hat die Vinkulierung den Nachteil, dass vinkulierte Namensaktien nicht uneingeschränkt übertragbar sind.

Aktienarten nach Umfang der verbrieften Rechte

Die dritte Möglichkeit zur Einteilung von Aktienarten greift auf den Umfang der in der Aktie verbrieften Rechte zurück. Hiernach lassen sich Stamm- und Vorzugsaktien unterscheiden.

- *Stammaktien* gewähren den Aktionären sämtliche Eigentumsrechte. Die aktienrechtlich festgelegten Aktionärsrechte beinhalten insbesondere das Recht zur Teilnahme an der Hauptversammlung, das Recht auf Auskunftserteilung auf der Hauptversammlung, das Stimmrecht, das Recht auf Gewinnbeteiligung (Dividendenrecht), das Bezugsrecht bei einer Kapitalerhöhung sowie das Recht auf einen Anteil am Liquidationserlös.
- *Vorzugsaktien* bilden eine eigenständige Aktiengattung, die Aktionären im Vergleich zu den Stammaktien Vorrechte gewähren, z. B. hinsichtlich des Stimmrechts oder der Gewinnbeteiligung (vgl. § 11 AktG).

Die sogenannten Stimmrechtsvorzugsaktien verfügen über ein mehrfaches Stimmrecht in der Hauptversammlung, wobei sich das Mehrfachstimmrecht auf sämtliche oder auf ausgewählte Beschlüsse beziehen kann. Vorzugsaktien mit Mehrfachstimmrecht ermöglichen es bestimmten Aktionärsgruppen (z. B. Familienaktionären oder dem Staat), auf die Unternehmenspolitik einen stärkeren Einfluss zu nehmen, als es ihrem Kapitalanteil entspricht. In Deutschland ist die Neuausgabe von Mehrstimmrechtsaktien seit 1937 nicht mehr zulässig (vgl. § 12 Abs. 2 AktG).

Demgegenüber haben Aktien mit Dividendenvorzug in der Kapitalmarktpraxis eine höhere Bedeutung. Der Vorzug kann in einer Vorabdividende, in einer Überdividende oder in einem kumulativen Dividendenanspruch bestehen. Bei der *Vorabdividende* handelt es sich um einen vorrangigen Dividendenanspruch. Erst wenn die Vorzugsaktionäre ihre Dividende erhalten haben, kann eine Dividende an die Stammaktionäre ausgeschüttet werden. Die Vorzugsaktionäre haben in diesem Fall nur dann einen Vorteil, wenn der Gewinn zur Bedienung beider Aktienarten nicht ausreicht. Bei Vorzugsaktien mit *Überdividende* liegt die Dividende dagegen grundsätzlich um einen festen Betrag oberhalb der Dividende für die Stammaktien. *Kumulative Vorzugsaktien* gewähren auch in Verlustjahren einen Dividendenanspruch, der in den auf das Verlustjahr folgenden Jahren ausgeglichen werden muss. Die unterschiedlichen Ausprägungen des Dividendenvorzugs können miteinander verbunden werden. Kompensiert wird der Dividendenvorzug regelmäßig durch das *fehlende Stimmrecht*. In der Praxis nutzen Aktiengesellschaften das Instrument der stimmrechtslosen Vorzugsaktie, um zusätzliches Eigenkapital aufzunehmen, ohne dass sich die Stimmrechtsverhältnisse der bisherigen Anteilseigner verändern. Wenn die Vorzugsdividende in einem Jahr nicht gezahlt und auch nicht gemeinsam mit der folgenden Dividendenzahlung nachgeholt wird, lebt das Stimmrecht der stimmrechtslosen Vorzugsaktien allerdings wieder auf (vgl. § 140 Abs. 2 AktG).

In Tabelle 3.2 ist exemplarisch dargestellt, welche Aktienarten die im Deutschen Aktienindex (DAX) enthaltenen Aktiengesellschaften nutzen. Bezogen auf die Aufteilung des Grundkapitals hat sich mittlerweile auch in Deutschland die Stückaktie gegenüber der Nennwertaktie durchgesetzt. Entsprechend der aktienrechtlichen Vorgabe beträgt der rechnerische Nennwert der im DAX enthaltenen Aktien mindestens 1 Euro (vgl. § 8 Abs. 3 AktG). Lediglich für die nach niederländischem Recht registrierte Qiagen N. V. errechnet sich ein geringerer Nennwert pro Aktie.

Hinsichtlich der Übertragbarkeit ist der Anteil der Gesellschaften, die Namensaktien ausgeben, in den letzten Jahren kontinuierlich angestiegen. Die Registrierung der Aktionäre im Aktienbuch ermöglicht es diesen Aktiengesellschaften, direkt mit ihren Aktionären zu kommunizieren. Darüber hinaus nutzen insbesondere Versicherungsgesellschaften, z. B. die Allianz SE oder die Münchener Rückversicherung AG, die vinkulierte Namensaktie (NA), um ihre Aktionärsstruktur zu beeinflussen und eine unerwünschte Unternehmensübernahme zu verhindern. Ähnliches gilt für die nicht im DAX enthaltene Deutsche Lufthansa AG, die ebenfalls vinkulierte Namensaktien ausgegeben hat.

Mit Bezug auf den Umfang der verbrieften Rechte werden im DAX, wie auch in anderen Börsensegmenten, mehrheitlich die Stammaktien der börsennotierten Aktiengesellschaften gehandelt. Bei einigen an der Börse notierten Aktiengesellschaften wird allerdings ein großer Anteil der Stammaktien von bestimmten Investoren (z. B. Mehrheits- oder Familienaktionären) gehalten und steht somit für den Börsenhandel nicht zur Verfügung. So sind beispielsweise die Vorzugsaktien der Volkswagen AG im DAX enthalten, da die Anzahl der umlaufenden und damit handelbaren Vorzugsaktien deutlich über der Anzahl der umlaufenden Stammaktien liegt. Anders liegt der Fall bei der Henkel AG & Co. KGaA. Bei dieser Kommanditgesellschaft auf Aktien werden ausschließlich die Vorzugsaktien an der Börse gehandelt.

Tab. 3.2: Aktienarten der im DAX enthaltenen Aktiengesellschaften
(Quelle: *Börse Frankfurt,* 2022, sowie die Geschäftsberichte der aufgeführten Aktiengesellschaften).

Unternehmen	Zerlegung des Grundkapitals	Übertragbarkeit	Umfang der verbrieften Rechte
Adidas AG	Stückaktien (1,00 €)	Namensaktien	Stammaktien
Airbus SE	Stückaktien (1,00 €)	Namensaktien	Stammaktien
Allianz SE	Stückaktien (2,86 €)	Vinkulierte NA	Stammaktien
BASF SE	Stückaktien (1,28 €)	Namensaktien	Stammaktien
Bayer AG	Stückaktien (2,56 €)	Namensaktien	Stammaktien
Beiersdorf AG	Stückaktien (1,00 €)	Inhaberaktien	Stammaktien
BMW AG St	Stückaktien (1,00 €)	Inhaberaktien	Stammaktien
Brenntag SE	Stückaktien (1,00 €)	Namensaktien	Stammaktien
Continental AG	Stückaktien (2,56 €)	Inhaberaktien	Stammaktien
Covestro AG	Stückaktien (1,00 €)	Inhaberaktien	Stammaktien
Daimler Truck Holding AG	Stückaktien (1,00 €)	Namensaktien	Stammaktien
Deutsche Bank AG	Stückaktien (2,56 €)	Namensaktien	Stammaktien
Deutsche Börse AG	Stückaktien (1,00 €)	Namensaktien	Stammaktien
Deutsche Post AG	Stückaktien (1,00 €)	Namensaktien	Stammaktien
Deutsche Telekom AG	Stückaktien (2,56 €)	Namensaktien	Stammaktien
E.ON SE	Stückaktien (1,00 €)	Namensaktien	Stammaktien
FMC AG & Co. KGaA	Stückaktien (1,00 €)	Inhaberaktien	Stammaktien
Fresenius SE & Co. KGaA	Stückaktien (1,00 €)	Inhaberaktien	Stammaktien
Hannover Rück SE	Stückaktien (1,00 €)	Namensaktien	Stammaktien
HeidelbergCement AG	Stückaktien (3,00 €)	Inhaberaktien	Stammaktien
HelloFresh SE	Stückaktien (1,00 €)	Inhaberaktien	Stammaktien
Henkel AG & Co. KGaA	Stückaktien (1,00 €)	Inhaberaktien	Vorzugsaktien
Infineon Technologies AG	Stückaktien (2,00 €)	Namensaktien	Stammaktien
Linde plc	Stückaktien (2,56 €)	Namensaktien	Stammaktien
Mercedes Benz Group AG	Stückaktien (2,87 €)	Namensaktien	Stammaktien
Merck KGaA	Stückaktien (1,30 €)	Inhaberaktien	Stammaktien
MTU Aero Engines AG	Stückaktien (1,00 €)	Namensaktien	Stammaktien
Münchener Rück AG	Stückaktien (4,20 €)	Vinkulierte NA	Stammaktien
Porsche Auto. Holding SE	Stückaktien (1,00 €)	Inhaberaktien	Vorzugsaktien
PUMA SE	Stückaktien (1,00 €)	Inhaberaktien	Stammaktien
Qiagen N. V.	Stückaktien (0,01 €)	Namensaktien	Stammaktien
RWE AG St	Stückaktien (2,56 €)	Inhaberaktien	Stammaktien
SAP SE	Stückaktien (1,00 €)	Inhaberaktien	Stammaktien
Sartorius AG	Stückaktien (1,00 €)	Inhaberaktien	Vorzugsaktien
Siemens AG	Stückaktien (3,00 €)	Namensaktien	Stammaktien
Siemens Healthineers AG	Stückaktien (1,00 €)	Namensaktien	Stammaktien
Symrise AG	Stückaktien (1,00 €)	Inhaberaktien	Stammaktien

Unternehmen	Zerlegung des Grundkapitals	Übertragbarkeit	Umfang der verbrieften Rechte
Volkswagen AG	Stückaktien (2,56 €)	Inhaberaktien	Vorzugsaktien
Vonovia SE	Stückaktien (1,00 €)	Namensaktien	Stammaktien
Zalando SE	Stückaktien (1,00 €)	Inhaberaktien	Stammaktien

Nach den Grundlagen zur Aktiengesellschaft sowie zu den unterschiedlichen Aktienarten geht es im Folgenden um die Kommanditgesellschaft auf Aktien (KGaA) sowie die Europäische Aktiengesellschaft (SE), bevor wir uns dem Aktienhandel und der Aktienbewertung widmen.

Kommanditgesellschaft auf Aktien

Die *Kommanditgesellschaft auf Aktien (KGaA)* verfügt über mindestens einen voll haftenden Komplementär und in der Regel mehrere Kommanditisten, deren Haftung auf ihre Kapitaleinlage beschränkt ist (vgl. *Schlitt/Winzen*, 2012, S. 261 ff.). Im Gegensatz zur KG sind die Kommanditanteile in Aktienurkunden verbrieft, sodass die Anteile an einer Wertpapierbörse gehandelt werden können. Die KGaA ist damit eine Mischform zwischen Personen- und Aktiengesellschaft, wobei sie rechtlich als Kapitalgesellschaft mit eigener Rechtspersönlichkeit gilt (vgl. § 278 Abs. 1 AktG). Unter Finanzierungsaspekten gelten hinsichtlich der Komplementäre die gleichen Beschränkungen wie bei einer traditionellen KG (insbesondere hinsichtlich der Vermögensverhältnisse der Gesellschafter).

Diese Beschränkungen werden jedoch durch die Möglichkeit kompensiert, die Kommanditanteile an der Börse zu handeln. Daher ist die Beschaffung von Eigenkapital über die Aufnahme von Kommanditisten einfacher als bei einer KG. Im Vergleich zu den Aktionären einer Aktiengesellschaft haben die Kommanditaktionäre einer KGaA allerdings geringere Einflussmöglichkeiten auf die Geschäftsführung der Komplementäre. Vor diesem Hintergrund wird die KGaA vor allem als Rechtsform für Familiengesellschaften genutzt. Unter den im DAX vertretenen Unternehmen finden sich mit der Fresenius Medical Care AG & Co. KGaA, der Fresenius SE & Co. KGaA, der Henkel AG & Co. KGaA sowie der Merck KGaA vier Beispiele für Kommanditgesellschaften auf Aktien. Ein weiteres Beispiel ist die ebenfalls börsennotierte Borussia Dortmund GmbH & Co. KGaA.

Europäische Aktiengesellschaft

Die *Societas Europaea (SE)* oder *Europäische Aktiengesellschaft* ist eine Gesellschaftsform für Aktiengesellschaften in der Europäischen Union. Die Ende 2004 eingeführte Rechtsform der europäischen Aktiengesellschaft dient dem Ziel, das Gesellschaftsrecht innerhalb der EU zu harmonisieren. Durch die Harmonisierung der Rechtsformen werden transnationale Unternehmenszusammenschlüsse sowie die

Gründung gemeinsamer Tochtergesellschaften durch Unternehmen aus verschiedenen Mitgliedsstaaten der EU erleichtert.

Bei der Europäischen Aktiengesellschaft handelt es sich um eine Kapitalgesellschaft mit eigener Rechtspersönlichkeit *(vgl. Gesetz zur Einführung der Europäischen Gesellschaft (SEEG) sowie die Verordnung (EG) Nr. 2157/2001 des Rates der Europäischen Union)*. Das gezeichnete Kapital der Europäischen Aktiengesellschaft ist in Aktien verbrieft, wobei die Aktionäre nur mit dem von Ihnen gezeichneten Kapitalanteil haften. Im Unterschied zur Aktiengesellschaft nach deutschem Aktienrecht gilt für das gezeichnete Kapital einer Aktiengesellschaft in der Rechtsform der SE ein Mindestbetrag von 120.000 Euro. Die Europäische Aktiengesellschaft muss im Firmennamen den Zusatz „SE" (Societas Europaea) führen und der Sitz des Unternehmens muss in einem Mitgliedsstaat der EU liegen.

Als juristische Person wird die Europäische Aktiengesellschaft durch ihre Organe vertreten (siehe S. 102). Analog zur Aktiengesellschaft nach deutschem Aktienrecht ist die Hauptversammlung das höchste Entscheidungsgremium, auf der die Aktionäre ihre Eigentumsrechte wahrnehmen. Die Europäische Aktiengesellschaft kann entweder in Anlehnung an das deutsche System durch Vorstand und Aufsichtsrat geleitet werden oder durch einen Verwaltungsrat in Anlehnung an das angelsächsische Board-System. Im Gegensatz zum zweistufigen deutschen System besteht der Verwaltungsrat im einstufigen angelsächsischen Board-System aus geschäftsführenden Direktoren und aus Mitgliedern ohne Geschäftsführungsbefugnis (vgl. *Schaper*, 2018, S. 9 ff.).

Die Rechtsform der Europäischen Aktiengesellschaft bietet transnational tätigen Unternehmen Vorteile durch die Harmonisierung der für diese Gesellschaftsform gültigen Rahmenbedingungen, da diese Unternehmen innerhalb der EU als rechtliche Einheit auftreten können. So haben Unternehmen in der Rechtsform der SE beispielsweise Erleichterungen beim Erwerb oder Verkauf von Tochtergesellschaften. Damit bieten sich Vorteile bei Wachstumsstrategien ebenso wie bei erforderlichen Restrukturierungen. Wenn aus wirtschaftlichen Gründen der Sitz des Unternehmens verlegt werden soll, ist das für eine Europäische Aktiengesellschaft innerhalb der EU weitaus einfacher umzusetzen als für eine nach nationalem Recht gegründete Aktiengesellschaft. Derzeit wird die Rechtsform der SE von zwölf der 40 im DAX notierten Aktiengesellschaften genutzt (siehe Tabelle 3.2). Darüber hinaus gibt es jedoch auch mittelgroße Aktiengesellschaften, die als international tätige Unternehmen die höhere Flexibilität der Europäischen Aktiengesellschaft nutzen.

Aktienhandel

Grundlegendes Charakteristikum der Aktienfinanzierung ist die Tatsache, dass sämtliche Aktionärsrechte in der Aktienurkunde verbrieft sind. Als Wertpapier ist die Aktie relativ einfach übertragbar und insofern gut handelbar. Aktien können sowohl an einer Börse als auch außerbörslich gehandelt werden. Der *außerbörsliche*

Aktienhandel findet unmittelbar zwischen Wertpapierkäufer und -verkäufer statt und ist börsenrechtlich nicht reglementiert. Außerbörslich werden z. B. nicht zum Börsenhandel zugelassene Aktien von Familienaktiengesellschaften oder Aktien ausländischer Gesellschaften gehandelt. Darüber hinaus können jedoch auch Aktien börsengehandelter Aktiengesellschaften außerbörslich gehandelt werden. Das ist beispielsweise der Fall, wenn ein Großaktionär sein Aktienpaket an einen neuen Investor verkauft. Der außerbörsliche Handel hat in diesen Fällen den Vorteil, dass die beteiligten Parteien eine im Vergleich zum Börsenhandel höhere Preissicherheit haben, da sie den Aktienpreis bilateral vereinbaren.

Um sämtliche Vorteile der Aktienfinanzierung zu nutzen, streben mittlere und große Aktiengesellschaften den *Handel ihrer Aktien an einer Wertpapierbörse* an. Über die Zulassung zum Börsenhandel entscheidet die Zulassungsstelle bzw. der Zulassungsausschuss der jeweiligen Börse, wobei die Aktiengesellschaft von einem an einer inländischen Börse zugelassenen Kreditinstitut begleitet werden muss (vgl. §§ 32 ff. BörsG). Dem Zulassungsantrag ist ein Prospekt beizufügen, der Auskunft über die rechtlichen und wirtschaftlichen Verhältnisse des Unternehmens gibt. Der Prospekt, für den neben der Aktiengesellschaft auch das Kreditinstitut haftet (vgl. § 8 WpPG), wird vor der Einführung der Aktien an der Börse veröffentlicht, damit sich die Anleger über das Unternehmen informieren können.

Marktstruktur

Die konkreten Zulassungsanforderungen sind von dem Börsen- bzw. Marktsegment abhängig, für das die Zulassung beantragt wird. Innerhalb der Europäischen Union (EU) wird danach unterschieden, ob der betreffende Markt von der EU oder von der jeweiligen Börse reguliert wird. Die Regulierung durch die EU verfolgt das Ziel, die europäischen Kapitalmärkte zu harmonisieren, durch einheitliche Regelungen die Markteffizienz zu erhöhen und damit den Anlegerschutz zu verbessern. Vor diesem Hintergrund unterscheidet auch die Deutsche Börse zwischen dem gesetzlich regulierten und dem börsenregulierten Markt (vgl. *Deutsche Börse*, 2012).

- Der *regulierte Markt* ist ein organisierter Kapitalmarkt im Sinne des Wertpapierhandelsgesetzes (vgl. § 2 Abs. 11 WpHG), für den bestimmte Zulassungsvoraussetzungen und Folgepflichten gelten. Für die Zulassung zum regulierten Markt muss die Aktiengesellschaft bereits seit drei Jahren bestehen und Jahresabschlüsse für die drei dem Zulassungsantrag vorangegangenen Geschäftsjahre offenlegen. Darüber hinaus müssen mindestens 10.000 Aktien mit einem Mindestkurswert von 1,25 Mio. Euro zum Börsenhandel eingeführt werden und der Streubesitz muss mindestens 25 % betragen. Die Notierung im regulierten Markt ist vor allem für etablierte und größere Unternehmen geeignet.
- Der *börsenregulierte Markt* ist ein privatrechtlicher Handelsplatz und kein organisierter Markt im Sinne des Wertpapierhandelsgesetzes. Hier werden Aktien von Gesellschaften notiert, die die Zulassungsanforderungen zum regulierten

Markt nicht erfüllen oder für die eine entsprechende Zulassung nicht lohnenswert erscheint. Im börsenregulierten Markt gibt es weniger formale Zulassungsvoraussetzungen sowie geringere Folgepflichten für den Emittenten.

Marktsegmente

In Ergänzung zu den börsenrechtlichen Marktabgrenzungen hat die Deutsche Börse Marktsegmente geschaffen, die sich durch ihre Zulassungsvoraussetzungen und Transparenzstandards unterscheiden (siehe Abbildung 3.12). Die Zulassungsvoraussetzungen regeln die Anforderungen an eine Notierung im jeweiligen Marktsegment, während die Transparenzstandards den Umfang der Informationen festlegen, die regelmäßig an die Investoren übermittelt werden. Auf diese Weise sollen die Markttransparenz erhöht und Informationsnachteile der Anleger gegenüber der Unternehmensleitung vermindert werden (vgl. *Deutsche Börse*, 2022a).

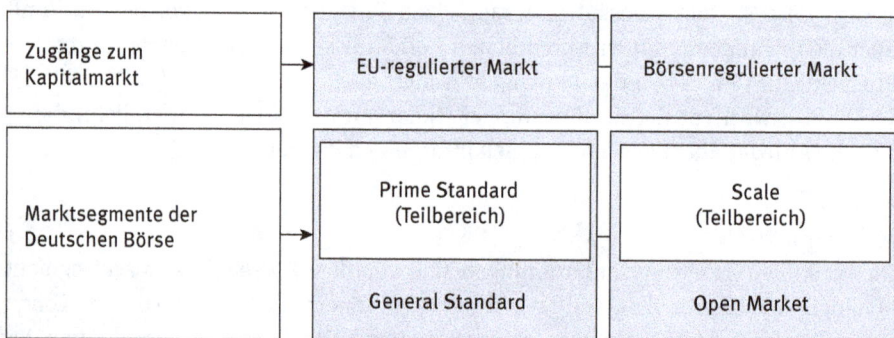

Zugänge zum Kapitalmarkt	EU-regulierter Markt	Börsenregulierter Markt
Marktsegmente der Deutschen Börse	Prime Standard (Teilbereich)	Scale (Teilbereich)
	General Standard	Open Market

Abb. 3.12: Marktsegmente für Aktien (Quelle: in Anlehnung an *Deutsche Börse*, 2022a).

- Im *General Standard* werden die Aktien der Gesellschaften notiert, die die gesetzlichen Mindestanforderungen des regulierten Marktes erfüllen. Hierzu zählen insbesondere die Anwendung internationaler Rechnungslegungsnormen (IFRS oder US-GAAP) sowie die Veröffentlichung von Zwischenberichten.
- Für eine Aufnahme der Aktien in den *Prime Standard* müssen über die gesetzlichen Mindestanforderungen des regulierten Marktes hinaus weitere Transparenzanforderungen erfüllt werden. Dabei handelt es sich insbesondere um die Quartalsberichterstattung in deutscher und englischer Sprache, die Veröffentlichung von Ad-hoc-Mitteilungen auch in englischer Sprache, die Veröffentlichung eines Unternehmenskalenders sowie die Durchführung von mindestens einer Analystenkonferenz pro Jahr.
- Im *Open Market* (Freiverkehr) werden Aktien gehandelt, die nicht zum regulierten Markt zugelassen sind. Die Voraussetzungen für eine Einbeziehung in den Handel sind vergleichsweise gering und es bestehen keine Folgepflichten. Der Open Market richtet sich an nationale und internationale Unternehmen, die

ihre Aktien kostengünstig und schnell in den Börsenhandel einbeziehen lassen wollen.
- *Scale* ist ein Segment im Open Market, das sich an kleine und mittlere Unternehmen (KMU) wendet. Die Deutsche Börse hat Scale zum 1. März 2017 als Ersatz für den Entry Standard geschaffen, um KMU einen leichteren Zugang zu nationalen sowie internationalen Investoren zu bieten. Im Vergleich zum Open Market sind zusätzliche Transparenzanforderungen zu erfüllen, z. B. hinsichtlich der Unternehmenshistorie, der voraussichtlichen Marktkapitalisierung sowie des Streubesitzes.

Unabhängig vom Marktsegment gilt für sämtliche Emittenten börsengehandelter Wertpapiere die in der Marktmissbrauchsverordnung (MMVO) geregelte *Ad-hoc-Publizität*. Nach der Ad-hoc-Publizität sind die Emittenten dazu verpflichtet, kursrelevante Insiderinformationen unverzüglich zu veröffentlichen (vgl. Art. 17 Abs. 1 MMVO). Als Insiderinformationen gelten sämtliche dem Unternehmen bekannte, aber noch nicht veröffentlichte Informationen, die dazu geeignet sind, den Börsenkurs eines Wertpapiers erheblich zu beeinflussen. Mit den Regelungen zur Ad-hoc-Publizität wird das Ziel verfolgt, den Investoren möglichst umgehend Zugang zu Insiderinformationen zu verschaffen und damit die Informationsnachteile der Anleger gegenüber der Unternehmensleitung und anderen Unternehmensinsidern auszugleichen. Auf diese Weise soll verhindert werden, dass Unternehmensinsider ihre Informationen zu Lasten anderer Kapitalmarktteilnehmer ausnutzen können.

Aktienindizes

Die börsenrechtlichen Marktsegmente werden durch Aktienindizes ergänzt, die jeweils bestimmte Teilbereiche des Marktes abbilden. Am Kapitalmarkt gilt die Mitgliedschaft in einem Aktienindex als Transparenz- bzw. Qualitätssignal an die Investoren (vgl. z. B. *Schmidt-Tank*, 2005, S. 53 ff.). Die bekanntesten Aktienindizes am deutschen Aktienmarkt sind die Indizes der DAX-Familie (siehe z. B. *Deutsche Börse*, 2018), wobei der DAX eine Marke der zur Gruppe Deutsche Börse gehörenden Qontigo Index GmbH ist (vgl. *Deutsche Börse*, 2022a). Im Rahmen dieses Konzepts werden sowohl Auswahlindizes als auch All-Share-Indizes berechnet. Bedeutende Auswahlindizes sind (siehe Abbildung 3.13):
- Der bekannteste deutsche Aktienindex ist der *DAX*, der die 40 nach Marktkapitalisierung größten Aktiengesellschaften *(Bluechips)* umfasst, deren Aktien an der Frankfurter Wertpapierbörse notiert werden. Der DAX repräsentiert ca. 80 Prozent der Marktkapitalisierung börsennotierter Aktiengesellschaften in Deutschland.
- Der *MDAX* bildet die 50 mittelgroßen Aktiengesellschaften *(Mid Caps)* ab, die hinsichtlich der Größe (Marktkapitalisierung) auf die DAX-Werte folgen.

- Der *SDAX* umfasst die hinsichtlich der Marktkapitalisierung folgenden 70 Unternehmen *(Small Caps)* unterhalb des MDAX. Ebenso wie der MDAX ist der SDAX auf Unternehmen aus klassischen Branchen ausgerichtet.
- Der *TecDAX* beinhaltet die 30 hinsichtlich der Marktkapitalisierung größten Technologieunternehmen. Aufgenommen werden nur Aktiengesellschaften aus technologieorientierten Branchen (z. B. Biotechnologie, Internetdienstleistungen oder Telekommunikation). Im TecDAX enthaltene Unternehmen können zusätzlich in einem der klassischen Indizes (DAX, MDAX, SDAX) gelistet sein, wenn sie die entsprechenden Aufnahmekriterien erfüllen.

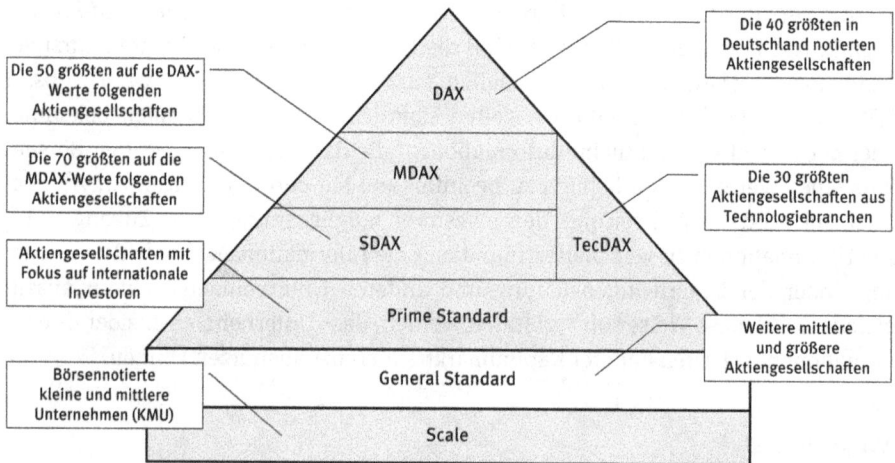

Abb. 3.13: Aktienindizes und Marktsegmente
(Quelle: *Deutsche Börse*, 2022a).

Grundlegende Voraussetzung für die Aufnahme in einen der Auswahlindizes ist die Notierung der betreffenden Aktien im regulierten Markt der Frankfurter Wertpapierbörse. Darüber hinaus muss der Streubesitzanteil bei mindestens 10 Prozent liegen. Der juristische Sitz oder das operative Hauptquartier der Aktiengesellschaft muss in Deutschland liegen. Ausländische Unternehmen können in den DAX aufgenommen werden, wenn sie ihren juristischen Hauptsitz in einem EU- oder EFTA-Land haben. Wenn diese und einige weitere Voraussetzungen erfüllt sind, werden die Aktien nach der Höhe ihrer anhand des Streubesitzes errechneten Marktkapitalisierung in den entsprechenden Index aufgenommen. Die Zusammensetzung der Indizes wird quartalsweise überprüft und bei Bedarf angepasst (vgl. *Deutsche Börse*, 2022a).

Neben den Auswahlindizes berechnet die Deutsche Börse sogenannte All-Share-Indizes, die jeweils ein bestimmtes Marktsegment vollständig abbilden. Ein wichtiger All-Share-Index ist der CDAX, der sämtliche deutschen Unternehmen aus dem

Prime Standard und General Standard umfasst und damit einen marktbreiten Maßstab für die Entwicklung des deutschen Aktienmarktes bildet.

3.3.2 Bewertung von Aktien

Grundlagen

Der Preis von Aktien wird an der Börse als Stückkurs (z. B. in Euro pro Aktie) festgestellt. Beim Aktienpreis bzw. -kurs handelt es sich um einen Marktpreis, der sich aufgrund von Angebot und Nachfrage ergibt. Abzugrenzen ist der Aktienpreis vom rechnerischen Aktienwert. Während der Preis eines Wirtschaftsgutes das Resultat von Angebot und Nachfrage ist, ergibt sich der rechnerische Wert aus den mit diesem Gut verbundenen Nutzungsmöglichkeiten der Investoren (vgl. *Wittmann*, 1956, S. 23 und *Mellerowicz*, 1952, S. 14). Verschiedene Investoren können den Wert einer Aktie unterschiedlich beurteilen. Aufgrund seiner subjektiven Ertragsschätzungen hält ein Investor die Aktie beispielsweise für überbewertet, während ein anderer Anleger den aktuellen Marktpreis als niedrig ansieht, da dieser Anleger positivere Ertragserwartungen für die Aktiengesellschaft hat oder bestimmte Synergieeffekte in seine Bewertung einbezieht.

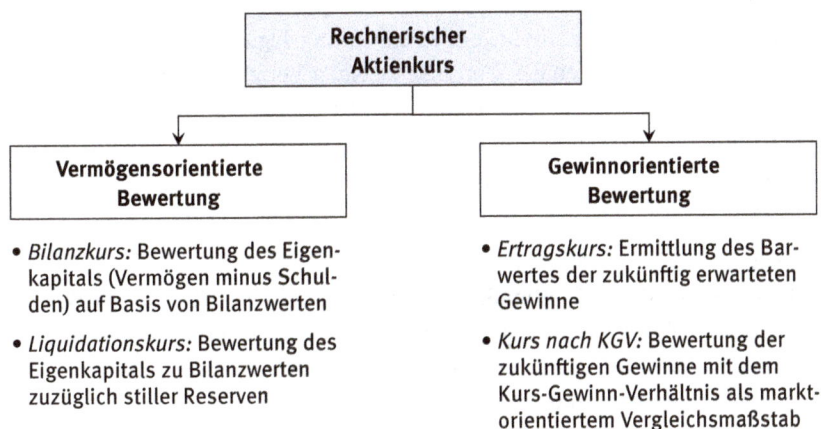

Abb. 3.14: Rechnerischer Kurswert einer Aktie.

Wenn Investoren die Angemessenheit des aktuellen Aktienkurses überprüfen wollen, müssen sie den *rechnerischen Kurswert* der Aktie ermitteln. Die rechnerische Aktienbewertung ist allerdings nicht unproblematisch, da Anlegern regelmäßig nur unvollständige Informationen zur Verfügung stehen und insbesondere die Informationen zur zukünftigen Geschäftsentwicklung des Unternehmens mit hoher Unsicherheit behaftet sind. Zur Ermittlung des rechnerischen Kurswertes existieren in der Praxis verschiedene Alternativen, welche die Komplexität der Bewertung durch vereinfachende Annahmen reduzieren (zur Aktienbewertung siehe ausführlich z. B. *Steiner/Bruns/Stöckl*, 2017; *Damodaran*, 2012 oder *Seppelfricke*, 2012).

Der rechnerische Kurswert einer Aktie kann auf Basis des Gesellschaftsvermögens oder der zukünftig erwarteten Gewinne ermittelt werden (siehe Abbildung 3.14). Im Folgenden behandeln wir zunächst die vermögensorientierten Kurse, anschließend folgen die gewinnorientierten Bewertungsmaßstäbe.

Bilanzkurs

Der Bilanzkurs ist ein vermögens- bzw. bilanzorientierter Bewertungsmaßstab, der auf dem bilanziell ausgewiesenen Eigenkapital basiert. Errechnet wird der Bilanzkurs, indem das bilanzierte Eigenkapital (EK_B) durch die Anzahl der ausgegebenen Aktien (n) dividiert wird.

$$\text{Bilanzkurs} = \frac{EK_B}{n} \tag{3.4}$$

Der Bilanzkurs entspricht dem Aktienwert, der sich aufgrund des in der Bilanz ausgewiesenen Nettovermögens ergibt. Dabei berücksichtigt der Bilanzkurs neben dem gezeichneten Kapital (Grundkapital) die weiteren in der Bilanz ausgewiesenen Eigenkapitalpositionen (siehe Tabelle 3.3). Da der Bilanzkurs auf Bilanzdaten basiert, ist dessen Höhe von den zugrunde liegenden Rechnungslegungsnormen abhängig. In der Bilanzierungspraxis liegen die Wertansätze vieler Vermögensgegenstände unterhalb der aktuellen Marktwerte. Das ist insbesondere bei Rechnungslegungssystemen der Fall, die sich wie das deutsche *Handelsgesetzbuch (HGB)* an dem durch den Gläubigerschutz geprägten Vorsichtsprinzip orientieren.

Liquidationskurs

Der Liquidationskurs ist ein Wertmaßstab, der sich von den bilanziellen Bewertungsgrößen löst. Insbesondere die Gegenstände des Anlagevermögens enthalten häufig stille Reserven. Nach dem HGB werden z. B. Grundstücke und Gebäude zu ihren historischen Anschaffungskosten bilanziert, auch wenn deren aktueller Marktpreis deutlich über diesen Werten liegt. So enthält eine vor Jahrzehnten zu umgerechnet 5 Mio. Euro erworbene Immobilie, deren heutiger Marktwert bei 20 Mio. Euro liegt, stille Reserven in Höhe von 15 Mio. Euro.

Im Gegensatz zum bilanzierten Eigenkapital basiert der Liquidationswert auf den aktuellen Marktpreisen der Vermögensgegenstände, sodass die in den Vermögenswerten und Schulden enthaltenen stillen Reserven bei der Bewertung des Unternehmens berücksichtigt werden. Weitere stille Reserven resultieren daraus, dass bestimmte Vermögensgegenstände (z. B. selbst entwickelte Patente) aufgrund von Bilanzierungsverboten oder -wahlrechten nicht bilanziert werden. Bei der Bestimmung des Liquidationswertes werden diese nicht bilanzierten Vermögensgegenstände mit ihrem aktuellen Marktwert einbezogen. Auf die Bedeutung und Ermittlung der stillen Reserven kommen wir noch einmal im Rahmen der Innenfinanzierung zurück (siehe Kapitel 5.2.2).

Tab. 3.3: Bilanziertes Eigenkapital und Liquidationswert.

	Gezeichnetes Kapital
+	Kapitalrücklage
+	Gewinnrücklagen
+	Gewinnvortrag (– Verlustvortrag)
+	Jahresüberschuss (– Jahresfehlbetrag)
=	**Bilanziertes Eigenkapital**
+	Stille Reserven
=	**Liquidationswert (Eigenkapital zu Marktwerten)**

Zur *Ermittlung des Liquidationskurses* wird zunächst das als Liquidationswert bezeichnete Eigenkapital zu Marktwerten bestimmt (siehe Tabelle 3.3). Hierzu werden sämtliche bilanzierten und nicht bilanzierten Vermögensgegenstände sowie die Schulden mit ihren aktuellen Marktpreisen bewertet. Anschließend wird das Eigenkapital zu Marktwerten (EK_M) als Differenz zwischen den Vermögensgegenständen und Schulden errechnet. Das Ergebnis entspricht dem bilanzierten Eigenkapital (EK_B) zuzüglich der stillen Reserven (SR). Abschließend wird der Liquidationswert des Unternehmens durch die Anzahl der ausgegebenen Aktien (n) dividiert, um den Liquidationskurs zu errechnen.

$$\text{Liquidationskurs} = \frac{EK_M}{n} = \frac{EK_B + SR}{n} \tag{3.5}$$

Der Liquidationskurs entspricht dem auf eine einzelne Aktie entfallenden Anteil am Nettovermögen des Unternehmens. Da der Liquidationskurs auf Grundlage von Marktwerten ermittelt wird, erhalten die Anleger eine im Vergleich zum Bilanzkurs realistischere Vorstellung über den Nettovermögenswert der Aktie.

Die mit der Ermittlung bilanzorientierter Kurse verbundene Bewertungsproblematik lässt sich vermindern, wenn der Bilanzkurs nicht auf Grundlage einer HGB-Bilanz, sondern auf Basis einer nach den *International Financial Reporting Standards (IFRS)* erstellten Bilanz errechnet wird. Angesichts der Orientierung am Fair Value greifen die IFRS in stärkerem Maße auf Marktwerte zurück als das HGB (vgl. z. B. *Pellens et al.*, 2021, S. 113 ff.). Daher liegen vermögensorientierte Kurse nach IFRS üblicherweise näher am aktuellen Börsenkurs als die auf einer HGB-Bilanz basierenden Kurse.

Auch bei der Verwendung einer nach den IFRS erstellten Bilanz besteht allerdings das Problem, dass Investoren primär an der zukünftigen Gewinnentwicklung des Unternehmens interessiert sind. Demgegenüber basiert die Wertermittlung beim Bilanz- und Liquidationskurs auf den Vermögenswerten des Unternehmens. Die wenigsten Investoren beteiligen sich jedoch an einer Aktiengesellschaft, um einen anteiligen Anspruch auf das Gesellschaftsvermögen zu erwerben. Das entscheidende finanzwirtschaftliche Motiv für den Erwerb von Aktien ist die Partizipation an den zukünftigen Unternehmensgewinnen. Aus Investorenperspektive kommt den zukünftig erwarteten Gewinnen daher eine deutlich höhere Bedeutung zu als dem aktuellen Gesellschaftsvermögen.

Ertragskurs

Der *Ertragskurs* ist ein Maßstab der *gewinnorientierten Aktienbewertung*. Finanzmathematisch lässt sich der heutige Wert der zukünftig erwarteten Unternehmensgewinne ermitteln, indem die zukünftigen Gewinne mit einem risikoäquivalenten Zinssatz abgezinst werden. Unter der Annahme konstanter Gewinne sowie einer unendlichen Lebensdauer des Unternehmens kann der Ertragskurs als ewige Rente berechnet werden (siehe auch Formel (2.16) auf S. 54). Hierzu wird zunächst der prognostizierte konstante Unternehmensgewinn (G) durch die Anzahl der gewinnberechtigten Aktien (n) geteilt (siehe Formel 3.6). Das Resultat ist der *Gewinn je Aktie*, der in der Kapitalmarktpraxis meistens mit dem angelsächsischen Begriff *Earnings Per Share (EPS)* bezeichnet wird. Um den Ertragskurs zu ermitteln, wird der Gewinn je Aktie entsprechend Formel (3.7) durch den Kapitalisierungszinssatz (i) geteilt.

$$\text{EPS} = \frac{G}{n} \qquad (3.6)$$

$$\text{Ertragskurs} = \frac{\text{EPS}}{i} = \frac{\frac{G}{n}}{i} \qquad (3.7)$$

Um den Gewinn je Aktie und damit den Ertragskurs bestimmen zu können, ist die *Prognose des nachhaltigen Gewinns* erforderlich. Da der Ertragskurs als ewige Rente errechnet wird, muss ein konstanter Gewinn prognostiziert werden, den das Unternehmen zukünftig nachhaltig erzielen kann und der frei von Bewertungsmaßnahmen und Einmaleffekten ist. Zur Prognose des nachhaltigen Gewinns kann beispielsweise das gemeinsam von der Deutschen Vereinigung für Finanzanalyse & Asset Management (DVFA) und der Schmalenbachgesellschaft (SG) entwickelte Schema verwendet werden (vgl. *Arbeitskreis DVFA/Schmalenbach-Gesellschaft e. V.*, 2003 und *Busse von Colbe*, 2000).

Die Ermittlung des Ergebnisses nach DVFA/SG verfolgt das Ziel, die Vergleichbarkeit der ausgewiesenen Gewinne verschiedener Unternehmen zu erhöhen. Hierzu wird der ausgewiesene Jahresüberschuss bzw. -fehlbetrag um außerordentliche sowie dispositionsbedingte Erträge und Aufwendungen bereinigt (siehe auch Tabelle 3.4). Auf diese Weise können die Auswirkungen bilanzpolitischer Maßnahmen zumindest teilweise korrigiert werden und man erhält ein Ergebnis, das als Ausgangspunkt für die Prognose des nachhaltig erzielbaren Gewinns dient. Um den Gewinn je Aktie zu errechnen, wird der prognostizierte Gewinn nach DVFA/SG durch die Anzahl gewinnberechtigter Aktien geteilt.

Tab. 3.4: Ermittlung des Ergebnisses nach DVFA/SG
(Quelle: modifiziert nach *Busse von Colbe*, 2000, S. 69).

Jahresüberschuss bzw. -fehlbetrag gemäß Jahresabschluss
± Anpassungen der latenten Steuern
± Bereinigung der Aktiva (z. B. außerplanmäßige Abschreibungen)
± Bereinigung der Passiva (z. B. Änderungen der Rückstellungen)
± Bereinigung um nicht eindeutig zuordnungsfähige Sondereinflüsse
± Bereinigung um Fremdwährungseinflüsse
= **Ergebnis nach DVFA/SG**

In der internationalen Kapitalmarktpraxis hat darüber hinaus der Rechnungslegungsstandard IAS 33 „Earnings Per Share" Bedeutung für die Ermittlung des Gewinns je Aktie. Während die Kennzahl nach DVFA/SG die Ermittlung der nachhaltigen Ertragskraft in den Mittelpunkt der Adjustierung legt, liegt der Fokus von IAS 33 auf der Anzahl der einzubeziehenden Aktien. Nach IAS 33 müssen Unternehmen, deren Stammaktien öffentlich gehandelt werden, ein unverwässertes Ergebnis je Aktie ausweisen, das ausschließlich auf Basis der umlaufenden Stammaktien errechnet wird. Darüber hinaus ist ein verwässertes Ergebnis je Aktie auszuweisen, das z. B. die Auswirkungen von Options- oder Bezugsrechten auf die zukünftige Aktienanzahl abbildet. Angesichts der unterschiedlichen Zielsetzungen der beiden Ermittlungsmethoden sollte insbesondere beim Vergleich verschiedener Unternehmen darauf geachtet werden, dass der Gewinn je Aktie in konsistenter Weise errechnet wird.

Neben dem Gewinn je Aktie wird zur Berechnung des Ertragskurses ein *risikoäquivalenter Kapitalisierungszinssatz* benötigt. Der Zinssatz spiegelt die Rendite einer aus Sicht des Investors vergleichbaren Anlage wider. Um die Vergleichbarkeit mit der zu bewertenden Aktie zu gewährleisten, muss die Anlagealternative das gleiche Risiko aufweisen. In der Praxis wird der benötigte Kapitalisierungszinssatz meistens auf Basis der Verzinsung risikofreier Staatsanleihen abgeleitet, die um einen branchenspezifischen Risikozuschlag erhöht wird. Für Unternehmen aus Branchen mit höherem Risiko (z. B. Technologieunternehmen) ergibt sich folglich ein höherer risikoadjustierter Zinssatz als für risikoärmere Branchen (z. B. Konsumgüterindustrie oder Energieversorgung).

Beispiel: Ertragskurs

Für die Lokalbahn AG, die 100.000 Aktien emittiert hat, erwarten Finanzanalysten zukünftig einen nachhaltigen Gewinn von 480.000 Euro p. a.; die risikoadjustierte Rendite vergleichbarer Aktiengesellschaften liegt bei 12 %. Der Gewinn je Aktie beträgt somit 4,80 Euro und es errechnet sich folgender Ertragskurs:

$$\text{Ertragskurs} = \frac{\frac{480.000\,€}{100.000}}{0,12} = \frac{4,80\,€}{0,12} = 40,00\,€ \tag{3.7}$$

Unter Berücksichtigung des Unternehmensrisikos sowie der zukünftig für das Unternehmen prognostizierten Gewinne hat die Aktie einen rechnerischen Kurswert von 40,00 Euro. Unterstellt man der Einfachheit halber, dass das Unternehmen seine Gewinne vollständig ausschüttet, erhalten die Aktionäre eine jährliche Gewinnausschüttung von 4,80 Euro je Aktie. Bezogen auf den Kapitaleinsatz in Höhe von 40,00 Euro erzielen die Aktionäre eine Rendite von 12 % p. a. und damit genau die marktübliche Rendite vergleichbarer Unternehmen.

Bei der Errechnung des Ertragskurses haben wir unterstellt, dass ein konstanter Gewinn je Aktie für einen unbegrenzten Zeitraum erwirtschaftet wird. Auch wenn es sich hierbei um eine Vereinfachung handelt, lässt sich auf Basis dieser Annahme ein vernünftiger Anhaltspunkt für den Wert der Aktie ermitteln. In einigen Fällen, z. B. bei Wachstumsunternehmen, stößt die Annahme eines konstanten Gewinns allerdings an ihre Grenzen. Wachstumsunternehmen zeichnen sich typischerweise dadurch aus, dass sie anfangs keine oder nur geringe Gewinne erwirtschaften, die im Laufe der Zeit mit zunehmendem Markterfolg ansteigen. Dieses Gewinnwachstum wird bei der Ermittlung des Ertragskurses berücksichtigt, indem die erwartete prozentuale Wachstumsrate (g) in die Formel der ewigen Rente einbezogen wird.

$$\text{Ertragskurs} = \frac{\text{EPS}}{i-g} = \frac{\frac{G}{n}}{i-g} \tag{3.8}$$

Im Folgenden unterstellen wir, dass die Aktiengesellschaft aus dem o. a. Beispiel weiter einen nachhaltigen Gewinn je Aktie von 4,80 Euro p. a. erwirtschaftet und dass die risikoadjustierte Rendite vergleichbarer Aktiengesellschaften weiterhin 12 % beträgt. Zusätzlich gehen wir davon aus, dass das Unternehmen den prognostizierten Gewinn um 2 % p. a. steigern kann. Unter Einbezug der Wachstumsrate errechnet sich folgender Ertragskurs:

$$\text{Ertragskurs} = \frac{4,80\,€}{0,12 - 0,02} = 48,00\,€ \tag{3.9}$$

Bei Einbezug der Wachstumsrate erhöht sich der rechnerische Aktienkurs im Vergleich zum Ausgangsbeispiel, da ein Unternehmen mit wachsenden Gewinnen ceteris paribus einen höheren Wert hat als eines mit konstanten Gewinnen. Sofern realistische Wachstumsannahmen unterstellt werden, ist die Berücksichtigung des Gewinnwachstums in der Bewertungspraxis angemessen. Angesichts der Tatsache, dass wir mit der Formel für die ewige Rente rechnen, sollten die Wachstumsraten allerdings sehr vorsichtig geschätzt werden. Schließlich unterstellt die Formel, dass das Unternehmen sein Gewinnwachstum auf unbegrenzte Zeit erwirtschaften kann. Überhöhte Wachstumsraten gelten als einer der häufigsten Bewertungsfehler; darüber hinaus eröffnen sie ein nicht zu unterschätzendes Manipulationspotenzial bei der Unternehmens- und Aktienbewertung.

Kurs-Gewinn-Verhältnis

Eine weitere Möglichkeit, den rechnerischen Aktienkurs auf Basis zukünftiger Gewinne zu ermitteln, bietet das *Kurs-Gewinn-Verhältnis (KGV)*. Das in der Kapitalmarktpraxis auch unter dem angelsächsischen Begriff *Price Earnings Ratio (PER)* bekannte KGV ist eine der bekanntesten Kennzahlen zur Aktienbewertung (vgl. *Brealey/Myers/Allen*, 2020, S. 81 ff.). Zur Ermittlung des KGV wird der aktuelle Kurs einer Aktie durch den erwarteten Gewinn je Aktie dividiert.

$$KGV = \frac{\text{Aktienkurs}}{\text{Gewinn je Aktie}} \qquad (3.10)$$

Das KGV ist der *Multiplikator*, mit dem der Gewinn je Aktie an der Börse bewertet wird. Ein KGV von 10 besagt beispielsweise, dass die Investoren den für diese Aktie erwarteten Gewinn pro Jahr mit dem Zehnfachen bewerten. Zum gleichen Zeitpunkt kann das KGV eines anderen Unternehmens z. B. bei 15 oder 20 liegen. Der Grund für die unterschiedliche Höhe des KGV liegt darin, dass das KGV meistens auf Basis des aktuellen Gewinns bzw. des für das nächste Geschäftsjahr geschätzten Gewinns ermittelt wird. Unterschiede im KGV weisen darauf hin, dass die Gewinnqualität der beiden Unternehmen von den Kapitalmarktakteuren unterschiedlich eingeschätzt wird. Neben den Erwartungen hinsichtlich der *zukünftigen Gewinnentwicklung* wird das KGV durch das *Unternehmensrisiko* bestimmt. Je höher die Gewinnerwartungen sind bzw. je geringer das Risiko ist, desto höher ist ceteris paribus das KGV der Aktie. Das KGV ist somit eine von der erwarteten Gewinnentwicklung sowie vom Unternehmensrisiko abhängige Kennzahl. Vor diesem Hintergrund wird deutlich, dass für die Aktienbewertung nur das KGV vergleichbarer Aktien oder der entsprechenden Branche herangezogen werden sollte.

Wenn der Gewinn je Aktie bekannt ist, lässt sich das KGV vergleichbarer Unternehmen dazu nutzen, den *rechnerischen Aktienkurs* zu ermitteln. Das ist beispielsweise beim erstmaligen Gang eines Unternehmens an die Börse erforderlich, da zu diesem Zeitpunkt noch kein Börsenkurs existiert. Darüber hinaus wird das KGV auch dazu genutzt, den aktuellen Börsenkurs bereits notierter Aktien rechnerisch zu überprüfen. Analog zur Ermittlung des Ertragskurses muss zunächst der nachhaltige

Gewinn je Aktie prognostiziert werden. Neben dem Gewinn je Aktie benötigt man zur Ermittlung des rechnerischen Aktienkurses das *KGV einer vergleichbaren Aktie*. Dieses KGV spiegelt das aktuelle Bewertungsniveau an der Börse wider, sodass der unternehmensspezifische Gewinn je Aktie marktbezogen bewertet wird. Daher muss das zur Ableitung des KGV herangezogene Vergleichsunternehmen hinsichtlich Geschäftstätigkeit, Risiko und Gewinnentwicklung mit dem zu bewertenden Unternehmen vergleichbar sein. Für den Fall, dass kein passendes Vergleichsunternehmen existiert, kann ersatzweise das durchschnittliche KGV der entsprechenden Branche verwendet werden. Wenn der Gewinn je Aktie und das KGV vorliegen, wird der rechnerische Aktienkurs durch Multiplikation des Gewinns je Aktie mit dem KGV des Vergleichsunternehmens bzw. der Branche ermittelt.

$$\text{Rechnerischer Aktienkurs} = \text{Gewinn je Aktie} \cdot \text{KGV} \tag{3.11}$$

Zusammenhang zwischen Ertragskurs und KGV

In den vorangegangenen Ausführungen wurden zwei Alternativen dargestellt, um den rechnerischen Aktienkurs auf Basis des erwarteten Gewinns je Aktie zu ermitteln. Zum einen kann der Ertragskurs durch Diskontieren der zukünftigen Gewinne bestimmt werden, zum anderen lässt sich der rechnerische Aktienkurs auf Grundlage des KGV errechnen. Der Zusammenhang zwischen den beiden Alternativen lässt sich durch Gleichsetzen der Ermittlungsvorschriften verdeutlichen:

$$
\begin{aligned}
\text{Aktienkurs (nach KGV)} \;&=\; \text{Ertragskurs} \\[6pt]
\text{Gewinn je Aktie} \cdot \text{KGV} \;&=\; \frac{\text{Gewinn je Aktie}}{i - g} \\[6pt]
\text{KGV} \;&=\; \frac{1}{i - g}
\end{aligned}
\tag{3.12}
$$

Das KGV entspricht dem Kehrwert der Differenz aus risikoadjustiertem Kalkulationszinssatz (i) und Wachstumsrate (g). Theoretisch führen die beiden Ermittlungswege zum gleichen Ergebnis. In der Bewertungspraxis hängt die Übereinstimmung zum einen davon ab, ob das KGV tatsächlich auf Basis vergleichbarer Unternehmen abgeleitet wird, und zum anderen, ob das Unternehmensrisiko bei der Ableitung des Kalkulationszinssatzes zutreffend berücksichtigt wird. In jedem Fall lässt sich der Zusammenhang zwischen den beiden Bewertungsalternativen nutzen, um die Bewertungsergebnisse auf Plausibilität zu überprüfen.

Beispiel: Kurs-Gewinn-Verhältnis

Für die Lokalbahn AG wurde ein risikoadjustierter Kalkulationszinssatz von 12 % abgeleitet. Die erwartete Wachstumsrate des Gewinns beträgt 2 %. Auf Basis dieser Daten lässt sich das rechnerische KGV des Unternehmens bestimmen:

$$KGV = \frac{1}{0{,}12 - 0{,}02} = \frac{1}{0{,}10} = 10 \tag{3.13}$$

Das rechnerische KGV beträgt 10. Bei einem prognostizierten Gewinn je Aktie von 4,80 Euro errechnet sich mit Hilfe des KGV ein rechnerischer Aktienwert von 48,00 Euro. Das Ergebnis entspricht dem Ertragskurs unter Berücksichtigung einer Wachstumsrate (siehe Formel (3.9) auf S. 120). Sollten sich dagegen auf beiden Ermittlungswegen unterschiedliche Aktienwerte ergeben, deutet das auf eine unzutreffende Ableitung der Einflussgrößen hin. Die Ursache dieser Bewertungsfehler kann in der Auswahl eines unpassenden Vergleichsunternehmens, in der unzutreffenden Ableitung des risikoadjustierten Kalkulationszinssatzes oder in der falschen Schätzung des zukünftigen Gewinnwachstums liegen.

Kurs-Gewinn-Verhältnis des Aktienmarktes

In der Kapitalmarktpraxis dient das KGV nicht nur zur Bewertung einzelner Aktien, sondern auch als Bewertungsmaßstab für den gesamten Aktienmarkt. Auf Basis des KGV lässt sich feststellen, wie hoch der Aktienmarkt im historischen Vergleich bewertet ist. Ein geringes KGV verweist ceteris paribus auf ein geringes Bewertungsniveau, während ein hohes KGV für eine hohe Marktbewertung steht. Das KGV des Gesamtmarktes lässt allerdings nur pauschale Aussagen zu. Auch bei einem hohen durchschnittlichen Bewertungsniveau können einzelne Aktien günstig bewertet sein und vice versa. Darüber hinaus ist zu beachten, dass der zur Ermittlung des KGV benötigte nachhaltige Gewinn nicht exakt zu schätzen ist. In der Praxis wird das KGV daher vielfach auf Basis des aktuellen bzw. des für das kommende Jahr erwarteten Gewinns je Aktie ermittelt. Schließlich schwanken die zur Ermittlung des KGV verwendeten Aktienkurse, sodass auch das KGV Schwankungen unterliegt. Auch wenn das KGV nur eine relativ grobe Aktienbewertung ermöglicht, ist festzuhalten, dass es sich beim KGV um eine der populärsten Kennzahlen in der Kapitalmarktpraxis handelt.

3.3.3 Gang an die Börse

Die im vorangegangenen Abschnitt diskutierte Frage der Aktienbewertung ist nicht zuletzt bei der Ausgabe neuer Aktien relevant. Hinsichtlich des Ausgabezeitpunktes wird bei der Eigenkapitalaufnahme börsennotierter Aktiengesellschaften zwischen der erstmaligen Aktienemission sowie späteren Kapitalerhöhungen unterschieden.

Im Folgenden behandeln wir zunächst den Börsengang, bevor wir anschließend auf die verschiedenen Formen der Kapitalerhöhung eingehen.

Grundlagen des Börsengangs (IPO)

Unter dem Gang an die Börse, der auch als *Initial Public Offering (IPO)* oder *Going Public* bezeichnet wird, versteht man das erstmalige öffentliche Angebot von Aktien einer bislang nicht börsennotierten Aktiengesellschaft. Im Rahmen des Börsengangs werden die Aktien den Investoren zur Zeichnung angeboten und anschließend zum Handel an einer Wertpapierbörse eingeführt. Angesichts der hohen Komplexität eines IPO fordern Wertpapierbörsen üblicherweise, dass die Emission durch ein Kreditinstitut oder einen an der Börse zugelassenen Handelspartner begleitet wird. In der Regel bilden mehrere Banken ein *Emissionskonsortium*, wobei ein Institut als Konsortialführer tätig wird. Das Emissionskonsortium hat die Aufgabe, einen Ausgleich zwischen den Interessen des Emittenten und der Investoren zu finden und dadurch den Erfolg des Börsengangs zu gewährleisten. In diesem Zusammenhang übernehmen die Konsortialbanken gemeinsam mit dem Emittenten die Haftung für den Emissionsprospekt.

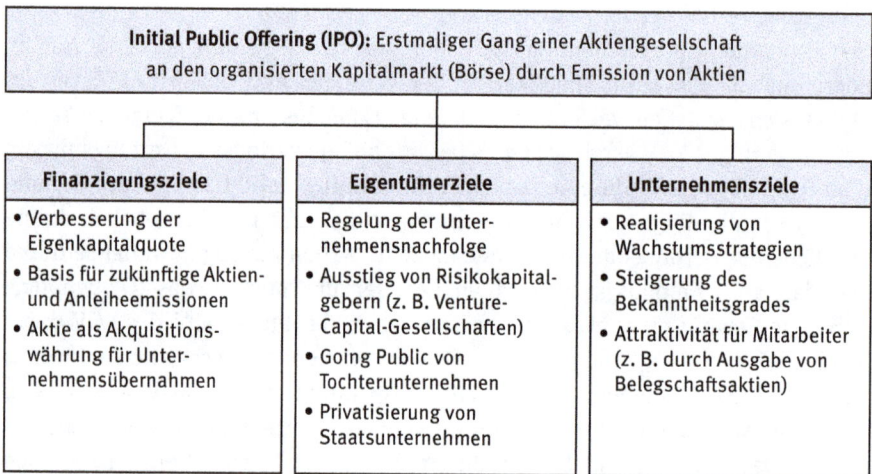

Initial Public Offering (IPO): Erstmaliger Gang einer Aktiengesellschaft an den organisierten Kapitalmarkt (Börse) durch Emission von Aktien

Finanzierungsziele	Eigentümerziele	Unternehmensziele
• Verbesserung der Eigenkapitalquote • Basis für zukünftige Aktien- und Anleiheemissionen • Aktie als Akquisitionswährung für Unternehmensübernahmen	• Regelung der Unternehmensnachfolge • Ausstieg von Risikokapitalgebern (z. B. Venture-Capital-Gesellschaften) • Going Public von Tochterunternehmen • Privatisierung von Staatsunternehmen	• Realisierung von Wachstumsstrategien • Steigerung des Bekanntheitsgrades • Attraktivität für Mitarbeiter (z. B. durch Ausgabe von Belegschaftsaktien)

Abb. 3.15: Ziele eines Börsengangs.

Mit dem Börsengang verfolgen die Emittenten verschiedene Ziele (vgl. z. B. *Löhr*, 2006, S. 18 ff.), die sich in Finanzierungs-, Eigentümer- sowie Unternehmensziele unterscheiden lassen (siehe Abbildung 3.15). Im Interesse einer starken Finanzierungswirkung sollte der beim Börsengang erzielte Emissionserlös weitgehend dem Unternehmen zufließen. Darüber hinaus können die bisherigen Aktionäre (z. B. die Unternehmensgründer) den Börsengang nutzen, um einen Teil ihrer Aktien zu verkaufen und damit ihre Beteiligungsquote an der Aktiengesellschaft zu reduzieren.

Voraussetzungen für den Gang an die Börse sind die formale und materielle Emissionsfähigkeit und damit die Börsenreife des Unternehmens. Zur Feststellung der *Börsenreife* dienen verschiedene objektive und subjektive Kriterien (siehe Abbildung 3.16). Die *objektiven Kriterien* beziehen sich auf die vom Gesetzgeber und von den Börsen aufgestellten formalen Zulassungsvoraussetzungen für das relevante Börsensegment. Die Erfüllung der objektiven Kriterien ist eine notwendige, aber keine hinreichende Voraussetzung für einen erfolgreichen Börsengang. Zusätzlich müssen die *subjektiven Kriterien* erfüllt werden, die sich auf die wirtschaftliche Börsenreife beziehen. Während die *unternehmensinternen Kriterien* die materielle Emissionsfähigkeit überprüfen, liegt die Bedeutung der *unternehmensexternen Kriterien* in der Bestimmung des geeigneten Emissionszeitpunktes. Zentrale Fragestellungen im Rahmen eines Börsengangs sind die Höhe des Platzierungsvolumens sowie die Wahl von Börsenplatz und Marktsegment. Um das Platzierungsvolumen und den Emissionspreis festlegen zu können, muss der Wert des Unternehmens ermittelt werden.

Objektive Kriterien	Subjektive Kriterien		
	Unternehmensinterne Kriterien		Unternehmens-externe Kriterien
	Quantitative Kriterien	Qualitative Kriterien	
Formalrechtliche Mindestanforderungen des Gesetzgebers und der Börsen: • Börsengesetz • Börsenzulassungs-verordnung • Börsenordnungen	• Ertragsaussichten • Umsatzhöhe • Umsatzwachstum • Kapitalstruktur • Innenfinanzierungs kraft (Cashflow) • Platzierungsvolumen • Unternehmensgröße • Historie des Unternehmens	• Markt-und Wett-bewerbsposition • Innovationspotenzial • Managementqualität • Organisations-struktur • Planungs-und Rechnungswesen • Reputation des Unternehmens	• Konjunkturzyklus • Perspektiven des Aktienmarktes • Konkurrenzsituation am Emissionsmarkt • Steuerliche und rechtliche Rahmen-bedingungen

Abb. 3.16: Kriterien zur Beurteilung der Börsenreife
(Quelle: *Serfling/Pape/Kressin*, 1999, S. 291).

Bestimmung des Emissionspreises

Die Bestimmung des Emissionspreises ist eine der wichtigsten Aufgaben im Rahmen des Börsengangs. Der Emissionspreis ist der Preis, zu dem die Aktien den Investoren zur Zeichnung angeboten werden. Multipliziert man den Emissionspreis mit der Anzahl der emittierten Aktien, ergibt sich die Höhe des Emissionsvolumens. Bei der Bestimmung des Emissionspreises sind die Interessen der verschiedenen Beteiligten zu beachten. Die bisherigen Aktionäre und das Management haben ein Interesse an hohen Emissionspreisen, um die Verwässerung der eigenen Anteile gering zu halten und dem Unternehmen möglichst viele Finanzmittel zuzuführen. Im Gegensatz dazu sind die potenziellen Neuaktionäre an niedrigen Emissionspreisen interessiert, da sie Chancen auf zukünftige Kurssteigerungen erwarten und auf diese Weise ihre Informationsnachteile im Hinblick auf das Unternehmensrisiko ausgleichen können.

Angesichts der unterschiedlichen Interessen der verschiedenen Beteiligten besteht bei einem Börsengang immer die *Gefahr von Interessenkonflikten*. Diese potenziellen Interessenkonflikte können zumindest teilweise durch das Emissionskonsortium ausgeglichen werden. Als Finanzintermediäre stehen die Konsortialbanken zwischen dem Emittenten und den an den neuen Aktien interessierten Investoren. Allerdings sind auch die Konsortialbanken nicht frei von Interessenkonflikten. Einerseits sind die Banken als Emissionsbegleiter an einem hohen Emissionspreis interessiert. Andererseits handelt es sich bei den zukünftigen Investoren ebenfalls um Kunden der Banken, weshalb sie eher an einem geringen Emissionspreis interessiert sind. Schließlich sind die Konsortialbanken vielfach Kreditgeber des Unternehmens und verfolgen insoweit auch Eigeninteressen.

Mit Bezug auf die potenziellen Interessenkonflikte zwischen Investoren und Emittenten besteht bei der Bestimmung des Emissionspreises die Notwendigkeit, einen Kompromiss zwischen den Interessen beider Parteien zu finden. Grundlage für die Festlegung des Emissionspreises ist der rechnerische Aktienkurs, für dessen Ermittlung sämtliche aus der Aktien- und Unternehmensbewertung bekannten Verfahren genutzt werden können (vgl. z. B. *Pohlücke*, 2006, S. 277 ff.). In der Praxis kommen bei Börsengängen vor allem Multiplikatorverfahren (z. B. das KGV) und zukunftsorientierte Bewertungsverfahren (z. B. der Ertragskurs) zum Einsatz.

Das bereits in Kapitel 3.3.2 erläuterte *Kurs-Gewinn-Verhältnis (KGV)* ist ein weit verbreiteter Multiplikator zur Bewertung von Aktien (siehe S. 121 ff.). Zur Bestimmung des rechnerischen Aktienkurses wird der nachhaltig erzielbare Gewinn je Aktie mit dem KGV vergleichbarer Unternehmen multipliziert. Der Gewinn bildet die unternehmensspezifische Erfolgssituation ab, während das KGV die aktuellen Bewertungsverhältnisse des Kapitalmarktes widerspiegelt. Neben der Prognose des nachhaltig erzielbaren Gewinns ist die Auswahl des passenden KGV von entscheidender Bedeutung für die Bestimmung eines angemessenen Emissionspreises. Das KGV informiert somit über den Preis, den Investoren an der Börse für den nachhaltig erzielbaren Unternehmensgewinn zu zahlen bereit sind. Idealerweise wird die Neuemission mit dem KGV eines vergleichbaren börsennotierten Unternehmens bewertet. Wenn kein vergleichbares Unternehmen identifiziert werden kann, wird alternativ das KGV einer Gruppe ähnlicher Unternehmen (Peer Group) oder das durchschnittliche KGV der betreffenden Branche zur Bestimmung des Emissionspreises herangezogen.

Ergänzend zu den Multiplikatorverfahren werden *zukunftsorientierte Bewertungsverfahren* (z. B. das Ertragswertverfahren oder die Discounted-Cashflow-Methode) genutzt, um den rechnerischen Aktienkurs zu bestimmen. Zukunftsorientierte Bewertungsverfahren bewerten die nachhaltige Erfolgskraft des Unternehmens, indem die zur Bedienung der Investoren verfügbaren zukünftigen Einzahlungsüberschüsse mit Hilfe eines risikoadjustiertn Kalkulationszinssatzes (Diskontierungszinssatzes) abgezinst werden (vgl. z. B. *Koller/Goedhart/Wessels*, 2020, S. 177 ff. und *Schultze*, 2003, S. 73 ff.). Damit wird der finanzielle Nutzen der Investoren vor dem Hintergrund der für vergleichbare Risiken erzielbaren Kapitalmarktverzinsung bewertet (vgl. *Pape*, 2010, S. 94 ff.). Zur Ermittlung des rechnerischen Aktienkurses wird der als Barwert der zukünftigen Einzahlungsüberschüsse ermittelte Unternehmenswert durch die Anzahl der ausgegebenen Aktien dividiert. Eine vergleichsweise einfache Variante der zukunftsorientierten Bewertungsverfahren haben Sie mit dem Ertragskurs bereits kennengelernt (siehe S. 118 ff.); ausführlich werden diese Verfahren im Rahmen der Ausführungen zur Unternehmensbewertung (Kapitel 10) behandelt.

Angesichts der Unsicherheit der zukünftigen Unternehmenserfolge werden die für die Bewertung erforderlichen Daten im Rahmen des Börsengangs einer fundierten *Plausibilitätsprüfung (Due Diligence)* unterzogen (vgl. z. B. *Hölscher/Nestler/Otto*, 2007, S. 21 ff.). Die Due Diligence bezieht sich auf die Perspektiven der relevanten Absatzmärkte, auf die Marktpositionierung, auf die Erlös- und Kostensituation sowie auf die Fähigkeiten des Managements sowie der Mitarbeiter. Die Bewertungen werden darüber hinaus für verschiedene Szenarien (z. B. Best, Base und Worst Case) durchgeführt, um die Chancen und Risiken der zukünftigen Unternehmensentwicklung zu illustrieren. Das Ergebnis des Bewertungsprozesses ist daher üblicherweise kein einzelner Aktienkurs, sondern eine Spanne möglicher Kurse. Diese Kursspanne bildet den Ausgangspunkt für die Bestimmung des Emissionspreises unter Federführung des Konsortialführers. Der endgültige Emissionspreises wird mit Hilfe eines der nachfolgend erläuterten Platzierungsverfahren festgelegt.

Platzierungsverfahren

Zu den Platzierungsverfahren zählen das Festpreisverfahren, das Auktionsverfahren sowie das Bookbuilding-Verfahren (vgl. *Löhr*, 2006, S. 131 ff.). Beim *Festpreisverfahren* wird der Emissionspreis, zu dem die Aktien den Investoren zur Zeichnung angeboten werden, gemeinsam vom Emittenten und dem Emissionskonsortium festgelegt. In der Praxis garantieren die Konsortialbanken dem Emittenten die Übernahme des gesamten Emissionsvolumens, wobei der Emissionspreis meistens deutlich vor Veröffentlichung des Emissionsprospekts ausgehandelt wird. Da die Preisfestsetzung beim Festpreisverfahren ohne Einbezug der Investoren erfolgt, besteht die Gefahr, dass der Emissionspreis deutlich von den Preisvorstellungen der Investoren abweicht. Wird der Emissionspreis von den Investoren als überhöht eingeschätzt, droht ein Scheitern des Börsengangs. Angesichts der vom Emissionskonsortium gegebenen Übernahmegarantie besteht in der Praxis eher die Wahrscheinlichkeit eines zu geringen Emissionspreises. In diesem Fall entstehen Nachteile für das emittierende Unternehmen, das einen relativ geringen Emissionserlös erhält. Im Ergebnis steht das Festpreisverfahren in deutlichem Widerspruch zu einer marktorientierten Preisfindung.

Im Gegensatz zum Festpreisverfahren nutzen *Auktionsverfahren* marktorientierte Mechanismen zur Preisfindung. Bei Platzierungsverfahren mit Auktionscharakter werden die Emissionspreise im Rahmen einer Versteigerung durch Preisgebote der Investoren festgelegt. Die Investoren geben individuelle Gebote gemäß ihren subjektiven Preisvorstellungen ab. Die Zuteilung der Aktien erfolgt dabei nach der Höhe der gebotenen Preise, wobei die höchsten Gebote zuerst bedient werden. Durch die Höhe ihres Preisgebotes können die Investoren somit ihre Chance auf den Erhalt der Aktien unmittelbar beeinflussen. Die Zahlungsbereitschaft der Investoren wird bei Auktionsverfahren relativ stark ausgenutzt, sodass diese Verfahren den höchsten Emissionserlös versprechen. Auch wenn ein hoher Emissionserlös im Interesse des Emittenten liegen könnte, sind die Auktionsverfahren in der europäischen Kapitalmarktpraxis kaum verbreitet. Das Problem dieser Verfahren resultiert aus dem fehlenden Interessenausgleich zwischen Emittent und Investoren. Wenn die gesamte Zahlungsbereitschaft abgeschöpft wird, bestehen zunächst wenig Aussichten auf weitere Kurssteigerungen. Damit entfällt der von den Investoren als Ausgleich für die mit dem Börsengang verbundene Unsicherheit erwartete Kaufanreiz.

Bookbuilding-Verfahren

Das heute in der deutschen Kapitalmarktpraxis dominierende Platzierungsverfahren ist das *Bookbuilding-Verfahren*, das einen Kompromiss zwischen den Interessen von Emittenten und Investoren ermöglicht. Bei diesem Verfahren wird der Emissionspreis unter Berücksichtigung des Zeichnungsinteresses und der Preisvorstellungen von Investoren festgelegt. Die Festlegung des Emissionspreises erfolgt in mehreren Schritten.

Im ersten Schritt treten der Emittent und seine Konsortialbanken in Kontakt mit institutionellen Investoren, um deren Preisvorstellungen bei der Festlegung der *Zeichnungsspanne (Bookbuilding-Spanne)* einzubeziehen. Die Zeichnungsspanne ist eine Bandbreite möglicher Emissionspreise, wobei in der Praxis ein Abstand von 10–15 % zwischen Ober- und Untergrenze der Bookbuilding-Spanne üblich ist. Nach Veröffentlichung der Bookbuilding-Spanne erteilen sämtliche interessierten Investoren im zweiten Schritt ihre *Zeichnungs- bzw. Kaufaufträge* über die gewünschte Aktienanzahl. Diese Zeichnungsaufträge können unlimitiert oder mit einem Höchstgebot (Limit) innerhalb der Bookbuilding-Spanne abgegeben werden. Im dritten Schritt wird der Emissionspreis auf Basis der vorliegenden Zeichnungsaufträge festgelegt.

Als Emissionspreis wird der höchste Preis gewählt, zu dem sämtliche auszugebenden Aktien platziert werden können. Investoren, die mindestens den Emissionspreis geboten haben, erhalten Aktien, während Gebote unterhalb des Emissionspreises nicht berücksichtigt werden. Im Gegensatz zum Auktionsverfahren bezahlen beim Bookbuilding-Verfahren sämtliche Investoren den gleichen Preis. Wenn die Investoren zum Emissionspreis mehr Aktien nachfragen, als ausgegeben werden sollen, ist die Emission überzeichnet. In diesem Fall wird entweder die Anzahl der pro Aktionär zu erwerbenden Aktien beschränkt oder es werden im Rahmen der sogenannten *Mehrzuteilungsoption (Greenshoe)*[2] zusätzliche Aktien emittiert. Wenn bei einem Börsengang eine Mehrzuteilungsoption vereinbart wird, kann das Platzierungsvolumen bei entsprechender Nachfrage um eine zuvor festgelegte Anzahl von Aktien erhöht werden.

Die Vorteile des Bookbuilding-Verfahrens liegen darin, dass einerseits Marktmechanismen bei der Preisfindung berücksichtigt werden, während andererseits die potenzielle Zahlungsbereitschaft der Investoren nicht so weit ausgenutzt wird, dass die Aktie des Emittenten nach dem Börsengang kaum noch Kurssteigerungspotenzial hat.

Beispiel: Bookbuilding-Verfahren
Die Bergstedter Logistik AG (BLA) ist ein im Hamburger Hafen tätiges Transport- und Umschlagsunternehmen, das sich insbesondere durch sein nachhaltiges Geschäftsmodell auszeichnet. Um die Eigenkapitalbasis zu stärken und damit die Voraussetzung für weiteres Wachstum zu legen, plant die BLA den Gang an die Börse. Im Rahmen des Börsengangs sollen 2.000.000 Aktien zuzüglich einer Mehrzuteilungsoption (Greenshoe) von 200.000 Stück platziert werden. Das Emissionskonzept sieht des Weiteren vor, die Aktien zum Handel an der Hanseatischen Wertpapierbörse in Hamburg einzuführen. An der Börse wird positiv vermerkt, dass die Aktien aus einer Kapitalerhöhung stammen und der Emissionserlös daher vollständig dem Unternehmen zufließt. Die bisherigen Gesellschafter haben sich darüber hinaus verpflichtet, innerhalb einer Frist von zwölf Monaten nach dem Börsengang keine Aktien zu verkaufen. In Abstimmung mit dem Emissionskonsortium wird für das Bookbuilding-Verfahren eine Preisspanne von 38 bis 44 Euro festgelegt.

Szenario 1: Geringere Nachfrage			Szenario 2: Höhere Nachfrage		
Preis	Aktien-nachfrage	Kumulierte Aktiennachfrage	Preis	Aktien-nachfrage	Kumulierte Aktiennachfrage
44 €	300.000 Aktien	300.000 Aktien	44 €	800.000 Aktien	800.000 Aktien
43 €	350.000 Aktien	650.000 Aktien	43 €	550.000 Aktien	1.350.000 Aktien
42 €	450.000 Aktien	1.100.000 Aktien	42 €	500.000 Aktien	1.850.000 Aktien
41 €	400.000 Aktien	1.500.000 Aktien	**41 €**	350.000 Aktien	**2.200.000 Aktien**
40 €	300.000 Aktien	1.800.000 Aktien	40 €	400.000 Aktien	2.600.000 Aktien
39 €	200.000 Aktien	**2.000.000 Aktien**	39 €	450.000 Aktien	3.050.000 Aktien
38 €	350.000 Aktien	2.350.000 Aktien	38 €	500.000 Aktien	3.550.000 Aktien

Abb. 3.17: Szenarien unterschiedlicher Aktiennachfrage.

---

2 Die Bezeichnung *Greenshoe* geht auf die amerikanische Firma Green Shoe Manufacturing Company zurück, die dieses Verfahren 1963 zuerst nutzte.

In Abbildung 3.17 sind zwei Szenarien dargestellt, die beide davon ausgehen, dass die Emission der BLA überzeichnet sein wird. Im Vergleich zu Szenario 1 unterstellt Szenario 2 eine höhere Aktiennachfrage. Nachfolgend wird für beide Szenarien der Emissionspreis ermittelt, zu dem das geplante Volumen von 2.000.000 Aktien jeweils emittiert werden kann.

Im ersten Szenario liegen Zeichnungsaufträge über 300.000 Aktien vor, die einen Emissionspreis von maximal 44 Euro zahlen würden. Weitere Zeichnungsaufträge mit einem Umfang von 350.000 Aktien sind mit einem Limit von 43 Euro versehen. Bei einem Preis von 43 Euro könnten also insgesamt 650.000 Aktien platziert werden. Wie Sie anhand der Abbildung erkennen können, muss im ersten Szenario ein Emissionspreis von 39 Euro gewählt werden, damit das Unternehmen das geplante Emissionsvolumen von 2.000.000 Aktien vollständig platzieren kann. Das Unternehmen erzielt ein Emissionsvolumen von 78 Mio. Euro (= 2 Mio. Aktien · 39 Euro).

Das zweite Szenario zeichnet sich durch eine höhere Nachfrage aus. Es liegen mehr Zeichnungsaufträge vor und die Anleger signalisieren darüber hinaus ihre Bereitschaft, tendenziell höhere Emissionspreise zu bezahlen. Für das Szenario 2 ergibt sich ein Emissionspreis von 41 Euro. Angesichts der vergleichsweise hohen Nachfrage entscheidet sich die BLA in diesem Fall dazu, die Mehrzuteilungsoption in Höhe von 200.000 Aktien zu nutzen und insgesamt 2.200.000 Aktien zu einem Preis von 41 Euro auszugeben. Das Emissionsvolumen beträgt in diesem Fall 90,2 Mio. Euro (= 2,2 Mio. Aktien · 41 Euro).

3.3.4 Kapitalerhöhung

Mit dem erstmaligen Gang an die Börse ist die Eigenkapitalbeschaffung für börsennotierte Aktiengesellschaften nicht abgeschlossen. Die spätere Aufnahme von Eigenkapital erfolgt durch die Kapitalerhöhung, deren Formen wir im Folgenden behandeln.

Formen der Kapitalerhöhung

Im Zuge ihrer Entwicklung haben Unternehmen zu verschiedenen Zeitpunkten zusätzlichen Finanzierungsbedarf, der durch die Aufnahme weiteren Eigenkapitals gedeckt werden soll. Anlässe für eine Erhöhung des Eigenkapitals können beispielsweise die Wachstumsfinanzierung, die Übernahme eines anderen Unternehmens, die Reduzierung der Verschuldung oder der Ausgleich von Verlusten sein. Das Aktiengesetz unterscheidet vier Formen der Kapitalerhöhung von Aktiengesellschaften:

– Erhöhung des Eigenkapitals durch Zuführung neuer Finanzmittel:
  – *Ordentliche Kapitalerhöhung* (vgl. §§ 182–191 AktG): Erhöhung des Eigenkapitals durch Ausgabe neuer Aktien gegen Bar- oder Sacheinlagen;

- *Bedingte Kapitalerhöhung* (vgl. §§ 192–201 AktG): von einer bestimmten Bedingung abhängige Erhöhung des Eigenkapitals, z. B. bei der Ausgabe von Belegschaftsaktien oder bei der Umwandlung von Wandelschuldverschreibungen;
- *Genehmigte Kapitalerhöhung* (vgl. §§ 202–206 AktG): vereinfachte Erhöhung des Eigenkapitals durch Vollmacht der Hauptversammlung an den Vorstand.
- Umschichtung des Eigenkapitals ohne Zuführung neuer Finanzmittel:
  - *Kapitalerhöhung aus Gesellschaftsmitteln* (vgl. §§ 207–220 AktG): Erhöhung des Grundkapitals durch Umwandlung von offenen Rücklagen in Grundkapital.

Zusätzliche Finanzmittel werden dem Unternehmen nur bei den ersten drei Formen der Kapitalerhöhung zugeführt, während die Kapitalerhöhung aus Gesellschaftsmitteln ein bilanzieller Vorgang (Passivtausch) ohne unmittelbare Finanzierungswirkung ist (siehe Abbildung 3.18).

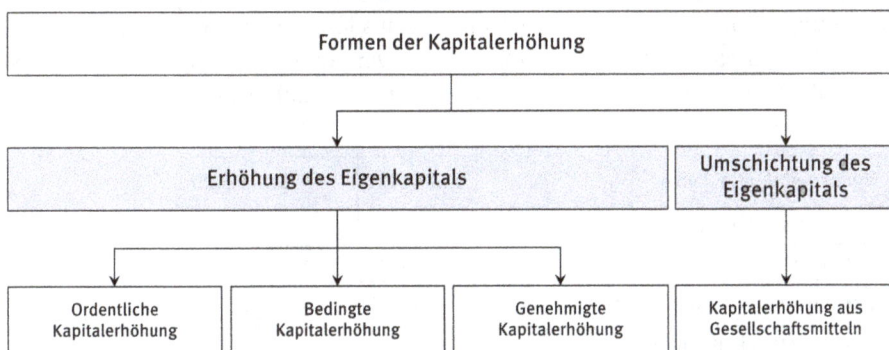

Abb. 3.18: Formen der Kapitalerhöhung.

Voraussetzung für jede Kapitalerhöhung ist ein Beschluss der Hauptversammlung, für den eine Dreiviertelmehrheit des anwesenden Grundkapitals erforderlich ist (vgl. § 182 Abs. 1 AktG). Hat die Aktiengesellschaft verschiedene Gattungen stimmberechtigter Aktien ausgegeben, ist die Mehrheit von 75 % für jede Gattung erforderlich. Der Beschluss ist notariell zu beglaubigen und gemeinsam mit der Durchführung der Kapitalerhöhung im Handelsregister einzutragen. Mit der Eintragung ins Handelsregister wird die Erhöhung des Grundkapitals wirksam.

Ordentliche und genehmigte Kapitalerhöhung

Bei der *ordentlichen Kapitalerhöhung* werden neue bzw. junge Aktien gegen die Einlage von Bar- oder Sachmitteln an die Aktionäre ausgegeben. In der Kapitalmarktpraxis handelt es sich mehrheitlich um Barkapitalerhöhungen, bei denen die Aktionäre die neuen Aktien gegen Zahlung des Ausgabepreises erwerben. Eine Kapitalerhöhung gegen Einlage von Sachmitteln ist denkbar, wenn neue Aktionäre Vermögensgegenstände (z. B. ein Grundstück oder eine Unternehmensbeteiligung) einbringen, die für den Geschäftszweck des Unternehmens von Bedeutung sind. Angesichts der höheren praktischen Bedeutung liegt der Fokus der weiteren Ausführungen auf der Kapitalerhöhung gegen Bareinlagen.

Die *genehmigte Kapitalerhöhung* bezieht sich anders als die ordentliche Kapitalerhöhung nicht auf einen bestimmten Finanzierungsanlass. Durch den mit mindestens Dreiviertelmehrheit gefassten Beschluss zur Schaffung genehmigten Kapitals wird der Vorstand von der Hauptversammlung ermächtigt, das Grundkapital der Gesellschaft bis zu dem in dem Beschluss genannten Nennbetrag durch die Ausgabe neuer Aktien zu erhöhen. Der Beschluss zur Schaffung genehmigten Kapitals ist auf höchstens fünf Jahre befristet; das genehmigte Kapital darf maximal 50 % des bisherigen Grundkapitals betragen (§ 202 Abs. 1–3 AktG). Die genehmigte Kapitalerhöhung erhöht die Flexibilität der Finanzmittelbeschaffung, da der Vorstand bei Kapitalbedarf vergleichsweise schnell reagieren kann, ohne zuvor eine Hauptversammlung einberufen zu müssen. Darüber hinaus lässt sich der Zeitpunkt der Kapitalerhöhung besser an die aktuellen Bewertungsverhältnisse am Kapitalmarkt anpassen, sodass die Aktiengesellschaft einen höheren Finanzmittelzufluss erzielen kann.

Eigenkapital (Mio. Euro)	31.12.2021	31.12.2020
Gezeichnetes Kapital	1.176	1.176
Kapitalrücklage	3.106	3.115
Gewinnrücklagen und Bilanzgewinn	40.365	37.911
Sonstige Eigenkapitalposten	−3.855	−8.474
Eigenkapital der Aktionäre	**40.792**	**33.728**

Genehmigtes Kapital
Die Hauptversammlung vom 3. Mai 2019 ermächtigte den Vorstand, mit Zustimmung des Aufsichtsrats das gezeichnete Kapital bis zum 2. Mai 2024 um bis zu insgesamt 470 Millionen Euro durch die Ausgabe neuer Aktien zu erhöhen. Von der Ermächtigung ist bisher kein Gebrauch gemacht worden und es wurden keine neuen Aktien ausgegeben.

Abb. 3.19: Genehmigtes Kapital der BASF SE
(Quelle: *BASF*, 2021, S. 63 und S. 249).

Aus Sicht der Aktionäre ist mit der genehmigten Kapitalerhöhung ein Kontrollverlust verbunden, da diese durch die pauschale Genehmigung ihre unmittelbare Einflussnahme auf die Kapitalerhöhung abgeben. Angesichts potenzieller Interessenkonflikte zwischen Aktionären und Management müssen Aktionäre befürchten, dass das Management sich bei der Umsetzung der Kapitalerhöhung nicht ausschließlich an den Aktionärsinteressen orientiert, sondern auch eigene Interessen verfolgt (vgl. z. B. *Myers/Majluf*, 1984, S. 188 oder *Schmidt-Wilke*, 1998, S. 156). Sofern die durch die Kapitalerhöhung aufgenommenen Finanzmittel nicht im Interesse der Aktionäre verwendet werden, erleiden die Aktionäre einen Vermögensnachteil.

In der Kapitalmarktpraxis dominiert die genehmigte Kapitalerhöhung, was sich neben den Flexibilitätsvorteilen auch auf die faktische Machtverteilung in börsennotierten Aktiengesellschaften zurückführen lässt. Wie Sie den jeweiligen Geschäftsberichten entnehmen können, verfügt die Mehrzahl der börsennotierten Aktiengesellschaften über genehmigtes Kapital, das bei Bedarf zur Erhöhung des Grundkapitals genutzt wird. So verfügt z. B. die BASF SE, deren gezeichnetes Kapital (Grundkapital) 1.176 Mio. Euro beträgt, über ein genehmigtes Kapital in Höhe von 470 Mio. Euro (siehe Abbildung 3.19).

Durchführung der Kapitalerhöhung

Die folgenden Ausführungen zur Durchführung der Kapitalerhöhung beziehen sich sowohl auf die ordentliche als auch auf die genehmigte Kapitalerhöhung. Im ersten Schritt wird das Volumen an finanziellen Mitteln ermittelt, welches das Unternehmen für seine weitere Geschäftstätigkeit benötigt. Auf Grundlage des prognostizierten Kapitalbedarfs werden anschließend der Ausgabepreis der neuen Aktien sowie das Bezugsverhältnis festgelegt. Das *Bezugsverhältnis* ergibt sich aus der Relation zwischen dem bisherigen Grundkapital und dem Betrag, um den das Grundkapital anlässlich der Kapitalerhöhung erhöht werden soll. Diese Relation entspricht dem Verhältnis zwischen der Anzahl bisheriger bzw. alter Aktien (a) und der Anzahl neu auszugebender Aktien (n).

$$\text{Bezugsverhältnis} = \frac{\text{Anzahl alter Aktien}}{\text{Anzahl neuer Aktien}} = \frac{a}{n} \tag{3.14}$$

Die Höhe des Ausgabepreises (Emissionspreises) hat entscheidende Bedeutung für die Anzahl der auszugebenden Aktien und damit für das Bezugsverhältnis. Da die neuen und alten Aktien die gleichen Rechte verbriefen, bildet der bisherige Aktienkurs aus ökonomischer Perspektive die Obergrenze für den Ausgabepreis. Ein Preis unterhalb des aktuellen Aktienkurses ist dagegen möglich und in der Praxis üblich, um den Aktionären einen Kaufanreiz zu bieten und die neuen Aktien problemlos zu platzieren. Die rechtliche Untergrenze bildet der Nennwert, da eine Ausgabe von Aktien unterhalb ihres (rechnerischen) Nennwertes nicht zulässig ist (vgl. § 9 Abs. 1 AktG).

Die emittierende Aktiengesellschaft ist grundsätzlich an einem möglichst hohen Ausgabepreis interessiert, da hierdurch der realisierbare Emissionserlös steigt bzw. die Anzahl der auszugebenden Aktien sinkt. Um die Zeichnungsbereitschaft und damit den Erfolg der Aktienemission zu gewährleisten, sollten Aktiengesellschaften ihren Aktionären allerdings den bereits erwähnten Kaufanreiz bieten. Als Kompromiss hat sich in der Kapitalmarktpraxis ein Abschlag von ca. 10 bis 20 % auf den Aktienkurs vor der Kapitalerhöhung durchgesetzt. An der Börse sind aber auch höhere Abschläge zu beobachten, da es sich bei dieser Frage letztlich um eine finanzierungs- bzw. unternehmenspolitische Entscheidung handelt.

Beispiel: Kapitalerhöhung
Im Folgenden wird die Durchführung einer Kapitalerhöhung am Beispiel der Kellenhusener Immobilienbeteiligungsgesellschaft AG (KIB) illustriert. Das Unternehmen errichtet und vermietet hochwertige Ferienwohnungen an der schleswig-holsteinischen Ostseeküste. Das Grundkapital der KIB in Höhe von 10 Mio. Euro ist in 10 Mio. Stückaktien verbrieft, sodass sich ein rechnerischer Nennwert von 1 Euro je Aktie ergibt. Die erfolgreiche Geschäftstätigkeit des vollständig eigenfinanzierten Unternehmens spiegelt sich in der Bilanz wider (siehe Abbildung 3.19). Um die Auswirkungen der Kapitalerhöhung zu verdeutlichen, werden in der Abbildung nicht nur die Buchwerte, sondern auch die Marktwerte von Vermögen und Kapital dargestellt.

Aktiva (€)		Passiva (€)	
Vermögen	110.000.000	Grundkapital	10.000.000
		Offene Gewinnrücklagen	100.000.000
Bilanzsumme	110.000.000	Bilanzsumme	110.000.000
Nicht bilanziertes Vermögen	70.000.000	Stille Reserven	70.000.000
Marktwert	180.000.000	Marktwert	180.000.000

Abb. 3.20: KIB-Bilanz vor Durchführung der Kapitalerhöhung.

Der bilanzielle Wert des primär aus Immobilien bestehenden Vermögens beläuft sich auf 110 Mio. Euro. Ein nicht unerheblicher Teil des Vermögens wurde in den vergangenen Jahren durch einbehaltene Gewinne finanziert, die als offene Gewinnrücklagen in Höhe von 100 Mio. Euro ausgewiesen werden. An der Börse notiert die KIB-Aktie derzeit zu einem Kurs von 18 Euro. Auf Basis des aktuellen Aktienkurses errechnet sich damit ein Marktwert des Eigenkapitals (Marktkapitalisierung) von 180 Mio. Euro. Die Differenz zwischen dem Marktwert und dem Buchwert des Eigenkapitals beträgt 70 Mio. Euro. Bei diesem Betrag handelt es sich um stille Reserven, die bei der KIB vor allem durch nicht realisierte Wertzuwächse im Immobilienvermögen entstanden sind.

Zur Wachstumsfinanzierung nutzt die KIB eine Kapitalerhöhung, durch die sich das Grundkapital um 25 % von 10 Mio. Euro auf 12,5 Mio. Euro erhöht. Für die Kapitalerhöhung nimmt der Vorstand einen Teil des von der Hauptversammlung vor drei Jahren genehmigten Kapitals in Anspruch. Anlässlich der Kapitalerhöhung werden

2,5 Mio. neue Stückaktien mit einem rechnerischen Nennwert von 1 Euro ausgegeben. Setzt man das bisherige Grundkapital von 10 Mio. Euro in Relation zum Erhöhungsbetrag von 2,5 Mio. Euro, errechnet sich ein Bezugsverhältnis von 4 zu 1. Die Aktionäre der KIB können daher eine neue Aktie für jeweils vier alte Aktien beziehen. Unter den Aktionären sind viele Privatanleger, die dem Unternehmen teilweise schon seit Jahrzehnten verbunden sind. Vor diesem Hintergrund wählt die KIB in Absprache mit dem Konsortialführer einen vergleichsweise niedrigen Ausgabepreis von 12 Euro, um ihre Aktionäre zur Zeichnung der neuen Aktien zu motivieren.

Die Kapitalerhöhung führt zu einer Bilanzverlängerung, durch welche sich Höhe und Zusammensetzung des Eigenkapitals ändern. Ausgangspunkt ist die in Abbildung 3.19 dargestellte KIB-Bilanz vor Durchführung der Kapitalerhöhung. Im Rahmen der Kapitalerhöhung gibt die KIB 2,5 Mio. neue Aktien zu einem Preis von 12 Euro je Aktie aus, wodurch dem Unternehmen Finanzmittel in Höhe von 30 Mio. Euro zufließen, die bilanziell als liquide Mittel ausgewiesen werden. Auf der Passivseite wirkt sich die Kapitalerhöhung auf das Grundkapital sowie auf die Kapitalrücklage aus. Das Grundkapital erhöht sich bei einem rechnerischen Nennwert von 1 Euro pro Aktie um 2,5 Mio. Euro. Angesichts des Ausgabepreises von 12 Euro ergibt sich ein Aufgeld von 11 Euro je Aktie. Die Differenz zwischen Ausgabepreis und Nennwert wird als Aufgeld (Agio) bezeichnet. Das Aufgeld ist der Preis, den die Aktionäre für die Beteiligung an den offenen und stillen Rücklagen des Unternehmens zahlen. In der Bilanz wird das Aufgeld von insgesamt 27,5 Mio. Euro (= 11 Euro · 2,5 Mio. Aktien) als Kapitalrücklage ausgewiesen. Nach Abschluss der Kapitalerhöhung beträgt die Bilanzsumme 140 Mio. Euro, während der Marktwert des Aktienkapitals (Marktkapitalisierung) nunmehr bei 210 Mio. Euro liegt (siehe Abbildung 3.21).

Aktiva (€)		Passiva (€)	
Vermögen	110.000.000	Grundkapital	12.500.000
Liquide Mittel	30.000.000	Kapitalrücklage	27.500.000
		Offene Gewinnrücklagen	100.000.000
Bilanzsumme	140.000.000	Bilanzsumme	140.000.000
Nicht bilanziertes Vermögen	70.000.000	Stille Reserven	70.000.000
Marktwert	210.000.000	Marktwert	210.000.000

Abb. 3.21: KIB-Bilanz nach Durchführung der Kapitalerhöhung.

Im Ergebnis hat die Kapitalerhöhung zu einer Bilanzverlängerung von 30 Mio. Euro geführt. Nach Abschluss der Kapitalerhöhung stehen die aufgenommenen Finanzmittel für Investitionszwecke zur Verfügung.

Mischkurs

Nachdem wir zunächst die Auswirkungen der Kapitalerhöhung aus dem Blickwinkel des Unternehmens untersucht haben, wenden wir uns im Folgenden der Aktionärsperspektive zu. Wenn die neuen Aktien die gleichen Rechte wie die alten Aktien verbriefen, bildet sich nach Abschluss der Kapitalerhöhung an der Börse ein gemeinsamer Marktpreis. Dieser als *Mischkurs* bezeichnete Preis hat Auswirkungen auf das Vermögen der Aktionäre. Da neue Aktien üblicherweise zu einem Preis unterhalb des alten Aktienkurses ausgegeben werden, ist mit der Ausgabe neuer Aktien regelmäßig eine Kapitalverwässerung verbunden. Rechnerisch lässt sich die Höhe des Mischkurses (M) gemäß Formel (3.15) ermitteln, indem der Kurs der alten Aktien (K_a) sowie der Ausgabepreis der neuen Aktien (K_n) jeweils mit der Anzahl der alten (a) bzw. neuen (n) Aktien gewichtet werden.

$$M = \frac{K_a \cdot a + K_n \cdot n}{a + n} \tag{3.15}$$

Beispiel: Kapitalerhöhung (Fortsetzung)

Die 10 Mio. alten Aktien der Kellenhusener Immobilienbeteiligungsgesellschaft AG (KIB) notieren zu einem Kurs von 18 Euro. Im Rahmen der Kapitalerhöhung emittiert die KIB 2,5 Mio. neue Aktien zu einem Ausgabepreis von 12 Euro. Das Bezugsverhältnis beträgt 4 zu 1. Gewichtet man den Kurs der alten Aktie sowie den Ausgabepreis der neuen Aktie gemäß Formel (3.15) mit der jeweiligen Aktienanzahl, errechnet sich für die KIB-Aktie nach Abschluss der Kapitalerhöhung ein Mischkurs von 16,80 Euro.

$$M = \frac{18\,€ \cdot 10\;\text{Mio.} + 12\,€ \cdot 2{,}5\;\text{Mio.}}{10\;\text{Mio.} + 2{,}5\;\text{Mio.}} = 16{,}80\,€ \tag{3.16}$$

Das rechnerische Ergebnis kann auch aus der KIB-Bilanz abgeleitet werden (siehe Abbildung 3.20). Wenn Sie den Marktwert des Unternehmens (210 Mio. Euro) durch die Summe aus alten und neuen Aktien (12,5 Mio. Stück) teilen, erhalten Sie ebenfalls einen rechnerischen Aktienwert von 16,80 Euro. Gegenüber dem bisherigen Aktienkurs ergibt sich ein rechnerischer Kursabschlag von 1,20 Euro. Die tatsächliche Entwicklung des Börsenkurses ist natürlich von Angebot und Nachfrage abhängig. In der Berechnung des Mischkurses spiegeln sich jedoch grundlegende ökonomische Zusammenhänge wider, die von den Marktteilnehmern leicht nachvollzogen werden können. Daher führt eine Kapitalerhöhung regelmäßig zu einem entsprechenden Rückgang des Börsenkurses. Im Ergebnis würde ein KIB-Aktionär, der sich nicht an der Kapitalerhöhung beteiligt, einen Vermögensnachteil von 1,20 Euro je Aktie erleiden.

Bezugsrecht

Die im Beispiel illustrierten Vermögensnachteile für die Altaktionäre können vermieden werden, wenn die Aktiengesellschaft die neuen Aktien zunächst ihren bisherigen Aktionären zum Kauf anbietet. Das Aktiengesetz räumt den bisherigen Aktionären daher grundsätzlich ein Bezugsrecht (Vorkaufsrecht) für die neuen Aktien ein (vgl. § 186 Abs. 1 AktG). Das Bezugsrecht, das den Aktionären entsprechend ihrer Beteiligungsquote zusteht, hat zwei Funktionen:

- Zum einen dient das Bezugsrecht zum *Ausgleich von Vermögensnachteilen*. Wenn der Ausgabepreis unterhalb des aktuellen Börsenkurses liegt, erleiden passive Aktionäre durch Kapitalverwässerung und Kursrückgang einen Vermögensnachteil. Da das Bezugsrecht in diesem Fall einen positiven ökonomischen Wert hat, können die Aktionäre den entstehenden Vermögensnachteil jedoch durch Verkauf ihrer Bezugsrechte ausgleichen.

- Die zweite Funktion des Bezugsrechts besteht in der *Wahrung der bisherigen Stimmrechtsverhältnisse*, da bei der Kapitalerhöhung die Gefahr einer Änderung der Stimmrechtsverhältnisse droht. Wenn ein Aktionär sich nicht an der Kapitalerhöhung beteiligen dürfte, würde sein prozentualer Stimmrechtsanteil sinken. Die Verwässerung der Stimmrechtsanteile ist insbesondere für Mehrheitsaktionäre (mehr als 50 % der Anteile) oder für Aktionäre mit einer Sperrminorität (mehr als 25 %, aber weniger als 50 % der Anteile) von Bedeutung. Durch den Bezug der neuen Aktien hat jeder Aktionär die Möglichkeit, seinen bisherigen prozentualen Stimmrechtsanteil an der Aktiengesellschaft zu bewahren.

Wenn bei einer Kapitalerhöhung der Ausgabepreis der neuen Aktien unterhalb des aktuellen Aktienkurses liegt, hat das Bezugsrecht einen positiven Wert. Der rechnerische Bezugsrechtswert ist allerdings nur ein Anhaltspunkt für den Marktpreis, da die Bezugsrechte im Rahmen der Kapitalerhöhung an der Börse gehandelt werden. Durch den Verkauf ihrer Bezugsrechte können Aktionäre, die nicht an der Kapitalerhöhung teilnehmen wollen, den durch den Aktienkursrückgang erlittenen Vermögensnachteil ausgleichen. Darüber hinaus können Aktionäre Spitzenbeträge regulieren, indem sie überzählige Bezugsrechte verkaufen oder fehlende Bezugsrechte hinzukaufen. Schließlich können bisher nicht an der Aktiengesellschaft beteiligte Investoren den Bezugsrechtshandel dazu nutzen, Bezugsrechte zu erwerben, die sie wiederum zum Bezug von Aktien aus der Kapitalerhöhung berechtigen.

Um den rechnerischen Wert des Bezugsrechts (BR) zu ermitteln, wird gemäß Formel (3.17) die Differenz zwischen dem Kurs der alten Aktie (K_a) und dem Ausgabepreis der neuen Aktie (K_n) durch das Bezugsverhältnis (a : n) plus 1 geteilt:

$$BR = \frac{K_a - K_n}{\frac{a}{n} + 1} \qquad (3.17)$$

Beispiel: Kapitalerhöhung (Fortsetzung)

Auch für die Kapitalerhöhung der Kellenhusener Immobilienbeteiligungsgesellschaft AG (KIB) lässt sich der rechnerische Wert des Bezugsrechts ermitteln. Wie bekannt, liegt der Kurs der alten Aktie vor der Kapitalerhöhung bei 18 Euro, während die neuen Aktien zu einem Preis von 12 Euro ausgegeben werden. Das Bezugsverhältnis beträgt 4 zu 1. Damit ergibt sich ein rechnerischer Bezugsrechtswert von:

$$\mathrm{BR} = \frac{18\,\text{€} - 12\,\text{€}}{\frac{4}{1} + 1} = \frac{6\,\text{€}}{5} = 1{,}20\,\text{€} \tag{3.18}$$

Im Folgenden unterstellen wir, dass das Bezugsrecht auch an der Börse zu seinem rechnerischen Wert von 1,20 Euro notiert. Aktionäre, die an der Kapitalerhöhung nicht teilnehmen wollen, können ihre Bezugsrechte über die Börse verkaufen und damit den durch die Kapitalerhöhung entstehenden Vermögensnachteil ausgleichen. Der rechnerische Kursrückgang der KIB-Aktie von 18 Euro auf 16,80 Euro wird durch den Verkaufserlös des Bezugsrechts exakt ausgeglichen.

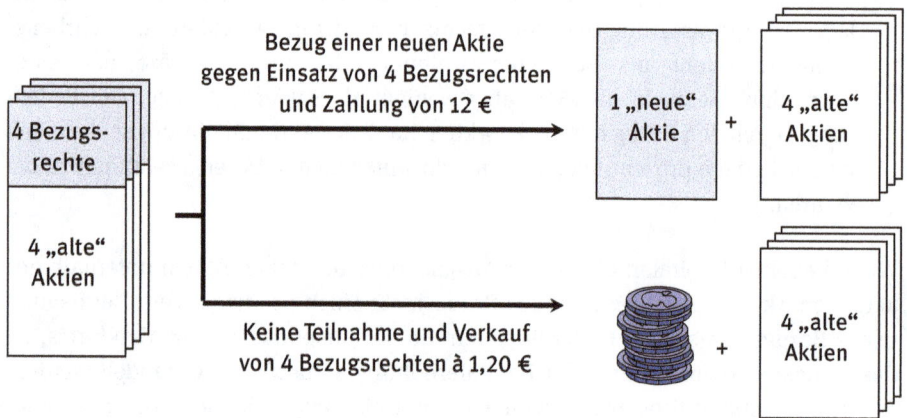

Abb. 3.22: Handlungsalternativen der Aktionäre bei einer Kapitalerhöhung.

Im Ergebnis haben die Aktionäre der KIB zwei Handlungsalternativen. Entweder nehmen sie an der Kapitalerhöhung teil und erwerben die neuen Aktien oder sie verkaufen ihre Bezugsrechte (siehe Abbildung 3.21). Durch die Existenz des Bezugsrechts wird gewährleistet, dass kein Aktionär allein dadurch besser (oder schlechter) gestellt wird, dass er an der Kapitalerhöhung teilnimmt bzw. auf die Teilnahme verzichtet. Eine Anlegerin, die vier alte Aktien besitzt, erhält im Zuge der Kapitalerhöhung vier Bezugsrechte. Wenn diese Aktionärin an der Kapitalerhöhung teilnimmt, kann sie bei einem Bezugsverhältnis von 4 zu 1 eine neue Aktie zum Ausgabepreis von 12 Euro beziehen. Vor der Kapitalerhöhung setzt sich das Vermögen der Anlegerin beispielsweise aus vier Aktien und 12 Euro Liquidität zusammen. Der Wert des Aktionärsvermögens (AV) beträgt:

$$AV = 4 \cdot 18{,}00\,\text{€} + 12{,}00\,\text{€} = 72{,}00\,\text{€} + 12{,}00\,\text{€} = 84{,}00\,\text{€} \tag{3.19}$$

Nach der Kapitalerhöhung verfügt die Anlegerin über fünf Aktien, die zum Mischkurs von 16,80 Euro notieren. Der Wert des Aktionärsvermögens beträgt weiterhin 84 Euro, sodass sich kein Vermögensnachteil ergibt:

$$AV = 5 \cdot 16{,}80\,\text{€} = 84{,}00\,\text{€} \tag{3.20}$$

Auch für den Fall, dass sie nicht an der Kapitalerhöhung teilnehmen will, erleidet die Anlegerin keinen Vermögensnachteil. Ausgangspunkt ist wieder das in Formel (3.19) dargestellte Aktionärsvermögen vor der Kapitalerhöhung. Nimmt die Aktionärin nicht an der Kapitalerhöhung teil, verkauft sie ihre vier Bezugsrechte an der Börse zu jeweils 1,20 Euro. Nach der Kapitalerhöhung beträgt das Aktionärsvermögen weiterhin 84 Euro; es setzt sich aus vier Aktien à 16,80 Euro sowie finanziellen Mitteln in Höhe von 16,80 Euro zusammen:

$$AV = 4 \cdot 16{,}80\,\text{€} + 4 \cdot 1{,}20\,\text{€} + 12{,}00\,\text{€} = 67{,}20\,\text{€} + 16{,}80\,\text{€} = 84{,}00\,\text{€} \tag{3.21}$$

Anhand des Beispiels können Sie erkennen, dass Aktionäre durch die Kapitalerhöhung weder einen Vermögensnachteil noch einen -vorteil erfahren. Neben den beiden Alternativen *Teilnahme* bzw. *Nicht-Teilnahme* verfügen Aktionäre über weitere Handlungsmöglichkeiten. Sie können nur zu einem Teil an der Kapitalerhöhung partizipieren oder durch den Zukauf von Bezugsrechten weitere Aktien beziehen. Schließlich gilt die Vermögensneutralität auch für einen Anleger, der die Kapitalerhöhung zum erstmaligen Erwerb der Aktien nutzt. Wenn der Investor bislang keine Aktien besitzt, muss er zunächst die erforderlichen Bezugsrechte kaufen. Um eine KIB-Aktie zu 12 Euro erwerben zu können, benötigt er vier Bezugsrechte. Im Ergebnis zahlt der Neuaktionär 4 · 1,20 Euro + 12 Euro = 16,80 Euro pro Aktie und damit einen Preis in Höhe des rechnerischen Mischkurses. Auch für den Neuaktionär ergibt sich somit weder ein Vermögensvorteil noch ein -nachteil.

Bezugsrechtsausschluss

Die bisherigen Ausführungen haben Ihnen verdeutlicht, dass das Bezugsrecht dem Schutz der Aktionärsinteressen dient. Daher kann das Bezugsrecht nur im Beschluss über die Kapitalerhöhung und nur mit Dreiviertelmehrheit des auf der Hauptversammlung vertretenen Grundkapitals ausgeschlossen werden (vgl. § 186 Abs. 3 AktG). Bei einem Bezugsrechtsausschluss darf das Volumen der Kapitalerhöhung nicht mehr als 10 % des Grundkapitals betragen und der Ausgabepreis der neuen

Aktien darf den aktuellen Börsenkurs nicht wesentlich unterschreiten. Ein Bezugsrechtsausschluss ist beispielsweise erforderlich, wenn die neuen Aktien den Mitarbeitern als Belegschaftsaktien angeboten oder zur Finanzierung einer Unternehmensübernahme eingesetzt werden sollen. Nicht als materieller Bezugsrechtsausschluss gilt der formale Ausschluss des Bezugsrechts, der regelmäßig zur Durchführung der Kapitalerhöhung vorgenommen wird (vgl. § 186 Abs. 5 AktG). Ein formaler Bezugsrechtsausschluss liegt vor, wenn die neuen Aktien wie in der Kapitalmarktpraxis üblich zunächst an ein Bankenkonsortium verkauft werden. Die Banken übernehmen die neuen Aktien mit der Auflage, diese den bisherigen Aktionären im Verhältnis ihrer jeweiligen Beteiligungsquote anzubieten.

Bedingte Kapitalerhöhung

Die *bedingte Kapitalerhöhung* ist eine Sonderform, die in folgenden aktienrechtlich geregelten Fällen genutzt wird (vgl. § 192 Abs. 2 AktG):

- Eine bedingte Kapitalerhöhung ist bei der *Ausgabe von Wandel- oder Optionsanleihen* erforderlich. Diese Anleihen verbriefen u. a. ein Bezugsrecht auf Aktien. Wenn die Inhaber einer Wandel- oder Optionsanleihe ihre Bezugsrechte ausüben, erwerben sie die aus der bedingten Kapitalerhöhung stammenden Aktien.
- Eine bedingte Kapitalerhöhung kann zur *Vorbereitung einer Unternehmensfusion* dienen. In diesem Fall werden die aus der bedingten Kapitalerhöhung stammenden Aktien den Aktionären des Fusionspartners angeboten.
- Eine bedingte Kapitalerhöhung kann zur *Gewährung von Bezugsrechten an Arbeitnehmer* im Rahmen der Mitarbeiterbeteiligung genutzt werden. Den Arbeitnehmern steht bei dieser Form der Mitarbeiterbeteiligung das Recht zu, die neuen Aktien *(Belegschaftsaktien)* gegen Geldeinlage zu erwerben.

In jedem Fall ist die *Wirksamkeit der bedingten Kapitalerhöhung* vom Verhalten der Bezugsberechtigten (z. B. Anleihegläubiger oder Arbeitnehmer) abhängig, denen das Recht auf den Bezug der neuen Aktien zusteht. Nur wenn die Bezugsberechtigten ihre Rechte ausüben, wird die bedingte Kapitalerhöhung wirksam. Aus Unternehmenssicht ist die Finanzierungswirkung einer bedingten Kapitalerhöhung daher unsicher. Für die Aktiengesellschaft steht weniger der Wunsch nach einer Eigenkapitalerhöhung im Mittelpunkt, als vielmehr andere Ziele, z. B. die Mitarbeiterbeteiligung. Ein weiteres Charakteristikum der bedingten Kapitalerhöhung betrifft den Umstand, dass nicht die Aktionäre des Unternehmens, sondern Dritte zum Bezug der neuen Aktien berechtigt sind. Daher ist die bedingte Kapitalerhöhung zwingend mit einem Ausschluss des Bezugsrechts der Altaktionäre verbunden. Im Beschluss über die bedingte Kapitalerhöhung, für den ebenfalls eine Dreiviertelmehrheit auf der Hauptversammlung erforderlich ist, sind der Zweck der bedingten Kapitalerhöhung, der Kreis der Bezugsberechtigten sowie der Bezugskurs bzw. dessen Ermittlungsgrundlagen anzugeben. Das Volumen einer bedingten Kapitalerhöhung darf 50 % des bisherigen Grundkapitals nicht übersteigen; bei der Gewährung von Bezugsrechten an Arbeitnehmer liegt diese Grenze bei 10 %.

Nominelle Kapitalerhöhung

Bei der *Kapitalerhöhung aus Gesellschaftsmitteln (nominelle Kapitalerhöhung)* fließen dem Unternehmen keine finanziellen Mittel zu. Es handelt sich vielmehr um eine Umwandlung von Gewinn- oder Kapitalrücklagen in haftendes Grundkapital (vgl. § 207 Abs. 1 AktG). Bilanziell bewirkt die nominelle Kapitalerhöhung einen Passivtausch, durch den sich die Zusammensetzung, aber nicht die Höhe des Eigenkapitals ändert. Für den Betrag, um den sich das Grundkapital erhöht, werden bei einer Kapitalerhöhung aus Gesellschaftsmitteln neue Aktien (Berichtigungsaktien) ausgegeben. Die *Berichtigungsaktien* werden an die bisherigen Aktionäre ausgegeben, ohne dass diese für die neuen Aktien eine finanzielle Einlage leisten müssen. Vor diesem Hintergrund ist es verständlich, dass den Aktionären das Bezugsrecht auf die neuen Aktien aus einer nominellen Kapitalerhöhung nicht entzogen werden kann (vgl. § 212 AktG).

Bei einer Kapitalerhöhung aus Gesellschaftsmitteln wird das Grundkapital durch die Auflösung von in früheren Jahren gebildeten Gewinn- oder Kapitalrücklagen erhöht. Da dem Unternehmen keine zusätzlichen finanziellen Mittel zugeführt werden, bleibt das Gesamtvermögen unverändert. Das Vermögen verteilt sich nach der Kapitalerhöhung allerdings auf eine höhere Aktienanzahl, sodass der Kurs der einzelnen Aktie sinkt. Durch die Ausgabe der Berichtigungsaktien verfügen die Aktionäre jedoch über eine im Verhältnis ihrer bisherigen Beteiligungsquote erhöhte Aktienanzahl. Im Ergebnis gleichen sich die beiden Effekte aus, sodass das Vermögen eines Aktionärs durch die nominelle Kapitalerhöhung rechnerisch nicht beeinflusst wird.

Beispiel: Kapitalerhöhung aus Gesellschaftsmitteln

Zur Illustration der nominellen Kapitalerhöhung dient das bereits bekannte Beispiel der Kellenhusener Immobilienbeteiligungsgesellschaft AG (KIB). Ausgangspunkt ist die KIB-Bilanz nach Durchführung der ordentlichen Kapitalerhöhung (siehe Abbildung 3.20 auf S. 135). Um das haftende Grundkapital zu stärken und gleichzeitig ein positives Signal an den Kapitalmarkt zu senden, plant die KIB eine Kapitalerhöhung aus Gesellschaftsmitteln. Hierzu soll das Grundkapital zu Lasten der offenen Gewinnrücklagen um nominal 7,5 Mio. Euro auf 20 Mio. Euro erhöht werden. In Bezug zum bisherigen Grundkapital errechnet sich ein Bezugsverhältnis von 5 zu 3 (= 12,5 Mio. Euro zu 7,5 Mio. Euro).

Aktiva (€)		Passiva (€)	
Vermögen	110.000.000	Grundkapital	20.000.000
Liquide Mittel	30.000.000	Kapitalrücklage	27.500.000
		Offene Gewinnrücklagen	92.500.000
Bilanzsumme	140.000.000	Bilanzsumme	140.000.000
Nicht bilanziertes Vermögen	70.000.000	Stille Reserven	70.000.000
Marktwert	210.000.000	Marktwert	210.000.000

Abb. 3.23: KIB-Bilanz nach Durchführung der nominellen Kapitalerhöhung.

Für das Erhöhungskapital in Höhe von 7,5 Mio. Euro werden 7,5 Mio. neue Aktien ausgegeben, die die KIB-Aktionäre im Verhältnis ihrer bisherigen Beteiligungsquote erhalten. Ein Aktionär, der fünf Aktien besitzt, erhält drei neue Aktien. Die Kapitalerhöhung bewirkt eine Erhöhung des Grundkapitals, während sich die Höhe des Eigenkapitals insgesamt nicht verändert (siehe Abbildung 3.22). Auch bei der genehmigten Kapitalerhöhung stellt sich aus Aktionärssicht die Frage nach den Auswirkungen auf das Aktionärsvermögen. Während sich das Unternehmensvermögen durch die Erhöhung des Grundkapitals nicht verändert, steigt die Anzahl der ausgegebenen Aktien. Die Vermutung liegt nahe, dass der Aktienkurs sinkt, wenn sich ein konstantes Vermögen auf eine höhere Anzahl von Aktien verteilt. Die Höhe des Kursrückgangs können Sie durch Ermittlung des Mischkurses gemäß Formel (3.22) ausrechnen, wobei der bisherige Aktienkurs bei 16,80 Euro liegt, während der Ausgabepreis für die neuen Aktien 0 Euro beträgt.

$$M = \frac{16{,}80\,€ \cdot 12{,}5\text{ Mio.} + 0\,€ \cdot 7{,}5\text{ Mio.}}{12{,}5\text{ Mio.} + 7{,}5\text{ Mio.}} = \frac{210\text{ Mio.}\,€}{20\text{ Mio.}} = 10{,}50\,€ \qquad (3.22)$$

Nach Durchführung der nominellen Kapitalerhöhung ergibt sich ein rechnerischer Kurs von 10,50 Euro. Trotz des Kursrückgangs führt die Kapitalerhöhung aus Perspektive der Aktionäre nicht zu einem Vermögensnachteil, da der Kursrückgang durch die höhere Aktienanzahl ausgeglichen wird. Eine Aktionärin, die vor der Kapitalerhöhung fünf Aktien besaß, verfügte über ein Aktionärsvermögen von 84 Euro (= 5 · 16,80 Euro). Nach Kapitalerhöhung und Ausgabe der neuen Aktien besitzt diese Anlegerin acht Aktien mit einem Gesamtwert von weiterhin 84 Euro (= 8 · 10,50 Euro). Das Vermögen der Aktionäre wird durch die Kapitalerhöhung aus Gesellschaftsmitteln also ebenso wenig tangiert wie das Gesamtvermögen des Unternehmens.

Beurteilung der nominellen Kapitalerhöhung

Wie durch das Beispiel deutlich wird, dient die Kapitalerhöhung aus Gesellschaftsmitteln nicht dazu, neue Finanzmittel aufzunehmen. Diese Form der Kapitalerhöhung ist vielmehr ein *Signal des Unternehmens an den Kapitalmarkt*, mit dem Infor-

mationsasymmetrien ausgeglichen werden sollen. Die asymmetrische Informationsverteilung resultiert daraus, dass der Vorstand üblicherweise besser über die Vermö-
gens-, Finanz- und Ertragslage des Unternehmens informiert ist als die Aktionäre.
Vor diesem Hintergrund besteht die Gefahr von Interessenkonflikten zwischen dem
Management und den Eigentümern der Aktiengesellschaft (vgl. z. B. *Jensen*, 1986
oder *Jensen/Meckling*, 1976). Durch entsprechende Signale an den Kapitalmarkt
kann der Vorstand einer börsennotierten Aktiengesellschaft diese Informationsasymmetrien zumindest teilweise abbauen. Während Gewinnrücklagen relativ einfach aufgelöst werden können, kann das haftende Grundkapital nur durch eine sehr
aufwendige formale Kapitalherabsetzung reduziert werden. Mit der Erhöhung des
Grundkapitals signalisiert der Vorstand somit sein Vertrauen in die langfristig positive Geschäftsentwicklung des Unternehmens. In der Praxis wird die Glaubwürdig-
keit dieses Signals meistens noch dadurch erhöht, dass die Aktiengesellschaft die
Dividende je Aktie konstant hält, sodass die Aktionäre aufgrund der höheren Aktienanzahl sogar einen finanziellen Vorteil haben.

Mit der Kapitalerhöhung aus Gesellschaftsmitteln wird des Weiteren das Ziel
verfolgt, den *Aktienkurs zu reduzieren*. Optisch hohe Aktienkurse gelten an der Börse
als problematisch, da sie eine psychologische Barriere bilden und z. B. Privatanleger
von einem Aktienkauf abhalten können. Wenn eine Aktiengesellschaft ihre Aktien
auch bei privaten Investoren breit streuen möchte, kann es sinnvoll sein, die Höhe
des Aktienkurses durch die Ausgabe neuer Aktien zu vermindern. Wie im Beispiel
dargestellt, ändern sich die Vermögensverhältnisse der Aktiengesellschaft und ihrer
Aktionäre durch diese Maßnahme nicht. Angesichts des geringeren Aktienkurses
fällt es Privatanlegern jedoch leichter, sich mit kleinen Beträgen an der Aktiengesellschaft zu beteiligen.

Das Ziel, die absolute Höhe des Aktienkurses zu reduzieren, kann alternativ zur
Kapitalerhöhung aus Gesellschaftsmitteln auch durch einen *Aktiensplit* erreicht werden. Bei der Teilung von Aktien (Splitting) wird z. B. eine Aktie mit einem Nennwert
von 10 Euro in zwei Aktien mit einem Nennwert von 5 Euro geteilt. Durch den Aktiensplit erhöht sich ebenfalls die Aktienanzahl, sodass der Aktienkurs entsprechend
sinkt. Im deutschen Aktienrecht ist die Möglichkeit für Aktiensplits durch den (rechnerischen) Mindestnennwert begrenzt, da eine Aktie mit einem rechnerischen Nennwert von 1 Euro nicht mehr geteilt werden kann. Im Unterschied zur Kapitalerhöhung aus Gesellschaftsmitteln erhöht sich bei einem Aktiensplit das Grundkapital
nicht. Ansonsten sind die Effekte auf das Aktionärsvermögen bzw. auf den Aktienkurs mit der Kapitalerhöhung aus Gesellschaftsmitteln vergleichbar.

3.3.5 Rückkauf eigener Aktien

Als Rückkauf eigener Aktien wird der *entgeltliche Erwerb eigener Unternehmensanteile durch eine börsennotierte Aktiengesellschaft* bezeichnet (vgl. *Pohle*, 2001, Sp. 88 ff.).

Ein Aktienrückkauf dient dazu, die Anzahl der umlaufenden Aktien und damit die Höhe des Eigenkapitals einer Aktiengesellschaft zu reduzieren. Damit ist der Aktienrückkauf das Gegenstück zur Erhöhung des Eigenkapitals durch die Ausgabe neuer Aktien. Als Konsequenz aus den Erfahrungen der Weltwirtschaftskrise Ende der 1920er Jahre waren Aktienrückkäufe in der Bundesrepublik Deutschland über Jahrzehnte bis auf Ausnahmefälle nicht zulässig (vgl. *Seifert*, 2006, S. 9 ff.), da sie als verdeckte Einlagenrückgewähr interpretiert wurden. Durch die im Mai 1998 in Kraft getretene Änderung des Aktiengesetzes sind die Möglichkeiten zum Rückkauf eigener Aktien für deutsche Aktiengesellschaften deutlich ausgeweitet worden. Zulässig ist der Erwerb eigener Aktien danach grundsätzlich zu jedem Zweck, sofern weder eine kontinuierliche Kurspflege noch ein Handel in eigenen Aktien beabsichtigt sind (vgl. § 71 Abs. 1 Nr. 8 AktG).

Zum Erwerb eigener Aktien muss der *Vorstand durch die Hauptversammlung ermächtigt* werden, wobei einige Bedingungen zu beachten sind (vgl. § 71 Abs. 1 Nr. 8 AktG):

– Die Ermächtigung zum Aktienrückkauf gilt für eine Frist von maximal fünf Jahren.
– Das Rückkaufvolumen darf maximal 10 % des Grundkapitals betragen.
– Die Ermächtigung muss das minimale und maximale Rückkaufvolumen enthalten.
– Der Vorstand ist zur Gleichbehandlung sämtlicher Aktionäre verpflichtet.
– Die Rechte aus eigenen Aktien (z. B. Stimmrecht, Dividendenrecht oder Bezugsrecht bei einer Kapitalerhöhung) ruhen; die Aktiengesellschaft darf diese Rechte nicht ausüben (vgl. § 71b AktG).
– Bilanziell ist der (rechnerische) Nennwert der eigenen Aktien als Korrekturposten vom gezeichneten Kapital abzusetzen. Darüber hinaus ist die Differenz zwischen dem Rückkaufpreis und dem Nennwert mit den frei verfügbaren Rücklagen zu verrechnen (§ 272 Abs. 1a HGB). Die Vorschriften zum Bilanzausweis sollen verhindern, dass durch den Aktienrückkauf das aktienrechtliche Verbot der Einlagenrückgewähr umgangen wird.
– Der Vorstand hat die nächstfolgende Hauptversammlung über die Ziele und die Konditionen des durchgeführten Aktienrückkaufs zu informieren (vgl. § 71 Abs. 3 AktG).

Seit der aktienrechtlichen Neuregelung erfreuen sich Aktienrückkäufe auch in Deutschland zunehmender Beliebtheit. Es gibt verschiedene *Rückkaufverfahren*. Aktiengesellschaften können ihre Aktien z. B. über die Börse zurückkaufen oder sie können ihren Aktionären ein öffentliches Rückkaufangebot machen. Vorherrschend ist der Aktienrückkauf über die Börse, bei dem die Aktiengesellschaft marktorientierte Rückkaufpreise zahlt und gleichzeitig die Verpflichtung zur Gleichbehandlung ihrer Aktionäre erfüllt.

Für einen Aktienrückkauf existieren unterschiedliche *Motive* (siehe Abbildung 3.23 sowie *Schremper*, 2002, S. 53 ff.). Finanzierungstheoretisch wird die Vorteilhaftigkeit von Aktienrückkäufen üblicherweise unter Hinweis auf die Informationsasymmetrien zwischen Vorstand und Aktionären begründet (vgl. *Seifert*, 2006, S. 68 ff.). Da auf unvollkommenen Kapitalmärkten keine effiziente Informationsverarbeitung stattfindet, müssen Kapitalmarktakteure befürchten, dass die Aktien nicht angemessen bewertet werden. Vor diesem Hintergrund ist der Rückkauf eigener Aktien ein *Signal* des Vorstands an die schlechter informierten Aktionäre. Grundsätzlich wird der Vorstand eigene Aktien zurückkaufen, wenn er diese für unterbewertet hält. Die Ankündigung eines Aktienrückkaufs können Aktionäre somit als Signal dafür interpretieren, dass der Vorstand die zukünftigen Erfolgsaussichten des Unternehmens positiver beurteilt, als es im aktuellen Aktienkurs zum Ausdruck kommt. Das Signal ist glaubwürdig, da ein rational handelnder Vorstand auf den Aktienrückkauf verzichten würde, wenn er für die eigenen Aktien einen überhöhten Rückkaufpreis zahlen müsste und dadurch das Vermögen der Aktiengesellschaft vermindern würde. Empirische Untersuchungen verweisen darauf, dass die Ankündigung von Aktienrückkäufen Kursanstiege von durchschnittlich 5 % bis 10 % zur Folge hat (vgl. z. B. *Schremper*, 2002, S. 89 ff.).

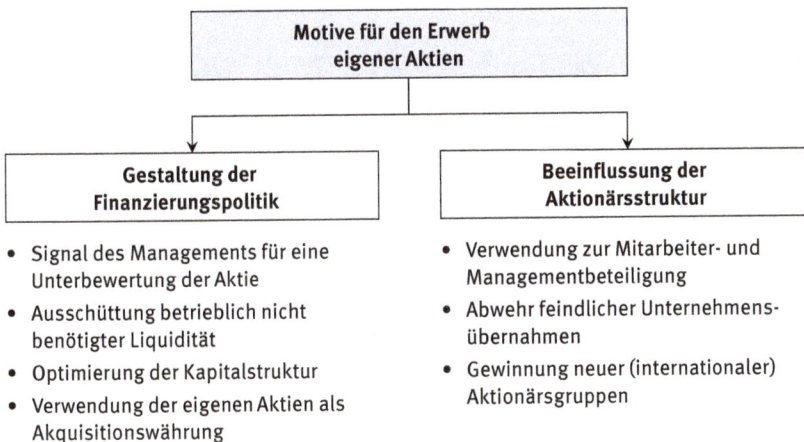

Abb. 3.24: Motive für einen Aktienrückkauf.

Ein weiteres Motiv für den Aktienrückkauf ist der *Abbau überschüssiger Liquidität*. Aus Investorenperspektive sollten sich Aktiengesellschaften auf ihren jeweiligen Geschäftszweck konzentrieren und keine Finanzmittel am Kapitalmarkt anlegen. Geldanlagen können Investoren selbst tätigen, ohne den Kosten verursachenden Umweg über eine Aktiengesellschaft zu gehen. Zur Finanzierung des Aktienrückkaufs nutzen Unternehmen üblicherweise betrieblich nicht erforderliche Liquidität. Damit werden durch den Erwerb eigener Aktien die liquiden Mittel ebenso reduziert wie die Anzahl umlaufender Aktien. Da die Verzinsung der liquiden Mittel typischerweise geringer ist als die Kapitalkosten des Unternehmens, ergeben sich positive Auswirkungen auf die Rentabilitätskennzahlen der Aktie (z. B. Eigenkapitalrentabilität oder Gewinn je Aktie). Mit der geringeren Liquidität steigt allerdings auch das Risiko, da finanzielle Reserven fehlen. Aufgabe der unternehmerischen Finanzierungspolitik ist es daher, die Liquidität so zu steuern, dass einerseits eine angemessene Rentabilität erwirtschaftet wird und andererseits der finanzielle Handlungsspielraum des Unternehmens gewahrt bleibt (siehe auch S. 22 f.).

Darüber hinaus kann ein Aktienrückkauf als Instrument der *Kapitalstrukturpolitik* genutzt werden. Als Kapitalstrukturpolitik wird die gezielte Steuerung des Verschuldungsgrades bezeichnet, um diesen an branchenübliche Vergleichsmaßstäbe oder andere unternehmensspezifische Zielwerte anzupassen (vgl. *Brealey/Myers/Allen*, 2020, S. 475 ff.). Eine Erhöhung des Verschuldungsgrades erfolgt ceteris paribus durch zusätzliche Aufnahme von Fremdkapital oder durch Rückzahlung von Eigenkapital. Zur Eigenkapitalrückzahlung dient der Rückkauf eigener Aktien. Damit bieten Aktienrückkäufe eine Möglichkeit zur Erhöhung des Verschuldungsgrades. Durch den hiermit verbundenen Leverage-Effekt steigt wiederum die Eigenkapitalrentabilität (siehe S. 43 ff.). Sofern das Unternehmen nicht übermäßig stark verschuldet ist, wirken sich Aktienrückkäufe damit auch über die Kapitalstruktur positiv auf die Höhe des Aktienkurses aus.

Neben den finanzierungspolitischen Motiven können Aktienrückkäufe weiteren unternehmenspolitischen Zielen dienen. Ziel eines Aktienrückkaufs kann beispielsweise die *Abwehr einer feindlichen Übernahme* sein, d. h. die Verhinderung eines Übernahmeversuchs gegen den Willen des Managements. Angesichts der auf 10 % des Grundkapitals beschränkten Rückkaufmenge gilt dieses Argument für deutsche Aktiengesellschaften allerdings nur in begrenztem Umfang. Ein weiteres Motiv für Aktienrückkäufe ist die Verwendung der Aktien zur *Mitarbeiterbeteiligung*. Die durch das Unternehmen erworbenen Aktien werden in diesem Fall den Arbeitnehmern als Belegschaftsaktien zu vergünstigten Konditionen angeboten. Darüber hinaus können die erworbenen Aktien auch für *Aktienoptionsprogramme* verwendet werden, mit denen das Handeln der Führungskräfte an der Steigerung des Unternehmenswertes ausgerichtet werden soll.

Schließlich kann ein Aktienrückkauf das Ziel verfolgen, die umlaufenden Aktien endgültig aus dem Verkehr zu ziehen. In diesem Fall werden die betreffenden Aktienurkunden eingezogen und das Grundkapital wird durch eine formale Kapitalherabsetzung reduziert. Nach erfolgter Kapitalherabsetzung kann die Hauptversammlung den Vorstand erneut dazu ermächtigen, maximal 10 % des verbleibenden Grundkapitals zurückzukaufen. Im Folgenden wird der Rückkauf eigener Aktien an einem Beispiel verdeutlicht.

Beispiel: Rückkauf eigener Aktien

Die Spreelicht AG ist ein regionaler Energieversorger, der knapp 2 Mio. Haushalte mit Strom und Fernwärme versorgt. Nachdem das börsennotierte Unternehmen in den letzten Jahren erfolgreich in den Ausbau erneuerbarer Energien investiert hat, will der Vorstand die Finanzierung optimieren. Hubertus von Schultze, Finanzvorstand der Spreelicht AG, schlägt hierzu den Rückkauf eigener Aktien vor. Durch einen Aktienrückkauf würden sich der Verschuldungsgrad ebenso wie die Eigenkapitalrentabilität erhöhen, was sich positiv auf die Bewertung der Aktie am Kapitalmarkt auswirken sollte. Derzeit weist die Bilanz des Unternehmens liquide Mittel in Höhe von 50 Mio. Euro aus (siehe Abbildung 3.25).

Aktiva (€)		Passiva (€)	
Vermögen	390.000.000	Grundkapital	50.000.000
Liquide Mittel	50.000.000	Gewinnrücklagen	210.000.000
		Eigenkapital	260.000.000
		Fremdkapital	180.000.000
Bilanzsumme	440.000.000	Bilanzsumme	440.000.000

Abb. 3.25: Bilanz der Spreelicht AG vor dem Aktienrückkauf.

Das Grundkapital der Spreelicht AG in Höhe von 50 Mio. Euro ist in 20 Mio. Stückaktien verbrieft, so dass sich ein rechnerischer Nennwert von 2,50 Euro pro Aktie ergibt. Nach Schätzung von Finanzanalysten wird das Unternehmen zukünftig einen nachhaltigen Gewinn von 28,6 Mio. Euro pro Jahr erzielen. Die Aktie der Spreelicht AG notiert an der Börse derzeit zu einem Kurs von 17 Euro. Hubertus von Schultze bittet seinen Assistenten, Kalle Witzkowski, auf Basis dieser Angaben die Eigenkapitalrentabilität (ROE = Return on Equity), den Gewinn je Aktie (EPS = Earnings per Share) sowie das Kurs-Gewinn-Verhältnis (KGV) zu errechnen.

$$\text{ROE} = \frac{\text{Gewinn}}{\text{Eigenkapital}} = \frac{28,6 \text{ Mio.} \in}{260 \text{ Mio.} \in} = 0,11 = 11,0\,\% \qquad (3.23)$$

$$\text{EPS} = \frac{\text{Gewinn}}{\text{Aktienanzahl}} = \frac{28,6 \text{ Mio.} \in}{20 \text{ Mio.}} = 1,43\,\in \qquad (3.24)$$

$$\text{KGV} = \frac{\text{Aktienkurs}}{\text{EPS}} = \frac{17\,\in}{1,43\,\in} = 11,9 \qquad (3.25)$$

In der letzten Hauptversammlung wurde der Vorstand ermächtigt, bis zu 10 % der umlaufenden Aktien zurückzukaufen. Hubertus von Schultze bittet Kalle, die rechnerischen Auswirkungen für den Fall zu ermitteln, dass die Ermächtigung in vollem

Umfang genutzt wird und die Spreelicht AG 2 Mio. eigene Aktien zurückkauft. Angesichts der Tatsache, dass bereits durch die Ankündigung des Aktienrückkaufs Kurssteigerungen zu erwarten sind, rechnet Kalle mit einem durchschnittlichen Rückkaufkurs von 18 Euro je Aktie. Unter dieser Annahme muss die Spreelicht AG insgesamt 36 Mio. Euro für den Erwerb der eigenen Aktien aufwenden.

In der Bilanz der Spreelicht AG führt der Aktienrückkauf zu einer Bilanzverkürzung (siehe Abbildung 3.26): Auf der Aktivseite vermindern sich die liquiden Mittel um die Anschaffungskosten der eigenen Aktien von 50 Mio. Euro auf 14 Mio. Euro. Von den Anschaffungskosten entfallen 5 Mio. Euro (= 2 Mio. Aktien · 2,50 Euro rechnerischer Nennwert pro Aktie) auf den rechnerischen Nennwert der eigenen Aktien, der auf der Passivseite als Korrekturposten vom Grundkapital (GK) abgesetzt wird. Die Differenz zwischen den Anschaffungskosten (36 Mio. Euro) und dem rechnerischen Nennwert der zurückgekauften Aktien (5 Mio. Euro) beträgt 31 Mio. Euro und wird mit den frei verfügbaren Gewinnrücklagen verrechnet. Die Gewinnrücklagen reduzieren sich damit von 210 Mio. Euro auf 179 Mio. Euro. Im Ergebnis vermindert sich die Höhe des ausgewiesenen Eigenkapitals durch den Aktienrückkauf von 260 Mio. Euro auf 224 Mio. Euro.

Aktiva (€)		Passiva (€)		
Vermögen	390.000.000	Grundkapital	50.000.000	
Liquide Mittel	14.000.000	Eigene Anteile	−5.000.000	45.000.000
		Gewinnrücklagen		179.000.000
		Eigenkapital		**224.000.000**
		Fremdkapital		180.000.000
Bilanzsumme	**404.000.000**	**Bilanzsumme**		**404.000.000**

Abb. 3.26: Bilanz der Spreelicht AG nach dem Aktienrückkauf.

Während die Aktiengesellschaft die eigenen Aktien hält, erfolgt der Bilanzausweis entsprechend Abbildung 3.26. Der Korrekturposten für eigene Anteile wird solange ausgewiesen, bis die eigenen Aktien an Dritte (z. B. Mitarbeiter) übertragen oder nach einer formalen Kapitalherabsetzung eingezogen werden. Da die Aktiengesellschaft aus den eigenen Anteilen keine Rechte ausüben kann, werden die eigenen Aktien bei der finanzwirtschaftlichen Aktienanalyse nicht berücksichtigt.

Die finanzwirtschaftlichen Kennzahlen nach Durchführung des Aktienrückkaufs errechnet Kalle auf Basis des verminderten Eigenkapitals von 224 Mio. Euro. Die Anzahl umlaufender Aktien reduziert sich durch den Aktienrückkauf von 20 Mio. auf 18 Mio. Stück. Schließlich sinken infolge des Aktienerwerbs die liquiden Mittel auf 14 Mio. Euro, wodurch weniger Zinserträge erwirtschaftet werden. Bei einer angenommenen Verzinsung der liquiden Mittel von z. B. 1,4 % vermindern sich die Zinseinnahmen um ca. 500.000 Euro p. a. (= 36 Mio. Euro · 1,4 %), sodass sich der prognostizierte Gewinn der Spreelicht AG von 28,6 Mio. Euro auf 28,1 Mio. Euro reduziert.

$$\text{ROE} = \frac{\text{Gewinn}}{\text{Eigenkapital}} = \frac{28,1 \text{ Mio.}\,\text{€}}{224 \text{ Mio.}\,\text{€}} = 0,1254 = 12,54\,\% \qquad (3.26)$$

$$\text{ROE} = \frac{\text{Gewinn}}{\text{Aktienanzahl}} = \frac{28,1 \text{ Mio.}\,\text{€}}{18 \text{ Mio.}} = 1,56 \text{ €} \qquad (3.27)$$

Für das von seinem Chef aufgestellte Szenario hat Kalle festgestellt, dass sich die Eigenkapitalrentabilität (ROE) durch den Aktienrückkauf von 11,0 % auf 12,54 % erhöht, während der Gewinn je Aktie (EPS) von 1,43 € auf 1,56 € ansteigt. Darüber hinaus prognostiziert Kalle die Auswirkungen auf den rechnerischen Aktienkurs. Unter der Annahme, dass das KGV von 11,9 konstant bleibt, lässt sich der neue Aktienkurs durch Multiplikation des Gewinns je Aktie mit dem bisherigen KGV errechnen:

$$\text{Rechnerischer Aktienkurs} = \text{EPS} \cdot \text{KGV} = 1,56 \text{ €} \cdot 11,9 = 18,56 \text{ €} \qquad (3.28)$$

Kalle kommt zu dem Ergebnis, dass sich nach dem Aktienrückkauf ein Aktienkurs von ca. 18,56 Euro rechtfertigen lässt. Mit Blick auf das gesamte Aktionärsvermögen fällt die Bilanz noch positiver aus, da die Aktionäre insgesamt nicht nur über die im Kurs gestiegenen Aktien verfügen, sondern zusätzlich die Einnahmen aus dem Verkauf der 2 Mio. Aktien erhalten haben (siehe Abbildung 3.27).

Aktionärsvermögen		
Aktienwert nach Aktienrückkauf	18 Mio. Aktien · 18,56 € =	334.080.000 €
Einnahmen aus Aktienverkäufen	2 Mio. Aktien · 18,00 € =	36.000.000 €
Aktionärsvermögen nach Aktienrückkauf		**370.080.000 €**
Aktionärsvermögen vor Aktienrückkauf	20 Mio. Aktien · 17,00 € =	340.000.000 €
Vermögenszuwachs		**30.080.000 €**

Abb. 3.27: Entwicklung des Aktionärsvermögens der Spreelicht AG.

Kalle präsentiert seine Ergebnisse dem Finanzvorstand der Spreelicht AG. Unter Verweis auf die Zahlen erläutert er seinem Chef, dass sich das Gesamtvermögen sämtlicher Aktionäre um knapp 9 % erhöhen würde. „Interessant", entgegnet von Schultze, „ein Plus von 30 Mio. Euro. Mal sehen, ob meine Kollegen durch ihre operativen Ergebnisverbesserungen auch so viel bringen." Auf jeden Fall ist sich Hubertus von Schultze sicher, dass der Aktienrückkauf in der nächsten Vorstandssitzung beschlossen wird.

Zusammenfassend ist festzuhalten, dass Aktienrückkäufe ein sinnvoller Bestandteil der Finanzierungspolitik börsennotierter Aktiengesellschaften sind. Angesichts ihrer Signalwirkung dienen Aktienrückkäufe dazu, Informationsasymmetrien abzubauen und dadurch potenzielle Interessenkonflikte zu mildern. Darüber hinaus ist der Rückkauf eigener Aktien ein Instrument zur Ausschüttung überschüssiger liquider Mittel, zur Optimierung der Kapitalstruktur, zur Erfolgsbeteiligung des Managements sowie zur Beeinflussung des Aktionärskreises. Grenzen von Aktienrückkäufen ergeben sich aus dem höheren finanziellen Risiko, dessen Bedeutung sich insbesondere in Krisenzeiten zeigt. Im Ergebnis erhöhen Aktienrückkäufe die Flexibilität der Eigenfinanzierung, da Aktiengesellschaften bei Bedarf die Möglichkeit haben, Eigenkapital an die Aktionäre zurückzuzahlen. Damit bildet der Aktienrückkauf das logische Gegenstück zur Kapitalerhöhung.

3.4 Fragen und Aufgaben zur Beteiligungsfinanzierung

Die Fragen und Aufgaben dienen zur selbständigen Wiederholung des in diesem Kapitel behandelten Stoffes. Sie ergänzen die Ausführungen und Beispiele des vorliegenden Kapitels und bieten Ihnen gleichzeitig die Möglichkeit, Ihre Kenntnisse des behandelten Stoffes zu überprüfen.

3.4.1 Verständnisfragen

Die nachfolgenden Fragen beziehen sich auf Kapitel 3. Nachdem Sie das Kapitel durchgearbeitet haben, sollten Sie in der Lage sein, die Fragen zu beantworten. In Zweifelsfällen finden Sie Hinweise auf die Antworten zu den Fragen im Text der Unterkapitel, in denen das betreffende Thema behandelt wird.

1. Was versteht man unter Beteiligungs- bzw. Einlagenfinanzierung?
2. Welche Funktionen sind mit dem Eigenkapital eines Unternehmens verbunden?
3. Grenzen Sie Personen- und Kapitalgesellschaften anhand verschiedener Kriterien gegeneinander ab!
4. Welche Bedeutung hat die Emissionsfähigkeit für die Beteiligungsfinanzierung von Unternehmen?
5. Welche Möglichkeiten der Einlagenfinanzierung stehen einer Einzelunternehmung zur Verfügung?
6. Welche Möglichkeiten der Einlagenfinanzierung stehen den Personengesellschaften (OHG und KG) zur Verfügung?
7. Wie erfolgt die Beteiligungsfinanzierung der GmbH und was ist das Stammkapital?

8. Wodurch unterscheiden sich die Gewinnrücklagen einer GmbH von der Kapitalrücklage?

9. Beurteilen Sie die Möglichkeiten nicht emissionsfähiger Unternehmen zur Aufnahme externen Eigenkapitals! Gehen Sie hierzu auf die Vor- bzw. Nachteile dieser Unternehmensformen ein.

10. Wie erfolgt die Beteiligungsfinanzierung der emissionsfähigen Unternehmen?

11. Welche Bedeutung hat der organisierte Kapitalmarkt für die Beteiligungsfinanzierung emissionsfähiger Unternehmen?

12. In welchem Zusammenhang stehen die Aktienanzahl, der Nennwert einer einzelnen Aktie und die Höhe des Grundkapitals?

13. Welche unterschiedlichen Aktienarten gibt es? Nutzen Sie zur Abgrenzung der Aktienarten verschiedene Kriterien!

14. Welche Bedeutung haben Handelssegmente und Aktienindizes für die Beteiligungsfinanzierung von Aktiengesellschaften?

15. Wodurch unterscheiden sich die alternativen Möglichkeiten zur Bestimmung des rechnerischen Aktienwertes (z. B. Bilanzkurs, Ertragskurs oder KGV)?

16. Welche Beziehung besteht bei der Aktienbewertung zwischen dem risikoadjustierten Kalkulationszinssatz und dem KGV?

17. Was versteht man unter einem Initial Public Offering (IPO)? Welche Ziele verfolgen Unternehmen mit dem IPO?

18. Erläutern Sie das an den europäischen Börsen dominierende Bookbuilding-Verfahren! Welche Ziele werden mit diesem Platzierungsverfahren verfolgt?

19. Welche Formen der Kapitalerhöhung einer Aktiengesellschaft werden im Aktiengesetz unterschieden?

20. Weshalb liegt der Mischkurs nach Abschluss einer Kapitalerhöhung typischerweise unterhalb des Aktienkurses vor Durchführung der Kapitalerhöhung?

21. Was versteht man unter dem Bezugsrecht? Welche Funktionen übt das Bezugsrecht bei einer Kapitalerhöhung aus?

22. Welche Motive kann eine Aktiengesellschaft mit dem Rückkauf eigener Aktien verfolgen?

3.4.2 Übungsaufgaben

Die nachfolgenden Übungsaufgaben beziehen sich auf die in Kapitel 3 behandelten Instrumente der Beteiligungsfinanzierung. Sie lassen sich mit Hilfe der in den einzelnen Unterkapiteln vorgestellten und erläuterten Formeln lösen. Eine PDF-Datei mit den Lösungen kann von der Homepage des Verlages De Gruyter Oldenbourg (www.degruyter.com) heruntergeladen werden.

Aufgabe 3.1: Aktienbewertung

Als etablierter Sportartikelhersteller bietet die Borussia AG bereits seit längerem nachhaltige Sportbekleidung an, die sich insbesondere bei jungen Sportlerinnen und Sportlern wachsender Nachfrage erfreut. Nachfolgend finden Sie die wesentlichen Finanzinformationen aus der aktuellen Bilanz des Unternehmens. Das Grundkapital von 2 Mrd. € ist in 2 Mrd. Aktien zu einem Nennwert von jeweils 1 € verbrieft.

Aktiva (Mio. €)		Passiva (Mio. €)	
Grundstücke und Gebäude	2.000	Grundkapital	2.000
Sachanlagen	500	Rücklagen	600
Wertpapiere	600	Jahresüberschuss	400
Umlaufvermögen	2.100	Rückstellungen	700
Liquide Mittel	300	Verbindlichkeiten	1.800
	5.500		5.500

a) Ermitteln Sie das bilanzierte Eigenkapital der Borussia AG und errechnen Sie den auf dem bilanziellen Eigenkapital beruhenden Bilanzkurs der Aktiengesellschaft!

b) Ausgehend von obiger Bilanz schätzen Sie, dass das Unternehmen in den Grundstücken und Gebäuden über stille Reserven von 800 Mio. € verfügt. Die Wertpapiere enthalten annahmegemäß weitere stille Reserven in Höhe von 500 Mio. €. Des Weiteren gehen Sie davon aus, dass die Rückstellungen stille Reserven von 200 Mio. € beinhalten. Schließlich ermitteln Sie, dass die Borussia AG über nicht bilanzierte immaterielle Vermögensgegenstände (v. a. marktfähige Lizenzen) von 1.000 Mio. € verfügt. Ermitteln Sie den rechnerischen Eigenkapitalwert nach Auflösung der stillen Reserven und berechnen Sie den Liquidationskurs der Aktie!

c) Die Konsensschätzung der Finanzanalysten zur Gewinnentwicklung geht davon aus, dass die Hertha AG zukünftig einen nachhaltigen Gewinn in Höhe von 800 Mio. Euro pro Jahr erwirtschaften wird. Berechnen Sie den Gewinn pro Aktie, den Ertragskurs sowie den Kurs auf Basis des Kurs-Gewinn-Verhältnisses! Den Kalkulationszinssatz für Aktien der vorliegenden Risikoklasse schätzen Sie auf 15 %; das durchschnittliche KGV der Branche beträgt 6,7.

d) Erläutern Sie die Aussagekraft Ihrer Ergebnisse!

Aufgabe 3.2: Aktienbewertung

Nachfolgend finden Sie die aktuelle Bilanz der Haveldüne AG; der Nennwert beträgt 1 € pro Aktie.

Aktiva (Mio. €)			Passiva (Mio. €)		
Anlagevermögen			**Eigenkapital**		
Grundstücke und Gebäude	135		Gezeichnetes Kapital	35	
Sachanlagen	72		Kapitalrücklage	90	
Fuhrpark	24		Gewinnrücklagen	77	
Sonstige Sachanlagen	33		Jahresüberschuss	24	
		264			226
Umlaufvermögen			**Fremdkapital, langfristig**		
Vorräte	65		Bankverbindlichkeiten	60	
Forderungen	24		Sonstige Darlehen	22	
Wertpapiere	33		Rückstellungen	46	
Liquide Mittel	14				128
		136	**Fremdkapital, kurzfristig**		
			Bankverbindlichkeiten	25	
			Lieferantenverbindlichkeiten	12	
			Sonstige Verbindlichkeiten	9	
					46
		400			400

a) Errechnen Sie den auf dem bilanziellen Eigenkapital beruhenden Bilanzkurs der Haveldüne AG!

b) Sie erfahren, dass das Unternehmen in den Grundstücken und Gebäuden über stille Reserven von 80 Mio. € verfügt. Weitere stille Reserven liegen in den Wertpapieren (60 Mio. €) sowie in den sonstigen Sachanlagen (10 Mio. €). Die Rückstellungen beinhalten stille Reserven in Höhe von 24 Mio. €. Schließlich existieren nicht bilanzierte immaterielle Vermögensgegenstände, deren Marktwert auf 140 Mio. € geschätzt wird. Ermitteln Sie den Wert des Eigenkapitals nach Auflösung der stillen Reserven und berechnen Sie den Liquidationskurs der Aktie!

c) Nach der Konsensschätzung der Finanzanalysten, welche die Haveldüne AG regelmäßig analysieren, wird das Unternehmen einen zukünftigen Gewinn von 122,5 Mio. € pro Jahr erwirtschaften können. Gehen Sie davon aus, dass dieser Gewinn nachhaltig erzielbar ist, und ermitteln Sie den Ertragskurs der Aktie auf Basis einer ewigen Rente! Der relevante Kalkulationszinssatz für Aktien vergleichbaren Risikos beträgt 16 %.

d) Bestimmen Sie auf Basis des Ertragskurses das Kurs-Gewinn-Verhältnis (KGV) der Aktie! Unterstellen Sie hierzu einen nachhaltigen Gewinn von ebenfalls 122,5 Mio. € pro Jahr.

Aufgabe 3.3: Börsengang

Die Teletube AG ist ein Unternehmen aus der Telekommunikationsindustrie, das Dienstleistungen in den Geschäftsbereichen Festnetz, Internet und Mobilfunk sowie ganzheitliche Lösungen der Informations- und Kommunikationstechnik anbietet. Das noch nicht börsennotierte Unternehmen ist seit fünf Jahren auf dem deutschen Markt tätig und befindet sich auf einem stabilen Wachstumskurs. Zukünftig soll die Geschäftstätigkeit auf ganz Europa ausgedehnt werden. Um diese Expansionsstrategie zu finanzieren, plant die Teletube AG den Gang an die Börse. Das Unternehmen hat ein Bankenkonsortium unter Führung der Europäischen Investbank AG beauftragt, den Börsengang zu begleiten.

Die Vorbereitungen des Börsengangs sind bereits relativ weit fortgeschritten; derzeit stimmt die Teletube AG gemeinsam mit der Europäischen Investbank AG den möglichen Emissionskurs ab. In einem ersten Schritt soll der rechnerische Aktienkurs ermittelt werden, der sich beim Börsengang realisieren ließe. Insgesamt hat die Teletube AG 350 Mio. Aktien ausgegeben, von denen zum Börsengang 40 % platziert werden sollen. Die bisherigen Gesellschafter haben sich verpflichtet, die verbleibenden 60 % mindestens für weitere 12 Monate zu halten.

Nach den aktuellen Schätzungen wird die Teletube AG zukünftig einen nachhaltigen Gewinn von 375 bis 400 Mio. Euro pro Jahr erwirtschaften, wobei die prognostizierte Wachstumsrate der Gewinne bei 2,0 % p. a. liegt. Des Weiteren schätzt die Bank, dass Unternehmen mit vergleichbarem Risiko eine Rendite von 9 % erzielen. Das durchschnittliche Kurs-Gewinn-Verhältnis (KGV) vergleichbarer Unternehmen liegt an der Börse bei 15.

a) Ermitteln Sie auf Basis der vorliegenden Planungsdaten den rechnerischen Wert der Aktie! Nutzen Sie für Ihre Berechnung das Kurs-Gewinn-Verhältnis sowie den Ertragskurs und geben Sie auf Grundlage der Gewinnschätzungen eine Bandbreite möglicher Aktienkurse an.

Nachdem die Europäische Investbank AG die Ergebnisse für den rechnerischen Aktienkurs ermittelt hat, führt sie gemeinsam mit den anderen Konsortialbanken Gespräche mit potenziellen Investoren. Auf Basis dieser Gespräche und in Absprache mit der Teletube AG wird für das Bookbuilding-Verfahren eine Zeichnungsspanne von 14,50 Euro bis 16,00 Euro pro Aktie festgelegt. Während der Zeichnungsfrist erhalten die Konsortialbanken die in der nachfolgenden Tabelle dargestellten Zeichnungsaufträge interessierter Investoren.

Preis der neuen Aktien (€)	Nachfrage nach Aktien (Stück)	Kumulierte Aktiennachfrage
16,00	20 Mio.	
15,75	40 Mio.	
15,50	80 Mio.	
15,25	55 Mio.	
15,00	60 Mio.	
14,75	45 Mio.	
14,50	25 Mio.	

b) Zwischen der Teletube AG und der Europäischen Investbank AG ist abgesprochen worden, dass sämtliche zur Platzierung vorgesehenen Aktien den Investoren nach der Höhe ihrer Gebote zugeteilt werden sollen. Wie hoch ist der Emissionskurs?

Aufgabe 3.4: Kapitalerhöhung

Im November 2021 hat das Immobilienunternehmen Vonovia SE eine Eigenkapitalerhöhung durchgeführt, durch die das Grundkapital um ca. 201,3 Mio. € auf über 776,5 Mio. € erhöht wurde.

Im Rahmen der Kapitalerhöhung konnten die bisherigen Aktionäre für jeweils 20 alte Aktien 7 neue Aktien zu einem Preis von 31,00 € je Aktie erwerben. Im Vergleich zum Börsenkurs, der vor der Kapitalerhöhung bei 40,00 € lag, wurden die neuen Aktien somit mit einem Abschlag von 22,5 % ausgegeben. Das Angebot traf bei den Aktionären auf große Nachfrage: Laut Angaben des Immobilienkonzerns wurden 98,59 % der Bezugsrechte innerhalb der Bezugsfrist ausgeübt. Die nicht bezogenen neuen Aktien platzierte das Unternehmen bei institutionellen Anlegern im Rahmen einer Privatplatzierung. Insgesamt konnte Deutschlands größtes Immobilienunternehmen einen Emissionserlös von rund 8,1 Mrd. € erzielen.

Helene von Roeder, Finanzchefin von Vonovia, erläuterte die Kapitalerhöhung wie folgt: „Mit dieser Kapitalerhöhung schließen wir den Prozess des Zusammenschlusses mit der Deutsche Wohnen ab. Bei Bekanntgabe der Deutsche-Wohnen-Transaktion im Mai hatten wir in Abhängigkeit von der finalen Annahmequote eine Bezugsrechtskapitalerhöhung von bis zu 8 Mrd. € angekündigt. Nach der Übernahme von 87,6 % der Stimmrechte an der Deutsche Wohnen folgt nun diese Bezugsrechtsemission, die für unsere Anleger die beste Form der Kapitalerhöhung ist, da sie Aktionären die Möglichkeit bietet, neue Aktien zu einem attraktiven Preis zu beziehen." *(Quelle: Pressemitteilung der Vonovia SE, Bochum, 2021).*

a) Wie lautet das Bezugsverhältnis für die Kapitalerhöhung der Vonovia SE?
b) Wie hoch ist der rechnerische Mischkurs nach Durchführung der Kapitalerhöhung?
c) Wie hoch ist der Wert eines Bezugsrechts?

Aufgabe 3.5: Kapitalerhöhung

Die Kabelcar AG ist ein mittelgroßes Zulieferunternehmen der Automobilindustrie, das sich insbesondere durch seine zuverlässigen Komponenten für die Elektromobilität einen Namen gemacht hat. Daher konnten in der jüngeren Vergangenheit zusätzliche Lieferverträge mit mehreren europäischen Automobilproduzenten abgeschlossen werden. Die bisherige Produktionskapazität des Unternehmens reicht für die neuen und langfristig orientierten Lieferverträge nicht aus. Daher plant die Kabelcar AG Investitionen in moderne Fertigungsanlagen.

Das finanzielle Volumen der neuen Investitionsprojekte ist so hoch, dass eine Innenfinanzierung aus dem Cashflow nicht möglich ist. Daher soll das benötigte Kapital durch Maßnahmen der langfristigen Außenfinanzierung aufgebracht werden. Um die Finanzierungsstruktur stabil zu halten, wird neben der Aufnahme langfristiger Kredite auch das Eigenkapital des Unternehmens erhöht.

Die Kabelcar AG verfügt über ein genehmigtes Kapital, das die Emission von 11 Mio. neuen Aktien ermöglicht. Bisher sind 22 Mio. (alte) Aktien im Umlauf, die derzeit an der Börse zu einem Kurs von 20,00 € notieren. Ebenso wie die bisherigen Aktien haben die neuen Aktien einen Nennwert von 1,00 €.

a) Welche Höchst- bzw. Mindestkurse sollte die Kabelcar AG bei der Ausgabe der neuen Aktien beachten?

b) Das Unternehmen beschließt, die neuen Aktien mit einem Abschlag von 9 % auf den aktuellen Börsenkurs zu emittieren. Bestimmen Sie den Emissionskurs sowie den Emissionserlös, den die Kabelcar AG erzielen kann!

c) Wie lautet das Bezugsverhältnis für die Kapitalerhöhung der Kabelcar AG?

d) Berechnen Sie den rechnerischen Wert des Bezugsrechts sowie den rechnerischen Mischkurs nach Durchführung der Kapitalerhöhung!

e) Der Aktionär Elon besitzt 1.200 (alte) Aktien der Kabelcar AG und nimmt in vollem Umfang an der Kapitalerhöhung teil. Dagegen besitzt der Aktionär Jeff vor der Kapitalerhöhung keine Aktie, erwirbt aber anlässlich der Kapitalerhöhung 600 (neue) Aktien unter Kauf der erforderlichen Bezugsrechte. Zeigen Sie, dass beide Aktionäre durch die Kapitalerhöhung weder einen Vermögensvorteil noch einen Vermögensnachteil erleiden!

Aufgabe 3.6: Aktienrückkauf

Im Juni 2021 hat die Siemens AG den Rückkauf eigener Aktien im Wert von bis zu 3 Mrd. € angekündigt und hierzu nachfolgende Pressemitteilung herausgegeben (*Quelle: Pressemitteilung der Siemens AG, München 2021*).

„Siemens verkündet im Rahmen des Kapitalmarkttages ein neues fünfjähriges Aktienrückkaufprogramm von bis zu drei Milliarden Euro, beginnend mit dem Geschäftsjahr 2022, aufzulegen. Zudem verfolgt Siemens weiterhin konsequent eine stringente Kapitalallokation. Verbunden mit der progressiven Dividendenpolitik sollen diese Faktoren auch in Zukunft zu einer äußerst attraktiven Gesamtrendite für die Aktionäre führen."

In den einschlägigen Finanzportalen finden Sie folgende Informationen zu den Finanzkennzahlen der Siemens AG: Vor dem Aktienrückkauf hat die Siemens AG 850 Mio. Aktien ausgegeben. Analysten prognostizieren einen nachhaltigen Jahresüberschuss von 6.500 Mio. € pro Jahr. Die Aktie notiert an der Börse zu einem Kurs von 123,40 € je Aktie. Wie in der Pressemitteilung angekündigt, will das Unternehmen Aktien im Wert von 3 Mrd. € zurückkaufen. Finanzanalysten rechnen mit einem durchschnittlichen Rückkaufkurs von 125,00 € je Aktie. Das bilanzielle Eigenkapital der Siemens AG beträgt ca. 44 Mrd. €.

a) Ermitteln Sie die Eigenkapitalrentabilität (ROE), den Gewinn je Aktie (EPS) sowie das Kurs-Gewinn-Verhältnis (KGV) vor dem Aktienrückkauf!

b) Ermitteln Sie die Eigenkapitalrentabilität (ROE), den Gewinn je Aktie (EPS) sowie den neuen Aktienkurs nach dem Aktienrückkauf!

c) Erläutern Sie Ihre Ergebnisse!

4 Kreditfinanzierung

Nachdem das vorangegangene Kapitel der Außenfinanzierung mit Eigenkapital gewidmet war, folgt jetzt die Kreditfinanzierung. Der Systematik der Finanzierungsinstrumente können Sie entnehmen, dass es sich bei der Kreditfinanzierung um Außenfinanzierung mit Fremdkapital handelt (siehe Abbildung 2.13 auf S. 38). Bevor Sie weiterlesen, sehen Sie sich diese Abbildung noch einmal an. Die Darstellung hilft Ihnen, die einzelnen Finanzierungsinstrumente einzuordnen und dadurch besser beurteilen zu können.

In Kapitel 4 beschäftigen wir uns einleitend mit den Grundlagen der Kreditfinanzierung (Kapitel 4.1). Anschließend folgen die kurzfristige Kreditfinanzierung (Kapitel 4.2), die langfristige Kreditfinanzierung mit unverbrieften Instrumenten (Kapitel 4.3) und mit verbrieften Instrumenten (Kapitel 4.4) sowie die Kreditsurrogate (Kapitel 4.5). Mit den hybriden Finanzierungsinstrumenten wird eine Finanzierungsform behandelt, die Merkmale der Fremd- und Eigenfinanzierung kombiniert (Kapitel 4.6). Abgerundet werden die Ausführungen zur Kreditfinanzierung durch Verständnisfragen und Übungsaufgaben (Kapitel 4.7).

4.1 Grundlagen der Kreditfinanzierung

Im Folgenden werden zunächst die Grundlagen der Kreditfinanzierung erörtert, bevor sich die weiteren Kapitel den einzelnen Finanzierungsinstrumenten widmen. Das *Lernziel von Kapitel 4.1* lautet, die charakteristischen Merkmale einer Kreditfinanzierung kennenzulernen, die Bedeutung der zwischen Kreditgeber und -nehmer existierenden Informationsasymmetrien zu verstehen und einen Überblick über die verschiedenen Formen der Kreditfinanzierung zu gewinnen.

4.1.1 Gläubigerbeziehung und Informationsasymmetrien

Kreditfinanzierung ist Außenfinanzierung mit Fremdkapital, da die finanziellen Mittel dem Unternehmen unabhängig vom Umsatzprozess zur Verfügung gestellt werden und die Kapitalgeber mit dem Unternehmen schuldrechtlich verbunden sind (vgl. § 241 BGB). Im Gegensatz zur Beteiligungsfinanzierung erwerben Fremdkapitalgeber gegenüber dem Unternehmen keine Eigentums-, sondern Gläubigerrechte.

Charakteristika der Kreditfinanzierung

Aus der Gläubigerbeziehung zwischen Kapitalgeber und -nehmer leiten sich die nachfolgenden rechtlichen und wirtschaftlichen Konsequenzen ab, die charakteristisch für die Kreditfinanzierung sind:

https://doi.org/10.1515/9783110987621-004

– Fremdkapitalgeber haben grundsätzlich *keine unmittelbaren Mitsprache- und Kontrollrechte* bei der Geschäftsführung des Kapitalnehmers. In Abhängigkeit von Kreditvolumen und -risiko lassen sich Kreditgeber in der Praxis allerdings regelmäßig vertragliche Informations- und Zustimmungsrechte einräumen.

– Die Überlassung des Fremdkapitals erfolgt *zeitlich befristet*. Zu den vertraglich festgelegten Zeitpunkten haben Fremdkapitalgeber einen Anspruch auf Rückzahlung des nominalen Kapitalbetrages. Fremdkapitalgeber sind damit nicht an dem Vermögenszuwachs des Unternehmens beteiligt – weder an den offenen noch an den stillen Rücklagen.

– Für die Überlassung des Fremdkapitals erhalten die Kapitalgeber eine *laufende Verzinsung* zu einem festen oder variablen Zinssatz. Eine Gewinn- oder Verlustbeteiligung erfolgt typischerweise nicht.

– Unter *steuerlichen Aspekten* ergibt sich der Vorteil, dass die auf das Fremdkapital zu leistenden Zinszahlungen als Betriebsausgaben bei der steuerlichen Gewinnermittlung des Kapitalnehmers abzugsfähig sind. Während dieser Steuervorteil (Tax Shield) bei der Berechnung der Einkommen- bzw. Körperschaftsteuer in vollem Umfang wirksam wird, gibt es bei der Gewerbesteuer Beschränkungen. Durch verschiedene Hinzurechnungen (u. a. 25 % sämtlicher Schuldzinsen) liegt der Gewerbeertrag über dem nach einkommen- bzw. körperschaftsteuerlichen Vorschriften ermittelten Gewinn, sodass sich in Bezug auf die Gewerbesteuer ein geringerer Steuervorteil ergibt (siehe zu den gewerbesteuerlichen Hinzurechnungen § 8 Nr. 1 GewStG).

Über die gewerbesteuerlichen Regelungen hinaus wird der Steuervorteil der Kreditfinanzierung durch die sogenannte *Zinsschranke* begrenzt (vgl. § 4h EStG sowie § 8a KStG). Diese Vorschrift begrenzt die Höhe der steuerlich abzugsfähigen Zinsaufwendungen. Vereinfacht dargestellt, können Zinsaufwendungen (nach Abzug von Zinserträgen und unter Berücksichtigung einer Freigrenze von 3 Mio. Euro) lediglich in Höhe von maximal 30 % des Gewinns vor Zinsen, Steuern und Abschreibungen (EBITDA) als Betriebsausgaben geltend gemacht werden (zum EBITDA siehe Kapitel 6.2.1). Der übersteigende Teil der Zinsaufwendungen wird als Zinsvortrag in das folgende Geschäftsjahr vorgetragen (zur Zinsschranke siehe z. B. *Herzig/Lochmann/Liekenbrock*, 2008, S. 593 ff.).

– Die Kreditfinanzierung hat für den Kapitalnehmer eine *Liquiditätsbelastung* zur Folge, da auf das Fremdkapital regelmäßige Zins- und Tilgungszahlungen zu leisten sind.

Informationsasymmetrien zwischen Kreditgeber und -nehmer

Der Begriff der Kreditfinanzierung geht auf das lateinische *credere* (glauben bzw. vertrauen) zurück. Im übertragenen Sinne überlässt der Kreditgeber dem Kreditnehmer Kapital in dem Vertrauen, dass der Kreditnehmer die vereinbarten Zins- und Tilgungszahlungen leisten wird. Auf realen Kapitalmärkten gestalten sich Kreditbeziehungen allerdings nicht so einfach, da zwischen Kreditgeber und -nehmer Informationsasymmetrien bestehen (vgl. *Schmidt/Terberger*, 1997, S. 412 ff. und *Göbel*, 2021, S. 153 ff.). Die asymmetrische Informationsverteilung resultiert vor allem daraus, dass der Kreditnehmer die Vermögens-, Finanz- und Ertragslage des Unternehmens regelmäßig besser einschätzen kann als der Kreditgeber. Diese Informationsvorteile könnte der Kreditnehmer zu Lasten des Kreditgebers ausnutzen, indem er seinen Vertragspartner beispielsweise unzutreffend über die zukünftigen Ertragsaussichten des Unternehmens informiert. Darüber hinaus könnte der Kreditnehmer den Kreditgeber z. B. dadurch schädigen, dass er das Investitionsrisiko nach der Kreditgewährung erhöht. Aufgrund der Informationsasymmetrien besteht die Gefahr von Interessenkonflikten zwischen Kreditgeber und -nehmer. Dabei ist es irrelevant, ob ein Kreditnehmer tatsächlich die Absicht hat, den Kreditgeber zu schädigen. Bereits die Gefahr von Interessenkonflikten kann das Zustandekommen von Kreditfinanzierungen beeinträchtigen (vgl. *Pape*, 2009b, S. 162).

Kreditgeber versuchen, sich vor den informationsbedingten Interessenkonflikten zu schützen. Ein einfacher Schutzmechanismus könnte die Erhöhung des Kreditzinssatzes sein, um das erhöhte Kreditrisiko auszugleichen. In diesem Fall würde der Kreditgeber jedoch vor allem bonitätsmäßig gute Kreditnachfrager abschrecken, die über alternative Finanzierungsquellen verfügen (vgl. *Akerlof*, 1970). Daher begrenzen Kreditgeber das mit der Kreditvergabe verbundene Risiko üblicherweise durch die folgenden Maßnahmen:

- Die Analyse der *Kreditwürdigkeit (Bonität) des Kreditnehmers* auf Basis finanzwirtschaftlich relevanter Informationen (z. B. Jahresabschlussdaten) dient dazu, die Informationsnachteile des Kreditgebers zu vermindern.
- Die *Stellung von Kreditsicherheiten* bezweckt ebenfalls eine Milderung der Informationsproblematik, da die Leistungspflicht des Kreditnehmers durch zusätzliche Rechte zugunsten des Kreditgebers abgesichert wird.
- Die *Aufnahme vertraglicher Zusatzvereinbarungen (Covenants)* in den Kreditvertrag legt dem Kreditnehmer bestimmte Restriktionen auf (z. B. eine Verschuldungsobergrenze), wodurch die Gefahr von Interessenkonflikten ebenfalls reduziert wird.

Wenn es durch die aufgeführten Maßnahmen gelingt, die Gefahr informationsbedingter Interessenkonflikte zu vermindern, sinkt aus Sicht des Kreditgebers das Kreditrisiko. Das geringere Risiko reduziert wiederum die Finanzierungskosten, sodass die Begrenzung der Interessenkonflikte im gemeinsamen Interesse von Kreditgeber und -nehmer liegt.

Beurteilung der Kreditwürdigkeit

Angesichts der asymmetrischen Informationsverteilung und der daraus resultierenden Gefahr von Interessenkonflikten müssen Banken und andere Kreditgeber das aus der Kreditvergabe entstehende Risiko einschätzen. Zur Risikoeinstufung dient die Beurteilung der *Kreditwürdigkeit (Bonität)* des Kreditnehmers. Kreditgeber überprüfen die Bonität ihrer Kreditnehmer allerdings nicht nur im Eigeninteresse; sie sind dazu rechtlich verpflichtet (vgl. z. B. § 18 KWG). Auch die Standards des Baseler Ausschusses für Bankenaufsicht (Baseler Eigenkapitalakkord) fordern eine Bonitätseinschätzung (Rating) durch den Kreditgeber, die sich unmittelbar auf die Finanzierungskonditionen des Kreditnehmers auswirkt (siehe Kapitel 6.1.2). Im Rahmen der Bonitätsanalyse wird die rechtliche Kreditfähigkeit des Kreditnehmers sowie dessen persönliche und wirtschaftliche Kreditwürdigkeit geprüft (vgl. z. B. *Grill/Perczynski*, 2021, S. 413 ff. oder *Hartmann-Wendels/Pfingsten/Weber*, 2019, S. 448 ff.):

– Die *rechtliche Kreditfähigkeit* ergibt sich bei natürlichen Personen aus deren Geschäftsfähigkeit. Treten Personengesellschaften bzw. juristische Personen als Kreditnehmer auf, muss der Kreditgeber die Vertretungsberechtigung der für den Kreditnehmer handelnden Personen prüfen.

– Die *persönliche Kreditwürdigkeit* bezieht sich auf das bisherige, aber vor allem auf das zukünftig erwartete Verhalten des Kreditnehmers oder seiner Vertreter. Auch wenn sich das zukünftige Verhalten von Kreditnehmern nur schwer prognostizieren lässt, ist die Einschätzung der persönlichen Kreditwürdigkeit in der Praxis von hoher Bedeutung für die Kreditentscheidung. Zur Entscheidungsunterstützung ziehen Kreditgeber Informationen z. B. von Banken oder Kreditauskunfteien heran.

– Zur Beurteilung der *wirtschaftlichen Kreditwürdigkeit* dienen vor allem Finanzinformationen, die sich der Kreditgeber vom potenziellen Kreditnehmer vorlegen lässt. Zu den für die Kreditvergabe relevanten Informationen zählen insbesondere:
  – Jahresabschlüsse mit Bilanz, Gewinn- und Verlustrechnung, Kapitalflussrechnung, Anhang, Lagebericht sowie Steuerbilanz,
  – finanzielle Planungsrechnungen mit Planbilanzen, Plan-Gewinn- und Verlustrechnungen sowie Plankapitalflussrechnungen,
  – interne Unternehmensplanungen, z. B. Umsatz- und Investitionsplanungen, Finanzplanungen sowie betriebswirtschaftliche Auswertungen auf Basis der Kosten- und Leistungsrechnung,
  – externe Unternehmensbeurteilungen, z. B. von Ratingagenturen oder Wirtschaftsprüfern,
  – Auszüge aus öffentlichen Registern, z. B. Handelsregister oder Grundbuch sowie
  – Angaben über die zur Verfügung stehenden Sicherheiten.

Kreditsicherheiten

Während die Kreditwürdigkeitsprüfung vor allem dem Abbau von Informationsasymmetrien dient, bewirken die vom Kreditnehmer gestellten Sicherheiten eine *Senkung des Kreditrisikos* (vgl. *Hartmann-Wendels/Pfingsten/Weber*, 2019, S. 140 ff.). Die Bedeutung von Kreditsicherheiten zeigt sich im Insolvenzfall, wenn das Vermögen des Schuldners nicht ausreicht, um die Ansprüche sämtlicher Gläubiger zu befriedigen. In diesem Fall werden die nicht besicherten Forderungen lediglich mit der Insolvenzquote bedient. Gläubiger, deren Forderungen besichert sind, können die erhaltenen Sicherheiten dagegen zur Befriedigung ihrer Ansprüche verwerten. Die Stellung von Sicherheiten kann somit das Kreditrisiko vermindern und dadurch die Finanzierungskosten senken. Zur Absicherung von Kreditrisiken ist eine Vielzahl von Kreditsicherheiten verfügbar (siehe Abbildung 4.1), die nach ihrem rechtlichen Charakter in Personal- und Realsicherheiten unterschieden werden (vgl. *Bülow*, 2021, S. 4 ff. oder *Weber/Weber*, 2018, S. 47 ff. bzw. S. 121 ff.):

- *Personalsicherheiten* (z. B. die Bürgschaft) zeichnen sich dadurch aus, dass zusätzlich zum Schuldner ein oder mehrere Sicherungsgeber für die Verbindlichkeit haften, wobei der Gläubiger einen schuldrechtlichen Anspruch gegenüber dem Sicherungsgeber erhält.
- *Real- bzw. Sachsicherheiten* sind demgegenüber dadurch charakterisiert, dass neben die persönliche Haftung des Schuldners ein dinglicher Anspruch gegenüber dem Sicherungsmittel (z. B. eine Immobilie) tritt.

Zusätzlich werden Kreditsicherheiten nach der zwischen Kredit und Sicherheit bestehenden Verbindung differenziert. Diese Differenzierung, die auf die Verwertungsmöglichkeit der Kreditsicherheit im Insolvenzfall abstellt, unterscheidet zwischen akzessorischen und fiduziarischen Sicherheiten (vgl. *Bülow*, 2021, S. 10 ff.):

- *Akzessorische Sicherheiten* sind an die Existenz der abzusichernden Forderung geknüpft. Die Verwertung einer akzessorischen (angelehnten) Sicherheit setzt daher eine bestehende Forderung voraus. Mit dem Erlöschen der Forderung aus der Kreditbeziehung erlischt auch die akzessorische Kreditsicherheit. Bei schrittweiser Tilgung vermindert sich das finanzielle Volumen der Sicherheit analog zum Restbetrag der Forderung.
- *Fiduziarische Sicherheiten* können auch verwertet werden, wenn die besicherte Kreditforderung nicht mehr besteht. Da fiduziarische (treuhänderische) Sicherheiten von der zugrunde liegenden Forderung unabhängig sind, werden sie auch als abstrakte Sicherheiten bezeichnet. Da diese Sicherheiten von der aktuellen Höhe der Kreditforderung unabhängig sind, können sie auf neue Kreditverträge übertragen werden. Gegen eine missbräuchliche Verwertung ist der Sicherungsgeber allerdings nicht durch gesetzliche Vorschriften, sondern nur durch den Sicherungsvertrag geschützt.

Im Folgenden werden die wesentlichen in Abbildung 4.1 dargestellten Kreditsicherheiten erläutert. Insbesondere die Erläuterung der rechtlichen Aspekte kann an dieser Stelle jedoch nur in knapper Form erfolgen, sodass für weitergehende Erörterungen auf die einschlägige Literatur verwiesen sei (siehe z. B. *Bülow*, 2021; *Weber/Weber*, 2018 und *Lwowski/Merkel*, 2003).

		Rechtlicher Charakter	
		Personal-sicherheiten	Real- bzw. Sach-sicherheiten
Verbindung zum Kredit	**Akzessorische Sicherheiten**	• Bürgschaft (selbstschuldnerisch oder Ausfallbürgschaft)	• Verpfändung (bewegliche Sachen) • Hypothek (Grundpfandrecht)
	Fiduziarische Sicherheiten	• Garantie (z. B. Bankgarantie)	• Eigentumsvorbehalt • Sicherungsübereignung • Forderungsabtretung (Zession) • Grundschuld (Grundpfandrecht)

Abb. 4.1: Kreditsicherheiten.

Personalsicherheiten

Die *Bürgschaft* ist die in der Praxis wichtigste Form der Personalsicherheit. Durch den Bürgschaftsvertrag verpflichtet sich der Bürge gegenüber dem Kreditgeber, für die Erfüllung der Ansprüche aus dem mit dem Kreditnehmer (Hauptschuldner) geschlossenen Kreditvertrag einzustehen (vgl. §§ 765 ff. BGB). Da die Bürgschaft eine *akzessorische Kreditsicherheit* ist, kann die Höhe der Bürgschaftsverpflichtung nicht höher sein als die besicherte Hauptschuld. Grundsätzlich haftet der Bürge subsidiär, sodass der Gläubiger den Bürgen erst in Anspruch nehmen kann, wenn der Hauptschuldner nicht zahlt. In der Umsetzung lassen sich zwei Varianten der Bürgschaft unterscheiden:

– Bei der *Ausfallbürgschaft* (§ 771 BGB) muss der Gläubiger zunächst die Zwangsvollstreckung gegen den Hauptschuldner versuchen, bevor er den Bürgen in Anspruch nimmt.

– Bei einer *selbstschuldnerischen Bürgschaft* verzichtet der Bürge auf die Einrede der Vorausklage (vgl. § 773 Abs. 1 Nr. 1 BGB), sodass der Gläubiger den Bürgern unmittelbar in Anspruch nehmen kann. Angesichts der einfacheren Inanspruchnahme bevorzugen Kreditgeber selbstschuldnerische Bürgschaften.

Die *Garantie* ist ebenso wie die Bürgschaft ein einseitig verpflichtender Schuldvertrag, in dem der Garantiegeber verspricht, für eine bestimmte Leistung, z. B. für die Rückzahlung eines Kreditbetrages, einzustehen. Der Begriff der Garantie ist gesetzlich nicht geregelt, sodass für diesen Sicherungsvertrag die allgemeinen schuldrechtlichen Bestimmungen des BGB gelten. Im Unterschied zur Bürgschaft handelt es sich bei der Garantie um eine fiduziarische Kreditsicherheit, die von der zugrunde liegenden Forderung unabhängig ist. Damit haftet der Garantiegeber auch dann, wenn die Zahlungsverpflichtung des Hauptschuldners nicht mehr besteht. Eine Ga-

rantie ist auf die erste Anforderung des Garantienehmers zahlbar. In der Finanzierungspraxis sind insbesondere Bankgarantien und Garantien von Konzernmuttergesellschaften für ihre Tochtergesellschaften (z. B. für eine konzerneigene Finanzierungsgesellschaft) üblich.

Real- bzw. Sachsicherheiten

Die *Verpfändung beweglicher Sachen* erfolgt dadurch, dass der Sicherungsgeber dem
Sicherungsnehmer ein Pfandrecht einräumt (vgl. § 1204 BGB). Durch dieses Siche-
rungsrecht ist der Sicherungsnehmer berechtigt, die verpfändete Sache vorrangig
vor anderen Gläubigern zu verwerten. Das Pfandrecht ist ebenso wie die Bürgschaft
eine akzessorische Sicherheit, sodass es vom Bestehen der zugrunde liegenden Forderung abhängig ist. Zur Entstehung des Pfandrechts ist es erforderlich, dass die verpfändeten Gegenstände an den Sicherungsnehmer übergeben werden. Wenn der zu
verpfändende Gegenstand nicht im unmittelbaren Besitz des Sicherungsgebers ist,
sondern z. B. in einem Bankdepot verwahrt wird, so ist der mittelbare Besitz auf den
Sicherungsnehmer zu übertragen und die Verpfändung ist anzuzeigen. Wenn der
Kreditnehmer seine Verpflichtungen aus dem Kreditvertrag nicht erfüllt, kann der
Gläubiger den Pfandgegenstand verwerten, wobei er den Verkauf zuvor anzudrohen
hat. Praktische Bedeutung hat das Pfandrecht z. B. bei der Verpfändung von Wertpapieren zur Besicherung eines Lombardkredites (siehe Kapitel 4.2.2).

Der *Eigentumsvorbehalt* ist insbesondere in Zusammenhang mit Zahlungszielen
von Bedeutung. Beim Verkauf auf Ziel gewährt der Verkäufer den Käufern seiner
Waren eine Frist zur Begleichung des Kaufpreises. Wird ein Käufer innerhalb dieser
Frist zahlungsunfähig, gehen die gelieferten Waren in die Insolvenzmasse ein und
der Verkäufer läuft Gefahr, dass weder seine Forderung beglichen wird, noch dass
er seine Waren zurückerhält. Um diese Gefahr zu begrenzen, behält sich der Verkäufer das Eigentum an den von ihm gelieferten Waren bis zur vollständigen Bezahlung
des Kaufpreises vor. Der Eigentumsübergang erfolgt somit unter der aufschiebenden
Bedingung der vollständigen Kaufpreisbezahlung. Der Eigentumsvorbehalt ist die
übliche Sicherheit für den Lieferantenkredit, bei dem der Verkäufer seine Waren auf
Ziel liefert (siehe Kapitel 4.2.1).

Die *Sicherungsübereignung* ist eine in der Praxis entstandene Weiterentwicklung
des Pfandrechts. Sie hat fiduziarischen Charakter. Bei der Sicherungsübereignung
geht nur das rechtliche Eigentum auf den Sicherungsnehmer über, während die
übereignete Sache im Besitz des Sicherungsgebers bleibt. Im Gegensatz zum Pfandrecht kann der Schuldner die übereignete Sache weiterhin nutzen. Zum Einsatz
kommt die Sicherungsübereignung z. B. bei Maschinen oder Kraftfahrzeugen, die für
den betrieblichen Leistungserstellungsprozess benötigt werden und daher nicht verpfändet werden können. Bei der *Einzelsicherungsübereignung* muss der übereignete
Gegenstand eindeutig (z. B. anhand einer Maschinennummer) identifizierbar sein.
Wenn es nicht möglich oder zu aufwendig ist, die übereigneten Gegenstände einzeln

zu erfassen, werden sämtliche an einem bestimmten Ort (z. B. Lagerraum) befindlichen Sachen übereignet *(Raumsicherungsübereignung)*.

Bei der *Forderungsabtretung (Zession)* tritt der Schuldner (Zedent) bestehende oder zukünftige Forderungen gegenüber seinen Kunden an den Gläubiger (Zessionar) ab (vgl. §§ 398 ff. BGB). Grundsätzlich ist die Zustimmung des Drittschuldners für die Forderungsabtretung nicht erforderlich, wobei allerdings keine Forderungen abgetreten werden können, für die ein gesetzliches oder vertragliches Abtretungsverbot besteht. Nach Art der abgetretenen Forderungen wird zwischen *Einzel- und Globalzession* unterschieden. Während bei der Einzelzession eine einzelne betragsmäßig hohe Forderung abgetreten wird, bezieht sich die Globalzession auf eine Gruppe von Forderungen mit kleineren Beträgen. Bei einer Globalzession müssen die abgetretenen Forderungen nach Art und Höhe exakt bezeichnet werden (z. B. sämtliche Forderungen gegenüber den Kunden mit Anfangsbuchstaben von A bis K). Wenn die Forderungsabtretung dem Drittschuldner angezeigt wird *(offene Zession)*, kann dieser mit befreiender Wirkung nur an den neuen Gläubiger zahlen. Wird die Abtretung nicht angezeigt *(stille Zession)*, zahlt der Drittschuldner weiterhin an den ursprünglichen Gläubiger. Angesichts der vielfach als negativ empfundenen Außenwirkung einer Forderungsabtretung dominiert in der Praxis die stille Zession.

Grundpfandrechte sind Kreditsicherheiten, bei denen der Sicherungsgeber dem Sicherungsnehmer ein Verwertungsrecht an Grundstücken und Gebäuden einräumt. Die Bestellung eines Grundpfandrechts erfolgt durch die Eintragung der Belastung in das vom zuständigen Amtsgericht geführte Grundbuch. Zu den Grundpfandrechten zählen die Hypothek und die Grundschuld:

- Die *Hypothek* ist eine akzessorische Kreditsicherheit, die vom Bestehen der zugrunde liegenden Kreditforderung abhängig ist (vgl. §§ 1113 ff. BGB). Wenn die Kreditforderung mit einer Hypothek abgesichert ist, haften neben dem Schuldner auch die als Sicherheit gestellten Grundstücke und Gebäude für die Erfüllung der Forderung. Die Hypothek entsteht durch Einigung und Eintragung ins Grundbuch.
- Im Gegensatz zur Hypothek hat die *Grundschuld* fiduziarischen Charakter (vgl. §§ 1191 ff. BGB). Damit ist die Grundschuld unabhängig vom Bestehen der Kreditforderung, sodass sie auch bei vorübergehender Kreditrückführung nicht erlischt. Im Vergleich zur Hypothek ist die Grundschuld flexibler, da sie ohne Bezug auf eine bestimmte Kreditschuld ins Grundbuch eingetragen wird und im Zeitverlauf zur Besicherung verschiedener Kredite genutzt werden kann. Ansonsten gelten für die Grundschuld die Rechtsvorschriften der Hypothek – mit Ausnahme der fehlenden Akzessorietät.

Covenants

Covenants sind *vertragliche Verpflichtungen* (vgl. *Berk/DeMarzo*, 2020, S. 914 ff. und *Hartmann-Wendels/Pfingsten/Weber*, 2019, S. 169 ff.), in denen sich der Kreditnehmer gegenüber dem Kreditgeber verpflichtet, bestimmte Zusatzpflichten zu erfüllen (z. B. Informationspflichten), bestimmte finanzwirtschaftliche Kennzahlen einzuhalten (z. B. Verschuldungsobergrenzen) oder bestimmte Verhaltensrestriktionen zu beachten (z. B. Verkaufsverbote für Vermögensgegenstände). Mit der Vereinbarung von Covenants verfolgen Kreditgeber und -nehmer das Ziel, die zwischen beiden Vertragspartnern bestehenden Informationsasymmetrien zu reduzieren und mögliche Interessenkonflikte zu mildern, indem der Kreditnehmer dazu angehalten wird, sich an die aus dem Kreditvertrag resultierenden Pflichten zu halten. Für den Fall, dass sich der Kreditnehmer nicht an die vereinbarten Pflichten hält, enthalten Kreditverträge Sanktionsmöglichkeiten, z. B. das Recht des Kreditgebers zur Erhöhung des Zinssatzes, die Verpflichtung des Kreditnehmers zur Stellung zusätzlicher Sicherheiten oder das Recht des Kreditgebers zur Kündigung des Kreditvertrages.

Covenants werden in Informationspflichten (Information Covenants), finanzielle Verpflichtungen (Financial Covenants) sowie nicht finanzielle Verpflichtungen (Non-financial Covenants) unterschieden (siehe Abbildung 4.2):

Arten	Inhalt	Beispiele
Information Covenants	Informationspflichten des Kreditnehmers an den Kreditgeber	• Jahresabschlussinformationen • Quartalsberichte • Planungsdaten • Steuererklärungen
Financial Covenants	Verpflichtung zur nachhaltigen Erfüllung finanzwirtschaftlicher Kennzahlen	• Eigenkapitalklauseln • Verschuldungsklauseln • Zinsdeckungsklauseln • Liquiditätsklauseln
Non-financial Covenants	Unternehmenspolitische Verhaltenspflichten des Kreditnehmers	• Verkaufsverbot für Vermögen • Begrenzung von Investitionsprojekten • Obergrenzen für Dividenden • Verbot von Mergers & Acquisitions

Abb. 4.2: Zusatzvereinbarungen (Covenants) in Kreditverträgen.

– *Information Covenants* bezeichnen die Verpflichtung des Kreditnehmers, dem Kreditgeber regelmäßig die vereinbarten Informationen (z. B. Jahresabschlüsse und Quartalsberichte) zukommen zu lassen. Die Informationspflichten sollen es dem Kreditgeber ermöglichen, das Kreditrisiko einzuschätzen und eventuelle Risikoveränderungen rechtzeitig zu erkennen.
– *Financial Covenants* beziehen sich auf die Verpflichtung des Kreditnehmers, bestimmte finanzwirtschaftliche Kennzahlen während der Kreditlaufzeit einzuhalten. Hierzu zählen z. B. Mindestbeträge für das Eigenkapital, Obergrenzen für die Verschuldung oder Mindestanforderungen an die Zinsdeckung (Verhältnis von Cashflow zu Zinszahlungen). Diese Kennzahlen geben Auskunft über die finanzwirtschaftliche Situation des Kreditnehmers und sollen rechtzeitig eine

eventuelle Verschlechterung des Kreditrisikos signalisieren, sodass die Vertragspartner gegensteuern können.
- *Non-financial Covenants* geben dem Kreditnehmer weitere Verhaltenspflichten vor. Hierzu zählen beispielsweise ein Verkaufsverbot für bestimmte Vermögensgegenstände, die Begrenzung des Investitionsvolumens oder Obergrenzen für die Gewinnausschüttung. Die Restriktionen sollen verhindern, dass der Kreditnehmer das Unternehmensrisiko während der Kreditlaufzeit erhöht (z. B. durch riskante Investitionen) oder dass er finanzielle Mittel aus dem Unternehmen abzieht (z. B. durch hohe Dividendenzahlungen).

Traditionell beinhalten Kreditverträge Informationspflichten und die Verpflichtung zum Einhalten bestimmter finanzwirtschaftlicher Kennzahlen. Im Vergleich zum traditionellen Kreditgeschäft umfasst der aus der angelsächsischen Finanzierungspraxis stammende Begriff der Covenants einen umfangreicheren Pflichtenkatalog. Da diese Pflichten informationsbedingte Interessenkonflikte abmildern, können Covenants grundsätzlich einen positiven Beitrag zur Kreditfinanzierung leisten. Durch die zusätzlichen Informations- und Berichtspflichten entstehen allerdings Kosten, die bei der Einschätzung der Finanzierungsvorteile zu berücksichtigen sind. Weitere potenzielle Nachteile von Covenants resultieren aus dem eingeschränkten Handlungsspielraum des Kreditnehmers, der aufgrund der vertraglichen Restriktionen z. B. auf vorteilhafte Investitionsvorhaben verzichten muss (vgl. *Myers*, 1977). In der Kreditpraxis ist die Vereinbarung von Covenants üblich und insbesondere aus Sicht international tätiger Kreditgeber eine notwendige Voraussetzung für die Kreditvergabe. Bei einer Verletzung von Covenants steht in der Praxis das gemeinsame Gegensteuern im Vordergrund. Harte Sanktionen, z. B. Zinsanhebungen oder gar eine Kreditkündigung, gelten als Ultima Ratio, da diese Sanktionen mit negativen ökonomischen Konsequenzen sowohl für den Kreditnehmer als auch für den Kreditgeber verbunden sind.

4.1.2 Formen der Kreditfinanzierung

In der Finanzierungspraxis existiert eine Vielzahl unterschiedlicher Kreditformen, die sich nach verschiedenen Kriterien systematisieren lassen. Zur Systematisierung werden beispielsweise die Herkunft des Kreditgebers, die Verbriefung oder die Laufzeit des Kredites verwendet.

Handels- und Finanzkredite
In Bezug auf die Herkunft der Kapitalgeber wird unterschieden, ob der Kreditgeber dem Kreditnehmer durch den Prozess der betrieblichen Leistungserstellung verbunden ist oder ob es sich zwischen den beiden Vertragspartnern um eine reine Finan-

zierungsbeziehung handelt. *Handelskredite* (z. B. Lieferantenkredite oder Kundenanzahlungen) werden dem Unternehmen von seinen Handelspartnern gewährt. Im weiteren Sinne lassen sich auch Arbeitnehmer- bzw. Gesellschafterdarlehen zur Gruppe der mit dem Leistungserstellungsprozess verbundenen Kredite zählen.

Wenn Kredite unabhängig von der Leistungserstellung vergeben werden, liegt eine ausschließlich finanziell orientierte Kreditbeziehung (Finanzkredit) vor. Kreditgeber von Finanzkrediten sind vor allem Kreditinstitute. Unter dem Begriff der *Kreditinstitute* werden private und staatliche Banken, Sparkassen und sonstige Finanzdienstleistungsunternehmen subsumiert, deren Geschäftszweck die gewerbsmäßige Kreditvergabe beinhaltet (vgl. *Hartmann-Wendels/Pfingsten/Weber*, 2019, S. 10 ff. bzw. *Büschgen/Börner*, 2003, S. 8 ff.). Kreditinstitute sind Finanzintermediäre, die Ausgleichsfunktionen zwischen Kapitalgebern (Sparern) und Kapitalnehmern (Kreditnehmern) übernehmen. Neben Kreditinstituten treten auch Privatpersonen und Unternehmen als Kapitalgeber in Kreditbeziehungen auf, z. B. als Darlehensgeber oder als Gläubiger einer Anleihe.

Verbriefung der Kreditbeziehung

Neben der Kapitalherkunft lassen sich Instrumente der Kreditfinanzierung danach unterscheiden, ob die aus der Kreditbeziehung resultierenden Gläubigerrechte verbrieft werden oder nicht. Bei klassischen Bankkrediten oder Darlehen von anderen Kreditgebern handelt es sich um vertragliche, *unverbriefte Finanzierungsbeziehungen*. In diesen Fällen ist es für den Kapitalgeber vergleichsweise aufwendig, seine Forderung aus dem Kreditvertrag an einen Dritten zu verkaufen. Auch wenn der gelegentliche Verkauf unverbriefter Kredite oder Kreditportfolios nicht unüblich ist, findet in der Praxis kein regelmäßiger Handel mit unverbrieften Krediten statt.

Anleihen bzw. Schuldverschreibungen sind *verbriefte Finanzierungsbeziehungen*. Bei diesen Instrumenten werden die Gläubigerrechte in einem Wertpapier verbrieft, das an der Börse gehandelt werden kann. Durch die Ausgabe von Anleihen können Kapitalnehmer (z. B. Unternehmen oder der Staat) hohe Beträge an Fremdkapital aufnehmen. Die Anleihegläubiger haben dabei die Möglichkeit, ihre Kreditforderung jederzeit über die Börse an einen anderen Investor zu verkaufen, ohne dass der Schuldner das Kapital vorzeitig zurückzahlen muss.

Kreditlaufzeit

Schließlich werden die Formen der Kreditfinanzierung nach der *Dauer der Kapitalüberlassung* differenziert. Die Fristigkeit von Krediten ist insbesondere für die unternehmerische Finanzplanung von Bedeutung. Auch wenn die zeitliche Abgrenzung nicht einheitlich vorgenommen wird, orientieren sich Theorie und Praxis mehrheitlich an der handelsrechtlichen Abgrenzung (vgl. § 268 Abs. 4, 5 und § 285 Nr. 1a HGB). Hiernach werden Kredite mit einer Laufzeit von bis zu einem Jahr (z. B. Lieferantenkredit oder Kontokorrentkredit) als *kurzfristig* angesehen. *Mittelfristige* Kredite

(z. B. Anzahlungen im Anlagenbau, Darlehen) haben eine Laufzeit von ein bis fünf Jahren. Als *langfristig* gelten Kredite mit einer Laufzeit von mehr als fünf Jahren (z. B. Hypothekenkredite oder Anleihen).

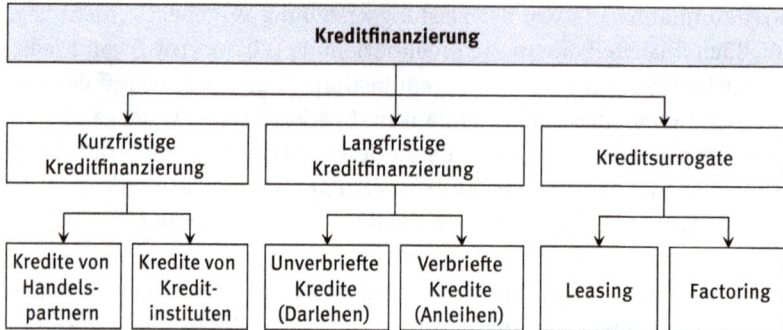

Abb. 4.3: Formen der Kreditfinanzierung.

Im Folgenden befassen wir uns mit den wesentlichen Instrumenten der Kreditfinanzierung. Als primäres Abgrenzungskriterium dient die Fristigkeit der Finanzierungsinstrumente. Da insbesondere der Übergang von der mittel- zur langfristigen Kreditfinanzierung fließend ist, beschränken wir uns auf die Differenzierung zwischen kurz- und langfristiger Kreditfinanzierung (siehe auch Abbildung 4.3). Ergänzend werden Leasing und Factoring behandelt, die Alternativen zur Kreditfinanzierung darstellen und daher als Kreditsurrogate oder Kreditsubstitute bezeichnet werden.

4.2 Instrumente der kurzfristigen Kreditfinanzierung

Nach den Grundlagen der Kreditfinanzierung steht die kurzfristige Kreditfinanzierung im Mittelpunkt der folgenden Ausführungen, wobei zwischen Krediten von Handelspartnern und Kreditinstituten unterschieden wird. Das *Lernziel von Kapitel 4.2* besteht darin, die wesentlichen Instrumente der kurzfristigen Kreditfinanzierung kennenzulernen und ihre Einsatzmöglichkeiten und -grenzen im Rahmen der Unternehmensfinanzierung zu verstehen.

4.2.1 Kredite von Handelspartnern

Lieferantenkredit
Der von Geschäftspartnern gewährte Lieferantenkredit ist die bekannteste Form des Handelskredites. Ein Lieferantenkredit wird dadurch eingeräumt, dass der Geschäftspartner Waren liefert oder Dienstleistungen erbringt und für die Begleichung

der Rechnungssumme ein Zahlungsziel gewährt. Kreditgeber für diesen *Kauf auf Ziel* ist der Lieferant, während der Empfänger der Waren bzw. Dienstleistungen der Kreditnehmer ist. Ein Lieferantenkredit kann sehr einfach eingeräumt werden, da die Einräumung direkt mit dem Abschluss des Kaufvertrages verbunden ist. Für den Lieferanten ist diese unmittelbar mit der Leistung verbundene Kreditgewährung vor allem ein absatzpolitisches Instrument, mit dem er den Absatz seiner Produkte bzw. Dienstleistungen unterstützt. Der Lieferant trägt das Kreditrisiko und informiert sich daher vor Kreditvergabe über die Bonität seiner Kunden. Als Kreditsicherheit dient bei Lieferantenkrediten vor allem der Eigentumsvorbehalt an der gelieferten Ware.

Da Lieferantenkredite primär der Absatzfinanzierung dienen, handelt es sich um kurzfristige Kredite mit Laufzeiten von in der Regel nicht mehr als 30 Tagen. Die Rückzahlung des Lieferantenkredites erfolgt durch die Begleichung des Kaufpreises, sodass eine explizite Tilgungsvereinbarung nicht erforderlich ist. Auf den ersten Blick entstehen durch die Inanspruchnahme eines Lieferantenkredites keine Kosten. Auf den zweiten Blick wird jedoch deutlich, dass die Finanzierungskosten für den Lieferantenkredit in der Preiskalkulation des Lieferanten enthalten sind. Als Alternative zur Inanspruchnahme des Zahlungsziels gewähren Lieferanten regelmäßig *Skonto*. Skonto ist ein Barzahlungsrabatt, um den der Rechnungsempfänger den Rechnungsbetrag bei Zahlung innerhalb der Skontofrist vermindern kann. Beispielsweise kann der Lieferant seinen Kunden einen Skontoabzug von 2 % gewähren, wenn diese innerhalb der Skontofrist von sieben Tagen zahlen. Die Möglichkeit zum Skontoabzug ist ein Zahlungsanreiz, mit dem der Lieferant seine Kunden zur sofortigen Zahlung motivieren will. In den meisten Fällen haben Lieferanten ein starkes Interesse daran, dass ihre Kunden den Lieferantenkredit nicht in Anspruch nehmen, da Lieferanten den Kredit selbst refinanzieren müssen. Die Refinanzierungskosten sowie das mit der Kreditvergabe verbundene Kreditrisiko machen den Lieferantenkredit regelmäßig zu einer relativ teuren Finanzierungsalternative.

Aus Sicht des Kreditnehmers entstehen durch die Inanspruchnahme eines Lieferantenkredites *Opportunitätskosten*, da er keinen Skontoabzug vornehmen kann. Diese Opportunitätskosten sind die Finanzierungskosten des Lieferantenkredites. Auch wenn der Kreditnehmer nicht über die notwendige Liquidität zur Begleichung der Rechnung verfügt, kann er sie meistens zu Lasten seiner auf dem Bankkonto eingeräumten Kreditlinie bezahlen. In der Praxis haben Unternehmen daher zumindest eine Alternative zur Inanspruchnahme des Lieferantenkredites. Für die Entscheidung zwischen den beiden Kreditalternativen sind vor allem die Finanzierungskosten relevant. Der effektive Jahreszinssatz für den Lieferantenkredit errechnet sich, indem der Skontobetrag auf die Inanspruchnahme des Kredites auf ein Jahr umgerechnet wird:

$$i_{Lief} = \frac{SB \cdot 365 \text{ Tage}}{(RB - SB) \cdot (z - s)} \tag{4.1}$$

mit i_{Lief} = Verzinsung des Lieferantenkredites (p. a.)
SB = Skontobetrag
RB = Rechnungsbetrag
z = Zahlungsziel (in Tagen)
s = Skontofrist (in Tagen)

Anhand des folgenden Beispiels ermitteln wir die Kosten für einen Lieferantenkredit und vergleichen diese mit den Finanzierungskosten einer Kreditalternative.

Beispiel: Lieferantenkredit

Die Holzwurm GmbH, der Ihnen bereits bekannte Hersteller von Holzspielwaren, bezieht seinen Rohstoff von einem renommierten Holzlieferanten aus dem Schwarzwald. Dieser Lieferant gewährt seinen Kunden ein Zahlungsziel von 30 Tagen. Bislang hat die Holzwurm GmbH dieses Zahlungsziel nicht ausgenutzt, da die unverzügliche Begleichung fälliger Rechnungen für Ernst-August Holzwurm selbstverständlich ist. Bei einem Tennismatch erfährt er von einem befreundeten Unternehmer, dass dieser die Zahlungsziele seiner Lieferanten immer bis zum letzten Tag ausnutzt. Da sein Freund auch beim gemeinsamen Bier nach dem von Ernst-August gewonnenen Spiel nicht locker lässt, beschließt der Geschäftsführer der Holzwurm GmbH, dieser Frage auf den Grund zu gehen.

Ernst-August Holzwurm bittet am folgenden Tag seine kaufmännische Leiterin, Andrea Kalkuletta, die Finanzierungskosten für die Inanspruchnahme des Lieferantenkredites zu ermitteln und diese mit möglichen Finanzierungsalternativen zu vergleichen. Von der Kreditorenbuchhaltung lässt sich Andrea zunächst das in Frage stehende Kreditvolumen sowie die relevanten Kreditkonditionen geben. Die Holzwurm GmbH bezieht von diesem Lieferanten monatlich Waren im Wert von ca. 60.000 Euro. Die Rechnungen sind jeweils 30 Tage nach Rechnungserhalt fällig. Bei Zahlung innerhalb der Skontofrist von fünf Tagen gewährt der Lieferant Skonto in Höhe von 2 %. Bezogen auf den durchschnittlichen Rechnungsbetrag von 60.000 Euro beträgt der Skontobetrag somit 1.200 Euro. Andrea ermittelt den Zinssatz (p. a.), den die Holzwurm GmbH für den Lieferantenkredit zahlen müsste:

$$\text{Zinssatz (p. a.)} = \frac{1.200 \, € \cdot 365}{(60.000 \, € - 1.200 \, €) \cdot (30 - 5)} = 0{,}2980 = 29{,}8 \% \tag{4.2}$$

Der Lieferantenkredit kostet 29,8 % pro Jahr. Mit diesem Ergebnis hat Andrea keine Mühe, ihrem Chef zu verdeutlichen, dass sich eine Inanspruchnahme des Lieferantenkredites nicht lohnt. Selbst wenn die Kreditlinie der Hausbank mit einer Verzinsung von 8 % in Anspruch genommen werden müsste, würde sich die fristgemäße Begleichung der Rechnungen unter Abzug von Skonto lohnen. Ernst-August Holzwurm verspricht seiner kaufmännischen Leiterin, diese Ergebnisse bei nächster Gelegenheit auch seinem Tennispartner zu erläutern.

Das vorangegangene Beispiel basiert auf für die Praxis typischen Zahlungsbedingungen. Insofern handelt es sich bei einem Lieferantenkredit regelmäßig um einen relativ teuren Kredit, der allerdings einfach in Anspruch genommen werden kann. Die Kosten für den Lieferantenkredit liegen noch höher, wenn der Lieferant für die Zahlung innerhalb der Skontofrist ein Skonto von 3 % anstelle von 2 % anbietet. Bei ansonsten unveränderten Konditionen kostet der Kredit in diesem Fall 44,7 % p. a. – rechnen Sie ruhig einmal nach. Auch wenn manche Unternehmen durch verspätete Zahlungen die Zahlungsfrist ausdehnen und dadurch die Kreditkosten reduzieren, bleibt der Lieferantenkredit eine teure Kreditform. In der Praxis gibt es eigentlich nur zwei Erklärungen für Unternehmen, Lieferantenkredite in Anspruch zu nehmen und auf den Skontoabzug zu verzichten. Entweder sind diese Unternehmen bereits so stark verschuldet, dass ihnen keine alternative Formen der Kreditfinanzierung zur Verfügung stehen oder die Kreditorenbuchhaltung der Unternehmen ist nicht dazu in der Lage, eine fristgemäße Zahlung zu veranlassen. Beide Gründe sprechen nicht gerade für die betreffenden Unternehmen.

Kundenanzahlung
Die ebenfalls zu den Handelskrediten zählende Kundenanzahlung ist das Gegenstück zum Lieferantenkredit. Im Gegensatz zum Lieferantenkredit gewährt der Kunde seinem Lieferanten bzw. Auftragnehmer einen Kredit. Anzahlungen werden von Kunden bzw. Auftraggebern geleistet, wenn die Leistung erst später erfolgt oder die Leistungserstellung einen längeren Zeitraum in Anspruch nimmt. In der Praxis sind Kundenanzahlungen z. B. im Baugewerbe, im Großanlagen- und Schiffsbau sowie bei Spezialanfertigungen üblich. Angesichts der langen Herstellungszeiten ist eine alleinige Finanzierung durch den Auftragnehmer in diesen Fällen vielfach nicht möglich. Über den Finanzierungseffekt hinaus dient die Anzahlung dem Zweck, den Kunden an seinen Auftrag zu binden und erforderliche Vorleistungen des Auftragnehmers abzusichern. Insofern sind Anzahlungen typischerweise nicht bzw. nicht vollständig rückzahlbar.

Die Kreditlaufzeit ist abhängig von der Bearbeitungsfrist des zugrunde liegenden Auftrags; in der Mehrzahl der Fälle handelt es sich bei Kundenanzahlungen um kurzfristige Kredite. Die Kredittilgung erfolgt durch Anrechnung der bereits geleisteten Zahlungen auf die Rechnungssumme. Analog zum Lieferantenkredit werden auch für die Kundenanzahlung keine separaten Kreditkosten ausgewiesen. Die mit einer Anzahlung verbundenen Finanzierungskosten werden ebenfalls nach dem Opportunitätskostenprinzip ermittelt. Aus Sicht des Auftragnehmers handelt es sich hierbei um Finanzierungskosten, die dieser dadurch spart, dass er für die Anzahlung keine Zinszahlungen leisten muss. Dieser Finanzierungsvorteil sollte in die Ermittlung des Angebotspreises eingehen, wodurch der Auftraggeber eine indirekte Vergütung für die Leistung der Anzahlung erhält.

4.2.2 Kredite von Kreditinstituten

Kreditinstitute vergeben eine Vielzahl unterschiedlicher Kredite. In diesem Abschnitt behandeln wir die wesentlichen Instrumente der kurzfristigen Kreditfinanzierung durch Kreditinstitute. Zu diesen Kreditformen zählen der Kontokorrentkredit, der Diskontkredit, der Lombardkredit sowie der Avalkredit.

Kontokorrentkredit

Der Kontokorrentkredit ist ein kurzfristiger Kredit, der dem Kreditnehmer von seinem Kreditinstitut auf seinem laufenden Konto zur Verfügung gestellt wird. Der Begriff des Kontokorrents (laufende Rechnung) stammt aus dem Italienischen und bezeichnet ein laufendes Konto in Form eines gegenseitigen Schuld- bzw. Guthabenverhältnisses, das in regelmäßigen Zeitabständen durch Saldofeststellung abgeschlossen wird. Kontokorrentkredite werden dadurch eingeräumt, dass zwischen Kreditgeber und -nehmer ein Vertrag über eine bestimmte, *jederzeit verfügbare Kreditlinie* geschlossen wird. Bis zu dieser Kreditlinie kann der Kreditnehmer sein Konto überziehen und über diesen Betrag in gleicher Weise wie über eigenes Guthaben verfügen. Die Inanspruchnahme des Kontokorrentkredites erfolgt durch Verfügungen des Kreditnehmers, z. B. durch Überweisungen, Lastschriften oder Schecks. Der Kontokorrentkredit ist das bedeutendste und am weitesten verbreitete Instrument der kurzfristigen Kreditfinanzierung. In der Praxis verfügen Unternehmen häufig über verschiedene Bankverbindungen und können dabei auf mehrere Kreditlinien zurückgreifen.

Der Kontokorrentkredit dient dem Ziel, *kurzfristigen Liquiditätsbedarf* von Unternehmen auszugleichen. Idealtypisch wird die Kreditlinie vom Kreditnehmer in Anspruch genommen, um z. B. Lieferanten zu bezahlen. Nach dem Absatz der vom Unternehmen erstellten Güter oder Dienstleistungen wird der Kredit durch die eingehenden Umsatzerlöse zurückgeführt. Separate Vereinbarungen über Rückzahlungsmodalitäten sind daher bei einem Kontokorrentkredit nicht erforderlich. Darüber hinaus kann der Kontokorrentkredit auch dazu genutzt werden, einen saisonal höheren Liquiditätsbedarf abzudecken. Der Kontokorrentkredit erhöht die finanzielle Flexibilität des Unternehmens, da auf dem Geschäftskonto neben dem Guthaben eine weitere Liquiditätsreserve in Form der eingeräumten Kreditlinie zur Verfügung steht. Im Ergebnis leistet der Kontokorrentkredit einen wesentlichen Beitrag, um die jederzeitige Zahlungsbereitschaft und damit die Liquidität des Unternehmens zu gewährleisten (zur Liquiditätssicherung siehe auch S. 22 f.).

Für die Inanspruchnahme eines Kontokorrentkredites sind *variable Zinsen* zu zahlen, wobei der Kreditgeber den *Zinssatz* bei Bedarf an die Entwicklung der Markt-verzinsung anpasst. Alternativ kann sich der Kreditzinssatz an einem Referenzzins-satz orientieren. Als Referenzzinssatz wird z. B. der Hauptrefinanzierungssatz der Europäischen Zentralbank (EZB) verwendet,[1] der um einen Zuschlag für Kreditrisiko und Gewinnmarge erhöht wird. Wenn im Kreditvertrag ein Zuschlag von 4 % verein-bart wird und der Referenzzinssatz bei z. B. 2 % liegt, ergibt sich ein Kreditzinssatz von 6 %. Weitere Kreditkosten entstehen dadurch, dass für den Kontokorrentkredit eine Bereitstellungsprovision von ca. 2 % bis 3 % p. a. auf die Kreditlinie zu zahlen ist. Von Seiten des Kreditinstituts wird die Bereitstellungsprovision damit begrün-det, dass der zugesagte und für den Kreditnehmer jederzeit verfügbare Kreditbetrag nicht mehr anderweitig ausgeliehen werden kann. In der Praxis wird heute meistens der Sollzinssatz für die Kreditinanspruchnahme mit den Kosten für die Kreditbereit-stellung zusammengefasst, sodass im Kreditvertrag lediglich ein einheitlicher Kre-ditzinssatz vereinbart wird. In unserem Beispiel liegt der auf den in Anspruch ge-nommenen Betrag zu zahlende Kreditzinssatz dann bei 9 % p. a. (= 7 % Sollzinssatz + 2 % Bereitstellungsprovision). Für den Fall, dass der Kreditnehmer die vereinbarte Kreditlinie überschreitet und das Kreditinstitut diese Überschreitung toleriert, ist zu-sätzlich zum Kreditzinssatz eine Überziehungsprovision von ca. 3 % bis 4 % zu zah-len.

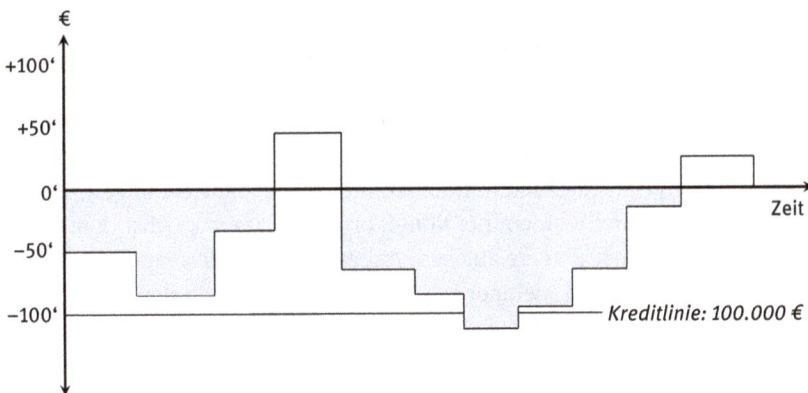

Abb. 4.4: Beispielhafte Inanspruchnahme eines Kontokorrentkredits.

Der nominale Zinssatz eines Kontokorrentkredites liegt typischerweise über der Ver-zinsung mittel- oder langfristiger Kredite mit festem Kreditbetrag. Entscheidend ist

---

1 Der Hauptrefinanzierungssatz ist der bedeutendste Leitzinssatz der EZB, zu dem Kreditinstitute bei der EZB kurzfristige Kredite gegen die Verpfändung von notenbankfähigen Wertpapieren auf-nehmen können; vgl. *Deutsche Bundesbank*, 2018.

jedoch, dass *Zinsen nur auf den in Anspruch genommenen Kreditbetrag* gezahlt werden (markierte Fläche in Abbildung 4.4). Im Vergleich zu einem Festbetragskredit kann die Inanspruchnahme des Kontokorrentkredites daher auch bei einem nominal höheren Zinssatz vorteilhaft sein. Wenn die Höhe des in Anspruch genommenen Kontokorrentkredites im Durchschnitt unterhalb des Festzinskredites liegt, kann die absolute Zinsbelastung (in Euro) trotz des höheren Zinssatzes beim Kontokorrentkredit geringer ausfallen als beim Festbetragskredit. Kontokorrentkredite eignen sich daher insbesondere für eine variable Kreditinanspruchnahme. Wird die auf dem laufenden Konto zur Verfügung gestellte Kreditlinie jedoch dauerhaft in Anspruch genommen, liegen die absoluten Zinszahlungen des Kontokorrentkredites regelmäßig über den Kosten alternativer Kredite. In diesem Fall sollte der Kreditnehmer den kurzfristigen Kontokorrentkredit möglichst durch einen mittel- oder langfristigen Kredit ablösen.

Der Kontokorrentkredit bildet gemeinsam mit der zugrunde liegenden Kontoverbindung die Basis der Kundenbeziehung zwischen Kreditinstitut und Unternehmen. Daher erfolgt die *Besicherung dieser Kredite* üblicherweise im Rahmen der gesamten Geschäftsbeziehung. In Abhängigkeit von der Bonität des Kreditnehmers werden unterschiedliche Personal- oder Realsicherheiten genutzt. Kreditnehmer erster Bonität erhalten Kontokorrentkredite auch ohne die Stellung von Sicherheiten (blanko). Die Laufzeit der Kredite liegt bei bis zu einem Jahr. In der Praxis ist es allerdings üblich, dass Kontokorrentkredite regelmäßig verlängert (prolongiert) werden, sofern es keinen Anlass zur Beendigung der Kreditbeziehung gibt.

Angesichts der Prolongationsmöglichkeit nutzen kleinere und mittlere Unternehmen Kontokorrentkredite vielfach auch *für längerfristige Finanzierungszwecke*. Aus finanzwirtschaftlicher Perspektive ist das unvorteilhaft, da die dauerhafte Inanspruchnahme des Kontokorrentkredites relativ teuer ist und zudem die Gefahr besteht, dass der Kreditgeber die Kreditlinie zukünftig nicht mehr verlängert. Daher sollten die betroffenen Unternehmen ihre Kontokorrentkredite möglichst durch längerfristige Finanzierungsinstrumente ablösen. Angesichts der Informationsasymmetrien zwischen Kreditgeber und -nehmer ist eine Refinanzierung in der Praxis allerdings vielfach problematisch (siehe S. 160 ff.). Zur Begrenzung des Kreditrisikos verlangen Kreditgeber zusätzliche Sicherheiten oder die Erfüllung bestimmter Covenants (z. B. Verschuldungsgrenzen). Unternehmen, die diese Anforderungen nicht erfüllen, erhalten keine längerfristigen Kredite. Diesen Unternehmen bleibt nur die fortwährende Nutzung des Kontokorrentkredites, auch wenn diese Lösung relativ teuer ist. Die Kreditinstitute wiederum akzeptieren die längerfristige Nutzung von Kontokorrentkrediten, da sie durch die höhere Verzinsung eine Prämie für das Kreditrisiko erhalten.

Diskontkredit

Grundlage des Diskontkredites ist ein Wechselgeschäft. Bei einem Wechsel handelt es sich um ein Wertpapier, das den Vorschriften des Wechselgesetzes unterliegt. Unterschieden wird zwischen dem eigenen und dem gezogenen Wechsel. Der *eigene Wechsel (Solawechsel)* ist das Versprechen des Wechselausstellers, einen bestimmten Geldbetrag an den im Wechsel genannten Begünstigten zu zahlen. Der *gezogene Wechsel (Tratte)* enthält die unbedingte Anweisung des Ausstellers an den Wechselschuldner (Bezogener), einen bestimmten Geldbetrag an den Begünstigten zu zahlen. Typischerweise wird der gezogene Wechsel vom Lieferanten zur Absicherung einer Handelsforderung ausgestellt und auf den Abnehmer gezogen (Abbildung 4.5). Der Abnehmer akzeptiert den Wechsel durch seine Unterschrift und verpflichtet sich damit, die Wechselsumme am Fälligkeitstag gegen die Vorlage des Wechsels zu zahlen.

Handelswechsel sind kurzfristige Kredite zwischen einem Lieferanten und dessen Kunden. Die Laufzeit von Wechselkrediten liegt typischerweise zwischen 90 und 180 Tagen. Ein grundlegender Vorteil von Wechselkrediten besteht darin, dass es sich bei einem Wechsel um ein abstraktes Zahlungsversprechen handelt. Der Wechselschuldner haftet unmittelbar aus dem von ihm unterschriebenen Wechsel. Etwaige Einreden aus dem zugrunde liegenden Handelsgeschäft (z. B. aufgrund mangelnder Leistungserfüllung) entbinden den Wechselschuldner nicht von der Zahlungsverpflichtung aus dem Wechsel (vgl. Art. 17 WG). Ein weiterer Vorteil von Wechselkrediten besteht darin, dass der Wechsel als Wertpapier relativ einfach auf einen Dritten übertragen werden kann.

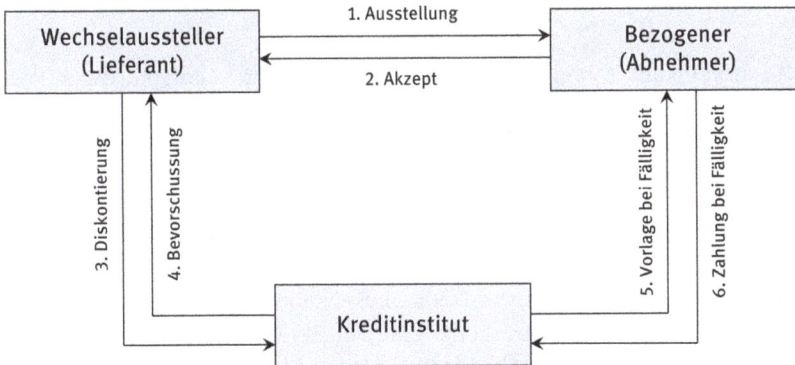

Abb. 4.5: Wechselgeschäft und Diskontkredit.

Der Wechsel ist ein *Orderpapier*, das durch Einigung, Indossament und Übergabe übertragen wird; das *Indossament* ist der auf der Rückseite des Wechsels angebrachte schriftliche Übertragungsvermerk (vgl. Art. 11 ff. WG). Wenn der Wechselaussteller den vom Bezogenen akzeptierten Wechsel nicht bis zur Fälligkeit in seinem Bestand halten möchte, kann er den Wechsel daher an einen Dritten weitergeben. In der Praxis wird der Wechsel häufig einem Kreditinstitut zur Diskontierung angeboten (siehe Abbildung 4.5).

Unter Diskontierung versteht man den Ankauf von Wechseln vor Fälligkeit unter Abzug der fälligen Kreditzinsen. Auf Basis des für den Wechselankauf gültigen Zinssatzes ermittelt das Kreditinstitut den Barwert der Wechselforderung und schreibt dem Wechselinhaber diesen Betrag gut. Die Bevorschussung des Wechsels durch ein Kreditinstitut bezeichnet man als *Diskontkredit*. Beim Diskontkredit entsteht zwischen Kreditinstitut und Wechseleinreicher eine Kreditbeziehung, da die Wechselsumme bevorschusst wird und der Wechseleinreicher ebenso wie alle anderen Wechselbeteiligten für die Einlösung des Wechsels haftet. Alternativ zum Diskontkredit kann der Lieferant den Wechsel bis zum Ende der Laufzeit im eigenen Bestand halten. Da der Wechsel ein abstraktes Zahlungsversprechen verbrieft, dient er in diesem Fall vor allem zur Absicherung der zugrunde liegenden Forderung.

Beispiel: Diskontkredit

Ein Lieferant hat auf seinen Kunden einen Wechsel über die vereinbarte Rechnungssumme von 85.000 Euro gezogen. Der vom Bezogenen akzeptierte Wechsel hat eine Laufzeit von 90 Tagen. Unmittelbar nachdem der Wechsel von seinem Kunden akzeptiert wurde, reicht der Lieferant den Wechsel bei seiner Hausbank zur Diskontierung ein. Die Hausbank stellt ihm für die Laufzeit von 90 Tagen (T) einen Zinssatz von 7 % p. a. in Rechnung.

$$BW_0 = 85.000\,€ - 85.000\,€ \cdot \frac{90\,T}{365\,T} \cdot 0{,}07 = 83.532{,}88\,€ \tag{4.3}$$

Für den Wechselankauf schreibt die Bank dem Lieferanten entsprechend Formel (4.3) einen Betrag von 83.532,88 Euro abzüglich Spesen gut.

Refinanzierung

Die von Kreditinstituten für den Wechselankauf in Rechnung gestellten Zinssätze liegen typischerweise unter den Zinssätzen für Kontokorrentkredite, da Kreditinstitute Wechsel zur Refinanzierung nutzen können. Die Refinanzierungsmöglichkeiten haben sich allerdings verschlechtert, da die Europäische Zentralbank (EZB) im Rahmen ihrer Geldpolitik keine Wechsel ankauft. Im Gegensatz dazu hat die Deutschen Bundesbank vor 1999 den Ankauf von Wechseln (Rediskontierung) als geldpolitisches Instrument genutzt. Zwischenzeitlich ist die Bedeutung von Wechselkrediten daher deutlich zurückgegangen.

Im Rahmen von Refinanzierungsgeschäften mit der EZB können Geschäftsbanken die von ihnen angekauften Wechsel weiterhin als Sicherheit nutzen. Hierzu müssen die zugrunde liegenden Wechsel folgende Anforderungen erfüllen (vgl. *Europäische Zentralbank*, 2006, S. 37 ff.):

– Es muss sich um einen Handelswechsel handeln; dem Wechselgeschäft darf keine reine Finanztransaktion zugrunde liegen.
– Die Restlaufzeit des Wechsels muss zwischen einem und sechs Monaten liegen.
– Mindestens einer der am ursprünglichen Wechselgeschäft Beteiligten muss von der Deutschen Bundesbank als notenbankfähig eingestuft sein.

Wenn die zugrunde liegenden Wechsel die EZB-Anforderungen erfüllen, kann sich das Kreditinstitut vergleichsweise günstig über die Europäische Zentralbank refinanzieren, was sich wiederum positiv auf die Konditionen für den Diskontkredit auswirkt. Der Zinssatz für den Diskontkredit wird zwischen Kreditinstitut und Wechseleinreicher üblicherweise auf Basis eines Referenzzinssatzes wie dem Hauptrefinanzierungssatz der Europäischen Zentralbank vereinbart, der um einen unternehmensindividuellen Zuschlag erhöht wird. Dieser Zuschlag liegt für notenbankfähige Wechsel bei ca. 0,5 % bis 2 %, während er für andere Wechsel ca. 2 % bis 4 % beträgt. In den meisten Fällen handelt es sich bei dem Diskontkredit um eine relativ kostengünstige Kreditart, wobei die konkreten Konditionen nicht zuletzt von der Bonität der Wechselbeteiligten abhängen. Da sämtliche Wechselbeteiligten für die Wechselsumme haften, entscheidet neben der Bonität des Bezogenen auch die Bonität des Wechselausstellers bzw. -einreichers über die Kreditkonditionen.

Lombardkredit

Ein Lombardkredit wird dem Kreditnehmer gegen die *Verpfändung* von Wertpapieren, Wechseln oder anderen Sachen gewährt. Der Lombardkredit kann als Geldbetrag oder als Kreditlinie zur Verfügung gestellt werden. Lombardkredite werden üblicherweise von Kreditinstituten vergeben und haben eine Laufzeit von bis zu einem Jahr, wobei die Prolongation des Kredites am Laufzeitende üblich ist. In der Praxis dienen insbesondere vertretbare und am Kapitalmarkt handelbare Wertpapiere (Effekten) als Sicherheit für Lombardkredite, da Effekten (z. B. Aktien oder Anleihen) relativ einfach verpfändet werden können.

Bei einem *Effektenlombard* muss der Kreditnehmer lediglich die Wertpapiere verpfänden, die sich im Depot bei dem als Kreditgeber fungierenden Kreditinstitut befinden. Die Beleihungsgrenzen von Lombardkrediten sind von der Art der verpfändeten Wertpapiere abhängig. Die Beleihungsgrenze für risikofreie Staatsanleihen liegt beispielsweise bei bis zu 90 % ihres Kurswertes, während Aktien mit 40 % (Nebenwerte) bis 60 % (Standardaktien) ihres Kurswertes beliehen werden. Aus Sicht des Kreditnehmers ist dabei zu beachten, dass Kreditinstitute Anpassungen bei gesunkenen Beleihungswerten vornehmen. In diesem Fall kann der Kreditnehmer dazu aufgefordert werden, weitere Sicherheiten zu stellen, um die Fälligstellung des Kredites sowie den Verkauf der als Sicherheiten dienenden Wertpapiere zu vermeiden. Um dieses Risiko zu begrenzen, kann es für den Kreditnehmer sinnvoll sein, die Beleihungsgrenzen nicht vollständig auszuschöpfen.

Angesichts des geringen Aufwands für die Bestellung und Verwaltung der Sicherheiten sowie in Anbetracht der guten Verwertbarkeit der als Sicherheit dienenden Wertpapiere vergeben Kreditinstitute Lombardkredite typischerweise zu relativ *günstigen Konditionen.* Während der Effektenlombard für die Unternehmensfinanzierung nur eine begrenzte Bedeutung hat, wird dieser Kredit häufig eingesetzt, um das Volumen von Wertpapierdepots ohne weiteren Kapitaleinsatz zu erhöhen. Durch den kreditfinanzierten Kauf zusätzlicher Wertpapiere entsteht ein Hebel-Effekt (siehe S. 43 ff.), durch den sowohl die Rendite als auch das Risiko des Wertpapierdepots steigen.

Neben Effekten können auch andere Wertpapiere als Sicherheiten für einen Lombardkredit dienen. Eine gewisse Bedeutung in der kurzfristigen Unternehmensfinanzierung hat der *Wechsellombard.* Bei dieser Variante des Lombardkredites stellt der Kreditnehmer dem Kreditgeber einen Wechsel als Sicherheit zur Verfügung. Aus Sicht des Kreditnehmers ist der Wechsellombard eine Alternative zum Diskontkredit.

Avalkredit

Ein Avalkredit ist keine Geldleihe, sondern eine Form der *Kreditleihe.* Im Gegensatz zu anderen Kreditformen, bei denen dem Kreditnehmer finanzielle Mittel zur Verfügung gestellt werden, verleiht der Kreditgeber bei einem Avalkredit seine Reputation bzw. sein Standing am Kapitalmarkt. Hierzu übernimmt das Kreditinstitut eine *Bürgschaft* oder eine *Garantie* gegenüber dem Vertragspartner des Kreditnehmers. Die Bankbürgschaft ist selbstschuldnerisch, sodass das Kreditinstitut nicht die Einrede der Vorausklage gegen den Hauptschuldner geltend machen kann (siehe S. 164 f.). Wenn der Kreditnehmer seinen vertraglichen Leistungsverpflichtungen nicht nachkommt, kann der durch die Bankbürgschaft begünstigte Dritte auf das Zahlungsversprechen des Kreditinstituts zurückgreifen. Wenn hinter der Bankbürgschaft ein Kreditinstitut hoher Bonität steht, kann der Begünstigte mit dem Kreditnehmer einen Vertrag schließen, ohne dessen Kreditwürdigkeit überprüfen zu müssen.

Avalkredite kommen z. B. bei Ausschreibungen zum Einsatz. Aus Sicht des Auftraggebers besteht bei einer Ausschreibung die Gefahr, dass der Auftragnehmer die ausgeschriebenen Lieferungen oder Leistungen nicht vertragsgemäß erbringt. Für diesen Fall werden in den Ausschreibungsbedingungen üblicherweise Konventionalstrafen festgelegt, die von Seiten der potenziellen Auftragnehmer durch Bankbürgschaften abgesichert werden. Eine weitere Einsatzmöglichkeit für den Avalkredit sind Kundenanzahlungen, die durch eine Bankbürgschaft abgesichert werden. Bei der Anmietung von Geschäftsräumen kann der Avalkredit anstelle einer Mietkaution treten. Im Vergleich zur Kautionszahlung bewirkt die Bankbürgschaft Liquiditätsvorteile. Ein weiteres, vor allem in der Baubranche übliches Beispiel ist schließlich die Absicherung von Gewährleistungsansprüchen. Wenn das Bauunternehmen eventuelle Gewährleistungsansprüche mit einer Bankbürgschaft absichert, besteht für den Auftraggeber keine Notwendigkeit, einen Teil des Rechnungsbetrages als Sicherheit einzubehalten. Das Bauunternehmen erhält den gesamten Betrag, wodurch wiederum Liquiditätsvorteile entstehen.

Bei einem Avalkredit handelt es sich um eine Form der Kreditleihe, die durch das Ausstellen der Bankbürgschaft eingeräumt wird. Da der Avalkredit primär zu Sicherungszwecken dient, ist eine Rückzahlung planmäßig nicht erforderlich. Eine Rückzahlung durch den Kreditnehmer wird lediglich dann erforderlich, wenn das Kreditinstitut aus der Bürgschaft an den begünstigten Dritten leisten musste. Als Kosten für einen Avalkredit berechnen Kreditinstitute eine Avalprovision in Höhe von ca. 0,5 % bis 2 % p. a., wobei die Höhe der Avalprovision von Art und Risiko der abzusichernden Leistung, der Kreditlaufzeit sowie der Bonität des Kreditnehmers abhängt.

4.3 Unverbriefte Instrumente der langfristigen Kreditfinanzierung

Nach der kurzfristigen ist der folgende Abschnitt der langfristigen Kreditfinanzierung gewidmet, wobei wir uns zunächst mit den unverbrieften Finanzierungsinstrumenten beschäftigen. Das *Lernziel von Kapitel 4.3* besteht darin, mit dem Darlehen sowie dem Schuldscheindarlehen die beiden wesentlichen unverbrieften Instrumente der langfristigen Kreditfinanzierung kennenzulernen und ihre Einsatzmöglichkeiten und -grenzen für Zwecke der Unternehmensfinanzierung beurteilen zu können.

4.3.1 Darlehen

Das Darlehen ist die klassische Form der langfristigen Kreditfinanzierung mit Laufzeiten zwischen fünf und 30 Jahren. Rechtlich handelt es sich bei einem Darlehen um die Hingabe von Geld oder anderen vertretbaren Sachen, wobei der Empfänger nach Ablauf der vereinbarten Nutzungszeit Sachen gleicher Art, Güte und Menge zurückzugeben hat (vgl. § 607 BGB). Im Vergleich zum Kredit ist der Darlehensbegriff enger gefasst. Die Vergabe von Darlehen ist auf Geld und andere vertretbare Sachen beschränkt und es wird ein fester Zeitraum für die Nutzung der Darlehenssumme bzw. der überlassenen Sachen vereinbart. Praktisch ist die Unterscheidung zwischen Kredit und Darlehen von untergeordneter Bedeutung, da beide Begriffe weitgehend synonym verwendet werden. Als Darlehen werden in der Praxis vor allem langfristige Kredite bezeichnet, die der Finanzierung von Investitions- oder Immobilienprojekten dienen. Zur Darlehensvergabe ist ein Vertrag zwischen Kreditgeber und -nehmer erforderlich, der die rechtliche Grundlage für die Auszahlung des Darlehensbe-trages an den Kreditnehmer bildet.

Kreditgeber

Darlehen werden vor allem von Kreditinstituten vergeben *(Bankdarlehen)*. Ange-sichts der langen Kreditlaufzeit und vor dem Hintergrund der zwischen Kreditgeber und -nehmer existierenden Informationsasymmetrien ist die Besicherung von Darle-hen eine entscheidende Voraussetzung für die Kreditvergabe. Unter den von Kredit-instituten vergebenen Darlehen kommt den *Hypothekendarlehen* besondere Bedeu-tung zu. Hypothekendarlehen werden durch Grundpfandrechte besichert (siehe S. 165 ff.), sodass es sich bei diesen Darlehen um eine besonders sichere und damit im Vergleich zu anderen Instrumenten kostengünstige Form der langfristigen Kredit-finanzierung handelt. Neben Kreditinstituten vergeben auch Versicherungen und andere Finanzdienstleister Darlehen, wobei diese Darlehensgeber aufgrund ihrer Anlagegrundsätze meistens nur Schuldner erster Bonität akzeptieren. *Private Darle-hensgeber* können Gesellschafter, Kunden oder sonstige dem Unternehmen verbun-dene Personen sein. Besondere Aufmerksamkeit erfordert das vor allem bei der GmbH anzutreffende *Gesellschafterdarlehen*. Sofern das Gesellschafterdarlehen un-ter wirtschaftlichen Aspekten Ersatz für notwendiges Eigenkapital darstellt, werden diese Darlehen bei der steuerlichen Gewinnermittlung bzw. im Konkursfall als ver-decktes Stammkapital gewertet (vgl. § 32a Abs. 1 GmbHG).

Neben privaten Kapitalgebern tritt auch der *Staat als Darlehensgeber* auf. Die Darlehensvergabe erfolgt über staatseigene Kreditinstitute mit Sonderaufgaben, z. B. die Kreditanstalt für Wiederaufbau (KfW). Aufgabenbereiche der vom Bund und den Bundesländern getragenen KfW sind die Umsetzung wirtschaftspolitischer Förder- und Entwicklungshilfeprogramme sowie die langfristige Exportfinanzierung (vgl. *Hartmann-Wendels/Pfingsten/Weber*, 2019, S. 39). Diese Aufgabenbereiche verdeutli-chen, dass die Darlehensvergabe über staatsnahe Kreditinstitute vor allem wirt-schaftspolitischen Zielen dient. Sofern der Darlehensnehmer zum Kreis der förde-rungswürdigen Unternehmen zählt, kann die Inanspruchnahme dieser Darlehen aus zwei Gründen interessant sein. Zum einen liegen die Finanzierungskosten der Förderprogramme regelmäßig unter marktüblichen Vergleichszinssätzen. Zum an-deren stellen diese Darlehen insbesondere für junge Unternehmen häufig einen we-sentlichen Baustein der Finanzierungsstrategie dar, der nur schwer durch andere Fi-nanzierungsinstrumente ersetzt werden kann. Die Abwicklung der staatlichen Kreditprogramme erfolgt üblicherweise in Zusammenarbeit mit der Hausbank des Darlehensnehmers.

Finanzierungskosten

Hinsichtlich der Finanzierungskosten gäbe ein für die gesamte Darlehenslaufzeit festgelegter *Kreditzinssatz* sowohl dem Darlehensgeber als auch dem Darlehensnehmer Planungssicherheit. Aufgrund der langen Laufzeit unterliegt ein Festzinssatzdarlehen allerdings erheblichen Zinsänderungsrisiken. Ein steigendes Zinsniveau benachteiligt den Darlehensgeber; sinkende Marktzinssätze sind zum Nachteil des Darlehensnehmers. Alternativ könnten Darlehensgeber und -nehmer eine variable Verzinsung vereinbaren, die in regelmäßigen Abständen an das veränderte Marktzinsniveau angepasst wird. Allerdings besteht auch in diesem Fall ein Zinsänderungsrisiko. Bei variabler Verzinsung muss der Kreditnehmer steigende Marktzinssätze befürchten, während der Kreditgeber Nachteile bei sinkenden Zinssätzen hat.

Vor dem Hintergrund der Zinsänderungsrisiken wird der nominale Darlehenszinssatz in der Praxis meistens für einen bestimmten Zeitraum von z. B. fünf oder zehn Jahren fest vereinbart. Nach Ablauf der *Festzinsphase* passt der Darlehensgeber den Darlehenszinssatz an die veränderten Marktbedingungen an, während der Darlehensnehmer zu diesem Zeitpunkt häufig Sondertilgungsrechte oder ein Kündigungsrecht hat. Der Nominalzinssatz wird bei einem Endfälligkeitsdarlehen auf den Nominalbetrag bzw. bei zwischenzeitlicher Tilgung auf den noch ausstehenden Kreditbetrag berechnet. Neben der Nominalverzinsung werden die Finanzierungskosten von Darlehen durch weitere Einflussgrößen (z. B. Bearbeitungsgebühren) bestimmt.

Ein weiterer Kostenfaktor ist das bei Endfälligkeitsdarlehen genutzte Disagio. Das *Disagio bzw. Damnum* ist ein in Prozent ausgedrücktes Abgeld, um welches der tatsächliche Auszahlungsbetrag gegenüber dem Nominalbetrag des Darlehens reduziert wird. Das Disagio hat Auswirkungen auf die Liquiditätsbelastung des Darlehensnehmers. Je höher das Disagio ist, umso geringer ist die Liquiditätsbelastung während der Darlehenslaufzeit. Dafür ist der Rückzahlungsbetrag am Laufzeitende höher. Neben den Liquiditätsauswirkungen hat die Vereinbarung eines Disagios steuerliche Konsequenzen. Für bilanzierende Unternehmen gilt hinsichtlich des Disagios ein handelsrechtliches Aktivierungswahlrecht (§ 250 Abs. 3 HGB) sowie eine steuerrechtliche Aktivierungspflicht (vgl. § 11 Abs. 2 Satz 3 EStG). Nicht bilanzierende Unternehmen, die ihren Gewinn im Rahmen einer Einnahmenüberschussrechnung ermitteln, müssen ein marktübliches Disagio nicht aktivieren, sondern können es sofort abschreiben (vgl. § 11 Abs. 2 Satz 4 EStG). Als marktüblich gelten 5 % Disagio bei fünf Jahren Darlehenslaufzeit. Bei einem höheren Disagio gilt für den über 5 % hinaus gehenden Anteil des Disagios wiederum die steuerliche Aktivierungspflicht.

Effektivverzinsung

Die tatsächlichen Finanzierungskosten eines Darlehens erhält man durch Ermittlung der Effektivverzinsung (p. a.). Die Effektivverzinsung ist der interne Zinsfuß der mit dem Darlehen verbundenen Zahlungsreihe (zum internen Zinsfuß siehe Kapitel 9.3). Während der effektive Zinssatz aus Sicht des Darlehensnehmers die tatsächlichen Finanzierungskosten angibt, entspricht die Effektivverzinsung aus Sicht des Darlehensgebers der durch die Kreditvergabe erzielten Rendite. In die Ermittlung der Effektivverzinsung gehen entsprechend Formel (4.4) die Nominalverzinsung sowie das Disagio und die weiteren einmaligen Zusatzkosten ein. Die Effektivverzinsung wird ermittelt, indem die Zahlungsreihe des Darlehens mit dem gesuchten Effektivzinssatz abgezinst und gleich null gesetzt wird.

$$-A_0 + \sum_{t=1}^{n} Z_t \cdot (1 + i_{eff})^{-t} + R_n \cdot (1 + i_{eff})^{-n} = 0 \tag{4.4}$$

mit $\quad i_{eff}$ = Effektiver Zinssatz (Effektivverzinsung)
$\quad\quad A_0$ = Auszahlungsbetrag im Zeitpunkt 0
$\quad\quad Z_t$ = Zinszahlung im Zeitpunkt t
$\quad\quad R_n$ = Rückzahlungsbetrag im Zeitpunkt n
$\quad\quad n$ = Darlehenslaufzeit

Zur Ermittlung der Effektivverzinsung muss Gleichung (4.4) nach i_{eff} aufgelöst werden. Da es sich um ein Polynom n-ten Grades handelt, bereitet die Auflösung dieser Gleichung allerdings Probleme. Während sich quadratische Gleichungen noch lösen lassen, findet sich für Polynome höheren Grades meistens keine analytische Lösung (vgl. z. B. *Kruschwitz/Lorenz*, 2019, S. 95 f.). Das Ergebnis wird bei Gleichungen dieser Art durch Probieren mit verschiedenen Zinssätzen in mehreren Iterationsschritten ermittelt. Auch programmierbare Taschenrechner oder Tabellenkalkulationsprogramme nutzen die Iteration zur Ermittlung der Effektivverzinsung.

Bei einem Endfälligkeitsdarlehen mit konstanter Nominalverzinsung kann die in der Kreditpraxis entstandene Formel (4.5) genutzt werden, um eine Näherungslösung für die Effektivverzinsung zu ermitteln. Die Näherungsformel verteilt das Disagio (R_n – A_0) über die Laufzeit des Darlehens und setzt den anteiligen Betrag zusammen mit der Nominalverzinsung ins Verhältnis zur Darlehensauszahlung.

$$i'_{eff} = \frac{Z + \frac{R_n - A_0}{n}}{A_0} \tag{4.5}$$

mit $\quad i'_{eff}$ = Näherungslosung für die Effektivverzinsung
$\quad\quad A_0$ = Auszahlungsbetrag im Zeitpunkt 0
$\quad\quad Z$ = Nominalzinsbetrag
$\quad\quad R_n$ = Rückzahlungsbetrag im Zeitpunkt n
$\quad\quad n$ = Darlehenslaufzeit

Beispiel: Disagio
Die Holzwurm GmbH beabsichtigt die Aufnahme eines endfälligen Darlehens mit einem Nominalbetrag von 100.000 Euro und einer Laufzeit von fünf Jahren. Ernst-August Holzwurm und Andrea Kalkuletta besprechen mit Christan von Hebel, dem Firmenkundenbetreuer der Hausbank, die Darlehenskonditionen. Die Bank bietet ein Darlehen mit einer Nominalverzinsung von 8 % und einem Disagio von 5 % an. Die

Auszahlung beträgt in diesem Fall 95.000 Euro, während das Unternehmen am Laufzeitende den Nominalbetrag von 100.000 Euro zurückzahlen müsste. Bevor Christian seinen Computer starten kann, hat Andrea die Effektivverzinsung durch Rückgriff auf die Näherungsformel (4.5) errechnet:

$$i'_{eff} = \frac{8.000\,€ + \frac{100.000\,€ - 95.000\,€}{5}}{95.000\,€} = 0,0947 = 9,47\,\%\qquad(4.6)$$

Die mit Hilfe der Näherungsformel ermittelten Finanzierungskosten betragen 9,47 %. Nach der exakten Rechenmethode gemäß Formel (4.4) ermittelt Christian mit Hilfe seines Tabellenkalkulationsprogramms eine Effektivverzinsung von 9,3 %, die wir im weiteren Verlauf des Beispiels verwenden. Die Abweichung zwischen exakter und näherungsweiser Lösung ist von den konkreten Konditionen des Darlehens abhängig, insbesondere von der Höhe des Disagios sowie von der Darlehenslaufzeit. Sofern das Darlehen am Ende der Laufzeit in einer Summe zurückgezahlt wird, führt die Näherungsformel üblicherweise zu einer vertretbaren Lösung. Bei Tilgungszahlungen während der Laufzeit ist allerdings die exakte Rechenmethode zu verwenden.

Die *Effektivverzinsung* gibt Auskunft über die tatsächlichen Finanzierungskosten des Darlehens und ist eine entscheidende Größe für den Vergleich verschiedener Darlehensalternativen. Ein Disagio kann zwischen Darlehensgeber und -nehmer beispielsweise unter Liquiditätsaspekten vereinbart werden. Durch das Disagio sinkt der Nominalzinssatz bei gleichbleibender Effektivverzinsung, während sich der am Laufzeitende durch den Kreditnehmer zu tilgende Darlehensbetrag erhöht. Das Disagio verlagert einen Teil der Liquiditätsbelastung auf das Ende der Darlehenslaufzeit.

Angesichts der Tatsache, dass bei der Darlehensalternative mit Disagio nur 95.000 Euro ausgezahlt werden, weist Ernst-August Holzwurm darauf hin, dass die Holzwurm GmbH den Gesamtbetrag von 100.000 Euro zur Finanzierung von Investitionsprojekten benötigt. Christian von Hebel erwidert, dass das Unternehmen bei der Variante mit einem Disagio von 5 % einen Nominalbetrag von 105.263 Euro (= 100.000 Euro geteilt durch 0,95) aufnehmen muss. Alternativ bietet der Firmenkundenbetreuer eine Darlehensvariante ohne Disagio und mit einer Nominalverzinsung von 9,3 % an. In beiden Fällen erhält die Holzwurm GmbH eine Darlehensauszahlung von 100.000 Euro und hat jeweils Finanzierungskosten von 9,3 %. Unterschiede zwischen beiden Darlehensalternativen zeigen sich beim Blick auf die Zeitpunkte der Zins- und Tilgungszahlungen (siehe Tabelle 4.1).

Tab. 4.1: Alternative Darlehenskonditionen.

	Darlehen mit 5 % Disagio	Darlehen ohne Disagio
Nominalzinssatz	8,0 %	9,3 %
Nominalbetrag (€)	105.263	100.000
Auszahlungsbetrag (€)	105.263 · 0,95 = 100.000	100.000 · 1,00 = 100.000
Zinszahlung (€/Jahr)	105.263 · 0,08 = 8.421	100.000 · 0,093 = 9.300
Rückzahlungsbetrag (€)	105.263	100.000
Effektivverzinsung	9,3 %	9,3 %

Bei Vereinbarung eines Disagios hat die Holzwurm GmbH eine geringere laufende Liquiditätsbelastung. Das Unternehmen zahlt Zinsen von 8.421 Euro p. a., während die Zinsbelastung ohne Disagio bei 9.300 Euro p. a. liegt. Der Ausgleich erfolgt durch die höhere Tilgungszahlung, die bei dem Darlehen mit Disagio 105.263 Euro beträgt, während bei der Alternative ohne Disagio nur 100.000 Euro zurückzuzahlen sind. Beide Darlehensvarianten haben eine Effektivverzinsung von 9,3 % und damit gleich hohe Finanzierungskosten. Da das Disagio der Holzwurm GmbH als bilanzierungspflichtigem Unternehmen steuerlich keine Vorteile bringt, entscheidet sich Ernst-August Holzwurm nach kurzer Rücksprache mit seiner kaufmännischen Leiterin für die Variante ohne Disagio.

Tilgungsformen

Neben der Höhe der Kreditauszahlung ist die Form der Tilgung entscheidend für die Beurteilung eines Darlehens. Angesichts der langen Laufzeit wird bei einem Darlehen üblicherweise ein Tilgungsplan erstellt, der Auskunft über Höhe und Zeitpunkte der Zins- und Tilgungszahlungen gibt.[2] Nach der Tilgungsform werden Endfälligkeitsdarlehen, Tilgungsdarlehen und Annuitätendarlehen unterschieden. Bei einem *Endfälligkeitsdarlehen* erfolgt die Rückzahlung des Darlehens am Laufzeitende in einer Summe. Diese Tilgungsform ist z. B. in den Fällen geeignet, in denen die Darlehensrückzahlung durch den Verkauf von Vermögensgegenständen finanziert werden soll. Die Tilgung in einem Betrag bietet sich auch an, wenn zum Laufzeitende die Darlehensablösung durch eine alternative Finanzierungsform geplant ist. Schließlich kann der Rückzahlungsbetrag vom Darlehensnehmer auch durch eine Kapitalanlage angesammelt werden. Für ein Endfälligkeitsdarlehen sind über die ge-

---

2 Es wird nachfolgend von jährlichen Darlehenszahlungen ausgegangen. Bei monatlichen bzw. quartalsweisen Zahlungen sind die Beträge unter Berücksichtigung der unterjährigen Verzinsung umzurechnen; siehe z. B. *Sydsaeter/Hammond/Strøm/Carvajal*, 2018, S. 454 ff.

samte Laufzeit gleich hohe Zinszahlungen zu leisten, da die Darlehenshöhe bis zum Laufzeitende konstant bleibt.

Im Gegensatz zum Endfälligkeitsdarlehen leistet der Darlehensnehmer bei einem *Tilgungsdarlehen* Rückzahlungen bereits während der Darlehenslaufzeit. Die Rückzahlung eines Tilgungsdarlehens erfolgt durch konstante Tilgungsraten. Zur Errechnung der Tilgungsrate wird der Nominalbetrag durch die Laufzeit des Darlehens dividiert. Wenn der durch das Darlehen finanzierte Vermögensgegenstand über die Darlehenslaufzeit linear abgeschrieben wird, vermindern sich die Buchwerte von Vermögensgegenstand und zugehörigem Darlehen gleichförmig, sodass die ursprüngliche Bilanzstruktur erhalten bleibt. Bei einem Tilgungsdarlehen sinken die Zinszahlungen mit jedem Tilgungsschritt, wobei die Gesamtsumme der Zinszahlungen geringer als bei anderen Tilgungsformen ist. Der Nachteil des Tilgungsdarlehens ist die ungleiche Liquiditätsbelastung. Während die Tilgungsrate über die Darlehenslaufzeit konstant bleibt, vermindert sich die Höhe der jährlichen Zinszahlungen mit sinkender Restschuld. Folglich ist die aus Zins- und Tilgungszahlung bestehende Gesamtbelastung im ersten Jahr am höchsten, während sie in den Folgejahren kontinuierlich sinkt. Unter Liquiditätsaspekten kann das problematisch sein, weil die Projektrückflüsse gerade in den Anfangsjahren eines Investitionsprojektes meistens geringer sind als in späteren Jahren.

Annuitätendarlehen sind durch konstante jährliche Zahlungen (Annuitäten) charakterisiert. Die Annuität ist die von Zinssatz und Laufzeit abhängige jährliche Zahlungsgröße, durch die ein anfänglicher Kreditbetrag während der Darlehenslaufzeit einschließlich Zinsen getilgt wird. Annuitäten bestehen aus Zins- und Tilgungsanteil. Der anfänglich vergleichsweise hohe Zinsanteil verringert sich in den folgenden Jahren sukzessiv zugunsten des Tilgungsanteils. Die Annuität, die eine Darlehenssumme innerhalb der Laufzeit (n) bei einem gegebenen Nominalzinssatz (i) inklusive Zinsen vollständig zurückführt, wird ermittelt, indem der zurückzuzahlende Kreditbetrag (K_0) gemäß Formel (4.7) mit dem Wiedergewinnungs- bzw. Annuitätenfaktor (WF) multipliziert wird (siehe zur Annuität auch S. 54 ff.):

$$AN = K_0 \cdot WF(i,n) = K_0 \cdot \frac{(1+i)^n \cdot i}{(1+i)^n - 1} \qquad (4.7)$$

mit   AN = Annuität
            K_0 = Nominaler Kreditbetrag
            WF = Wiedergewinnungs − bzw. Annuitätenfaktor
            i = Nominalzinssatz
            n = Darlehenslaufzeit

Annuitätendarlehen sind in der Praxis relativ beliebt, da sie eine über die Darlehenslaufzeit konstante Liquiditätsbelastung gewährleisten. Den Liquiditätsvorteilen steht allerdings eine höhere finanzielle Gesamtbelastung gegenüber, da die Summe der Zinszahlungen beim Annuitätendarlehen höher ist als beim Tilgungsdarlehen.

Im nachfolgenden Beispiel werden die verschiedenen Tilgungsalternativen miteinander verglichen.

Beispiel: Alternativen der Darlehenstilgung

Die Holzwurm GmbH plant die Ablösung auslaufender Kredite durch ein langfristiges Darlehen. Andrea Kalkuletta hat einen Finanzierungsbedarf von 250.000 Euro ermittelt. Die Darlehensverhandlungen führt Andrea gemeinsam mit ihrem Geschäftsführer Ernst-August Holzwurm. Über die grundlegenden Darlehenskonditionen sind sich die beiden mit dem Firmenkundenbetreuer Christian von Hebel einig. Das Unternehmen wird bei der Hausbank ein zehnjähriges Darlehen im Nominalbetrag von 250.000 Euro mit einer Nominalverzinsung von 5 % aufnehmen.

Das Darlehen kann als Endfälligkeitsdarlehen, als Tilgungsdarlehen oder als Annuitätendarlehen vergeben werden. Andrea stellt für jede Alternative einen Tilgungsplan auf, der die Auswirkungen der unterschiedlichen Tilgungsformen verdeutlicht. Die Holzwurm GmbH erwirtschaftet relativ konstante jährliche Rückflüsse, sodass Ernst-August Holzwurm eine schrittweise Tilgung des Darlehens präferiert. Das Endfälligkeitsdarlehen scheidet somit aus, zumal es sich angesichts kumulierter Zinszahlungen von 125.000 Euro um die teuerste Tilgungsalternative handelt (siehe Tabelle 4.2).

Tab. 4.2: Tilgungsplan des Endfälligkeitsdarlehens.

Jahr	Restschuld (€)	Zinszahlungen (€)	Tilgungszahlungen (€)	Gesamtbelastung (€)
1	250.000,00	12.500,00	0,00	12.500,00
2	250.000,00	12.500,00	0,00	12.500,00
3	250.000,00	12.500,00	0,00	12.500,00
4	250.000,00	12.500,00	0,00	12.500,00
5	250.000,00	12.500,00	0,00	12.500,00
6	250.000,00	12.500,00	0,00	12.500,00
7	250.000,00	12.500,00	0,00	12.500,00
8	250.000,00	12.500,00	0,00	12.500,00
9	250.000,00	12.500,00	0,00	12.500,00
10	250.000,00	12.500,00	250.000,00	262.500,00
Saldo		125.000,00	250.000,00	375.000,00

Das Tilgungsdarlehen wird durch zehn gleichmäßige Raten von jeweils 25.000 Euro getilgt (siehe Tabelle 4.3). Die Restschuld vermindert sich linear; die Zinsen errechnen sich unter Bezug auf die jeweilige Restschuld.

Tab. 4.3: Tilgungsplan des Tilgungsdarlehens.

Jahr	Restschuld (€)	Zinszahlungen (€)	Tilgungszahlungen (€)	Gesamtbelastung (€)
1	250.000,00	12.500,00	25.000,00	37.500,00
2	225.000,00	11.250,00	25.000,00	36.250,00
3	200.000,00	10.000,00	25.000,00	35.000,00
4	175.000,00	8.750,00	25.000,00	33.750,00
5	150.000,00	7.500,00	25.000,00	32.500,00
6	125.000,00	6.250,00	25.000,00	31.250,00
7	100.000,00	5.000,00	25.000,00	30.000,00
8	75.000,00	3.750,00	25.000,00	28.750,00
9	50.000,00	2.500,00	25.000,00	27.500,00
10	25.000,00	1.250,00	25.000,00	26.250,00
Saldo		68.750,00	250.000,00	318.750,00

Tab. 4.4: Tilgungsplan des Annuitätendarlehens.

Jahr	Restschuld (€)	Zinszahlungen (€)	Tilgungszahlungen (€)	Gesamtbelastung bzw. Annuität (€)
1	250.000,00	12.500,00	19.876,14	32.376,14
2	230.123,86	11.506,19	20.869,95	32.376,14
3	209.253,91	10.462,70	21.913,45	32.376,14
4	187.340,46	9.367,02	23.009,12	32.376,14
5	164.331,34	8.216,57	24.159,58	32.376,14
6	140.171,76	7.008,59	25.367,56	32.376,14
7	114.804,20	5.740,21	26.635,93	32.376,14
8	88.168,27	4.408,41	27.967,73	32.376,14
9	60.200,54	3.010,03	29.366,12	32.376,14
10	30.834,42	1.541,72	30.834,42	32.376,14
Saldo		73.761,44	250.000,00	323.761,44

Für das Annuitätendarlehen mit einer Nominalverzinsung von 5 % und einer Laufzeit von zehn Jahren wird die Annuität durch Einsetzen in Formel (4.7) ermittelt:

$$AN = 250.000\,€ \cdot \frac{(1+0,05)^{10} \cdot 0,05}{(1+0,05)^{10} - 1} = 250.000\,€ \cdot 0,129504575 = 32.376,14\,€ \quad (4.8)$$

Durch die Annuitätszahlungen in Höhe von 32.376,14 Euro p. a. wird das Darlehen von 250.000 Euro einschließlich Zinsen in zehn Jahren zurückgezahlt (siehe Tabelle 4.4).

Andrea weist darauf hin, dass das Tilgungsdarlehen unter Kostenaspekten vorziehenswürdig ist, da die kumulierten Zinszahlungen nur 68.750 Euro im Vergleich zu 73.761 Euro betragen. Der Vorteil des Annuitätendarlehens liegt demgegenüber in der konstanten Liquiditätsbelastung. Trotz der höheren Gesamtbelastung präferiert Andrea das Annuitätendarlehen, da die konstanten Jahresraten es leichter machen, das finanzielle Gleichgewicht des Unternehmens aufrechtzuerhalten. Ernst-August Holzwurm stimmt seiner kaufmännischen Leiterin zu und unterzeichnet den Darlehensvertrag.

Wie Sie gesehen haben, lassen sich Darlehen durch die Gestaltung der Darlehenskonditionen an die Bedürfnisse des Darlehensnehmers anpassen. Unternehmen sollten sich unter Beachtung von Kosten- und Liquiditätsaspekten für die Alternative entscheiden, die am besten zu der konkreten Finanzierungssituation passt.

4.3.2 Schuldscheindarlehen

Schuldscheindarlehen sind Darlehen mit hohen Kreditvolumina an Schuldner erster Bonität (vgl. z. B. *Koller*, 2014, S. 1177 ff. oder *Wöhe et al.*, 2013, S. 291 ff.). *Kapitalnehmer* von Schuldscheindarlehen sind große Industrie- bzw. Dienstleistungsunternehmen, Banken oder die öffentliche Hand, während es sich bei den *Kapitalgebern* um Kapitalsammelstellen handelt. Als *Kapitalsammelstellen* werden Finanzierungsintermediäre (z. B. Kreditinstitute, Versicherungen, Pensionsfonds oder Sozialversicherungsträger) bezeichnet, bei denen durch freiwilliges oder zwangsweises Sparen ein hohes Volumen an Liquidität entsteht, das für einen kurz- oder längerfristigen Zeitraum angelegt werden soll.

Angesichts der hohen Kreditbeträge wird ein Schuldscheindarlehen üblicherweise von mehreren Kapitalgebern aufgebracht (siehe Abbildung 4.6). Die Platzierung der Teilbeträge bei den verschiedenen Darlehensgebern übernehmen einzelne Kreditinstitute, Bankkonsortien oder Finanzmakler. Vielfach vereinbart der Darlehensnehmer die feste Übernahme des vollen Darlehensbetrages durch die platzierenden Kreditinstitute, die somit das Platzierungsrisiko tragen. Allerdings reichen die Kreditinstitute häufig nicht den vollständigen Darlehensbetrag an andere Kapitalgeber weiter, sondern treten selbst als Kapitalgeber auf. Wenn die Laufzeit des Schuldscheindarlehens dem Finanzierungsbedarf des Darlehensnehmers entspricht, liegt eine laufzeitkongruente Finanzierung vor. Anderenfalls wird ein *revolvierendes Schuldscheindarlehen* vereinbart. In diesem Fall ist die Darlehenslaufzeit kürzer als der zeitliche Kapitalbedarf des Darlehensnehmers. Daher muss nach Ende der Darlehenslaufzeit eine Anschlussfinanzierung bereitgestellt werden. Letztere erfolgt dadurch, dass weitere Teilbeträge des revolvierenden Schuldscheindarlehens bei neuen Darlehensgebern platziert werden, wobei das Platzierungsrisiko üblicherweise von den als Vermittlern tätigen Kreditinstituten übernommen wird.

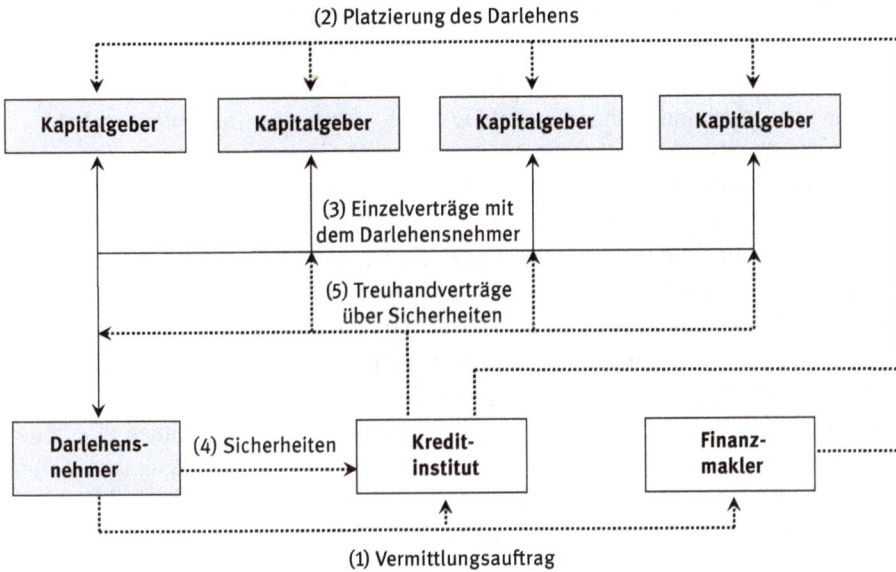

Abb. 4.6: Vergabe eines Schuldscheindarlehens (Quelle: in Anlehnung an *Wöhe et al.*, 2013, S. 294).

Ein charakteristisches Merkmal von Schuldscheindarlehen ist die Tatsache, dass der ursprüngliche Darlehensgeber das Darlehen an neue Gläubiger abtreten kann. Um den Verkauf des Schuldscheindarlehens zu erleichtern, wird ein *Schuldschein* ausgestellt, der die wesentlichen Bestimmungen des Darlehensvertrages enthält. Der Schuldschein ist eine Beweisurkunde, in welcher der Darlehensnehmer den Erhalt des Kreditbetrages bestätigt. Durch das Ausstellen des Schuldscheins wird die Beweislast über das Bestehen der Forderung vom Gläubiger auf den Darlehensnehmer übertragen. Zur Durchsetzung der Darlehensforderung muss der Gläubiger allerdings nicht notwendigerweise im Besitz des Schuldscheins sein, da der Schuldschein kein Wertpapier ist. In der Praxis wird der Schuldschein daher üblicherweise in den Darlehensvertrag integriert. Die Übertragung eines Schuldscheindarlehens auf einen neuen Gläubiger erfolgt durch Zession, die vielfach an die Zustimmung des Schuldners gebunden ist.

Das Finanzierungsvolumen von Schuldscheindarlehen liegt typischerweise im zwei- bis dreistelligen Millionenbereich. Schuldscheindarlehen haben Laufzeiten von bis zu 15 Jahren, wobei meistens einige tilgungsfreie Jahre vereinbart werden. Da in der Praxis insbesondere Versicherungsgesellschaften als Kapitalgeber von Schuldscheindarlehen auftreten, bestehen hohe Bonitätsanforderungen. Aufgrund der Anlagepolitik von Versicherungsgesellschaften kommen nur Darlehensnehmer höchster Bonität in Frage, damit das Schuldscheindarlehen dem Sicherungsvermögen zugerechnet werden darf. Das Sicherungsvermögen ist ein von Versicherungen zu bildendes Sondervermögen, in dem die Prämieneinnahmen der Versicherten nach strengen Anlagevorschriften angelegt werden und das von der Bundesanstalt für Finanzdienstleistungsaufsicht (BaFin) kontrolliert wird (vgl. § 66 VAG). Besichert werden Schuldscheindarlehen regelmäßig durch erstrangige Grundpfandrechte.

Angesichts der hohen Bonität der Schuldner, der erstklassigen Besicherung sowie hoher Kreditvolumina zeichnen sich Schuldscheindarlehen typischerweise durch relativ geringe *Finanzierungskosten* aus. Die Kosten liegen regelmäßig unter den Finanzierungskosten klassischer Darlehen. Für nicht emissionsfähige Unternehmen, die die hohen Bonitätsanforderungen der Darlehensgeber erfüllen können, sind Schuldscheindarlehen daher eine attraktive Form der langfristigen Fremdfinanzierung. Obwohl die Verzinsung von Schuldscheindarlehen üblicherweise leicht über der Kapitalmarktverzinsung festverzinslicher Anleihen gleichen Risikos liegt, kann das Schuldscheindarlehen auch für emissionsfähige Unternehmen eine interessante Finanzierungsalternative sein. Zum einen liegen die einmaligen und laufenden Nebenkosten deutlich unter den mit der Emission einer Anleihe verbundenen Transaktionskosten. Zum anderen bestehen beim Schuldscheindarlehen im Gegensatz zur Anleihe keine Publizitätspflichten.

4.4 Verbriefte Instrumente der langfristigen Kreditfinanzierung

Nach den unverbrieften Finanzierungsinstrumenten folgen jetzt die verbrieften Instrumente der langfristigen Kreditfinanzierung. Grundlegendes Instrument der verbrieften Kreditfinanzierung ist die festverzinsliche Anleihe. In der Kapitalmarktpraxis werden *Anleihen* auch als *Obligationen* oder *Schuldverschreibungen* bezeichnet, wobei wir die Begriffe im Weiteren synonym verwenden. Das *Lernziel von Kapitel 4.4* besteht darin, die grundlegenden Charakteristika festverzinslicher Anleihen kennenzulernen, die Effektivverzinsung und den rechnerischen Wert von Anleihen ermitteln zu können und die Vor- bzw. Nachteile von Anleihen im Vergleich zu anderen Finanzierungsformen zu verstehen.

4.4.1 Festverzinsliche Anleihen

Dadurch, dass bei der Emission einer Anleihe eine Vielzahl von Anlegern angesprochen wird, kann der Emittent finanzielle Mittel in einem Volumen aufnehmen, das einzelne Gläubiger nicht bereitstellen können oder wollen.

Grundlagen

Durch die Emission einer Anleihe werden zwischen den Anlegern und dem Emittenten Gläubigerrechte begründet, sodass es sich bei der Anleihenfinanzierung um *Außenfinanzierung mit Fremdkapital* handelt. Grundsätzlich ist die Ausgabe einer Anleihe mit der Aufnahme eines Bankkredites vergleichbar. Der wesentliche Unterschied zum Kredit besteht darin, dass die Gläubigerrechte in einem Wertpapier verbrieft sind (vgl. § 2 Abs. 1 WpHG). Aus dem Wertpapier folgt der Anspruch der Anleihegläubiger auf die Leistung der vereinbarten Zinszahlungen sowie auf die fristgerechte Rückzahlung des aufgenommenen Kapitals. Anleihen können an der Börse gehandelt werden, sodass Anleihegläubiger ihr investiertes Kapital bereits vor Fälligkeit freisetzen können, während der Emittent über die aufgenommenen Finanzmittel bis zum Laufzeitende verfügen kann. In Abhängigkeit von der Kursentwicklung trägt der Gläubiger allerdings das Risiko, dass der Verkaufserlös unterhalb des ursprünglich investierten Anlagebetrages liegt.

Anleihen werden von Staaten, Kreditinstituten oder Unternehmen emittiert. Dominiert wird der Markt für festverzinsliche Anleihen von den *Staatsanleihen*. In Deutschland sind das vor allem die Bundesanleihen mit Laufzeiten zwischen zehn und 30 Jahren sowie die Bundesobligationen mit einer Laufzeit von fünf Jahren. Das Finanzierungsvolumen der einzelnen Emissionen überschreitet dabei regelmäßig die Grenze von einer Mrd. Euro, wobei einzelne Emissionen ein Volumen von bis zu 25 Mrd. Euro erreichen. Die für die Schuldenverwaltung des Bundes zuständige deutsche Finanzagentur weist per Ende 2021 ausstehende Bundesanleihen und Bundesobligationen in Höhe von insgesamt mehr als 1.200 Mrd. Euro aus (vgl. *Deutsche Finanzagentur*, 2022). Neben dem Bund nutzen auch die Bundesländer und Gemeinden sowie staatliche Sondervermögen (z. B. die Deutsche Bahn oder die Kreditanstalt für Wiederaufbau) das Finanzierungsinstrument der festverzinslichen Anleihe.

Die von Kreditinstituten und privatwirtschaftlichen Unternehmen begebenen Anleihen werden als Bankschuldverschreibungen, Industrieobligationen oder Unternehmensanleihen bezeichnet. Eine Spezialform der Bankschuldverschreibung ist der von Hypothekenbanken zur Refinanzierung genutzte Pfandbrief (vgl. *Büschgen/ Börner*, 2003, S. 81 ff.). *Pfandbriefe* werden durch Grundpfandrechte besichert und unterliegen darüber hinaus den strengen Anforderungen des Pfandbriefgesetzes. Aus Anlegersicht handelt es sich bei Pfandbriefen um sehr sichere Anlageformen, deren geringes Ausfallrisiko mit dem Risiko von Staatsanleihen vergleichbar ist. Angesichts der hohen Sicherheit liegt die Effektivverzinsung von Pfandbriefen üblicherweise nur knapp über der Verzinsung risikofreier Staatsanleihen.

Die weiteren Ausführungen konzentrieren sich auf die von privatwirtschaftlichen Unternehmen ausgegebenen Anleihen, wobei unabhängig vom Emittenten der Begriff der Unternehmensanleihe verwendet wird.

Unternehmensanleihen

Unternehmensanleihen (Corporate Bonds) können grundsätzlich nur von emissionsfähigen Unternehmen ausgegeben werden. Im Gegensatz zur Aktienemission (siehe S. 99 ff.) ist die *Emission von Anleihen* nicht an eine bestimmte Rechtsform (z. B. AG, SE oder KGaA) geknüpft. Am Anleihemarkt bezieht sich die Emissionsfähigkeit vielmehr auf nicht exakt kodifizierte Anforderungen, die der Emittent erfüllen muss, um seine Anleihe am Kapitalmarkt platzieren zu können. Hierzu zählen vor allem Anforderungen hinsichtlich der Bonität sowie der marktüblichen Mindestvolumina. In der Kapitalmarktpraxis liegt das Emissionsvolumen von Unternehmensanleihen üblicherweise bei 100 Millionen Euro oder mehr. Hierbei spielen auch Effizienzüberlegungen eine Rolle, da sich kleinere Emissionen aufgrund der relativ hohen einmaligen Emissionskosten nicht lohnen.

Über die kapitalmarktbedingten Anforderungen hinaus unterliegt die Emission von Unternehmensanleihen bestimmten *Informationspflichten*. In der Kapitalmarktpraxis resultieren die Informationspflichten meistens aus der Absicht, die Anleihe zum Handel an einer Wertpapierbörse zuzulassen. Der Antrag auf Zulassung zum Börsenhandel, der gemeinsam mit einem an der Börse zugelassenen Kreditinstitut zu stellen ist, wird von der Börse aufgrund gesetzlicher Vorschriften sowie der jeweiligen Börsenordnung geprüft (vgl. §§ 32 ff. BörsG). Das wichtigste Dokument des Zulassungsantrages ist der *Emissionsprospekt*, der den erläuterten Jahresabschluss des Unternehmens sowie weitere Unternehmensinformationen beinhaltet und dem Anleger eine umfassende Beurteilung des Emittenten ermöglichen soll. Für die Richtigkeit der Angaben im Emissionsprospekt haftet der Emittent gemeinsam mit dem emissionsbegleitenden Kreditinstitut.

Ausstattungsmerkmale festverzinslicher Anleihen

Festverzinsliche Anleihen (Kuponanleihen) zeichnen sich durch folgende Merkmale aus (siehe auch Abbildung 4.7):

- Die *Laufzeit* bezeichnet die Dauer, für die das Kapital dem Emittenten überlassen wird. Unternehmensanleihen haben typischerweise Laufzeiten zwischen fünf und zehn Jahren, in Einzelfällen von bis zu 30 Jahren.
- Das *nominale Emissionsvolumen* bezeichnet den Nominalbetrag, den der Emittent am Kapitalmarkt aufnimmt. Um die Anleihe bei institutionellen bzw. privaten Anlegern platzieren zu können, wird das Gesamtvolumen in Teilschuldverschreibungen aufgeteilt.
- Der *Nennwert (Nominalwert)* ist der nominale Betrag, auf den die einzelne Teilschuldverschreibung lautet. Der Mindestnennbetrag (z. B. 100 oder 1.000 Euro) gibt Auskunft darüber, mit welchen Beträgen sich Anleger an der Anleihe beteiligen können. Darüber hinaus dient der Nennwert als Bezugsgröße zur Berechnung der Zinszahlungen.

- Der auch als *Kupon* bezeichnete *Nominalzinssatz* ist die feste Verzinsung, welche die Anleihegläubiger für die Kapitalüberlassung erhalten. Die Kupon- bzw. Zinszahlungen werden ermittelt, indem der Nominalzinssatz auf den Nennwert der Anleihe bezogen wird. Die Zinsen können jährlich, halbjährlich oder quartalsweise gezahlt werden, wobei auf dem deutschen Anleihemarkt mehrheitlich jährliche Zinszahlungen üblich sind.
- Der *Rückzahlungskurs* wird ebenfalls auf den Nennwert bezogen und gibt bei einer endfälligen Anleihe die Höhe der Tilgung am Laufzeitende an. In der Praxis liegt der Rückzahlungskurs meistens bei 100 %, sodass die Anleihe zu ihrem Nennwert getilgt wird.
- Auch der *Ausgabekurs* wird in Prozent des Nennwertes angegeben, wobei als Ausgabekurs häufig ein von 100 % abweichender Kurs gewählt wird. In diesem Fall liegt der Ausgabebetrag über bzw. unter dem Nennwert der Teilschuldverschreibung.

Deutsche Börse AG 1,50 %-Anleihe von 2022/2032	
Nominalzinssatz (Kupon):	1,50 % p. a.
Zinszahlung:	Jährlich nachträglich am 04.04. eines jeden Jahres; erstmals am 04.04.2023
Laufzeit:	10 Jahre
Ausgabedatum und -kurs:	04.04.2022 (zu 98,66 %)
Rückzahlungsdatum und -kurs:	04.04.2032 (zu 100 %)
Wertpapierart:	Unternehmensanleihe
Finanzierungsvolumen:	600.000.000 €
Stückelung:	100.000 €
Emittent:	Deutsche Börse AG, Eschborn
Emittentenrating:	AA (Standard & Poor's)
Besicherung:	Negativerklärung der Deutsche Börse AG
Wertpapierkennnummer (ISIN):	DE000A3MQXZ2

Abb. 4.7: 1,5%-Anleihe der Deutsche Börse AG von 2022/2032
(Quelle: *Deutsche Börse*, 2022b).

Wenn eine Anleihe zu einem Kurs von 100 % emittiert wird, handelt es sich um eine Emission *zu pari*. Emissionen mit einem Ausgabekurs unterhalb von 100 % werden als *unter pari* und Emissionen oberhalb von 100 % als *über pari* bezeichnet. Im Gegensatz zur Aktienemission (siehe S. 99 ff.) ist die Emission von Anleihen nicht nur über pari, sondern auch unter pari zulässig. Emittenten wählen einen von *pari* abweichenden Ausgabekurs, um die Konditionen ihrer Anleihe in Verbindung mit dem feststehenden Nominalzinssatz an die aktuelle Marktverzinsung anzupassen. Wird der Ausgabekurs mit dem nominalen Emissionsvolumen der gesamten Anleihe multipliziert, ergibt sich der Emissionserlös, der dem Emittenten ohne Berücksichtigung von Transaktionskosten zufließt.

Zur *Besicherung* von Unternehmensanleihen dienen beispielsweise Grundpfandrechte oder Garantien. In der Praxis werden *Garantien von Konzernmuttergesellschaften* für die von einem Tochterunternehmen (z. B. einer konzerneigenen Finanzierungsgesellschaft) emittierten Anleihen übernommen. Damit profitiert die Anleihe von der Bonität des Mutterunternehmens, auch wenn das emittierende Tochterunternehmen ein schlechteres Standing am Kapitalmarkt hat. Aus Kostengründen verzichten Unternehmen erster Bonität vielfach darauf, Sicherheiten für die von ihnen emittierten Anleihen zu stellen. Als Ersatz dient die in den Anleihebedingungen enthaltene *Negativerklärung*. Die Negativerklärung ist ein in der Praxis weit verbreitetes Beispiel für Non-financial Covenants (siehe S. 166 ff.). In der Negativerklärung verpflichtet sich der Emittent, zukünftige Anleihen bzw. Kredite nicht besser zu besichern als die vorliegende Emission. Die Negativerklärung soll die Befürchtungen der Anleihegläubiger entkräften, der Emittent könnte zukünftig Anleihen mit besseren Sicherheiten emittieren, wodurch sich die relative Stellung der bisherigen Gläubiger verschlechtern würde. Durch die Negativerklärung werden die Gläubiger vor dieser Schädigung ihrer Vermögensposition geschützt.

Effektivverzinsung festverzinslicher Anleihen

Festverzinsliche Anleihen unterscheiden sich anhand ihrer Ausstattungsmerkmale. Beim Vergleich mehrerer Anleihen gibt die Nominalverzinsung nur dann eine zutreffende Auskunft über die Anleiherendite, wenn sowohl der Ausgabe- als auch der Rückzahlungskurs der Anleihe bei 100 % liegen. Wird die Anleihe unter oder über pari emittiert und zu 100 % zurückgezahlt, dann erzielt der Anleihegläubiger zusätzlich zur Nominalverzinsung einen Rückzahlungsgewinn bzw. -verlust. Sofern die Anleihe nicht zu pari ausgegeben wird, muss daher die *Effektivverzinsung* berechnet werden, um die tatsächliche Anleiherendite zu bestimmen. Die Ihnen bereits von den Darlehen bekannte Effektivverzinsung gibt Auskunft über die Rendite der Anleihe. Berechnet wird die Effektivverzinsung als interne Verzinsung des aus den zukünftigen Zins- und Tilgungszahlungen der Anleihe bestehenden Zahlungsstroms (siehe Formel (4.4) auf S. 184). Im Folgenden wird die Effektivverzinsung am Beispiel der in Abbildung 4.7 dargestellten Anleihe der Deutsche Börse AG illustriert.

Beispiel: Effektivverzinsung der Deutsche-Börse-Anleihe

Um die Effektivverzinsung der Deutsche-Börse-Anleihe zu berechnen, wird zunächst der mit dem Erwerb dieser Anleihe verbundene Zahlungsstrom ermittelt. Wir gehen von einem Anleger aus, der zum Emissionszeitpunkt Anteile an der Anleihe im Nennwert von 100.000 Euro erwirbt. Bei einem Ausgabekurs von 98,66 % bezahlt er 98.660 Euro für sein Investment in die Deutsche-Börse-Anleihe. Während der zehnjährigen Laufzeit erhält der Anleger Zinszahlungen in Höhe von 1.500 Euro p. a. und am Laufzeitende die Tilgungszahlung von 100.000 Euro. Damit ergibt sich der in Abbildung 4.8 wiedergegebene Zahlungsstrom.

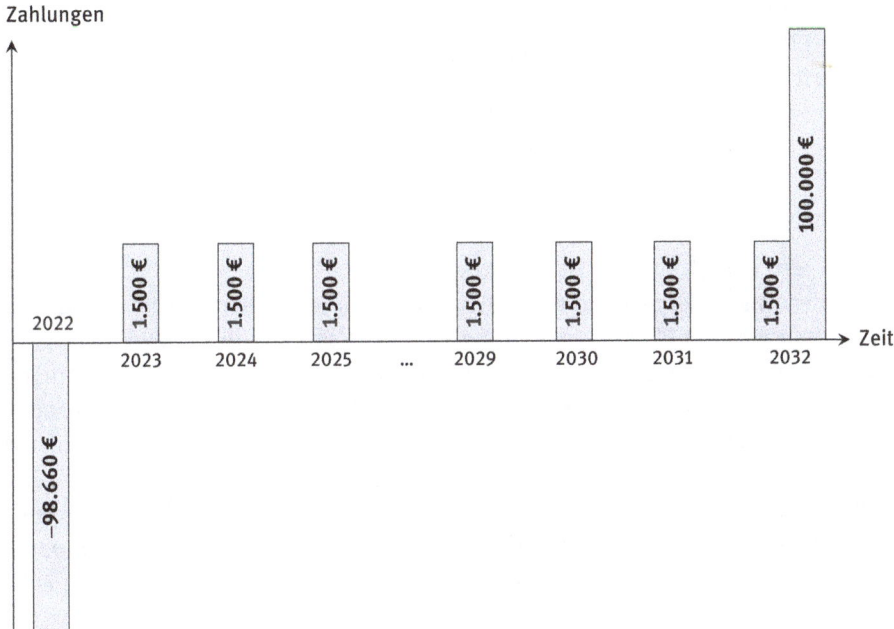

Abb. 4.8: Zahlungsstrom der Deutsche-Börse-Anleihe aus Anlegerperspektive.

Aus Anlegerperspektive beinhaltet der mit der Anleihe verbundene Zahlungsstrom eine Auszahlung zum Erwerb der Anleihe, auf die in den folgenden Jahren die Einzahlungen in Form von Zins- und Tilgungszahlungen folgen. Aus Sicht des Emittenten kehren sich die Vorzeichen der einzelnen Zahlungen um. Zur Ermittlung der Effektivverzinsung (i_{eff}) wird der interne Zinsfuß des Zahlungsstroms entsprechend Formel (4.9) ermittelt:

$$-98.660\,€ + \sum_{t=1}^{10} 1.500\,€ \cdot (1 + i_{eff})^{-t} + 100.000\,€ \cdot (1 + i_{eff})^{-10} = 0 \qquad (4.9)$$

Mit Hilfe eines programmierbaren Taschenrechners bzw. eines Tabellenkalkulationsprogramms errechnet sich ebenso wie unter Verwendung der einschlägigen Näherungsformel (siehe Formel (4.5) auf S. 184) eine jährliche Effektivverzinsung von ca. 1,65 %. Die Effektivverzinsung erzielt ein Anleger, der die Anleihe bei Emission erwirbt und über die gesamte Laufzeit von zehn Jahren hält. Die für die Gesamtlaufzeit ermittelte Effektivverzinsung wird daher auch als Endfälligkeitsrendite bezeichnet.

In unserem Beispiel wird die Anleihe zu einem Kurs ausgegeben, der geringfügig unter pari liegt, sodass Anleger zusätzlich zur Nominalverzinsung einen geringen Rückzahlungsgewinn erzielen. Bei einer Emission unter pari muss die Effektivverzinsung oberhalb des Nominalzinssatzes liegen, was für die Deutsche-Börse-Anleihe zutrifft.

Die Effektivverzinsung lässt sich analog zur Berechnung der Endfälligkeitsrendite auch für Teilzeiträume der Anleihelaufzeit ermitteln. Ex post kann sich eine Anlegerin beispielsweise die Rendite ausrechnen, die sie erzielt, wenn sie die Anleihe zum Emissionszeitpunkt kauft und nach drei Jahren über den Kapitalmarkt wieder verkauft.

Effektivverzinsung und Finanzierungskosten

Aus Anlegerperspektive gibt die Effektivverzinsung die *Rendite* an, während sie aus Emittentensicht den *Finanzierungskosten* entspricht. Bezogen auf den Emissionszeitpunkt verursacht die o. a. Deutsche-Börse-Anleihe somit Finanzierungskosten von 1,65 % pro Jahr. Erhöht werden diese Kosten noch um die einmalig entstehenden Emissionskosten sowie um laufende Informations- und Transaktionskosten. Anhand der Effektivverzinsung lässt sich illustrieren, weshalb Anleihen meistens nicht exakt zu pari emittiert werden. Der Nominalzinssatz wird vor Emission der Anleihe festgelegt, wobei in der Kapitalmarktpraxis Abstufungen von einem achtel Prozentpunkt (0,125 %) üblich sind. Nachdem die Nominalverzinsung feststeht, erfolgt die *Feinsteuerung der Effektivverzinsung* über den Ausgabekurs. Durch die Festlegung des Ausgabekurses passt der Emittent die Effektivverzinsung an das zum Emissionszeitpunkt herrschende Marktzinsniveau an, damit die Anleihe erfolgreich am Kapitalmarkt platziert werden kann. Wenn die Effektivverzinsung unter dem aktuellen Marktzinsniveau läge, würden die Anleger die Anleihe nicht zeichnen, während im umgekehrten Fall das Unternehmen überhöhte Finanzierungskosten hätte. Die o. a. Anleihe der Deutsche Börse AG hat ein nominales Emissionsvolumen von 600 Mio. Euro. Läge die Effektivverzinsung der Anleihe nur um 0,1 Prozentpunkte über der marktüblichen Verzinsung, entständen der Deutsche Börse AG zusätzliche Finanzierungskosten von 600.000 Euro pro Jahr.

Bewertung festverzinslicher Anleihen

Da die mit der Anleihe verbundenen Gläubigerrechte in einem Wertpapier verbrieft sind, haben Anleihegläubiger die Möglichkeit, ihre Anleihen über die *Börse* zu veräußern. Die Anleihegläubiger können ihr gebundenes Kapital somit schon vor Fälligkeit freisetzen. Anlagewillige Investoren sind umgekehrt nicht ausschließlich auf den Erwerb von Neuemissionen angewiesen, sondern können umlaufende Anleihen über die Börse erwerben. Das Marktsegment, an dem Anleihen gehandelt werden, wird als *Anleihen- bzw. Rentenmarkt* bezeichnet. Die Preisnotierung am Anleihenmarkt erfolgt in Prozent des Nennwertes.

Bei börsengehandelten Anleihen können ebenso wie bei Aktien Unterschiede zwischen dem rechnerischen Wert und dem Marktpreis entstehen (siehe S. 115 ff.). Der *Preis* einer Anleihe bildet sich durch das Zusammenspiel von Angebot und Nachfrage, wobei Investoren den rechnerischen Kurswert als Orientierungsgröße zur Preisfindung nutzen. Errechnet wird der *Kurswert* einer Anleihe, indem die zukünftig an die Anleihegläubiger fließenden Zahlungen mit dem relevanten Kapitalmarktzinssatz auf den Bewertungsstichtag abgezinst werden. Der rechnerische Kurswert einer Anleihe entspricht damit dem nach Formel (4.10) ermittelten Barwert der zukünftigen Zins- und Tilgungszahlungen. Bei einer festverzinslichen Anleihe sind diese Zahlungen bekannt, sodass sich die Bewertung von Anleihen grundsätzlich einfacher gestaltet als beispielsweise die Aktienbewertung.

$$K_0 = \sum_{t=1}^{n} Z_t \cdot (1+r)^{-t} + K_n \cdot (1+r)^{-n} \qquad (4.10)$$

mit
K_0 = Rechnerischer Kurswert (Barwert)
Z_t = Nominalverzinsung im Zeitpunkt t
K_n = Rückzahlungskurs im Zeitpunkt n
r = Marktzinssatz
n = Laufzeit

Da festverzinsliche Anleihen mehrheitlich konstante Zinszahlungen leisten, kann die Ermittlung des rechnerischen Kurswertes auch mit Hilfe des Rentenbarwertfaktors erfolgen. Der Rentenbarwertfaktor ermittelt den von Diskontierungszinssatz und Laufzeit abhängigen Barwert einer Reihe konstanter Zahlungen (siehe S. 53 ff.). Gemäß Formel (4.11) wird zunächst der Barwert der Zinszahlungen mit Hilfe des Rentenbarwertfaktors ermittelt. Anschließend wird der Barwert der Rückzahlung hinzugerechnet, um den rechnerischen Kurswert der gesamten Anleihe zu erhalten.

$$K_0 = Z \cdot RBF(r, n) + K_n \cdot (1+r)^{-n}$$

$$= Z \cdot \frac{(1+r)^n - 1}{(1+r)^n \cdot r} + K_n \cdot (1+r)^{-n} \qquad (4.11)$$

mit
K_0 = Rechnerischer Kurswert (Barwert)
Z = Nominalverzinsung
RBF = Rentenbarwertfaktor (abhängig von r, n)
K_n = Rückzahlungskurs im Zeitpunkt n
r = Marktzinssatz
n = Laufzeit

Im Folgenden wird die Anleihenbewertung am bereits bekannten Beispiel der Deutsche-Börse-Anleihe illustriert.

Beispiel: Bewertung der Deutsche-Börse-Anleihe

Eine vermögende Anlegerin hat zum Emissionszeitpunkt im April 2022 Anteile an der Anleihe im Nennwert von 500.000 Euro erworben. Nach fünf Jahren möchte sie ihre Anleihe über die Börse verkaufen. Bevor die Anlegerin ihrer Bank einen entsprechenden Verkaufsauftrag erteilt, ermittelt sie den zu erwartenden Verkaufserlös. Zur Vereinfachung unterstellen wir, dass die Anlegerin die Anleihe am 5. April 2027 verkauft, sodass die Restlaufzeit bis zur Fälligkeit noch exakt fünf Jahre beträgt. Der Käufer der Anleihe wird somit die jeweils am 4. April fälligen Zinszahlungen der Jahre 2028 bis 2032 sowie die am Laufzeitende fällige Tilgungszahlung erhalten. Bezogen auf den Nennwert von 500.000 Euro ergeben sich damit die in Abbildung 4.9 dargestellten Zins- und Tilgungszahlungen.

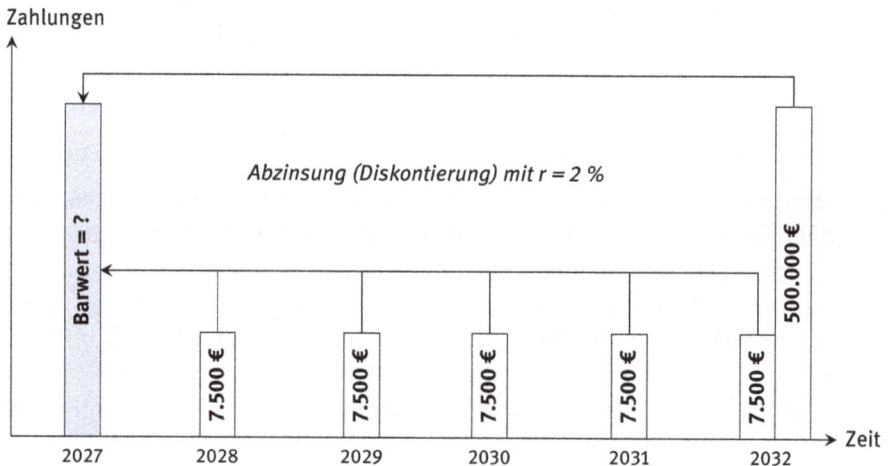

Abb. 4.9: Barwert der Deutsche-Börse-Anleihe.

Um den rechnerischen Kurswert der Anleihe zu erhalten, werden die in Abbildung 4.9 dargestellten Zins- und Tilgungszahlungen mit dem relevanten Marktzinssatz abgezinst. Unter der Annahme, dass der Marktzinssatz für vergleichbare Anleihen im April 2027 bei 2 % liegt, errechnet sich der Barwert der Anleihe unter Verwendung des Rentenbarwertfaktors gemäß Formel (4.12):

$$K_0 = 7.500\,\text{€} \cdot \frac{1{,}02^5 - 1}{1{,}02^5 \cdot 0{,}03} + 500.000{,}00\,\text{€} \cdot 1{,}02^{-5} = 488.216{,}35\,\text{€} \qquad (4.12)$$

Die Anlegerin kann somit einen Verkaufserlös von 488.216,35 Euro erwarten. Setzt man den rechnerischen Verkaufserlös ins Verhältnis zum Nennwert von 500.000 Euro, ergibt sich ein rechnerischer Kurswert von 97,64 %. Bei einem Marktzinsniveau von 2 % notiert die Deutsche-Börse-Anleihe an der Börse unter pari, da die Nominalverzinsung dieser Anleihe mit 1,5 % unter dem Kapitalmarktzinssatz vergleichbarer Anleihen liegt. Ein Investor, der diese Anleihe zum rechnerischen Kurswert von 97,64 % erwirbt, erhält für die Restlaufzeit eine Effektivverzinsung von 2 % p. a. und damit genau die marktübliche Verzinsung. In der Kapitalmarktpraxis liegt der Börsenpreis der Anleihe meistens sehr nahe am rechnerischen Kurswert, da Letzterer auf Basis der aktuellen Marktkonditionen errechnet wird und somit dem fairen Wert der Anleihe entspricht.

Anhand des Beispiels können Sie erkennen, dass der rechnerische Kurswert vom aktuellen Zinsniveau am Kapitalmarkt abhängig ist. Wenn die Verzinsung einer Anleihe unterhalb des aktuellen Marktzinssatzes liegt, notiert die Anleihe unter pari. Der Kurswert einer Anleihe mit einer Nominalverzinsung oberhalb des Marktzinssatzes liegt dagegen über pari (siehe Tabelle 4.5). Im Ergebnis ist der Anleihekurs negativ von der Höhe des Marktzinssatzes abhängig.

Tab. 4.5: Nominalzinssatz, Marktzinssatz und rechnerischer Kurswert.

	$i > r$	$i = r$	$i < r$
Wenn der Nominalzinssatz (i) …	höher ist als der Marktzinssatz (r),	ebenso hoch ist wie der Marktzinssatz (r),	kleiner ist als der Marktzinssatz (r),
dann ist der rechnerische Kurswert …	höher als der Nennwert.	ebenso hoch wie der Nennwert.	kleiner als der Nennwert.
An der Börse notiert die Anleihe …	„über pari".	„zu pari".	„unter pari".

Dieser Zusammenhang lässt sich anhand der drei nachfolgenden Kapitalmarktszenarien für April 2027 illustrieren. Neben dem Marktzinsniveau von 2 % berechnen wir den Kurswert der Deutsche-Börse-Anleihe für zwei alternative Szenarien mit einer Kapitalmarktverzinsung von 1 % bzw. 3 %.

Tab. 4.6: Marktzinsniveau, rechnerischer Kurswert und Verkaufserlös.

Marktzinsniveau	1 %	2 %	3 %
Rechnerischer Kurswert (%)	102,43	97,64	93,13
Rechnerischer Verkaufserlös (€)	512.133,58	488.216,35	465.652,20

Tabelle 4.6 zeigt, dass der rechnerische Anleihewert bei einer angenommenen Kapitalmarktverzinsung von 3 % mit 93,13 % weiter unter pari liegt als im Ausgangssze-

nario, während die Anleihe bei einem Marktzinssatz von 1 % mit 102,43 % über pari notiert.

Wie anhand des Beispiels deutlich wird, unterliegen Anleihen dem Risiko, dass sich das Marktzinsniveau während der Anleihelaufzeit ändert. Jede festverzinsliche Anleihe, auch eine ausfallrisikofreie Staatsanleihe, trägt ein *Zinsänderungsrisiko*. Das Zinsänderungsrisiko entsteht dadurch, dass zwischen Emittent und Anleihegläubigern eine feste Verzinsung für die gesamte Anleihelaufzeit vereinbart wird, die von keinem der Vertragspartner geändert werden kann. Wie bereits erläutert, hängt der rechnerische Kurswert einer Anleihe negativ von der Höhe des relevanten Kapitalmarktzinssatzes ab. In Abbildung 4.10 ist dieser Zusammenhang exemplarisch für die Deutsche-Börse-Anleihe mit einer Restlaufzeit von fünf Jahren und einem Nominalzinssatz von 1,5 % dargestellt. Liegt der Marktzinssatz ebenfalls bei 1,5 %, notiert die Anleihe zu 100 % (zu pari). Bei höheren Marktzinssätzen sinkt der rechnerische Kurswert unter 100 %, während er bei einer geringeren Marktverzinsung über 100 % ansteigt.

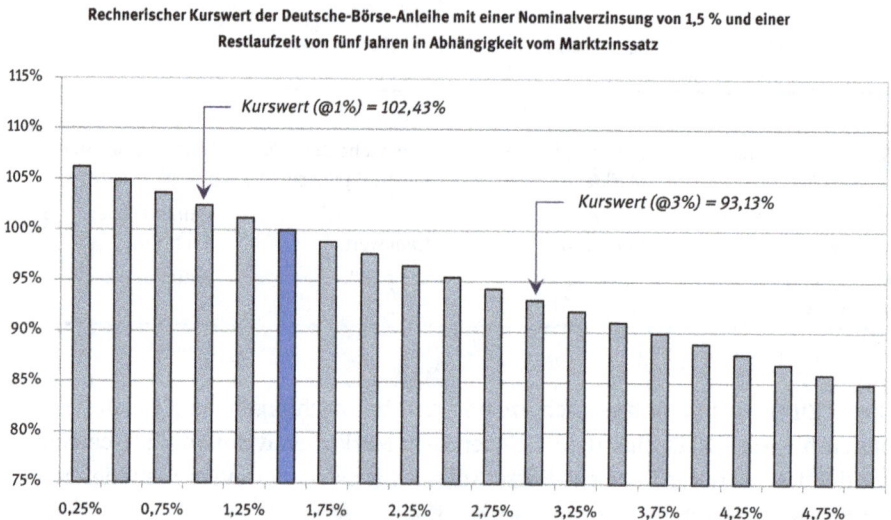

Abb. 4.10: Rechnerischer Kurswert in Abhängigkeit vom Marktzinssatz.

Von zwischenzeitlichen Änderungen des Marktzinsniveaus profitieren entweder der Emittent oder die Gläubiger. Steigt der Marktzinssatz während der Laufzeit, profitiert der Emittent, da seine Finanzierungskosten unterhalb der angestiegenen Kapitalmarktverzinsung liegen. Aus Sicht der Anleihegläubiger entsteht in diesem Szenario der Nachteil einer im Vergleich zum Marktzinsniveau unterdurchschnittlichen Verzinsung. Umgekehrt profitieren die Gläubiger von einem sinkenden Marktzinsniveau, während die Finanzierungskosten des Emittenten in diesem Fall über dem Marktzinsniveau liegen. Das Ausmaß, in dem eine Anleihe auf Marktzinssatzänderungen reagiert, hängt vor allem von der Höhe der Nominalverzinsung sowie von der Laufzeit der Anleihe ab. Je höher die Nominalverzinsung bzw. je geringer die Laufzeit ist, umso geringer ist jeweils ceteris paribus das Zinsänderungsrisiko der betreffenden Anleihe.

Risikoäquivalente Kapitalmarktverzinsung (Referenzzinssatz)

Im Abschnitt zu den finanzmathematischen Grundlagen wird darauf verwiesen, dass die Bewertung von Zahlungsströmen durch den *Vergleich mit einem Referenzmarkt* erfolgt (siehe S. 51 ff.). Genauso verhält es sich bei der Anleihenbewertung. Der rechnerische Kurswert einer Anleihe wird ermittelt, indem die zukünftigen Zins- und Tilgungszahlungen dieser Anleihe auf den Bewertungsstichtag diskontiert werden. Zur Diskontierung dient der für das jeweilige Kapitalmarktsegment relevante Marktzinssatz. Auf realen Kapitalmärkten existieren verschiedene Marktsegmente, die sich durch die Währung, die Marktliquidität, die Laufzeit und das Ausfallrisiko unterscheiden.

Währung

Hinsichtlich der *Währung* wird danach unterschieden, ob die Anleihe in der Heimatwährung des Emittenten oder in einer fremden Währung begeben wird. Angesichts unterschiedlicher konjunktureller, fiskalischer und geldpolitischer Rahmenbedingungen unterscheidet sich das Marktzinsniveau zwischen verschiedenen Staaten bzw. Währungsräumen. Um einen aussagefähigen Bewertungsmaßstab zu erhalten, ist es daher notwendig, den Diskontierungszinssatz aus dem Währungsraum abzuleiten, auf dessen Währung die Anleihe lautet.

Marktliquidität

Ein weiterer Faktor, der den für ein bestimmtes Marktsegment relevanten Kapitalmarktzinssatz beeinflusst, ist die *Marktliquidität*. Als Marktliquidität wird die Fähigkeit eines Marktes, eines Marktsegments oder eines einzelnen Wertpapiers bezeichnet, Kapitalanlagen in Liquidität umzuwandeln (vgl. z. B. *Spremann/Gantenbein*, 2022, S. 81 ff.). Ein liquider Anleihemarkt zeichnet sich dadurch aus, dass Investoren ihre Anleihen auf diesem Markt jederzeit handeln und damit in liquide Mittel umwandeln können. Die beiden wichtigsten Faktoren, die die Liquidität eines Marktes charakterisieren, sind die Marktbreite und die Markttiefe.

Die *Markbreite* bezeichnet die Anzahl der potenziellen Handelspartner. Wenn in einem Markt besonders viele unterschiedliche Marktteilnehmer aktiv sind, kann man davon ausgehen, dass sich relativ leicht ein Käufer bzw. Verkäufer für die zu handelnde Anleihe findet. Ein liquides Marktsegment ist daher durch eine hohe

Marktbreite charakterisiert. Die *Markttiefe* bezieht sich auf das Anleihevolumen, das zu einem bestimmten Marktpreis gehandelt werden kann. Je höher dieses Volumen ist, umso liquider ist das betreffende Marktsegment. Grundsätzlich kann davon ausgegangen werden, dass Marktbreite und Markttiefe positiv miteinander korrelieren.

Auf liquiden Märkten ist die Differenz zwischen dem Marktpreis und dem rechnerischen Kurswert einer Anleihe geringer als auf weniger liquiden Marktsegmenten. Auf Märkten mit einer geringen Marktliquidität müssen Investoren befürchten, dass sie ihre Anleihe nur zeitverzögert oder mit einem Preisabschlag verkaufen können. Daher werden sie bereits beim Kauf der entsprechenden Anleihen einen Illiquiditätsabschlag einkalkulieren, wodurch sich ein negativer Effekt auf die Transaktionskosten ergibt. In der Kapitalmarktpraxis ist der Markt für Staatsanleihen grundsätzlich liquider als der Markt für Unternehmensanleihen. Bei Unternehmensanleihen weisen die Marktsegmente für Emissionen hoher Bonität wiederum eine höhere Marktliquidität auf als die Segmente für Anleihen geringerer Bonität.

Laufzeit und Zinsstrukturkurve

Das dritte Differenzierungskriterium für den relevanten Marktzinssatz ist die *Laufzeit* der Anleihe. Anleihen unterschiedlicher Laufzeit weisen üblicherweise verschiedene Renditen auf, auch wenn sie vom selben Schuldner und in derselben Währung emittiert worden sind. Angesichts der unterschiedlichen Kapitalmarktrenditen ist es für die zutreffende Bewertung einer Anleihe unabdingbar, die Zins- und Tilgungszahlungen dieser Anleihe mit der laufzeitäquivalenten Marktrendite zu diskontieren. Der Zusammenhang zwischen Restlaufzeit und Rendite (Effektivverzinsung) einer Anleihe wird durch Zinsstrukturkurven dargestellt (siehe Abbildung 4.11).

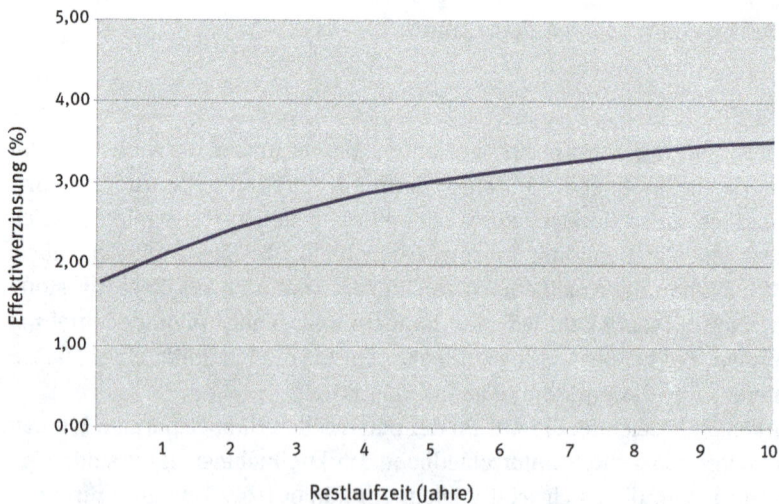

Abb. 4.11: Exemplarische Zinsstrukturkurve.

Die *Zinsstrukturkurve* stellt die Effektivverzinsung bzw. die Endfälligkeitsrendite von Anleihen gleichen Risikos (z. B. Staatsanleihen) in Abhängigkeit von der Restlaufzeit dar (vgl. z. B. *Schich*, 1996). Am Kapitalmarkt lässt sich dabei üblicherweise ein positiver Verlauf der Zinsstrukturkurve beobachten. In diesem Fall liegt die Effektivverzinsung von Anleihen längerer Laufzeit über der Verzinsung kurzfristiger Anleihen. Dieser Zusammenhang lässt sich beispielsweise durch die Liquiditätspräferenz der Anleger erklären, da Anleger liquide Anlageformen aufgrund der unsicheren Umwelt präferieren (vgl. *Hicks*, 1946). Zu einer längerfristigen Anlage sind Anleger nach dieser Argumentation nur bereit, wenn der mit der längeren Anlagedauer verbundene Liquiditätsverzicht durch eine höhere Verzinsung vergütet wird. Während der positive Verlauf von Zinsstrukturkurven durch die Liquiditätspräferenz von Anlegern grundsätzlich erklärbar ist, lassen sich andere in der Praxis beobachtbare Kurvenläufe nicht auf die Liquiditätspräferenz zurückführen. In Zeiten erhöhter Kapitalmarktunsicherheit weisen Zinsstrukturkurven teilweise Wendepunkte oder eine negative Steigung (inverse Zinsstruktur) auf. Diese Kurvenverläufe lassen sich mit Erwartungen der Kapitalmarktakteure erklären (vgl. *Lutz/Lutz*, 1951). Erwarten die Marktteilnehmer beispielsweise ein allgemein steigendes Zinsniveau, so werden sie tendenziell in kürzere Laufzeiten investieren, wodurch sich Wendepunkte in der Zinsstrukturkurve oder eine inverse Zinsstruktur ergeben können. Für die Anleihebewertung gibt der Verlauf der Zinsstrukturkurve wichtige Informationen hinsichtlich des für die jeweilige Laufzeit relevanten Kapitalmarktzinssatzes.

Ausfallrisiko bzw. Bonität

Nach Währung und Laufzeit ist das *Ausfallrisiko* das dritte Kriterium, das bei der Auswahl des für die Anleihebewertung relevanten Marktzinssatzes zu beachten ist. Dieses Kriterium stellt auf die Kreditwürdigkeit (Bonität) des Emittenten bzw. der betreffenden Anleihe ab. Auch wenn sich die Bonität einer bestimmten Emission von der Bonität des Emittenten im Einzelfall unterscheiden kann (z. B. aufgrund besonderer Sicherheiten), gehen wir im Weiteren davon aus, dass die Bonität der Anleihe derjenigen des Emittenten entspricht. Je höher die Bonität eines Schuldners ist, umso geringer sind die Finanzierungskosten, die dieser Schuldner für die Aufnahme von Fremdkapital zahlen muss. Die Bonität ist davon abhängig, wie sicher die vom Anleiheschuldner versprochenen Zahlungen sind oder umgekehrt wie hoch die Wahrscheinlichkeit für einen Ausfall der zukünftigen Zins- und Tilgungszahlungen ist. Je höher die Ausfallwahrscheinlichkeit ist, umso höher ist der Aufschlag, den der Schuldner im Vergleich zur ausfallrisikofreien Verzinsung zahlen muss.

Die ausfallrisikofreie Verzinsung kann auf Grundlage von Staatsanleihen abgeleitet werden, sofern die zukünftigen Zins- und Tilgungszahlungen der Staatsanleihen keinem Ausfallrisiko unterliegen. Grundsätzlich unterliegen sämtliche festverzinslichen Anleihen und damit auch ausfallrisikofreie Staatsanleihen dem Zinsänderungsrisiko (siehe S. 188 f.). Daher müssten die betreffenden Staatsanleihen eigentlich als *ausfallrisikofrei* bezeichnet werden. In der Kapitalmarktpraxis wird allerdings meistens von *risikofreien* Anlagen gesprochen, auch wenn ausfallrisikofreie Anlageformen gemeint sind. Analog zur Praxis wird im Folgenden der Begriff *„risikofrei"* ebenfalls für Anlageformen verwendet, die keinem Ausfallrisiko unterliegen.

In Folge der Finanz- und Wirtschaftskrise von 2008/2009 ist die Anzahl derjenigen Staatsanleihen gesunken, die in der Kapitalmarktpraxis als risikofrei angesehen werden. Nicht zuletzt vor diesem Hintergrund werden in der Praxis vielfach Swapsätze (Swap Rates) anstelle der Rendite von Staatsanleihen zur Ermittlung der risikofreien Verzinsung verwendet. Swapsätze leiten sich aus den Preisen von Zinsswaps unterschiedlicher Laufzeiten ab. Zinsswaps sind Tauschgeschäfte, bei denen die Vertragspartner feste gegen variable Zinsverpflichtungen austauschen. Aufgrund der hohen Marktliquidität ist der Swapmarkt gut zur Ableitung risikofreier Referenzzinssätze geeignet (vgl. *Pape/Schlecker*, 2010, S. 12 f.).

Kreditrisikoprämie (Credit Spread)

Angesichts des höheren Ausfallrisikos liegt die Verzinsung von Unternehmensanleihen typischerweise über derjenigen von Staatsanleihen. Die Differenz zwischen der Effektivverzinsung einer Unternehmensanleihe und der ausfallrisikofreien Verzinsung wird als *Kreditrisikoprämie (Credit Spread)* bezeichnet (vgl. *Schlecker*, 2009, S. 11 ff. und *Pape/Schlecker*, 2008, S. 658 ff.). Die Höhe der Risikoprämie ist von der Bonität des Emittenten abhängig. Unternehmen höchster Bonität zahlen beispielsweise eine Effektivverzinsung, die lediglich einen viertel Prozentpunkt oberhalb der risikofreien Verzinsung liegt, während der Credit Spread bei Emittenten geringerer Bonität mehrere Prozentpunkte ausmachen kann. Um das Ausfallrisiko bei der Anleihenbewertung zutreffend einschätzen zu können, müssen Anleger die Bonität des Emittenten beurteilen. Hierzu dient u. a. der Emissionsprospekt, in dem das emittierende Unternehmen weitgehende Angaben zu seinen wirtschaftlichen und rechtlichen Verhältnissen sowie zu eventuellen Sicherheiten macht. Durch die Veröffentlichung von Informationen über das Unternehmen sollen die zwischen dem Unternehmen und den potenziellen Anlegern bestehenden Informationsasymmetrien zumindest teilweise reduziert werden. Allerdings ist die zur Bonitätsbeurteilung erforderliche finanzwirtschaftliche Unternehmensanalyse für den einzelnen Anleger sehr zeit- und kostenaufwendig.

Rating

Angesichts des für eine Bonitätsprüfung erforderlichen Zeit- und Kostenaufwands übernehmen in der Kapitalmarktpraxis Ratingagenturen die Aufgabe, die Informationsasymmetrien zwischen Emittent und Anlegern abzubauen. Die bekanntesten international tätigen Ratingagenturen sind *Standard & Poor's, Moody's* sowie *Fitch Ratings*. Das Rating ist die durch spezielle Symbole ausgedrückte Meinung einer auf Bonitätsanalysen spezialisierten Agentur bezüglich der Fähigkeit des Schuldners, die zukünftigen Zins- und Tilgungszahlungen vollständig und rechtzeitig zu leisten (vgl. *Heinke*, 1998, S. 17 sowie *Everling*, 2005, S. 67 ff.). Gegenstände des Ratings können einzelne Anleihen, andere Finanzierungsinstrumente, Unternehmen, Organisationen oder Staaten sein. Um das Bonitätsrisiko des Schuldners zu beurteilen, führen Ratingagenturen eine detaillierte Unternehmensanalyse durch, in die quantitative ebenso wie qualitative Faktoren einbezogen werden (zur finanzwirtschaftlichen Unternehmensanalyse siehe Kapitel 6). Charakteristisch für die Bonitätsbeurteilung durch Ratingagenturen ist das durch Symbole ausgedrückte Ratingergebnis, welches beispielsweise mit *AAA* beginnt und bis *D* geht. Das *Triple A* als Bestnote steht dabei für einen Schuldner höchster Bonität, während ein mit *D* beurteilter Emittent bereits zahlungsunfähig ist (siehe Abbildung 4.12).

S&P	Moody's	Fitch	Erläuterung
AAA	Aaa	AAA	Beste Kreditqualität; außergewöhnlich hohe Fähigkeit, den Zins- und Tilgungszahlungen nachzukommen; minimales Ausfallrisiko.
AA+ AA AA-	Aa1 Aa2 Aa3	AA+ AA AA-	Sehr gute Kreditqualität; sehr starke Fähigkeit, den Zins- und Tilgungszahlungen nachzukommen; geringes Ausfallrisiko.
A+ A A-	A1 A2 A3	A+ A A-	Gute Kreditqualität; gewisse Anfälligkeit für Ausfall bei negativer Veränderung der wirtschaftlichen Rahmenbedingungen.
BBB+ BBB BBB-	Baa1 Baa2 Baa3	BBB+ BBB BBB-	Mittlere Kreditqualität; höhere Anfälligkeit für Ausfall bei negativer Veränderung der wirtschaftlichen Rahmenbedingungen.
BB+ BB BB-	Ba1 Ba2 Ba3	BB+ BB BB-	Ausreichende Kreditqualität; starke Anfälligkeit für Ausfall bei negativer Veränderung der wirtschaftlichen Rahmenbedingungen.
B+ B B-	B1 B2 B3	B+ B B-	Geringe Kreditqualität; noch ausreichende Zahlungsfähigkeit; hohe Gefahr von Zahlungsausfällen bei negativer Veränderung der wirtschaftlichen Rahmenbedingungen.
CCC+ CCC CCC-	Caa1 Caa2 Caa3	CCC	Sehr geringe Kreditqualität; hohe Ausfallwahrscheinlichkeit; Ausfall kann nur durch günstige Entwicklung der wirtschaftlichen Rahmenbedingungen verhindert werden.
CC		CC	Ausfall sehr wahrscheinlich.
C	Ca	C	Zahlungen sehr stark gefährdet; Ausfall äußerst wahrscheinlich; Insolvenzantrag gestellt.
SD/D	C	RD/D	Ausfall.

Abb. 4.12: Ratingklassen
(Quellen: *Fitch*, 2022; *Moody's*, 2022 und *Standard & Poor's*, 2022).

Aus Emittentensicht ist die Bonitätseinstufung durch eine Ratingagentur unter zwei Aspekten von Bedeutung (vgl. z. B. *Heinke/Steiner*, 2007). Zum einen ist die Existenz des Ratings eine wichtige Voraussetzung, um Anleihen am Kapitalmarkt platzieren zu können. Die Mehrzahl der Investoren erwirbt ausschließlich Anleihen, die über ein Rating verfügen. Anleihen ohne Rating stellen daher in der Kapitalmarktpraxis die Ausnahme dar. Bestimmte Investoren, z. B. Pensionskassen, gehen noch einen Schritt weiter und erwerben nur Anleihen, die über ein Investment-Grade-Rating (mindestens BBB-) verfügen. Zum anderen entscheidet das Rating über die Höhe der vom Unternehmen zu zahlenden Kreditrisikoprämie (Credit Spread). Je besser das Rating ist, umso geringer sind die Risikoprämie und damit die Finanzierungskosten des Unternehmens.

Die Bedeutung des Ratings lässt sich anhand der von der Deutsche Börse AG begebenen Anleihe illustrieren. Bezogen auf die Gesamtlaufzeit errechnet sich für diese Anleihe eine Endfälligkeitsrendite von 1,65 % (siehe S. 196 f.). Zum Emissionszeitpunkt im April 2022 lag die Umlaufrendite von börsennotierten Bundesanleihen mit einer Restlaufzeit von acht bis 15 Jahren bei 0,76 % (vgl. *Deutsche Bundesbank*, 2022). Wenn wir diese Umlaufrendite als Maß für die ausfallrisikofreie Verzinsung verwenden, errechnet sich für die Deutsche-Börse-Anleihe zum Emissionszeitpunkt ein Credit Spread von 0,89 % (89 BP). Der Credit Spread wird üblicherweise in Basispunkten (BP) angegeben, wobei 100 BP einer Risikoprämie von einem Prozentpunkt entsprechen. Der Credit Spread von 89 BP reflektiert das Rating der Deutsche Börse AG, das zum Emissionszeitpunkt bei „AA" (Standard & Poor's) lag (vgl. *Deutsche Börse*, 2022b).

Die Ausfallrisikoprämie, die Unternehmen bei der Kapitalaufnahme zahlen, ist im Zeitablauf allerdings nicht konstant. Einerseits können Investoren die Bonitätseinschätzung des Unternehmens aufgrund eines veränderten Kreditrisikos revidieren. Andererseits kann sich auch der Credit Spread bei gleichbleibendem Risiko ändern. Das Niveau der Credit Spreads ist beispielsweise vom Konjunkturzyklus, von der Entwicklung des Aktienmarktes und vom Verlauf der Zinsstrukturkurve abhängig (vgl. *Schlecker*, 2009, S. 117 ff.).

Das Rating hat in der Kapitalmarktpraxis eine hohe Bedeutung für die kapitalmarktorientierte Fremdfinanzierung. Die Funktion der Ratingagenturen als Intermediäre zwischen Emittenten und Anlegern ist jedoch nicht unproblematisch. Da die Bonitätseinstufung zentrale Bedeutung für den Platzierungserfolg und die Höhe der Finanzierungskosten hat, streben Emittenten nach einem positiven Rating. Allerdings sind auch die Ratingagenturen von den Emittenten abhängig, da die Agenturen von den Emittenten beauftragt und vergütet werden. Angesichts dieser gegenseitigen Abhängigkeiten sowie der am Kapitalmarkt herrschenden Informationsasymmetrien besteht die Gefahr von Interessenkonflikten. Vor diesem Hintergrund wird die Rolle von Ratingagenturen immer wieder kritisch diskutiert. Den Ratingagenturen wird vorgehalten, dass ihre vergangenheitsorientierten Modelle das zukünftige Ausfallrisiko von Schuldnern nicht zutreffend abbilden können. Unabhängig davon, dass die Kritik nicht gänzlich unberechtigt ist, gilt die Bonitätseinstufung durch eine international renommierte Ratingagentur als wichtige Voraussetzung für die erfolgreiche Platzierung von Anleihen am internationalen Kapitalmarkt.

4.4.2 Modifikationen der festverzinslichen Anleihe

Festverzinsliche Anleihen lassen sich durch ihre Ausstattungsmerkmale (Nominal-verzinsung, Ausgabekurs, Rückzahlungskurs, Laufzeit etc.) charakterisieren. In der Kapitalmarktpraxis modifizieren Emittenten einzelne Ausstattungsmerkmale der tra-ditionellen Kuponanleihe, um durch diese Modifikationen einen konkreten Finan-zierungsbedarf zu decken oder bestimmte Anlegerbedürfnisse zu befriedigen. Im Laufe der Jahre ist daher an den internationalen Kapitalmärkten eine Vielzahl von Modifikationen der festverzinslichen Anleihe entstanden (siehe z. B. *Fabozzi/Faboz-zi/Mann*, 2021; *Spremann/Gantenbein*, 2014 oder *Gallati*, 2011).

Nullkuponanleihen

Eine der ältesten Modifikationen der festverzinslichen Anleihe (Straight Bond) *ist die Nullkuponanleihe (Zero Bond). Zero Bonds* sind Gläubigerpapiere, die einen Kupon von null aufweisen und dem Anleihegläubiger keine laufende Verzinsung zahlen. Die Käufer von Nullkuponanleihen erhalten ihre Verzinsung dadurch, dass die Zin-sen und Zinseszinsen beim Schuldner angesammelt und am Laufzeitende gemein-sam mit dem Ursprungsbetrag ausgezahlt werden. Eine Nullkuponanleihe hat damit nur *zwei Zahlungszeitpunkte:* die Emission zum Ausgabekurs und die Tilgung zum Rückzahlungskurs. Die Verzinsung ergibt sich aus der Differenz zwischen Rückzah-lungs- und Ausgabekurs.

Üblicherweise liegt der Ausgabekurs von Nullkuponanleihen unter pari, wäh-rend der Rückzahlungskurs 100 % beträgt *(Abzinsungsvariante)*. Der Ausgabekurs ergibt sich, indem der Rückzahlungsbetrag mit dem relevanten Marktzinssatz auf den Emissionstag abgezinst wird. Alternativ können Nullkuponanleihen zu einem Kurs von 100 % ausgegeben und zuzüglich Zinsen und Zinseszinsen zurückgezahlt werden *(Aufzinsungsvariante)*. In diesem Fall errechnet sich der Rückzahlungskurs, indem der Ausgabebetrag mit dem relevanten Marktzinssatz auf den Fälligkeitstag aufgezinst wird. Zur Auf- bzw. Abzinsung wird die Verzinsung von im Hinblick auf Ausfallrisiko (Bonität), Laufzeit und Währung äquivalenten Anleihen herangezogen (siehe auch S. 203 ff.). Aus diesem Marktzinssatz leitet sich die Effektivverzinsung der Nullkuponanleihe ab, die aus Anlegerperspektive die erzielbare Endfälligkeits-rendite angibt, während sie aus Emittentensicht den Finanzierungskosten ent-spricht.

Beispiel: Nullkuponanleihe
Der regionale Energieversorger Spreelicht AG beabsichtigt, die Geschäftsaktivitäten schrittweise auszubauen und seine Leistungen zukünftig deutschlandweit anzubie-ten. Zur Finanzierung des ersten Wachstumsschritts plant das Unternehmen die Emission einer Nullkuponanleihe im Nennwert von 100 Mio. Euro. Die Laufzeit der Anleihe beträgt zehn Jahre, der Rückzahlungskurs liegt bei 100 %. Die Spreelicht AG

verfügt über ein Rating von „A", wobei die Kreditrisikoprämie (Credit Spread) annahmegemäß 1 % (d. h. 100 Basispunkte) beträgt.

Um die Funktionsweise eines Zero Bonds zu verdeutlichen, wird die Anleiheemission unter zwei verschiedenen Szenarien illustriert: Im ersten Szenario beträgt die ausfallrisikofreie Verzinsung 4 %, während sie im zweiten Szenario bei 7 % liegt. Im ersten Szenario muss das Unternehmen den Investoren eine Effektivverzinsung von 5 % (= 4 % risikofreie Verzinsung plus 1 % Risikoprämie) zahlen, damit die Anleihe am Kapitalmarkt platziert werden kann. Da die Nullkuponanleihe am Laufzeitende inklusive Zinsen und Zinseszinsen zu 100 % zurückgezahlt wird, lässt sich der Ausgabekurs (K_0) errechnen, indem der Rückzahlungsbetrag (K_n) mit der Effektivverzinsung bzw. Marktrendite (r) über die Anleihelaufzeit (n) abgezinst wird:

$$K_0 = K_n \cdot (1+r)^{-n} = 100\,\% \cdot 1{,}05^{-10} = 61{,}39\,\% \qquad (4.13)$$

Unter Berücksichtigung der Marktkonditionen kann das Unternehmen den Zero Bond im ersten Szenario zu 61,39 % emittieren. Würde das Unternehmen einen höheren Ausgabekurs wählen, könnte die Anleihe am Kapitalmarkt nicht platziert werden, während das Unternehmen bei einem geringeren Ausgabekurs überhöhte Finanzierungskosten zahlen würde. Bei einem Nennwert von 100 Mio. Euro kann die Spreelicht AG somit einen Emissionserlös von 61,39 Mio. Euro erzielen.

Im zweiten Szenario liegt die risikofreie Verzinsung bei 7 %, sodass das Unternehmen den Anlegern eine Effektivverzinsung von 8 % bieten muss. Der realisierbare Ausgabekurs liegt in diesem Fall bei 46,32 % und das Unternehmen erzielt einen Emissionserlös von 46,32 Mio. Euro. In Tabelle 4.7 sind die Daten für beide Szenarien zusammengestellt.

Tab. 4.7: Nullkuponanleihen unterschiedlicher Effektivverzinsung.

	Risikofreie Verzinsung	Risikoprämie	Effektivverzinsung	Ausgabekurs	Rückzahlungskurs	Ausgabebetrag	Rückzahlung
Szenario 1	4 %	1 %	5 %	61,39 %	100 %	61,39 Mio. €	100 Mio. €
Szenario 2	7 %	1 %	8 %	46,32 %	100 %	46,32 Mio. €	100 Mio. €

Aufgrund des höheren Marktzinsniveaus erhält die Spreelicht AG im zweiten Szenario einen deutlich geringeren Emissionserlös. Sollten die erzielbaren Finanzmittel nicht ausreichen, um den Kapitalbedarf zu decken, muss das Unternehmen den Nennwert der Anleihe entsprechend erhöhen.

Charakteristisch für die Nullkuponanleihe ist der Umstand, dass *Wiederanlagerisiko* und *-chance* ausschließlich beim Emittenten liegen. Für Gläubiger von Zero Bonds besteht im Gegensatz zu traditionellen Kuponanleihen keine Notwendigkeit, während der Laufzeit zufließende Zinszahlungen wieder anzulegen. Da die Wiederanlage quasi automatisch in der Nullkuponanleihe erfolgt, haben Anleger Planungssicherheit. Die Gläubiger kennen bereits zum Emissionszeitpunkt den exakten Kapitalrückfluss, den sie am Laufzeitende einschließlich Zinsen und Zinseszinsen erhalten werden. Ändert sich das Marktzinsniveau während der Laufzeit, können sich für Anleger Vorteile, aber auch Nachteile ergeben. Bei sinkendem Marktzinssatz haben sich die Anleger die höhere Effektivverzinsung für die gesamte Laufzeit gesichert. Bei steigendem Zinsniveau ergibt sich demgegenüber der Nachteil, dass die Anleger keine laufenden Zinszahlungen erhalten, die sie zum höheren Marktzinssatz reinvestieren können. Angesichts von Wiederanlagerisiko bzw. -chance sind Nullkuponanleihen daher einem höheren Zinsänderungsrisiko ausgesetzt als festverzinsliche Anleihen.

Aus *Emittentenperspektive* hat die Emission einer Nullkuponanleihe *Liquiditätsvorteile*. Während der Anleihelaufzeit sind keine Zinszahlungen zu leisten, sodass das aufgenommene Kapital dem Emittenten ohne zwischenzeitliche Liquiditätsabflüsse zur Verfügung steht. Zero Bonds eignen sich daher insbesondere zur Finanzierung langfristiger Investitionen mit hohem Erlöspotenzial, aus denen in den ersten Jahren keine oder nur geringe Rückflüsse erwartet werden. Zum Laufzeitende muss das Unternehmen allerdings ausreichende Finanzmittel erwirtschaftet haben, um die Kapitalrückzahlung inklusive Zins- und Zinseszinszahlungen leisten zu können. Über den Liquiditätsvorteil hinaus unterliegt auch der Emittent dem *Zinsänderungsrisiko*. Bei sinkenden Kapitalmarktzinssätzen entstehen dem Emittenten Opportunitätskosten, da er im Vergleich zu den Marktkonditionen eine zu hohe Effektivverzinsung zahlt. Umgekehrt profitiert der Schuldner bei einem steigenden Marktzinsniveau.

Variabel verzinsliche Anleihen

Eine weitere Modifikation der traditionellen Kuponanleihe ist die *variabel verzinsliche Anleihe (Floating Rate Note bzw. Floater)*. Variabel verzinsliche Anleihen zeichnen sich dadurch aus, dass der Zinssatz in regelmäßigen Abständen (z. B. quartalsweise) an einen Referenzzinssatz angepasst wird. Als Referenzzinssatz wird in der Praxis z. B. der 3-Monats- oder 6-Monats-*Euribor (European Interbank Offered Rate)* verwendet, der in Abhängigkeit von der Bonität des Emittenten üblicherweise um eine Risikoprämie erhöht wird.

Der *Euribor* ist ein Zinssatz für kurzfristige Anlagen bzw. Kredite auf dem europäischen Interbankengeldmarkt (vgl. *EMMI*, 2022). Euribor-Zinssätze werden für Laufzeiten zwischen einer Woche und zwölf Monaten ermittelt. Die Ermittlung erfolgt als täglicher Durchschnitt der Zinssätze, zu denen sich Banken erster Bonität (Prime Banks) gegenseitig Geld leihen. Beim Euribor handelt es sich nicht um einen von der Europäischen Zentralbank vorgegebenen Leitzinssatz, sondern um einen aus Marktdaten abgeleiteten Zinssatz. Da der Interbankengeldmarkt normalerweise sehr liquide ist, sind Euribor-Zinssätze Orientierungsgrößen für das Zinsniveau auf dem Geldmarkt. Daher wird der Euribor häufig als Referenzzinssatz für variabel verzinsliche Anleihen genutzt.

Variabel verzinsliche Anleihen weisen den Vorteil auf, dass diese Gläubigerpapiere annähernd *kein Zinsänderungsrisiko* aufweisen. Da die Verzinsung in regelmäßigen Abständen an den Referenzzinssatz angepasst wird, entspricht die Rendite von Floatern jeweils der aktuellen Marktverzinsung. Daher liegt der Börsenkurs dieser Anleihen üblicherweise in der Nähe ihres Nennwertes, auch wenn sich der Kurs zwischen zwei Zinsanpassungsterminen infolge von Marktzinsänderungen etwas von pari entfernen kann. Voraussetzung ist, dass die Risikoprämie der Anleihe das aktuelle Bonitätsrisiko des Emittenten widerspiegelt.

Aus *Anlegersicht* bietet das geringe Zinsänderungsrisiko von variabel verzinslichen Anleihen den Vorteil, dass der Anleger die Anleihe auch vor Fälligkeit verkaufen kann, ohne größere Kursverluste befürchten zu müssen. Dafür haben Floater aus Anlegerperspektive den Nachteil, dass mit diesen Wertpapieren nicht auf Kursgewinne aufgrund eines sinkenden Marktzinsniveaus spekuliert werden kann. Aus *Emittentenperspektive* bewirken Floating Rate Notes eine Fristentransformation, da der Emittent trotz der langfristigen Laufzeit von z. B. zehn Jahren lediglich einen kurzfristigen Zinssatz (z. B. 3-Monats-Euribor) zahlt. Bei sinkenden Kapitalmarktzinssätzen hat die Fristentransformation den Vorteil, dass nur der aktuelle kurzfristige Marktzinssatz gezahlt wird. Dieser Vorteil dreht sich bei steigenden Kapitalmarktzinssätzen allerdings um, da der Emittent keine Opportunitätskostenvorteile realisieren kann, sondern die höheren Zinsen zahlen muss.

Ausgehend von der variabel verzinslichen Anleihe sind in der Praxis weitere Varianten entstanden. Bei einem Floater mit *Zinsobergrenze (Cap)* steigt die Gesamtverzinsung nicht über den Cap, auch wenn der relevante Referenzzinssatz höher liegt. Ein Cap liegt vor allem im Interesse des Emittenten, der damit seine Finanzierungskosten begrenzen kann. Im Interesse von Anlegern liegt eine *Zinsuntergrenze (Floor)*, die eine Mindestverzinsung gewährleistet. Kombiniert man Cap und Floor in einer Anleihe, erhält man einen *Collar*. Bei einem Collar kann die variable Verzinsung nur innerhalb des Korridors zwischen Cap und Floor schwanken, sodass diese Variante einen Interessenausgleich zwischen Emittenten und Anleihegläubigern ermöglicht. Eine Modifikation der variabel verzinslichen Anleihe ist der *Reverse Floater*, bei der die laufende Verzinsung als Differenz zwischen einem vorgegebenem Zinssatz und einem Referenzzinssatz, z. B. dem 3-Monats-Euribor, ermittelt wird. Anleger profitieren in diesem Fall von sinkenden Geldmarktzinssätzen.

Commercial Papers und Medium Term Notes

Traditionelle Anleihen mit einer Laufzeit von fünf und mehr Jahren eignen sich zur Deckung des mittel- bis langfristigen Kapitalbedarfs. Festverzinsliche Wertpapiere lassen sich jedoch auch zur Deckung des kurz- bis mittelfristigen Finanzierungsbedarfs von Unternehmen nutzen. Hierzu eignen sich insbesondere Commercial Papers (CP) und Medium Term Notes (MTN), wobei die beiden Begriffe in Theorie und Praxis unterschiedlich abgegrenzt werden. In Europa werden unter *Commercial Papers* typischerweise kurzfristige unbesicherte Schuldverschreibungen mit einer Laufzeit von einem Monat und bis zu zwei Jahren verstanden, während es sich bei *Medium Term Notes* üblicherweise um mittelfristige Schuldverschreibungen mit einer Laufzeit zwischen zwei und fünf Jahren handelt (vgl. *Kölln/Rhein*, 2001, Sp. 506 ff. und *Schäfer*, 1999, S. 652 ff.).

Üblicherweise werden Commercial Papers und Medium Term Notes als Daueremissionen im Rahmen längerfristiger *Emissionsprogramme* emittiert. Die von Banken arrangierten CP- bzw. MTN-Programme sind Rahmenvereinbarungen zwischen Emittenten und Bank, die den Emittenten dazu berechtigen, jederzeit einzelne kurzfristige Wertpapiere (Notes) zu begeben. Die begleitenden Banken übernehmen die Notes nicht in den eigenen Bestand, sondern platzieren sie in der Regel unmittelbar bei institutionellen Anlegern. Wenn es die Bonität des Emittenten erlaubt, können diese Programme zu einer dauerhaften Finanzierungsquelle werden, da die Notes in mehreren Tranchen über einen längeren Zeitraum emittiert werden. Dabei ist jedoch der kurz- bzw. mittelfristige Charakter der einzelnen Tranchen zu beachten. In der Praxis werden CP- und MTN-Programme daher üblicherweise durch eine Kreditlinie abgesichert.

Die Emittenten von Commercial Papers bzw. Medium Term Notes müssen eine einwandfreie Bonität aufweisen. Nicht zuletzt aus Kostengründen liegt das Mindestvolumen der Programme im dreistelligen Millionenbereich, wobei die einzelnen Tranchen Mindestvolumina von zwei bis fünf Millionen Euro aufweisen. Analog zu Nullkuponanleihen (siehe S. 209) werden die Notes üblicherweise als abgezinste Papiere emittiert. Die Verzinsung von Commercial Papers und Medium Term Notes orientiert sich an Referenzzinssätzen wie z. B. dem Euribor, wobei die Bonität des Emittenten durch einen Risikozuschlag oder -abschlag berücksichtigt wird.

Im Ergebnis handelt es sich bei CP- bzw. MTN-Programmen um Finanzierungsformen, die Elemente der *Geldmarktfinanzierung* mit Elementen der *längerfristigen Kapitalmarktfinanzierung* kombinieren und dadurch eine Fristentransformation bewirken. Aus Emittentenperspektive sind diese Programme insbesondere bei normalem Verlauf der Zinsstrukturkurve vorteilhaft, da die Emittenten das geringe Zinsniveau am Geldmarkt mit der längerfristigen Laufzeit des Programms kombinieren. Angesichts der hohen Bonitätsanforderungen des Kapitalmarktes handelt es sich bei diesen Programmen um eine kostengünstige Finanzierungsform für Unternehmen erster Bonität. Darüber hinaus kann die Laufzeit der einzelnen Tranchen exakt an den Finanzierungsbedarf angepasst werden. Schließlich diversifiziert der Emittent durch die Auflegung von CP- oder MTN-Programm seine Kreditfinanzierung und reduziert damit die Abhängigkeit von einzelnen Kreditgebern. Risiken entstehen vor allem durch die Unterschiede zwischen der Fristigkeit der einzelnen Tranchen und der Laufzeit des Emissionsprogramms. Die Deckung des Kapitalbedarfs ist grundsätzlich nur für die Laufzeit der einzelnen Tranche und nicht für die gesamte Programmlaufzeit sichergestellt. Daher muss der Emittent im Rahmen seiner Finanzplanung das Risiko berücksichtigen, dass die Refinanzierung einer auslaufenden Tranche aufgrund veränderter Rahmenbedingungen nicht gelingt.

Asset Backed Securities

Asset Backed Securities (ABS) sind Wertpapiere, die durch die *Verbriefung* von Forderungen oder anderen Vermögensgegenständen entstehen (vgl. *Enders*, 2018, S. 243 ff. und *Paul*, 2001, Sp. 126 ff.). Ausgangspunkt für die Emission von ABS ist der Wunsch des Emittenten, bestimmte Forderungen aus seiner Bilanz herauszulösen und am Kapitalmarkt zu platzieren. Hierzu werden die zum Verkauf vorgesehenen bereits existierenden oder zukünftig entstehenden Forderungen zunächst in einem eindeutig abgrenzbaren Pool zusammengefasst. Dieser Forderungspool wird anschließend auf eine eigens hierfür gegründete und als Special Purpose Vehicle (SPV) bezeichnete Zweckgesellschaft übertragen (siehe auch Abbildung 4.13).

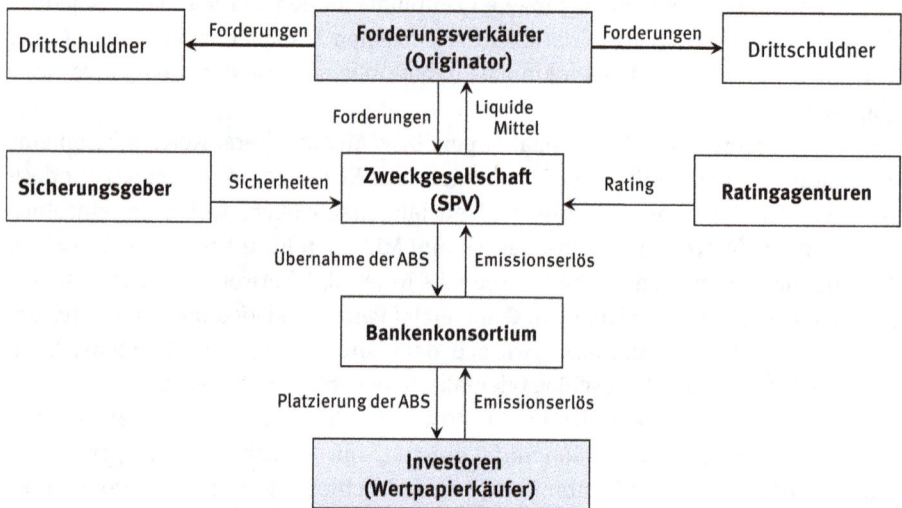

Abb. 4.13: Struktur einer ABS-Transaktion.

Die üblicherweise als Kapitalgesellschaft gegründete Zweckgesellschaft hat ausschließlich die Aufgabe, die Forderungen vom ursprünglichen Forderungsinhaber *(Originator)* anzukaufen und zu refinanzieren. Zur Refinanzierung des Forderungsankaufs gibt die Zweckgesellschaft verschiedene nach ihrem Risiko gestaffelte Wertpapiertranchen aus, die durch ein Bankenkonsortium bei Investoren platziert werden. Alternativ zum vollständigen Verkauf der Forderungen (True Sale) kann der Originator auch lediglich die Kreditrisiken verkaufen. Da mit dem ausschließlichen Verkauf des Kreditrisikos keine unmittelbaren Finanzierungswirkungen verbunden sind, beziehen sich die folgenden Ausführungen auf den vollständigen Forderungs-verkauf.

Für die im Rahmen einer ABS-Transaktion emittierten Wertpapiere haftet aus-schließlich die Zweckgesellschaft; es erfolgt *kein Rückgriff auf den Originator*. Die auf diese Wertpapiere zu leistenden Zins- und Tilgungsleistungen werden aus den Rückflüssen der verbrieften Forderungen bedient. Da die Zweckgesellschaft keine ei-genen Geschäftsrisiken eingeht, wird das Risiko ausschließlich durch die übertrage-nen Forderungen bestimmt. Damit ist das Risiko von Asset Backed Securities von der Bonität der ursprünglichen Forderungen sowie vom Rang der entsprechenden Tranche innerhalb der gesamten ABS-Struktur abhängig. Je nachrangiger eine be-stimmte Wertpapiertranche ist, umso höher ist die Wahrscheinlichkeit, dass diese Tranche für eventuell auftretende Forderungsausfälle haften muss.

Die *ranghöchste Tranche (Senior Debt)* hat das geringste Ausfallrisiko, da diese Wertpapiere als erste aus den Forderungsrückflüssen bedient werden. Daher hat die erste Tranche, die das Hauptvolumen der ABS-Transaktion abdeckt, eine vergleichs-weise geringe Verzinsung (siehe auch Tabelle 4.8). Im Rang nach dem Senior Debt folgen die weiteren Wertpapiertranchen, die aufgrund ihrer Nachrangigkeit ein hö-heres Verlustrisiko, ein schlechteres Rating und daher eine höhere Verzinsung auf-weisen. Die *letzte Tranche (Junior Debt)* einer ABS-Transaktion dient üblicherweise als Verlustpuffer. Diese Tranche hat einen residualen Verzinsungsanspruch, der nur gezahlt wird, wenn keine Forderungsausfälle auftreten. Daher ist das Risiko-Rendi-te-Profil der Junior Tranche eher eigenkapital- als fremdkapitalorientiert. Da die Ju-nior Tranche das höchste Ausfallrisiko aufweist, hat sie auch die höchste Verzin-sung. Auf die in Tabelle 4.8 exemplarisch dargestellte ABS-Transaktion im Volumen von 25 Mio. Euro kommen wir am Schluss dieses Abschnitts noch einmal zurück.

Tab. 4.8: Tranchen einer ABS-Transaktion.

Wertpapier	Rating	Volumen (€)	Verzinsung
Tranche 1 (Senior Debt)	AAA	20 Mio.	5 %
Tranche 2	A	2 Mio.	6 %
Tranche 3	BB	2 Mio.	8 %
Tranche 4 (Junior Debt)	CCC	1 Mio.	15 %

In einer ABS-Transaktion können verschiedene *Arten von Forderungen* verbrieft wer-den. Geeignet sind insbesondere Forderungen, die sich gegenüber den weiteren Ver-mögensgegenständen des Originators eindeutig abgrenzen lassen. Darüber hinaus müssen die zu verbriefenden Forderungen rechtlich auf einen Dritten übertragbar sein. Um das Kreditrisiko der Wertpapiere einschätzen zu können, sollte es sich des Weiteren um relativ sichere und gut prognostizierbare Forderungen handeln. Die Forderungen sollten schließlich einer homogenen Gruppe angehören und es sollte

sich um unterschiedliche Schuldner handeln, um Diversifikationseffekte zu erreichen. In der Praxis finden sich unterschiedliche Formen der Forderungsverbriefung:

–   Die in den 1970er Jahren in den USA entstandenen *Mortgage Backed Securities
    (MBS)* gelten als Ausgangspunkt der Forderungsverbriefung (Asset Securitisati-
    on). Bei dieser Form der ABS handelt es sich um die Verbriefung von Hypothe-
    kendarlehen privater und gewerblicher Schuldner.
–   *Collateralized Debt Obligations (CDO)* umfassen Forderungen aus traditionellen
    Krediten (Collateralized Loan Obligations) oder aus Schuldverschreibungen
    (Collateralized Bond Obligations).
–   Als *Asset Backed Securities i. e. S.* werden Forderungen aus laufender Geschäfts-
    tätigkeit verbrieft, bei denen es sich z. B. um Forderungen aus Lieferungen und
    Leistungen, aus Autofinanzierungen oder aus Kreditkartenverträgen handeln
    kann.

Aus Sicht des Forderungsverkäufers (Originators) ergeben sich durch die Nutzung
von Asset Backed Securities vor allem zwei Vorteile. Durch die Verbriefung und den
anschließenden Verkauf der Forderungen verschafft er sich einen *Liquiditätsvorteil*.
Der Originator muss nicht warten, bis die eigenen Schuldner zahlen, sondern erhält
einen sofortigen Finanzmittelzufluss. Darüber hinaus ermöglicht die Forderungsverbriefung den *Handel von Kreditrisiken*. Das Risiko der emittierten Wertpapiere ist
ausschließlich von der Bonität der in dem verbrieften Forderungspool zusammengefassten Forderungen abhängig, sodass das Ausfallrisiko der Wertpapiere von der Bonität des Emittenten entkoppelt wird. Vor diesem Hintergrund muss die *Werthaltigkeit* der verbrieften Forderungen eigenständig analysiert und beurteilt werden.
Grundsätzlich wird das Risiko der Forderungen durch die Bonität der Forderungsschuldner bestimmt. Darüber hinaus stellt der Originator vielfach zusätzliche Sicherheiten (z. B. eine Bankbürgschaft) zur Verfügung, um die Bonität des Forderungsportfolios zu erhöhen.

Angesichts der regelmäßig sehr komplexen Finanzierungsstrukturen ist die Beurteilung der *Bonität* von Asset Backed Securities keine leichte Aufgabe. Das wurde
nicht zuletzt im Rahmen der Finanz- und Wirtschaftskrise von 2008/2009 deutlich.
In diesem Zusammenhang richtet sich die Kritik einerseits gegen die komplexen und
für Investoren vielfach kaum noch nachvollziehbaren Strukturen der verbrieften Im-
mobilienkredite, andererseits aber auch gegen die Ratingagenturen, die das Risiko
dieser Wertpapiere beurteilt haben. Die Agenturen haben Wertpapiertranchen mit
AAA beurteilt, obwohl diese Tranchen sehr riskante Kreditforderungen (Subprime)
enthielten und die Ausfallwahrscheinlichkeit deutlich höher war als für Wertpapiere
erster Bonität üblich. Trotz der negativen Auswirkungen durch die amerikanische
Immobilienkrise können Asset Backed Securities weiterhin ein attraktives Finanzierungsinstrument darstellen. Voraussetzung hierfür sind transparente ABS-Strukturen, sodass Anleger das Risiko der Wertpapiere eindeutig einschätzen können. Im

Folgenden wird die Wirkungsweise einer ABS-Transaktion anhand des fiktiven Beispiels der Hansacard GmbH verdeutlicht.

Beispiel: ABS-Transaktion

Die Hansacard GmbH ist ein Kreditkartenunternehmen, das Kreditkarten im oberen Preissegment anbietet, die mit vielfältigen Zusatzleistungen ausgestattet sind. Das Unternehmen hat Forderungen aus Kreditkartenumsätzen im Nennwert von 27,5 Mio. Euro in einer ABS-Transaktion verbrieft. Das Forderungsportfolio hat eine durchschnittliche Fristigkeit von 20 Tagen, wobei die von den Kreditkartenschuldnern beglichenen Forderungen regelmäßig durch neu entstehende Forderungen ersetzt werden, sodass das Forderungsvolumen nicht unter 27,5 Mio. Euro sinkt. Zur Refinanzierung des Forderungspools hat die Hansacard GmbH eine Zweckgesellschaft gegründet, die vier Wertpapiertranchen unterschiedlichen Risikos emittiert (siehe Tabelle 4.8 auf S. 215).

Die erste Tranche (Senior Debt) mit einem Volumen von 20 Mio. Euro hat ein Rating von *AAA* und eine Verzinsung von 5 %. Die zweite Tranche hat ein Volumen von 2 Mio. Euro und weist bei einem Rating von *A* eine Verzinsung von 6 % auf. Das Volumen der dritten Tranche beträgt ebenfalls 2 Mio. Euro, während die Verzinsung der mit einem Rating von *BB* versehenen Tranche bei 8 % liegt. Die letzte Tranche (Junior Debt) hat ein Volumen von 1 Mio. Euro, ein Rating von *CCC* und eine Verzinsung von 15 %. Insgesamt werden Wertpapiere in einem Volumen von 25 Mio. Euro emittiert, während das Gesamtvolumen der Forderungen 27,5 Mio. Euro beträgt. Wie bei ABS-Strukturen üblich, hat das Unternehmen eine Übersicherung vorgenommen und die Wertpapiere durch die verbrieften Forderungen zu 110 % abgesichert.

Die Forderungsverbriefung hat Auswirkungen auf Liquidität und Rentabilität der Hansacard GmbH. Durch die Verbriefung und den Verkauf der Forderungen fließen dem Unternehmen liquide Mittel in Höhe von 25 Mio. Euro zu, wobei Transaktionskosten unberücksichtigt bleiben. Das Unternehmen kann die zusätzliche Liquidität beispielsweise dazu nutzen, die Geschäftstätigkeit auszuweiten. Alternativ können die Finanzmittel auch dazu dienen, eigene Verbindlichkeiten zurückzuzahlen. In jedem Fall erweitert die Hansacard GmbH ihren finanziellen Spielraum. Neben den Liquiditätseffekten hat die Forderungsverbriefung auch Auswirkungen auf die Finanzierungskosten und damit auf die Rentabilität des Unternehmens. Die durchschnittlichen Finanzierungskosten (k_d) der ABS-Struktur lassen sich ermitteln, indem die Zinssätze der vier Wertpapiertranchen mit dem jeweiligen Volumen gewichtet werden:

$$k_d = \frac{20}{25} \cdot 0{,}05 + \frac{2}{25} \cdot 0{,}06 + \frac{2}{25} \cdot 0{,}8 + \frac{1}{25} \cdot 0{,}15 = 0{,}0572 \qquad (4.14)$$

Bezogen auf das Gesamtvolumen zahlt das Unternehmen eine durchschnittliche Verzinsung von 5,72 %. Den Finanzmittelzufluss kann die Hansacard GmbH beispielsweise dazu nutzen, ein bestehendes 8 %-Darlehen abzulösen. Der resultierende Kostenvorteil steht der mit dem residualen Erfolgsanspruch ausgestatteten Junior Tranche zu. Diesen Kostenvorteil kann die Hansacard GmbH dadurch realisieren, dass sie die Wertpapiere der Junior Tranche selbst übernimmt. In diesem Fall trägt das Unternehmen allerdings auch das mit dieser Tranche verbundene Ausfallrisiko. Zusammenfassend können Asset Backed Securities sowohl Liquiditäts- als auch Kostenvorteile generieren.

Zusammenfassung

In den vorangegangenen Abschnitten haben Sie neben der festverzinslichen Anleihe einige Varianten der traditionellen Kuponanleihe kennengelernt. Anleiheformen wie Zero Bonds oder Floating Rate Notes, die ursprünglich auch als Finanzinnovationen bezeichnet wurden, haben sich längst am Kapitalmarkt etabliert und zählen heute zu den Standardinstrumenten der kapitalmarktorientierten Kreditfinanzierung. Über die genannten Instrumente hinaus existieren in der Kapitalmarktpraxis weitere Anleihemodifikationen. Hierzu zählen beispielsweise Anleihen mit einer gewinnabhängigen Verzinsung (Gewinnschuldverschreibungen), Anleihen mit unbegrenzter Laufzeit (ewige Anleihen) sowie Anleihen mit Umtauschrechten in Aktien (Wandel- und Optionsanleihen). Auf einige dieser Instrumente gehen wir im Kapitel zum Mezzanine-Kapital (siehe Kapitel 4.6) noch einmal ein.

Der *Markt für innovative Finanzierungsinstrumente* ist sehr dynamisch. Investmentbanken entwickeln regelmäßig neue Varianten der Anleihe, um auf die Interessen von Emittenten und Anlegern zu reagieren. Die als Financial Engineering bezeichnete Entwicklung von Finanzinnovationen verfolgt das Ziel, die Finanzierungskosten der Emittenten zu senken. Finanzinnovationen erweitern das Anlageuniversum, sodass es für Anleger leichter wird, eine ihren Anlagebedürfnissen entsprechende Anlageform zu finden. Wenn die Anlagemöglichkeiten exakt den Anlegerinteressen entsprechen, reduzieren sich die Renditeforderungen der Anleger und damit auch die Finanzierungskosten des Emittenten. Daher kann die Entwicklung von Finanzinnovationen sowohl im Emittenten- als auch im Anlegerinteresse liegen. Investoren sollten allerdings keine Finanzinnovationen erwerben, deren Wirkungsmechanismus sie nicht verstehen.

4.5 Kreditsurrogate

Leasing und Factoring sind Alternativen zur Kreditfinanzierung (Kreditsurrogate bzw. Kreditsubstitute). Das *Lernziel von Kapitel 4.5* besteht darin, Leasing und Factoring kennenzulernen, die Funktionsweise dieser beiden Finanzierungsinstrumente zu verstehen und deren Vorteilhaftigkeit im Vergleich zur Kreditfinanzierung beurteilen zu können.

4.5.1 Leasing

Unternehmen, die Investitionen planen, wollen die zu erwerbenden Vermögensgegenstände für die unternehmerische Geschäftätigkeit nutzen. Der Eigentumserwerb ist hierfür jedoch keine notwendige Voraussetzung, da beispielsweise auch Leasing die Nutzung der Vermögensgegenstände ermöglicht. Leasing stellt daher eine Alternative zum kreditfinanzierten Kauf dar (siehe z. B. *Leasingverband*, 2022; *Grundmann*, 2021 und *Feinen*, 2001).

Grundlagen

Leasing bezeichnet die Vermietung oder Verpachtung eines Objektes (Leasinggegenstand) durch die *Leasinggesellschaft (Leasinggeber)* an den *Leasingnehmer*. Für die Überlassung der Nutzungsrechte zahlt der Leasingnehmer regelmäßige Leasingraten, welche die Herstellungs- und Finanzierungskosten sowie die Gewinnmarge der Leasinggesellschaft abdecken. Bereits anhand der Abgrenzung des Leasingbegriffs wird deutlich, dass zwischen Leasingverträgen auf der einen Seite und Miet- bzw. Pachtverträgen auf der anderen Seite verschiedene Überschneidungen existieren. Da das Leasing rechtlich nicht eindeutig definiert ist, werden Leasingverträge üblicherweise anhand ihrer wesentlichen Merkmale abgegrenzt. Dabei dominiert in Theorie und Praxis eine relativ weite Begriffsauffassung, wobei insbesondere in der Leasingpraxis unterschiedliche Erscheinungsformen unter dem Leasingbegriff subsumiert werden, die vom klassischen Mietvertrag bis zum verdeckten Ratenkauf reichen.

Differenziert man Leasingverträge nach der Stellung des Leasinggebers zum Leasingobjekt, wird zwischen direktem und indirektem Leasing unterschieden (siehe Abbildung 4.14). Als *direktes Leasing (Herstellerleasing)* werden Leasingverträge bezeichnet, bei denen der Hersteller des Leasinggegenstandes selbst als Leasinggeber auftritt, während beim *indirekten Leasing* eine selbständige Leasinggesellschaft als Leasinggeber fungiert. Das direkte Leasing ist primär ein absatzpolitisches Instrument und hat praktisch nur eine geringe Bedeutung. In der Praxis nutzen Hersteller, z. B. Automobilproduzenten, eine Zwischenform von direktem und indirektem Leasing, indem sie die Absatzfinanzierung und -förderung durch eigene Leasinggesellschaften betreiben. Beim *indirekten Leasing* steht dagegen die Finanzierungsfunktion der Leasinggesellschaft im Mittelpunkt. In diesem Fall fungieren Leasinggesellschaften als Finanzintermediäre zwischen Leasingnehmer und Kapitalmarkt, den sie zur Refinanzierung ihrer Geschäftätigkeit nutzen (siehe Abbildung 4.15).

Nach der Art des zur Nutzung überlassenen Leasinggegenstandes wird zwischen *Konsumgüter- und Investitionsgüter-Leasing* unterschieden, wobei Letzteres noch einmal in das Immobilien- und das Mobilien-Leasing unterteilt wird. Beim Immobilien-Leasing werden Gebäude vermietet bzw. verpachtet, während es sich beim Mobilien-Leasing z. B. um die Vermietung von Kraftfahrzeugen, EDV-Anlagen oder anderer Büroausstattung handelt.

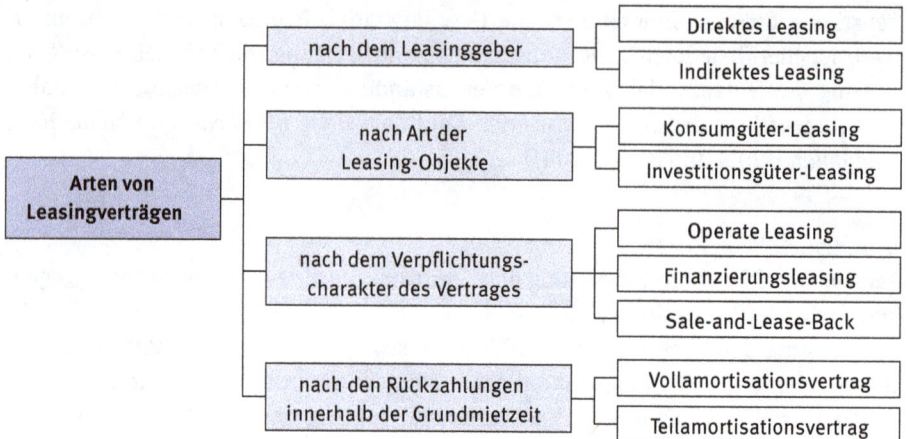

Abb. 4.14: Leasingverträge.

Mit Bezug auf den Verpflichtungscharakter des Leasingvertrages wird zwischen Operate Leasing, Financial Leasing (Finanzierungsleasing) und Sale-and-Lease-Back unterschieden. Bei dem auch als unechtes Leasing bezeichneten *Operate Leasing* handelt es sich um kurzfristig kündbare Mietverträge im Sinne des BGB (vgl. §§ 535 ff. BGB). Zusätzlich zu dem vereinbarten Nutzungsrecht können zwischen Leasinggeber und -nehmer Serviceleistungen vereinbart werden, wie z. B. die Übernahme von Instandhaltungs- und Reparaturmaßnahmen durch die Leasinggesellschaft. Das Investitionsrisiko trägt beim Operate Leasing der Leasinggeber, da der Leasingnehmer den Leasingvertrag relativ kurzfristig kündigen kann. Da sich das Operate Leasing von einem typischen Mietvertrag grundsätzlich nicht unterscheidet, ergeben sich bei dieser Form des Leasings keine besonderen bilanziellen oder steuerrechtlichen Probleme. Der Leasinggegenstand wird beim Leasinggeber bilanziert und über die betriebsgewöhnliche Nutzungsdauer abgeschrieben. Beim Leasingnehmer werden die Leasingraten in der Finanzbuchhaltung als Aufwand bzw. steuerlich als Betriebsausgaben erfasst. Angesichts des mietähnlichen Charakters werden wir Operate Leasing nicht weiter vertiefen; die folgenden Ausführungen beziehen sich auf das Finanzierungsleasing, auch wenn nur der Begriff *Leasing* verwendet wird.

Bei einem *Sale-and-Lease-Back* verkauft das Unternehmen einen Vermögensgegenstand an die Leasinggesellschaft und mietet diesen Gegenstand umgehend zurück. Da die Finanzierung in diesem Fall durch Vermögensumschichtung erfolgt, wird Sale-and-Lease-Back im Rahmen der Innenfinanzierung behandelt (siehe Kapitel 5.3.2).

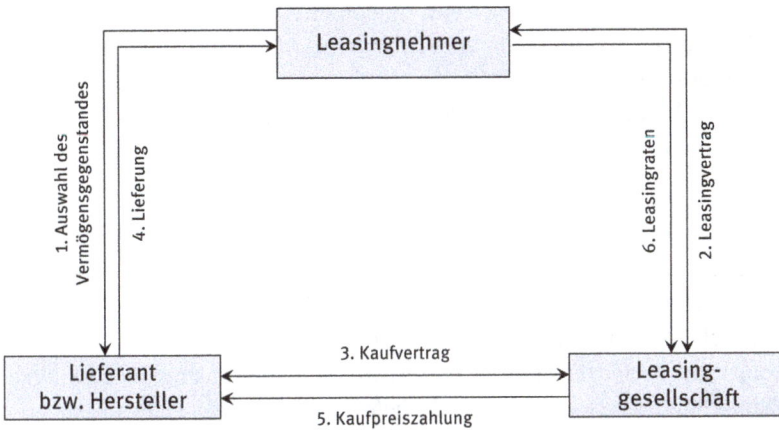

Abb. 4.15: Indirektes Leasing.

Finanzierungsleasing

Als *Finanzierungsleasing* werden die Erscheinungsformen des Leasings bezeichnet, die eine Alternative zum kreditfinanzierten Kauf darstellen (vgl. *Grundmann*, 2021, S. 6 ff.). Charakteristisch für das Finanzierungsleasing ist die Vereinbarung einer festen Grundmietzeit, innerhalb derer der Leasingvertrag nicht gekündigt werden kann. In der Praxis wird üblicherweise eine Grundmietzeit vereinbart, die zwischen 50 % und 75 % der betriebsgewöhnlichen Nutzungsdauer beträgt. Aufgrund der festen Grundmietzeit liegt das Investitionsrisiko auf Seiten des Leasingnehmers. Neben den laufenden Instandhaltungs- und Reparaturkosten trägt der Leasingnehmer das Risiko, dass der Leasinggegenstand aufgrund des technischen Fortschritts veraltet, beschädigt wird oder aufgrund der Geschäftsentwicklung nicht mehr benötigt wird.

Für die Grundmietzeit werden beim Finanzierungsleasing konstante Leasingraten vereinbart, deren Höhe davon abhängig ist, ob es sich um einen Voll- oder Teilamortisationsvertrag handelt:

- Bei einem *Vollamortisationsvertrag* amortisiert sich der Leasinggegenstand während der Grundmietzeit, da die während der Grundmietzeit an den Leasinggeber zu zahlenden Leasingraten die Anschaffungs-, Finanzierungs- und sonstigen Kosten einschließlich einer risikoabhängigen Gewinnmarge decken. Je kürzer die Grundmietzeit ist, desto höher sind ceteris paribus die Leasingraten.
- Bei einem *Teilamortisationsvertrag* reichen die während der Grundmietzeit zu zahlenden Leasingraten nicht zur Amortisation des Leasingobjektes aus. Für den Leasinggeber besteht bei einem Teilamortisationsvertrag das Risiko, dass sich der Leasinggegenstand auch nach Ablauf der Grundmietzeit nicht amortisiert. Um dieses Risiko abzusichern, lassen sich Leasinggesellschaften üblicher-

weise das Recht einräumen, dem Leasingnehmer am Ende der Grundmietzeit den Leasinggegenstand zu einem vorab festgelegten Restwert anzudienen. Da der Restwerterlös für die Amortisation des Leasingobjektes erforderlich ist, muss ein umso höherer Restwert vereinbart werden, je niedriger die Leasingraten während der Grundmietzeit sind – und umgekehrt.

Alternative zum Kreditkauf

Da der Leasingnehmer beim Finanzierungsleasing das Investitionsrisiko trägt, handelt es sich um eine echte Alternative zur Kreditfinanzierung. *In rechtlicher Hinsicht* unterscheiden sich Leasing und Kreditkauf. Während das Unternehmen beim Kreditkauf Eigentümer des Vermögensgegenstandes wird, ist beim Leasing die Leasinggesellschaft Eigentümer des Gegenstandes. *In betriebswirtschaftlicher Perspektive* ist dagegen kein nennenswerter Unterschied zu beobachten, da das Unternehmen den Vermögensgegenstand in vergleichbarer Weise nutzen kann. Unter finanzwirtschaftlichen Aspekten liegt die Analogie darin, dass das Unternehmen entweder regelmäßige Leasingraten zahlt oder dass es Zins- und Tilgungszahlungen auf den Kredit leistet. In beiden Fällen entstehen dem Unternehmen Auszahlungen, anhand derer beide Finanzierungsalternativen verglichen werden können. Für den Vorteilhaftigkeitsvergleich zwischen Kreditfinanzierung und Leasing ist neben den jeweiligen Auszahlungen die bilanzielle Behandlung des Leasings relevant, durch welche die Höhe und zeitliche Struktur des Zahlungsstroms beeinflusst wird.

Bilanzierung des Leasinggegenstandes

Angesichts des mietähnlichen Charakters wird der Leasinggegenstand beim *Operate Leasing* beim Leasinggeber bilanziert, sodass keine grundsätzlichen Zurechnungsprobleme entstehen. Im Gegensatz dazu ist die handels- bzw. steuerrechtliche Bilanzierung *beim Finanzierungsleasing von der Gestaltung des Leasingvertrags abhängig*. In diesem Zusammenhang können bei Vollamortisationsverträgen drei Vertragstypen unterschieden werden, die sich in Bezug auf die Rechte des Leasingnehmers nach Ablauf der Grundmietzeit unterscheiden:

– Bei einem Leasingvertrag *ohne Optionsrecht* endet das Nutzungsrecht des Leasingnehmers mit Ablauf der Grundmietzeit und der Leasinggegenstand wird an den Leasinggeber zurückgegeben.

– Bei einem Vertrag *mit Mietverlängerungsoption* hat der Leasingnehmer das Recht, den Leasinggegenstand nach Ablauf der Grundmietzeit weiterhin zu nutzen. Da sich der Leasinggegenstand bereits innerhalb der Grundmietzeit amortisiert hat, zahlt der Leasingnehmer für die weitere Nutzung typischerweise nur eine geringe Anschlussmiete.

– Bei einem Vertrag *mit Kaufoption* kann der Leasingnehmer den Leasinggegenstand nach Ablauf der Grundmietzeit für einen üblicherweise relativ geringen Kaufpreis erwerben.

Leasingerlass

In der Praxis orientiert sich die handelsrechtliche Bilanzierung des Finanzierungs-leasings an der steuerrechtlichen Einstufung des Leasingvertrages. Basis für die steuerliche Behandlung ist der Leasingerlass des Bundesministeriums der Finanzen (BMF) von 1971, der die Bilanzierung von Mobilien bei Vollamortisationsverträgen regelt *(Quelle: Leasingerlass vom 19.04.1971, BStBl I 1971, S. 264).* Der Leasingerlass konkretisiert das grundlegende Urteil des Bundesfinanzhofs zur steuerrechtlichen Behandlung des Leasings von 1970 *(Quelle: BFH Urteil vom 26.01.1970, IV R 144/66).*

Nach dem Leasingerlass erfolgt die Bilanzierung von Leasingverträgen ohne Op-tionsrecht beim Leasinggeber, wenn die *Grundmietzeit mindestens 40 % und höchs-tens 90 % der betriebsgewöhnlichen Nutzungsdauer* beträgt. Liegt die Grundmietzeit unter 40 % oder über 90 % der betriebsgewöhnlichen Nutzungsdauer, wird der Lea-singgegenstand beim Leasingnehmer bilanziert. Enthält der Leasingvertrag eine Kaufoption, muss zusätzlich der Kaufpreis mindestens dem nach linearer Abschrei-bung ermittelten Restbuchwert entsprechen, um den Vermögensgegenstand beim Leasinggeber bilanzieren zu können. Ähnliches gilt für Leasingverträge mit Mietver-längerungsoption. In diesem Fall müssen die für die Nutzung nach Ablauf der Grundmietzeit zu zahlenden Raten mindestens den auf Basis des Restbuchwertes er-mittelten Wertverzehr decken. Leasinggegenstände, die ausschließlich für den Lea-singnehmer beschafft oder hergestellt wurden (Spezial-Leasing), werden nach dem Leasingerlass grundsätzlich beim Leasingnehmer bilanziert, da dieser unabhängig vom Verhältnis zwischen Grundmietzeit und betriebsgewöhnlicher Nutzungsdauer als wirtschaftlicher Eigentümer des Vermögensgegenstandes gilt.

Ergänzt wird der Leasingerlass durch den *Immobilienleasingerlass* von 1972 so-wie durch die *Teilamortisationserlasse* von 1975 und 1991, welche die Bilanzierung des Leasinggegenstandes beim Immobilienleasing bzw. bei Teilamortisationsverträ-gen regeln. Auch diese Erlasse verfolgen den Zweck, dem Leasinggeber ein Mindest-maß an wirtschaftlichem Eigentum zuzurechnen, wenn der Leasinggegenstand beim Leasinggeber bilanziert werden soll *(Quellen: Immobilienerlass vom 21.03.1972, BStBl I 1972, S. 188; Teilamortisationserlass Mobilien-Leasing vom 22.12.1975, Be-triebs-Berater, 31. Jg. 1976, S. 72 f. sowie Teilamortisationserlass Immobilien-Leasing vom 23.12.1991, BStBl I, S. 13).*

In der Praxis werden Finanzierungsleasingverträge üblicherweise so gestaltet, dass die *Bilanzierung beim Leasinggeber erfolgt,* damit der Leasingnehmer die Lea-singraten steuerlich in vollem Umfang als Betriebsausgaben verrechnen kann. Er-folgt die Bilanzierung dagegen beim Leasingnehmer, so müsste dieser die Leasing-rate in ihren Zins- und Kostenanteil sowie in den Tilgungsanteil aufteilen. Als Betriebsausgaben könnte der Leasingnehmer in diesem Fall den Zins- und Kostenan-teil sowie die Abschreibungen auf den Leasinggegenstand ansetzen. Da die Grund-mietzeit beim Finanzierungsleasing typischerweise deutlich kürzer als die betriebs-gewöhnliche Nutzungsdauer ist, übersteigen die Leasingraten regelmäßig die Summe aus Zins- und Kostenanteil sowie Abschreibungen. Wird der Leasinggegenstand beim Leasinggeber bilanziert, ergeben sich für den Leasingnehmer daher relative Steuervorteile durch höhere Betriebsausgaben während der Grundmietzeit. In der Praxis orientiert sich die Gestaltung von Leasingverträgen meistens an den steuerrechtlichen Rahmenbedingungen, sodass der Leasinggegenstand bilanziell dem Leasingeber zugerechnet werden kann.

Finanzwirtschaftliche Vorteilhaftigkeit

Leasing ermöglicht ebenso wie die Kreditfinanzierung die Nutzung des betreffenden Vermögensgegenstandes, wobei für den Nutzer in beiden Fällen Zahlungsverpflichtungen entstehen. Die für einen Leasingvertrag zu leistenden Zahlungen unterscheiden sich jedoch von den Zins- und Tilgungszahlungen eines Kredites. Die Unterschiede betreffen sowohl die Höhe der einzelnen Zahlungen als auch die zeitliche Struktur des Zahlungsstroms. Ein Vergleich der finanziellen Belastungen pro Periode (z. B. Geschäftsjahr) führt daher nicht zu sinnvollen Ergebnissen. Für den Vorteilhaftigkeitsvergleich zwischen Leasing und Kreditfinanzierung ist es vielmehr erforderlich, die jeweiligen finanziellen Belastungen periodenübergreifend anhand der Barwerte beider Zahlungsreihen zu vergleichen. Auf diese Weise lässt sich ermitteln, welche der beiden Finanzierungsalternativen die geringere finanzielle Gesamtbelastung aufweist. Um ein aussagefähiges Ergebnis zu erhalten, sind die steuerlichen Auswirkungen bei diesem Vorteilhaftigkeitsvergleich unbedingt einzubeziehen. Nachfolgend wird der Vergleich zwischen Leasing und Kreditkauf anhand eines Beispiels illustriert.

Beispiel: Leasing versus Kreditkauf

Die Gartengrün GmbH ist eine Landschaftsgärtnerei in Brandenburg. Jana Blume, die Geschäftsführerin des Unternehmens, plant den Erwerb einer Sprinkleranlage, um den umfangreichen Pflanzenbestand zukünftig automatisch bewässern zu können. In Absprache mit ihren Gärtnern hat Jana sich bereits für die Anlage „Wassermarsch" von der Aqua Professional AG entschieden. Die Anschaffungskosten für die Anlage belaufen sich auf 1.200.000 Euro. Die Gartengrün GmbH wird die neue Anlage über die planmäßige Nutzungsdauer von sechs Jahren linear abschreiben. Gemeinsam mit ihrer Buchhalterin hat Jana bereits ermittelt, dass sich die Sprinkleranlage durch Kosteneinsparungen nach einigen Jahren amortisieren wird. Die Anlage soll daher angeschafft werden, es bleibt die Finanzierung zu klären.

Zur Finanzierung der Anlage liegen der Gartengrün GmbH zwei Angebote vor. Zum einen kann das Unternehmen bei seiner Hausbank einen Kredit zu 7 % aufnehmen, dessen Laufzeit der Nutzungsdauer entspricht und der in gleich hohen Raten getilgt wird. Zum anderen bietet die Aqua Professional AG dem Unternehmen in Kooperation mit einer Leasinggesellschaft einen Leasingvertrag mit einer Grundmietzeit von fünf Jahren an. Die jährliche Leasingrate beläuft sich auf 20 % des Anschaffungspreises. Zusätzlich wird im ersten Jahr eine Sonderzahlung in Höhe von 10 %

des Anschaffungspreises fällig. Die Anschlussmiete nach Ablauf der Grundmietzeit beträgt 20.000 Euro p. a.

Die Gartengrün GmbH verwendet für die Vorteilhaftigkeitsbeurteilung ihrer Projekte einen Kalkulationszinssatz von 6 % nach Steuern. Der durchschnittliche Ertragsteuersatz des Unternehmens liegt bei 25 %. Die Zahlungen für den Kredit sind ebenso wie die Leasingraten jeweils am Jahresende fällig. Da die betrieblichen Einzahlungsüberschüsse durch die Finanzierungsform nicht beeinflusst werden, vergleicht Jana nachfolgend lediglich die Auszahlungen der beiden Finanzierungsalternativen. Zunächst ermittelt sie die jährlichen Auszahlungen für jede der beiden Alternative, dann bezieht sie die steuerlichen Auswirkungen ein und abschließend errechnet sie die Kapitalwerte beider Finanzierungsalternativen.

In Tabelle 4.9 ist die Berechnung für den Kreditkauf dargestellt. Der Kredit in Höhe von 1.200.000 Euro wird durch sechs Raten zu jeweils 200.000 Euro getilgt. Die Kreditzinsen in Höhe von 7 % werden auf die jeweilige Restschuld am Jahresanfang berechnet. Aus der Summe von jährlichen Tilgungs- und Zinszahlungen ergibt sich die jährliche Belastung vor Steuern. Bei einer Nutzungsdauer von sechs Jahren beträgt die lineare Abschreibung 200.000 Euro p. a. In steuerlicher Hinsicht entstehen durch den Kauf der Anlage Betriebsausgaben, die sich als Summe aus Abschreibungen und Zinszahlungen ergeben. Der aus der Verrechnung der Betriebsausgaben resultierende Steuervorteil ist von der Höhe des Ertragsteuersatzes abhängig und beträgt im vorliegenden Fall 25 % der steuerlichen Betriebsausgaben.

Tab. 4.9: Kreditfinanzierter Kauf der Sprinkleranlage.

Jahr	1	2	3	4	5	6
Restschuld (€)	1.200.000	1.000.000	800.000	600.000	400.000	200.000
Tilgung (€)	200.000	200.000	200.000	200.000	200.000	200.000
Zinsen (€)	84.000	70.000	56.000	42.000	28.000	14.000
Belastung v. St. (€)	284.000	270.000	256.000	242.000	228.000	214.000
Abschreibungen (€)	200.000	200.000	200.000	200.000	200.000	200.000
Zinsen (€)	84.000	70.000	56.000	42.000	28.000	14.000
Betriebsausgaben (€)	284.000	270.000	256.000	242.000	228.000	214.000
Steuervorteil (€)	71.000	67.500	64.000	60.500	57.000	53.500
Gesamtbelastung n. St. (€)	213.000	202.500	192.000	181.500	171.000	160.500
Abzinsungsfaktoren (6 %)	0,94340	0,89000	0,83962	0,79209	0,74726	0,70496
Barwerte (€)	200.943	180.224	161.207	143.765	127.781	113.146
Gesamtbarwert (€)	927.066					

Die Gesamtbelastung nach Steuern errechnet sich als Belastung vor Steuern abzüglich des Steuervorteils. Diese Zeile gibt die finanzielle Belastung pro Jahr unter Berücksichtigung der steuerlichen Auswirkungen an. Bitte beachten Sie, dass die kursiv gedruckten Zeilen nur zur Berechnung der steuerlichen Auswirkungen benötigt werden und nicht direkt in die Berechnung der Gesamtbelastung eingehen (zur Berücksichtigung von Steuern siehe auch Kapitel 9.5). Abschließend werden die ermittelten Gesamtbelastungen mit dem Kalkulationszinssatz nach Steuern abgezinst, um die Barwerte der sechs Planungsjahre sowie den Gesamtbarwert der Kreditfinanzierung zu ermitteln. Für die Kreditfinanzierung ergibt sich ein Gesamtbarwert von 927.066 Euro, der als Vergleichsgröße zum Leasing dient.

Bei Abschluss des Leasingvertrags sind während der Grundmietzeit von fünf Jahren Leasingraten in Höhe von 240.000 Euro pro Jahr (20 % des Anschaffungspreises) zu zahlen (siehe Tabelle 4.10). Zusätzlich ist im ersten Jahr die Sonderzahlung in Höhe von 120.000 Euro fällig (10 % des Anschaffungspreises). Im sechsten Jahr zahlt das Unternehmen eine Anschlussmiete von 20.000 Euro. Unter Liquiditätsaspekten stellt die Leasingrate die finanzielle Belastung vor Steuern des betreffenden Jahres dar, während die Leasingrate in steuerlicher Perspektive vollständig als Betriebsausgabe abgesetzt wird. Der Steuervorteil entspricht im vorliegenden Fall wiederum 25 % der Betriebsausgaben. Anschließend wird die jährliche Gesamtbelastung nach Steuern als Differenz der Belastung vor Steuern und des Steuervorteils ermittelt. Zur Ermittlung des Gesamtbarwertes werden zunächst die Gesamtbelastungen pro Jahr abgezinst, bevor abschließend die einzelnen Barwerte addiert werden.

Tab. 4.10: Leasing-Vertrag für die Sprinkleranlage.

Jahr	1	2	3	4	5	6
Sonderzahlung (€)	120.000	0	0	0	0	0
Leasingrate (€)	240.000	240.000	240.000	240.000	240.000	0
Anschlussmiete (€)	0	0	0	0	0	20.000
Belastung v. St. (€)	360.000	240.000	240.000	240.000	240.000	20.000
Betriebsausgaben (€)	360.000	240.000	240.000	240.000	240.000	20.000
Steuervorteil (€)	90.000	60.000	60.000	60.000	60.000	5.000
Gesamtbelastung n. St. (€)	270.000	180.000	180.000	180.000	180.000	15.000
Abzinsungsfaktoren (6 %)	0,94340	0,89000	0,83962	0,79209	0,74726	0,70496
Barwerte (€)	254.717	160.199	151.131	142.577	134.506	10.574
Gesamtbarwert (€)	853.704					

Im Ergebnis hat die Finanzierungsalternative „Leasing" einen Gesamtbarwert in Höhe von 853.704 Euro, während die Kreditfinanzierung einen Gesamtbarwert von 927.066 Euro verursacht. Die Barwerte fassen die finanziellen Gesamtbelastungen beider Finanzierungsalternativen unter Berücksichtigung der steuerlichen Auswirkungen sowie des Zeitwertes des Geldes zusammen. Da in diesem Beispiel ausschließlich Auszahlungen verglichen werden, ist das Leasing angesichts des geringeren Gesamtbarwertes gegenüber der Kreditfinanzierung vorzuziehen. Jana entscheidet sich daher, die Sprinkleranlage für die Gartengrün GmbH zu leasen. Sie ist sich allerdings darüber bewusst, dass die Entscheidung bei veränderten Rahmenbedingungen (z. B. hinsichtlich der Abschreibungsmethodik oder des Ertragsteuersatzes) anders ausfallen kann.

Wie in dem Beispiel bereits kurz erwähnt, ermöglicht der *Vorteilhaftigkeitsvergleich* zwischen Leasing und Kreditfinanzierung keine allgemeingültige Aussage. Die finanzwirtschaftliche Vorteilhaftigkeit ist in entscheidendem Maße von den jeweiligen Konditionen sowie von den unternehmensspezifischen Rahmenbedingungen abhängig. Zu den Einflussfaktoren zählen insbesondere:

– die von der Leasinggesellschaft angebotenen *Vertragskonditionen* (z. B. Höhe der Leasingrate, Mietsonderzahlungen, Rechte nach Ablauf der Grundmietzeit),
– die von der Bonität des potenziellen Kreditnehmers abhängigen *Kreditkonditionen* (Zinssatz, Laufzeit, Sicherheiten),
– das beim Kreditkauf verwendete *Abschreibungsverfahren*,
– die Höhe des *Ertragsteuersatzes* sowie
– die Höhe des für den Barwertvergleich verwendeten *Kalkulationszinssatzes*.

Da die Vorteilhaftigkeit zwischen Kreditfinanzierung und Leasing von der konkreten Finanzierungssituation abhängig ist, müssen Unternehmen die monetäre Vorteilhaftigkeit anhand der Barwerte vergleichen. Grundsätzlich lässt sich auch ein Vergleich zwischen Leasing und Eigenfinanzierung rechnen, auch wenn das in der Praxis eher selten vorkommt. In diesem Fall werden die Finanzierungskosten des Eigenkapitals nach dem Opportunitätskostenprinzip bestimmt, indem die beste alternative Verwendungsmöglichkeit für das infolge des Leasings nicht benötigte Eigenkapital ermittelt wird.

Vorteile des Leasings

Neben der monetären Vorteilhaftigkeit existieren weitere Kriterien, die die Entscheidung für oder gegen Leasing beeinflussen. Als Vorteil aus Sicht des Leasingnehmers gilt die Möglichkeit zur Nutzung des Leasinggegenstandes, ohne dass *die Liquidität des Unternehmens belastet wird*. Dieser Vorteil gilt allerdings auch für eine Kreditfinanzierung. Im Vergleich zur Kreditfinanzierung kann sich Leasing als vorteilhaft erweisen, wenn die Leasinggesellschaft zu einer *100 %-Finanzierung* bereit ist. Kreditinstitute finanzieren den Vermögensgegenstand üblicherweise nicht vollständig, sodass das Eigenkapital des Kreditnehmers beansprucht wird. Darüber hinaus bestehen Kreditgeber vielfach auf die Stellung von Sicherheiten, während der Leasinggesellschaft lediglich der *Leasinggegenstand als Sicherheit* dient. Für Unternehmen, die die erforderlichen Sicherheiten nicht stellen können, ist Leasing häufig eine passende oder sogar die einzige Finanzierungsalternative.

Angesichts ihres Geschäftsvolumens können Leasinggesellschaften beim Erwerb der Leasinggegenstände sowie bei deren Refinanzierung *Kostenvorteile* erzielen. Wenn die Leasinggesellschaft diese Kostenvorteile an den Leasingnehmer weitergibt, kann sich Leasing als vorteilhaft im Vergleich zu anderen Finanzierungsalternativen erweisen. Wie bereits angesprochen, bewirkt Leasing häufig *Steuervorteile* im Vergleich zur Kreditfinanzierung. Die steuerlichen Vorteile sind in der Praxis nicht selten der entscheidende Grund dafür, dass eine Vergleichsrechnung zugunsten des Leasings ausfällt.

Grenzen des Leasings

Leasinggesellschaften werben gerne mit der *Bilanzneutralität* des Leasings. Sinngemäß wird darauf hingewiesen, dass beim Finanzierungsleasing die Bilanz des Leasingnehmers nicht belastet wird. Wenn der Leasinggegenstand beim Leasinggeber bilanziert wird, bleibt die Bilanzstruktur des Leasingnehmers unverändert, sodass sich dessen Kreditwürdigkeit (Bonität) nicht verschlechtert. Aus handelsrechtlicher Perspektive ist dieses Argument formal zutreffend. Materiell ist es allerdings nicht haltbar. Gläubiger verwenden zur Bonitätsanalyse nicht nur Bilanzkennzahlen, sondern auch Informationen über laufende oder zukünftige Zahlungsverpflichtungen. Da sich Leasingverpflichtungen auf die Gewinn- und Verlustrechnung des Leasingnehmers auswirken und darüber hinaus im Anhang anzugeben sind (vgl. § 285 Nr. 3 HGB), erfahren potenzielle Kreditgeber von bestehenden Leasingverpflichtungen, sofern sie nicht ohnehin vor Kreditvergabe explizit danach fragen. Im Ergebnis wird die finanzielle Belastung aus Leasingverträgen bei der finanzwirtschaftlichen Unternehmensanalyse berücksichtigt, wobei Leasing die Bonität in vergleichbarer Weise wie ein kreditfinanzierter Kauf belastet.

Hinsichtlich der *Flexibilität* weist das Finanzierungsleasing gegenüber einem Kreditkauf keine wesentlichen Vorteile auf. Zumindest während der Grundmietzeit ist der Leasingnehmer an den Vertrag gebunden und die Leasingraten erhöhen die Fixkosten analog zu einem Kauf. Das bereits als Vorteil genannte Argument der 100 %-Finanzierung ist in den Fällen hinfällig, in denen die Leasinggesellschaft zu Vertragsbeginn eine *einmalige Mietsonderzahlung* verlangt. Bei einer Mietsonderzahlung von z. B. 20 % wird der Vermögensgegenstand durch die Leasinggesellschaft nur zu 80 % finanziert.

Abschließend ist festzuhalten, dass die Vor- und Nachteile des Leasings aus finanzwirtschaftlicher Perspektive insbesondere im Vergleich zur Kreditfinanzierung zu beurteilen sind. Im Mittelpunkt steht dabei die Ermittlung der monetären Vorteilhaftigkeit, die von den Rahmenbedingungen der konkreten Finanzierungssituation abhängig sind. Eine allgemeingültige Empfehlung für oder gegen das Leasing kann es daher nicht geben.

4.5.2 Factoring

Das aus den USA stammende Konzept des Factorings hat zwischenzeitlich auch in Deutschland an Beliebtheit gewonnen. Factoring gehört ebenso wie Leasing zu den Kreditsurrogaten und bietet dem Kapital suchenden Unternehmen eine Alternative zur Kreditfinanzierung (siehe z. B. siehe z. B. *Deutscher Factoring-Verband*, 2022; *Grundmann*, 2021, S. 125 ff. und *Karsten*, 2001).

Grundlagen

Unter Factoring versteht man den laufenden *Ankauf von Forderungen aus Lieferungen und Leistungen* durch eine Factoringgesellschaft. Factoringgesellschaften sind Finanzdienstleister oder Kreditinstitute, die sich auf den Forderungsankauf spezialisiert haben. Zwischen der Factoringgesellschaft (Factor) und dem Unternehmen (Klient) wird ein Vertrag geschlossen, in dem sich die Factoringgesellschaft dazu verpflichtet, bestimmte Forderungen gegenüber den Kunden des Klienten (Drittschuldner) anzukaufen und bis zur Fälligkeit zu bevorschussen (siehe Abbildung 4.16). Beim Verkauf der Forderungen tritt der Klient seine Forderungen nach § 398 BGB an die Factoringgesellschaft ab. Durch die Bevorschussung der Forderungen gewährt die Factoringgesellschaft einen Kredit. Wie bei jedem anderen Kredit muss der Kreditgeber auch beim Factoring eine Kreditwürdigkeitsprüfung sowie die laufende Kreditüberwachung vornehmen. Das Kreditrisiko wird dabei entscheidend durch die Bonität der Drittschuldner bestimmt. Daher prüfen Factoringgesellschaften neben der Bonität des Klienten vor allem die Kreditwürdigkeit der Drittschuldner. Forderungen, die die Bonitätsansprüche der Factoringgesellschaft nicht erfüllen, werden nicht angekauft.

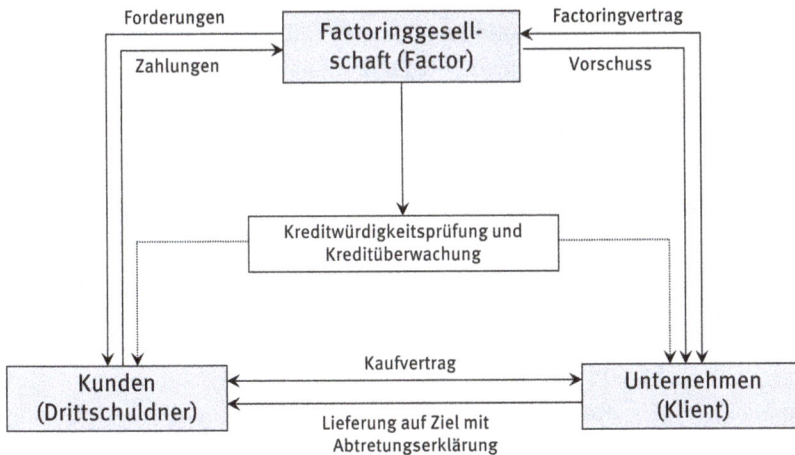

Abb. 4.16: Factoring.

Funktionen des Factorings

Über die Bevorschussung der Forderungen hinaus können im Factoring-Vertrag die Risikoübernahme und weitere Dienstleistungen vereinbart werden. Grundsätzlich werden keine einzelnen Forderungen angekauft, sondern nach bestimmten Kriterien abgegrenzte Forderungsgruppen oder der gesamte Forderungsbestand des Unternehmens. Auf diese Weise strebt die Factoringgesellschaft Diversifikationseffekte an, die das Kreditrisiko des angekauften Forderungsportfolios reduzieren. Factoring-gesellschaften bieten ihren Klienten darüber hinaus Dienstleistungen im Bereich der Forderungsverwaltung und -eintreibung an. Hierzu zählt die Bonitätsprüfung der Drittschuldner; daneben übernehmen Factoringgesellschaften weitere Funktionen von der Debitorenbuchhaltung bis zum Mahnwesen. Im Ergebnis kann Factoring die nachfolgenden Funktionen umfassen, wobei nicht jeder Factoringvertrag sämtliche Funktionen beinhaltet:

- *Finanzierungsfunktion:* Ankauf und Bevorschussung von Forderungen aus Lieferungen und Leistungen,
- *Kreditversicherungsfunktion (Delkrederefunktion):* Übernahme des Ausfallrisikos bei Zahlungsunfähigkeit der Drittschuldner,
- *Dienstleistungsfunktion (Servicefunktion):* Übernahme der Debitorenbuchhaltung, des Forderungsinkassos sowie des Mahnwesens.

Hinsichtlich der Kreditversicherungsfunktion wird zwischen echtem und unechtem Factoring unterschieden. Beim *echten Factoring* übernimmt die Factoringgesellschaft das Risiko des Forderungsausfalls. Beim *unechten Factoring* trägt der Forderungsverkäufer weiterhin das Ausfallrisiko. Darüber hinaus wird nach der Form der Forderungsabtretung zwischen offenem und stillem Factoring differenziert. Beim *offenen Factoring* werden die Kunden des Klienten darüber informiert, dass die Forderungen im Rahmen eines Factoringvertrages abgetreten sind. Mit schuldbefreiender Wirkung können die Forderungsschuldner in diesem Fall nur an die Factoringgesellschaft zahlen. Beim *stillen Factoring* wird die Forderungsabtretung dagegen nicht offengelegt, sodass die Schuldner weiterhin an ihren Lieferanten zahlen, der die eingegangenen Zahlungen an die Factoringgesellschaft weiterleitet.

Nach dem Zahlungszeitpunkt wird schließlich danach differenziert, ob die Factoringgesellschaft zum Ankaufs- oder Fälligkeitszeitpunkt zahlt. Beim *Standard Factoring* werden die Forderungen zum Ankaufszeitpunkt bezahlt, sodass die Factoring-gesellschaft ihrem Klienten einen Vorschuss gewährt. Damit liegt eine echte Finanzierungsfunktion vor. Allerdings überweist die Factoringgesellschaft üblicherweise nicht die vollständige Forderungssumme, sondern behält zunächst einen Sperrbetrag von ca. 10–20 % ein, um eventuelle Rechnungskürzungen (z. B. aufgrund von Mängelrügen) abzudecken. Beim *Maturity Factoring* zahlt die Factoring-gesellschaft zum individuellen oder durchschnittlichen Fälligkeitszeitpunkt, sodass im engeren Sinne keine Kreditgewährung vorliegt. Im Mittelpunkt des Factorings stehen in diesem Fall die Dienstleistungs- und Servicefunktionen sowie gegebenenfalls die Kreditversicherungsfunktion. Die folgenden Ausführungen beziehen sich auf das Standard Factoring.

Finanzierungskosten

Durch die Bevorschussung der Forderungen gewährt die Factoringgesellschaft dem Forderungsverkäufer einen Kredit. Für die Kreditgewährung zahlt das Unternehmen Finanzierungskosten, die sich an marktüblichen Zinssätzen für Kontokorrentkredite orientieren. Bei echtem Factoring erhöhen sich die Kosten um eine Prämie für die Übernahme des Ausfallrisikos, die vor allem vom Risiko der Drittschuldner abhängig ist. Weitere Kosten entstehen bei Übernahme von Debitorenbuchhaltung, Forderungsinkasso und Mahnwesen durch die Factoringgesellschaft. Schließlich berechnen Factoringgesellschaften üblicherweise noch eine Gebühr für die Bonitätsprüfung der Drittschuldner (vgl. *Deutscher Factoring-Verband*, 2022).

Forfaitierung

Eine Variante des Factorings ist die *Forfaitierung*, bei der Finanzdienstleister bzw. Kreditinstitute Forderungen, insbesondere aus Exportgeschäften, ankaufen (siehe z. B. *Häberle*, 2002, S. 772 ff.). Analog zum echten Factoring werden die Forderungen ohne Rückgriffsmöglichkeit auf den Forderungsverkäufer angekauft. Im Unterschied zum Factoring, bei dem eine bestimmte Gruppe von Forderungen laufend angekauft wird, kauft der Forfaiteur einzelne Forderungen an. Angesichts der fehlenden Rückgriffsmöglichkeit kommen für die Forfaitierung nur Forderungen erster Bonität in Frage. Ein weiterer Unterschied zum Factoring liegt darin, dass Forfaitierung keine Dienstleistungsfunktionen beinhaltet. Im Mittelpunkt stehen die Finanzierungs- und die Kreditversicherungsfunktion. Durch die Forfaitierung fließen dem Exporteur die um die Finanzierungskosten verminderten Exporterlöse unverzüglich nach Leistungserbringung zu, auch wenn mit dem Importeur ein Zahlungsziel vereinbart wurde. Die Unsicherheit über das Bestehen der Forderung schließt der Forfaiteur dadurch aus, dass primär Wechselforderungen angekauft werden, die zudem durch eine Bankbürgschaft abgesichert sind.

Vorteilhaftigkeit des Factorings

Aus Unternehmenssicht sind mit dem Factoring verschiedene Vor- und Nachteile verbunden. Grundlegend ist der *Liquiditätsvorteil*, da das in den Forderungen gebundene Kapital zu einem großen Teil freigesetzt wird. Bilanziell führt Factoring zu einem Aktivtausch, durch den sich die liquiden Mittel erhöhen. Die erhöhte Liquidität versetzt das Unternehmen in die Lage, beispielsweise eigene Lieferantenverbindlichkeiten innerhalb der Skontofrist zu begleichen. Alternativ können die freigesetzten Finanzmittel zur Tilgung anderer Verbindlichkeiten oder für zusätzliche Investitionsvorhaben verwendet werden. Durch die Kredittilgung werden die Finanzierungskosten reduziert, während die Realisierung eines zusätzlichen Investitions-vorhabens die Rentabilität des Unternehmens positiv beeinflussen sollte.

Wenn die freigesetzten Finanzmittel für einen *Abbau der Verschuldung* genutzt werden, führt Factoring zu einer Bilanzverkürzung. Auf der Aktivseite reduzieren sich die Forderungen aus Lieferungen und Leistungen, während auf der Passivseite in gleichem Umfang Verbindlichkeiten gegenüber Kreditinstituten oder Lieferanten-verbindlichkeiten abgebaut werden. Da ausschließlich Fremdkapital reduziert wird, während das Eigenkapital unverändert bleibt, verbessert sich die Bilanzstruktur und damit auch die einschlägigen finanzwirtschaftlichen Kennzahlen (z. B. Verschul-dungsgrad). Infolge der verbesserten Kapitalstruktur steigt die Kreditwürdigkeit des Unternehmens, wodurch sich wiederum der Spielraum für eine Neuverhandlung der Kreditkonditionen oder für zukünftige Kreditaufnahmen erhöht.

Über die Liquiditäts- und Bilanzstrukturvorteile hinaus können Unternehmen durch die Inanspruchnahme von Factoring *Kostenvorteile* bei der Bonitätsprüfung, bei Debitorenbuchhaltung und -überwachung sowie beim Forderungsinkasso und Mahnwesen erzielen. Die Auslagerung der mit dem Debitorenmanagement verbun-denen Aufgaben hat allerdings nicht nur finanzielle Konsequenzen. Werden diese Funktionen an eine Factoringgesellschaft abgegeben, verliert das Unternehmen Ein-flussmöglichkeiten auf die Beziehungen zu seinen Kunden. Das Debitorenmanage-ment und sogar das Mahnwesen sind relativ sensible Parameter zur Pflege der *Kun-denbeziehungen*. Auf Unternehmensseite bestehen daher in der Praxis regelmäßig erhebliche Bedenken, das Debitorenmanagement vollständig auf eine Factoringge-sellschaft zu übertragen.

Beim echten Factoring liegt ein weiterer Vorteil in der Übernahme des *Ausfallri-sikos* durch die Factoringgesellschaft. Die Risikoübernahme reduziert das Unterneh-mensrisiko und erhöht die unternehmerische Planungssicherheit. Unternehmen, die einen Forderungsverkauf beabsichtigen, müssen sich allerdings darüber im Klaren sein, dass die Übernahme des Ausfallrisikos durch die Factoringgesellschaft ihren Preis hat. Und der *Preis für die Risikoübernahme* ist von der Kreditwürdigkeit der Drittschuldner abhängig. Je höher die Ausfallwahrscheinlichkeit der Drittschuldner ist, umso höher ist die in die Finanzierungskosten eingerechnete Risikoprämie. Und wenn die Factoringgesellschaft die Bonität der Drittschuldner als nicht mehr tragbar einschätzt, wird sie deren Forderungen nicht ankaufen. Factoring darf daher nicht als Instrument zur Entsorgung schlechter Forderungen verstanden werden. Die ent-scheidenden Motive für die Nutzung von Factoring sind vielmehr die erwähnten Li-quiditäts- und Bilanzstrukturvorteile.

Beispiel: Factoring

Nachfolgend finden Sie die vereinfachte Bilanz der Holzmüller OHG, einem Wettbe-werber der Holzwurm GmbH. Wie Sie der Bilanz entnehmen können, hat das Unter-nehmen offene Forderungen in Höhe von 4 Mio. Euro (siehe Abbildung 4.17). Das bilanzielle Eigenkapital beträgt 1,5 Mio. Euro und die gesamten Verbindlichkeiten liegen bei 8 Mio. Euro. Der Anteil des Eigenkapitals an der Bilanzsumme (Eigenkapitalquote) beträgt 12,5 % (= 1,5 Mio. € / 12 Mio. €).

Aktiva (€)		Passiva (€)	
Anlagevermögen	4.500.000	Eigenkapital	1.500.000
Sonstiges Umlaufvermögen	3.500.000	Bankverbindlichkeiten	4.500.000
Forderungen aus Lieferungen und Leistungen	4.000.000	Verbindlichkeiten aus Lieferungen und Leistungen	3.500.000
		Rückstellungen	2.500.000
Bilanzsumme	12.000.000	Bilanzsumme	12.000.000

Abb. 4.17: Bilanz vor Forderungsverkauf.

Ausgehend von der in Abbildung 4.17 dargestellten Bilanz prüft das Unternehmen den Verkauf von Forderungen an eine Factoringgesellschaft. Diese bietet an, laufend Forderungen aus Lieferungen und Leistungen in einem Volumen von maximal 3 Mio. Euro anzukaufen, wobei die Factoringgesellschaft das Ausfallrisiko der Forderungen übernimmt. An der Übernahme weiterer Dienstleistungen durch die Factoringgesellschaft ist die Holzmüller OHG nicht interessiert. Der in Rechnung gestellte Zinssatz liegt bei 8,5 % zuzüglich einer Risikoprämie in Höhe von 1,5 %, sodass die gesamten Finanzierungskosten 10 % betragen. Die durchschnittliche Laufzeit der Forderungen liegt bei 30 Tagen; die Factoringgesellschaft zahlt zum Ankaufszeitpunkt. In der Abbildung 4.18 sind die bilanziellen Auswirkungen des Factorings dargestellt.

Aktiva (€)		Passiva (€)	
Anlagevermögen	4.500.000	Eigenkapital	1.500.000
Sonstiges Umlaufvermögen	3.500.000	Bankverbindlichkeiten	4.500.000
Forderungen aus Lieferungen und Leistungen	1.000.000	Verbindlichkeiten aus Lieferungen und Leistungen	3.500.000
Sonstige Forderungen	300.000	Rückstellungen	2.500.000
Liquide Mittel	2.700.000		
Bilanzsumme	12.000.000	Bilanzsumme	12.000.000

Abb. 4.18: Bilanz nach Forderungsverkauf.

Bei Ankauf von Forderungen im Volumen von 3 Mio. Euro zahlt die Factoringgesellschaft zunächst 10 % der Forderungssumme auf ein Sperrkonto. Die Holzmüller OHG erhält diesen Betrag, wenn ihre Kunden keine Rechnungskürzungen vornehmen. Ausgewiesen wird der Sperrbetrag unter den sonstigen Forderungen. Den Hauptbetrag von 2,7 Mio. Euro überweist die Factoringgesellschaft dem Unternehmen abzüglich Zinsen in Höhe von 22.500 Euro (Zinssatz von 10 % bei einer Laufzeit von 30 Tagen). Aus Vereinfachungsgründen abstrahieren wir in der bilanziellen Darstellung von den Zinszahlungen, sodass der vollständige Betrag von 2,7 Mio. Euro in der Bilanz als Liquidität ausgewiesen wird.

Aktiva (€)		Passiva (€)	
Anlagevermögen	4.500.000	Eigenkapital	1.500.000
Sonstiges Umlaufvermögen	3.500.000	Bankverbindlichkeiten	4.500.000
Forderungen aus Lieferungen und Leistungen	1.000.000	Verbindlichkeiten aus Lieferungen und Leistungen	800.000
Sonstige Forderungen	300.000	Rückstellungen	2.500.000
Bilanzsumme	9.300.000	Bilanzsumme	9.300.000

Abb. 4.19: Bilanz nach Tilgung von Verbindlichkeiten.

Das Unternehmen kann die zusätzliche Liquidität nutzen, um eigene Verbindlichkeiten zurückzuführen. Unter der realistischen Annahme, dass die Lieferantenverbindlichkeiten höhere Finanzierungskosten verursachen als die Bankverbindlichkeiten, empfiehlt sich die Bezahlung offener Lieferantenrechnungen. Die Verbindlichkeiten aus Lieferungen und Leistungen reduzieren sich in diesem Fall auf 800.000 Euro und es kommt zu einer Verkürzung der Bilanzsumme auf 9,3 Mio. Euro (siehe Abbildung 4.19). Durch die Tilgung der Lieferantenverbindlichkeiten hat die Holzmüller OHG ihre Bilanzstruktur deutlich verbessert. Die Eigenkapitalquote erhöht sich von 12,5 % auf 16,1 %, wodurch sich die Kreditwürdigkeit verbessert und die Holzmüller OHG zukünftigen Kreditspielraum gewinnt.

Den Vorteilen stehen die Kosten des Factorings gegenüber. Für die Bevorschussung der Forderungen durch die Factoringgesellschaft entstehen risikoadjustierte Finanzierungskosten in Höhe von 10 % zuzüglich der Kosten für die Bonitätsprüfung der Drittschuldner. Diese Kosten sind mit den Finanzierungskosten zu vergleichen, die durch die Tilgung der Lieferantenverbindlichkeiten wegfallen. Die Vorteilhaftigkeit des Factorings hängt also in entscheidendem Maße von den Finanzierungskosten ab, die die eigenen Lieferanten der Holzmüller GmbH in Rechnung stellen. Darüber hinaus sind weitere Finanzierungsalternativen in den Vorteilhaftigkeitsvergleich einzubeziehen, z. B. die mögliche Tilgung der Lieferantenverbindlichkeiten zu Lasten des Kontokorrentkredites. In diesem Fall bestimmt sich die Vorteilhaftigkeit des Factorings im Vergleich zu den Finanzierungskonditionen für den Bankkredit.

Wie Sie anhand des Beispiels gesehen haben, ist die Vorteilhaftigkeit des Factorings von der konkreten Finanzierungssituation des Unternehmens abhängig. Für das Factoring gibt es daher ebenso wenig eine allgemeingültige Handlungsempfehlung wie für das Leasing.

4.6 Hybridkapital

Aus den vorangegangenen Kapiteln ist Ihnen bereits bekannt, dass die Außenfinanzierung nach der rechtlichen Stellung des Kapitalgebers in Eigen- bzw. Fremdkapital unterschieden wird. Eigenkapitalgeber haben Eigentumsrechte, während Fremdkapitalgebern Gläubigerrechte zustehen. In rechtlicher Hinsicht stellen Eigen- und Fremdkapital die Endpunkte im Spektrum der Finanzierungsformen dar. Zwischen diesen beiden Endpunkten existieren weitere Finanzierungsinstrumente, die Eigentums- und Gläubigerrechte in unterschiedlicher Weise kombinieren. Diese Zwischenformen werden als Hybrid- oder Mezzanine-Kapital bezeichnet. Das *Lernziel von Kapitel 4.6* lautet, die grundlegenden Merkmale des Mezzanine-Kapitals zu verstehen, diese Finanzierungsform gegenüber Eigen- bzw. Fremdkapital abgrenzen zu können und einige hybride Finanzierungsinstrumente exemplarisch kennenzulernen.

4.6.1 Grundlagen

Hybrid- bzw. Mezzanine-Kapital ist eine Form der Außenfinanzierung, die in der Systematik der Finanzierungsinstrumente *zwischen Eigen- und Fremdkapital* steht (siehe Abbildung 4.20 sowie S. 38 ff.). Der auf die italienische Renaissance zurückgehende Begriff *Mezzanine* stammt aus der Architektur und bezeichnet ein Zwischengeschoss, das zwischen zwei regulären Stockwerken liegt. In der Finanzierungstheorie und -praxis wird Mezzanine-Kapital als Oberbegriff für hybride Finanzierungsinstrumente verwendet, die Merkmale von Eigen- und Fremdkapital kombinieren (vgl. *Müller-Känel*, 2009, S. 13 ff. sowie *Nijs*, 2013). Mezzanine-Kapital ist eine in der Finanzierungspraxis entstandene Finanzierungsform, die in den letzten Jahren an Popularität gewonnen hat. Die meisten der unter diesem Begriff subsumierten Finanzierungsinstrumente sind allerdings bereits seit Jahrzehnten bekannt.

Finanzierungsinstrumente				
Außenfinanzierung			**Innenfinanzierung**	
Eigenkapital (Beteiligungs- finanzierung)	Hybridkapital (mezzanine Finanzierung)	Fremdkapital (Kredit- finanzierung)	Finanzierung aus dem Umsatz- prozess	Finanzierung aus Vermögens- umschichtung
• Gesellschafter- einlagen • GmbH-Anteile • Aktien	• Nachrangdarlehen • Wandelanleihen • Optionsanleihen • Genussrechte • Stille Beteiligung	• Lieferantenkredite • Bankkredite • Sonstige Darlehen • Anleihen • Leasing • Factoring	• Einbehaltung von Gewinnen • Finanzierung aus Abschreibungen • Finanzierung aus Rückstellungen	• Desinvestitionen • Reduzierung der Kapitalbindung • Sale-and-Lease- Back

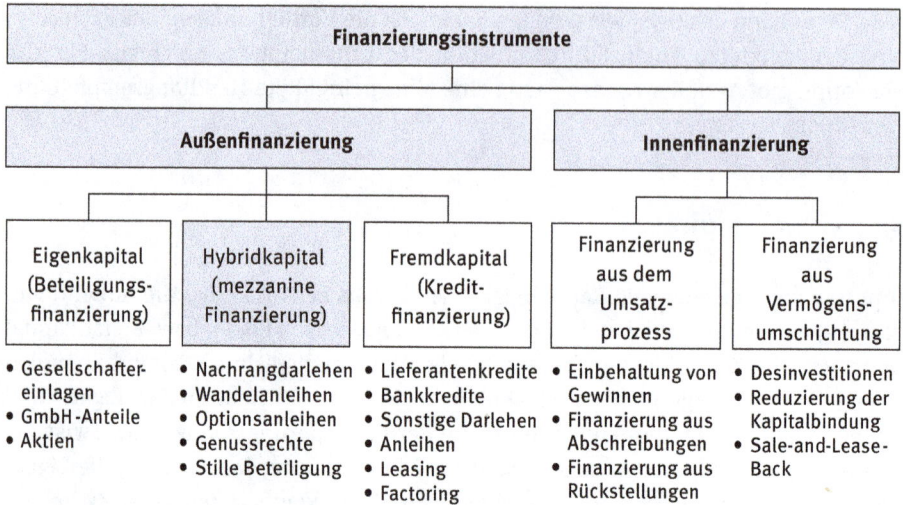

Abb. 4.20: Hybridkapital in der Systematik der Finanzierungsinstrumente.

Rechtliche bzw. wirtschaftliche Perspektive

Auch wenn sich die unter dem Begriff des Mezzanine-Kapitals zusammengefassten Finanzierungsinstrumente im Detail unterscheiden, finden sich einige grundlegende Gemeinsamkeiten, die den Charakter dieser Instrumente bestimmen. Bei mezzaninen Finanzierungsinstrumenten handelt es sich um Hybridkapital, das sowohl über Fremdkapital- als auch über Eigenkapitalkomponenten verfügt (vgl. *Pape*, 2009a, S. 157 ff.).

In *rechtlicher Hinsicht* dominiert der Fremdkapitalcharakter von Mezzanine-Kapital (siehe Abbildung 4.21). So haben die Kapitalgeber typischerweise nur Informations- und Kontrollrechte, aber keine oder nur begrenzte Mitspracherechte. Die Kapitalüberlassung ist üblicherweise zeitlich befristet, wobei die Laufzeiten bei fünf bis zehn Jahren liegen. Auch die feste Basisverzinsung, die gewöhnlich in Form regelmäßiger Zinszahlungen geleistet wird, steht für den Fremdkapitalcharakter von Mezzanine-Kapital. Am Gewinn bzw. Verlust des Unternehmens sind die Kapitalgeber dagegen meistens nur in begrenztem Umfang beteiligt. Schließlich werden die auf das Mezzanine-Kapital zu leistenden (Zins-)Zahlungen steuerlich meistens als Betriebsausgaben eingestuft, sodass die Kapitalnehmer die von der Kreditfinanzierung bekannten Steuervorteile realisieren können.

	Eigenkapital	Mezzanine-Kapital	Fremdkapital
Haftung	Haftung mindestens in Höhe der Einlage (Miteigentümer)	Rangrücktritt gegenüber erstrangigem Fremdkapital	Keine Haftung (Gläubigerstellung)
Geschäftsführung	Mitsprache-, Stimm- und Kontrollrechte	Informations- und Kontrollrechte möglich	Keine Beteiligung an Geschäftführung
Zeitliche Verfügbarkeit	Unbefristete Kapitalüberlassung	Befristete Kapitalüberlassung	Befristete Kapitalüberlassung
Besicherung	Keine Sicherheiten	Keine Sicherheiten	Kreditsicherheiten
Vermögensbeteiligung	Quotale Beteiligung an der Wertsteigerung	Optionale Beteiligung an Wertsteigerung	Anspruch auf Nominalbetrag
Erfolgsbeteiligung	Teilhabe am Gewinn bzw. Verlust	Feste und erfolgsabhängige Verzinsungsanteile	Erfolgsunabhängige Verzinsung
Liquiditätsbelastung	Erfolgsabhängige Belastung nur bei Gewinnerzielung	Geringere feste Belastung aus laufender Verzinsung	Feste Belastung durch Zinsen und Tilgung
Steuerbelastung	Besteuerung des Gewinns	Zinsen als steuerlich relevante Betriebsausgabe	Zinsen als steuerlich relevante Betriebsausgabe

Abb. 4.21: Mezzanine-Kapital zwischen Eigen- und Fremdkapital.

Im Gegensatz zur rechtlichen Perspektive dominiert bei *wirtschaftlicher Betrachtung* der Eigenkapitalcharakter von Mezzanine-Kapital. Die Kapitalgeber erhalten üblicherweise keine bzw. nur nachrangige Sicherheiten. Im Insolvenzfall wird das erstrangige Fremdkapital vor dem Mezzanine-Kapital bedient, da Mezzanine-Kapital durch den Rangrücktritt der Kapitalgeber zwischen Fremd- und Eigenkapital steht. Das auch als nachrangiges Fremdkapital bezeichnete Mezzanine-Kapital verbreitert insofern die Haftungsbasis des Unternehmens und wird daher in wirtschaftlicher Perspektive – beispielsweise von Ratingagenturen – dem Eigenkapital zugerechnet. Durch die Aufnahme von Mezzanine-Kapital können somit die Bonität und das Rating des Unternehmens verbessert werden. Die Beteiligung der Kapitalgeber am Unternehmenserfolg weist ebenfalls eigenkapitalbezogene Merkmale auf, da die feste Basisverzinsung um erfolgsabhängige Vergütungselemente ergänzt wird. Die Erfolgsbeteiligung kann durch eine variable Zusatzverzinsung (Interest Kicker), eine Partizipation an der Unternehmenswertsteigerung (Equity Kicker) oder durch Wandlungs- bzw. Optionsrechte erfolgen, die eine direkte zukünftige Beteiligung der Kapitalgeber am Eigenkapital ermöglichen. Die drei Elemente der Erfolgsbeteiligung lassen sich in vielfältiger Weise kombinieren und damit an das in einer bestimmten Finanzierungssituation gewünschte Risiko-Rendite-Profil anpassen.

Risiko-Rendite-Profil

Wie bereits erläutert, ist Mezzanine-Kapital eine heterogene Finanzierungsform, unter der eine Vielzahl unterschiedlicher Finanzierungsinstrumente subsumiert wird (vgl. *Natusch* 2007, S. 24 ff. und *Nijs*, S. 25 ff.). Das Risiko-Rendite-Profil hybrider Finanzierungsinstrumente deckt das gesamte Spektrum zwischen Fremd- und Eigenkapital ab (siehe Abbildung 4.22).

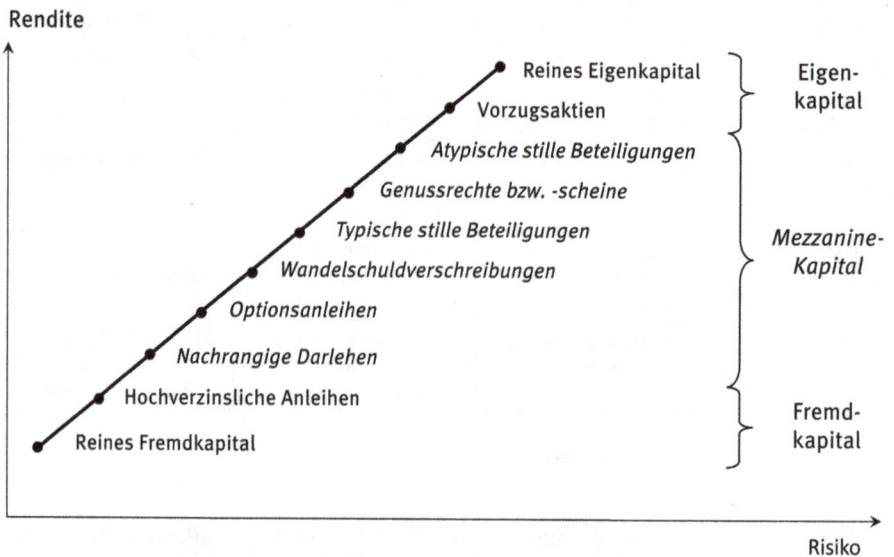

Abb. 4.22: Risiko-Rendite-Profil von Finanzierungsinstrumenten.

Am linken Ende der Kapitalmarktgeraden findet sich reines Fremdkapital, das grundsätzlich ein niedriges Risiko bei geringer Renditeerwartung aufweist. Durch Hinzufügen eigenkapitalbezogener Merkmale erhöhen mezzanine Finanzierungsinstrumente schrittweise sowohl das Risiko als auch die erwartete Rendite. Am weitesten rechts liegt schließlich reines Eigenkapital, das durch eine hohe Renditeerwartung bei ebenfalls hohem Risiko charakterisiert ist.

Equity und Debt Mezzanine

Angesichts ihrer Heterogenität werden mezzanine Finanzierungsinstrumente vielfach noch einmal in fremd- bzw. eigenkapitalnahe Instrumente (Debt bzw. Equity Mezzanine) unterschieden (vgl. *Nelles/Klusemann*, 2003, S. 7 f.). Beispiele für *Debt Mezzanine* sind Nachrangdarlehen, Optionsanleihen, Wandelschuldverschreibungen und typische stille Beteiligungen, während Genussrechte und -scheine sowie atypische stille Beteiligungen dem *Equity Mezzanine* zugerechnet werden. Debt Mezzanine ist häufig zusätzlich mit einer variablen Zinskomponente ausgestattet, die die Rendite dieser Finanzierungsinstrumente bei erfolgreicher Unternehmensentwicklung erhöht. Im Gegensatz dazu erfolgt die zusätzliche Vergütung des Risikos bei Equity Mezzanine über eine Beteiligung am Gewinn bzw. an der Unternehmenswertsteigerung.

	Fremdkapitalnahe Instrumente (Debt Mezzanine)	Eigenkapitalnahe Instrumente (Equity Mezzanine)
Privatplatzierungs-instrumente (Private Mezzanine)	Nachrangdarlehen, Typische stille Beteiligungen	Genussrechte, Atypische stille Beteiligungen
Kapitalmarkt-instrumente (Public Mezzanine)	Wandelschuld-verschreibungen, Optionsanleihen	Genussscheine

Abb. 4.23: Abgrenzung mezzaniner Finanzierungsinstrumente.

Neben der Eigen- bzw. Fremdkapitalnähe wird Mezzanine-Kapital danach differenziert, ob es sich um Privatplatzierungsinstrumente (Private Mezzanine) oder um Kapitalmarktinstrumente (Public Mezzanine) handelt (siehe Abbildung 4.23). Bei *Kapitalmarktinstrumenten* handelt es sich um standardisierte Finanzierungsinstrumente (z. B. Wandelschuldverschreibungen, Optionsanleihen oder Genussscheine), die an einer Börse gehandelt werden können. Demgegenüber sind *Privatplatzierungsinstrumente* (z. B. Nachrangdarlehen, Genussrechte oder stille Beteiligungen) individuelle Kontrakte zwischen Kapitalgeber und -nehmer.

4.6.2 Mezzanine Finanzierungsinstrumente

Nach dem einleitenden Überblick werden im Folgenden einige grundlegende mezzanine Finanzierungsinstrumente erläutert. Angesichts der Heterogenität existieren zwischen den einzelnen Instrumenten teilweise deutliche Unterschiede. Darüber hinaus können sich auch mezzanine Finanzierungsinstrumente gleichen Typs unterscheiden, da sich Mezzanine-Kapital mehrheitlich durch flexible Gestaltungsformen auszeichnet. Vor diesem Hintergrund orientieren sich die folgenden Ausführungen jeweils an typisierten Beispielen (siehe auch Abbildung 4.24 auf S. 242).

Nachrangdarlehen

Nachrangdarlehen sind eine der am häufigsten genutzten Formen von Mezzanine-Kapital. Es handelt sich um unverbriefte und nicht besicherte Darlehen, deren *Rückzahlungsanspruch im Insolvenzfall nachrangig* gegenüber erstrangigem Fremdkapital ist. In Abgrenzung zu erstrangigem Fremdkapital (Senior Debt) werden nachrangige Darlehen auch als Junior bzw. Subordinated Debt bezeichnet. Neben dem nachrangigen Rückzahlungsanspruch hat der Kapitalgeber einen Anspruch auf Verzinsung.

Angesichts des höheren Ausfallrisikos enthält die Verzinsung nachrangiger Darlehen eine Risikoprämie und liegt daher regelmäßig über der Verzinsung vorrangigen Fremdkapitals. Eine Gewinnbeteiligung in Form einer erfolgsabhängigen Verzinsung ist möglich; eine Verlustbeteiligung erfolgt in der Regel nicht.

Eine Variante des Nachrangdarlehens sind nachrangige Anleihen. Ebenso wie bei festverzinslichen Anleihen (siehe S. 192 ff.) sind die Gläubigerrechte bei diesem Finanzierungsinstrument in einem Wertpapier verbrieft. Damit sind auch Nachranganleihen an der Börse handelbar. Im Insolvenzfall ist der Rückzahlungsanspruch gegenüber den anderen Verbindlichkeiten nachgeordnet, sodass nachrangige Anleihen den Nachrangdarlehen ähneln. Angesichts ihrer Börsenfähigkeit können Unternehmen durch die Emission von Nachranganleihen allerdings höhere Finanzierungsvolumina aufnehmen als bei der Nutzung nachrangiger Darlehen.

Optionsanleihen

Optionsanleihen sind festverzinsliche Wertpapiere (siehe S. 192 ff.), die ein Gläubigerrecht (Fremdkapital) verbriefen und zusätzlich mit einem *Optionsrecht* zum Bezug von Aktien (Eigenkapital) ausgestattet sind. Die Ausübung des Optionsrechts erfolgt zu den in den Emissionsbedingungen festgelegten Konditionen (Bezugsverhältnis, Bezugsfrist und Bezugspreis). Voraussetzung für die Emission einer Optionsanleihe ist eine bedingte Kapitalerhöhung des Emittenten (siehe S. 140 f.). Das in der Anleihe verbriefte Gläubigerrecht und damit der Tilgungsanspruch des Kapitalgebers bleiben unabhängig von einer Ausübung des Optionsrechts bis zum Laufzeitende erhalten. Allerdings können das Gläubigerrecht und das in einem Optionsschein verbriefte Optionsrecht üblicherweise voneinander getrennt und einzeln an der Börse gehandelt werden. Das Optionsrecht bietet die Möglichkeit, Eigenkapital auf Termin zu beziehen, wodurch der Kapitalgeber mit vergleichsweise geringem Kapitaleinsatz an der zukünftigen Wertsteigerung des Unternehmens partizipieren kann. Angesichts der mit dem Optionsrecht verbundenen Vorteile liegt die Verzinsung von Optionsanleihen regelmäßig unter der Rendite festverzinslicher Anleihen mit vergleichbarem Risiko.

Wandelschuldverschreibungen

Auch bei Wandelschuldverschreibungen handelt es sich um festverzinsliche Wertpapiere, die ein Gläubigerrecht (Fremdkapital) verbriefen und mit einem *Umtauschrecht* zum Bezug von Aktien (Eigenkapital) ausgestattet sind. Im Unterschied zur Optionsanleihe erlischt das Gläubigerrecht jedoch, wenn der Kapitalgeber sein Umtauschrecht wahrnimmt. Die jeweiligen Umtauschkonditionen (Umtauschverhältnis, Umtauschfrist und Zuzahlung) sind in den Emissionsbedingungen festgelegt. Auch für die Emission einer Wandelschuldverschreibung bedarf es einer bedingten Kapitalerhöhung des Emittenten. Sofern das Wandlungsrecht nicht ausgeübt wird, werden die vereinbarten Zinszahlungen während der Laufzeit geleistet, bevor die Anleihe am Laufzeitende getilgt wird. Wandelschuldverschreibungen ermöglichen ebenfalls eine Partizipation des Kapitalgebers an der Unternehmenswertsteigerung, sodass auch Wandelschuldverschreibungen üblicherweise eine geringere Rendite als risikoäquivalente festverzinsliche Anleihen aufweisen.

Genussrechte bzw. -scheine

Genussrechte bzw. -scheine sind *Finanzierungsinstrumente ohne Legaldefinition*, die aber beispielsweise im Aktiengesetz bzw. im Steuerrecht erwähnt werden (vgl. § 221 Abs. 3 AktG bzw. § 8 Abs. 3 Satz 2 KStG). Während Genussrechte nicht verbrieft sind (Private Mezzanine), handelt es sich bei Genussscheinen um die verbriefte Form von Genussrechten (Public Mezzanine). Die folgenden Ausführungen beziehen sich auf beide Varianten, auch wenn nur der Begriff *Genussrecht* gebraucht wird. Genussrechte basieren auf einem schuldrechtlichen Vertrag, der dem Kapitalgeber einen Anspruch auf Vergütung und nachrangige Rückzahlung des Nominalwertes einräumt. Angesichts der fehlenden Legaldefinition unterliegen Genussrechte einem hohen Gestaltungsspielraum. Das gilt insbesondere für die Vergütung der Kapitalgeber, bei der eine gewinnabhängige Ausschüttung üblich ist. Bei Ausfall der Gewinnausschüttung wird diese teilweise in den Folgejahren nachgeholt, wobei die Inhaber der Genussrechte vorrangig vor den Eigenkapitalgebern bedient werden. Darüber hinaus ist eine Verlustbeteiligung zumindest bis zur Höhe der Kapitaleinlage charakteristisch für Genussrechte. Die Kapitalgeber haben keine Mitspracherechte bei der Geschäftsführung, sondern lediglich Informationsrechte. Wirtschaftlich werden Genussrechte als Eigenkapital angesehen, während sie steuerlich als Fremdkapital behandelt werden, sofern die Kapitalgeber nicht gleichzeitig an Gewinn und Liquidationserlös des Unternehmens beteiligt sind.

Stille Beteiligungen

Im Vergleich zu anderen mezzaninen Finanzierungsinstrumenten zeichnen sich stille Beteiligungen durch eine stärkere Orientierung an eigenkapitalbezogenen Merkmalen aus (vgl. §§ 230 ff. HGB). Bei einer stillen Beteiligung bzw. einer stillen Gesellschaft beteiligt sich der Kapitalgeber am Eigenkapital des Unternehmens, wobei die Beteiligung lediglich im Innenverhältnis gilt. Gegenüber Dritten (z. B. Gläubigern) tritt der Kapitalgeber grundsätzlich nicht in Erscheinung. Eine Ausnahme gilt lediglich für die stille Beteiligung an einer Aktiengesellschaft, die als Unternehmensvertrag (vgl. § 292 AktG) gilt und somit der Zustimmung der Hauptversammlung bedarf und in das Handelsregister einzutragen ist (vgl. §§ 293 f. AktG). Das Innenverhältnis zwischen Kapitalgeber und -nehmer ist schuldrechtlich geprägt; der Kapitalgeber erhält jedoch bestimmte Eigentumsrechte, wie z. B. Informations- und Kontrollrechte. Als Entgelt für die Kapitalüberlassung wird der Kapitalgeber typischerweise am Gewinn des Unternehmens beteiligt. Üblich ist auch eine auf die Höhe der Kapitaleinlage begrenzte Verlustbeteiligung, die allerdings ausgeschlossen werden kann. Neben der laufenden Vergütung hat der Kapitalgeber bei Ausscheiden aus der Gesellschaft einen Anspruch auf Kapitalrückzahlung. Dieser Anspruch bezieht sich bei einer typischen stillen Gesellschaft auf Rückzahlung der nominellen Kapitaleinlage, während sich der Rückzahlungsanspruch bei einer atypischen stillen Gesellschaft auf die Kapitaleinlage zuzüglich einer Beteiligung am Vermögenszuwachs richtet.

Kriterien	Nachrang-darlehen	Options- bzw. Wandelanleihe	Genussrecht bzw. -schein	Stille Beteiligung
Bilanzielles Eigenkapital	Nein	Nach Umtausch bzw. Wandlung	Nein	(a) typisch: Nein (b) atypisch: Ja
Wirtschaftliches Eigenkapital	Ja	Ja, sofern Rangrücktritt	Ja	Ja
Haftung im Insolvenzfall	Nein, aber Rangrücktritt	Nein, aber ggf. Rangrücktritt	Nein, aber Rangrücktritt	(a) Nein, aber Rangrücktritt (b) Ja
Verlust-beteiligung	Nein	Nein	Üblicherweise Ja	(a) Grds. Ja (b) Ja
Vergütung des Kapitalgebers	Feste und variable Verzinsung	Verzinsung plus Umtauschrecht	Verzinsung plus Gewinn-beteiligung	Verzinsung plus Gewinn-beteiligung
Rendite-erwartung	ca. 9–17 %	ca. 10–15 %	ca. 12–20 %	ca. 15–20 %
Gesetzliche Regelungen	§§ 607–610 BGB	§ 221 AktG	Nicht geregelt	§§ 230–236 HGB

Abb. 4.24: Mezzanine Finanzierungsinstrumente (Quelle: angelehnt an *Natusch*, 2007, S. 25).

4.6.3 Beurteilung von Mezzanine-Kapital

Mezzanine-Kapital erweitert das Spektrum der verfügbaren Finanzierungsalternativen und kann Eigen- sowie Fremdkapital sinnvoll ergänzen. Aus Sicht von Kapitalnehmern lassen sich die *Vorteile* von Mezzanine-Kapital mit dem hybriden Charakter dieser Finanzierungsform begründen:

– Durch den Rangrücktritt der Kapitalgeber wird die *wirtschaftliche Eigenkapitalquote* gestärkt und das *Rating* des Unternehmens verbessert. Aufgrund der höheren Bonität kann der Kapitalnehmer bessere Finanzierungskonditionen erzielen.
– Da Mezzanine-Kapital steuerlich meistens als Fremdkapital behandelt wird, werden die für die Kapitalüberlassung zu leistenden Zahlungen *steuerlich als Betriebsausgaben* anerkannt, wodurch der steuerpflichtige Gewinn sinkt.
– Durch das Gestaltungspotenzial mezzaniner Finanzierungsinstrumente lassen sich *Liquiditätsvorteile* erzielen. Die Vergütung der Kapitalgeber erfolgt zu gro-

ßen Teilen durch erfolgsabhängige Elemente am Laufzeitende, sodass die Liquidität nur in geringem Maße durch laufende Zinszahlungen belastet wird.

– Die Vergabe von Mezzanine-Kapital orientiert sich primär an den zukünftig erwarteten *Rückflüssen (Cashflows)*, anhand derer die Fähigkeit des Unternehmens zur Bedienung der Zins- und Tilgungsverpflichtungen beurteilt wird. Gerade für junge Wachstumsunternehmen, bei denen das vorhandene Vermögen für die Stellung von Sicherheiten nicht ausreicht, ermöglicht Mezzanine-Kapital dadurch eine Finanzierung unter Bezug auf die zukünftigen Geschäftsaussichten.

Nachteile von Mezzanine-Kapital resultieren ebenfalls aus dem hybriden Charakter dieser Finanzierungsform:

– Unter Rentabilitätsaspekten sind die relativ hohen Finanzierungskosten zu nennen. Zur Kompensation des höheren Risikos fordern die Kapitalgeber im Vergleich zu Fremdkapitalgebern eine höhere Rendite. Diese Renditeerwartungen können allerdings nur von Unternehmen erfüllt werden, die über ein hohes Erfolgspotenzial verfügen.

– Die zeitliche Befristung von Mezzanine-Kapital kann ebenfalls ein Nachteil sein. Bereits bei Kapitalaufnahme muss dem Kapitalnehmer bewusst sein, dass Mezzanine-Kapital eine temporäre Finanzierungslösung für eine bestimmte Phase im Entwicklungsprozess des Unternehmens ist. Am Laufzeitende wird Mezzanine-Kapital von anderen Finanzierungsinstrumenten abgelöst.

– Schließlich verursacht die Inanspruchnahme von Mezzanine-Kapital Transaktionskosten, die über denjenigen von Fremdkapital liegen. Die Transaktionskosten entstehen zum einen durch den komplexen Vergabeprozess, den Kapitalnehmer angesichts des Risikos durchlaufen müssen. Zum anderen sind die Gestaltung des Finanzierungsvertrages und die laufende Überwachung der Finanzierungsbeziehung relativ aufwendig.

Einsatzmöglichkeiten

Auch wenn Mezzanine-Kapital keine universelle Finanzierungsform ist, existieren unterschiedliche Finanzierungssituationen, die für den Einsatz mezzaniner Finanzierungsinstrumente geeignet sind (vgl. *Natusch*, 2007, S. 59 ff.). Typische Einsatzfelder bieten *Wachstumsunternehmen* mit ihrem hohen Kapitalbedarf. Bei erfolgreicher Umsetzung ihrer Wachstumsstrategien bieten diese Unternehmen attraktive Renditechancen; das Unternehmensrisiko ist allerdings relativ hoch. Der Kapitalbedarf von Wachstumsunternehmen entspricht damit genau der für mezzanine Finanzierungsinstrumente typischen Risiko-Rendite-Position. Angesichts der gezielten Risikoübernahme sowie der bedarfsgerechten Zahlungsstruktur ist Mezzanine-Kapital eine für die Alimentierung von Wachstumsstrategien geeignete Finanzierungsform.

Weitere Anlässe für den Einsatz von Mezzanine-Kapital sind der teilweise Ersatz von Eigen- oder Fremdkapital im Rahmen von *Rekapitalisierungen*. Auch Unternehmen in einer operativen *Restrukturierungsphase* sind für den Einsatz von Mezzanine-Kapital geeignet. Schließlich können mezzanine Finanzierungsinstrumente bei *Änderungen in der Eigentümerstruktur* genutzt werden, z. B. bei kreditfinanzierten Unternehmensübernahmen (Leveraged Buy-outs bzw. Management-Buy-outs), beim Rückzug von der Börse (Going Private) oder im Vorfeld von Börsengängen (Going Public). In diesen Finanzierungssituationen werden hybride Finanzierungsinstrumente üblicherweise gemeinsam mit Eigen- und Fremdkapital in strukturierten Finanzierungskonzepten eingesetzt.

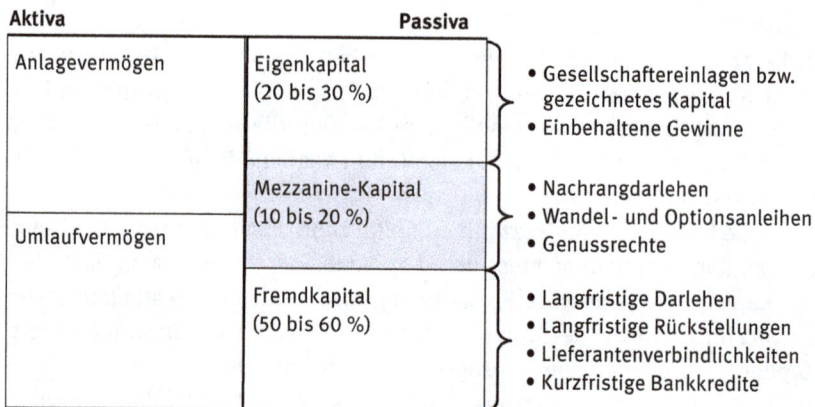

Aktiva	Passiva	
Anlagevermögen	Eigenkapital (20 bis 30 %)	• Gesellschaftereinlagen bzw. gezeichnetes Kapital • Einbehaltene Gewinne
Umlaufvermögen	Mezzanine-Kapital (10 bis 20 %)	• Nachrangdarlehen • Wandel- und Optionsanleihen • Genussrechte
	Fremdkapital (50 bis 60 %)	• Langfristige Darlehen • Langfristige Rückstellungen • Lieferantenverbindlichkeiten • Kurzfristige Bankkredite

Abb. 4.25: Exemplarischer Einsatz von Mezzanine-Kapital.

Im Ergebnis ist Mezzanine-Kapital kein Ersatz, sondern eine Ergänzung der klassischen Finanzierungsformen (siehe Abbildung 4.25). Das entscheidende Argument für die Nutzung von Mezzanine-Kapital ist vielfach die Kombination der durch den Eigenkapitalcharakter bedingten Bonitätsvorteile mit den aus dem Fremdkapitalcharakter resultierenden Steuervorteilen. Unter Risiko-Rendite-Aspekten leistet dabei jedes einzelne Instrument – vom Eigenkapital über Mezzanine-Kapital bis zum Fremdkapital – seinen individuellen Beitrag zur Optimierung der unternehmerischen Finanzierungsstruktur.

4.7 Fragen und Aufgaben zur Kreditfinanzierung

Die Fragen und Aufgaben dienen zur selbständigen Wiederholung des in diesem Kapitel behandelten Stoffes. Sie ergänzen die Ausführungen und Beispiele des vorliegenden Kapitels und bieten Ihnen gleichzeitig die Möglichkeit, Ihre Kenntnisse des behandelten Stoffes zu überprüfen.

4.7.1 Verständnisfragen

Die folgenden Fragen beziehen sich auf Kapitel 4. Nachdem Sie das Kapitel durchgearbeitet haben, sollten Sie in der Lage sein, die Fragen zu beantworten. In Zweifelsfällen finden Sie Hinweise auf die Antworten zu den nachfolgenden Fragen im Text der Unterkapitel, in denen das betreffende Thema behandelt wird.

1. Erläutern Sie die wesentlichen Charakteristika der Kreditfinanzierung!
2. Welche Bedeutung haben Informationsasymmetrien für die Gläubigerbeziehung zwischen Kreditgeber und -nehmer?
3. Was versteht man unter der Kreditwürdigkeit und wie wird diese beurteilt?
4. Wozu dienen Sicherheiten in einer Kreditbeziehung?
5. Wodurch unterscheiden sich Personal- und Realsicherheiten?
6. Was sind Covenants?
7. Wie lassen sich die verschiedenen Formen der Kreditfinanzierung systematisieren?
8. Erläutern und beurteilen Sie den Lieferantenkredit!
9. Was ist ein Kontokorrentkredit und welche Bedeutung hat dieser Kredit für die Unternehmensfinanzierung?
10. Was versteht man unter einem Wechsel- bzw. Diskontkredit?
11. Für welche Zwecke kann ein Lombardkredit eingesetzt werden?
12. Erläutern Sie das Darlehen und seine wesentlichen Merkmale!
13. Was ist ein Disagio?
14. Welche Tilgungsformen existieren zur Darlehensrückführung?
15. Was ist ein Schuldscheindarlehen?
16. Was versteht man unter einer festverzinslichen Anleihe?
17. Durch welche Ausstattungsmerkmale kann eine festverzinsliche Anleihe charakterisiert werden?
18. Welche Bedeutung hat die Effektivverzinsung einer Anleihe für den Emittenten bzw. für den Anleihegläubiger?
19. Wie lässt sich der rechnerische Kurswert einer Anleihe ermitteln?
20. Welche Bedeutung haben die Währung, die Laufzeit und das Ausfallrisiko bei der Bewertung festverzinslicher Anleihen?
21. Was versteht man unter dem Rating von Anleihen?
22. Weshalb gilt Leasing als Alternative zur Kreditfinanzierung?
23. Beurteilen Sie die Vorteilhaftigkeit des Leasings!
24. Was versteht man unter Factoring?
25. Beurteilen Sie die Vorteilhaftigkeit des Factorings!
26. Was versteht man unter dem Begriff des Hybrid- bzw. Mezzanine-Kapitals?
27. Welche Finanzierungsinstrumente werden unter dem Begriff des Hybrid- bzw. Mezzanine-Kapitals subsumiert?
28. Erläutern Sie mögliche Vor- und Nachteile von Mezzanine-Kapital!

4.7.2 Übungsaufgaben

Die nachfolgenden Übungsaufgaben beziehen sich auf die in Kapitel 4 behandelten Finanzierungsinstrumente. Sie lassen sich mit Hilfe der in den einzelnen Unterkapiteln vorgestellten und erläuterten Formeln lösen. Eine PDF-Datei mit den Lösungen kann von der Homepage des Verlages De Gruyter Oldenbourg (www.degruyter.com) heruntergeladen werden.

Aufgabe 4.1: Lieferantenkredit
Die Havelblick GmbH verfolgt das Ziel, ihre Schiffe nicht nur in den sicherheitsrelevanten Bereichen auf dem aktuellen Stand der Technik zu halten. Kürzlich hat die Reederei daher bei einem Hamburger Schiffsausstatter neue Geräte für die Bordküche eines Schiffes erworben. Der Rechnungsbetrag liegt bei 7.350 €, wobei der Lieferant der Reederei ein Zahlungsziel von 30 Tagen einräumt. Wenn die Havelblick GmbH die offene Forderung innerhalb von zehn Tagen bezahlt, gewährt der Lieferant 2 % Skonto.
a)   Erläutern Sie die Funktionsweise eines Lieferantenkredites!
b)   Welchen Zahlungszeitpunkt sollte die Havelblick GmbH wählen?
c)   Wie hoch ist der jährliche Effektivzinssatz des Lieferantenkredites?

Aufgabe 4.2: Ratentilgung
Die Telegreen GmbH stellt Mobiltelefone her und hat von einem forschungsorientierten Berliner Start-up ein Patent für umweltschonende Akkus erworben. Dafür hat Telegreen ein fünfjähriges Darlehen in Höhe von 400.000 € aufgenommen, das in Raten von 80.000 € pro Jahr getilgt wird. Der Zinssatz des Darlehens beträgt 7 %.
a)   Erstellen Sie für das o. a. Darlehen einen Tilgungsplan, der die jeweilige Restschuld, die jährliche Tilgung, die jährliche Zinsbelastung sowie die jährliche Gesamtbelastung darstellt!
b)   Erstellen Sie einen Tilgungsplan für den Fall, dass das o. a. Darlehen als Annuitätendarlehen vergeben wird!
c)   Erläutern Sie die Unterschiede zwischen den beiden Tilgungsalternativen!

Aufgabe 4.3: Effektivverzinsung von Darlehen
Für die Anschaffung neuer Filmkameras und Studiotechnik benötigt die Berliner Filmproduzentin Carolin Kreuzberg mindestens 340.000 Euro, wozu sie ein mehrjähriges Darlehen aufnehmen will. Bei ihrer Hausbank, der Kreuzerkasse e. G., hat Carolin drei verschiedene Darlehensangebote eingeholt, die sich hinsichtlich des Nominalzinssatzes, der Laufzeit sowie der Aus- und Rückzahlungsbeträge unterscheiden. Nachfolgend finden Sie die Konditionen der drei Darlehensalternativen.

	Angebot 1	Angebot 2	Angebot 3
Nominalzinssatz	7,5 %	8,0 %	7,4 %
Laufzeit	8 Jahre	7 Jahre	7 Jahre
Auszahlung (€)	340.000	350.000	350.000
Rückzahlung (€)	350.000	350.000	375.000

Ermitteln Sie die Effektivverzinsung der drei Darlehensvarianten und erläutern Sie, für welches Angebot sich Carolin entscheiden soll!

Aufgabe 4.4: Festverzinsliche Anleihen

Die Cappuccinetti KGaA stellt Kaffeemaschinen und -vollautomaten her. Als Folge des vermehrten Kaffeekonsums ist auch die Nachfrage nach Latte-Macchiato-Vollautomaten in den letzten Jahren spürbar angestiegen. Daher errichtet die Cappuccinetti KGaA einen neuen Produktionsstandort in Bohnenhausen. Das Unternehmen finanziert den Bau über eine fünfjährige festverzinsliche Anleihe mit einem Nominalbetrag von 200 Mio. € und einer Nominalverzinsung von 7 %. Aufgrund des sehr guten Ratings kann die Cappuccinetti KGaA die Anleihe mit Unterstützung der Europäischen Investbank AG problemlos bei institutionellen Investoren platzieren. Die Anleihe wird zu pari begeben und der Rückzahlungskurs beträgt 100 %. Zum Emissionszeitpunkt liegt die Kapitalmarktverzinsung vergleichbarer Unternehmensanleihen bei 7 %.

a) Stellen Sie die Zahlungsströme der Anleihe grafisch dar!

b) Nach einem Jahr liegt der Marktzinssatz unverändert bei 7 %. Berechnen Sie den Kurs der Anleihe, die dann eine Restlaufzeit von vier Jahren hat!

c) Ein weiteres Jahr später ist der Kapitalmarktzinssatz auf 8 % angestiegen. Berechnen Sie den Kurs der Anleihe, die dann noch eine Restlaufzeit von drei Jahren hat!

Aufgabe 4.5: Festverzinsliche Anleihen

Die Productovia AG plant den Aufbau neuer Produktionsstandorte mit einem Investitionsvolumen von ca. 180 Mio. €. Die Finanzierung dieses Investitionsvorhabens soll mit Hilfe einer festverzinslichen Anleihe sichergestellt werden, die folgende Konditionen aufweist:

Nominalzinssatz:	8,5 %
Ausgabekurs:	94 %
Rückzahlungskurs:	100 %
Laufzeit:	5 Jahre

a) Berechnen Sie die Effektivverzinsung dieser Anleihe!

b) Die Anleihe hat ein nominales Emissionsvolumen von 200 Mio. Euro. Wie hoch ist der Emissionserlös, welcher der Productovia AG zufließt?

c) Gehen Sie davon aus, dass der durchschnittliche Marktzinssatz am Kapitalmarkt für Anleihen mit einer Laufzeit von fünf Jahren bei 9 % liegt. Wie hoch ist der rechnerische Kurswert der Anleihe der Productovia AG?

d) Aus welchen Gründen können die Konditionen der Productovia-Anleihe von den durchschnittlichen Marktkonditionen abweichen?

Aufgabe 4.6: Factoring

Die Werbeagentur KreativKombinat GmbH erzielt einen jährlichen Umsatz von 7.000.000 €. Ihren Kunden gewährt die Agentur ein Zahlungsziel von 30 Tagen. Angesichts der Konkurrenzsituation in der Branche sieht sich die KreativKombinat GmbH nicht dazu in der Lage, die Zahlungskonditionen zu ändern. Um dennoch die Liquidität des Unternehmens zu verbessern, beabsichtigt die Agentur den Verkauf von Forderungen im Rahmen eines Factoring-Vertrages. Die Friedrichshainer Factoring AG erstellt daraufhin das nachfolgende Angebot, wobei die Factoringgesellschaft keinen Sperrbetrag einbehält. Die Werbeagentur nutzt die zusätzliche Liquidität, um die Inanspruchnahme des relativ teuren Kontokorrentkredits mit einem Zinssatz von 10,5 % p. a. zu vermindern.

Zinssatz: 9,5 % p. a.

Dienstleistungsgebühr: 1,7 % des Umsatzes (p. a.)

Kreditversicherung: 0,8 % des Umsatzes (p. a.)

a) Wie hoch sind die jährlichen Kosten des Factorings? Gehen Sie davon aus, dass die Werbeagentur sämtliche von der Factoringgesellschaft angebotenen Leistungen in Anspruch nimmt, und erläutern Sie die einzelnen Bestandteile des Factoring-Angebotes!

b) Durch die Inanspruchnahme des Factorings kann die KreativKombinat GmbH zwei Mitarbeiter einsparen, deren Gehaltskosten bei 70.000 € pro Person liegen. Darüber hinaus können 25.000 € an sonstigen Kosten eingespart werden. Ist der Abschluss des Factoringvertrages für die KreativKombinat GmbH sinnvoll?

Aufgabe 4.7: Leasing versus Kreditkauf

Hinweis: Für die Bearbeitung dieser Aufgabe ist es hilfreich, wenn Sie sich bereits mit der Kapitalwertmethode unter Berücksichtigung von Steuern (Kapitel 9.5) beschäftigt haben.

Die Keks GmbH & Co. KG ist eine führende süddeutsche Lebkuchenbäckerei, die ihre Herstellungskapazität erweitern will. Hierzu plant das Unternehmen den Erwerb einer vollautomatischen Lebkuchenbackstraße zu einem Preis von 900.000 Euro von der Lüdenscheider Backmaschinen AG. Planmäßige Nutzungsdauer und Abschreibungsdauer der neuen Anlage liegen jeweils bei sechs Jahren. Nach Inbetriebnahme der neuen Anlage erwartet die Keks GmbH & Co. KG zusätzliche Einzahlungsüberschüsse in Höhe von 220.000 Euro pro Jahr.

Zur Finanzierung der Backstraße liegen dem Unternehmen zwei Angebote vor. Zum einen kann die Keks GmbH & Co. KG den Kauf der Anlage über einen sechsjährigen Kredit von ihrer Hausbank zu einem Zinssatz von 9 % finanzieren. Dieser Kredit wird in sechs gleich hohen jährlichen Raten getilgt.

Zum anderen kann das Unternehmen die Maschine über eine Leasinggesellschaft mieten. Der Leasingvertrag hat eine Grundmietzeit von vier Jahren. Die jährliche Leasingrate beträgt 29 % des Anschaffungspreises, wobei im ersten Jahr zusätzlich eine Sonderzahlung von 6 % des Anschaffungspreises fällig wird. Im fünften und sechsten Jahr (d. h. nach Ablauf der Grundmietzeit) kann die Keks GmbH & Co. KG die Maschine für eine Anschlussmiete von 16.000 Euro p. a. nutzen.

Die Keks GmbH & Co. KG verwendet für die Vorteilhaftigkeitsbeurteilung ihrer Projekte einen Kalkulationszinssatz von 10 % (vor Steuern). Der durchschnittliche Ertragsteuersatz des Unternehmens liegt bei 35 %. Die Zahlungen für den Kredit sind ebenso wie die Leasingraten jeweils am Jahresende fällig.

a) Ermitteln Sie die Auszahlungen beider Finanzierungsalternativen und berechnen Sie die Liquiditätsbelastung pro Jahr (vor Steuern)!

b) Berechnen Sie die steuerlichen Auswirkungen (Steuervorteile), die durch die steuerlich abzugsfähigen Betriebsausgaben bei beiden Alternativen entstehen. Gehen Sie davon aus, dass die Steuervorteile im Jahr ihres Entstehens genutzt werden können!

c) Ermitteln Sie den Barwert beider Finanzierungsalternativen unter Berücksichtigung von Steuern!

5 Innenfinanzierung

Die Innenfinanzierung ist die zweite Säule der Unternehmensfinanzierung, welche die in den Kapiteln 3 und 4 behandelte Außenfinanzierung ergänzt. Während dem Unternehmen bei der Außenfinanzierung finanzielle Mittel von externen Kapitalgebern zur Verfügung gestellt werden, handelt es sich bei der Innenfinanzierung um Finanzmittel, die durch das Unternehmen im Rahmen der betrieblichen Geschäftstätigkeit erwirtschaftet werden. In Kapitel 5 werden zunächst die begrifflichen Grundlagen der Innenfinanzierung geklärt (Kapitel 5.1), anschließend wird die Innenfinanzierung aus dem Umsatzprozess erläutert (Kapitel 5.2), bevor abschließend die Innenfinanzierung durch Vermögensumschichtung dargelegt wird (Kapitel 5.3). Den Abschluss des Kapitels bilden wiederum ausgewählte Verständnisfragen und Übungsaufgaben (Kapitel 5.4).

5.1 Grundlagen

Innenfinanzierung bezeichnet die Freisetzung finanzieller Mittel im Rahmen der betrieblichen Geschäftstätigkeit. Dabei dient die Quelle der Finanzmittel als Abgrenzungskriterium zwischen Außen- und Innenfinanzierung (siehe S. 37). Voraussetzung für jede Form der Innenfinanzierung ist der Zufluss finanzieller Mittel, der durch die finanzwirtschaftliche Kennzahl *Cashflow* gemessen wird. Das *Lernziel von Kapitel 5.1* besteht darin, die Grundlagen der Innenfinanzierung zu verstehen, die Bedeutung des Cashflows als Kennzahl für die Innenfinanzierungskraft erklären zu können und die wesentlichen Formen der Innenfinanzierung systematisieren zu können.

5.1.1 Innenfinanzierungskraft und Cashflow

Begriff der Innenfinanzierung
Bei der *Innenfinanzierung* wird gebundenes Kapital in frei verfügbare Finanzmittel umgewandelt. Unternehmen nutzen ihr Kapital, um Güter herzustellen oder Dienstleistungen zu erbringen und diese am Absatzmarkt zu verkaufen. Durch den Absatz der betrieblichen Leistungen fließen dem Unternehmen neue finanzielle Mittel zu, die dazu benötigt werden, die im betrieblichen Leistungserstellungsprozess eingesetzten Betriebsmittel zu ersetzen. Sofern in dem betreffenden Geschäftsjahr keine überdurchschnittlich großen Investitionsprojekte realisiert werden, übersteigen die aus dem Umsatzprozess erzielten Einzahlungen üblicherweise die zur Leistungserstellung erforderlichen Auszahlungen. Wenn diese Finanzmittel nicht an die Kapitalgeber oder andere Berechtigte (z. B. als Steuern an den Staat) ausgezahlt werden,

https://doi.org/10.1515/9783110987621-005

sondern zur weiteren Nutzung im Unternehmen verbleiben, liegt Innenfinanzierung vor.

Der Begriff der Innenfinanzierung wird in Theorie und Praxis unterschiedlich weit abgegrenzt. In *bilanzorientierter Sichtweise* wird die Innenfinanzierung vor allem anhand ihrer Auswirkungen auf die Bilanz definiert. Dagegen handelt es sich in *zahlungsorientierter Perspektive* (siehe auch S. 31 ff.) um Innenfinanzierung, wenn dem Unternehmen finanzielle Mittel aus der betrieblichen Geschäftätigkeit zufließen und diesem Finanzmittelzufluss keine betrieblichen Auszahlungen in gleicher Höhe gegenüberstehen. Für die finanzwirtschaftliche Beurteilung der Innenfinanzierungsmaßnahmen ist grundsätzlich die Zahlungsebene und nicht die bilanzielle Perspektive relevant. Finanzierungseffekte entstehen allerdings auch dadurch, dass nicht zahlungswirksamer Aufwand verrechnet wird. Das lässt sich am Beispiel der Finanzierung aus Abschreibungsgegenwerten zeigen. Durch die Verrechnung von Abschreibungen wird der ausgewiesene Gewinn gemindert, wodurch sich die Steuerzahlungen sowie die Gewinnausschüttungen reduzieren. Im Ergebnis entsteht durch die Verrechnung der Abschreibungen ein indirekter Finanzierungseffekt, da ein höheres Volumen an finanziellen Mitteln im Unternehmen verbleibt. Der Finanzierungseffekt resultiert allerdings nicht unmittelbar aus den verrechneten Abschreibungen, sondern aus den infolge der Abschreibungen verminderten Zahlungsmittelabflüssen an den Fiskus bzw. an die Eigenkapitalgeber.

Abgrenzung des Cashflows

Eine zentrale Kennzahl zur Beurteilung der unternehmerischen Finanzmittelströme ist der *Cashflow*, der den betrieblichen Finanzmittelüberschuss für eine bestimmte Periode (z. B. ein Geschäftsjahr) bezeichnet. In Abhängigkeit von den jeweiligen Einsatzfeldern existieren unterschiedliche Abgrenzungen des Cashflows (vgl. *Behringer/Lühn*, 2016, S. 79 ff. und *Vormbaum*, 1995, S. 127 ff.):

- In *bilanzorientierter Perspektive* wird der Cashflow als Kennzahl der finanzwirtschaftlichen Unternehmensanalyse verwendet, die aus dem handelsrechtlichen Jahresabschluss abgeleitet wird. Im Fokus steht dabei der betriebliche Cashflow, der die aus der ordentlichen Geschäftätigkeit resultierenden Zahlungsströme abbildet (zur finanzwirtschaftlichen Unternehmensanalyse siehe Kapitel 6 sowie *Coenenberg/Haller/Schultze*, 2021, S. 1085 ff.).
- In der *dynamischen Investitionsrechnung* sowie in der *Unternehmensbewertung* dient der Cashflow zur Prognose der aus dem Bewertungsobjekt fließenden Zahlungsströme, die im Rahmen zukunftsorientierter Bewertungsverfahren mit einem risikoadjustierten Kalkulationszinssatz abgezinst werden (zur dynamischen Investitionsrechnung siehe Kapitel 9 und zur zukunftsorientierten Unternehmensbewertung siehe Kapitel 10 sowie *Pape*, 2010, S. 1021 ff.).
- In *Kapitalflussrechnungen (Statements of Cash Flows)* bildet der Cashflow die Finanzmittelströme des Unternehmens ab (vgl. *Pellens et al.*, 2021, S. 201 ff.). Übli-

cherweise wird zwischen dem Cashflow (Finanzmittelüberschuss) aus laufender Geschäftstätigkeit, dem Cashflow für Investitionstätigkeit sowie dem Cashflow aus Finanzierungsaktivitäten unterschieden. Während der Cashflow aus laufender Geschäftstätigkeit die aus eigener Kraft erwirtschafteten Finanzmittel erfasst, zeigt der Cashflow für Investitionstätigkeit auf, wie hoch der Kapitalbedarf für die Investitionsprojekte des Unternehmens ist. Der Cashflow aus Finanzierungsaktivitäten entspricht schließlich dem Finanzmittelstrom, der durch Ein- und Auszahlungen in Zusammenhang mit Außenfinanzierungsmaßnahmen entsteht (z.B. Kreditaufnahmen, Zinszahlungen oder Gewinnausschüttungen).

Cashflow aus laufender Geschäftstätigkeit

Zur Analyse der *Innenfinanzierungskraft* ist der Cashflow aus laufender Geschäftstätigkeit (Cashflow i. e. S.) relevant, der neben den Zahlungsvorgängen aus der ordentlichen Betriebstätigkeit auch die aus dem nicht betriebsnotwendigen Vermögen resultierenden Zahlungsvorgänge berücksichtigt. Im Folgenden konzentrieren wir uns auf den Cashflow i. e. S., der den durch die laufende Geschäftstätigkeit erwirtschafteten Finanzmittelüberschuss einer bestimmten Periode (z. B. ein Geschäftsjahr oder ein Kalendermonat) abbildet. Der Cashflow kann direkt oder indirekt ermittelt werden (siehe Abbildung 5.1). Die *direkte Ermittlungsmethodik* errechnet den Cashflow als Saldo der betrieblichen Ein- und Auszahlungen der Periode. Da die direkte Ermittlung ausschließlich auf Zahlungsvorgängen beruht, verweist sie unmittelbar auf den Charakter des Cashflows als Einzahlungsüberschuss.

Direkte Ermittlung	Indirekte Ermittlung	
Betriebliche Einzahlungen		Jahresüberschuss
− Betriebliche Auszahlungen	+	Abschreibungen (−Zuschreibungen)
= **Cashflow**	+	Nettozuführungen zu den langfristigen Rückstellungen
	+/−	Veränderungen weiterer zahlungsunwirksamer Erfolgsgrößen
	=	**Cashflow**

Abb. 5.1: Ermittlung des Cashflows.

In der Praxis fehlen häufig die Informationen über die Zahlungswirksamkeit einzelner Geschäftsvorfälle, sodass eine direkte Ermittlung des Cashflows nicht möglich ist. Das gilt insbesondere für externe Unternehmensanalysen, kann aber auch bei der unternehmensinternen Ermittlung des Cashflows relevant sein. Vor diesem Hintergrund wird der Cashflow in der Praxis meistens indirekt ermittelt, wobei auf buchhalterische Größen zurückgegriffen wird. Bei *indirekter Ermittlung* errechnet sich der Cashflow, indem der Jahresüberschuss um zahlungsunwirksame Aufwendungen erhöht und um zahlungsunwirksame Erträge vermindert wird. Aus Vereinfachungsgründen werden üblicherweise nur die bedeutendsten zahlungsunwirksamen Erfolgsgrößen berücksichtigt. Nach dieser in der Praxis verbreiteten indirekten Ermittlungsmethodik errechnet sich der Cashflow, indem der Jahresüberschuss um die Abschreibungen und die Nettozuführungen zu den langfristigen Rückstellungen erhöht wird. Weisen bestimmte zahlungsunwirksame Aufwands- oder Ertragsgrößen im konkreten Fall ein besonders hohes Volumen auf, werden diese Größen bei der Ermittlung des Cashflows zusätzlich berücksichtigt (siehe Abbildung 5.1).

5.1.2 Formen der Innenfinanzierung

Im Rahmen der Innenfinanzierung wird üblicherweise zwischen der Finanzierung aus dem Umsatzprozess und der Finanzierung aus Vermögensumschichtung differenziert (siehe Abbildung 5.2).

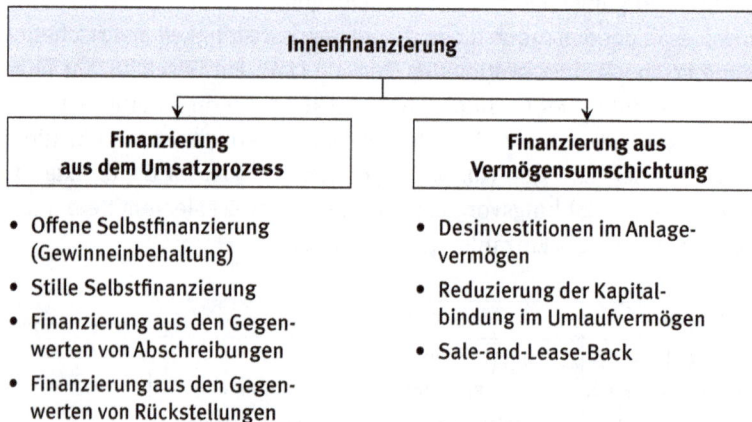

Abb. 5.2: Formen der Innenfinanzierung.

Finanzierung aus dem Umsatzprozess

Die Finanzierung aus dem Umsatzprozess ist der Kernbereich der Innenfinanzierung, bei der die aus der laufenden Geschäftstätigkeit generierten Finanzmittelüberschüsse (Cashflows) im Unternehmen einbehalten werden. Zu diesen Finanzierungsformen zählen die offene und die stille Selbstfinanzierung (siehe Abbildung 5.2). Bei der offenen Selbstfinanzierung werden erwirtschaftete Gewinne durch Beschluss der Eigentümer bzw. des Managements einbehalten und zur Finanzierung der betrieblichen Geschäftstätigkeit verwendet. Stille Selbstfinanzierung entsteht zwangsweise oder gewollt als Ergebnis bilanzieller Maßnahmen, die zur Neubildung von stillen Reserven führen. Auch die Finanzierung aus den Gegenwerten von Abschreibungen bzw. Rückstellungen ist das Ergebnis buchhalterischer Vorgänge. In beiden Fällen führt die Verrechnung von Aufwand dazu, dass erwirtschaftete Finanzmittel im Unternehmen gebunden werden und zur Finanzierung der betrieblichen Geschäftstätigkeit verfügbar sind.

Finanzierung aus Vermögensumschichtung

Die Finanzierung aus Vermögensumschichtung erfolgt außerhalb der laufenden Geschäftstätigkeit und damit unabhängig vom Umsatzprozess. Diese Finanzierungsmaßnahmen werden daher nicht als Cashflow aus laufender Geschäftstätigkeit, sondern als Cashflow aus Investitionstätigkeit erfasst. Die Innenfinanzierung aus Vermögensumschichtung bewirkt einen Finanzmittelzufluss durch Reduzierung des investierten Kapitals. Im Anlagevermögen kann das gebundene Kapital durch Desinvestitionen reduziert werden. Als Desinvestition wird die Freisetzung des in längerfristigen Vermögensgegenständen gebundenen Kapitals durch den Verkauf dieser Vermögensgegenstände bezeichnet. Desinvestitionen sind damit das Gegenstück zu Investitionen. Kapital lässt sich jedoch nicht nur im Anlagevermögen, sondern auch im Umlaufvermögen freisetzen. Aufgabe des Working-Capital-Managements ist die Reduzierung des im Umlaufvermögen gebundenen Kapitals, z. B. durch Abbau von Vorräten oder Verminderung der Forderungsaußenstände. Eine Sonderform der Finanzierung aus Vermögensumschichtung ist das beim Leasing bereits erwähnte Sale-and-Lease-Back (siehe S. 219 ff.), bei dem Vermögensgegenstände an eine Leasinggesellschaft verkauft und sofort wieder von dieser angemietet werden. Im Folgenden behandeln wir zunächst die Finanzierung aus dem Umsatzprozess und anschließend die Finanzierung aus Vermögensumschichtung.

5.2 Finanzierung aus dem Umsatzprozess

Die Finanzierung aus dem Umsatzprozess beinhaltet die offene und die stille Selbstfinanzierung sowie die Finanzierung aus den Gegenwerten von Abschreibungen bzw. Rückstellungen. Das gemeinsame Merkmal dieser Finanzierungsformen besteht darin, dass ein Finanzierungseffekt nur dann entsteht, wenn die finanziellen Mittel dem Unternehmen zuvor im Rahmen der laufenden Geschäftstätigkeit zugeflossen sind. Das *Lernziel von Kapitel 5.2* besteht darin, die verschiedenen Finanzierungsformen kennenzulernen, ihre Funktionsweise zu verstehen sowie ihre Einsatzmöglichkeiten und -grenzen beurteilen zu können.

5.2.1 Offene Selbstfinanzierung

Offene Selbstfinanzierung erfolgt durch die vollständige oder teilweise Einbehaltung des bilanziell ausgewiesenen Gewinns. Die *Gewinneinbehaltung* (Gewinnthesaurierung) wirkt sich auf das bilanzielle Eigenkapital des Unternehmens aus und ist damit aus der Bilanz ersichtlich. Da der einbehaltene Gewinn der Einkommen- bzw. Körperschaftsteuer sowie gegebenenfalls der Gewerbesteuer unterliegt, kann nur der Gewinn nach Steuern zur Selbstfinanzierung genutzt werden. Der bilanzielle Ausweis einbehaltener Gewinne unterscheidet sich zwischen Personen- und Kapitalgesellschaften.

Bei Personengesellschaften und Einzelunternehmen wird der einbehaltene Gewinn direkt den Kapitalkonten der Gesellschafter zugeschrieben, wobei keine Vorschriften zur Gewinneinbehaltung existieren. Es gilt lediglich die handelsrechtliche Regelung, nach der jeder Gesellschafter auf seinen Kapitalanteil eine Verzinsung von 4 % aus dem Gewinn verlangen kann (vgl. § 122 Abs. 1 HGB). In der Praxis wird die Gewinnverteilung üblicherweise im Gesellschaftsvertrag geregelt, sodass die handelsrechtliche Regelung praktisch nur eine geringe Bedeutung hat.

Für die Kapitalgesellschaften (z.B. AG, GmbH) finden sich im Gegensatz zu den Personengesellschaften explizite handelsrechtliche Regelungen zur Gewinnverwendung sowie zum Ausweis einbehaltener Gewinne. Einbehaltene Gewinne werden dabei als Gewinnrücklagen ausgewiesen, die Bestandteil des gesamten Eigenkapitals sind. Nach dem HGB hat eine Kapitalgesellschaft folgende Eigenkapitalpositionen auszuweisen (vgl. §§ 266 Abs. 3 und 272 HGB):

- Gezeichnetes Kapital,
- Kapitalrücklage,
- Gewinnrücklagen,
- Gewinn- bzw. Verlustvortrag sowie
- Jahresüberschuss bzw. -fehlbetrag.

Das *gezeichnete Kapital* ist das Stammkapital einer GmbH bzw. das Grundkapital einer Aktiengesellschaft, während das Aufgeld aus Kapitalerhöhungen (z. B. bei der Emission neuer Aktien) als *Kapitalrücklage* ausgewiesen wird (siehe S. 130 ff.). Beide Positionen sind das Ergebnis von Außenfinanzierungsmaßnahmen. Die weiteren Eigenkapitalpositionen beziehen sich demgegenüber auf Maßnahmen der Innenfinanzierung. Der *Jahresüberschuss bzw. -fehlbetrag* zeigt den Erfolg des Geschäftsjahres. Solange der Gewinn noch nicht verwendet bzw. der Verlust noch nicht ausgeglichen worden ist, erfolgt der Bilanzausweis als Jahresüberschuss bzw. -fehlbetrag. Nach teilweiser Gewinnverwendung wird anstelle des Jahresüberschusses die Position *Bilanzgewinn bzw. -verlust* ausgewiesen. Beim *Gewinn- bzw. Verlustvortrag* handelt es sich um positive bzw. negative Beträge aus der Gewinnverwendung des vorangegangenen Geschäftsjahres, die in das folgende Rechnungsjahr vorgetragen worden sind.

Für die Innenfinanzierung von entscheidender Bedeutung sind die *Gewinnrücklagen*. Unter dieser Position werden die Beträge ausgewiesen, die im Rahmen der offenen Selbstfinanzierung einbehalten worden sind. Mittelgroße und große Kapitalgesellschaften müssen die Gewinnrücklagen dabei folgendermaßen untergliedern (vgl. § 266 Abs. 3 HGB):

- Gesetzliche Rücklage,
- Anteile an einem herrschenden oder mehrheitlich beteiligten Unternehmen,
- satzungsmäßige Rücklagen sowie
- andere Gewinnrücklagen.

Aktiengesellschaften müssen darüber hinaus 5 % ihres um einen eventuell vorhandenen Verlustvortrag gekürzten Jahresüberschusses in die *gesetzliche Rücklage* einstellen, sofern die gesetzliche Rücklage gemeinsam mit der Kapitalrücklage nicht mindestens 10 % des Grundkapitals ausmacht (vgl. § 150 Abs. 2 AktG). In der Satzung der Aktiengesellschaft kann ein höherer Mindestbetrag bestimmt werden. Die gesetzliche Rücklage stellt einen bilanziellen Verlustpuffer dar, sodass im Verlustfall nicht sofort das Grundkapital vermindert wird. Daher darf die gesetzliche Rücklage auch nur zu bestimmten Zwecken, wie z. B. zum Ausgleich eines Jahresfehlbetrages, verwendet werden. Die *Rücklage für Anteile an einem herrschenden oder mehrheitlich beteiligten Unternehmen* wird als Gegenposition zu den auf der Aktivseite ausgewiesenen Anteilen gebildet. In dieser Rücklage werden die erworbenen Aktien mit dem Wert angesetzt, mit dem sie auf der Aktivseite ausgewiesen werden (vgl. § 272 Abs. 4 HGB). Die Rücklage kann aus frei verfügbaren Gewinnrücklagen gebildet werden und darf erst aufgelöst werden, wenn die Anteile wieder verkauft worden sind. Bei *satzungsmäßigen Rücklagen* handelt es sich um Gewinnrücklagen, die aufgrund von Vorschriften in der Satzung der AG gebildet werden.

Die *anderen Gewinnrücklagen* sind üblicherweise die Rücklagen mit dem höchsten Volumen. Vorstand und Aufsichtsrat dürfen gemeinsam maximal 50 % des Jahresüberschusses in die anderen Gewinnrücklagen einstellen (vgl. § 58 Abs. 2 AktG). Weitere Beträge können durch die Hauptversammlung eingestellt werden. Im Ergebnis handelt es sich bei diesen Rücklagen um die Bilanzposition, unter welcher die im Rahmen der offenen Selbstfinanzierung einbehaltenen Gewinne mehrheitlich ausgewiesen werden. Da die anderen Gewinnrücklagen keinen Vorschriften hinsichtlich ihrer Verwendung unterliegen, werden sie auch als freie Gewinnrücklagen bezeichnet.

Durch die Bildung von Gewinnrücklagen entstehen offene Reserven, die als Verlustpuffer auf der Passivseite der Bilanz einen Schutz vor bilanzieller Überschuldung bilden. Zu beachten ist allerdings die Trennung zwischen Kapital- und Vermögenssphäre. Die einbehaltenen Finanzmittel werden unabhängig von der Rücklagenbildung verwendet. Daher entsteht durch die Bildung von Gewinnrücklagen ein Kapitalschutz, jedoch kein Schutz des Vermögens. Da die finanziellen Mittel auch langfristig investiert werden können, stellen Gewinnrücklagen keine Liquiditätsreserve dar, auf die das Unternehmen bei Liquiditätsengpässen zurückgreifen könnte.

Ein Finanzierungseffekt entsteht im Moment der Gewinneinbehaltung, wenn finanzielle Mittel im Unternehmen verbleiben und zur Finanzierung der unternehmerischen Geschäftstätigkeit verwendet werden. Die offene Selbstfinanzierung bewirkt dabei einerseits die Erhöhung der Gewinnrücklagen und andererseits den Anstieg einer Vermögensposition. Aufgabe des Finanzmanagements ist es, die Vermögensstruktur so zu steuern, dass die Liquidität des Unternehmens jederzeit gesichert ist.

Beispiel: Offene Selbstfinanzierung:

Die börsennotierte ABC AG hat im abgelaufenen Geschäftsjahr einen Jahresüberschuss von 100 Mio. Euro vor Steuern erwirtschaftet. Wenn wir eine gewinnabhängige steuerliche Gesamtbelastung von 30 % unterstellen, beträgt der Jahresüberschuss nach Steuern 70 Mio. Euro. Darüber hinaus existiert ein Gewinnvortrag aus dem Vorjahr in Höhe von 5 Mio. Euro. Der Gesamtbetrag von 75 Mio. Euro ist für die Gewinnverwendung verfügbar. In Abbildung 5.3 ist die Bilanz des Unternehmens vor Gewinnverwendung dargestellt.

Vorstand und Aufsichtsrat beschließen, aus der Summe von Jahresüberschuss und Gewinnvortrag 35 Mio. Euro in die anderen Gewinnrücklagen einzustellen. In der Bilanz nach teilweiser Gewinnverwendung (siehe Abbildung 5.4) wird anstelle der beiden Bilanzpositionen *Jahresüberschuss bzw. -fehlbetrag* sowie *Gewinn- bzw. Verlustvortrag* die Position *Bilanzgewinn bzw. -verlust* ausgewiesen. Der Bilanzgewinn ergibt sich, indem der Jahresüberschuss um den Gewinnvortrag erhöht und um die Einstellung in die Gewinnrücklagen vermindert wird.

Den Beschluss über die Verwendung des Bilanzgewinns fasst die Hauptversammlung. Die Hauptversammlung hat die Möglichkeit, über die bereits einbehaltenen Gewinne hinaus weitere Beträge in die anderen Gewinnrücklagen einzustellen (vgl. § 58 Abs. 3 AktG). In unserem Beispiel schlagen Vorstand und Aufsichtsrat allerdings vor, den Bilanzgewinn von 40 Mio. Euro als Dividende auszuschütten. Die Hauptversammlung folgt diesem Vorschlag und beschließt die Ausschüttung des Bilanzgewinns an die Aktionäre. Nach Dividendenausschüttung ergibt sich die in Abbildung 5.5 dargestellte Bilanz nach vollständiger Gewinnverwendung.

Aktiva (€)		Passiva (€)	
Anlagevermögen	380.000.000	Gezeichnetes Kapital	80.000.000
Sonstiges Umlaufvermögen	365.000.000	Kapitalrücklage	70.000.000
Liquide Mittel	65.000.000	Gewinnrücklagen	135.000.000
		Gewinnvortrag	5.000.000
		Jahresüberschuss	70.000.000
		Fremdkapital	450.000.000
Bilanzsumme	810.000.000	**Bilanzsumme**	810.000.000

Abb. 5.3: Bilanz vor Gewinnverwendung.

Aktiva (€)		Passiva (€)	
	380.000.000	Gezeichnetes Kapital	80.000.000
Anlagevermögen			
Sonstiges Umlaufvermögen	365.000.000	Kapitalrücklage	70.000.000
Liquide Mittel	65.000.000	Gewinnrücklagen	170.000.000
		Bilanzgewinn	40.000.000
		Fremdkapital	450.000.000
Bilanzsumme	810.000.000	Bilanzsumme	810.000.000

Abb. 5.4: Bilanz nach teilweiser Gewinnverwendung.

Aktiva (€)		Passiva (€)	
Anlagevermögen	380.000.000	Gezeichnetes Kapital	80.000.000
Sonstiges Umlaufvermögen	365.000.000	Kapitalrücklage	70.000.000
Liquide Mittel	25.000.000	Gewinnrücklagen	170.000.000
		Fremdkapital	450.000.000
Bilanzsumme	770.000.000	Bilanzsumme	770.000.000

Abb. 5.5: Bilanz nach vollständiger Gewinnverwendung.

Anhand des Beispiels können Sie nachvollziehen, dass die Gewinnverwendung in mehreren Schritten erfolgt. Die Gewinnausschüttung erfolgt dabei zu Lasten des Bilanzgewinns.

Beurteilung der offenen Selbstfinanzierung

Ebenso wie die anderen Formen der Innenfinanzierung hat die offene Selbstfinanzierung in der Praxis eine vergleichsweise hohe Bedeutung. Für kleine und mittlere Unternehmen ist die Selbstfinanzierung vielfach die *wichtigste Finanzierungsquelle*. Da die Selbstfinanzierung aus eigener Kraft erfolgt, ist sie *unabhängig von den situativen Rahmenbedingungen an den Kapitalmärkten*. Es müssen keine Kapitalgeber davon überzeugt werden, dem Unternehmen Kapital zur Verfügung zu stellen. Aus Sicht der bisherigen Unternehmenseigner besteht ein weiterer Vorteil der Selbstfinanzierung darin, dass die Mehrheitsverhältnisse nicht verändert werden. Unter Bonitätsaspekten ist die Selbstfinanzierung vorteilhaft, da sich durch die Einbehaltung erwirtschafteter Gewinne die Eigenkapitalquote des Unternehmens und damit seine Kreditwürdigkeit erhöht.

Die Selbstfinanzierung ist aber auch für *börsennotierte Aktiengesellschaften* von Bedeutung. Letztere behalten vielfach mehr als 50 % der erwirtschafteten Gewinne ein, sodass die offene Selbstfinanzierung einen nicht unerheblichen Anteil an der Finanzierung der Geschäftstätigkeit hat. Angesichts der für Publikumsaktiengesellschaften typischen Trennung von Eigentum und Management ist die offene Selbstfinanzierung aus Perspektive der Aktionäre allerdings nicht unproblematisch. Der

Hintergrund dieser Problematik ist die asymmetrische Informationsverteilung zwischen Management und Aktionären. Da das Management besser über die Vermögens-, Finanz- und Ertragslage des Unternehmens informiert ist, besteht die *Gefahr von Interessenkonflikten* (vgl. *Schmidt/Terberger*, 1997, S. 383 ff.). So können Aktionäre z. B. befürchten, dass das Management mit den einbehaltenen Finanzmitteln unvorteilhafte Investitionsprojekte realisiert. Während im Interesse der Aktionäre ausschließlich Projekte realisiert werden sollten, die einen Beitrag zur Steigerung des Unternehmenswertes leisten, könnte das Management Investitionen aus eigennützigen Motiven tätigen, z. B. den kostspieligen Neubau eines repräsentativen Firmengebäudes. Da ein großer Teil der einbehaltenen Gewinne nicht direkt der Kontrolle durch den Kapitalmarkt unterliegt, ist es für die Aktionäre schwierig, sich vor möglichen Schädigungen durch das Management zu schützen. Aus Aktionärssicht kann es daher vorteilhaft sein, die finanziellen Mittel zunächst als Dividende auszuschütten und die zur Realisierung neuer Investitionsprojekte benötigten Finanzmittel anschließend durch eine Kapitalerhöhung oder eine Kreditaufnahme aufzunehmen. In diesen Fällen müsste das Management die Kapitalgeber vorab von der Vorteilhaftigkeit der Investitionspläne überzeugen. Nachteilig sind allerdings die mit der Gewinnausschüttung und anschließenden Kapitalaufnahme verbundenen Transaktionskosten.

Begrenzt wird die Fähigkeit zur offenen Selbstfinanzierung durch die *steuerlichen Auswirkungen* der Gewinneinbehaltung. Die offene Selbstfinanzierung erfolgt aus dem Gewinn nach Steuern. Für die Selbstfinanzierung sind die Einkommensteuer für Einzelunternehmen und Personengesellschaften sowie die von Kapitalgesellschaften zu zahlende Körperschaftsteuer relevant. Während die Höhe der Einkommensteuer vom persönlichen Steuersatz des Steuerpflichtigen abhängig ist (vgl. § 32a EStG), liegt die Körperschaftsteuer einheitlich bei 15 % (vgl. § 23 Abs. 1 KStG). Ergänzend sind ggf. der Solidaritätszuschlag und die Kirchensteuer zu berücksichtigen. Für gewerbesteuerpflichtige Unternehmen erhöht sich die steuerliche Belastung um die Gewerbesteuer, deren Höhe vom Hebesatz abhängig ist. Bei einem durchschnittlichen Hebesatz von 435 % (vgl. *DIHK*, 2022) auf die einheitliche Gewerbesteuermesszahl von 3,5 ergibt sich ein Steuersatz von ca. 15 %. Kapitalgesellschaften zahlen im Ergebnis auf einbehaltene Gewinne einen Steuersatz von ca. 30 %. Für Kapitalgesellschaften ist die gezahlte Gewerbesteuer bei der körperschaftsteuerlichen Gewinnermittlung nicht als Betriebsausgabe absetzbar. Dagegen ist die Gewerbesteuer bei der Gewinnermittlung von Einzelunternehmen und Personengesellschaften anrechenbar, um die höhere Steuerbelastung durch den Einkommensteuertarif zumindest teilweise auszugleichen. Für die offene Selbstfinanzierung von Personengesellschaften ist darüber hinaus das Wahlrecht relevant, aus nicht entnommenen Gewinnen eine Thesaurierungsrücklage zu bilden, die mit 28,25 % zuzüglich Solidaritätszuschlag besteuert wird (vgl. § 34a Abs. 1 EStG); die Nachversteuerung bei späterer Gewinnausschüttung erfolgt mit 25 % (zur Unternehmensbesteuerung siehe z. B. *Niehus/Wilke*, 2018; *Niehus/Wilke*, 2020; *Kudert*, 2019 oder *Stobbe/Aßmann/Brunold*, 2019).

5.2.2 Stille Selbstfinanzierung

Als stille Selbstfinanzierung werden Maßnahmen der Kapitalbildung bezeichnet, die nicht aus der Bilanz ersichtlich sind.

Bildung stiller Reserven

Im Gegensatz zur offenen Selbstfinanzierung hat die stille Selbstfinanzierung keine Auswirkungen auf die Höhe oder die Zusammensetzung des bilanziellen Eigenkapitals, da stille Reserven nicht in der Bilanz ausgewiesen werden. *Stille Reserven* entstehen durch die Unterbewertung von Aktiva oder die Überbewertung von Passiva. Die *Unterbewertung von Aktiva* führt dazu, dass Vermögensgegenstände gar nicht oder mit einem geringeren Wert in der Bilanz ausgewiesen werden, während die *Überbewertung von Passiva* zu einem überhöhten Ausweis von Schulden führt. Stille Reserven, die durch die Ausübung von Bilanzierungswahlrechten entstehen, werden als Ermessensreserven bezeichnet, während es sich bei den durch Bilanzierungsverbote entstehenden stillen Reserven um Zwangsreserven handelt (vgl. *Coenenberg/Haller/Schultze*, 2021, S. 381 ff.). Folgende Fälle lassen sich unterscheiden:
- Unterbewertung von Aktiva
  - Die *Nichtaktivierung von Vermögensgegenständen* aufgrund der Ausübung von Wahlrechten führt zu einem geringeren Vermögensausweis und damit zur Bildung stiller Reserven. Beispiele sind das Bilanzierungswahlrecht für den derivativen Firmenwert oder das Wahlrecht zur Sofortabschreibung geringwertiger Wirtschaftsgüter. Ein Aktivierungsverbot, z. B. für selbsterstellte Patente, bewirkt ebenfalls einen zu geringen Vermögensausweis.
  - Der *niedrigere Wertansatz von Vermögensgegenständen* entsteht z. B. durch die Verrechnung von Abschreibungen, die oberhalb des tatsächlichen Wertverzehrs liegen. Insbesondere die handelsrechtlichen Wahlrechte ermöglichen einen gewissen Gestaltungsspielraum.
  - Der *Verzicht auf oder das Verbot von Zuschreibungen* kann ebenfalls einen zu geringen Vermögensausweis zur Folge haben. Vermögensgegenstände dürfen handelsrechtlich maximal mit ihren Anschaffungs- oder Herstellungskosten bewertet werden, auch wenn der Marktwert des Vermögensgegenstandes (z. B. ein Grundstück) deutlich oberhalb der ursprünglichen Anschaffungskosten liegt. Eine Zuschreibung auf den höheren Marktwert ist daher nicht zulässig. Auch die Unterlassung von Zuschreibungen, die aufgrund von Wahlrechten möglich wären, führt zu einem niedrigeren Vermögensausweis.

– Überbewertung von Passiva
  – Die Überbewertung von Passivpositionen entsteht vor allem durch den *Ansatz überhöhter Rückstellungen*. Rückstellungen werden für Verbindlichkeiten gebildet, bei denen die Höhe oder der Zeitpunkt der Zahlung noch nicht exakt bekannt ist (vgl. *Coenenberg/Haller/Schultze*, 2021, S. 455 ff.). Beispiele sind Rückstellungen für Gewährleistungen oder für Prozessrisiken.

Beispiel: Bildung stiller Reserven

Die Software GmbH beschafft einen neuen Dienstwagen für ihre geschäftsführende Gesellschafterin. Auf Wunsch der Geschäftsführerin wird ein Fahrzeug mit elektrischem Antrieb erworben, dessen Anschaffungspreis 48.000 Euro (plus Umsatzsteuer) beträgt. Angesichts der erwarteten jährlichen Fahrleistung schätzt der Buchhalter die wirtschaftliche Nutzungsdauer des Fahrzeugs auf zehn Jahre. Zur Ermittlung der handels- und steuerrechtlichen Abschreibungen orientiert er sich jedoch an den AfA-Tabellen, die für Personenkraftwagen eine betriebsgewöhnliche Nutzungsdauer von sechs Jahren vorsehen (vgl. *BMF*, 2022). Die Anschaffungskosten von 48.000 Euro werden daher auf sechs Jahre verteilt, wodurch sich in der Gewinn- und Verlustrechnung ein Abschreibungsbetrag von 8.000 Euro p. a. ergibt (siehe Tabelle 5.1). Auf Basis der geschätzten Nutzungsdauer von zehn Jahren würden sich dagegen Abschreibungen von 4.800 Euro p. a. errechnen.

Tab. 5.1: Unterschiedliche Abschreibungsfristen.

	Zehnjährige Abschreibung	Sechsjährige Abschreibung
Umsatzerlöse (€)	500.000	500.000
– Sonstiger Aufwand (€)	450.000	450.000
– Abschreibungen (€)	4.800	8.000
Gewinn vor Steuern (€)	45.200	42.000
– 30 % Steuern (€)	13.560	12.600
Gewinn nach Steuern (€)	31.640	29.400

Die Auswirkungen der stillen Selbstfinanzierung lassen sich anhand von Tabelle 5.1 verdeutlichen. Bei einer Nutzungsdauer von sechs Jahren sind die Abschreibungen um 3.200 Euro p. a. höher als bei einer zehnjährigen Abschreibungsdauer. In dieser Höhe bildet die Software GmbH in den ersten sechs Jahren stille Reserven. Aufgrund der höheren Abschreibungen sinken die Steuerzahlungen um 960 Euro p. a., während der ausschüttungsfähige Gewinn um 2.240 Euro p. a. sinkt. Den Betrag von 3.200 Euro p. a. kann das Unternehmen zur Finanzierung der laufenden Geschäftstätigkeit nutzen.

Finanzierungseffekt stiller Reserven

Anhand des Beispiels können Sie erkennen, dass die stille Selbstfinanzierung durch überhöhte Abschreibungen einen Innenfinanzierungseffekt bewirken kann. Eine entscheidende Voraussetzung für diesen Finanzierungseffekt liegt allerdings darin, dass *die finanziellen Mittel zunächst am Markt verdient werden*, bevor die Finanzmittel durch die Bildung stiller Reserven im Unternehmen gebunden werden. Ohne den entsprechenden Finanzmittelzufluss aus Umsatzerlösen hätte die Bildung stiller Reserven keinen Finanzierungseffekt. Darüber hinaus lässt sich anhand des Beispiels auch erkennen, dass der Finanzierungseffekt befristet ist. Die in den ersten sechs Jahren gebildeten stillen Reserven werden im Laufe der Folgejahre wieder abgebaut. Spätestens beim Abgang des Vermögensgegenstandes (z. B. durch einen Verkauf) werden die stillen Reserven aufgelöst. Steuerzahlungen und Gewinnausschüttungen werden daher nicht dauerhaft vermindert; vielmehr bewirkt die Bildung stiller Reserven eine zeitlich befristete *Stundung der Zahlungen* an den Fiskus bzw. die Gesellschafter.

Ergänzend ist darauf hinzuweisen, dass nicht jede Bildung stiller Reserven einen Finanzierungseffekt bewirkt. *Stille Selbstfinanzierung* liegt nur vor, wenn durch die stillen Reserven Finanzmittel im Unternehmen gebunden werden. Wie bereits erwähnt, ist es hierzu erforderlich, dass die finanziellen Mittel durch das Unternehmen erwirtschaftet worden sind. Diese Finanzmittel werden durch die Verrechnung der erhöhten Abschreibung im Unternehmen gebunden, da sich durch die höheren Abschreibungen die Steuerzahlungen sowie die Gewinnausschüttungen reduzieren. Damit steht dem Unternehmen ein höheres Finanzierungsvolumen zur Verfügung und es liegt ein Innenfinanzierungseffekt vor.

Im Gegensatz zur überhöhten Abschreibung liegt bei der Bildung stiller Reserven durch die Wertsteigerung von Vermögensgegenständen *keine stille Selbstfinanzierung* vor. Wertsteigerungsreserven entstehen durch das Anschaffungskostenprinzip des HGB und sind z. B. bei Immobilien relevant. Ein Unternehmen hat seinen Firmensitz bereits vor Jahrzehnten erworben und der aktuelle Marktwert der Immobilie liegt deutlich über den historischen Anschaffungskosten. Handelsrechtlich dürfen Grundstücke und Gebäude allerdings maximal mit ihren Anschaffungskosten bewertet werden, sodass zwangsweise eine stille Reserve entsteht. Mit dieser stillen Reserve ist allerdings kein Finanzierungseffekt verbunden, da weder finanzielle Mittel zufließen noch zugeflossene Finanzmittel im Unternehmen gebunden werden. Um einen Finanzierungseffekt zu generieren, müssten die stillen Reserven durch einen Verkauf der Immobilie aufgelöst werden, z. B. im Rahmen eines *Sale-and-Lease-Back-Verfahrens* (siehe Kapitel 5.3.2). Durch den Verkauf des Vermögensgegenstandes werden die stillen Reserven in liquide Mittel umgewandelt und es entsteht ein Finanzierungseffekt.

Beurteilung der stillen Selbstfinanzierung

Der Finanzierungseffekt der stillen Selbstfinanzierung entsteht durch die Bindung finanzieller Mittel im Unternehmen, wodurch zum einen die *Gewinnausschüttungen an die Gesellschafter* und zum anderen die *Ertragsteuerzahlungen* vermindert werden. Im Vergleich zur offenen Selbstfinanzierung liegt der Vorteil der stillen Selbstfinanzierung in der Stundung der Steuerzahlungen. Solange die stillen Reserven bestehen, erhöht sich das Finanzmittelvolumen des Unternehmens, wobei die implizite Steuerstundung zinsfrei erfolgt.

Für börsennotierte Publikumsaktiengesellschaften ist mit der stillen ebenso wie mit der offenen Selbstfinanzierung das Problem von *Interessenkonflikten zwischen Management und Aktionären* verbunden. Die stille Selbstfinanzierung entsteht durch bilanzpolitische Maßnahmen und ist daher der Kontrolle durch den Kapitalmarkt weitgehend entzogen. Vor diesem Hintergrund besteht aus Perspektive der Anteilseigner die Gefahr, dass das Management mit den im Unternehmen gebundenen Finanzmitteln eigene Interessen verfolgt, die nicht zwangsläufig im Aktionärsinteresse liegen müssen.

Abschließend ist darauf hinzuweisen, dass der Umfang an stillen Reserven entscheidend durch das jeweilige Rechnungslegungssystem geprägt wird. Während das *deutsche Handels- und Steuerrecht* vergleichsweise weitgehende Möglichkeiten zur Bildung stiller Reserven einräumt, existieren nach den *International Financial Reporting Standards (IFRS)* deutlich weniger Möglichkeiten zur Bildung stiller Reserven. Für die Innenfinanzierung sind allerdings vor allem die handels- und steuerrechtlichen Regelungen relevant, da diese die Höhe der Steuerzahlungen sowie die Höhe des ausschüttungsfähigen Gewinns bestimmen.

5.2.3 Finanzierung aus Abschreibungsgegenwerten

Abschreibungen sind buchhalterische Vorgänge, mit denen kein Zu- oder Abfluss finanzieller Mittel verbunden ist. Auf den ersten Blick hat die Bildung einer Abschreibung somit keine Finanzierungswirkung. Der Finanzierungseffekt entsteht erst dadurch, dass erwirtschaftete Finanzmittel durch die Verrechnung von Abschreibungen im Unternehmen einbehalten werden.

Grundlagen

Die Finanzierungswirkung der *Einbehaltung von Abschreibungsgegenwerten* resultiert daraus, dass während der Nutzungsdauer eines Vermögensgegenstandes Abschreibungen verrechnet werden, während der Ersatz des Vermögensgegenstandes erst am Ende der Nutzungsdauer erforderlich ist. Abschreibungen dienen dazu, den Wertverzehr des Anlagevermögens zu erfassen und auf die einzelnen Geschäftsjahre zu verteilen (vgl. *Coenenberg/Haller/Schultze*, 2021, S. 159 ff. oder *Döring/Buchholz*,

2021, S. 104 ff.). Handels- bzw. steuerrechtlich bezeichnen Abschreibungen den durch die Nutzung des Vermögensgegenstandes entstehenden Aufwand. Die zur Kapazitätserhaltung erforderliche Ersatzinvestition wird jedoch erst nach Ablauf der Nutzungsdauer getätigt, sodass auch die hierfür erforderliche Auszahlung erst am Ende der Abschreibungsfrist geleistet wird.

Das *Auseinanderfallen von Aufwand und Auszahlung* bewirkt einen Finanzierungseffekt, da die Abschreibung den Jahresgewinn vermindert, ohne dass dieser Gewinnminderung eine Auszahlung gegenübersteht. Durch die Verrechnung von Abschreibungen werden somit finanzielle Mittel gebunden, die dem Unternehmen im Rahmen der laufenden Geschäftstätigkeit zugeflossen sind. Bis zum Ersatz des abgeschriebenen Vermögensgegenstandes können diese Finanzmittel auch für andere Zwecke genutzt werden.

Beispiel: Finanzierung aus Abschreibungsgegenwerten

Wie bereits erwähnt, handelt es sich bei Abschreibungen um buchhalterische Vorgänge, die keinen Zahlungsvorgang auslösen. *Voraussetzung für den Finanzierungseffekt* ist die Tatsache, dass die Abschreibungsgegenwerte dem Unternehmen in Form finanzieller Mittel zugeflossen sind. In Anknüpfung an das Beispiel der Software GmbH (siehe Tabelle 5.1 auf S. 262) gehen wir von einem Umsatz in Höhe von 500.000 Euro pro Jahr aus, der um jährliche Aufwendungen in Höhe von 450.000 Euro vermindert wird. Unter der Annahme, dass sowohl die Umsatzerlöse als auch der Aufwand zahlungswirksam sind, verbleibt dem Unternehmen ein jährlicher Finanzmittelsaldo von 50.000 Euro (siehe Tabelle 5.2). Ohne Berücksichtigung von Abschreibungen steht dieser Betrag für die Steuerzahlungen (15.000 Euro) und die Gewinnausschüttungen an die Eigentümer (35.000 Euro) zur Verfügung.

Tab. 5.2: Finanzierung aus Abschreibungsgegenwerten.

	Ohne Abschreibung	Mit Abschreibung
Umsatzerlöse (€)	500.000	500.000
− Sonstiger Aufwand (€)	450.000	450.000
Überschuss (€)	50.000	50.000
− Abschreibungen (€)	0	8.000
Gewinn vor Steuern (€)	50.000	42.000
− 30 % Steuern (€)	15.000	12.600
Gewinn nach Steuern (€)	35.000	29.400

Wenn das Unternehmen eine Abschreibung in Höhe von 8.000 Euro bildet, werden finanzielle Mittel in gleicher Höhe einbehalten. Für den Fall der Gewinnausschüttung bewirken die Abschreibungen ein Sinken der Steuerzahlungen um 2.400 Euro p. a. und der Gewinnausschüttungen um 5.600 Euro p. a. Insgesamt stehen dem Unternehmen damit jährlich 8.000 Euro mehr zur Verfügung als ohne die Verrechnung von Abschreibungen.

Ähnlich wie bei der stillen Selbstfinanzierung beruht die Finanzierung aus Abschreibungsgegenwerten auf dem Auseinanderfallen von Aufwand und Auszahlung und der dadurch entstehenden Verschiebung von Steuerzahlungen sowie Gewinnausschüttungen. Der Finanzierungseffekt entsteht jedoch nur, wenn die finanziellen Mittel dem Unternehmen zugeflossen sind. Theoretisch zählt nur der Teil der Abschreibungen zur Finanzierung aus Abschreibungsgegenwerten, der dem tatsächlichen Wertverzehr des Vermögensgegenstandes entspricht. Bei dem über den Wertverzehr hinausgehenden Abschreibungsbetrag handelt es sich um stille Selbstfinanzierung. Bezogen auf unser Beispiel bedeutet das, dass durch die Verrechnung der Abschreibungen ein Finanzierungseffekt aus Abschreibungsgegenwerten von 4.800 Euro p. a. entsteht, der durch die Bildung stiller Reserven in Höhe von 3.200 Euro p. a. erhöht wird (siehe S. 245 f.). In der Praxis wird allerdings meistens der gesamte Finanzierungseffekt als Abschreibungsfinanzierung bezeichnet.

Durch die Verrechnung von Abschreibungen werden finanzielle Mittel einbehalten, die dem Unternehmen im Rahmen der Geschäftstätigkeit zugeflossen sind. Diese *Finanzmittel sind nicht zweckgebunden*, sondern stehen dem Unternehmen zur freien Verfügung. Wenn die abgeschriebenen Vermögensgegenstände ersetzt werden müssen, hat die betriebliche Finanzplanung allerdings sicherzustellen, dass zu den jeweiligen Ersatzzeitpunkten ausreichende Finanzmittel für die erforderlichen Ersatzinvestitionen verfügbar sind. Welche Finanzmittel zur Finanzierung der Ersatzinvestition genutzt werden, steht im Ermessen des Finanzmanagements. Die Ersatzinvestitionen können beispielsweise auch durch andere Formen der Innenfinanzierung oder durch Außenfinanzierungsmaßnahmen alimentiert werden.

Kapazitätserweiterungseffekt

Die im Rahmen der Finanzierung aus Abschreibungsgegenwerten einbehaltenen Finanzmittel können dazu genutzt werden, die Kapazität des Unternehmens zu erhöhen und damit zusätzliche Absatzpotenziale zu erschließen. Dieser Zusammenhang ist als *Kapazitätserweiterungseffekt* oder *Lohmann-Ruchti-Effekt* bekannt (vgl. *Schneider*, 1992, S. 161 ff.; *Lohmann*, 1949, S. 353 ff. und *Ruchti*, 1942, S. 76 ff.). Der Kapazitätserweiterungseffekt verdeutlicht, dass laufend Abschreibungsgegenwerte freigesetzt werden und für eine dauerhafte Erweiterung der betrieblichen Kapazität pro Periode genutzt werden können. Zur Verdeutlichung des Kapazitätserweiterungseffekts sind einige Annahmen erforderlich:

- Die Abschreibungsgegenwerte stehen am Jahresende *in liquider Form* zur Verfügung; d. h., sie sind dem Unternehmen durch Umsatzerlöse zugeflossen.

- Die Vermögensgegenstände werden *linear abgeschrieben* und die Abschreibungsbeträge entsprechen dem tatsächlichen Wertverzehr.
- Die Abschreibungsgegenwerte werden jeweils zum Jahresende in *identische Vermögensgegenstände* reinvestiert, wobei eventuelle Differenzbeträge in das folgende Jahr vorgetragen werden.
- Die Vermögensgegenstände zeichnen sich durch eine *gleichbleibende Kapazität* aus; die technologische Weiterentwicklung wird nicht berücksichtigt.
- Die *Anschaffungspreise* der Vermögensgegenstände bleiben konstant.

Damit der Kapazitätserweiterungseffekt funktioniert, müssen die Abschreibungsgegenwerte dem Unternehmen in liquider Form zufließen. Die weiteren Annahmen dienen lediglich dazu, die Funktionsweise des Kapazitätserweiterungseffekts zu verdeutlichen und damit das Verständnis zu erleichtern.

Der Kapazitätserweiterungseffekt nutzt das *Auseinanderfallen von Aufwand (Abschreibung) und Auszahlung (Ersatzinvestition)*, um durch die sofortige Reinvestition der Abschreibungsgegenwerte die Kapazität pro Periode (Jahr) zu erhöhen. An dieser Stelle sei kurz auf den Unterschied zwischen Perioden- und Gesamtkapazität verwiesen. Die *Periodenkapazität* eines Vermögensgegenstandes (z. B. einer Maschine) ist die Leistungsfähigkeit dieses Gegenstandes für eine bestimmte Periode (z. B. 100.000 Stück pro Jahr). Als *Gesamtkapazität* wird das Leistungsvermögen des Vermögensgegenstandes während der Gesamtnutzungsdauer bezeichnet (z. B. 500.000 Stück bei einer Nutzungsdauer von fünf Jahren). Die verbleibende Gesamtkapazität eines Vermögensgegenstandes sinkt mit jedem Jahr seiner Nutzung, wobei diese Verminderung durch die Verrechnung von Abschreibungen erfasst wird. Wenn wir annehmen, dass die Maschine einen Anschaffungspreis von 500.000 Euro hat und linear über die Laufzeit von fünf Jahren abgeschrieben wird, dann beträgt der Zeitwert dieser Maschine nach zwei Jahren entsprechend der verbleibenden Gesamtkapazität noch 300.000 Euro. Durch den Kapazitätserweiterungseffekt kann die Periodenkapazität, nicht jedoch die Gesamtkapazität gesteigert werden. Dieser Zusammenhang wird anhand des nachfolgenden Beispiels verdeutlicht.

Beispiel: Kapazitätserweiterungseffekt

Die Schnauz OHG ist ein Taxiunternehmen, das sich auf dem hart umkämpften Berliner Markt durch explizite Kundenfreundlichkeit und profunde Stadtplankenntnisse bereits im ersten Geschäftsjahr einen gewissen Namen gemacht hat und sich so auch gegenüber Fahrdiensten wie Free Now oder Uber behaupten kann. Auch wenn es für einen Berliner Taxifahrer natürlich immer etwas zu meckern gibt, sind die vier Gesellschafter mit dem Geschäftsverlauf zufrieden. Nachdem das Unternehmen im ersten Jahr vier neue Fahrzeuge erworben hatte, soll der Fuhrpark ab dem zweiten Geschäftsjahr erweitert werden. Da die Gesellschafter keine weiteren Kapitaleinlagen leisten wollen, soll die Erweiterung des Fuhrparks durch die Einbehaltung von Abschreibungsgegenwerten finanziert werden.

Der Neupreis eines Taxis liegt bei 60.000 Euro (plus Umsatzsteuer). Die Wagen werden über drei Jahre vollständig abgeschrieben, sodass die lineare Abschreibung 20.000 Euro pro Jahr beträgt. Die Gesellschafter beschließen, dass immer dann neue Fahrzeuge erworben werden, wenn die einbehaltenen Abschreibungsgegenwerte zur Finanzierung des Kaufpreises ausreichen. Angesichts der stabilen Umsatzentwicklung gehen die Gesellschafter davon aus, dass auch zukünftig Finanzmittel erwirtschaftet werden, die oberhalb der Abschreibungsbeträge liegen. In der nachfolgenden Tabelle 5.3 ist die wertmäßige Entwicklung des Fuhrparks dargestellt, wobei an jedem Jahresende neue Fahrzeuge angeschafft werden, wenn die entsprechenden Abschreibungsgegenwerte hierzu ausreichen. Nach drei Nutzungsjahren werden die Taxis ausgemustert; ein eventuell erzielbarer Verkaufserlös wird in der Planung nicht berücksichtigt.

Tab. 5.3: Kapazitätserweiterungseffekt.

Jahr	Anzahl	Gesamtwert (€)	Abschreibung (€)	Reinvestition (€)	Restbetrag (€)
1	4	240.000	80.000	60.000	20.000
2	+ 1 = 5	220.000	100.000	120.000	0
3	+ 2 = 7	240.000	140.000	120.000	20.000
4	+ 2–4 = 5	220.000	100.000	120.000	0
5	+ 2–1 = 6	240.000	120.000	120.000	0
6	+ 2–2 = 6	240.000	120.000	120.000	0
7	+ 2–2 = 6	240.000	120.000	120.000	0
8	+ 2–2 = 6	240.000	120.000	120.000	0

Anhand der Darstellung in Tabelle 5.3 erkennen Sie, wie sich der Fuhrpark der Schnauz OHG schrittweise vergrößert. Im ersten Jahr verfügt das Taxiunternehmen über vier Fahrzeuge mit einem Gesamtwert von 240.000 Euro und es werden insgesamt Abschreibungen in Höhe von 80.000 Euro verrechnet. Die Gegenwerte dieser Abschreibungen werden zur Anschaffung eines neuen Taxis genutzt. Der Restbetrag von 20.000 Euro ermöglicht es dem Unternehmen, im zweiten Jahr gemeinsam mit den neu verdienten Abschreibungsgegenwerten von 100.000 Euro zwei neue Fahrzeuge anzuschaffen. Ab dem vierten Jahr werden neben den Neuanschaffungen auch die auszumusternden Fahrzeuge berücksichtigt. Beginnend mit dem fünften Jahr hat das Unternehmen seine Periodenkapazität dauerhaft auf sechs Fahrzeuge erweitert. Sinnvoll ist die Erweiterung natürlich nur für den Fall, dass die Schnauz OHG ihre vergrößerte Fahrzeugflotte auslasten kann.

Der Kapazitätserweiterungseffekt entsteht dadurch, dass zukünftig erforderliche Ersatzinvestitionen vorgezogen werden. Da die neuen Vermögensgegenstände parallel zu den bereits vorhandenen Gegenständen genutzt werden, erhöht sich die *Periodenkapazität*. Die *Gesamtkapazität* verändert sich durch das Vorziehen der Investitionen allerdings nicht. Im o. a. Beispiel verfügt das Taxiunternehmen zu Beginn des ersten Jahres über vier Fahrzeuge. Wenn wir unterstellen, dass jedes Fahrzeug eine Periodenkapazität von 100.000 Kilometern pro Jahr und eine Nutzungsdauer von drei Jahren hat, ergibt sich für die vier Fahrzeuge eine Gesamtkapazität von 1.200.000 Kilometern. Im sechsten Jahr setzt das Unternehmen sechs Taxis in unterschiedlichem Alter ein. Die Restnutzungsdauer der beiden ältesten Taxis beträgt jeweils ein Jahr, während die jüngeren Fahrzeuge noch zwei bzw. drei Jahre genutzt werden können. Die Gesamtkapazität beträgt ebenfalls 1.200.000 Kilometer:

$$2 \cdot 100.000\,\text{km} + 2 \cdot 200.000\,\text{km} + 2 \cdot 300.000\,\text{km} = 1.200.000\,\text{km} \qquad (5.1)$$

Im o. a. Beispiel erkennen Sie die unveränderte Gesamtkapazität auch an der Entwicklung des Gesamtwertes sämtlicher Fahrzeuge (Spalte 3), der unter Berücksichtigung des teilweise vorhandenen Restwertes konstant bei 240.000 Euro liegt.

Beurteilung des Kapazitätserweiterungseffekts

Auch wenn der Kapazitätserweiterungseffekt im Beispiel vereinfacht dargestellt wird, ist er für die Praxis der Unternehmensfinanzierung von Bedeutung. Werden die Annahmen des Beispiels modifiziert, ändern sich die Auswirkungen des Kapazitätserweiterungseffekts. Wenn beispielsweise die Höhe der Abschreibungen über dem tatsächlichen Wertverzehr liegt, verstärkt sich der Kapazitätserweiterungseffekt. In diesem Fall sind die einbehaltenen Finanzmittel höher als der Wertverlust der abgeschriebenen Vermögensgegenstände. Werden diese finanziellen Mittel vollständig reinvestiert, liegt das Investitionsvolumen über der Wertminderung der bisherigen Vermögensgegenstände, sodass sich nicht nur die Periodenkapazität, sondern auch die Gesamtkapazität erhöht. Bei dem Teil des Finanzierungseffekts, der durch die überhöhte Verrechnung von Abschreibungen entsteht, handelt es sich allerdings nicht um die Finanzierung aus Abschreibungsgegenwerten im engeren Sinne, sondern um *stille Selbstfinanzierung* (siehe S. 261 ff.). In der Praxis liegen die handels- bzw. steuerrechtlichen Abschreibungen meistens über dem tatsächlichen Wertverzehr der Vermögensgegenstände. In diesen Fällen werden bei der Finanzierung aus Abschreibungsgegenwerten gleichzeitig stille Reserven gebildet, die eine Erweiterung der betrieblichen Gesamtkapazität zur Folge haben. Wie bei jeder Form der Innenfinanzierung müssen die finanziellen Mittel dem Unternehmen allerdings zugeflossen sein, um einen Finanzierungseffekt zu bewirken.

Die weiteren für das o. a. Beispiel getroffenen Annahmen lassen sich dagegen aufheben, ohne dass die Funktionsweise des Finanzierungseffekts grundsätzlich in

Frage gestellt wird. In der Praxis werden Unternehmen beispielsweise den *technologischen Fortschritt nutzen* und in Anlagen mit einer höheren Leistungsfähigkeit investieren. Wenn bei gleichbleibendem Anschaffungspreis eine Anlage mit höherer Leistungsfähigkeit erworben wird, verstärkt sich ceteris paribus die Wirkung des Kapazitätserweiterungseffekts. Im Gegensatz dazu begrenzen *höhere Anschaffungspreise* den Kapazitätserweiterungseffekt. Die Finanzierung aus Abschreibungsgegenwerten kann darüber hinaus zur *Verminderung externen Kapitalbedarfs* genutzt werden. Bei Unternehmensgründung entsteht im o. a. Beispiel ein externer Kapitalbedarf von 60.000 Euro pro Fahrzeug. Wenn das Unternehmen bei Gründung mit sechs Wagen gestartet wäre, hätten die Gesellschafter ein Startkapital von 360.000 Euro aufbringen müssen. Durch die schrittweise Expansion reduziert sich der externe Kapitalbedarf auf 240.000 Euro, da das Wachstum des Fuhrparks aus der laufenden Unternehmenstätigkeit finanziert wird. Allerdings sollten die Gesellschafter beachten, dass neben der Anschaffung der zusätzlichen Taxis weiterer Finanzmittelbedarf durch höhere Personal- und Betriebskosten entsteht. Abschließend sei noch einmal der grundlegende Hinweis erlaubt, dass die Wachstumsfinanzierung durch Einbehaltung der Abschreibungsgegenwerte nur funktioniert, wenn die entsprechenden Finanzmittel am Absatzmarkt verdient werden.

5.2.4 Finanzierung aus den Gegenwerten von Rückstellungen

Analog zur Finanzierung aus Abschreibungsgegenwerten beinhaltet auch die Bildung von Rückstellungen einen Finanzierungseffekt. Rückstellungen werden für *ungewisse Verbindlichkeiten* gebildet, die *hinsichtlich Grund, Höhe oder Zeitpunkt* noch nicht näher bestimmt sind (vgl. *Döring/Buchholz*, 2021, S. 145 ff.). Da hinter den ungewissen Verbindlichkeiten die Ansprüche Dritter stehen, zählen Rückstellungen zum Fremdkapital (siehe S. 38 ff.). In der Gewinn- und Verlustrechnung handelt es sich bei der Neubildung von Rückstellungen ebenso wie bei der Verrechnung von Abschreibungen um Aufwand. Handelsrechtlich sind Rückstellungen für folgende Fälle zu bilden (vgl. § 249 Abs. 1 HGB):
- *Rückstellungen für ungewisse Verbindlichkeiten* (z. B. Pensionsrückstellungen, Gewährleistungsrückstellungen oder Steuerrückstellungen),
- *Rückstellungen für drohende Verluste aus schwebenden Geschäften* (z. B. wegen steigender Beschaffungspreise nach Vertragsabschluss),
- *Rückstellungen für unterlassene Instandhaltung* (Passivierungspflicht bei Nachholung innerhalb von drei Monaten; Passivierungswahlrecht bei Nachholung im vierten bis zwölften Monat des folgenden Geschäftsjahres) und
- *Rückstellungen für Gewährleistungen*, die ohne rechtliche Verpflichtung erbracht werden.

Finanzierungseffekt

Die Bildung von Rückstellungen verursacht sofort einen Aufwand, während die korrespondierende Auszahlung erst zu einem späteren Zeitpunkt entsteht. Durch das *Auseinanderfallen von Aufwand und Auszahlung* entsteht bei der Neubildung von Rückstellungen ein Finanzierungseffekt, welcher mit der Finanzierung aus Abschreibungsgegenwerten vergleichbar ist. Um diesen Finanzierungseffekt zu erzielen, müssen finanzielle Überschüsse aus laufender Geschäftätigkeit erwirtschaftet werden. Die Rückstellungsbildung reduziert den bilanziellen Gewinn und damit die Steuerzahlungen ebenso wie die Gewinnausschüttungen an die Eigentümer. Im Ergebnis kann das Unternehmen die entsprechenden Finanzmittel für Finanzierungszwecke nutzen. Nachfolgend wird die Finanzierung aus Rückstellungsgegenwerten anhand eines Beispiels demonstriert.

Beispiel: Finanzierung aus Rückstellungsgegenwerten

Gemeinsam mit seiner Finanzbuchhalterin Cornelia Teekonto und seiner Steuerberaterin Manuela Hakelmacher bespricht Ernst-August Holzwurm den kommenden Jahresabschluss der Holzwurm GmbH. In diesem Zusammenhang fragt er seine Buchhalterin, ob bereits sämtliche vorbereitenden Jahresabschlussbuchungen erfasst worden sind. Cornelia macht ihren Chef auf die bei einigen Produkten in den letzten Monaten aufgetretenen Qualitätsmängel aufmerksam. Auf den Einwand von Ernst-August, dass für diese Mängel ein ehemaliger Zulieferer verantwortlich gewesen sei, entgegnet die Steuerberaterin, dass die Holzwurm GmbH für diese Produktmängel einstehen muss und dass für die aus den Qualitätsmängeln resultierenden Gewährleistungsansprüche eine Rückstellung zu bilden ist.

Tab. 5.4: Finanzierung aus Rückstellungsgegenwerten bei Gewinneinbehaltung.

	Ohne Rückstellung	Mit Rückstellung
Gewinn vor Rückstellung und Steuern (€)	1.000.000	1.000.000
− Rückstellungen (€)	0	400.000
= Gewinn vor Steuern (€)	1.000.000	600.000
− Ertragsteuern (30 %)	300.000	180.000
= Gewinneinbehaltung (€)	700.000	420.000
Innenfinanzierungsvolumen (€; Zeile 2+5)	700.000	820.000
Zusätzliches Innenfinanzierungsvolumen (€)		120.000

Ernst-August Holzwurm schätzt das finanzielle Volumen der Gewährleistungsansprüche auf ca. 400.000 Euro. Seine Steuerberaterin verdeutlicht ihm daraufhin die finanzwirtschaftlichen Auswirkungen einer zusätzlichen Rückstellung für den Fall der Gewinneinbehaltung. In ihrer Beispielrechnung geht sie von einem Gewinn vor

Steuern in Höhe von 1.000.000 Euro aus (siehe Tabelle 5.4). Durch die zusätzliche Bildung von Rückstellungen in Höhe von 400.000 Euro sinkt der Gewinn vor Steuern auf 600.000 Euro und der zur Gewinneinbehaltung verfügbare Betrag reduziert sich auf 420.000 Euro. Da dem Unternehmen allerdings zusätzlich die Gegenwerte der neu zu bildenden Rückstellungen zur Verfügung stehen, erhöht sich das gesamte Innenfinanzierungsvolumen auf 820.000 Euro. Die Differenz im Vergleich zum Szenario ohne Rückstellungsbildung beträgt 120.000 Euro; das entspricht den ersparten Steuern (30 %) auf die Rückstellung in Höhe von 400.000 Euro.

Tab. 5.5: Finanzierung aus Rückstellungsgegenwerten bei Gewinnausschüttung.

	Ohne Rückstellung	Mit Rückstellung
Gewinn vor Rückstellung und Steuern (€)	1.000.000	1.000.000
− Rückstellungen (€)	0	400.000
= Gewinn vor Steuern (€)	1.000.000	600.000
− Ertragsteuern (30 %)	300.000	180.000
= Gewinnausschüttung (€)	700.000	420.000
Innenfinanzierungsvolumen (€; Zeile 2)	0	400.000
Zusätzliches Innenfinanzierungsvolumen (€)		**400.000**

Nach Durchsicht der Zahlen wendet Ernst-August ein, dass seine Mitgesellschafter vermutlich für eine vollständige Ausschüttung des Gewinns nach Steuern plädieren werden. In diesem Fall, erwidert die Steuerberaterin, ist der Finanzierungseffekt sogar noch stärker. Zur Verdeutlichung modifiziert sie die o. a. Beispielrechnung für den Fall der Gewinnausschüttung (siehe Tabelle 5.5).

Bei Gewinnausschüttung beträgt das zusätzliche Innenfinanzierungsvolumen 400.000 Euro, das sich aus den um 120.000 Euro verminderten Steuerzahlungen sowie der um 280.000 Euro verminderten Gewinnausschüttung zusammensetzt. Im Ausschüttungsfall ist der Finanzierungseffekt höher, da durch die Rückstellungsbildung nicht nur die Steuerzahlungen, sondern auch die Gewinnausschüttungen reduziert werden. Da die Steuerberaterin die Bildung der Rückstellung für erforderlich hält, werden die Gesellschafter der Holzwurm GmbH in diesem Jahr mit einer verminderten Gewinnausschüttung auskommen müssen.

Durch die Bildung von Rückstellungen entsteht ein *zeitlich begrenzter Finanzierungseffekt*. Bei Inanspruchnahme der Rückstellung dreht sich der Zusammenhang zwischen Aufwand und Auszahlung um: Der Aufwand wurde bereits bei Rückstellungsbildung gebucht, während zum Zeitpunkt der Inanspruchnahme eine Auszahlung entsteht. Somit endet die Finanzierungswirkung mit der Auflösung bzw. Inanspruchnahme der Rückstellung. Vielfach handelt es sich um kurzfristige Rückstellungen (z. B. für Gewährleistungen, drohende Verluste, Steuern oder Instandhaltungen), sodass nur ein zeitlich begrenzter Finanzierungseffekt entsteht. Allerdings wird die Mehrzahl dieser kurzfristigen Rückstellungen regelmäßig neu gebildet, sodass sich durch die laufende Bildung und Auflösung ein Sockelbetrag ergibt, der dem Unternehmen längerfristig zur Verfügung steht. Ein bedeutender Finanzierungseffekt entsteht darüber hinaus durch langfristige Rückstellungen (v. a. Pensionsrückstellungen).

Pensionsrückstellungen

Pensionsrückstellungen werden für die vom Unternehmen gegebenen Zusagen im Rahmen der betrieblichen Altersversorgung gebildet, da bei diesen Verpflichtungen ungewiss ist, in welcher Höhe und über welchen Zeitraum das Unternehmen Zahlungen zu leisten hat (vgl. *Coenenberg/Haller/Schultze*, 2021, S. 464 ff.). Wenn das Unternehmen die *unmittelbare Zusage* macht, seinen Arbeitnehmern, dem Management oder den Geschäftsführern eine betriebliche Altersversorgung (Pension) zu zahlen, gilt diese Verpflichtung als ungewisse Verbindlichkeit, sodass nach § 249 HGB eine Pensionsrückstellung zu bilden ist. Im Gegensatz zur unmittelbaren Zusage leistet das Unternehmen bei einer Direktversicherung oder bei externen Pensionskassen bzw. -fonds Zahlungen an den Träger der Altersvorsorge, sodass in diesen Fällen keine Pensionsrückstellung zu bilden ist. Für das betriebliche Personalmanagement sind Pensionsrückstellungen Bestandteil der Entgeltpolitik, während sie aus finanzwirtschaftlicher Perspektive einen Finanzierungseffekt auslösen.

Die unmittelbaren Versorgungszusagen werden durch die *Bildung von Pensionsrückstellungen* alimentiert, wobei die Rückstellungen nach versicherungsmathematischen Grundsätzen ermittelt werden. Die besondere Bedeutung der Finanzierung aus den Gegenwerten von Pensionsrückstellungen liegt in der Langfristigkeit dieser Finanzierungsform. Wenn ein Unternehmen einer Mitarbeiterin z. B. im Alter von 30 Jahren eine unmittelbare Betriebspension zusagt und diese Mitarbeiterin mit 67 Jahren in den Ruhestand geht, beläuft sich die Ansparphase, in der Rückstellungen gebildet werden, auf 37 Jahre. Solange Rückstellungen gebildet werden, ergibt sich für das Unternehmen ein positiver Nettofinanzierungseffekt. Wenn sich die Bildung neuer Rückstellungen mit der Inanspruchnahme der vorhandenen Pensionsrückstellungen ausgleicht, steht der entstandene Sockelbetrag für Finanzierungszwecke zur Verfügung. Werden dagegen weniger neue Pensionsrückstellungen gebildet als alte Rückstellungen aufgelöst, entsteht ein negativer Finanzierungssaldo. Letzteres ist insbesondere bei sinkenden Mitarbeiterzahlen oder in den Fällen relevant, in denen neue Mitarbeiter keine Versorgungszusagen mehr erhalten.

In Deutschland hat die Finanzierung aus den Gegenwerten von Pensionsrückstellungen traditionell eine hohe Bedeutung, die sich z. B. bei der Nutzung der Pensionsrückstellungen durch große Publikumsaktiengesellschaften (ca. 10 % bis 20 % der Bilanzsumme) oder durch mittelständische Unternehmen (v. a. Pensionszusagen zugunsten von GmbH-Geschäftsführern) zeigt. Unter Kosten- bzw. Risikoaspekten lagern Unternehmen in der jüngeren Vergangenheit ihre Versorgungszusagen allerdings zunehmend auf externe Anbieter (z. B. Versicherungen oder Pensionskassen) aus, wodurch sie auf den mit der Bildung von Pensionsrückstellungen verbundenen Finanzierungseffekt verzichten.

Beurteilung der Finanzierung aus Rückstellungsgegenwerten

Die Beurteilung der Finanzierung aus den Gegenwerten von Rückstellungen weist Ähnlichkeiten zur Finanzierung aus Abschreibungsgegenwerten auf. Aus Unternehmenssicht ist mit dieser Finanzierungsform zunächst der Vorteil verbunden, dass sie *unabhängig von externen Kapitalgebern* in Anspruch genommen werden kann. Sofern die Finanzmittel, die durch die Rückstellungsbildung einbehalten werden, dem Unternehmen in liquider Form vorliegen, entsteht der Finanzierungseffekt allein durch den buchhalterischen Vorgang der Rückstellungsbildung. Begrenzt wird das Finanzierungsvolumen durch die Höhe der erwirtschafteten Finanzmittel sowie durch die relevanten Rechnungslegungsvorschriften. Rückstellungen sind ein Instrument der Risikovorsorge, das Ausdruck des handelsrechtlichen Vorsichtsprinzips ist (vgl. z. B. *Coenenberg/Haller/Schultze*, 2021, S. 455 ff.). Der Finanzierungseffekt einer Rückstellung entsteht zwangsweise als Folge der Rückstellungsbildung. Da die Bildung von Rückstellungen einem gewissen Ermessensspielraum unterliegt, dienen Rückstellungen in der Praxis allerdings auch als Instrument der Bilanzpolitik. In der Unternehmenspraxis ist die Rückstellungsbildung vielfach nicht nur durch die bilanzielle Risikovorsorge, sondern auch durch die mit der Rückstellung verbundenen Finanzierungs- und Steuereffekte motiviert.

Der Ermessenspielraum bei der Bildung von Rückstellungen führt dazu, dass die Finanzierung aus Rückstellungsgegenwerten meistens auch zur Bildung stiller Reserven führt. In diesen Fällen liegt analog zur Abschreibungsfinanzierung *gleichzeitig eine stille Selbstfinanzierung* vor (siehe auch S. 269). Wenn z. B. eine Prozessrückstellung in Höhe von 100.000 Euro gebildet wird, das aus dem Prozess resultierende Risiko aber nur 80.000 Euro beträgt, dann beträgt das Volumen der Finanzierung aus Rückstellungsgegenwerten nur 80.000 Euro, während es sich bei dem Differenzbetrag von 20.000 Euro um stille Selbstfinanzierung handelt.

Hinsichtlich der *Finanzierungskosten* besteht aus Unternehmenssicht der Vorteil, dass die durch die Rückstellungsbildung einbehaltenen Finanzmittel dem Unternehmen zur Verfügung stehen, ohne dass die Liquidität durch Zinszahlungen belastet wird. Kurzfristige Rückstellungen mit einer Restlaufzeit von bis zu einem Jahr sind nicht abzuzinsen, so dass diese Rückstellungen keine Finanzierungskosten verursachen. Wie bereits angesprochen, erfolgt die Bildung von Pensionsrückstellungen demgegenüber nach versicherungsmathematischen Grundsätzen, indem der Barwert der zukünftig erwarteten Pensionszahlungen errechnet wird.

Für Rückstellungen mit einer Restlauzeit von mehr als einem Jahr schreibt das Handelsrecht die Abzinsung mit einem durchschnittlichen Marktzinssatz vor (vgl.

§ 253 Abs. 2 HGB), der von der Deutschen Bundesbank ermittelt und veröffentlicht wird. Steuerrechtlich ist dagegen ein Kalkulationszinssatz von 6 % zugrunde zu legen (vgl. § 6a Abs. 3 EStG). In der Kapitalmarktpraxis liegt der steuerrechtlich vorgeschriebene Kalkulationszinssatz regelmäßig über dem handelsrechtlich relevanten Zinssatz, so dass der Finanzierungseffekt von Pensionsrückstellungen in steuerlicher Perspektive geringer ausfällt. Zusammenfassend gilt in beiden Fällen, dass die Finanzierung aus den Gegenwerten von Pensionsrückstellungen und anderen langfristigen Rückstellungen Finanzierungskosten verursacht, auch wenn das Unternehmen keine liquiditätswirksamen Zinszahlungen leisten muss.

Ähnlich wie bei der stillen Selbstfinanzierung oder der Finanzierung aus Abschreibungsgegenwerten ergibt sich auch bei der Finanzierung aus den Gegenwerten von Pensionsrückstellungen das Problem der *fehlenden externen Kontrolle*. Auf den Finanzierungseffekt, der durch einen buchhalterischen Vorgang des Unternehmens ausgelöst wird, haben weder die Eigentümer noch die Gläubiger Einfluss. Im o. a. Beispiel reduziert sich durch die Rückstellungsbildung der ausschüttungsfähige Gewinn, ohne dass die Gesellschafter das verhindern können (siehe Tabelle 5.5 auf S. 272).

Während die Ausschüttungsminderung angesichts des hiermit verbundenen Steuervorteils bei dem kleinen Gesellschafterkreis einer GmbH vielfach im Interesse sämtlicher Gesellschafter liegt, besteht bei Publikumsaktiengesellschaften die Gefahr von Interessenkonflikten. Angesichts ihrer Informationsnachteile müssen Aktionäre befürchten, dass der Vorstand die einbehaltenen Finanzmittel nicht ausschließlich im Aktionärsinteresse verwendet. Wenn das Management die finanziellen Mittel zur Finanzierung unvorteilhafter Projekte nutzt, könnte aus Aktionärsperspektive die steuerpflichtige Ausschüttung günstiger sein als die steuerfreie Einbehaltung im Unternehmen. Trotz dieser Interessenkonflikte zählt die Finanzierung aus Rückstellungsgegenwerten zum Standardinstrumentarium der unternehmerischen Finanzierungspolitik.

5.3 Finanzierung aus Vermögensumschichtung

Die Finanzierung aus Vermögensumschichtung wandelt bereits vorhandene Vermögensgegenstände in liquide Mittel um. Zu dieser Finanzierungsform zählen die Reduzierung der Kapitalbindung sowie das Sale-and-Lease-Back-Verfahren. Das *Lernziel von Kapitel 5.3* besteht darin, die Finanzierung aus Vermögensumschichtung kennenzulernen, ihre Funktionsweise zu verstehen und ihre Einsatzmöglichkeiten und -grenzen beurteilen zu können.

5.3.1 Reduzierung des gebundenen Kapitals

Im Gegensatz zur Finanzierung aus dem Umsatzprozess stellt die Finanzierung aus Vermögensumschichtung darauf ab, *die Höhe oder die Fristigkeit des gebundenen Kapitals* zu reduzieren und dadurch Finanzmittel freizusetzen. Eine Verminderung der Kapitalbindung kann durch Desinvestitionen im Anlagevermögen oder durch Abbau von Umlaufvermögen erfolgen.

Working-Capital-Management

Das Working-Capital-Management dient dem Ziel, das im Umlaufvermögen gebundene Kapital zu vermindern (vgl. *Brealey/Myers/Allen*, 2020, S. 801 ff.). Dieses Ziel kann beispielsweise durch die *Verminderung der Forderungen aus Lieferungen und Leistungen* erreicht werden. Die Höhe der offenen Forderungen ist zum einen vom gewährten Zahlungsziel sowie zum anderen vom Zahlungsverhalten der Kunden abhängig. Mit der Einräumung eines Zahlungsziels gewährt das leistende Unternehmen seinen Abnehmern einen Lieferantenkredit (siehe S. 170 ff.). Aus Sicht des Lieferanten entsteht durch die Kreditgewährung eine Kapitalbindung, deren Höhe von der Kredithöhe und -laufzeit abhängig ist. Die zweite Bestimmungsgröße der Kapitalbindung ist das tatsächliche Zahlungsverhalten der Kunden. Wenn die Kunden einen angebotenen Skontoabzug nutzen und innerhalb der Skontofrist zahlen, reduziert sich die Kapitalbindung. Umgekehrt führen Zahlungsverzögerungen oder -ausfälle zu einer erhöhten Kapitalbindung. Die Höhe des gebundenen Kapitals wird durch den durchschnittlichen Forderungsbestand bestimmt, der wiederum vom Umsatz und dem Zahlungsziel abhängig ist:

$$\text{Forderungsbestand} = \frac{\text{Umsatz} \cdot \text{Zahlungsziel}}{365} \qquad (5.2)$$

Zur Reduzierung der Kapitalbindung muss der durchschnittliche Forderungsbestand vermindert werden. Das kann z. B. durch eine Verkürzung des Zahlungsziels geschehen. Allerdings sind hier die Interdependenzen zum betrieblichen Leistungsbereich zu beachten, da sich veränderte Zahlungskonditionen auf die Absatzchancen der betrieblichen Leistungen auswirken können. Daher orientieren sich Unternehmen meistens an den in der betreffenden Branche üblichen Konditionen. Eine weitere Möglichkeit zur Reduzierung des durchschnittlichen Forderungsbestandes ist die Erhöhung des Skontos, um den Kunden einen stärkeren Zahlungsanreiz zu geben. Wird der erhöhte Skontoabzug von den Kunden in Anspruch genommen, reduziert sich der Bestand an offenen Forderungen. Das Unternehmen erhält allerdings auch einen geringeren Zahlungsmittelzufluss. Daher muss zwischen dem Einzahlungsrückgang und den durch die geringere Kapitalbindung verminderten Finanzierungskosten abgewogen werden. Schließlich kann der durchschnittliche Forderungsbestand dadurch gesenkt werden, dass die offenen Forderungen konsequenter eingetrieben werden. Auch bei dieser Maßnahme sollten allerdings mögliche Konsequenzen für die Kundenbeziehung berücksichtigt werden.

Beispiel: Finanzierung aus Vermögensumschichtung

Die Potsdamer Handelsgesellschaft mbH (PHG) ist ein Großhandelsunternehmen, das einen Umsatz von 50 Mio. Euro im Jahr erwirtschaftet. Das Unternehmen gewährt seinen Kunden ein vertragliches Zahlungsziel von 30 Tagen. Die Kunden zahlen in der jüngsten Vergangenheit allerdings zunehmend später, sodass der tatsächliche Zahlungseingang durchschnittlich erst nach 45 Tagen erfolgt. Im Durchschnitt beträgt der Bestand an offenen Forderungen:

$$\text{Forderungsbestand} = \frac{50 \text{ Mio. } € \cdot 45}{365} = 6{,}16 \text{ Mio. } € \tag{5.3}$$

Die PHG muss dauerhaft einen durchschnittlichen Forderungsbestand von 6,16 Mio. Euro finanzieren. Wenn das Unternehmen beispielsweise einen Kreditzinssatz von 10 % p. a. zahlt, liegen die Finanzierungskosten für das in den offenen Forderungen gebundene Kapital bei 616.000 Euro im Jahr. Gelingt es der PHG, ihre Kunden zur pünktlichen Zahlung zu bewegen, verkürzt sich das tatsächliche Zahlungsziel auf 30 Tage. Infolge des pünktlicheren Zahlungsverhaltens vermindert sich auch der durchschnittliche Forderungsbestand:

$$\text{Forderungsbestand} = \frac{50 \text{ Mio. } € \cdot 30}{365} = 4{,}11 \text{ Mio. } € \tag{5.4}$$

Die PHG profitiert von dem auf 4,11 Mio. Euro gesunkenen Forderungsbestand, da die Kosten zur Finanzierung der Forderungsaußenstände auf 411.000 Euro im Jahr sinken.

Die Kapitalbindung kann auch durch den *Abbau von Vorräten* reduziert werden, durch den das im Umlaufvermögen gebundene Kapital ebenfalls vermindert wird. Grundsätzlich hat die Verminderung des Vorratsbestandes ähnliche Auswirkungen wie die Verminderung des durchschnittlichen Forderungsbestandes, da in beiden Fällen der Kapitalumschlag erhöht wird und die durch das gebundene Kapital entstehenden Finanzierungskosten gesenkt werden. Ein typisches Beispiel sind Just-in-Time-Konzepte, bei denen die für die Herstellung benötigten Rohstoffe und Vorprodukte erst zum Herstellungszeitpunkt geliefert werden. Neben den Kosten für die physische Lagerung vermindern sich auch die durch die Kapitalbindung entstehenden Finanzierungskosten. Bei der Reduzierung von Vorräten sind allerdings ebenfalls die Auswirkungen auf den Leistungsbereich zu beachten, da ein überzogener Vorratsabbau zu Störungen im Herstellungsprozess führen kann. Daher kann die Finanzierungsentscheidung nicht unabhängig von den leistungswirtschaftlichen Entscheidungen getroffen werden – und umgekehrt.

Neben den beiden genannten Möglichkeiten gibt es weitere Vermögenspositionen, bei denen das gebundene Kapital reduziert werden kann. Neben dem betriebsnotwendigen Vermögen sollte der Fokus auch auf betrieblich nicht notwendige Vermögensgegenstände gerichtet werden. So entsteht z. B. durch den Verkauf eines betrieblich nicht mehr genutzten Grundstücks ein Finanzierungseffekt. Für Vermögensgegenstände, die betrieblich weiterhin genutzt werden, kann das im Folgenden erläuterte Sale-and-Lease-Back eine Alternative sein.

5.3.2 Sale-and-Lease-Back

Sale-and-Lease-Back ist ein Spezialfall des Finanzierungsleasings (siehe S. 221 ff.). Bei dieser Variante verkauft das Unternehmen einen eigenen Vermögensgegenstand an eine Leasinggesellschaft, die diesen Gegenstand anschließend an das Unternehmen vermietet.

Da beim Sale-and-Lease-Back finanzielle Mittel durch den Verkauf eigener Vermögensgegenstände freigesetzt werden, handelt es sich um eine *Form der Innenfinanzierung*. Sale-and-Lease-Back-Transaktionen haben aus Sicht des Leasingnehmers zunächst einen Liquiditätseffekt. Dem Leasingnehmer fließen finanzielle Mittel zu, da durch den Verkauf des Objektes an die Leasinggesellschaft gebundenes Kapital freigesetzt wird. Über die Liquiditätswirkung hinaus kann Sale-and-Lease-Back weitere Vorteile hinsichtlich der Finanzierungskosten bewirken. Die zufließenden Finanzmittel können dazu genutzt werden, Bankkredite oder andere Verbindlichkeiten abzulösen. Wenn die in die Leasingrate eingerechneten Finanzierungskosten unterhalb des Zinssatzes für den abzulösenden Kredit liegen, lohnt sich die Ablösung des Kredites, da die Finanzierungskosten des Unternehmens sinken. Sale-and-Lease-Back-Objekte sind in der Praxis vor allem Immobilien oder Investitionsgüter (z. B. Flugzeuge), die an eine Leasinggesellschaft verkauft und von dieser langfristig zurückgemietet werden.

Bei der *Vorteilhaftigkeitsbeurteilung* von Sale-and-Lease-Back ist zu beachten, dass jedes potenzielle Leasingobjekt nur einmal verkauft werden kann. Daher ist insbesondere der Verkauf von Immobilien zur Behebung einer unternehmerischen Liquiditätskrise nicht unproblematisch. Sofern die Ursachen der Liquiditätskrise im Rahmen einer strukturellen Sanierung nicht behoben werden, besteht die Gefahr, dass die Liquiditätseffekte des Leasinggeschäftes lediglich eine vorübergehende Entspannung der Liquiditätslage bringen. Wenn die Buchwerte der zum Verkauf vorgesehenen Vermögensgegenstände unter ihren aktuellen Marktpreisen liegen, werden durch den Verkauf stille Reserven freigesetzt. Damit bietet Sale-and-Lease-Back eine Alternative zur Auflösung stiller Reserven, ohne dass das Unternehmen auf die weitere Nutzung der entsprechenden Vermögensgegenstände verzichten muss. Die Gewinne aus der Auflösung stiller Reserven sind steuerpflichtig, sodass Sale-and-Lease-Back-Transaktionen unter Beachtung der steuerlichen Konsequenzen beurteilt werden sollten. In der Praxis wird Sale-and-Lease-Back daher vor allem in den Fällen genutzt, in denen die Gewinne aus der Auflösung stiller Reserven mit aktuellen oder aus Vorjahren vorgetragenen Verlusten verrechnet werden können.

Neben der Steuerproblematik können bei Sale-and-Lease-Back-Transaktionen Kostennachteile infolge der laufenden Belastung durch die Leasingraten entstehen. In Bezug auf die *Finanzierungskosten* lässt sich die Vorteilhaftigkeit von Sale-and-Lease-Back nur einzelfallbezogen beurteilen. Hierzu müssen die Leasingkonditionen mit den Konditionen der in der konkreten Finanzierungssituation zur Verfügung stehenden Finanzierungsalternativen verglichen werden. Schließlich ist zu beachten, dass der Leasingnehmer durch die Transaktion das Eigentum an dem verkauften Vermögensgegenstand verliert. Der Leasingnehmer ist daher weder an zukünftigen Wertsteigerungen noch an Wertminderungen des Leasinggegenstandes beteiligt. Damit die Eigentumsrechte nicht vollständig aufgegeben werden müssen, sehen Leasingverträge häufig vor, dass der Leasingnehmer den Leasinggegenstand nach Ablauf der Grundmietzeit zum Restbuchwert zurückkaufen kann.

5.4 Fragen und Aufgaben zur Innenfinanzierung

Die Fragen und Aufgaben dienen zur selbständigen Wiederholung des in diesem Kapitel behandelten Stoffes. Sie ergänzen die Ausführungen und Beispiele des vorliegenden Kapitels und bieten Ihnen gleichzeitig die Möglichkeit, Ihre Kenntnisse des behandelten Stoffes zu überprüfen.

5.4.1 Verständnisfragen

Die folgenden Fragen beziehen sich auf Kapitel 5. Nachdem Sie das Kapitel durchgearbeitet haben, sollten Sie in der Lage sein, die Fragen zu beantworten. In Zweifelsfällen finden Sie Hinweise auf die Antworten zu den nachfolgenden Fragen im Text der Unterkapitel, in denen das betreffende Thema behandelt wird.

1. Welche Bedeutung hat der Umsatz für das Innenfinanzierungspotenzial eines Unternehmens?
2. Was versteht man unter dem Cashflow und welche Bedeutung hat der Cashflow für die Innenfinanzierung?
3. Wodurch unterscheiden sich die direkte und die indirekte Ermittlung des Cashflows?
4. Welche Möglichkeiten zur Verwendung des Cashflows werden unterschieden?
5. Wodurch unterscheiden sich die Finanzierung aus dem Umsatzprozess und die Finanzierung aus Vermögensumschichtung?

6. Was versteht man unter der offenen Selbstfinanzierung?
7. Welche verschiedenen Rücklagen werden handelsrechtlich unterschieden?
8. Beurteilen Sie die Einsatzmöglichkeiten der offenen Selbstfinanzierung!
9. Was versteht man unter der stillen Selbstfinanzierung?
10. Beurteilen Sie den Finanzierungseffekt der stillen Selbstfinanzierung!
11. Was ist die Finanzierung aus den Gegenwerten von Abschreibungen?
12. Wie funktioniert der Kapazitätserweiterungseffekt?
13. Was versteht man unter der Finanzierung aus den Gegenwerten von Rückstellungen?
14. Beurteilen Sie die Finanzierung aus Abschreibungs- bzw. Rückstellungsgegenwerten!
15. Auf welche Weise lässt sich das betrieblich gebundene Kapital reduzieren?
16. Was versteht man unter Sale-and-Lease-Back?

5.4.2 Übungsaufgaben

Die nachfolgenden Übungsaufgaben beziehen sich auf die in Kapitel 5 behandelten Formen der Innenfinanzierung. Sie lassen sich mit Hilfe der in den einzelnen Unterkapiteln vorgestellten und erläuterten Formeln lösen. Eine PDF-Datei mit den Lösungen kann von der Homepage des Verlages De Gruyter Oldenbourg (www.degruyter. com) heruntergeladen werden.

Aufgabe 5.1: Innenfinanzierung
Welcher der folgenden Geschäftsvorgänge führt zu einer Innenfinanzierung? Bitte begründen Sie!

Vorgang	Innenfinanzierung	Keine Innenfinanzierung
Die Supermarktkette Bio Company SE nimmt ein langfristiges Darlehen über 5 Mio. € auf, um weitere Filialen zu eröffnen.		
Die Impuls AG schüttet die Hälfte ihres Gewinns von 300.000 € aus, während die andere Hälfte einbehalten wird.		
Die Erfolgreich GmbH führt eine Erhöhung des Stammkapitals durch, wobei die drei Gesellschafterinnen Einlagen in Höhe von insgesamt 150.000 € leisten.		
Das unternehmenseigene und selbstgenutzte Bürogebäude ist im Wert gestiegen.		

Vorgang	Innenfinanzierung	Keine Innenfinanzierung
Die Drogeriemarktkette Dirk Rossmann GmbH verkauft ein nicht mehr benötigtes Lagerhaus für 1,2 Mio. €.		
Die Muster GmbH bildet eine steuerlich anerkannte Sonderabschreibung in Höhe von 7.000 €.		
Bei der Statistik GmbH werden Rückstellungen in Höhe von 45.000 € für Pensionszusagen an die Arbeitnehmer gebildet.		
Für mögliche Gewährleistungsansprüche ihrer Kunden bildet die Reparatur AG Rückstellungen in Höhe von 50.000 €.		
Die Apfel AG wandelt offene Gewinnrücklagen in Höhe von 37.000 € in Grundkapital um.		

Aufgabe 5.2: Finanzierung aus Abschreibungsgegenwerten

Die Fürstliche Porzellanmanufaktur Berlin erwirbt zwei neue Maschinen zur Herstellung hochwertiger Teetassen. Der Anschaffungspreis beträgt 500.000 € pro Maschine. Eine der beiden Maschinen kommt am Produktionsstandort in Berlin zum Einsatz und wird über vier Jahre linear abgeschrieben. Die andere Maschine wird im Werk Angermünde installiert, wobei die Maschine aufgrund einer Investitionsfördermaßnahme des Landes Brandenburg über drei Jahre abgeschrieben werden darf. Bei Inanspruchnahme dieser Förderung dürfen folgende Abschreibungen verrechnet werden: 250.000 € im ersten Jahr, 150.000 € im zweiten Jahr und 100.000 € im dritten Jahr.

Zeigen Sie den Finanzierungseffekt der Fördermaßnahme im Vergleich zur planmäßigen Abschreibung! Gehen Sie davon aus, dass jede Maschine einen Gewinn vor Abschreibungen von 250.000 € erzielt. Der Steuersatz beträgt 40 %.

Aufgabe 5.3: Kapazitätserweiterungseffekt

Der Berliner Fußballverein Holzen 05 fristete lange Jahre ein eher beschauliches Dasein in der Oberliga Nordost. Eines Tages bahnt sich jedoch Spektakuläres an: Ein Investor, der als Kind bei Holzen 05 das Fußballspielen lernte, möchte aus alter Verbundenheit einen internationalen Spitzenklub aus dem Verein formen. Die Mitglieder sind begeistert, wandeln auf der nächsten Vereinssitzung ihren Verein in eine Aktiengesellschaft um und wählen den Investor zum Vorstandsvorsitzenden der neu geschaffenen Holzen 05 AG. Ausgestattet mit den notwendigen Vollmachten macht sich der Investor zunächst daran, einen erfahrenen Trainer und neue Spieler zu verpflichten. Der Erfolg lässt nicht lange auf sich warten und die Mannschaft steigt über die Regionalliga bis in die 3. Liga auf.

Um den sportlichen Erfolg langfristig zu sichern, möchte der Investor die Jugendmannschaften von Holzen 05 stärken. Hierzu soll in einem ersten Schritt die Anzahl an modernen Allwetter-Fußballfeldern erhöht werden. Der Verein strebt an, langfristig über mindestens vier Spielfelder dieser Art zu verfügen. Die Kosten, ein neues Allwetter-Fußballfeld entstehen zu lassen, belaufen sich auf 90.000 €. Der Investor erklärt sich bereit, drei dieser Spielfelder aus eigener Tasche zu finanzieren, anschließende Erneuerungen und Erweiterungen sollen aber ausschließlich über die Einbehaltung von Abschreibungsgegenwerten finanziert werden. Sobald die Summe der Abschreibungsgegenwerte ausreicht, soll unverzüglich ein neues Spielfeld errichtet werden. Der Platzwart von Holzen 05 geht davon aus, dass ein Allwetter-Fußballfeld bei täglicher Nutzung durch die Jugendmannschaften im Durchschnitt drei Spielzeiten genutzt werden kann, bevor es komplett erneuert werden muss. Die Felder werden daher linear über drei Jahre abgeschrieben.

a) Erstellen Sie eine tabellarische Übersicht, in der die wertmäßige Entwicklung der Allwetter-Fußballfelder für einen Zeitraum von zehn Spielzeiten (Jahren) dargestellt werden!

b) Auf wie vielen Feldern können die Jugendmannschaften von Holzen 05 nach den zehn Spielzeiten trainieren?

Aufgabe 5.4: Kapazitätserweiterungseffekt

Das bayerische Reiseunternehmen Nordwind möchte seine Aktivitäten ausweiten, indem es Ein- und Mehrtagestouren mit eigenen Reisebussen anbietet. Das Unternehmen plant, in den nächsten fünf Jahren jeweils einen Bus pro Jahr anzuschaffen. Der Anschaffungspreis für einen Bus liegt bei 400.000 €. Das Reiseunternehmen schreibt die Busse über fünf Jahre linear auf einen Restwert von null ab und ersetzt jeden Bus nach fünf Jahren durch ein neues Fahrzeug. Der Anschaffungspreis der Busse bleibt annahmegemäß konstant.

Stellen Sie dar, wie sich der Bestand an Reisebussen entwickeln wird, wenn das Unternehmen den Kapazitätserweiterungseffekt nutzt! Sofern in einem Jahr (noch) kein Bus aus den Abschreibungsgegenwerten finanziert werden kann, wird der Kauf dieses Busses durch Maßnahmen der Außenfinanzierung finanziert. Wie viele Busse muss das Unternehmen extern finanzieren und ab wann kann es den aus den Gegenwerten der Abschreibungen entstehenden Finanzierungseffekt für die Anschaffung neuer Fahrzeuge nutzen?

Aufgabe 5.5: Finanzierung aus Rückstellungsgegenwerten

Die Neuköllner Musik GmbH, ein kleiner und unabhängiger Musikverlag, wird im Jahr 01 von der International Music SE auf Schadenersatz wegen der vermeintlichen Verletzung von Urheberrechten verklagt. Da die Gerichtsverhandlung erst im Jahr 02 stattfinden wird, bildet die Neuköllner Musik GmbH im Jahresabschluss des Jahres

01 eine Rückstellung in Höhe von 250.000 €. Im Jahr 01 beträgt der Gewinn vor Steuern und Rückstellungen 800.000 €; der Steuersatz liegt bei 30 %.

a) Stellen Sie den Finanzierungseffekt dar, der sich im Jahr der Rückstellungsbildung ergibt! Unterscheiden Sie dabei zwischen den beiden Fällen der Gewinneinbehaltung und der Gewinnausschüttung!

b) Welche Auswirkungen ergeben sich, wenn das Unternehmen den Prozess im Folgejahr verliert und Schadenersatz in Höhe von 250.000 € leisten muss?

c) Welche Auswirkungen ergeben sich, wenn das Unternehmen den Prozess gewinnt?

6 Finanzwirtschaftliche Unternehmensanalyse

In den letzten drei Kapiteln haben Sie die grundlegenden Finanzierungsinstrumente kennengelernt. Dabei haben wir festgestellt, dass es für die Finanzierungsentscheidungen keine allgemeingültigen Ergebnisse gibt. Es kommt vielmehr auf die spezifische Finanzierungssituation an, die von der allgemeinen wirtschaftlichen Lage ebenso abhängig ist wie von der finanziellen Verfassung des Unternehmens. Ziel der finanzwirtschaftlichen Unternehmensanalyse ist es, die Vermögens-, Finanz- und Ertragslage des Unternehmens zu beurteilen. Hierzu dienen finanzwirtschaftliche Kennzahlen und Finanzierungsregeln, denen sich das vorliegende Kapitel widmet. Im Folgenden werden zunächst Hintergrund und Zielsetzung der finanzwirtschaftlichen Unternehmensanalyse erörtert (Kapitel 6.1), bevor wir die Erfolgsanalyse (Kapitel 6.2) sowie die Finanzanalyse (Kapitel 6.3) behandeln. Den Abschluss bilden die Grenzen der finanzwirtschaftlichen Kennzahlenanalyse (Kapitel 6.4).

6.1 Bedeutung der finanzwirtschaftlichen Kennzahlenanalyse

Die finanzwirtschaftliche Unternehmensanalyse verfolgt das grundlegende Ziel, die Vermögens-, Finanz- und Ertragslage von Unternehmen zu beurteilen, um Kapitalgebern oder anderen Anspruchsgruppen Informationen über die Bonität des Unternehmens zu geben. Das *Lernziel von Kapitel 6.1* besteht darin, Adressaten und Ziele der finanzwirtschaftlichen Unternehmensanalyse kennenzulernen und die Bedeutung finanzwirtschaftlicher Kennzahlen auf realen Kapitalmärkten einschätzen zu können.

6.1.1 Adressaten und Zielsetzung

Unternehmensanalysen können unterschiedliche Ziele verfolgen, die vor allem von den Interessen der jeweiligen Adressaten abhängig sind. Das Informationsbedürfnis kann qualitativer oder quantitativer Natur sein. *Quantitative Informationen* betreffen die Vermögens-, Finanz- und Ertragslage des Unternehmens, die anhand von finanziellen Kennzahlen beurteilt wird. Zu den *qualitativen Informationen* zählen z. B. die Qualität des Managements, Kenntnisse der Mitarbeiter, Marktpositionierung der Produkte oder Dienstleistungen sowie Forschungs- und Entwicklungsaktivitäten. Qualitative Informationen bilden den Ausgangspunkt für die Prognose der quantitativen Unternehmensentwicklung. Die finanzwirtschaftliche Unternehmensanalyse nutzt daher quantitative ebenso wie qualitative Informationen. Die folgenden Ausführungen konzentrieren sich auf die quantitative Kennzahlenanalyse, die im Mittelpunkt der finanzwirtschaftlichen Unternehmensanalyse steht.

https://doi.org/10.1515/9783110987621-006

Adressaten

Adressaten finanzwirtschaftlicher Kennzahlen sind *Anspruchsgruppen*, die ein berechtigtes Interesse an der Vermögens-, Finanz- und Ertragslage des Unternehmens haben. Zunächst sind die Eigen- und Fremdkapitalgeber zu nennen, die ihre Finanzierungsentscheidungen von der Einhaltung bestimmter Finanzkennzahlen bzw. Finanzierungsregeln abhängig machen. Des Weiteren nutzen das Management, Arbeitnehmer, Kunden und Lieferanten sowie der Staat finanzwirtschaftliche Kennzahlen, um sich über die Unternehmenslage und über die Werthaltigkeit ihrer Ansprüche gegenüber dem Unternehmen zu informieren (vgl. *Coenenberg/Haller/ Schultze*, 2021, S. 1088 ff. und *IASB*, 2018). Die verschiedenen Anspruchsgruppen haben unterschiedliche Informationsinteressen:

- *Eigenkapitalgeber* nutzen finanzwirtschaftliche Kennzahlen, um Entscheidungen über die Aufnahme, Fortsetzung oder Beendigung ihrer Beteiligung am Unternehmen zu fundieren. Als Residualberechtigte tragen die Eigentümer das aus der Geschäftstätigkeit resultierende unternehmerische Risiko und haben Anspruch auf den nach Bedienung der anderen Anspruchsgruppen verbleibenden Residualgewinn. Vor dem Hintergrund ihrer individuellen Risikoeinstellung interessieren sich Eigenkapitalgeber vor allem für das Verhältnis zwischen den zukünftigen Ertragserwartungen und dem Unternehmensrisiko.
- *Fremdkapitalgeber* haben als Gläubiger üblicherweise feste Ansprüche auf Zins- und Tilgungszahlungen. Daher sind sie primär an der Fähigkeit des Unternehmens interessiert, den zukünftigen Zins- und Tilgungsverpflichtungen nachzukommen. Im Gegensatz zu Eigenkapitalgebern präferieren Gläubiger ein defensives Verhältnis zwischen Chance und Risiko. Aufgrund ihrer festen Rückzahlungsansprüche profitieren Fremdkapitalgeber im positiven Fall nicht von den zukünftigen Gewinnchancen, während sie im Verlustfall durch verspätete oder ausfallende Zins- und Tilgungszahlungen geschädigt werden.
- Ähnlich den Gläubigern wollen *Lieferanten* die Fähigkeit des Unternehmens einschätzen, die aus der Lieferbeziehung entstehenden Verbindlichkeiten zu begleichen. Insbesondere langfristige Geschäftspartner haben ein starkes Interesse an der zukünftigen Entwicklung der Geschäftsbeziehung. Lieferanten nutzen finanzwirtschaftliche Informationen nicht zuletzt dazu, Liefer- und Zahlungskonditionen für ihre Abnehmer festzulegen.
- Auch *Kunden* sind an der finanziellen Lage des Unternehmens interessiert. Sie müssen abschätzen, inwieweit ihnen die für den eigenen Leistungserstellungsprozess benötigten Güter bzw. Dienstleistungen auch zukünftig zur Verfügung stehen.
- Die *Arbeitnehmer* bzw. ihre Vertreter (z. B. Betriebsrat oder Gewerkschaften) benötigen ebenfalls Informationen über die wirtschaftliche Situation des Unternehmens. Zum einen sind die Mitarbeiter an der Sicherheit ihrer Arbeitsplätze interessiert und zum anderen nutzen Arbeitnehmer bzw. Gewerkschaften Infor-

mationen zur unternehmerischen Ertragslage bei Lohn- und Gehaltsverhandlungen.

- Ein weiterer Adressat finanzwirtschaftlicher Kennzahlen ist der Staat. Der *Fiskus* benötigt Kennzahlen (z. B. Umsatz oder Gewinn) zur Bemessung von Steuerzahlungen (z. B. Umsatz-, Einkommen- oder Körperschaftsteuer). Des Weiteren verwendet der Fiskus finanzwirtschaftliche Kennzahlen, um mit Hilfe von Plausibilitätskontrollen die Ordnungsmäßigkeit von Buchführung und Jahresabschluss sowie Steuererklärungen zu überprüfen.
- Schließlich zählt auch die *Unternehmensleitung* (Geschäftsführung bzw. Management) zum Adressatenkreis finanzwirtschaftlicher Kennzahlen. Zum einen nutzt das Management Kennzahlen zur internen Unternehmenssteuerung. Zum anderen dienen die Kennzahlen der externen Jahresabschlussanalyse als Kommunikationsinhalte gegenüber der interessierten Öffentlichkeit (z. B. im Rahmen von Public und Investor Relations).

Zusammenfassend richten sich finanzwirtschaftliche Kennzahlen an eine Vielzahl unterschiedlicher Adressaten, die Ansprüche an das Unternehmen haben oder in sonstiger Weise mit selbigem in Verbindung stehen. Auch wenn die o. a. Aufzählung nicht abschließend ist, verweist sie auf die hohe Bedeutung finanzwirtschaftlicher Kennzahlen für Unternehmen und ihr Verhältnis zum Unternehmensumfeld.

Zielsetzung

Finanzwirtschaftliche Kennzahlen werden sowohl zur internen Unternehmenssteuerung als auch zur externen Unternehmensanalyse eingesetzt. Es handelt sich daher um ein Schnittstellenthema zwischen dem externen Rechnungswesen, dem internen Rechnungswesen (Controlling) und der betrieblichen Finanzwirtschaft. In allen drei betriebswirtschaftlichen Teildisziplinen werden Kennzahlen ermittelt und analysiert, wobei die Kennzahlenanalyse jeweils aus unterschiedlicher Perspektive durchgeführt wird. Im *Controlling* dienen Kennzahlen zur erfolgsorientierten Steuerung von Unternehmen, Geschäftseinheiten, Bereichen und Abteilungen (vgl. *Brühl*, 2016, S. 423 ff.). Aus dem *externen Rechnungswesen* ist die Jahresabschlussanalyse bekannt, deren Ziel darin besteht, Informationen über die Vermögens-, Finanz- und Ertragslage von Unternehmen zu gewinnen und die Jahresabschlüsse verschiedener Unternehmen vergleichbar zu machen (vgl. *Coenenberg/Haller/Schultze*, 2021, S. 1085 ff.).

In der *betrieblichen Finanzwirtschaft* werden finanzwirtschaftliche Kennzahlen zur Fundierung von Finanzierungs- bzw. Investitionsentscheidungen genutzt. Banken analysieren vor jeder Kreditentscheidung die finanzielle Situation des Kreditnehmers, um dessen Kreditwürdigkeit (Bonität) zu beurteilen (siehe S. 161 ff.). Investoren treffen Anlageentscheidungen, indem sie die zukünftigen Erfolgsaussichten ihrer Kapitalmarktanlagen anhand finanzwirtschaftlicher Kennzahlen (z. B. Gewinn je Aktie) prognostizieren (siehe S. 118 ff.). Vor diesem Hintergrund steht die externe

Unternehmens- bzw. Jahresabschlussanalyse im Mittelpunkt der weiteren Ausführungen.

Die Bedeutung der finanzwirtschaftlichen Kennzahlenanalyse leitet sich aus den auf realen Kapitalmärkten existierenden *Informationsasymmetrien* ab (vgl. *Schmidt/Terberger*, 1997, S. 383 ff. sowie *Göbel*, 2021, S. 153 ff.). Im Vergleich zu den anderen Anspruchsgruppen hat die Unternehmensleitung regelmäßig Informationsvorteile hinsichtlich der Vermögens-, Finanz- und Ertragslage des Unternehmens. Aufgrund ihrer Informationsnachteile müssen z. B. Aktionäre, Gläubiger oder Lieferanten befürchten, nicht richtig über die derzeitige Unternehmenslage oder die zukünftige Unternehmensentwicklung informiert zu werden und dadurch Nachteile zu erleiden. So könnten Aktionäre befürchten, dass das Management nur eine geringe Dividende ausschüttet und stattdessen in unrentable Projekte investiert. Gläubiger, die das Risiko einer Kreditvergabe nicht zutreffend beurteilen können, unterliegen der Gefahr, einen zu geringen risikoadjustierten Zinssatz zu fordern. In diesem Fall werden die Gläubiger für die Risikoübernahme nicht angemessen vergütet und dadurch geschädigt. Lieferanten könnten schließlich auf Zahlungsziel liefern, obwohl sich das Unternehmen bereits in Liquiditätsschwierigkeiten befindet, sodass ihre Ansprüche gefährdet wären. Auch wenn nur die Möglichkeit schädigender Handlungen besteht, werden sich die Vertragspartner gegen die informationsbedingten Nachteile schützen. Im Ergebnis erschweren bzw. verteuern die mit den Informationsasymmetrien verbundenen Interessenkonflikte die unternehmerischen Vertragsbeziehungen. Daher liegt eine Verminderung der Informationsnachteile durch die finanzwirtschaftliche Kennzahlenanalyse im Interesse sowohl des Unternehmens als auch seiner Vertragspartner.

6.1.2 Baseler Rahmenwerk

Ergänzend zu den Informationsinteressen der verschiedenen Anspruchsgruppen folgt die Relevanz finanzwirtschaftlicher Kennzahlen aus den Rahmenbedingungen an den internationalen Kapitalmärkten, die nicht zuletzt durch die Rahmenwerk geprägt werden. Das Baseler Rahmenwerk umfasst die als Basel I, Basel II und Basel III bezeichneten Standards.

Basel I

Kreditinstitute sind von entscheidender Bedeutung für die Funktionsfähigkeit marktwirtschaftlicher Wirtschaftssysteme, da sie als Finanzintermediäre gemeinsam mit der Zentralbank die Liquiditätsversorgung der Wirtschaft gewährleisten. Der *Stabilität des Bankensektors* kommt daher grundlegende Bedeutung zu. Vor diesem Hintergrund verfolgt der Baseler Ausschuss für Bankenaufsicht das Ziel, durch Vorschriften für die Eigenkapitalausstattung von Kreditinstituten das Risiko von Banken zu begrenzen und Insolvenzgefahren zu vermindern. Der Baseler Ausschuss für Bankenaufsicht, der bei der Bank für Internationalen Zahlungsausgleich (BIZ) in Basel zusammentritt, wurde 1975 von den Präsidenten der Zentralbanken der Länder der Zehnergruppe (G10-Staaten) gegründet (vgl. *Deutsche Bundesbank*, 2001, S. 15 ff.).

Im Jahr 1988 hat der Ausschuss den *ersten Eigenkapitalakkord (Basel I)* verabschiedet, mit dem die Mindesteigenkapitalausstattung (regulatorisches Kapital) eines Kreditinstitutes auf 8 % der risikogewichteten Kreditpositionen festgelegt wurde. Obwohl sich Basel I grundsätzlich nur auf international tätige Banken bezieht, haben sich die Eigenkapitalvorschriften zum weltweit anerkannten Standard entwickelt, der auch die deutschen aufsichtsrechtlichen Regelungen beeinflusst hat (vgl. §§ 10 und 10a KWG). Allerdings differenziert die Mindestkapitalanforderung in Höhe von 8 % nicht nach der Bonität der Schuldner. Im Ergebnis wurde der erste Eigenkapitalakkord zunehmend kritisiert, da die ökonomischen Risiken von Kreditinstituten zu ungenau erfasst wurden (vgl. *Cluse et al.*, 2005, S. 19–21).

Basel II

Als Reaktion auf die Kritik wurde Ende 2006 der *zweite Baseler Eigenkapitalakkord (Basel II)* beschlossen und ab Januar 2007 in nationales Recht umgesetzt. Basel II besteht aus drei Säulen (siehe Abbildung 6.1). Die erste Säule formuliert die Mindestanforderungen an die Eigenkapitalausstattung, die eine Bank in Abhängigkeit von Kreditrisiken, Marktrisiken und operationellen Risiken vorzuhalten hat. Säule zwei regelt den aufsichtsrechtlichen Überprüfungsprozess, durch den die Bankenaufsicht das Gesamtrisiko von Banken und deren Fähigkeit zur Risikosteuerung beurteilt und überwacht. Die dritte Säule legt den Kreditinstituten erweiterte Informations- und Offenlegungspflichten auf, um neben den regulatorischen Vorschriften auch die Disziplinierungsfunktion des Kapitalmarktes zu nutzen (vgl. *Deutsche Bundesbank*, 2022).

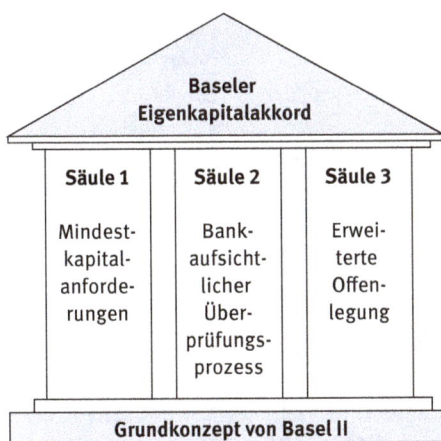

Abb. 6.1: Die drei Säulen von Basel II (Quelle: *Deutsche Bundesbank*, 2001, S. 17).

In Zusammenhang mit der finanzwirtschaftlichen Unternehmensanalyse ist vor allem die erste Säule von Bedeutung, die im Mittelpunkt der folgenden Ausführungen steht (zu den anderen beiden Säulen siehe *Baseler Ausschuss für Bankenaufsicht*, 2004, S. 180 ff. bzw. S. 201 ff.). Hiernach wird die für einen Kredit erforderliche Eigenkapitalunterlegung nach dem Kreditrisiko differenziert (vgl. *Baseler Ausschuss für Bankenaufsicht*, 2004, S. 14 ff.). Unter dem Kreditrisiko wird das Risiko von Verlusten verstanden, die dem Kreditinstitut bei Ausfall eines Schuldners entstehen. Zur Bestimmung des Kreditrisikos können Banken ein externes oder ein bankinternes Rating nutzen.

Externes oder internes Rating

Der *Standardansatz* nutzt ein externes Rating und bestimmt die Bonität des Kreditnehmers mit Hilfe einer Ratingagentur, z. B. *Creditreform Rating*, *Moody's* oder *Standard & Poor's* (siehe S. 206 ff.). Für das Kreditportfolio ist grundsätzlich eine Eigenkapitalunterlegung von 8 % erforderlich, wobei eine Gewichtung der schuldnerspezifischen Einzelrisiken erfolgt. Kredite hoher Bonität (AAA bis AA-) haben ein Risikogewicht von lediglich 20 %, während Kredite geringer Bonität mit bis zu 150 % gewichtet werden (siehe Abbildung 6.2). Zur Bestimmung der Eigenkapitalunterlegung wird zunächst der Kreditbetrag mit seinem spezifischen Risikogewicht multipliziert. Das Ergebnis wird mit 8 % multipliziert, um das erforderliche Eigenkapital zu bestimmen. Ergänzend kommen Anrechnungsbeträge für das Marktrisiko und das operationelle Risiko hinzu, welche die erforderliche Eigenkapitalunterlegung noch einmal erhöhen (vgl. *Cluse/Göttgens*, 2007, S. 74–78). Marktrisiken resultieren aus der Konjunkturentwicklung bzw. aus politischer Einflussnahme, während sich operationelle Risiken auf den bankinternen Prozess der Risikomessung und -steuerung beziehen.

Rating	AAA bis AA-	A+ bis A-	BBB+ bis BB-	Unter BB-	Kein Rating
Risikogewicht	20 %	50 %	100 %	150 %	100 %
Eigenkapitalunterlegung = Risikoaktivum (Kredit) · Risikogewicht · 8 %					

Abb. 6.2: Risikogewichte für Forderungen an Unternehmen
(Quelle: in Anlehnung an *Cluse et al.*, 2005, S. 28).

Alternativ zur Verwendung eines externen Ratings können Kreditinstitute einen internen Ratingansatz *(IRB-Ansatz: Internal Ratings Based Approach)* nutzen (vgl. *Cluse/Göttgens*, 2007, S. 78–86). Das ist insbesondere für viele mittelständische Kreditnehmer relevant, die über kein externes Rating verfügen. Wenn Kreditinstitute einen IRB-Ansatz nutzen, muss das eingesetzte Ratingmodell zuvor von der Bankenaufsicht genehmigt werden. Im Gegensatz zum Standardansatz gibt es im IRB-Ansatz keine Risikoklassen mit vorgegebenen Risikogewichten. Stattdessen werden die Risikogewichte individuell ermittelt. Einflussfaktoren sind die Ausfallwahrscheinlichkeit des Kreditnehmers, die geschätzte Verlustquote bei einem Kreditausfall, das erwartete Kreditvolumen zum Ausfallzeitpunkt sowie die Restlaufzeit des Kredites.

Basel III

Der im Dezember 2010 veröffentlichte *dritte Eigenkapitalakkord (Basel III)* beinhaltet weitere Änderungen am Kreditwesengesetz sowie an der Solvabilitätsverordnung, Großkredit- und Millionenkreditverordnung, Liquiditätsverordnung und Institutsvergütungsverordnung (vgl. *Deutsche Bundesbank*, 2022). Basel III verfolgt das Ziel, ein stabiles Finanzsystem zu gewährleisten und gleichzeitig eine Verknappung der Kreditvergabe zu vermeiden. Darüber hinaus sollen die staatlichen Haftungsrisiken für das Bankensystem reduziert werden. Wesentliche Elemente zur Erreichung dieser Ziele sind eine weitere Stärkung der Eigenkapitalunterlegung, strengere Verschuldungsregeln sowie neue Mindeststandards für die Liquiditätssicherung und -überwachung (siehe *Bank für Internationalen Zahlungsausgleich*, 2022). Dabei umfasst Basel III auch die bestehenden Regelungen des zweiten Baseler Eigenkapitalakkords sowie die weiteren in der Zwischenzeit gefassten Beschlüsse des Baseler Ausschusses für Bankenaufsicht.

Nach weiteren Überarbeitungen des Baseler Rahmenwerks wurde im Dezember 2017 das endgültige Basel-III-Reformpaket beschlossen (vgl. *Deutsche Bundesbank*, 2018, S. 77 ff.). Mit der Basel-III-Finalisierung wird die grundlegende Reform der globalen Bankenregulierung abgeschlossen. Das Ziel besteht darin, die Risikosensitivität des Baseler Rahmenwerks weiter zu erhöhen. Hierzu werden u. a. die Vorgaben modifiziert, nach denen Banken die notwendige Eigenkapitalunterlegung für Kreditrisiken, operationelle Risiken sowie Marktrisiken berechnen. Darüber hinaus müssen Kreditinstitute verbindliche Verschuldungsquoten einhalten, die für systemrelevante Banken noch um einen Zuschlag erhöht werden. Zur Begrenzung von Liquiditätsrisiken im Bankensektor werden schließlich globale Mindestliquiditätsanforderungen für Banken eingeführt. Die gelegentlich auch als Basel IV bezeichnete Basel-III-Finalisierung soll ab 2023 in Kraft treten, wobei für einzelne Regelungen mehrjährige Übergangsfristen vorgesehen sind (vgl. *Deutsche Bundesbank*, 2022).

Konsequenzen

Die Baseler Eigenkapitalstandards haben erhebliche Konsequenzen für die Kreditvergabe durch Banken, da die *Bonität des Kreditnehmers* bestimmt, wieviel Eigenkapital Kreditinstitute vorhalten müssen. Eine geringe Bonität entspricht einem hohen Kreditrisiko, sodass der Kredit relativ stark mit Eigenkapital unterlegt werden muss. Aus Perspektive des Kreditinstitutes sind mit der Eigenkapitalunterlegung zwei Nachteile verbunden. Zum einen wird durch die Bindung des Eigenkapitals das Kreditvolumen begrenzt, das die Bank an andere Kreditnehmer vergeben kann. Zum anderen ist die Beschaffung von Eigenkapital aufgrund des Haftungsrisikos teurer als die Aufnahme von Fremdkapital (siehe S. 42). Die *Refinanzierungskosten* einer Bank sind daher unmittelbar von der Bonität ihrer Kreditnehmer abhängig. Dieser Zusammenhang macht sich für Kreditnehmer bemerkbar, da die Refinanzierungskosten einen erheblichen Teil der Kreditkonditionen ausmachen.

Vor diesem Hintergrund liegt es im Interesse von Kreditnehmern, die Kreditverfügbarkeit und die Finanzierungskosten durch ein internes bzw. externes Rating positiv zu beeinflussen. Unternehmen hoher Bonität profitieren von der stärkeren Risikogewichtung, während sich die Konditionen für Kreditnehmer geringer Bonität verschlechtern. Sowohl bei einem externen als auch bei einem internen Rating basiert die *Bonitätsbeurteilung* auf qualitativen und quantitativen Faktoren. Qualitative Faktoren betreffen beispielsweise die Qualifikation des Managements, die unternehmerischen Prozesse oder das Image der Marke. Quantitative Faktoren messen die Vermögens-, Finanz- und Ertragslage anhand finanzwirtschaftlicher Kennzahlen. Insofern verweisen die Baseler Standards auf die hohe Bedeutung der finanzwirtschaftlichen Unternehmensanalyse für die Beurteilung des Kreditrisikos von Unternehmen.

6.1.3 Informationsquellen

Analog zur externen Bilanzanalyse nutzt die finanzwirtschaftliche Kennzahlenanalyse externe und damit öffentlich zugängliche Informationen. Zentrale Informationsquelle ist der Jahresabschluss des zu analysierenden Unternehmens. Ergänzend können weitere vom Unternehmen zur Verfügung gestellte Unterlagen für die finanzwirtschaftliche Kennzahlenanalyse herangezogen werden. So verlangen Kreditinstitute beispielsweise die Vorlage von betriebswirtschaftlichen Auswertungen, Steuererklärungen und -bescheiden sowie Planungsrechnungen, um diese Informationen in die Analyse der Kreditnehmer einfließen zu lassen.

Rechnungslegungssystem

Grundlage für die finanzwirtschaftliche Kennzahlenanalyse ist der *Jahresabschluss*. Vor der Kennzahlenermittlung muss der Jahresabschluss aufbereitet und um bilanzpolitische Maßnahmen korrigiert werden (vgl. *Coenenberg/Haller/Schultze*, 2021, S. 1096 ff.). Hierzu zählen beispielsweise die Kapitalisierung von Leasing- und Pensionsverpflichtungen oder der Einbezug immaterieller Vermögensgegenstände (z. B. originäre Firmenwerte oder selbst erstellte Patente). Bei der Aufbereitung der Jahresabschlussdaten ist zu beachten, nach welchem *Rechnungslegungssystem* der Abschluss erstellt worden ist. Je nach Unternehmenstyp und -größe sowie abhängig davon, ob ein Einzel- oder Konzernabschluss vorliegt, wird der Jahresabschluss nach nationalen oder internationalen Rechnungslegungsnormen erstellt.

Angesichts unterschiedlicher Zielsetzungen und Bewertungsnormen hat das zugrunde liegende Rechnungslegungssystem entscheidende Bedeutung für die Jahresabschlussanalyse. *Kontinentaleuropäische Rechnungslegungssysteme* (z. B. HGB) zeichnen sich durch ihre Orientierung an den Gläubigerinteressen und die damit verbundene Dominanz des Vorsichtsprinzips aus. *Angelsächsisch geprägte Rechnungslegungssysteme* (z. B. IFRS oder US-GAAP) stellen die Informationsinteressen von Investoren (Eigen- und Fremdkapitalgebern) in den Mittelpunkt der Berichterstattung (vgl. z. B. *IASB*, 2018). Die Bilanzierungs- und Bewertungsansätze dieser international verbreiteten Rechnungslegungsnormen orientieren sich stärker an Marktwerten *(Fair Values)*. Die unterschiedliche Perspektive führt dazu, dass IFRS-Abschlüsse tendenziell ein höheres Vermögen ausweisen als HGB-Abschlüsse. Das zugrunde liegende Rechnungslegungssystem ist daher bei der Aufbereitung des Jahresabschlusses sowie beim Vergleich und der Interpretation von Kennzahlen zwingend zu berücksichtigen.

Jahresabschlussfunktionen

Verschiedene Bilanzierungs- und Bewertungsmaßstäbe resultieren aus den unterschiedlichen Adressaten von Rechnungslegungssystemen sowie den mit den jeweiligen Normen verbundenen Zielsetzungen. Vor diesem Hintergrund erfüllen Jahresabschlüsse unterschiedliche Funktionen (vgl. *Pellens et al.*, 2021, S. 8 ff. und *Wassermann*, 2011, S. 116 ff.), wobei im Folgenden Informations-, Ausschüttungsbemessungs- und Steuerbemessungsfunktion unterschieden werden (siehe Abbildung 6.3).

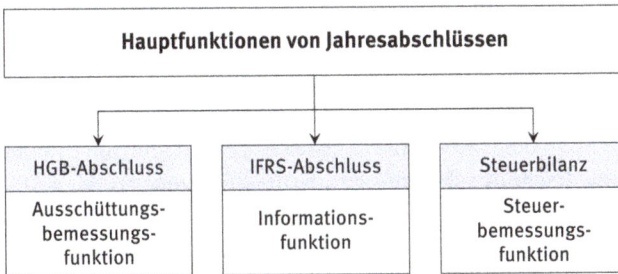

Abb. 6.3: Jahresabschlussfunktionen.

– Die *Informationsfunktion* des Jahresabschlusses verfolgt das Ziel, Kapitalgeber und andere Adressaten möglichst realistisch über die Vermögens-, Finanz- und Ertragslage des Unternehmens zu informieren. Im Rahmen dieser Funktion ist daher eine Orientierung an Marktwerten üblich.

- Zielsetzung der *Ausschüttungsbemessungsfunktion* ist es dagegen, den ausschüttungsfähigen Gewinn zu bestimmen. In diesem Zusammenhang spielt der Gläubigerschutz eine starke Rolle, da z. B. unrealisierte Gewinne nicht an die Eigentümer ausgeschüttet werden dürfen. Mit Bezug auf die Ausschüttungsbemessungsfunktion wird der Jahresabschluss daher durch das Vorsichtsprinzip geprägt.
- Aufgabe der *Steuerbemessungsfunktion* ist es schließlich, einheitliche und objektive Maßstäbe für die Unternehmensbesteuerung zu ermitteln. In dieser Funktion dominiert das Objektivierungsprinzip.

Kein Jahresabschluss wird sämtlichen Funktionen in gleicher Weise gerecht. Insofern existieren in der Bilanzierungspraxis unterschiedliche Abschlüsse, bei denen jeweils eine Abschlussfunktion im Mittelpunkt steht. Der handelsrechtliche Jahresabschluss orientiert sich als Einzelabschluss primär an der Ausschüttungsbemessungsfunktion, während die Steuerbilanz eines Unternehmens im Hinblick auf die Steuerbemessungsfunktion erstellt wird. Im Mittelpunkt des nach internationalen Rechnungslegungsstandards (IFRS) aufzustellenden Konzernabschlusses steht schließlich die Informationsfunktion (vgl. *Wassermann*, 2011, S. 131 ff.).

Aufstellung des Jahresabschlusses

Informationsbasis der Jahresabschlussanalyse ist der veröffentlichte Jahresabschluss des Unternehmens. Zur Aufstellung eines handelsrechtlichen Jahresabschlusses sind grundsätzlich sämtliche Kaufleute verpflichtet (vgl. § 242 HGB; zur Ausnahme für Einzelkaufleute vgl. § 241a HGB). Der HGB-Abschluss umfasst *Bilanz* sowie *Gewinn- und Verlustrechnung*. Kapitalgesellschaften und Personengesellschaften, die keine natürliche Person als voll haftenden Gesellschafter haben (z. B. GmbH & Co. KG), müssen einen *Anhang* beifügen (vgl. § 264 und § 264a HGB). Mittelgroße und große Kapitalgesellschaften sind darüber hinaus zur Erstellung eines *Lageberichts* verpflichtet. Kapitalmarktorientierte Unternehmen müssen zusätzlich eine *Kapitalflussrechnung* sowie einen *Eigenkapitalspiegel* erstellen. Kapitalmarktorientierte Unternehmen, die zur Erstellung eines Konzernabschlusses verpflichtet sind, haben diesen nach internationalen Rechnungslegungsstandards zu erstellen (vgl. § 315a HGB). Weitere Vorschriften zur Jahresabschlusserstellung finden sich im Publizitätsgesetz, im Aktien- und GmbH-Gesetz sowie in steuerrechtlichen Vorschriften.

In Abhängigkeit von Rechtsform, Typ und Größe des Unternehmens stehen für die Jahresabschlussanalyse Bilanz, Gewinn- und Verlustrechnung, Kapitalflussrechnung sowie Anhang und Lagebericht zur Verfügung (siehe zu den einzelnen Instrumenten des Jahresabschlusses *Coenenberg/Haller/Schultze*, 2021 oder *Döring/Buchholz*, 2021). Die wichtigsten Kennzahlen werden auf Basis der aus Bilanz, Gewinn- und Verlustrechnung sowie Kapitalflussrechnung stammenden Daten ermittelt. Anhang und Lagebericht liefern ergänzende Informationen. Mit Bezug auf die beiden grundlegenden finanzwirtschaftlichen Ziele Rentabilität und Liquidität ist in Abbildung 6.4 die Ableitung finanzwirtschaftlicher Kennzahlen schematisch dargestellt.

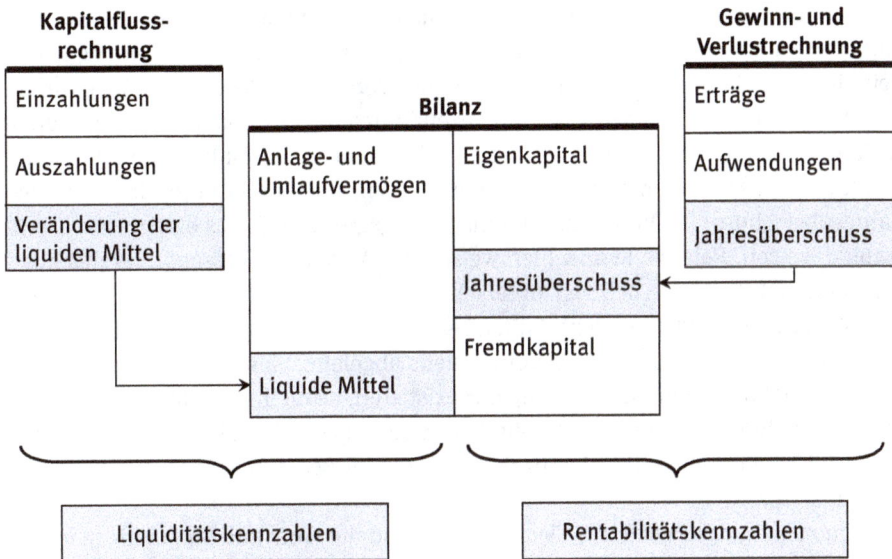

Abb. 6.4: Ableitung von Kennzahlen aus dem Jahresabschluss.

Dimensionen der Jahresabschlussanalyse

Grundlegende Zielsetzung der Jahresabschlussanalyse ist es, die Vermögens-, Finanz- und Ertragslage des Unternehmens zu beurteilen. Aus dieser Zielsetzung leiten sich die Vermögens-, Finanz- und Erfolgsanalyse ab.

Die *Vermögensanalyse* bezieht sich auf die Aktivseite der Bilanz. Hierzu werden Kennzahlen zur Fristigkeit der Aktiva (z. B. Anlagenintensität), zur Altersstruktur der Vermögensgegenstände (z. B. Anlagenabnutzungsgrad) sowie zum Investitionsverhalten (z. B. Nettoinvestitionen) ermittelt. Aus diesen Kennzahlen lassen sich Konsequenzen für die zukünftige Ergebnisentwicklung ableiten. Eine Gegenüberstellung von Nettoinvestitionen und Anlagenabnutzungsgrad gibt beispielsweise Auskunft über den anstehenden Investitionsbedarf. Der Quotient aus Nettoinvestitionen und Abschreibungen zeigt das Ausmaß des Unternehmenswachstums an. Darüber hinaus werden vermögensorientierte Kennzahlen im Rahmen der Erfolgs- bzw. Liquiditätsanalyse für kombinierte Analysemethoden benötigt. Ein Beispiel ist der Quotient aus betrieblichem Cashflow und Nettoinvestitionen (Innenfinanzierungskraft). Diese Kennzahl beantwortet die Frage, welcher Teil der Investitionen aus eigener Kraft finanziert wird.

Im Rahmen der *Erfolgsanalyse* wird die Ertragskraft des Unternehmens beurteilt. Grundlegende Kennzahlen zur Beurteilung der Ertragslage sind absolute Gewinngrößen (z. B. Betriebsergebnis oder Jahresüberschuss). Erfolgsorientierte Kennzahlen werden für das Gesamtunternehmen, aber auch für einzelne Geschäftsbereiche oder andere Teileinheiten ermittelt. Beim Kennzahlenvergleich weisen absolute Kennzahlen allerdings Probleme aufgrund mangelnder Vergleichbarkeit auf (z. B. bei unterschiedlicher Unternehmensgröße). Ergänzend nutzt die Erfolgsanalyse daher Rentabilitäts- bzw. Renditekennzahlen (z. B. Eigen- oder Gesamtkapitalrentabilität). Rentabilitätskennzahlen sind relative Kennzahlen, die eine Erfolgsgröße (z. B. den Jahresüberschuss) ins Verhältnis zu einer Bezugsgröße (z. B. das eingesetzte Eigenkapital) setzen. Relative Kennzahlen weisen den Vorteil der besseren Vergleichbarkeit auf, z. B. bei Unternehmen unterschiedlicher Größe bzw. Kapitalausstattung. Des Weiteren ermöglichen Rentabilitätskennzahlen den Vergleich mit Zielrenditen, die aus den Kapitalkosten des Unternehmens abgeleitet werden. Privatwirtschaftliche Unternehmen können langfristig nur existieren, wenn ihre Rentabilität oberhalb der unternehmensspezifischen Kapitalkosten liegt (siehe S. 18 ff.). Vor diesem Hintergrund haben Rentabilitätskennzahlen eine hohe Bedeutung im Rahmen der Erfolgsanalyse.

Untersuchungsobjekte der *Finanzanalyse* sind die kurz- und langfristige Liquidität des Unternehmens. Während sich die kurzfristige Liquiditätsanalyse auf die jederzeitige Zahlungsfähigkeit des Unternehmens bezieht, steht die Finanzierungs- bzw. Kapitalstruktur im Mittelpunkt der langfristigen Liquiditätsanalyse. Zur Analyse der Finanzlage dienen kurzfristig orientierte Kennzahlen (z. B. Liquiditätsgrade) ebenso wie langfristige Bilanzstrukturkennzahlen. Letztere beziehen sich auf die vertikale Bilanzstruktur (z. B. Verschuldungsgrad) sowie auf die horizontale Bilanzstruktur (z. B. Finanzierungsregeln). Ergänzt werden die Bilanzstrukturkennzahlen um zahlungsorientierte Kennzahlen (z. B. dynamischer Verschuldungsgrad), die zusätzlich zur Bilanz zahlungsstrombezogene Informationen (z. B. aus der Kapitalflussrechnung) einbeziehen.

Rentabilität und Liquidität sind die grundlegenden Ziele der betrieblichen Finanzwirtschaft (siehe S. 19 ff.). Die finanzwirtschaftliche Kennzahlenanalyse legt daher einen Schwerpunkt auf die Erfolgs- und Finanzanalyse. Ergänzend werden ausgewählte Informationen zur Vermögenslage bei der Ermittlung einzelner Kennzahlen einbezogen. Vor diesem Hintergrund liegt der Schwerpunkt der nachfolgenden Ausführungen auf erfolgs- bzw. finanzorientierten Kennzahlen.

Interpretation finanzwirtschaftlicher Kennzahlen

Ohne einen sinnvollen Vergleichsmaßstab ist die Aussagefähigkeit finanzwirtschaftlicher Kennzahlen begrenzt. Die Information, dass ein Unternehmen 2 Mio. Euro Gewinn oder eine Eigenkapitalrentabilität von 10 % erwirtschaftet, hilft bei der Unternehmensanalyse kaum weiter. Zur Interpretation finanzwirtschaftlicher Kennzahlen sind Vergleichsmaßstäbe erforderlich, die einen Zeitvergleich, einen Branchen- bzw. Unternehmensvergleich oder einen Soll-Ist-Vergleich ermöglichen.

Der *Zeitvergleich* untersucht die Entwicklung von Kennzahlen für das zu analysierende Unternehmen im Zeitablauf (z. B. Gewinnentwicklung über die letzten fünf Jahre). Der Zeitvergleich weist den Vorteil auf, dass insbesondere bei mehrjährigen Analysezeiträumen Trends oder Zyklen der Unternehmensentwicklung identifiziert werden können. Als nachteilig erweist sich die Tatsache, dass lediglich unternehmenseigene Daten miteinander verglichen werden. Eine Messung der Unternehmenslage anhand extern ermittelter Vergleichsmaßstäbe erfolgt nicht.

Beim *Unternehmens- bzw. Branchenvergleich* werden die Kennzahlen des Analyseobjektes mit den Zahlen eines vergleichbaren Unternehmens verglichen. Dieser Vergleich soll herausfinden, ob das zu analysierende Unternehmen die als Benchmark dienenden Unternehmens- bzw. Branchenwerte übertreffen kann. Um zu aussagefähigen Ergebnissen zu kommen, muss das Referenzobjekt hinsichtlich Branche, Wettbewerbsposition und -intensität, Lebenszyklusabschnitt und Produktportfolio mit dem Analyseobjekt übereinstimmen. Da ein exakt passendes Vergleichsunternehmen meistens nur schwer zu finden ist, dienen in der Praxis häufig Branchenwerte als Vergleichsmaßstab. Der Vorteil eines Unternehmens- oder Branchenvergleichs liegt darin, dass die Unternehmensentwicklung an unternehmensexternen Maßstäben gemessen wird. Die Analyse beschränkt sich allerdings auf die Beurteilung der Unternehmenslage relativ zur Konkurrenz. Normative Vorgaben werden nicht einbezogen.

Der *Soll-Ist-Vergleich* stellt die für das Unternehmen errechneten Istwerte den zuvor ermittelten Sollwerten gegenüber. Im Rahmen der Erfolgsanalyse wird beispielsweise die Gesamtkapitalrentabilität des Unternehmens (Istwert) mit den zuvor als Mindestrenditeforderung abgeleiteten Kapitalkosten (Sollwert) verglichen. Auf diese Weise lässt sich untersuchen, ob die im Rahmen der Unternehmensplanung aufgestellten Sollwerte erreicht worden sind. Wenn Sollvorgaben nicht erfüllt werden, wird im Rahmen der Abweichungsanalyse nach Ursachen für die abweichenden Istwerte gesucht. Soll-Ist-Vergleiche weisen den Vorteil auf, dass die Unternehmensplanung mit der Unternehmensanalyse verzahnt wird. Darüber hinaus bieten Sollwerte die Voraussetzung dafür, dass sich Unternehmen an anspruchsvollen Zielvorgaben messen lassen. Problematisch ist allerdings die finanzierungstheoretische bzw. empirische Ableitung der Sollwerte. Normative Zielgrößen lassen sich für die meisten finanzwirtschaftlichen Kennzahlen kaum begründen. Mangels theoretischer Fundierung werden die Sollwerte in der Praxis daher nicht selten auf Basis empirisch ermittelter Branchenwerte abgeleitet.

Im Mittelpunkt der weiteren Ausführungen stehen die Ermittlung und Interpretation ausgewählter Kennzahlen der finanzwirtschaftlichen Unternehmensanalyse. Da wir die Grundlagen der betrieblichen Finanzwirtschaft behandeln, ist der Platz für die Erläuterung der finanzwirtschaftlichen Kennzahlenanalyse begrenzt, so dass die Darlegung kompakt bleiben muss. Ausführlichere Darstellungen finden sich in der einschlägigen Literatur zur Jahresabschlussanalyse (vgl. *Brösel*, 2021; *Coenenberg/Haller/Schultze*, 2021 oder *Gräfer/Wengel*, 2019).

6.2 Erfolgsanalyse

Im Rahmen der weiteren Ausführungen zur finanzwirtschaftlichen Unternehmensanalyse behandeln wir zunächst die Erfolgsanalyse und anschließend die Finanzanalyse. Das *Lernziel von Kapitel 6.2* besteht darin, die Zielsetzung, Berechnung und Interpretation der nachfolgenden Erfolgskennzahlen zu verstehen.

Grundlagen

Untersuchungsobjekt der *Erfolgsanalyse* ist die Erfolgs- bzw. Ertragslage des Unternehmens. Im Rahmen der Erfolgsanalyse werden absolute und relative Erfolgskennzahlen unterschieden (siehe Abbildung 6.5). *Absolute Erfolgskennzahlen* sind Gewinngrößen, z. B. Betriebsergebnis oder Jahresüberschuss. *Relative Erfolgskennzahlen*, z. B. Eigen- oder Gesamtkapitalrentabilität, setzen eine Gewinngröße ins Verhältnis zum eingesetzten Kapital und ermitteln eine prozentuale Zielgröße. Die grundlegende Zielsetzung der Erfolgskennzahlen besteht darin, den Beitrag des Analyseobjektes zur Steigerung des Unternehmenswertes zu ermitteln – entweder in absoluten Größen (z. B. Euro) oder in relativen Größen (z. B. Prozent).

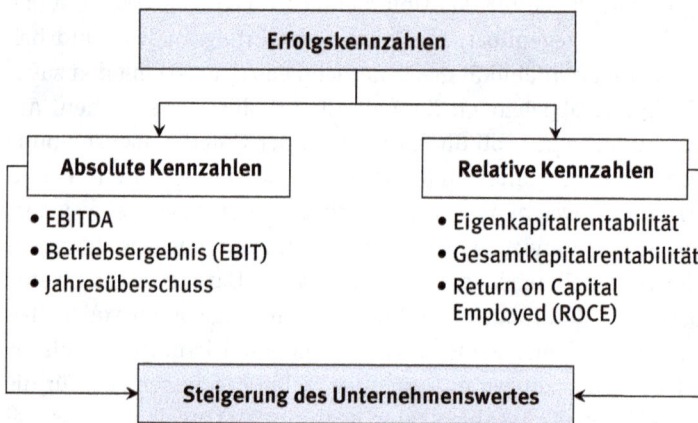

Abb. 6.5: Absolute und relative Erfolgskennzahlen.

6.2.1 Absolute Erfolgskennzahlen

Betriebswirtschaftliche Gewinngrößen werden in vielfältiger Weise abgegrenzt, wobei sich die verschiedenen Gewinnbegriffe durch Art und Umfang der einbezogenen Ertrags- bzw. Aufwandsgrößen unterscheiden. Daher unterscheidet sich der Informationsgehalt der einzelnen Kennzahlen, weshalb sie für unterschiedliche Analysezwecke verwendet werden. Nachfolgend werden die wesentlichen absoluten Erfolgskennzahlen behandelt.

EBITDA und EBIT

Die Kennzahl *Earnings before Interest, Taxes, Depreciation and Amortization (EBITDA)* ist nicht zuletzt durch wertorientierte Führungskonzepte populär geworden. Beim EBITDA handelt es sich um das Ergebnis vor Zinsen (Interest), Steuern (Taxes), Abschreibungen auf das Sachanlagevermögen (Depreciation) sowie Abschreibungen auf immaterielle Vermögensgegenstände, z. B. den Geschäfts- bzw. Firmenwert (Amortization). EBITDA ist eine absolute Erfolgskennzahl, die vor Abzug von Zinsen und Steuern sowie von zahlungsunwirksamen Abschreibungen ermittelt wird. Diese Kennzahl weist daher Vorteile beim Unternehmens- oder Branchenvergleich auf, da Verzerrungen durch Finanzierungs- oder Steuereffekt sowie durch unterschiedliche Abschreibungsmethoden ebenso ausgeschaltet werden wie bilanzpolitische Maßnahmen. Im Ergebnis handelt es sich beim EBITDA allerdings weniger um eine erfolgsorientierte als vielmehr um eine liquiditätsorientierte Kennzahl, die Ähnlichkeiten mit dem betrieblichen Cashflow (siehe S. 253 ff.) aufweist. Das EBITDA ist daher besser für die Finanzanalyse als für die Erfolgsanalyse geeignet (z.B. zur Ermittlung der Verschuldungskapazität). Im Rahmen der Erfolgsanalyse ist zu beachten, dass Kennzahlen vor Abzug von Abschreibungen zwar die zwischenbetriebliche Vergleichbarkeit erhöhen. Es sollte allerdings nicht vergessen werden, dass ein Unternehmen langfristig nur dann erfolgreich wirtschaftet, wenn neben den anderen betrieblichen Aufwendungen auch die Abschreibungen verdient werden.

Bei *Earnings before Interest and Taxes (EBIT)* handelt es sich um das Ergebnis vor Zinsen und Steuern. Das EBIT weist den Vorteil auf, dass diese Kennzahl weder durch die unternehmerische Finanzierungspolitik noch durch dessen Steuerpolitik beeinflusst wird. Damit kann das EBIT beispielsweise ins Verhältnis zum investierten Gesamtkapital gesetzt werden. Gleichzeitig ermöglicht diese finanzierungsunabhängige Kennzahl den Vergleich von Unternehmen mit unterschiedlicher Finanzierungsstruktur. Zusammenfassend ist das EBIT eine für die Erfolgsanalyse geeignete Kennzahl. Da Unternehmen langfristig natürlich auch die Zinsen und Steuern verdienen müssen, sollte das EBIT allerdings nicht als alleinige Erfolgskennzahl verwendet werden. Probleme bei der Interpretation des EBIT können unterschiedliche Methoden zur Berechnung dieser Kennzahl sein.

Handelsrechtliche Gewinnbegriffe

Das *Betriebsergebnis* ist ebenso wie das EBIT eine absolute Gewinngröße vor Zinsen und Steuern. Das aus der handelsrechtlichen Gewinn- und Verlustrechnung (vgl. § 275 HGB) bekannte Betriebsergebnis misst den aus der laufenden Geschäftstätigkeit erzielten operativen Gewinn. Das Ergebnis enthält keine Zinserträge oder -aufwendungen und keine außerordentlichen Bestandteile. Mit Bezug auf die Zielsetzung ähnelt das Betriebsergebnis dem EBIT. Da für das EBIT keine allgemein verbindliche Berechnungsvorschrift existiert, können sich in der Praxis Unterschiede zwischen den beiden Kennzahlen durch verschiedene Ermittlungsmethoden ergeben – insbesondere hinsichtlich des Einbezugs außerordentlicher Ergebnisbestandteile.

Der *Jahresüberschuss bzw. -fehlbetrag* ist der Überschuss sämtlicher Erträge über sämtliche Aufwendungen. Er spiegelt den Gesamterfolg des Unternehmens in der Betrachtungsperiode (z. B. Geschäftsjahr) wider. Da der Jahresüberschuss über den Unternehmenserfolg unter Berücksichtigung sämtlicher Ertrags- und Aufwandspositionen informiert, ist er eine zentrale Erfolgskennzahl. Grenzen dieser Kennzahl resultieren aus möglichen Verzerrungen durch die Bilanzpolitik sowie aus der fehlenden Erfolgsaufspaltung. Der Jahresüberschuss weist das summarische Ergebnis des Geschäftsjahres aus, ohne nach den Quellen des Erfolgs zu differenzieren. Für eine detaillierte Erfolgsanalyse ist daher die Aufspaltung des Jahresüberschusses in das Betriebs- bzw. Finanzergebnis sowie ggf. in das außerordentliche Ergebnis sinnvoll.

Der *Bilanzgewinn bzw. -verlust* ist die Gewinngröße nach teilweiser Gewinnverwendung. Im Vergleich zum Jahresüberschuss wird der Bilanzgewinn durch Zuführungen zu den Gewinnrücklagen vermindert bzw. durch Entnahmen aus den Rücklagen erhöht. Zudem berücksichtigt der Bilanzgewinn eventuelle Gewinn- bzw. Verlustvorträge. Im Ergebnis spiegelt der Bilanzgewinn den Teil des erwirtschafteten Gewinns wider, den das Unternehmen an seine Eigentümer ausschütten kann. Insbesondere bei Gegenüberstellung mit dem Jahresüberschuss informiert der Bilanzgewinn über die Ausschüttungs- bzw. Gewinnverwendungspolitik des Unternehmens. Als alleiniger Maßstab zur Beurteilung der unternehmerischen Ertragskraft ist der Bilanzgewinn jedoch nicht geeignet.

Aussagefähigkeit

In der Praxis kommen sämtliche Gewinngrößen in der Erfolgsanalyse zum Einsatz. Besondere Bedeutung haben das EBIT und der Jahresüberschuss. Das *EBIT* informiert sämtliche Adressaten der Kennzahlenanalyse über den aus der laufenden Geschäftstätigkeit erwirtschafteten Gewinn bzw. Verlust. Da das EBIT vor Zinszahlungen ermittelt wird, ist diese Gewinngröße grundsätzlich auch für den Vergleich von Unternehmen mit unterschiedlicher Finanzierungsstruktur geeignet. Der *Jahresüberschuss* weist den im Betrachtungszeitraum insgesamt erwirtschafteten Gewinn aus, ohne nach den Erfolgsquellen zu differenzieren. Bei der Ermittlung des Jahresüberschusses werden sämtliche anderen finanziellen Ansprüche (inklusive der Zinszahlungen) abgezogen, sodass der Jahresüberschuss als Residualgewinn insbesondere für die Eigentümer des Unternehmens von Interesse ist.

Grenzen absoluter Erfolgskennzahlen resultieren vor allem aus der mangelnden Vergleichbarkeit beim Unternehmens- oder Branchenvergleich. Beim Zeitvergleich ist diese Problematik in den meisten Fällen nicht relevant. Sofern das Unternehmen im Jahresvergleich nicht sprunghaft gewachsen ist (z. B. durch Zukäufe), lassen sich gewinnorientierte Kennzahlen verschiedener Jahre miteinander vergleichen, sodass die Gewinnentwicklung des Unternehmens über einen bestimmten Zeitraum analysiert werden kann. Im Gegensatz dazu ist die Vergleichbarkeit beim Unternehmens- oder Branchenvergleich deutlich problematischer, da sich in der Regel die Größe der zu vergleichenden Unternehmen unterscheidet. Problematisch ist ferner die fehlende Berücksichtigung des eingesetzten Kapitals, da es einen Unterschied macht, ob ein EBIT von z. B. 2 Mio. Euro mit einem Kapitaleinsatz von 20 Mio. Euro oder 30 Mio. Euro erwirtschaftet wird. Vor diesem Hintergrund werden die absoluten Erfolgskennzahlen durch relative Kennzahlen ergänzt.

6.2.2 Relative Erfolgskennzahlen

Relative Erfolgskennzahlen sind Rentabilitätskennzahlen, die eine Gewinngröße ins Verhältnis zum Kapitaleinsatz setzen und somit die Effizienz des investierten Kapitals ermitteln. In Theorie und Praxis weit verbreitete Rentabilitätskennzahlen sind die Eigen- und Gesamtkapitalrentabilität sowie der Return on Investment (ROI) und der Return on Capital Employed (ROCE).

Eigenkapitalrentabilität

Die *Eigenkapitalrentabilität* ermittelt die Verzinsung, die auf das von den Eigentümern zur Verfügung gestellte Eigenkapital erwirtschaftet wird (siehe S. 20 f.). Da das Eigenkapital als Bezugsgröße dient, wird als Erfolgsgröße der den Eigentümern zustehende Gewinn nach Abzug der Fremdkapitalzinsen verwendet. Die Eigenkapitalrentabilität errechnet sich, indem der Gewinn nach Zinsen durch das Eigenkapital dividiert wird. Je nach Analysezweck werden im Zähler unterschiedliche Gewinngrößen verwendet, z. B. das Ergebnis vor Steuern, der Steuerbilanzgewinn oder der Jahresüberschuss. Meistens wird die Eigenkapitalrentabilität auf Grundlage des Jahresüberschusses gemäß Formel (6.1) errechnet. Wenn allerdings z. B. eine Personengesellschaft mit einer Kapitalgesellschaft verglichen wird, sollte aufgrund der unterschiedlichen Steuerbelastung (Einkommen- versus Körperschaftsteuer) das Ergebnis vor Steuern zur Ermittlung der Eigenkapitalrentabilität herangezogen werden.

$$\text{Eigenkapitalrentabilität} = \frac{\text{Jahresüberschuss}}{\text{Eigenkapital}} \tag{6.1}$$

Anhand der Berechnungsvorschrift ist erkennbar, dass die Eigenkapitalrentabilität eine Stromgröße (Jahresüberschuss) ins Verhältnis zu einer zeitpunktbezogenen Größe (Eigenkapital) setzt. Bei einer im Betrachtungszeitraum schwankenden Eigenkapitalausstattung kann das zu Interpretationsproblemen führen. Daher sollten als Nenner für Formel (6.1) möglichst keine Stichtagsgrößen, sondern Durchschnittsgrößen verwendet werden. Wenn keine Informationen zur unterjährigen Entwicklung des Eigenkapitals vorliegen, wird in der Praxis vielfach der Durchschnittswert aus dem Eigenkapital zum Beginn und zum Ende des Geschäftsjahres verwendet.

Aussagefähigkeit

Als Erfolgskennzahl ist die Eigenkapitalrentabilität insbesondere für die Eigentümer des Unternehmens von Interesse. Sie informiert über die *Verzinsung des Eigenkapitals* und lässt sich gut im Zeit-, Unternehmens- und Soll-Ist-Vergleich nutzen. Im Zeitvergleich zeigt die Eigenkapitalrentabilität die Renditeentwicklung des Unternehmens im Zeitablauf. Für den Unternehmens- bzw. Branchenvergleich kann die Eigenkapitalrentabilität ebenfalls gut genutzt werden. Als Vergleichsmaßstäbe dienen die Rentabilität vergleichbarer Unternehmen oder die durchschnittliche Branchenrendite. Branchendaten werden u. a. von Kreditinstituten, Datenbankanbietern sowie der deutschen Bundesbank (vgl. *Deutsche Bundesbank*, 2018) ermittelt. Beim Soll-Ist-Vergleich wird die erwirtschaftete Eigenkapitalrentabilität mit einem Sollwert verglichen. Als Mindestforderung für die Eigenkapitalrentabilität dienen die nach dem Opportunitätskostenprinzip ermittelten *Eigenkapitalkosten* des Unternehmens. Die risikoadjustierten Eigenkapitalkosten entsprechen der Verzinsung, auf welche die Eigentümer verzichten, wenn sie dem Unternehmen Eigenkapital zur Verfügung stellen. Aus Eigentümerperspektive lohnt sich eine Investition in das Unternehmen nur, wenn die Eigenkapitalrentabilität über den risikoadjustierten Eigenkapitalkosten liegt. In diesem Zusammenhang ist auf die Konsistenz zwischen Kennzahl und Vergleichsmaßstab zu achten. Eigenkapitalrentabilität und -kosten sollten daher entweder anhand von Marktwerten oder anhand von Buchwerten verglichen werden. Ein Vergleich von Buch- mit Marktwerten kann zu Fehlinterpretationen führen.

Gesamtkapitalrentabilität

Die *Gesamtkapitalrentabilität* ermittelt die auf das investierte Kapital erzielte Verzinsung (siehe S. 20 f.). Im Gegensatz zur Eigenkapitalrentabilität dient als Bezugsgröße das Gesamtkapital (Eigen- und Fremdkapital). Auch für die Ermittlung des Gesamtkapitals gilt, dass möglichst eine Durchschnittsgröße verwendet werden sollte. Das Gesamtkapital bezeichnet die gesamten Finanzmittel, die dem Unternehmen von Eigen- und Fremdkapitalgebern zur Verfügung gestellt werden.[1] Um die Konsistenz

---

[1] Sofern das Unternehmen hybride Finanzierungsinstrumente nutzt, sind diese ebenfalls in die Ermittlung des Gesamtkapitals einzubeziehen.

der Berechnungsformel zu gewährleisten und Unternehmen mit unterschiedlicher Kapitalstruktur vergleichen zu können, muss im Zähler ein *Gewinn vor Zinsen* verwendet werden. Diese Erfolgsgröße ist zur Bedienung sämtlicher Kapitalgeber verfügbar, da sie die Erfolgsbeteiligung der Fremdkapitalgeber (Zinsen) ebenso wie diejenige der Eigenkapitalgeber (Gewinn) umfasst.

In Theorie und Praxis werden unterschiedliche Gewinngrößen verwendet, um die Gesamtkapitalrentabilität zu ermitteln. Formel (6.2) zeigt die gebräuchliche Ermittlungsvorschrift, die die Summe aus Jahresüberschuss und Fremdkapitalzinsen durch das Gesamtkapital dividiert (vgl. *Perridon/Steiner/Rathgeber*, 2017, S. 672). In diesem Fall erhält man die Gesamtkapitalrentabilität nach Steuern. Alternativ ist auch eine Vorsteuerrechnung möglich.

$$\text{Gesamtkapitalrentabilität} = \frac{\text{Jahresüberschuss} + \text{Zinsen}}{\text{Gesamtkapital}} \qquad (6.2)$$

Die Gesamtkapitalrentabilität zeigt, welche Rendite das Unternehmen mit dem gesamten investierten Kapital nach Steuern erwirtschaftet. Finanzierungs- bzw. Kapitalstruktureffekte beeinflussen die Aussagefähigkeit dieser Kennzahl nicht. Die Gesamtkapitalrentabilität informiert über den finanziellen Erfolg des Gesamtunternehmens und ist daher grundsätzlich für sämtliche Adressaten der Kennzahlenanalyse von Interesse. Als relative Erfolgskennzahl ist die Gesamtkapitalrentabilität gut für Vergleichszwecke geeignet, wobei beim Unternehmens- bzw. Branchenvergleich mögliche Unterschiede in der Ermittlungsmethodik zu beachten sind. Da die Gesamtkapitalrentabilität die Verzinsung des gesamten investierten Kapitals ermittelt, dienen die *Gesamtkapitalkosten* nach Steuern als Vergleichsmaßstab. Die Gesamtkapitalkosten des Unternehmens werden als gewichteter Durchschnitt der Eigen- und Fremdkapitalkosten ermittelt (siehe auch Kapitel 9.6.3).

Return on Investment

Der *Return on Investment (ROI)* ist ebenfalls eine Rentabilitätskennzahl auf Basis des gesamten Kapitals. Analog zur Gesamtkapitalrentabilität wird der ROI ermittelt, indem ein Gewinn vor Zinsen durch das investierte Gesamtkapital dividiert wird. Auch für den ROI existieren unterschiedliche Berechnungsvorschriften, die sich durch die Abgrenzung der Gewinngröße unterscheiden. Die gebräuchlichste Variante des ROI verwendet das EBIT als Erfolgsgröße, die gemäß Formel (6.3) durch das investierte Gesamtkapital geteilt wird (vgl. *Coenenberg/Haller/Schultze*, 2021, S. 1239 ff. oder *Wöhe/Döring/Brösel*, 2020, S. 829 ff.).

$$\text{ROI} = \frac{\text{EBIT}}{\text{Investiertes Kapital}} \qquad (6.3)$$

Ebenso wie die Gesamtkapitalrentabilität ermittelt der ROI die Verzinsung des gesamten investierten Kapitals, wobei für den Soll-Ist-Vergleich ebenfalls die Gesamtkapitalkosten verwendet werden. Wird der ROI entsprechend Formel (6.3) auf Basis des EBIT errechnet, handelt es sich um eine Renditekennzahl vor Steuern. In diesem Fall dienen Gesamtkapitalkosten vor Steuern als Vergleichsmaßstab. Alternativ kann der ROI auch als Nachsteuerrendite errechnet werden. Vergleichsmaßstab wären in diesem Fall die Gesamtkapitalkosten nach Steuern.

Aufspaltung des ROI

In der praktischen Anwendung wird der ROI regelmäßig nicht nur als singuläre Kennzahl, sondern als Spitzenkennzahl eines Kennzahlensystems ermittelt. In der ersten Stufe lässt sich der ROI durch Einbeziehung des Umsatzes in die beiden Kennzahlen *Umsatzrentabilität* und *Kapitalumschlag* aufspalten (siehe Formel (6.4)).

$$\text{ROI} = \text{Umsatzrentabilität} \cdot \text{Kapitalumschlagshäufigkeit} \qquad (6.4)$$

$$= \frac{\text{EBIT}}{\text{Umsatz}} \cdot \frac{\text{Umsatz}}{\text{Investiertes Kapital}}$$

Die *Umsatzrentabilität* errechnet sich, indem das EBIT durch den Umsatz der Betrachtungsperiode dividiert wird. Die Umsatzrentabilität gibt an, wie hoch der Gewinn ist, der dem Unternehmen vom Umsatz bleibt. Entscheidende Einflussfaktoren auf die Umsatzrentabilität sind die Preisstruktur des Absatzmarktes sowie die Kostenstruktur des Unternehmens. Damit ist die Umsatzrentabilität eine entscheidende Kennzahl für die Profitabilität der unternehmerischen Geschäftstätigkeit.

Die *Kapitalumschlagshäufigkeit* ist der Quotient aus Umsatz und dem durchschnittlich investierten Kapital. Diese Kennzahl gibt an, wie häufig das investierte Kapital umgeschlagen wird. Darüber hinaus informiert sie auch über die Fristigkeit der Kapitalbindung. Je geringer die Kapitalumschlagshäufigkeit ist, desto mehr Kapital muss investiert werden. Mit Hilfe der Kapitalumschlagshäufigkeit lässt sich beurteilen, ob das Unternehmen seine Leistungen erfolgreich am Markt absetzen kann oder ob aufgrund von Absatzstockungen lediglich die Vorräte aufgebaut werden.

Nachdem der ROI in der ersten Stufe in die Umsatzrentabilität und die Kapitalumschlagshäufigkeit aufgespalten worden ist, lässt sich durch weitere Aufspaltung der Kennzahlen ein *Kennzahlensystem* ableiten, das eine weitgehende Ursachenanalyse für die Entwicklung des ROI ermöglicht. Hierzu werden die einbezogenen Erfolgs- und Bestandsgrößen weiter differenziert (siehe Abbildung 6.6). Dabei wird das EBIT in die einzelnen Ertrags- und Aufwandskomponenten zerlegt. Der Umsatz wird u. a. nach Mengen und Preisen aufgespalten. Und das investierte Kapital wird in die einzelnen Positionen des Anlage- bzw. Umlaufvermögens getrennt. Diese Differenzierung ermöglicht eine detaillierte Erfolgsanalyse. Der ROI informiert als Spitzenkennzahl summarisch über die Rentabilität des Unternehmens. In weiteren Schritten lassen sich die Ursachen für die Rentabilitätsentwicklung analysieren. Eines der bekanntesten Kennzahlensysteme auf Basis des ROI ist das DuPont-Kennzahlensystem, dessen grundlegender Aufbau der schematischen Darstellung in Abbildung 6.6 entspricht (vgl. z. B. *Weber/Schäffer*, 2020, S. 194 ff.).

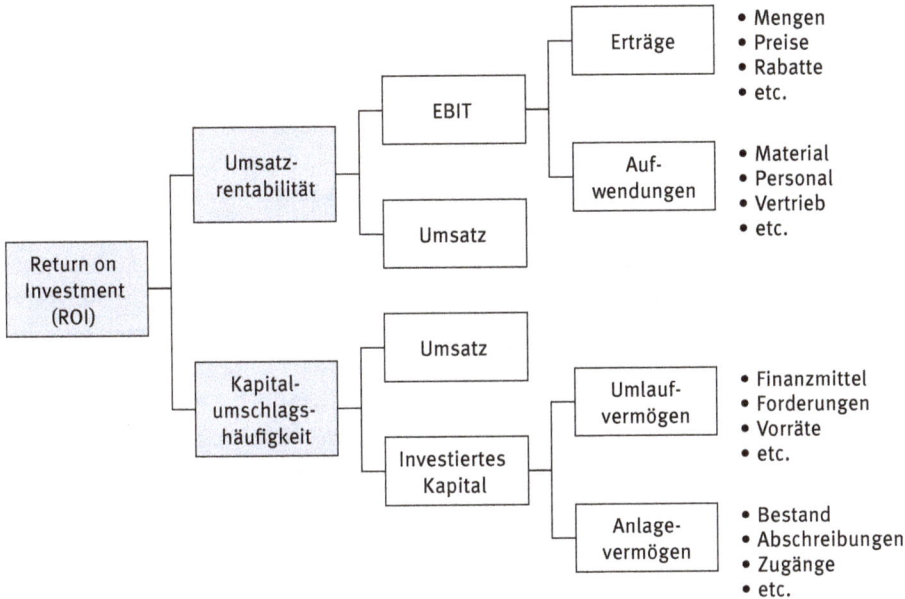

Abb. 6.6: Schematische Darstellung eines ROI-Kennzahlensystems.

Aussagefähigkeit

Die Aufspaltung des ROI in Umsatzrentabilität und Kapitalumschlagshäufigkeit bietet erhebliche Vorteile bei der Erfolgsanalyse, da sich die Ursachen für Rentabilitätsabweichungen leichter analysieren lassen. Beim Kennzahlenvergleich lässt sich beispielsweise feststellen, ob die Rendite der abgesetzten Leistungen zurückgegangen ist (z. B. aufgrund von Preisrückgängen oder Kostensteigerungen) oder ob sich der Kapitalumschlag verlangsamt hat, da die Leistungen des Unternehmens am Markt weniger nachgefragt werden. Beim Unternehmens- oder Soll-Ist-Vergleich ist zu beachten, dass sich die Umsatzrentabilität und die Kapitalumschlagshäufigkeit zwischen verschiedenen Branchen teilweise deutlich unterscheiden. Der Maschinenbau oder die Chemiebranche zeichnen sich z. B. durch vergleichsweise hohe Umsatzrenditen aus, während im Handel traditionell eher geringe Umsatzrenditen erwirtschaftet werden. Dafür weisen die Chemische Industrie und der Maschinenbau eine eher geringe Kapitalumschlagshäufigkeit auf, während das Kapital im Groß- und Einzelhandel deutlich schneller umgeschlagen wird. Eine finanzwirtschaftliche Kennzahlenanalyse auf Basis des ROI führt also nur dann zu sinnvollen Aussagen, wenn vergleichbare Unternehmen oder Durchschnittswerte der Branche als Vergleichsmaßstäbe herangezogen werden. Diese Aussage gilt – wie Sie schon wissen – für fast alle Kennzahlen.

Return on Capital Employed

Mit dem *Return on Capital Employed (ROCE)* existiert eine weitere gesamtkapitalbezogene Erfolgskennzahl, die sich insbesondere im Rahmen wertorientierter Managementkonzepte einiger Beliebtheit erfreut. Der ROCE wird ermittelt, indem das EBIT durch das Capital Employed geteilt wird. Das Capital Employed (gebundenes Kapital) setzt sich aus Eigen- und verzinslichem Fremdkapital zusammen. Hintergrund dieser Ermittlungsmethodik ist die Überlegung, dass die einbezogenen Finanzmittel dem Unternehmen langfristig zur Verfügung gestellt werden. Der ROCE fokussiert somit auf die Eigen- und Fremdkapitalgeber, die für das investierte Kapital eine angemessene Verzinsung erwarten. Kurzfristige Verbindlichkeiten (z. B. Verbindlichkeiten aus Lieferungen und Leistungen) werden als vorübergehende Überlassung von Liquidität interpretiert. Sie sind Bestandteil des Working Capital und werden bei der Ermittlung des Capital Employed nicht berücksichtigt.

$$ROCE = \frac{EBIT}{Capital\ Employed} \tag{6.5}$$

Der ROCE ist grundsätzlich mit der Gesamtkapitalrentabilität bzw. mit dem ROI vergleichbar. Von den beiden anderen Rentabilitätskennzahlen unterscheidet sich der ROCE dadurch, dass im Nenner der Berechnungsformel ausschließlich das langfristig gebundene Kapital berücksichtigt wird. Auch für den ROCE dienen die gewichteten *Gesamtkapitalkosten* als Vergleichsmaßstab. Bei Ermittlung der Kapitalkosten ist zu beachten, dass das Gesamtkapital konsistent zum ROCE abgegrenzt wird. Es dürfen also nur die langfristigen Kapitalbestandteile berücksichtigt werden. Analog zum ROI wird der ROCE gemäß Formel (6.5) als Rentabilität vor Steuern ermittelt, sodass für den Soll-Ist-Vergleich die Gesamtkapitalkosten vor Steuern zu verwenden sind. Alternativ ist jedoch auch beim ROCE eine Nachsteuerrechnung möglich. Grenzen des ROCE resultieren daraus, dass es insbesondere bei externer Ermittlung schwierig ist, das verzinsliche Fremdkapital exakt abzugrenzen.

Gesamtkapitalrentabilität, ROI und ROCE

Beim Vergleich zwischen der aus der deutschen Kennzahlenanalyse stammenden Gesamtkapitalrentabilität mit dem angelsächsischen ROI können Sie unschwer feststellen, dass beide Kennzahlen vergleichbar aufgebaut sind und auch den gleichen Analysezwecken dienen. Angesichts der Internationalisierung von Kapitalmärkten und Unternehmen zeigt sich darüber hinaus, dass sich die Ermittlung von Kennzahlen in Theorie und Praxis zunehmend angleicht. Zur Berechnung der Gesamtkapitalrentabilität kann anstelle des Jahresüberschusses vor Zinsen auch das EBIT verwendet werden (vgl. *Coenenberg/Haller/Schultze*, 2021, S. 1239). Dieser Vorschlag entspricht weitgehend der in Formel (6.3) dargestellten Berechnung des ROI. Darüber hinaus gibt es auch Vorschläge, die Gesamtkapitalrentabilität lediglich auf Basis des langfristigen Kapitals und damit analog zum ROCE zu ermitteln (vgl. *Brösel*, 2021, S. 214 f.).

Die Hinweise auf unterschiedliche Möglichkeiten zur Berechnung einer Kennzahl zeigen, dass sich die Ermittlungsmethodik von Rentabilitätskennzahlen trotz gleicher Bezeichnung unterscheiden kann. Unternehmen wählen sich in der Praxis die aus ihrer Perspektive geeignete Bezeichnung und Abgrenzung der Kennzahl. Kreditinstitute und andere Bilanzadressaten nutzen ebenfalls Rentabilitätskennzahlen, die sie nach ihren Analysezwecken definieren. In der Praxis ist es daher weniger entscheidend, ob eine Kennzahl als *ROI*, *ROCE* oder *Gesamtkapitalrentabilität* bezeichnet wird. Entscheidend ist die Ermittlung der Kennzahl. Nur wenn Sie die hinter der veröffentlichten Kennzahl stehende Ermittlungsmethodik kennen, können Sie beurteilen, ob sich die Kennzahlen verschiedener Unternehmen miteinander vergleichen lassen. Um die Ergebnisse einer finanzwirtschaftlichen Kennzahlenanalyse vergleichen zu können, müssen die einbezogenen Kennzahlen nach der gleichen Ermittlungsmethodik ermittelt werden. Nachfolgend wird die Ermittlung erfolgsorientierter Kennzahlen an einem Beispiel illustriert.

Beispiel: Erfolgsanalyse

Die Pharma AG ist ein forschendes Pharmaunternehmen, das als börsennotierte Aktiengesellschaft im DAX enthalten ist. Tim Möller, Anlageberater der Nordwestbank e. G., empfiehlt die Aktie der Pharma AG seinen Privatkunden bereits seit einiger Zeit als langfristige Vermögensanlage. Nachdem die Pharma AG vor kurzem den jüngsten Jahresabschluss vorgelegt hat, beschließt Tim, auf Basis der aktuellen Zahlen noch einmal die Ertragslage des Unternehmens zu überprüfen. Hierzu kann er auf die bereits vom Research seiner Bank aufbereiteten Daten aus dem Konzernjahresabschluss zurückgreifen. Ausgangspunkt der Erfolgsanalyse ist die Gewinn- und Verlustrechnung (GuV) der Pharma AG (siehe Tabelle 6.1).

Bereits auf den ersten Blick erkennt Tim die positive Gewinnentwicklung. Verglichen mit dem Vorjahr hat die Pharma AG ihre Gewinnkennzahlen im abgelaufenen Geschäftsjahr 01 steigern können. Das Betriebsergebnis hat sich auf 840 Mio. Euro (Vorjahr: 630 Mio. Euro) erhöht. Die positive Ergebnisentwicklung zeigt sich auch im Ergebnis vor Steuern von 790 Mio. Euro (Vorjahr: 590 Mio. Euro) sowie beim Jahresüberschuss von 500 Mio. Euro (Vorjahr: 350 Mio. Euro). Der Umsatzanstieg weist allerdings auf eine Ausweitung der Geschäftätigkeit hin. Insofern hält Tim es für notwendig, zusätzlich einen Blick auf einige relative Erfolgskennzahlen der Pharma AG zu werfen. Hierzu greift er auch auf die Bilanz der Pharma AG zurück (siehe Tabelle 6.2).

Tab. 6.1: GuV der Pharma AG.

Mio. €	Jahr 02	Jahr 01
Umsatzerlöse	5.110	4.730
− Kosten der umgesetzten Leistungen	1.300	1.210
= Bruttoergebnis vom Umsatz	3.810	3.520
− Kosten für Marketing und Vertrieb	1.600	1.500
− Kosten für Technik und Verwaltung	500	560
− Kosten für Forschung und Entwicklung	920	930
+ Sonstige betriebliche Erträge	360	400
− Sonstige betriebliche Aufwendungen	310	300
= Betriebsergebnis (EBIT)	840	630
− Finanzergebnis	50	40
= Ergebnis vor Steuern	790	590
− Ertragssteuern	290	240
= Jahresüberschuss	500	350

Tim errechnet die Eigenkapitalrentabilität als Quotient aus Jahresüberschuss und Eigenkapital (siehe Tabelle 6.3). Als Rentabilitätskennzahl für das Gesamtkapital verwendet die Nordwestbank traditionell den ROI. Dieser wird als Quotient aus dem EBIT und dem Gesamtkapital des Unternehmens ermittelt, wobei das EBIT dem Betriebsergebnis gleichgesetzt wird. Das Eigen- bzw. Gesamtkapital errechnet Tim als Durchschnittswert aus den Bilanzwerten zu Beginn und zum Ende des jeweiligen Geschäftsjahres. Hierzu recherchiert er, dass die Pharma AG zu Beginn des Jahres 01 ein Eigenkapital in Höhe von 2.400 Mio. Euro und ein Gesamtkapital (Bilanzsumme) von 5.100 Mio. Euro ausgewiesen hat.

Als Vergleichsmaßstab für die Rentabilitätskennzahlen dienen die risikoadjustierten Eigenkapitalkosten bzw. die gewichteten Gesamtkapitalkosten der Pharma AG. Um eventuelle Probleme aufgrund der mangelnden Vergleichbarkeit von Buch- bzw. Marktwerten zu vermeiden, ermittelt die Nordwestbank die Kapitalkosten auf Basis von Jahresabschlüssen vergleichbarer Unternehmen. Nach diesen Berechnungen betragen die Eigenkapitalkosten 12 % und die Gesamtkapitalkosten 8,5 %. Die Ertragslage der Pharma AG ist sehr erfreulich. Mit 19,4 % liegt die Eigenkapitalrentabilität deutlich über den risikoadjustierten Eigenkapitalkosten. Und der ROI übertrifft mit 15,7 % die gewichteten Gesamtkapitalkosten ebenso deutlich. Im Zeitvergleich sind beide Werte zudem angestiegen, obwohl auch die Vorjahreswerte bereits über den jeweiligen Vergleichsmaßstäben lagen. Zusammenfassend beurteilt Tim die Ertragslage der Pharma AG weiterhin positiv, zumal das hauseigene Aktienresearch für die kommenden Jahre eine weiterhin positive Ergebnisentwicklung prognostiziert.

Tab. 6.2: Bilanz der Pharma AG.

Aktiva in Mio. €	Jahr 02	Jahr 01
Immaterielle Vermögenswerte	750	720
Sachanlagen	1.200	1.200
Wertpapiere	240	180
Sonstige Vermögenswerte	320	285
Langfristige Vermögenswerte	2.510	2.385
Vorräte	950	990
Forderungen aus L + L	1.100	1.080
Sonstige Forderungen	300	340
Liquide Mittel	550	505
Kurzfristige Vermögenswerte	2.900	2.915
Bilanzsumme	5.410	5.300

Passiva in Mio. €	Jahr 02	Jahr 01
Gezeichnetes Kapital	545	545
Erwirtschaftetes Kapital	2.105	1.955
Eigenkapital	2.650	2.500
Pensionsrückstellungen	650	600
Sonstige langfristige Rückstellungen	500	500
Langfristige Bankverbindlichkeiten	300	200
Langfristiges Fremdkapital	1.450	1.300
Kurzfristige Rückstellungen	650	660
Verbindlichkeiten aus L + L	350	360
Kurzfristige Bankverbindlichkeiten	140	125
Sonstige Verbindlichkeiten	170	355
Kurzfristiges Fremdkapital	1.310	1.500
Bilanzsumme	5.410	5.300

Tab. 6.3: Rentabilitätskennzahlen der Pharma AG.

	Jahr 02	Jahr 01
Jahresüberschuss	500 Mio. €	350 Mio. €
Eigenkapital (Jahresbeginn)	2.500 Mio. €	2.400 Mio. €
Eigenkapital (Jahresende)	2.650 Mio. €	2.500 Mio. €
Durchschnittliches Eigenkapital	2.575 Mio. €	2.450 Mio. €
Eigenkapitalrentabilität	19,4 %	14,3 %

	Jahr 02	Jahr 01
Betriebsergebnis (EBIT)	840 Mio. €	630 Mio. €
Gesamtkapital (Jahresbeginn)	5.300 Mio. €	5.100 Mio. €
Gesamtkapital (Jahresende)	5.410 Mio. €	5.300 Mio. €
Durchschnittliches Gesamtkapital	5.355 Mio. €	5.200 Mio. €
Return on Investment (ROI)	**15,7 %**	**12,1 %**

Wie Sie den vorangegangenen Ausführungen entnehmen konnten, verfolgt die Erfolgsanalyse das Ziel, die Ertragslage des Unternehmens zu beurteilen. Die Bedeutung erfolgswirtschaftlicher Kennzahlen resultiert unmittelbar aus der hohen Bedeutung der Rentabilität als grundlegendem Finanzziel des Unternehmens. Das zweite elementare Finanzziel ist die Liquidität, die den Hintergrund für die nachfolgend behandelte Finanzanalyse bildet.

6.3 Finanzanalyse

Nachdem der vorherige Abschnitt der erfolgsorientierten Kennzahlenanalyse gewidmet war, behandeln wir im Folgenden die Finanzanalyse. Erfolgs- und Finanzanalyse sind komplementäre Elemente der finanzwirtschaftlichen Kennzahlenanalyse, die sich ebenso bedingen wie die hinter der finanzwirtschaftlichen Kennzahlenanalyse stehenden Ziele der Rentabilität und Liquidität. Das *Lernziel von Kapitel 6.3* besteht darin, die wesentlichen Kennzahlen der Finanzanalyse kennenzulernen sowie selbige berechnen und interpretieren zu können.

Grundlagen

Die *Finanzanalyse* verfolgt das Ziel, die Finanz- bzw. Liquiditätslage des Unternehmens zu beurteilen. Analog zur betrieblichen Finanzplanung (siehe S. 23) wird dabei zwischen der kurz- und langfristigen Liquiditätsanalyse unterschieden. Die *kurzfristige bzw. situative Liquidität* bezieht sich auf die Gewährleistung der jederzeitigen Zahlungsfähigkeit, während sich die *langfristige bzw. strukturelle Liquidität* auf die Sicherung einer ausgeglichenen Finanzierungs- bzw. Kapitalstruktur bezieht. Sowohl die kurzfristige als auch die langfristige Liquidität haben elementare Bedeutung für die Existenzsicherung des Unternehmens, da es sich bei Zahlungsunfähigkeit, drohender Zahlungsunfähigkeit sowie Überschuldung um Insolvenzgründe handelt (vgl. §§ 17-19 InsO).

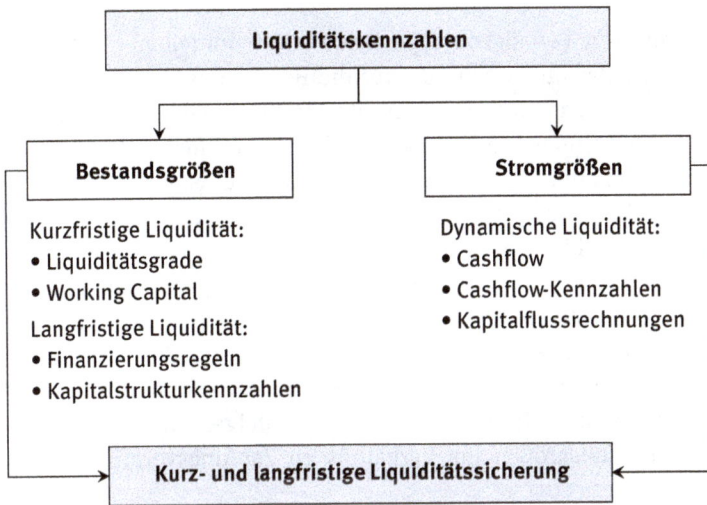

Abb. 6.7: Bestands- und stromgrößenorientierte Liquiditätskennzahlen.

Die für die Finanzanalyse verwendeten liquiditätsorientierten Kennzahlen werden in Bestands- bzw. Stromgrößen unterschieden (siehe Abbildung 6.7). Bei *Bestandsgrößen* handelt es sich um stichtagsbezogene Kennzahlen, die auf der Grundlage von Bilanzdaten ermittelt werden (z. B. Liquiditätsgrade oder Kapitalstruktur). *Stromgrößen* sind dagegen zahlungsorientierte Größen, die vor allem aus der Kapitalflussrechnung abgeleitet werden (z. B. Cashflow).

Auch im Rahmen der Finanzanalyse werden absolute sowie relative Kennzahlen verwendet. *Absolute Liquiditätskennzahlen* sind einzelne Bestands- oder Stromgrößen (z. B. liquide Mittel oder Cashflow). *Relative Liquiditätskennzahlen* setzen zwei Bestands- oder Stromgrößen zueinander ins Verhältnis (z. B. Liquiditätsgrade oder dynamischer Verschuldungsgrad). Im Folgenden werden wir zunächst die kurz- und langfristigen Bestandskennzahlen erörtern, bevor anschließend die Stromgrößen behandelt werden.

6.3.1 Kurzfristige Liquiditätskennzahlen

Kurzfristig orientierte Bestandskennzahlen werden auf der Grundlage liquiditätsbezogener Bestandsgrößen aus der Bilanz ermittelt. Kurzfristige Liquiditätskennzahlen sollen die Frage beantworten, inwieweit das Unternehmen seinen fälligen Zahlungsverpflichtungen nachkommen kann.

Liquide Mittel

Die liquiden Mittel umfassen Vermögensgegenstände von unmittelbarer Geldnähe (z. B. Kassenbestand oder Bankguthaben), die für die Beurteilung der Zahlungsfähigkeit von zentraler Bedeutung sind. Insofern gibt die Entwicklung der liquiden Mittel insbesondere im Zeitvergleich einen ersten Anhaltspunkt für die Liquiditätsentwicklung. Eine umfassende Analyse der situativen Liquidität ist auf Basis der liquiden Mittel allerdings kaum möglich. Das liegt zum einen daran, dass es neben den liquiden Mitteln weitere Bilanzpositionen gibt, die sich relativ schnell in Zahlungsmittel umwandeln lassen (z. B. Wertpapiere oder Forderungen). Zum anderen sagt der Bestand an liquiden Mitteln und anderen geldnahen Vermögensgegenständen nichts über die zu erfüllenden Zahlungsverpflichtungen aus. Zur Beurteilung der Liquiditätslage reichen die liquiden Mittel als absolute Bestandskennzahl nicht aus. Aussagefähiger sind relative Kennzahlen wie die nachfolgend behandelten Liquiditätsgrade, die Liquiditätsgrößen ins Verhältnis zu Zahlungsverpflichtungen setzen.

Liquiditätsgrade

Kurzfristige Liquiditätsgrade (Deckungsgrade) sind relative Liquiditätskennzahlen, welche die vorhandenen liquiden Mittel in Relation zum kurzfristigen Fremdkapital setzen. Damit handelt es sich um horizontale Bilanzkennzahlen, die eine Aktivposition ins Verhältnis zu einer Passivposition setzen. Liquiditätsgrade sollen Auskunft über die Fähigkeit des Unternehmens geben, die anstehenden Zahlungsverpflichtungen zu erfüllen. In Wissenschaft und Praxis werden üblicherweise drei Liquiditätsgrade verwendet, die sich durch die im Zähler der Berechnungsformel verwendete Liquiditätsgröße unterscheiden. Allerdings werden die Liquiditätsgrade nicht immer einheitlich abgegrenzt.

Die *Liquidität ersten Grades* setzt gemäß Formel (6.6) die liquiden Mittel ins Verhältnis zum kurzfristigen Fremdkapital. Der Begriff der liquiden Mittel umfasst üblicherweise den Kassenbestand, Bundesbankguthaben, Guthaben bei Kreditinstituten sowie Schecks (vgl. § 266 Abs. 2 HGB). Das kurzfristige Fremdkapital setzt sich aus den kurzfristigen Verbindlichkeiten sowie den Steuerrückstellungen und sonstigen Rückstellungen zusammen. Handelsrechtliche Informationsquellen für die Fristigkeit des Fremdkapitals sind der im Anhang zu veröffentlichende Verbindlichkeitenspiegel sowie die Bilanzvermerke bezüglich der Verbindlichkeiten mit einer Restlaufzeit von weniger als einem Jahr (vgl. § 268 Abs. 5 HGB).

$$\text{Liquidität 1. Grades} = \frac{\text{Liquide Mittel}}{\text{Kurzfristiges Fremdkapital}} \qquad (6.6)$$

Grundsätzlich bildet die Liquidität ersten Grades einen sinnvollen betriebswirtschaftlichen Zusammenhang ab, da die liquiden Mittel eines Unternehmens dazu dienen, fällige Zahlungsverpflichtungen zu erfüllen. Allerdings ist nicht das gesamte kurzfristige Fremdkapital unmittelbar nach dem Bilanzstichtag zur Zahlung fällig. Umgekehrt verfügen Unternehmen regelmäßig über weitere kurzfristige Vermögensgegenstände, die im Rahmen der laufenden Geschäftstätigkeit Liquiditätszuflüsse bewirken. Hierzu zählen insbesondere die Forderungen aus Lieferungen und Leistungen. Sobald diese kurzfristigen Forderungen von den Kunden des Unternehmens beglichen werden, erhöhen sich dessen liquide Mittel. Des Weiteren halten Unternehmen vielfach weitere Vermögensgegenstände, z. B. jederzeit veräußerbare Wertpapiere des Umlaufvermögens, die sich kurzfristig in liquide Mittel umwandeln lassen.

Vor diesem Hintergrund ist es nicht erforderlich, das gesamte kurzfristige Fremdkapital, dessen Laufzeit bis zu einem Jahr betragen kann, durch liquide Mittel abzudecken. Forderungen aus Lieferungen und Leistungen, Wertpapiere und andere kurzfristige Vermögensgegenstände leisten ebenfalls ihren Beitrag zur Aufrechterhaltung der Zahlungsfähigkeit. Daher werden neben der Liquidität ersten Grades üblicherweise zwei weitere Liquiditätsgrade zur Analyse der kurzfristigen Finanzlage verwendet. Die *Liquidität zweiten Grades* (Quick Ratio) wird errechnet, indem gemäß Formel (6.7) das monetäre Umlaufvermögen durch das kurzfristige Fremdkapital dividiert wird. Das *monetäre Umlaufvermögen* ist die Differenz aus dem Umlaufvermögen abzüglich der Vorräte. Im Ergebnis umfasst das monetäre Umlaufvermögen neben den liquiden Mitteln vor allem die kurzfristigen Forderungen und sonstigen Vermögensgegenstände sowie die Wertpapiere des Umlaufvermögens.

$$\text{Liquidität 2. Grades} = \frac{\text{Monetäres Umlaufvermögen}}{\text{Kurzfristiges Fremdkapital}} \qquad (6.7)$$

Die *Liquidität dritten Grades* (Current Ratio) setzt schließlich gemäß Formel (6.8) das gesamte Umlaufvermögen ins Verhältnis zum kurzfristigen Fremdkapital. Sofern die entsprechenden Informationen hinsichtlich der Fristigkeit vorliegen, sollten hierbei die Vermögensgegenstände mit einer Laufzeit von mehr als einem Jahr aus dem Umlaufvermögen herausgerechnet werden.

$$\text{Liquidität 3. Grades} = \frac{\text{Umlaufvermögen}}{\text{Kurzfristiges Fremdkapital}} \qquad (6.8)$$

Aussagefähigkeit

Die Liquiditätsgrade verfolgen grundsätzlich das gleiche Ziel: Es soll die Frage beantwortet werden, wie viel Liquidität zur Verfügung steht, um das kurzfristige Fremdkapital begleichen zu können. Die Unterschiede zwischen den drei Kennzahlen beziehen sich auf die Geldnähe der im Zähler verwendeten Vermögenspositionen. Die für die Liquidität ersten Grades verwendeten liquiden Mittel weisen die höchste Geldnähe auf. Dagegen werden zur Ermittlung der Liquidität zweiten bzw. dritten Grades Vermögensgegenstände geringerer Geldnähe verwendet.

In Theorie und Praxis werden für die Liquiditätsgrade unterschiedliche Zielvorgaben genannt, die von der Branche ebenso abhängig sind wie von der konkreten Abgrenzung der jeweiligen Kennzahl. Die *Liquidität ersten Grades* sollte ungefähr bei 10 % bis 20 % liegen. Höhere Werte sind nicht notwendig, da die Forderungen aus Lieferungen und Leistungen sowie weitere kurzfristige Vermögensgegenstände ebenfalls zur Deckung der kurzfristigen Verbindlichkeiten beitragen. Angesichts des grundlegenden Zielkonflikts zwischen Rentabilität und Liquidität (siehe S. 23 f.) ist eine zu hohe Liquidität ersten Grades nicht erstrebenswert, da liquide Mittel in der Regel nur eine geringe Rendite erwirtschaften.

Die *Liquidität zweiten Grades* sollte in jedem Fall mindestens 100 % betragen, wobei unternehmens- bzw. branchenabhängig auch höhere Zielwerte üblich sind. Liegt diese Kennzahl unter 100 %, könnte das ein Hinweis auf Zahlungsschwierigkeiten sein, z. B. aufgrund von Absatzproblemen. Für die *Liquidität dritten Grades* gelten branchenabhängige Zielvorgaben von bis zu 200 %. Wenn diese Liquiditätskennzahl unter 100 % liegen sollte, wird gegen den Grundsatz der Fristenkongruenz (siehe S. 27) verstoßen, da ein Teil des langfristigen Anlagevermögens kurzfristig finanziert wird. Eine Liquidität dritten Grades von deutlich über 200 % zeigt dagegen eine hohe Kapitalbindung im Umlaufvermögen an (z. B. durch zu hohe Vorräte).

Grenzen der Liquiditätsgrade resultieren vor allem aus der Stichtagsbezogenheit dieser Kennzahlen. Die betreffenden Bilanzpositionen und damit die Liquiditätslage des Unternehmens können sich seit dem Bilanzstichtag bzw. seit Bilanzveröffentlichung verändert haben. Darüber hinaus beziehen die Liquiditätsgrade keine zahlungsstromorientierten Größen ein. Die Auswirkungen zukünftiger Auszahlungen (z. B. Material- oder Gehaltszahlungen) werden aufgrund der Stichtagsbezogenheit der Bilanz nicht erfasst. Hierzu sind Planungsrechnungen erforderlich. Unabhängig von dieser Kritik ermöglichen die Liquiditätsgrade insbesondere im Periodenvergleich eine erste Einschätzung der unternehmerischen Liquiditätsentwicklung. Einen absoluten Schutz vor Zahlungsunfähigkeit gewährleisten sie allerdings nicht.

Working Capital

Das *Working Capital* ist eine absolute Liquiditätskennzahl. Errechnet wird das Working Capital als Überschuss des kurzfristig gebundenen Umlaufvermögens über die kurzfristigen Verbindlichkeiten (siehe Abbildung 6.8). Es wird daher auch als Nettoumlaufvermögen bzw. Net Working Capital bezeichnet. Alternativ lässt sich das Working Capital ermitteln, indem die Summe aus Eigenkapital und langfristigem Fremdkapital um das Anlagevermögen vermindert wird.

Aktiva		Passiva	
Anlagevermögen		Eigenkapital	
		Langfristiges Fremdkapital	
Umlaufvermögen		Kurzfristiges Fremdkapital	

Working Capital
= Umlaufvermögen
– Kurzfristiges
 Fremdkapital

Working Capital
= Eigenkapital
+ Langfristiges
 Fremdkapital
– Anlagevermögen

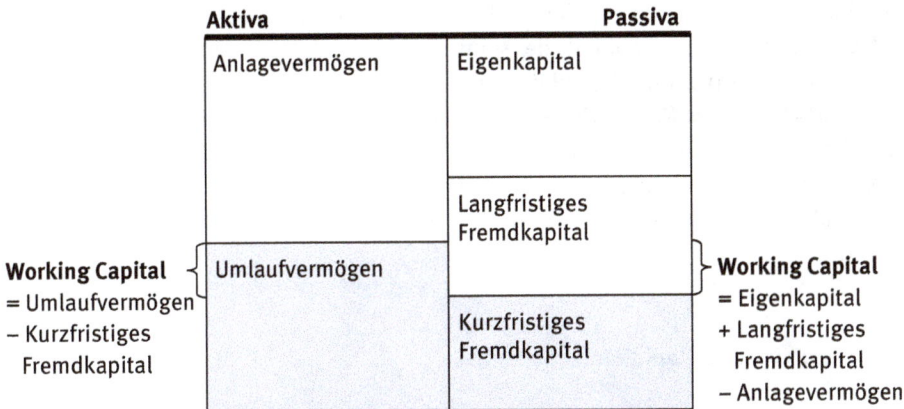

Abb. 6.8: Working Capital.

Unter Liquiditätsaspekten ist ein *positives Working Capital* anzustreben, da in diesem Fall ein Teil des Umlaufvermögens durch Eigen- bzw. langfristiges Fremdkapital finanziert wird. Umgekehrt bedeutet ein *negatives Working Capital*, dass ein Teil des langfristigen Vermögens kurzfristig finanziert wird. In diesem Fall liegt ein Verstoß gegen den Grundsatz der Fristenkongruenz (siehe S. 27) vor. Das Working Capital lässt sich mit der *Liquidität dritten Grades* vergleichen. Ein Working Capital von null entspricht einer Liquidität dritten Grades von 100 %. Bei positivem Working Capital ist die Liquidität dritten Grades größer als 100 %, während sie bei negativem Working Capital kleiner als 100 % ist. Dieser Zusammenhang gilt natürlich nur, wenn beide Kennzahlen auf Grundlage der gleichen Bilanzpositionen ermittelt werden. Das ist in der Finanzierungspraxis nicht immer der Fall.

Aussagefähigkeit

Insbesondere in der angelsächsischen Finanzierungspraxis gilt die *Steuerung des Working Capital* als zentrale Aufgabe des kurzfristigen Finanzmanagements (siehe auch S. 276). Das Working Capital korreliert positiv mit der Liquidität des Unternehmens, da im Umlaufvermögen relativ liquide Vermögensgegenstände (z. B. Forderungen aus Lieferungen und Leistungen) gebunden sind. Diese liquiditätsnahen Vermögensgegenstände können grundsätzlich zur Bedienung kurzfristiger Zahlungsverpflichtungen genutzt werden. Ein positives Working Capital weist des Weiteren darauf hin, dass ein Teil des Umlaufvermögens langfristig finanziert ist. Das Nettoumlaufvermögen gleicht mögliche Zinsänderungs- bzw. Prolongationsrisiken der kurzfristigen Verbindlichkeiten aus. Unter Liquiditätsaspekten ist daher ein möglichst hohes Working Capital anzustreben.

Üblicherweise liegen die Zinssätze kurzfristiger Verbindlichkeiten unter den langfristigen Zinssätzen. Unter Kosten- bzw. Rentabilitätsaspekten ist daher ein hohes Volumen an kurzfristigen Verbindlichkeiten sinnvoll. Im Gegensatz zum Liquiditätsziel spricht das Rentabilitätsziel somit für ein möglichst geringes Working Capital. Anhand des Working Capital lässt sich daher ein weiteres Mal der grundlegende *Zielkonflikt zwischen Rentabilität und Liquidität* (siehe S. 23 f.) verdeutlichen. Vor diesem Hintergrund kommt dem kurzfristigen Finanzmanagement die Aufgabe zu, das Verhältnis der beiden gegenläufigen Ziele unternehmensindividuell zu optimieren. Einen allgemeingültigen Zielwert für die optimale Höhe des Working Capital gibt es nicht.

6.3.2 Langfristige Liquiditätskennzahlen

Analog zu den kurzfristigen Kennzahlen werden auch die langfristigen Liquiditätskennzahlen auf der Grundlage stichtagsbezogener Bilanzdaten ermittelt. Es handelt sich ebenfalls um Bestandsgrößen. Im Rahmen der Finanzanalyse informieren diese Kennzahlen über die langfristige Liquidität. Die langfristige Liquiditätsanalyse soll die Frage beantworten, inwieweit das Unternehmen eine ausgewogene Finanzierungsstruktur aufweist. Die wesentlichen Indikatoren der langfristigen Finanzanalyse sind relative Kennzahlen, z. B. Eigenkapitalquote oder Verschuldungsgrad, sowie Finanzierungsregeln, z. B. die goldene Bilanzregel.

Kapitalstrukturkennzahlen

Die wesentlichen *Kapitalstrukturkennzahlen* sind die Eigen- und Fremdkapitalquote sowie der Verschuldungsgrad. Diese vertikalen Bilanzstrukturkennzahlen bilden die Struktur der Passivseite und damit die unternehmerische Finanzierungsstruktur ab. Es handelt sich in allen drei Fällen um relative Kennzahlen auf Basis bilanzieller Bestandsgrößen.

Die *Eigenkapitalquote* misst die Ausstattung des Unternehmens mit haftendem Eigenkapital und gilt als grundlegende Kennzahl der finanzwirtschaftlichen Unternehmensanalyse. Errechnet wird die Eigenkapitalquote, indem gemäß Formel (6.9) das Eigenkapital durch das Gesamtkapital geteilt wird.

$$\text{Eigenkapitalquote} = \frac{\text{Eigenkapital}}{\text{Gesamtkapital}} \tag{6.9}$$

$$\text{Fremdkapitalquote} = \frac{\text{Fremdkapital}}{\text{Gesamtkapital}} \tag{6.10}$$

$$\text{Verschuldungsgrad} = \frac{\text{Fremdkapital}}{\text{Eigenkapital}} \tag{6.11}$$

Die *Fremdkapitalquote* ist eine relative Kennzahl, die entsprechend Formel (6.10) den Anteil des Fremdkapitals am Gesamtkapital des Unternehmens ermittelt. Im Ergebnis ist die Fremdkapitalquote die gegenläufige Kennzahl zur Eigenkapitalquote. Eine weitere weit verbreitete Kennzahl zur Darstellung der Verschuldung ist der Verschuldungsgrad des Unternehmens. Der *Verschuldungsgrad* ist eine relative Kennzahl, die das Fremdkapital gemäß Formel (6.11) in Relation zum Eigenkapital setzt.

Aussagefähigkeit

Die drei Kapitalstrukturkennzahlen verfolgen den gleichen Analysezweck, da sie sich auf die relative Höhe der Verschuldung beziehen. Vor diesem Hintergrund ist die Präferenz für eine der drei Kennzahlen primär eine Darstellungsfrage. Während Eigen- und Fremdkapitalquote üblicherweise in Prozent ausgedrückt werden, ist der Verschuldungsgrad eine dimensionslose Kennzahl.

Analog zu anderen finanzwirtschaftlichen Kennzahlen lassen sich auch die Kapitalstrukturkennzahlen nur durch einen Zeitvergleich, einen Unternehmens- bzw. Branchenvergleich oder einen Soll-Ist-Vergleich sinnvoll interpretieren. Der Zeitvergleich über mehrere Geschäftsjahre zeigt auf, wie sich die Verschuldung des Unternehmens im Zeitverlauf entwickelt hat. Beim Unternehmens-, Branchen- oder Soll-Ist-Vergleich ist zu beachten, dass die Kapitalstrukturkennzahlen branchenabhängige Unterschiede aufweisen. Während die Eigenkapitalquote in der Baubranche (ca. 5 % bis 10 %) oder im Einzelhandel (ca. 10 % bis 20 %) traditionell relativ gering ist, weisen Unternehmen des Fahrzeugbaus (ca. 25 % bis 30 %) oder Chemie- und Pharmaunternehmen (ca. 35 % bis 40 %) typischerweise höhere Eigenkapitalquoten auf (vgl. *Deutsche Bundesbank*, 2022). Neben der Branche ist die Verschuldung auch von der Rechtsform des Unternehmens sowie der Inanspruchnahme der Börse abhängig. Hinsichtlich der Rechtsform gilt, dass Kapitalgesellschaften im Durchschnitt eine höhere Eigenkapitalausstattung haben als Personengesellschaften. Mit Bezug auf die Inanspruchnahme des organisierten Kapitalmarktes ist festzuhalten, dass börsennotierte Unternehmen üblicherweise eine höhere Eigenkapitalquote aufweisen als Unternehmen, die nicht an der Börse notiert werden.

Finanzierungsregeln

Während die Kapitalstrukturkennzahlen als vertikale Kennzahlen ausschließlich die Passivseite der Bilanz analysieren, handelt es sich bei den *Finanzierungsregeln* um horizontale Bilanzkennzahlen. Die auch als langfristige Deckungsgrade bezeichneten Finanzierungsregeln stellen Beziehungen zwischen der Finanzmittelverwendung (Investition) und der Finanzmittelherkunft (Finanzierung) her. Die Finanzierungsregeln leiten sich aus dem *Grundsatz der Fristenkongruenz* ab (siehe S. 27), nach dem langfristige Vermögensgegenstände auch langfristig zu finanzieren sind. Hinter diesem Grundsatz steht die Überlegung, dass Finanzierungsinstrumente erst fällig werden sollten, wenn das in den Vermögensgegenständen gebundene Kapital wieder freigesetzt worden ist. Aus dem Grundsatz der Fristenkongruenz leitet sich die in Formel (6.12) dargestellte *goldene Finanzierungsregel* ab. In der Praxis der Bilanzanalyse wird die goldene Finanzierungsregel vielfach als Quotient gemäß Formel (6.13) dargestellt, wobei der Quotient mindestens gleich eins sein muss.

$$\text{Langfristiges Vermögen} \leq \text{Langfristiges Kapital} \tag{6.12}$$

$$\frac{\text{Langfristiges Kapital}}{\text{Langfristiges Vermögen}} \geq 1 \tag{6.13}$$

In der Bilanzierungspraxis wird die goldene Finanzierungsregel durch die *goldene Bilanzregel* operationalisiert, die den Grundsatz der Fristenkongruenz auf die betroffenen Bilanzpositionen bezieht. Nach der goldenen Bilanzregel in ihrer ursprünglichen Fassung gilt gemäß Formel (6.14), dass das Anlagevermögen durch Eigenkapital sowie langfristiges Fremdkapital finanziert sein soll.

$$\frac{\text{Eigenkapital} + \text{langfristiges Fremdkapital}}{\text{Anlagevermögen}} \geq 1 \tag{6.14}$$

Zwischen goldener Bilanzregel und Working Capital gilt folgender Zusammenhang: Ist der Quotient aus Formel (6.14) größer als eins, hat das Unternehmen ein positives Working Capital (siehe Abbildung 6.8 auf S. 315). Beide Kennzahlen signalisieren in diesem Fall eine positive Liquiditätssituation des Unternehmens.

In der Unternehmenspraxis zählt allerdings nicht nur das Anlagevermögen zum langfristig gebundenen Vermögen. Im Umlaufvermögen finden sich ebenfalls Vermögensgegenstände, die langfristig genutzt werden. Vielfach werden daher zusätzlich zum Anlagevermögen auch die langfristig gebundenen Teile des Umlaufvermögens in die Ermittlung der Kapitaldeckung einbezogen.

$$\frac{\text{Eigenkapital} + \text{langfristiges Fremdkapital}}{\text{Anlagevermögen} + \text{langfristig gebundene Teile des Umlaufvermögens}} \geq 1 \tag{6.15}$$

Die *goldene Bilanzregel in weiter Fassung* gemäß Formel (6.15) dividiert das langfristige Kapital durch das Anlagevermögen plus das langfristige Umlaufvermögen. Bei externer Kennzahlenanalyse ist es allerdings schwierig, den langfristigen Teil des Umlaufvermögens exakt zu ermitteln. In diesem Fall muss der langfristige Anteil geschätzt werden.

Aussagefähigkeit
Hinter den horizontalen Finanzierungsregeln steht der Grundsatz, dass ein Vermögensgegenstand nicht mit einem Finanzierungsinstrument finanziert werden sollte, dessen Fristigkeit geringer ist als die Kapitalbindungsdauer des Vermögensgegenstandes. Bei Verstoß gegen diesen finanzwirtschaftlichen Grundsatz besteht die Ge-

fahr, dass das Unternehmen keine Anschlussfinanzierung erhält oder dass die Finanzierung nur zu höheren Kosten verlängert werden kann. Die Folge eines Verstoßes gegen die goldene Bilanzregel kann daher zu Zahlungsschwierigkeiten führen.

Der Zusammenhang zwischen Kapitalbindung und Fristigkeit der Finanzierung gilt nicht nur für den einzelnen Vermögensgegenstand. Auch wenn sich bezogen auf die Summe der Vermögensgegenstände und Finanzierungsinstrumente Ausgleichseffekte ergeben, sollte der Grundsatz der Fristenkongruenz für die gesamte Bilanz gelten. Bei einem Verstoß gegen diesen Grundsatz ist das finanzielle Gleichgewicht des Unternehmens gestört, wodurch wiederum das finanzielle Risiko erhöht wird. Insofern kann die Nichtbeachtung der goldenen Bilanzregel die Liquidität des Unternehmens gefährden. Festzuhalten ist allerdings auch, dass die Finanzierungsregeln keine Gewähr für die Aufrechterhaltung der Zahlungsfähigkeit bieten. Sie sind eine notwendige, aber keine hinreichende Bedingung für die Aufrechterhaltung des finanziellen Gleichgewichts.

6.3.3 Stromgrößenorientierte Liquiditätskennzahlen

Die bestandsorientierten Liquiditätskennzahlen basieren auf Bilanzdaten. Aufgrund ihrer Stichtagsbezogenheit geben diese Kennzahlen lediglich über die Liquiditätssituation zu einem bestimmten Zeitpunkt Auskunft. Ergänzend zu den Bestandsgrößen verwendet die finanzwirtschaftliche Kennzahlenanalyse daher Stromgrößen, die zahlungswirksame Veränderungen während des Betrachtungszeitraums erfassen. Die wesentlichen stromgrößenorientierten Liquiditätskennzahlen basieren auf dem Cashflow. Hierzu zählen neben dem Cashflow als absoluter Kennzahl verschiedene relative Kennzahlen, die den Cashflow ins Verhältnis zu anderen Bestands- oder Stromgrößen setzen.

Begriff des Cashflows

Wie Sie bereits aus dem Kapitel zur Innenfinanzierung wissen (siehe S. 252 ff.), bezeichnet der *Cashflow* den Finanzmittelüberschuss für eine bestimmte Periode (z. B. ein Geschäftsjahr). Im Rahmen der finanzwirtschaftlichen Kennzahlenanalyse steht dabei der betriebliche Cashflow (Cashflow i. e. S.) im Mittelpunkt, der die Zahlungsströme aus laufender Geschäftstätigkeit abbildet. Der Cashflow wird direkt oder indirekt ermittelt (siehe Abbildung 5.1 auf S. 253). Die *direkte Ermittlungsmethodik* beruht ausschließlich auf Zahlungsvorgängen und errechnet den Cashflow als Saldo der betrieblichen Ein- und Auszahlungen. Da die direkte Ermittlung bei externer Analyse vielfach nicht möglich ist, wird der Cashflow in der finanzwirtschaftlichen Kennzahlenanalyse mehrheitlich indirekt ermittelt. Bei *indirekter Ermittlung* errechnet sich der Cashflow dadurch, dass der Jahresüberschuss bzw. -verlust um die Abschreibungen und die Nettozuführungen zu den langfristigen Rückstellungen erhöht sowie bei

Bedarf um weitere zahlungsunwirksame Aufwands- bzw. Ertragsgrößen korrigiert wird.

Verwendung des Cashflows

Der betriebliche Cashflow informiert über die aus der laufenden Geschäftstätigkeit resultierende Innenfinanzierungskraft. Da der Cashflow eine zeitraumbezogene Größe ist, sind die erwirtschafteten Finanzmittel im Laufe des Betrachtungszeitraums (z. B. ein Geschäftsjahr) bereits wieder verwendet worden. Für den betrieblichen Cashflow existieren folgende Verwendungsmöglichkeiten:

- Ein Teil des Cashflows wird dazu verwendet, *Ersatz- oder Erweiterungsinvestitionen* in das Anlagevermögen sowie das langfristige Umlaufvermögen (Working Capital) zu finanzieren.
- Ein anderer Teil des Cashflows dient zur *Bedienung der Fremdkapitalgeber*, indem die fälligen Zins- und Tilgungszahlungen auf das Fremdkapital geleistet werden.
- Der verbleibende Teil des Cashflows steht zur Verfügung, um die *Gewinnausschüttungen an die Eigenkapitalgeber* zu leisten.

Aussagefähigkeit

Da die in einer Periode erwirtschafteten Finanzmittel nur einmal ausgegeben werden können, stehen die *alternativen Verwendungsmöglichkeiten* des Cashflows in Konkurrenz zueinander. Abgesehen von Wachstumsunternehmen mit hohem Kapitalbedarf sollten Unternehmen in normalen Geschäftsjahren dazu in der Lage sein, neben der Bedienung der Fremdkapitalgeber zumindest die Ersatzinvestitionen aus dem Cashflow zu finanzieren. Darüber hinaus sollte der Cashflow grundsätzlich eine Gewinnausschüttung auf das Eigenkapital ermöglichen. Zur Finanzierung umfangreicher Erweiterungsinvestitionen reichen die durch den Cashflow widergespiegelten Mittel der Innenfinanzierung regelmäßig nicht aus. In diesem Fall werden Maßnahmen der Außenfinanzierung genutzt, welche die selbst erwirtschafteten Finanzmittel ergänzen.

Abschließend ist noch auf ein gelegentlich auftretendes Missverständnis hinzuweisen. Der *Cashflow* ist eine *Stromgröße* und keine Stichtagsgröße. Stromgrößen beziehen sich auf eine bestimmte Periode (i. d. R. ein Geschäftsjahr) und bilden die in diesem Zeitraum entstandene Änderung zweier Stichtagsgrößen ab. Bezogen auf den Cashflow bedeutet das, dass die durch den Cashflow abgebildeten Finanzmittel dem Unternehmen im Laufe des Geschäftsjahres zugeflossen sind. Es bedeutet allerdings nicht, dass diese Finanzmittel zu einem bestimmten Stichtag in liquider Form im Unternehmen vorhanden sind. Vielmehr sind diese Mittel während des Geschäftsjahres wieder in den Leistungserstellungsprozess eingegangen. Die Höhe der Finanzmittel zum Bilanzstichtag ergibt sich aus der Bilanzposition *Liquide Mittel*.

Relative Kennzahlen auf Basis des Cashflows

Unter Bezug auf die Verwendung des betrieblichen Cashflows lassen sich weitere Kennzahlen ermitteln, die den Cashflow ins Verhältnis zu anderen Bestands- oder Stromgrößen setzen (vgl. *Behringer/Lühn*, 2016, S. 174 ff.). Diese relativen Kennzahlen verfolgen das Ziel, eine Beziehung zwischen der im Cashflow abgebildeten Finanzmittelherkunft und der jeweiligen Mittelverwendung herzustellen. In diesem Zusammenhang sind insbesondere der Innenfinanzierungsgrad sowie der dynamische Verschuldungsgrad zu nennen.

Der *Innenfinanzierungsgrad* errechnet sich, indem der betriebliche Cashflow durch die Nettoinvestitionen geteilt wird. Bei den Nettoinvestitionen handelt es sich um die Differenz aus den Zu- und Abgängen im Anlagevermögen. Der aus laufender Geschäftstätigkeit erwirtschaftete Cashflow ist ein Maß für die Innenfinanzierungskraft des Unternehmens. Daher informiert der gemäß Formel (6.16) errechnete Innenfinanzierungsgrad darüber, welcher Anteil der Nettoinvestitionen aus selbst erwirtschafteten Mitteln finanziert wird.

$$\text{Innenfinanzierungsgrad} = \frac{\text{Betrieblicher Cashflow}}{\text{Nettoinvestitionen}} \qquad (6.16)$$

Grundsätzlich sollte der auch als *Nettoinvestitionsdeckung* bezeichnete Innenfinanzierungsgrad größer als eins sein. Diese Forderung gilt insbesondere in Geschäftsjahren, in denen das Unternehmen primär Ersatzinvestitionen tätigt. Liegt der Innenfinanzierungsgrad dauerhaft unter eins, kann das Unternehmen die für den Geschäftsbetrieb erforderliche Kapitalausstattung nicht aus eigener Kraft aufrechterhalten. In diesen Fällen muss auf Maßnahmen der Außenfinanzierung zurückgegriffen werden, was bei nachhaltiger Innenfinanzierungsschwäche keine dauerhafte Lösung darstellt. In Geschäftsjahren, in denen ein Unternehmen Erweiterungsinvestitionen tätigt, um z. B. ein neues Geschäftsfeld zu erschließen oder einen Wettbewerber zu übernehmen, wird der Innenfinanzierungsgrad dagegen regelmäßig kleiner als eins sein. Zur Finanzierung dieser Wachstumsschritte dienen üblicherweise Außenfinanzierungsmaßnahmen (z. B. eine Eigenkapitalerhöhung oder langfristige Kredite).

Der *dynamische Verschuldungsgrad* kann als Reaktion auf die Kritik an den stichtagsbezogenen Kapitalstrukturkennzahlen verstanden werden (siehe S. 316 f.). Errechnet wird der dynamische Verschuldungsgrad, indem gemäß Formel (6.17) die Effektiv- bzw. Nettoverschuldung durch den betrieblichen Cashflow dividiert wird. Die *Nettoverschuldung* ist die Differenz aus dem Fremdkapital und dem monetären Umlaufvermögen.

$$\text{Dynamischer Verschuldungsgrad} = \frac{\text{Nettoverschuldung}}{\text{Betrieblicher Cashflow}} \qquad (6.17)$$

Der dynamische Verschuldungsgrad stellt eine unmittelbare Beziehung zwischen den Nettoschulden des Unternehmens und dem zur Bedienung der Fremdkapitalgeber verfügbaren Cashflow her. Diese Kennzahl gibt darüber Auskunft, wie lange es ceteris paribus dauern würde, bis die gesamten Schulden des Unternehmens aus dem betrieblichen Cashflow getilgt sind. Angesichts der Tatsache, dass der dynamische Verschuldungsgrad einen aussagefähigen Maßstab für die *Schuldendeckungsfähigkeit* des Unternehmens bietet, ist diese Kennzahl in der Finanzierungspraxis sehr beliebt. Kreditgeber erwarten regelmäßig, dass die Kreditnehmer Obergrenzen für den dynamischen Verschuldungsgrad einhalten. In Kreditverträgen sind diese Obergrenzen üblicherweise Bestandteil der Financial Covenants (siehe S. 166 f.), wobei in Abhängigkeit vom Branchen- bzw. Unternehmensrisiko Werte von ca. vier bis sechs Jahren vereinbart werden.

Beispiel: Finanzanalyse

Nachdem Tim Möller die Erfolgslage der Pharma AG untersucht hat (siehe S. 288 ff.), widmet sich der Anlageberater der Nordwestbank e. G. der Finanzanalyse. Hierzu greift er wiederum auf die Bilanz der Pharma AG zurück (siehe Tabelle 6.2 auf S. 309). Darüber hinaus liegen ihm einige weitere Jahresabschlussinformationen vor: Im Jahr 02 hat die Pharma AG einen betrieblichen Cashflow von 800 Mio. Euro erwirtschaftet; im Vorjahr lag der Cashflow bei 650 Mio. Euro. Die Nettoinvestitionen des Jahres 02 betragen 350 Mio. Euro (Vorjahr: 320 Mio. Euro).

Auf Basis der Bilanzdaten ermittelt Tim zunächst die kurzfristigen Liquiditätsgrade (siehe Tabelle 6.4). Für das Geschäftsjahr 02 weist die Pharma AG ein kurzfristiges Fremdkapital von 1.310 Mio. Euro (Vorjahr: 1.500 Mio. Euro) aus. Auf Basis der vorliegenden Informationen kann Tim nicht erkennen, ob in diesen Positionen längerfristige Bestandteile enthalten sind. Daher setzt er sicherheitshalber den gesamten Betrag an. Den kurzfristigen Schulden stehen kurzfristige Vermögenspositionen gegenüber. Die Bilanz der Pharma AG weist für das Jahr 02 liquide Mittel von 550 Mio. Euro (Vorjahr: 505 Mio. Euro) aus. Die Höhe der Vorräte liegt bei 950 Mio. Euro (Vorjahr: 990 Mio. Euro), während das Umlaufvermögen (kurzfristiges Vermögen) insgesamt 2.900 Mio. Euro (Vorjahr: 2.915 Mio. Euro) beträgt. Das monetäre Umlaufvermögen, das dem Umlaufvermögen abzüglich der Vorräte entspricht, liegt bei 1.950 Mio. Euro (Vorjahr: 1.925 Mio. Euro).

Im Vergleich zu den jeweiligen Vorjahreswerten haben sich die Liquiditätsgrade der Pharma AG verbessert. Insbesondere die Liquidität ersten und zweiten Grades liegt relativ deutlich über ihren Zielvorgaben von 20 % bzw. 100 %. Zusätzlich zu den Liquiditätsgraden bestimmt Tim das Working Capital als Differenz aus kurzfristigem Vermögen (Umlaufvermögen) und kurzfristigem Fremdkapital. Das Working Capital beträgt 1.590 Mio. Euro (Vorjahr: 1.415 Mio. Euro) und ist für beide Geschäftsjahre positiv.

Tab. 6.4: Kurzfristige Liquiditätskennzahlen der Pharma AG.

	Jahr 02	Jahr 01
Liquide Mittel	550 Mio. €	505 Mio. €
Vorräte	950 Mio. €	990 Mio. €
Kurzfristiges Vermögen (UV)	2.900 Mio. €	2.915 Mio. €
Monetäres Umlaufvermögen	1.950 Mio. €	1.925 Mio. €
Kurzfristiges Fremdkapital	1.310 Mio. €	1.500 Mio. €
Liquidität 1. Grades	42 %	34 %
Liquidität 2. Grades	149 %	128 %
Liquidität 3. Grades	221 %	194 %
Kurzfristiges Vermögen (UV)	2.900 Mio. €	2.915 Mio. €
Kurzfristiges Fremdkapital	1.310 Mio. €	1.500 Mio. €
Working Capital	1.590 Mio. €	1.415 Mio. €

Auf Basis der vorliegenden Kennzahlen stellt sich die kurzfristige Liquidität der Pharma AG positiv dar. Die Werte liegen über den branchenüblichen Vergleichswerten und haben sich darüber hinaus im Zeitvergleich positiv entwickelt. Tim fragt sich allerdings, ob die hohen Liquiditätsreserven, die sich im Working Capital und in den ersten beiden Liquiditätsgraden widerspiegeln, wirklich notwendig sind. Schließlich geht die hohe Liquidität zu Lasten der Rentabilität.

Im nächsten Schritt ermittelt Tim die langfristigen Kapitalstrukturkennzahlen. Hierzu hat er die erforderlichen Daten zum Eigen- und Fremdkapital der Pharma AG zusammengestellt (siehe Tabelle 6.5). Auf Basis der Bilanzwerte errechnet sich eine Eigenkapitalquote von 49 % (Vorjahr: 47 %). Dieser Wert verweist ebenso wie die korrespondierende Fremdkapitalquote von 51 % (Vorjahr: 53 %) und der Verschuldungsgrad von 1,04 (Vorjahr: 1,12) auf eine sehr konservative Kapitalstruktur. Die strukturelle Liquidität ist nach Tims Auffassung daher mehr als gesichert. Unter Rentabilitätsaspekten könnte er sich sogar eine etwas höhere Verschuldung vorstellen, da das Unternehmen Kosten- und Steuervorteile realisieren könnte, wenn es einen Teil des Eigenkapitals durch Fremdkapital ersetzt.

Nach den vertikalen Kapitalstrukturkennzahlen untersucht Tim die horizontale Bilanzstruktur. Hierzu verwendet er die goldene Bilanzregel. Das langfristige Vermögen (Anlagevermögen) beträgt 2.510 Mio. Euro (Vorjahr: 2.385 Mio. Euro). Durch Einsetzen in Formel (6.14) errechnet sich nach der goldenen Bilanzregel für das Geschäftsjahr 02 ein Wert von 1,63 (Vorjahr: 1,59).

$$\text{Deckungsgrad} = \frac{2.650 \text{ Mio.} € + 1.450 \text{ Mio.} €}{2.510 \text{ Mio.} €} = 1,63 \qquad (6.18)$$

Die goldene Bilanzregel weist darauf hin, dass die Pharma AG den Grundsatz der Fristenkongruenz mehr als erfüllt hat. Das gilt auch für die goldene Bilanzregel in weiter Fassung. Angesichts fehlender Informationen kann Tim zwar nicht exakt beurteilen, wie hoch der langfristig gebundene Teil des Umlaufvermögens ist. Er schätzt die Quote auf weniger als 20 % des Anlagevermögens, sodass die Überdeckung von 63 % mehr als ausreichend ist. Um die strukturelle Liquidität des Unternehmens macht Tim sich daher weiterhin keine Sorge.

Tab. 6.5: Kapitalstrukturkennzahlen der Pharma AG.

	Jahr 02	Jahr 01
Eigenkapital	2.650 Mio. €	2.500 Mio. €
Langfristiges Fremdkapital	1.450 Mio. €	1.300 Mio. €
Kurzfristiges Fremdkapital	1.310 Mio. €	1.500 Mio. €
Gesamtes Fremdkapital	2.760 Mio. €	2.800 Mio. €
Gesamtkapital (Bilanzsumme)	5.410 Mio. €	5.300 Mio. €
Eigenkapitalquote	49 %	47 %
Fremdkapitalquote	51 %	53 %
Verschuldungsgrad	1,04	1,12
Langfristiges Vermögen (AV)	2.510 Mio. €	2.385 Mio. €
Eigenkapital	2.650 Mio. €	2.500 Mio. €
Langfristiges Fremdkapital	1.450 Mio. €	1.300 Mio. €
Goldene Bilanzregel (Deckungsgrad)	1,63	1,59

Tab. 6.6: Erfolgs- und Finanzanalyse der Pharma AG.

	Jahr 02	Jahr 01	Branche
Eigenkapitalrentabilität	19,4 %	14,3 %	12,0 %
Return on Investment (ROI)	15,7 %	12,1 %	9,0 %
Liquidität 1. Grades	42 %	34 %	30 %
Liquidität 2. Grades	149 %	128 %	130 %
Eigenkapitalquote	49 %	47 %	35 %
Deckungsgrad (goldene Bilanzregel)	1,63	1,59	1,20
Innenfinanzierungsgrad	2,29	2,03	1,40
Dynamischer Verschuldungsgrad	1,01	1,35	3,50

Um ein vollständiges Bild von der Finanzlage des Unternehmens zu erhalten, errechnet Tim abschließend noch zwei relative Cashflow-Kennzahlen. Zur Ermittlung des Innenfinanzierungsgrades setzt er den betrieblichen Cashflow des Jahres 02 ins Verhältnis zu den Nettoinvestitionen. Mit einem Wert von ca. 2,29 (Vorjahr: 2,03) konnte die Pharma AG den Sollwert von 1,0 deutlich übertreffen. Das Unternehmen hätte ungefähr das 2,3-Fache seiner Nettoinvestitionen aus eigener Kraft finanzieren können.

$$\text{Innenfinanzierungsgrad} = \frac{800 \text{ Mio.} \, €}{350 \text{ Mio.} \, €} = 2,29 \qquad (6.19)$$

Als zweite relative Kennzahl auf Basis des Cashflows errechnet Tim den dynamischen Verschuldungsgrad. Zum Ende des Geschäftsjahres 02 beträgt das gesamte Fremdkapital des Unternehmens 2.760 Mio. Euro (Vorjahr: 2.800 Mio. Euro), während das monetäre Umlaufvermögen des Jahres 02 gemäß Tabelle 6.4 bei 1.950 Mio. Euro (Vorjahr: 1.925 Mio. Euro) liegt. Aus diesen Zahlen errechnet Tim für das Jahr 02 einen dynamischen Verschuldungsgrad von 1,01 (Vorjahr: 1,35). Unter der Voraussetzung, dass der betriebliche Cashflow konstant bleibt, könnte die Pharma AG ihre Nettofinanzschulden innerhalb eines Jahres tilgen. Im Ergebnis verdeutlicht der dynamische Verschuldungsgrad, dass das Unternehmen über eine nicht unerhebliche Verschuldungskapazität verfügt, die derzeit nicht genutzt wird.

$$\text{Dynamischer Verschuldungsgrad} = \frac{2.760 \text{ Mio.} \, € - 1.950 \text{ Mio.} \, €}{800 \text{ Mio.} \, €} = 1,01 \qquad (6.20)$$

Zusammenfassend schätzt Tim die Finanzlage der Pharma AG ähnlich positiv ein wie die Ertragslage. Zur besseren Übersicht stellt er die wesentlichen Kennzahlen abschließend für die beiden Geschäftsjahre 02 und 01 tabellarisch dar, wobei er den Zahlen des Unternehmens längerfristige Durchschnittswerte aus der Pharmabranche gegenüberstellt. Natürlich kennt auch Tim die begrenzte Aussagekraft von Jahresabschlusskennzahlen. Mit Blick auf Tabelle 6.6 kommt der Analyst der Nordwestbank e. G. aber zu dem Schluss, dass er die Aktie der Pharma AG seinen Kunden aufgrund des positiven Gesamtbildes weiterhin zum Kauf empfehlen wird. Möglicherweise kommt ein Wettbewerber der Pharma AG zu dem gleichen Schluss? Von einem Übernahmeangebot würden die Aktionäre jedenfalls profitieren, denkt sich Tim abschließend.

6.4 Beurteilung der finanzwirtschaftlichen Kennzahlenanalyse

In den vorangegangenen Abschnitten haben Sie Grundlagen, Ziele und wesentliche Kennzahlen der finanzwirtschaftlichen Unternehmensanalyse kennengelernt. Im Mittelpunkt des letzten Abschnitts stehen die Grenzen finanzwirtschaftlicher Kennzahlen. Das *Lernziel von Kapitel 6.4* besteht darin, die Anwendungsgrenzen der finanzwirtschaftlichen Kennzahlenanalyse zu verstehen und ein Verständnis für die Bedeutung von Unternehmens- und Kennzahlenanalyse in der Finanzierungspraxis zu gewinnen.

Bedeutung

In der Finanzierungs- und Bilanzierungspraxis dient die finanzwirtschaftliche Kennzahlenanalyse dazu, die zwischen der Unternehmensleitung und den Kapitalgebern sowie anderen Unternehmensbeteiligten existierenden Informationsasymmetrien zu vermindern. Die Analyse finanzwirtschaftlicher Kennzahlen soll den verschiedenen Anspruchsgruppen helfen, sich ein Bild von der Vermögens-, Finanz- und Ertragslage zu machen. Für Kreditinstitute und andere Kapitalgeber resultiert die Notwendigkeit zur finanzwirtschaftlichen Unternehmensanalyse ihrer Schuldner des Weiteren aus rechtlichen Anforderungen (z. B. dem auf den Baseler Eigenkapitalstandards beruhenden Regelwerk) sowie aus weiteren Rahmenbedingungen an den internationalen Kapitalmärkten.

In den vorangegangenen Abschnitten haben wir eine Auswahl der bedeutendsten Kennzahlen der Erfolgs- und Finanzanalyse behandelt. Angesichts der Vielzahl unterschiedlicher Kennzahlen, die in Theorie und Praxis zu Analysezwecken verwendet werden, ist es weder möglich noch sinnvoll, sämtliche Kennzahlen zu behandeln. Jeder, der eine finanzwirtschaftliche Kennzahlenanalyse durchführt, wählt in Abhängigkeit seiner Analyseziele und seiner subjektiven Erfahrung die geeigneten Kennzahlen aus. Um einen aussagefähigen Gesamteindruck über die Unternehmenslage zu gewinnen, sind jeweils mehrere Kennzahlen zur Erfolgs- und Finanzlage erforderlich. Bei der Beschränkung auf einzelne bzw. wenige Kennzahlen droht die Gefahr von Beurteilungsfehlern. Zudem sollten mehrere Perioden analysiert werden. Durch den Zeitvergleich über mehrere Geschäftsjahre werden die Auswirkungen der Bilanzpolitik zumindest teilweise ausgeglichen und es lassen sich langfristige Entwicklungstrends identifizieren. Schließlich kann die finanzwirtschaftliche Kennzahlenanalyse immer nur so gut sein wie die verfügbaren Vergleichsmaßstäbe. Aussagekräftige Zielgrößen für den Unternehmens- bzw. Branchenvergleich sowie für den Soll-Ist-Vergleich sind daher von entscheidender Bedeutung für den Analyseerfolg.

Grenzen

Die finanzwirtschaftliche Kennzahlenanalyse basiert primär auf den Jahresabschlussdaten aus Bilanz, Gewinn- und Verlustrechnung sowie Kapitalflussrechnung. Jahresabschlüsse sind vergangenheitsorientiert, sie sind stichtagsbezogen, sie orientieren sich an den relevanten Rechnungslegungsnormen und sie unterliegen bilanzpolitischen Einflüssen. Vor diesem Hintergrund lassen sich *Grenzen der Aussagefähigkeit* finanzwirtschaftlicher Kennzahlen ableiten:

- Bei externer Analyse auf Basis des Jahresabschlusses ergibt sich eine *zeitliche Verzögerung* durch den Abstand zwischen dem Bilanzstichtag, der Erstellung sowie der Veröffentlichung des Jahresabschlusses. Üblicherweise stehen die Jahresabschlussinformationen erst drei bis sechs Monate nach Ende des Geschäftsjahres für die finanzwirtschaftliche Kennzahlenanalyse zur Verfügung.

- Jahresabschlüsse sind vergangenheitsbezogen, sodass die *mangelnde Zukunfts-bezogenheit* von Jahresabschlusskennzahlen kritisiert wird. Während sich langfristige Trends auf Basis vergangenheitsorientierter Kennzahlen identifizieren lassen, lässt sich eine Trendumkehr anhand historischer Daten nicht erkennen. Wenn die Jahresabschlussdaten um zukunftsorientierte Informationen (z. B. aus Anhang oder Lagebericht) ergänzt werden, besteht darüber hinaus die Gefahr einer unsystematischen Vermengung vergangenheitsorientierter Informationen mit zukunftsorientierten Prognosen.
- Um die Vergangenheitsorientierung des Jahresabschlusses zu kompensieren, werden in der Praxis ergänzend *Planjahresabschlüsse* für die kommenden drei bis fünf Jahre erstellt. Diese Planungsrechnungen werden ebenfalls für die finanzwirtschaftliche Kennzahlenanalyse herangezogen. Aufgrund der Zukunftsorientierung von Planjahresabschlüssen besteht allerdings die *Gefahr von Prognosefehlern*, die wiederum zu einer unzutreffenden Beurteilung der Vermögens-, Finanz- und Ertragslage des Unternehmens führen können.
- Finanzwirtschaftliche Kennzahlen werden durch die Normen des für die Jahresabschlusserstellung verbindlichen *Rechnungslegungssystems* geprägt. Angesichts der hohen Bedeutung des Gläubigerschutzes stellen Kennzahlen auf Basis von HGB-Abschlüssen die Unternehmenslage eher pessimistisch dar, während ein IFRS-Abschluss ein positiveres Bild der Vermögens-, Finanz- und Ertragslage vermittelt. Vor diesem Hintergrund ist insbesondere beim Unternehmens- und Branchenvergleich auf die Verwendung passender Vergleichsmaßstäbe zu achten.
- Die finanzwirtschaftliche Kennzahlenanalyse wird durch die unternehmerische *Bilanzierungspolitik* beeinflusst. Bilanzpolitische Ermessensspielräume und Gestaltungsmöglichkeiten erschweren die Vergleichbarkeit finanzwirtschaftlicher Kennzahlen. Um vergleichbare Kennzahlen zu erhalten, ist daher schon bei der Informationsaufbereitung darauf zu achten, bilanzpolitische Gestaltungsmaßnahmen nach Möglichkeit zu eliminieren bzw. Ermessensspielräume einheitlich auszulegen. Angesichts fehlender Informationen gelingt das bei externer Analyse vielfach nur teilweise.
- Für die finanzwirtschaftliche Kennzahlenanalyse liegen nur *unvollständige Informationen* vor. Bei den quantitativen Informationen fehlen z. B. explizite Angaben zu originären Geschäfts- bzw. Firmenwerten. Darüber hinaus mangelt es an Informationen zur exakten Restlaufzeit von Verbindlichkeiten sowie zu Liquiditätsreserven in Form von nicht ausgenutzten Kreditlinien. Schließlich beschränken sich die Jahresabschlussinformationen mehrheitlich auf quantitative Aspekte. Über qualitative Aspekte, (z. B. die Erfüllung von ESG-Kriterien, die Qualität des Managements, das Know-how der Mitarbeiter oder die Wettbewerbsposition auf den Absatzmärkten) wird ergänzend im Lagebericht bzw. Anhang informiert. Hier ergibt sich jedoch häufig das Problem mangelnder Vergleichbarkeit zwischen verschiedenen Unternehmen.

– Schließlich ergeben sich Probleme bei der *Interpretation von Kennzahlen*. Zum einen existieren verschiedene Kennzahlen für den gleichen Analysezweck; zum anderen wird die gleiche Kennzahl unterschiedlich abgegrenzt. Weiter gehende Interpretationsprobleme entstehen bei der Auswahl eines Vergleichsmaßstabes, da sich für die meisten Kennzahlen und Finanzierungsregeln keine theoretisch begründeten Zielwerte ableiten lassen.

Fazit

Die aufgeführten Einschränkungen zur Aussagefähigkeit von Jahresabschlusskennzahlen machen die finanzwirtschaftliche Kennzahlenanalyse nicht obsolet. Sie verweisen nur ein weiteres Mal auf die Notwendigkeit, die Jahresabschlussinformationen sorgfältig aufzubereiten, bevor Kennzahlen ermittelt werden. Im nächsten Schritt ist dann eine ausreichende Anzahl geeigneter Kennzahlen zu ermitteln, um in der Gesamtbetrachtung einen aussagefähigen Eindruck von der Vermögens-, Finanz- und Ertragslage des Unternehmens gewinnen zu können. Bei der Interpretation finanzwirtschaftlicher Kennzahlen ist schließlich auf die Auswahl passender Vergleichsmaßstäbe zu achten.

Finanzierungstheoretisch können keine Normvorgaben für bestimmte Kennzahlen abgeleitet werden. Angesichts der zwischen Unternehmensleitung und den anderen Unternehmensbeteiligten existierenden Informationsasymmetrien lässt sich jedoch der Nutzen einer finanzwirtschaftlichen Kennzahlenanalyse theoretisch plausibel begründen. Aus Sicht der Adressaten übermitteln finanzwirtschaftliche Kennzahlen Informationen und erfüllen damit eine Signalfunktion. In der Kapitalmarktpraxis nutzen Fremdkapitalgeber und Ratingagenturen finanzwirtschaftliche Kennzahlen ebenso wie Eigenkapitalgeber und Finanzanalysten. Für die Normvorgaben gilt dabei die *normative Kraft des Faktischen:* Die Zielwerte der einzelnen Kennzahlen werden in der Praxis vielfach aus Branchenstandards abgeleitet.

6.5 Fragen und Aufgaben zur finanzwirtschaftlichen Unternehmensanalyse

Die Fragen und Aufgaben dienen zur selbständigen Wiederholung des in diesem Kapitel behandelten Stoffes. Sie ergänzen die Ausführungen und Beispiele des vorliegenden Kapitels und bieten Ihnen gleichzeitig die Möglichkeit, Ihre Kenntnisse des behandelten Stoffes zu überprüfen.

6.5.1 Verständnisfragen

Die folgenden Fragen beziehen sich auf Kapitel 6. Nachdem Sie das Kapitel durchgearbeitet haben, sollten Sie in der Lage sein, die Fragen zu beantworten. In Zweifelsfällen finden Sie Hinweise auf die Antworten zu den nachfolgenden Fragen im Text der Unterkapitel, in denen das betreffende Thema behandelt wird.

1. Welche Adressaten und Ziele hat die finanzwirtschaftliche Kennzahlenanalyse?
2. Was versteht man unter dem Baseler Eigenkapitalakkord (Basel II) und welche Bedeutung hat Basel II für die Kennzahlenanalyse?
3. Welche Bedeutung haben die Regeln zur risikoabhängigen Eigenkapitalunterlegung bei Banken für Kreditnehmer?
4. Wodurch unterscheidet sich das externe vom internen Rating und welche Gemeinsamkeiten haben die beiden Ratingverfahren?
5. Welchen Einfluss hat das Rechnungslegungssystem auf die finanzwirtschaftliche Kennzahlenanalyse?
6. Erläutern Sie die Funktionen des Jahresabschlusses!
7. Welche Dimensionen hat die Jahresabschlussanalyse?
8. Wie lassen sich die für die Interpretation von Jahresabschlusskennzahlen erforderlichen Vergleichsmaßstäbe ableiten?
9. Welche Ziele verfolgt die Erfolgsanalyse?
10. Erläutern Sie das EBIT sowie den Jahresüberschuss!
11. Wodurch unterscheiden sich Eigen- und Gesamtkapitalrentabilität?
12. Welche Analysemöglichkeiten bietet der ROI?
13. Welche Ziele verfolgt die Finanzanalyse?
14. Erläutern Sie die Liquiditätsgrade!
15. Erläutern Sie die Kapitalstrukturkennzahlen und deren Aussagefähigkeit!
16. Was versteht man unter der goldenen Bilanzregel?
17. Erläutern Sie den Begriff und die Aussagefähigkeit des betrieblichen Cashflows!
18. Wozu dienen relative Kennzahlen auf Basis des Cashflows?
19. Wo liegen die Grenzen der finanzwirtschaftlichen Kennzahlenanalyse?

6.5.2 Übungsaufgaben

Die nachfolgende Übungsaufgabe bezieht sich auf die in Kapitel 6 behandelte finanzwirtschaftliche Kennzahlenanalyse. Die Aufgabe lässt sich mit Hilfe der in den einzelnen Abschnitten erläuterten Formeln lösen. Eine PDF-Datei mit den Lösungen kann von der Homepage des Verlages De Gruyter Oldenbourg (www.degruyter.com) heruntergeladen werden.

Aufgabe 6.1: Finanzwirtschaftliche Kennzahlenanalyse

Lisa Bär ist Vorsitzende des Börsenclubs Cash & Go. Derzeit analysiert sie die Aktie der Serval SE, da ihr Club über ein Investment in diese Aktie nachdenkt. Die Serval AG zählt zu den größten Sportartikelherstellern Europas. Das Unternehmen hat 150 Mio. Aktien ausgegeben, wobei der Aktienkurs im abgelaufenen Jahr 01 durchschnittlich bei 89 Euro lag. Das langfristige Rating der Serval SE beträgt „AA-".

Auf Basis von Kapitalmarktdaten leitet Lisa die Kapitalkosten des Unternehmens ab: Die risikoadjustierten Eigenkapitalkosten (nach Steuern) betragen 8,6 %, während die gewichteten Gesamtkapitalkosten bei 6,9 % (vor Steuern) liegen. Das Kurs-Gewinn-Verhältnis (KGV) europäischer Sportartikelhersteller liegt durchschnittlich bei 15.

Darüber hinaus liegen Lisa die nachfolgenden Jahresabschlussinformationen der Serval SE aus dem Jahr 01 vor.

Bilanz der Serval SE zum 31.12.01 (in Mio. €)

Aktiva		Passiva	
Anlagevermögen		**Eigenkapital**	
Immaterielle Vermögenswerte	3.720	Gezeichnetes Kapital	2.560
Sachanlagen	2.430	Rücklagen	4.867
Finanzanlagen	12.550	Jahresüberschuss	933
Umlaufvermögen		**Fremdkapital**	
Vorräte	665	Pensionsrückstellungen	340
Betriebliche Forderungen	2.200	Langfristige Verbindlichkeiten	9.000
Sonstige Vermögensgegenstände	300	Kurzfristige Rückstellungen	3.920
Liquide Mittel	1.215	Kurzfristige Verbindlichkeiten	1.460
	23.080		23.080

GuV-Rechnung und Kapitalflussrechnung der Serval SE zum 31.12.01 (in Mio. €)

Gewinn- und Verlustrechnung (Auszug)		Kapitalflussrechnung (Auszug)	
Umsatzerlöse	2.210	Jahresüberschuss	933
Betriebliche Kosten	− 324	Abschreibungen	113
Sonstige Kosten	− 247	Veränderung der Rückstellungen	− 85
Betriebsergebnis (EBIT)	1.639	Zahlungsunwirksame Vorgänge	− 165
Finanzergebnis	− 141	**Betrieblicher Cashflow**	796
Ergebnis vor Steuern	1.498	Cashflow aus Investitionstätigkeit	− 106
Ertragsteuern	− 565	Cashflow Finanzierungstätigkeit	− 395
Jahresüberschuss	933	**Veränderung der liquiden Mittel**	295

Im ersten Schritt analysiert Lisa die Erfolgslage des Unternehmens:

a) Ermitteln Sie die Eigenkapitalrentabilität (RoE) der Serval SE! Interpretieren Sie Ihr Ergebnis und gehen Sie auf die Aussagefähigkeit der Kennzahl ein.

b) Ermitteln Sie die Gesamtkapitalrentabilität vor Steuern (Return on Investment [RoI]) der Serval SE! Interpretieren Sie Ihr Ergebnis und gehen Sie auf die Aussagefähigkeit der Kennzahl ein.

c) Ermitteln Sie den Gewinn je Aktie und schätzen Sie auf dieser Basis den rechnerischen Kurswert der Aktie!

Im zweiten Schritt analysiert Lisa die Finanzlage des Unternehmens:

d) Ermitteln Sie für die Serval SE die Liquidität ersten und zweiten Grades! Interpretieren Sie Ihr Ergebnis und gehen Sie auf die Aussagefähigkeit der Kennzahl ein.

e) Überprüfen Sie, ob die Serval SE die goldene Bilanzregel erfüllt! Interpretieren Sie Ihr Ergebnis und gehen Sie auf die Aussagefähigkeit der Kennzahl ein.

f) Ermitteln Sie die den dynamischen Verschuldungsgrad der Serval SE! Interpretieren Sie Ihr Ergebnis und gehen Sie auf die Aussagefähigkeit der Kennzahl ein.

7 Grundlagen von Investitionsentscheidungen

Investitionsentscheidungen bilden gemeinsam mit den Finanzierungsentscheidungen den Aufgabenbereich der betrieblichen Finanzwirtschaft (siehe S. 7 ff.). Während sich Finanzierungsentscheidungen mit der Frage nach der optimalen Beschaffung finanzieller Mittel beschäftigen, behandeln Investitionsentscheidungen die Frage nach der im Hinblick auf die finanzwirtschaftlichen Unternehmensziele optimalen Finanzmittelverwendung. Im Mittelpunkt der Investitionsentscheidung stehen die Beschreibung und Systematisierung sowie die Analyse von Investitionsvorhaben. Die Umsetzung neuer Investitionsprojekte ist für erwerbswirtschaftliche Unternehmen notwendig, um unternehmerische Erfolgspotenziale aufzubauen. Daher sind Investitionsentscheidungen von grundlegender Bedeutung für die langfristige Existenz- und Erfolgssicherung des Unternehmens. Im Rahmen von Kapitel 7 werden zunächst die grundlegenden Investitionsbegriffe (Kapitel 7.1) und anschließend der Investitionsentscheidungsprozess erläutert (Kapitel 7.2). Abgerundet wird das Kapitel durch Verständnisfragen (Kapitel 7.3).

7.1 Investitionsbegriffe

Zur begrifflichen Abgrenzung von Investitionsprojekten kann der vermögensorientierte oder der zahlungsorientierte Investitionsbegriff herangezogen werden. Das *Lernziel von Kapitel 7.1* besteht darin, die beiden Investitionsbegriffe sowie ihre Bedeutung im Rahmen von Investitionsentscheidungen kennenzulernen und die vermögensorientierte von der zahlungsorientierten Perspektive abzugrenzen.

7.1.1 Vermögensorientierter Investitionsbegriff

Bilanzorientierte Perspektive

Der vermögens- bzw. bilanzorientierte Investitionsbegriff bringt das klassische Verständnis von Investitionsprojekten zum Ausdruck, bei dem das gebundene Kapital im Mittelpunkt steht. Nach dem vermögensorientierten Investitionsbegriff handelt es sich bei einem Investitionsprojekt um die langfristige Bindung finanzieller Mittel in materiellen Vermögensgegenständen (z. B. Maschinen, Kraftfahrzeuge) oder in immateriellen Vermögensgegenständen (z. B. Lizenzen, Patente). Die Realisierung eines bestimmten Investitionsprojektes wirkt sich grundsätzlich auf die Bilanz des investierenden Unternehmens aus. Investitionsentscheidungen spiegeln sich auf der Aktivseite der Bilanz wider und stehen damit den auf der Passivseite ausgewiesenen Finanzierungsentscheidungen gegenüber (siehe Abbildung 7.1 sowie grundlegend S. 27 ff.).

https://doi.org/10.1515/9783110987621-007

Aktiva	BILANZ	Passiva
Investition: Verwendung der finanziellen Mittel	*Finanzierung: Herkunft der finanziellen Mittel*	
• Langfristige Vermögenswerte (Anlagevermögen)	• Eigenkapital	
	• Langfristiges Fremdkapital	
• Kurzfristige Vermögenswerte (Umlaufvermögen)	• Kurzfristiges Fremdkapital	

Abb. 7.1: Investition und Finanzierung in bilanzorientierter Perspektive.

Die infolge einer Investitionsentscheidung beschafften Vermögensgegenstände stehen dem Unternehmen langfristig zur Verfügung. Daher werden diese Vermögensgegenstände im Anlagevermögen ausgewiesen, wobei die Aktivierungsfähigkeit und Bewertung der einzelnen Vermögensgegenstände von den verwendeten Rechnungslegungsnormen (z. B. HGB oder IFRS) abhängig ist. Durch die infolge einer Investitionsentscheidung zu aktivierenden Vermögensgegenstände erhöhen sich Bilanzpositionen wie *Sachanlagen* (z. B. durch den Kauf neuer Maschinen) oder *Immaterielle Vermögensgegenstände* (z. B. durch den Erwerb von Lizenzen).

Investitionsentscheidungen wirken sich nicht nur auf die Höhe des Anlagevermögens aus. Wenn ein Unternehmen seine Geschäftstätigkeit ausweitet, erhöht sich meistens auch das Umlaufvermögen. Für die erweiterte Geschäftstätigkeit werden mehr Roh-, Hilfs- und Betriebsstoffe benötigt, wodurch die Bilanzposition *Vorräte* ansteigt. Ähnliches gilt für die Kundenforderungen (Debitoren), deren Volumen bei Ausweitung der Geschäftsaktivität ebenfalls wächst und zu einem Anstieg der Bilanzposition *Forderungen aus Lieferungen und Leistungen* führt. Im Ergebnis haben Investitionsentscheidungen direkte Auswirkungen auf die Höhe des Anlagevermögens, zusätzlich aber auch indirekte Auswirkungen auf die Höhe des Umlaufvermögens.

Investitionsobjekte

In der betrieblichen Praxis realisieren Unternehmen eine Vielzahl unterschiedlicher Investitionsprojekte, die sich nach unterschiedlichen Kriterien systematisieren lassen. Für den Prozess der Investitionsentscheidung ist insbesondere die Abgrenzung nach dem Investitionsobjekt sowie nach dem Investitionsanlass von Bedeutung. Hinsichtlich des Investitionsobjektes wird zwischen Sachinvestitionen, immateriellen Investitionen sowie Finanzinvestitionen unterschieden (siehe Abbildung 7.2).

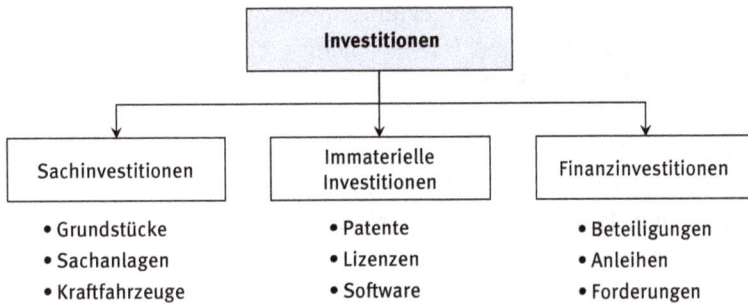

Abb. 7.2: Abgrenzung von Investitionen nach dem Investitionsobjekt.

Sachinvestitionen sind die klassischen Fälle von Investitionsentscheidungen (siehe auch Abbildung 7.3). Der Erwerb von Anlagegütern, wie z. B. Grundstücken und Gebäuden oder Maschinen, bildet traditionell die wirtschaftliche Basis für die Tätigkeit von Industrieunternehmen. Die Vorteilhaftigkeitsbeurteilung von Sachinvestitionen für Industrieunternehmen bildet daher auch den Ursprung der Investitionsrechnung. Sachinvestitionen werden darüber hinaus allerdings auch von Handels- und Dienstleistungsunternehmen getätigt, sodass sich die Überlegungen zur Vorteilhaftigkeit von Sachinvestitionen auf sämtliche Branchen beziehen.

BMW investiert 200 Millionen Euro in Kompetenzzentrum Batteriezelle

Technologiekompetenz in Entwicklung und Produktion der Batteriezelle im Fokus.

München, 24.11.2017. Die BMW Group setzt ihre Elektromobilitätsstrategie konsequent um. Künftig bündelt BMW seine Technologiekompetenz rund um die Batteriezelle. Ziel des interdisziplinären Kompetenzzentrums ist es, die Technologie der Batteriezelle voranzutreiben und die Produktionsprozesse technologisch zu durchdringen. In den nächsten vier Jahren investiert das Unternehmen in den Standort 200 Mio. Euro und beschäftigt dort 200 Mitarbeiter. Anfang 2019 wird das Zentrum eröffnet.

Anlässlich der Grundsteinlegung sagte der Vorstand: „Im neuen High-Tech Kompetenzzentrum bündeln wir unser Fachwissen zur kompletten Wertschöpfungskette der Batteriezelltechnologie. In den Entwicklungslaboren und Anlagen forschen internationale Experten an der Weiterentwicklung der Zellchemie und dem Zelldesign. Im Fokus steht dabei eine weitere Verbesserung bei Performance, Lebensdauer, Sicherheit, dem Laden und nicht zuletzt den Kosten der Batterien. Damit setzen wir eine Benchmark für die gesamte Branche."

Abb. 7.3: Beispiel einer Sachinvestition (Quelle: *BMW*, 2017).

Immaterielle Investitionen (siehe auch Abbildung 7.4) als zweite Gruppe von Investitionsobjekten haben in der Vergangenheit erheblich an Bedeutung gewonnen, da das Volumen dieser Investitionen über fast alle Branchen stark angestiegen ist. Die

Konsequenzen von Forschungs- und Entwicklungsinvestitionen oder IT-Investitionen für die langfristige Existenz- und Erfolgssicherung des Unternehmens sind grundsätzlich mit denjenigen von Sachinvestitionen vergleichbar. Daher gelten für den Entscheidungsprozess bei immateriellen Investitionen grundsätzlich die gleichen Anforderungen wie bei einer Sachinvestitionsentscheidung. Die Frage, ob die in Zusammenhang mit den immateriellen Investitionen getätigten Auszahlungen bilanziell aktiviert werden, ist dabei für die unmittelbare Investitionsentscheidung nicht relevant. Nach dem Investitionsbegriff handelt es sich bei den o. a. Beispielen um Investitionen, deren Vorteilhaftigkeit im Rahmen des Investitionsentscheidungsprozesses ermittelt wird.

Infineon erweitert NFC-IP- und Technologie-Portfolio und baut führende Position auf dem IoT-Markt weiter aus

Technologie ermöglicht sichere Identifikation und Transaktionen für Wearables wie Armbänder, Ringe und Uhren.

München, 09.02.2022 - Die Infineon Technologies AG hat die Übernahme eines NFC-Patentportfolios von France Brevets und Verimatrix abgeschlossen. Damit ist das Unternehmen nun alleiniger Eigentümer des Portfolios, das aus fast 300 Patenten für verschiedene Länder besteht. Alle Patente beziehen sich auf NFC-Technologien (Nahfeldkommunikation; Near Field Communication): zum einen Technologien, die in einen integrierten Schaltkreis (IC) eingebettet sind, wie Active Load Modulation (ALM), zum anderen Technologien, die die Anwenderfreundlichkeit von NFC verbessern. Bisher wurde das Patentportfolio von France Brevets vermarktet, mittlerweile ist es vollständig in die Patentverwaltung von Infineon integriert.

„Mit dieser Akquisition erweitert Infineon das IP- und Technologie-Portfolio, insbesondere in unseren führenden Märkten für Sicherheit und Konnektivität für das Internet der Dinge", sagt Thomas Rosteck, President der Connected Secure Systems Division bei Infineon. „Der Ausbau unseres eigenen Patentportfolios unterstreicht die exzellente Positionierung des Unternehmens und die kontinuierlichen Investitionen in Technologien, die verschiedene Branchen abdecken. Die erworbenen Patente vergrößern nicht nur unsere Sichtbarkeit in den Bereichen Konnektivität und IoT, sondern bilden gleichzeitig einen weiteren Schritt hin zur führenden Position im Bereich der Geräteauthentifizierung."

Abb. 7.4: Beispiel einer immateriellen Investition (Quelle: *Infineon*, 2022).

Finanzinvestitionen sind die dritte Gruppe von Investitionsobjekten. Eine Finanzinvestition liegt vor, wenn Unternehmen Gläubiger- oder Beteiligungsrechte erwerben, wobei zwischen börslichen sowie außerbörslichen Anlagen unterschieden wird. Börsennotierte Gläubigerrechte werden beispielsweise bei einer Anlage in festverzinslichen Anleihen erworben, während die Geldanlage bei einem Kreditinstitut eine außerbörsliche Finanzinvestition ist. Beteiligungsrechte können z. B. durch die Minderheitsbeteiligung an einem nicht börsennotierten Unternehmen oder durch den Kauf eines Aktienpakets erworben werden. Im Gegensatz zu Unternehmensfusionen und -übernahmen (Mergers and Acquisitions) werden mit Finanzinvestitionen primär finanzielle Ziel und keine strategischen Motive verfolgt. Die in Abbildung 7.5 dargestellte Beteiligung von Merck an seinem Venture-Capital-Fonds M Ventures ist ein Beispiel für eine Finanzinvestition. Gleichzeitig zeigt dieses Beispiel auch, dass Unternehmen häufig mehrere Investitionsziele verfolgen. Mit der Investition in seinen Venture-Capital-Fonds verfolgt Merck auch strategische Ziele, um Zugang zu dem Entwicklungspotenzial innovativer Start-ups zu erhalten. Insofern ist die Einordnung der Investitionsobjekte nicht statisch. So kann sich eine Finanzinvestition beispielsweise in eine Sachinvestition wandeln, wenn sich der Investor nicht mehr ausschließlich auf finanzielle Ziele beschränkt, sondern strategische Ziele verfolgt und hierzu seine Beteiligung ausbaut.

Merck investiert weitere 600 Mio. € in seinen Venture-Capital-Fonds M Ventures

Merck hat heute die Aufstockung seines strategischen Corporate-Venture-Capital-Arms M Ventures bekannt gegeben.

Darmstadt, 08.12.2021 - Merck, ein führendes Wissenschafts- und Technologieunternehmen, hat heute die Aufstockung seines strategischen Corporate-Venture-Capital-Arms M Ventures bekannt gegeben. Das zusätzliche Kapital in Höhe von 600 Mio. € wird M Ventures über die nächsten fünf Jahre zur Verfügung gestellt. Dies ist die dritte Aufstockung des Unternehmens im Rahmen seiner finanziellen Beteiligung an M Ventures seit dessen Gründung im Jahr 2009. Das neue Kapital soll dazu eingesetzt werden, die Anzahl und Größenordnung von Investitionen weiter zu erhöhen.

„In den vergangenen 10 Jahren hat sich M Ventures in der Gründer- und Start-up-Szene von Biotech- und Tech-Unternehmen weltweit als führender Partner etabliert", sagte Belén Garijo, Vorsitzende der Geschäftsleitung von Merck. „Angesichts der umfangreichen Expertise des Fonds bei der Identifizierung neuer Technologien und Fähigkeiten wollen wir unsere jährlichen Investitionen erhöhen. M Ventures wird dadurch in der Lage sein, unsere Strategie für wegweisende Innovation voranzutreiben, seine Geschäftsentwicklung nachhaltig fortzusetzen sowie für innovative Unternehmen als Katalysator zu fungieren, damit sie bahnbrechende Technologien entwickeln können", fügte sie hinzu.

Abb. 7.5: Beispiel einer Finanzinvestition (Quelle: *Merck*, 2021).

Investitionsanlass

Das zweite Kriterium zur Abgrenzung von Investitionsprojekten ist der Investitionsanlass. Nach dem Anlass wird zwischen Gründungs-, Erweiterungs- und Reinvestitionen unterschieden (siehe Abbildung 7.6).

Gründungs- bzw. Erstinvestitionen sind die bei Unternehmensgründung getätigten Investitionen, während die für den weiteren unternehmerischen Wachstumsprozess erforderlichen Investitionsprojekte als Erweiterungsinvestitionen bezeichnet werden. Wachstumsinvestitionen dienen dazu, Kapazitäten in bestehenden Geschäftsfeldern zu erhöhen oder die Kapazität durch den Aufbau neuer Geschäftsfelder zu erhöhen. Reinvestitionen umfassen schließlich Ersatzinvestitionen, durch die alte Anlagen ersetzt werden, sowie Rationalisierungsinvestitionen, die auf eine Effizienzsteigerung des betrieblichen Leistungserstellungsprozesses zielen. In der Praxis gelingt es meistens allerdings nicht, das konkrete Investitionsprojekt exakt einem Anlass zuzuordnen, da sich die genannten Investitionsanlässe teilweise überschneiden. So kann ein Investitionsvorhaben z. B. gleichzeitig eine alte Anlage ersetzen (Ersatzinvestition), die Effizienz der Leistungserstellung erhöhen (Rationalisierungsinvestition) sowie neue Optionen der Leistungserstellung eröffnen (Erweiterungsinvestition).

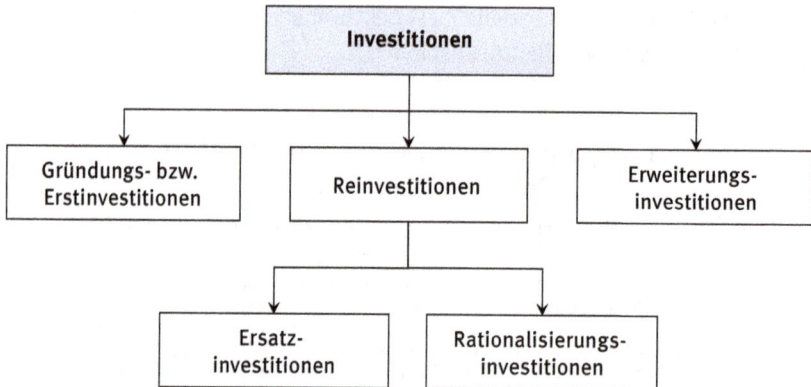

Investitionen

Gründungs- bzw. Erstinvestitionen

Reinvestitionen

Erweiterungs- investitionen

Ersatz- investitionen

Rationalisierungs- investitionen

Abb. 7.6: Abgrenzung von Investitionen nach dem Investitionsanlass.

Der Investitionsanlass bestimmt die Komplexität der Investitionsentscheidung und hat damit unmittelbare Bedeutung für den Investitionsentscheidungsprozess. So ist eine Wachstumsinvestition (z. B. die Einführung einer neuen Produktlinie) wesentlich komplexer als eine Ersatzinvestition (z. B. Ersatzbeschaffungen von Lastkraftwagen für den Fuhrpark). Die mit dem Investitionsanlass verbundene Komplexität hat wiederum direkte Auswirkungen auf den Entscheidungsprozess, der bei komplexen Investitionsvorhaben wesentlich aufwendiger ist als bei vergleichsweise einfachen Routineinvestitionen.

7.1.2 Zahlungsorientierter Investitionsbegriff

Im Vergleich zur vermögensorientierten Perspektive kommt im zahlungsorientierten Investitionsbegriff ein zeitlich jüngeres Verständnis von Investitionsentscheidungen zum Ausdruck.

Zahlungsströme von Investitionsprojekten

Der zahlungsorientierte Investitionsbegriff (vgl. *Schneider*, 1992, S. 20 f. sowie *Kruschwitz/Lorenz*, 2019, S. 3–5) basiert auf der modernen Investitions- und Finanzierungstheorie und stellt auf den durch Investitionsprojekte verursachten Zahlungsstrom ab (siehe S. 31 ff.). Ein Zahlungsstrom ist eine Reihe zusammenhängender Ein- und Auszahlungen. Während es sich bei Einzahlungen um den Zufluss liquider Mittel handelt, stellen Auszahlungen den Abfluss liquider Mittel dar. In diesem Zusammenhang unterscheidet das betriebliche Rechnungswesen zwischen Liquiditäts-, Gesamterfolgs- und Betriebserfolgsebene. Die in der Investitionsrechnung ebenso wie z. B. in der unternehmerischen Finanzplanung verwendeten Ein- und Auszahlungen zeigen Veränderungen auf der Liquiditätsebene. Veränderungen auf der Gesamterfolgsebene werden durch die aus der Finanzbuchhaltung bekannten Größen *Ertrag* bzw. *Aufwand* erfasst, während Veränderungen auf der Betriebserfolgsebene durch die in der Kosten- und Erfolgsrechnung verwendeten Größen *Erfolg* bzw. *Kosten* abgebildet werden. Insbesondere in der zahlungsorientierten dynamischen Investitionsrechnung weichen die verwendeten Größen daher von den aus der Finanzbuchhaltung bzw. der Kosten- und Erfolgsrechnung bekannten Größen ab.

In zahlungsorientierter Perspektive verursacht jedes Investitionsprojekt zu unterschiedlichen Zeitpunkten Aus- und Einzahlungen, wobei das Projekt mit einer oder mehreren Auszahlungen beginnt, denen anschließend die durch dieses Investitionsprojekt generierten Rückflüsse folgen. Als Rückfluss bzw. Einzahlungsüberschuss wird der Überschuss der Einzahlungen über die Auszahlungen einer Periode bezeichnet. Der Zahlungsstrom illustriert die finanziellen Konsequenzen des Investitionsprojektes und bildet die Grundlage für die finanzwirtschaftliche Beurteilung dieses Investitionsprojektes. Das folgende Beispiel soll Ihnen den zahlungsorientierten Investitionsbegriff verdeutlichen.

Beispiel: Zahlungsorientierter Investitionsbegriff

Ernst-August Holzwurm, geschäftsführender Gesellschafter der Ihnen bereits bekannten Holzwurm GmbH, arbeitet gemeinsam mit Andrea Kalkuletta, die als kaufmännische Leiterin auch für das Investitionscontrolling verantwortlich ist, an der Investitionsplanung für das kommende Geschäftsjahr. Nach eingehenden Marktanalysen wird der Beschluss gefasst, das Segment der Holzeisenbahnen zu stärken. Um die Herstellungskapazitäten im erforderlichen Umfang ausbauen zu können, muss das Unternehmen in neue Produktionsanlagen investieren. Für dieses Investitionsprojekt sind Anschaffungsauszahlungen von insgesamt 550.000 Euro erforderlich, die sofort (d. h. im Zeitpunkt $t = 0$) fällig sind. Unter Berücksichtigung technischer sowie wirtschaftlicher Aspekte wird für die Anlagen eine voraussichtliche Nutzungsdauer von vier Jahren angesetzt. Daher werden die durch das Investitionsprojekt verursachten Zahlungsströme für einen Zeitraum von vier Jahren prognostiziert. In Tabelle 7.1 sind die Ein- und Auszahlungen dargestellt, die bei Realisierung des Investitionsprojektes erwartet werden. Für jedes Jahr des Planungszeitraums werden abschließend die Rückflüsse als Saldo der Ein- und Auszahlungen ermittelt. Das Ergebnis ist der in Tabelle 7.1 dargestellte Zahlungsstrom.

Tab. 7.1: Zahlungsstrom des Investitionsvorhabens.

Jahr	0	1	2	3	4
Anschaffungsausgaben (€)	−550.000				
Einzahlungen (€)		460.000	490.000	530.000	520.000
Auszahlungen (€)		−292.000	−305.500	−323.500	−319.000
Zahlungsstrom (€)	−550.000	168.000	184.500	206.500	201.000

Anhand des Beispiels können Sie ersehen, dass die investitionsbedingten Ein- und Auszahlungen im Mittelpunkt des zahlungsorientierten Investitionsbegriffes stehen. Damit stellt der zahlungsorientierte Investitionsbegriff unmittelbar auf die finanziellen Unternehmensziele ab. Im Rahmen der finanzwirtschaftlichen Vorteilhaftigkeitsbeurteilung wird die Frage beantwortet, ob es sich für die Holzwurm GmbH lohnt, heute 550.000 Euro zu investieren, um in den folgenden vier Jahren den Strom an Einzahlungsüberschüssen aus Herstellung und Vertrieb von Holzeisenbahnen zu erhalten. Zur Beantwortung dieser Frage dienen Investitionsrechenverfahren. In den folgenden Kapiteln werden Sie verschiedene Rechenverfahren kennenlernen, die sich darin unterscheiden, anhand welcher Zielgröße die Frage nach der Vorteilhaftigkeit von Investitionsprojekten beantwortet wird. Dabei werden wir das Beispiel der Holzwurm GmbH wieder aufgreifen und die Vorteilhaftigkeit des o. a. Projektes mit Hilfe der unterschiedlichen Investitionsrechenverfahren analysieren.

Um eine Investitionsentscheidung treffen zu können, benötigen Investoren Informationen über die finanzwirtschaftliche Vorteilhaftigkeit der geplanten Investitionsprojekte. Vor diesem Hintergrund steht der zahlungsorientierte Investitionsbegriff im Mittelpunkt der weiteren Ausführungen, ohne dass wir deshalb den vermögensorientierten Investitionsbegriff gänzlich aus den Augen verlieren.

7.2 Investitionsentscheidungsprozess

Investitionsentscheidungen sind von grundlegender Bedeutung für die langfristige Existenz- und Erfolgssicherung des Unternehmens, da sie einerseits die Voraussetzung für die Erschließung neuer Erfolgspotenziale bilden und andererseits durch hohe Komplexität und vielfältige Interdependenzen zu den verschiedenen Teilbereichen des Unternehmens charakterisiert sind. Vor diesem Hintergrund erfordern Investitionsentscheidungen einen strukturierten Entscheidungsprozess. Das *Lernziel von Kapitel 7.2* besteht daher darin, die Bedeutung der Investitionsplanung für Investitionsentscheidungen zu verstehen, die einzelnen Phasen des Entscheidungsprozesses kennenzulernen und die Funktion der Investitionsrechnung im Rahmen von Investitionsentscheidungen beurteilen zu können.

7.2.1 Bedeutung der Investitionsplanung

Die Investitionsplanung ist der finanzwirtschaftliche Teilbereich der Unternehmensplanung, der sich mit der Analyse, Bewertung und Umsetzung von Investitionsprojekten beschäftigt.

Grundlagen

Als Teilbereich der Unternehmensplanung ist die Investitionsplanung in den gesamten unternehmerischen Planungsprozess eingebunden. Hinsichtlich der Entscheidungsebene wird mehrheitlich zwischen strategischer, taktischer und operativer Investitionsplanung unterschieden (siehe Abbildung 7.7; vgl. *Götze*, 2014, S. 25 f.).

Die strategische Investitionsplanung leitet sich unmittelbar aus der strategischen Unternehmensplanung ab und bezieht sich auf das Produkt- bzw. Dienstleistungsangebot, mit dem das Unternehmen am Markt tätig ist. Aus der strategischen Planung leitet sich die taktische Investitionsplanung ab, in deren Fokus die Aufrechterhaltung der laufenden Geschäftstätigkeit steht. Inhalt der aus der taktischen Planung abgeleiteten operativen Investitionsplanung sind schließlich regelmäßig wiederkehrende Investitionsanlässe, wie z. B. Ersatzinvestitionen mit geringem Investitionsvolumen.

Entscheidungsebene	Beispiele
Strategische Investitionsplanung: Langfristig ausgerichtete Planung, die sich auf das am Markt angebotene Produkt- bzw. Dienstleistungsangebot des Unternehmens bezieht.	• Forschungs- und Entwicklungsinvestitionen • Erweiterung der Produktionskapazität
Taktische Investitionsplanung: Aus der strategischen Planung abgeleitete und mittel-fristig ausgerichtete Planung, die sich auf die Aufrechterhaltung der laufenden Geschäftstätigkeit bezieht.	• Ersatzbeschaffung von Maschinen • Rationalisierungsinvestitionen
Operative Investitionsplanung: Aus der operativen Planung abgeleitete und kurzfristig ausgerichtete Planung, die sich auf regelmäßig wiederkehrende Investitionsanlässe bezieht.	• Laufende Ersatzbeschaffung geringwertiger Investitionsobjekte

Abb. 7.7: Entscheidungsebenen der Investitionsplanung.

Charakteristika von Investitionsentscheidungen

Die herausragende Bedeutung der Investitionsplanung innerhalb der Unternehmensplanung resultiert aus den charakteristischen Merkmalen von Investitionsentscheidungen:

- Investitionsprojekte binden üblicherweise ein *hohes Volumen an finanziellen Mitteln.*
- Bei Investitionen handelt es sich um eine *langfristige Form der Kapitalbindung,* da das investierte Kapital üblicherweise für fünf bis zehn Jahre, bei strategischen Investitionen auch länger gebunden wird.
- Investitionsentscheidungen weisen eine hohe *Interdependenz zu anderen Unternehmensfunktionen* auf. Die Realisierung eines Investitionsprojektes hat beispielsweise Auswirkungen auf den Einkauf, die Leistungserstellung, den Verkauf oder den Personalbereich.
- Durch Investitionsentscheidungen wird vielfach die *Kostenstruktur* des Unternehmens verändert. So erhöhen insbesondere kapitalintensive Investitionen den prozentualen Anteil der Fixkosten, wodurch die Erlössituation des Unternehmens anfälliger für Absatzschwankungen wird.
- Investitionsentscheidungen sind meistens *nicht bzw. nur unter hohen Kosten reversibel.*

Unabhängig von der hohen Komplexität der damit verbundenen Entscheidungen sind regelmäßige Investitionen für jedes Unternehmen zwingend erforderlich, um Anschluss an die technologische Entwicklung zu halten und das unternehmerische Leistungsangebot an die Anforderungen der Absatzmärkte anzupassen. Die unternehmerische Investitionstätigkeit ist eine notwendige Voraussetzung für den Markterfolg und damit für die langfristige Existenz- und Erfolgssicherung des Unternehmens. Vor diesem Hintergrund ist die Investitionsplanung einer der wichtigsten Planungsprozesse im Rahmen der Unternehmensgesamtplanung. Angesichts der hohen Bedeutung von Investitionsentscheidungen und der mit diesen Entscheidungen verbundenen Komplexität wird die Investitionsplanung üblicherweise in Form eines strukturierten Entscheidungsprozesses umgesetzt.

7.2.2 Phasen des Entscheidungsprozesses

Entscheidungsprozesse werden in der Betriebswirtschaftslehre in unterschiedlicher Weise abgegrenzt. In enger Abgrenzung bezieht sich der Entscheidungsprozess ausschließlich auf die Phasen der Anregung, Alternativensuche und -bewertung sowie Entscheidung. Im Folgenden wird einer weiten Begriffsabgrenzung gefolgt, die den gesamten mit der Investitionsentscheidung verbundenen Führungsprozess einschließlich Entscheidungsumsetzung und -kontrolle betrachtet (vgl. *Kruschwitz/Lorenz,* 2019, S. 6 f. sowie *Götze,* 2014, S. 14 ff.). Nach dieser Abgrenzung untergliedert sich der Investitionsentscheidungsprozess in sieben Phasen (siehe Abbildung 7.8).

Investitionsentscheidungsprozess (i. w. S.)	
Zielplanung	• Ableitung von Investitionszielen aus den Unternehmenszielen • Strukturierung der Investitionsziele
Investitionsanregung	• Feststellung des Investitionsbedarfs (Investitionsproblem) • Strukturierung und Beschreibung des Investitionsproblems
Alternativensuche	• Ermittlung der Investitionsalternativen (Handlungsalternativen) • Strukturierung und Spezifizierung der Investitionsalternativen
Alternativenbewertung	• Vorprüfung der Investitionsalternativen: technisches Screening, wirtschaftliches Screening, Prüfung qualitativer Zielbeiträge • Hauptprüfung der verbleibenden Investitionsalternativen: Bestimmung der finanziellen Vorteilhaftigkeit, transparente Gewichtung der quantitativen und qualitativen Zielbeiträge • Ausarbeitung eines Entscheidungsvorschlags • Abstimmung des Entscheidungsvorschlags mit der Finanz-, Produktions- und Absatz planung sowie weiteren Teilplänen
Entscheidung	• Entscheidung über die Beschaffung der Investitionsobjekte
Realisation	• Beschaffung und Einsatz der Investitionsobjekte
Investitionskontrolle	• Realisationskontrolle (Soll-Ist-Vergleich) • Abweichungsanalyse

Abb. 7.8: Investitionsentscheidungsprozess.

In der ersten Phase erfolgt die Ableitung von Investitionszielen aus den Zielen der übergeordneten Unternehmensgesamtplanung. In der Praxis werden Investitionsziele zeitlich vielfach bereits deutlich vor den anderen Phasen geplant und über einen längeren Zeitraum konstant gehalten. Die *Zielplanung* dient der Festlegung der finanziellen sowie der sonstigen Ziele, die mit dem Investitionsvorhaben verfolgt werden. Typische Beispiele für finanzielle Unternehmensziele sind die Steigerung von Rentabilität, Liquidität oder Umsatz. Darüber hinaus können mit Investitionsprojekten weitere quantitative Ziele verfolgt werden, z. B. die Erhöhung des Marktanteils oder der Produktionsmenge. Schließlich können Investitionsprojekte zur Verfolgung qualitativer Ziele dienen, z. B. eine Imageverbesserung, verbesserte Arbeitsbedingungen oder eine stärkere Berücksichtigung des Umweltschutzes. Die verschiedenen Investitionsziele müssen untereinander koordiniert, hierarchisch strukturiert und auf ihre Kompatibilität zur Unternehmensgesamtplanung überprüft werden.

Mit der Phase der *Investitionsanregung* beginnt der Kern des Investitionsentscheidungsprozesses, da mit dieser Phase die eigentliche Investitionsplanung beginnt. Der Anstoß zu einer Investition kann aus dem Unternehmen oder von unternehmensexternen Quellen kommen. Unternehmensinterne Quellen sind beispielsweise die Leistungserstellung (z. B. infolge von Kapazitätsengpässen, Qualitätsminderungen oder Terminproblemen), die Forschung und Entwicklung (z. B. infolge neuer Technologien oder Patente), das Marketing (z. B. infolge einer Konkurrenzanalyse oder des Entstehens neuer Kundenbedürfnisse) oder das Rechnungswesen (z. B. aufgrund sinkender Absatzpreise oder veränderter Kostenstrukturen). Externe Investitionsanregungen können z. B. von Wettbewerbern, Kunden, Lieferanten oder vom Gesetzgeber kommen. Nachdem der Investitionsbedarf festgestellt worden ist, muss das zu lösende Investitionsproblem strukturiert und detailliert beschrieben werden. Diese Beschreibung enthält die Darstellung und Begründung des Investitionsbedarfes sowie die Vor- und Nachteile einer Investition.

Aufbauend auf dem in der vorangegangenen Phase beschriebenen Investitionsbedarf werden in der Phase der *Alternativensuche* Investitionsprojekte gesucht, die zur Lösung des zuvor festgestellten Investitionsbedarfs geeignet sind. Hierzu werden mögliche Investitionsprojekte gesammelt, strukturiert und exakt spezifiziert, um eindeutige und vergleichbare Handlungsalternativen zu erhalten. Die in dieser Form aufbereiteten Investitionsalternativen bilden die Grundlage für die anschließende Bewertung der Alternativen.

In der vierten Phase erfolgt die *Alternativenbewertung*. Vielfach wird diese Phase in zwei Teilphasen unterteilt, um den Aufwand bei der Alternativenbewertung zu begrenzen. Üblich ist eine Unterteilung in die beiden Teilphasen der Vor- und Gesamtprüfung. In der Vorprüfung erfolgt zunächst ein vergleichsweise grobes Screening, bei dem unter Berücksichtigung technischer, wirtschaftlicher sowie qualitativer Aspekte eine Vorauswahl der Alternativen erfolgt, die grundsätzlich für die Lösung des Investitionsproblems in Frage kommen. Im Rahmen der Vorprüfung werden Investitionsalternativen, die eindeutig nicht zu den Investitionszielen passen, bereits frühzeitig ausgeschlossen, sodass sich die Anzahl der detailliert zu prüfenden Alternativen reduziert. Die detaillierte Bewertung der verbleibenden Investitionsalternativen erfolgt in der Gesamtprüfung. Im Mittelpunkt dieser Teilphase steht die finanzwirtschaftliche Vorteilhaftigkeitsanalyse, bei der anhand von Investitionsrechenverfahren der finanzielle Zielbeitrag jeder Investitionsalternative ermittelt wird. In Ergänzung zu den finanziellen Zielbeiträgen werden weitere quantitative sowie qualitative Zielbeiträge berücksichtigt. Ergebnis der Alternativenbewertung ist ein Entscheidungsvorschlag, der eine oder mehrere Investitionsalternativen beinhalten kann. Die in diesem Entscheidungsvorschlag enthaltenen Investitionsprojekte müssen abschließend mit der Finanzplanung sowie den anderen betrieblichen Teilplänen abgestimmt werden.

Nach der Ermittlung der unterschiedlichen Zielbeiträge dient die *Entscheidungsphase* dazu, die quantitativen und qualitativen Entscheidungskriterien transparent zu gewichten und auf Basis der Kriterien die Investitionsentscheidung für ein oder mehrere Investitionsprojekte zu treffen. Mit der Investitionsentscheidung ist der Entscheidungsprozess i. e. S. beendet. Die beiden folgenden Phasen der Realisation und Kontrolle werden aufgrund des engen Zusammenhangs zu den vorangegangenen Phasen dem Investitionsentscheidungsprozess i. w. S. zugerechnet.

Auf Basis des Entscheidungsvorschlages erfolgt in der sechsten Phase die *Realisation* eines oder mehrerer Investitionsprojekte. In diese Phase fallen die Beschaffung sowie der Einsatz der ausgewählten Investitionsprojekte. Auch wenn die Umsetzung bzw. Realisation nicht unter die Investitionsplanung im engeren Sinne fällt, so ist diese Phase dennoch Bestandteil des Investitionsentscheidungsprozesses.

Nach dem Motto „keine Planung ohne Kontrolle!" bildet die *Kontrollphase* die abschließende Phase des Investitionsentscheidungsprozesses. In der Phase der Investitionskontrolle werden die realisierten Daten mit den Planungsdaten des Investitionsprojektes verglichen (Soll-Ist-Vergleich). Die Abweichungsanalyse dient dazu, die im Soll-Ist-Vergleich festgestellten Abweichungen zu untersuchen und Abweichungsursachen festzustellen. Darüber hinaus werden auch die Planungsgrundlagen in die Kontrolle einbezogen. Die Rückkopplung in frühe Phasen des Planungsprozesses dient dem Ziel, den Investitionsentscheidungsprozess zu optimieren.

7.2.3 Funktionen der Investitionsrechenverfahren

Investitionsrechenverfahren kommt eine entscheidende Rolle im Rahmen von Investitionsentscheidungen zu. Sie dienen dazu, die finanzwirtschaftliche Vorteilhaftigkeit von Investitionsprojekten zu überprüfen. Da Investitionen nicht nur dazu dienen, finanzwirtschaftliche Ziele zu verfolgen, werden nachfolgend zunächst die verschiedenen Investitionsziele erörtert, bevor anschließend die Bedeutung der Investitionsrechenverfahren im Rahmen von Investitionsentscheidungen herausgearbeitet wird.

Investitionsziele

Der vorangegangene Abschnitt hat Ihnen gezeigt, dass sowohl quantitative als auch qualitative Ziele für eine Investitionsentscheidung von Bedeutung sind. Die quantitativen Investitionsziele werden dabei noch einmal in finanzielle (monetäre) und in nicht monetäre Ziele unterschieden (siehe Abbildung 7.9). Bei der Investitionsbeurteilung werden in der Phase der Alternativenbewertung finanzielle, weitere quantitative sowie qualitative Ziele berücksichtigt. Dazu wird die Alternativenbewertung in die beiden Teilphasen der Vor- und Gesamtprüfung unterteilt. Die Vorprüfung dient beispielsweise dazu, die Erfüllung nicht finanzieller Ziele (z. B. technischer Ziele) im Rahmen der technischen Vorteilhaftigkeitsanalyse zu überprüfen. Sofern eine Investitionsalternative die technischen Anforderungen an das Investitionsvorhaben nicht erfüllt, findet diese Alternative keine Berücksichtigung im Rahmen der Gesamtprüfung. So ist es beispielsweise kaum denkbar, dass ein Unternehmen in ein neues computergestütztes Produktionsplanungsprogramm investiert, das inkompatibel zur bisher vom Unternehmen eingesetzten Software ist. Die Erfüllung qualitativer Investitionsziele (z. B. Umwelt- oder Sozialziele) erfolgt ebenfalls bereits in der Vorprüfungsphase. Investitionsalternativen, die in nicht akzeptablem Umfang von qualitativen Unternehmenszielen abweichen, werden ebenfalls bereits in dieser Phase des Entscheidungsprozesses abgelehnt.

```
                    ┌─────────────────────────┐
                    │    Investitionsziele     │
                    └─────────────────────────┘
                                 │
              ┌──────────────────┴──────────────────┐
              ▼                                      ▼
  ┌───────────────────────┐          ┌───────────────────────┐
  │     Monetäre Ziele     │          │  Nicht monetäre Ziele  │
  └───────────────────────┘          └───────────────────────┘
```

- Gewinnsteigerung
- Rentabilitätssteigerung
- Umsatzsteigerung
- Kostensenkung

→ *Investitionsrechnungen*

- Streben nach Prestige
- Marktanteilswachstum
- Soziale Ziele
- Ökologische Ziele

Abb. 7.9: Systematisierung von Investitionszielen.

Monetäre versus nicht monetäre Ziele

Die Erfüllung der finanziellen Ziele wird anhand von Investitionsrechenverfahren überprüft. Diese Rechenverfahren kommen sowohl bei der Vorprüfung als auch bei der Gesamtprüfung zum Einsatz. Dabei kann im Rahmen der Vorprüfung eine Grobauswahl erfolgen, während die verbleibenden Investitionsalternativen in der Gesamtprüfung detailliert auf ihre finanzwirtschaftliche Vorteilhaftigkeit untersucht werden. Auch wenn die verschiedenen Verfahren der Investitionsrechnung im Mittelpunkt der weiteren Ausführungen stehen, so bedeutet das nicht, dass die Rechenverfahren den gesamten Investitionsentscheidungsprozess dominieren. Investitionsrechenverfahren überprüfen, welchen Beitrag einzelne Investitionsalternativen zur Erfüllung der finanziellen Unternehmensziele leisten. Der Beitrag der verschiedenen Handlungsalternativen zur Erfüllung nicht monetärer (quantitativer bzw. qualitativer) Unternehmensziele wird im Investitionsentscheidungsprozess ebenfalls erfasst, jedoch außerhalb der Investitionsrechnung. Theoretisch ist es möglich, finanzielle ebenso wie nicht finanzielle Ziele innerhalb eines multidimensionalen Entscheidungsverfahrens zu berücksichtigen. Von der Wissenschaft sind multidimensionale Verfahren (z. B. die Nutzwertanalyse) entwickelt worden, die mehrere Zieldimensionen im Rahmen der Alternativenbewertung berücksichtigen und zu einer eindeutigen Entscheidung führen (vgl. z. B. *Götze*, 2014, S. 185 ff. oder *Hoffmeister*, 2008). In der praktischen Anwendung erweisen sich diese Verfahren allerdings regelmäßig als zu komplex, sodass sich multidimensionale Verfahren in der Unternehmenspraxis nicht durchsetzen können. Abschließend bleibt festzuhalten, dass die Erfüllung der finanziellen Ziele nur *eine* Dimension bei der Beurteilung von Investitionsalternativen darstellt. Für Unternehmen, die in einem marktwirtschaftlichen System tätig sind, handelt es sich bei finanzwirtschaftlichen Unternehmenszielen allerdings um ein fundamentales Entscheidungskriterium, das über den finanziellen Erfolg und damit über das langfristige Überleben des Unternehmens entscheidet.

Vorteilhaftigkeitsanalyse

Investitionsrechenverfahren verfolgen das Ziel, Investitionsentscheidungen unter Bezug auf die finanziellen Unternehmensziele ökonomisch zu fundieren (zu den Finanzzielen siehe auch S. 16 ff.). Unter Bezug auf den zahlungsorientierten Investitionsbegriff dienen die mit einem Investitionsvorhaben verbundenen Ein- und Auszahlungen als Grundlage für die Investitionsbeurteilung. Investitionsrechenverfahren verdichten den Strom aus Ein- und Auszahlungen zu einer einzigen Zielgröße, anhand derer die Vorteilhaftigkeit des Investitionsvorhabens beurteilt wird. In Theorie und Praxis existieren eine Vielzahl verschiedener Verfahren, die unterschiedliche Zielgrößen zur Vorteilhaftigkeitsbeurteilung von Investitionsvorhaben verwenden, z. B. den jährlichen Gewinn oder die Investitionsrendite.

Um eine Investitionsrechnung durchführen zu können, müssen die für das jeweilige Rechenverfahren benötigten *Informationen* beschafft werden. Für die rechnerische Vorteilhaftigkeitsbeurteilung werden vor allem Informationen über die zukünftig erwarteten Ein- und Auszahlungen, die erwarteten Zahlungszeitpunkte sowie die Unsicherheit der zukünftigen Zahlungen benötigt. Die Höhe der zukünftig erwarteten Ein- und Auszahlungen muss bekannt sein oder zumindest mit hinreichender Genauigkeit geschätzt werden können. Das Gleiche gilt für die Zahlungszeitpunkte, die ebenfalls prognostiziert werden müssen. Ein Teil der Investitionsrechenverfahren verzichtet allerdings auf eine exakte Prognose der Zahlungszeitpunkte und verwendet stattdessen Durchschnittswerte. Schließlich ist die Frage nach der mit den zukünftigen Investitionsrückflüssen verbundenen Unsicherheit zu beantworten, da die in der Zukunft liegenden Zahlungen unsicher sind. Die weiteren Kapitel werden Ihnen verdeutlichen, wie die verschiedenen Investitionsrechenverfahren diese Fragen lösen.

Absolute und relative Vorteilhaftigkeit

Wir haben bereits festgestellt, dass die grundlegende Funktion von Investitionsrechenverfahren darin besteht, die finanzielle Vorteilhaftigkeit von Investitionsvorhaben zu beurteilen. Die Vorteilhaftigkeitsanalyse unterscheidet zwischen absoluter und relativer Vorteilhaftigkeit. Bei der *absoluten Vorteilhaftigkeit* geht es um die Frage, ob ein bestimmtes Investitionsprojekt realisiert werden soll oder ob es günstiger ist, auf die Realisation dieses Projektes zu verzichten. Beachten Sie bitte, dass es bei jeder Investitionsentscheidung zumindest die Alternative gibt, das Investitionsprojekt nicht zu realisieren. Aus ökonomischer Perspektive ist es sinnvoll, auf Investitionsprojekte zu verzichten, die einen negativen Beitrag zur Erfüllung der finanziellen Unternehmensziele leisten. In der Praxis steht Investoren üblicherweise der Kapitalmarkt als Anlagealternative zur Verfügung. Investitionsprojekte, die lediglich negative Zielbeiträge leisten, z. B. aufgrund einer unzureichenden Investitionsrendite, sollten daher nicht realisiert werden. In diesem Fall ist es für den Investor günstiger, sein Kapital am Kapitalmarkt anzulegen.

Die *relative Vorteilhaftigkeit* bezieht sich auf den Vergleich mehrerer alternativer Investitionsprojekte, deren Realisierung sich gegenseitig ausschließt. Die Ermittlung der relativen Vorteilhaftigkeit ist immer dann erforderlich, wenn ein Investor aufgrund beschränkter Ressourcen (z. B. bei Kapitalrationierung, ausgeschöpften Produktionskapazitäten oder begrenzten personellen Ressourcen) nicht sämtliche zur Auswahl stehenden Projekte gleichzeitig realisieren kann. In einer Welt mit unbegrenzten Ressourcen wäre es unter finanzwirtschaftlichen Aspekten vorteilhaft, sämtliche Projekte zu realisieren, die absolut vorteilhaft sind, da diese Investitionsprojekte einen positiven Beitrag zur Erfüllung der finanziellen Unternehmensziele leisten. Da es in der Realität jedoch keine unbeschränkten Ressourcen gibt, muss die relative Vorteilhaftigkeit alternativer Projekte ermittelt werden. Hierbei wird die Frage beantwortet, welches der alternativen Investitionsprojekte A, B oder C realisiert werden sollte. Hierzu werden die finanziellen Zielbeiträge (z. B. der jeweilige Gewinn pro Jahr) der verschiedenen Investitionsalternativen ermittelt und miteinander verglichen. Relativ vorteilhaft ist die Alternative, die ceteris paribus den höchsten Zielbeitrag generiert.

Die Beurteilung der relativen Vorteilhaftigkeit darf allerdings nicht unabhängig von der absoluten Vorteilhaftigkeit der Investitionsprojekte erfolgen. Bevor die nach der Vorteilhaftigkeitsanalyse günstigste Alternative realisiert wird, muss die absolute Vorteilhaftigkeit der Investitionsalternativen überprüft werden. Angenommen, ein Investor hat die Auswahl zwischen drei Investitionsprojekten mit Renditen von 4 % (Projekt A), 5 % (B) bzw. 6 % (C). Der Investor kann das Vorhaben bei seiner Hausbank mit einem Kredit zu 7 % finanzieren. Bei relativer Betrachtung ist Projekt C am vorteilhaftesten. Absolut sind jedoch sämtliche Projekte unvorteilhaft, da keines der drei Projekte eine Rendite oberhalb der Finanzierungskosten von 7 % erwirtschaftet. Insofern träfe der Investor eine Fehlentscheidung, wenn er sich unter ausschließlicher Betrachtung der relativen Vorteilhaftigkeit für das vermeintlich beste Projekt C entschiede. Die aus Sicht des Investors beste Alternative ist der Verzicht auf das Investitionsvorhaben.

Einzel- und Programmentscheidungen

Vorteilhaftigkeitsentscheidungen werden des Weiteren danach unterschieden, ob es sich um eine Einzelentscheidung oder eine Programmentscheidung handelt. Bei der Einzelentscheidung steht die Frage nach der Vorteilhaftigkeit eines einzelnen Investitionsprojektes (absolute Vorteilhaftigkeit) oder die Frage nach der Auswahl zwischen mehreren konkurrierenden Projekten (relative Vorteilhaftigkeit) im Mittelpunkt. In der Praxis stehen einem Investor häufig mehrere Investitionsprojekte zur Verfügung, die er aufgrund eines begrenzten finanziellen Budgets oder aufgrund von Kapazitätsrestriktionen nicht alle realisieren kann. Daher ist neben der grundsätzlichen Empfehlung für oder gegen das Investitionsvorhaben auch die Entscheidung zwischen verschiedenen Investitionsalternativen zu treffen. Bei einer Programmentscheidung geht es demgegenüber um die Bestimmung des optimalen Investitionsprogramms. Ein Investitionsprogramm besteht aus mehreren sachlich bzw. zeitlich miteinander verbundenen Investitionsvorhaben. Angesichts ihrer grundlegenden Bedeutung konzentrieren sich die folgenden Ausführungen auf Einzelinvestitionen (zur Beurteilung von Programmentscheidungen siehe *Kruschwitz/ Lorenz*, 2019, S. 197 ff.).

7.2.4 Investitionsrechenverfahren im Überblick

Statische Investitionsrechenverfahren

Zur Vorteilhaftigkeitsbeurteilung von Investitionsvorhaben existiert eine Vielzahl unterschiedlicher Investitionsrechenverfahren. Üblicherweise wird dabei zwischen statischen und dynamischen Rechenverfahren unterschieden (siehe Abbildung 7.10). Die *statischen Investitionsrechenverfahren* abstrahieren von der zeitlichen Struktur des Zahlungsstroms, der durch das Investitionsvorhaben generiert wird. Stattdessen ermitteln sie Kosten- oder Gewinngrößen für ein exemplarisches Durchschnittsjahr, wobei auf kostenrechnerische Prinzipien zurückgegriffen wird. Damit handelt es sich bei den auch als Näherungs- oder Praktikerverfahren bezeichneten statischen Rechenverfahren um einperiodige Modelle. Angesichts ihrer vergleichsweise einfachen Anwendung sowie des geringen Informationsbedarfs besitzen die statischen Investitionsrechenverfahren auch heute noch praktische Relevanz. So bieten sich diese Verfahren insbesondere für Ersatzinvestitionen mit begrenztem Investitionsvolumen an, z. B. bei der Ersatzbeschaffung eines Kraftfahrzeugs.

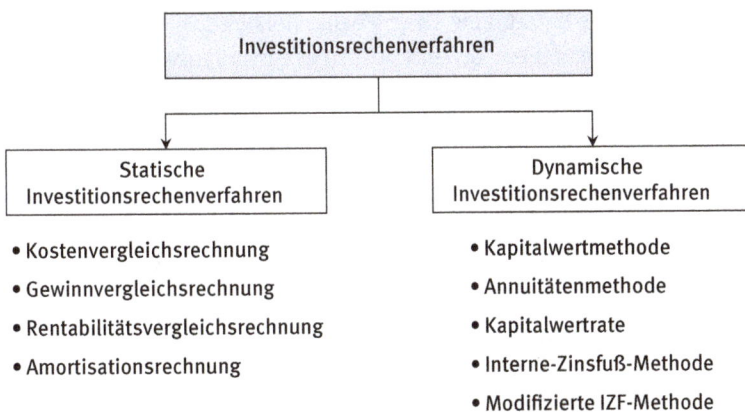

Abb. 7.10: Systematisierung von Investitionsrechenverfahren.

Dynamische Investitionsrechenverfahren

Im Gegensatz zu den statischen Rechenverfahren handelt es sich bei den *dynamischen Investitionsrechenverfahren* um Mehrperiodenmodelle, da diese Verfahren die zeitliche Struktur der durch ein Investitionsprojekt verursachten Ein- und Auszahlungen explizit in die Vorteilhaftigkeitsbeurteilung einbeziehen. Dynamische Rechenverfahren berücksichtigen damit den Umstand, dass gleich hohe Zahlungen zu verschiedenen Zeitpunkten aus Sicht von Investoren unterschiedlich bewertet werden. Somit führen dynamische Investitionsrechenverfahren sowohl bei der absoluten als auch bei der relativen Vorteilhaftigkeitsbeurteilung zu genaueren Ergebnissen als die statischen Rechenverfahren. Trotz ihrer höheren Komplexität gelten die dynamischen Investitionsrechenverfahren daher bereits seit Jahren als *State-of-the-Art* in Theorie und Praxis der Investitionsrechnung. Unter betriebswirtschaftlichen Aspekten ist eine dynamische Investitionsrechnung in den meisten Fällen zwingender Bestandteil des Investitionsentscheidungsprozesses. In besonderem Maße gilt dieses bei höheren Investitionsvolumina oder bei Investitionen in ein für das Unternehmen neues Geschäftsfeld, z. B. beim geplanten Erwerb einer neuen IT-Anlage oder beim Aufbau einer neuen Produktlinie.

Im folgenden Kapitel 8 befassen wir uns zunächst mit den statischen Investitionsrechenverfahren, bevor in Kapitel 9 die dynamischen Rechenverfahren erläutert werden. Sämtliche Rechenverfahren werden anhand von Beispielen illustriert.

7.3 Verständnisfragen zu den Grundlagen von Investitionsentscheidungen

Die folgenden Fragen beziehen sich auf Kapitel 7. Nachdem Sie das Kapitel durchgearbeitet haben, sollten Sie in der Lage sein, die Fragen zu beantworten. In Zweifelsfällen finden Sie Hinweise auf die Antworten zu den nachfolgenden Fragen im Text der Unterkapitel, in denen das betreffende Thema behandelt wird.

1. Was versteht man unter einem Investitionsprojekt in bilanzorientierter Perspektive?
2. Welche bilanziellen Auswirkungen hat die Umsetzung eines Investitionsvorhabens?
3. Welche Investitionsarten lassen sich unter Bezug auf das Investitionsobjekt unterscheiden?
4. Welche Investitionsarten lassen sich unter Bezug auf den Investitionsanlass unterscheiden?
5. Wie lässt sich ein Investitionsprojekt aus zahlungsorientierter Perspektive charakterisieren?
6. Welche Merkmale sind charakteristisch für Investitionsentscheidungen und welche Bedeutung haben diese Merkmale?

7. In welche Phasen kann der Investitionsentscheidungsprozess (i. w. S.) unterteilt werden?

8. Welche Funktion haben die Investitionsrechenverfahren im Rahmen des Investitionsentscheidungsprozesses?

9. Welche Ziele verfolgen Unternehmen bzw. Investoren typischerweise mit Investitionsprojekten?

10. Wodurch unterscheidet sich die absolute bzw. die relative Vorteilhaftigkeit von Investitionsprojekten?

11. Welche statischen Investitionsrechenverfahren gibt es und was sind die Gemeinsamkeiten dieser Rechenverfahren?

12. Welche dynamischen Investitionsrechenverfahren gibt es und was sind die Gemeinsamkeiten dieser Rechenverfahren?

8 Statische Investitionsrechenverfahren

Nachdem wir uns im vorangegangenen Kapitel mit den Grundlagen der Investitionsentscheidungen befasst haben, folgen jetzt die statischen Investitionsrechenverfahren. Statische Investitionsrechenverfahren analysieren Investitionsprojekte auf Basis eines für die gesamte Projektlaufzeit relevanten Durchschnittsjahres. Sie zeichnen sich daher durch eine vergleichsweise einfache Anwendung und einen geringen Informationsbedarf aus. Im Rahmen der statischen Investitionsrechnung beschäftigen wir uns einleitend mit den gemeinsamen Grundlagen dieser Rechenverfahren (Kapitel 8.1), bevor die statischen Investitionsrechenverfahren im Detail erläutert und anhand von Beispielen illustriert werden: die Kostenvergleichsrechnung (Kapitel 8.2), die Gewinnvergleichsrechnung (Kapitel 8.3), die Rentabilitätsvergleichsrechnung (Kapitel 8.4) sowie die Amortisationsrechnung (Kapitel 8.5). Im Anschluss erfolgt eine kurze Beurteilung der Aussagefähigkeit der statischen Investitionsrechenverfahren (Kapitel 8.6), bevor die Ausführungen dieses Kapitels durch Verständnisfragen und Übungsaufgaben abgeschlossen werden (Kapitel 8.7).

8.1 Grundlagen

Aufgrund ihrer unkomplizierten Anwendung werden statische Investitionsrechenverfahren in der Praxis bei relativ einfachen Investitionsentscheidungen gerne angewendet. Vor diesem Hintergrund besteht das *Lernziel von Kapitel 8.1* darin, die gemeinsamen Charakteristika der statischen Investitionsrechenverfahren kennenzulernen, sodass Sie die Anwendungsmöglichkeiten und -grenzen dieser Verfahren einschätzen können.

Entscheidungen unter Sicherheit

Statische Investitionsrechenverfahren treffen Entscheidungen unter Sicherheit, d. h. unter der *Prämisse vollkommener Information*. Annahmegemäß stehen den Investoren sämtliche für die Investitionsentscheidung erforderlichen Informationen zur Verfügung. Hierzu zählen beispielsweise die zur Realisierung des Investitionsvorhabens erforderlichen Investitionsauszahlungen, die zukünftig erwarteten Umsätze und Kosten, die geplante Nutzungsdauer sowie der relevante Kalkulationszinssatz. Obwohl die Prämisse vollkommener Information in der Praxis regelmäßig nicht erfüllt ist, werden statische Investitionsrechenverfahren für eine Vielzahl praktischer Entscheidungssituationen genutzt. In diesen Fällen müssen die benötigten Informationen mit hinreichender Genauigkeit geschätzt werden. Sofern das nicht möglich ist, wird die Unsicherheit explizit in das Entscheidungskalkül einbezogen, was grundsätzlich auch im Rahmen der statischen Investitionsrechenverfahren möglich ist. Aufgrund der komplexen Entscheidungssituationen kommen bei Vorliegen von

https://doi.org/10.1515/9783110987621-008

Unsicherheit jedoch meistens dynamische Investitionsrechenverfahren zur Anwendung. Statische Investitionsrechenverfahren werden in der Praxis vor allem in vergleichsweise einfach strukturierten Entscheidungssituationen eingesetzt.

Statische Investitionsrechenverfahren orientieren sich an einem für das geplante Investitionsprojekt typischen *Durchschnittsjahr*, sodass die einzelnen Jahre innerhalb der geplanten Nutzungsdauer nicht im Detail analysiert werden müssen. Um ein repräsentatives Durchschnittsjahr zu erhalten, werden einmalige Zahlungen periodisiert. Ein typisches Beispiel für die *Periodisierung von Zahlungsgrößen* sind die zur Realisierung des Investitionsvorhabens erforderlichen Anschaffungsauszahlungen. Diese werden durch die Bildung von Abschreibungen periodisiert und damit bei der Analyse des Durchschnittsjahres berücksichtigt. Infolge der Fokussierung auf ein Durchschnittsjahr abstrahieren statische Rechenverfahren von der zeitlichen Struktur des Zahlungsstroms, der durch das zu bewertende Investitionsvorhaben generiert wird. Das bedeutet, dass identische Zahlungen gleich stark gewichtet werden, auch wenn diese Zahlungen zu unterschiedlichen Zeitpunkten entstehen.

Zu den statischen Investitionsrechenverfahren zählen die Kostenvergleichsrechnung, die Gewinnvergleichsrechnung, die Rentabilitätsvergleichsrechnung sowie die Amortisationsrechnung (siehe Abbildung 8.1). Während die Prämissen und die grundlegende Ermittlungsmethodik der statischen Rechenverfahren vergleichbar sind, unterscheiden sich die von den einzelnen Verfahren verwendeten Zielgrößen (siehe zur statischen Investitionsrechnung auch *Däumler/Grabe/Meinzer*, 2019, S. 213 ff. oder *Bieg/Kußmaul/Waschbusch*, 2016, S. 51 ff.).

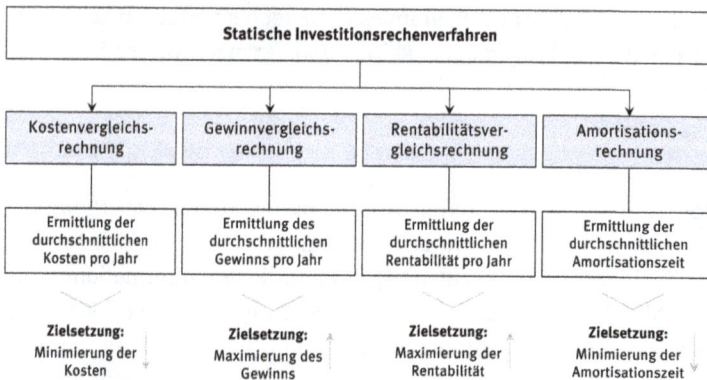

Abb. 8.1: Statische Investitionsrechenverfahren.

- Die *Kostenvergleichsrechnung* ermittelt die bei Realisierung von Investitionsprojekten entstehenden Kosten pro Jahr. Im Rahmen der Investitionsentscheidung wird dabei die Alternative mit den geringsten jährlichen Kosten ausgewählt.
- Die *Gewinnvergleichsrechnung* als Erweiterung der Kostenvergleichsrechnung bezieht neben den Kosten auch die Umsatzerlöse in die Vorteilhaftigkeitsbe-

trachtung ein. Als Zielgröße wird der durchschnittliche Gewinn pro Jahr ermittelt, wobei das Ziel des Verfahrens darin besteht, den infolge einer Investitionsentscheidung realisierbaren Gewinn zu maximieren.

– Die *Rentabilitätsvergleichsrechnung* errechnet eine relative bzw. prozentuale Zielgröße, die neben dem erwirtschafteten Gewinn auch das investierte Kapital berücksichtigt. Zur Ermittlung der Rentabilität wird der Gewinn pro Jahr durch das durchschnittlich investierte Kapital dividiert. Investitionsentscheidungen werden nach diesem Verfahren mit dem Ziel der Rentabilitätsmaximierung getroffen.

– Die *Amortisationsrechnung* ermittelt den Zeitraum, der bis zum Rückfluss des investierten Kapitals vergeht. Im Rahmen der Vorteilhaftigkeitsanalyse verfolgt die Amortisationsrechnung das Ziel, die Amortisationszeit zu minimieren, wobei dieser Zeitraum vielfach als Maßstab für das Investitionsrisiko interpretiert wird.

Im Weiteren behandeln wir die einzelnen statischen Investitionsrechenverfahren. Wir beginnen mit der Kostenvergleichsrechnung, die als Ursprung der statischen Kalküle angesehen werden kann.

8.2 Kostenvergleichsrechnung

Eine Kostenvergleichsrechnung führen Sie beispielsweise durch, wenn Sie die Kosten für die Nutzung Ihres Autos ermitteln. Hierzu schätzen Sie zunächst die durchschnittliche jährliche Fahrleistung, die anschließend mit den variablen Kosten pro Kilometer multipliziert wird. Bei einem Fahrzeug mit Verbrennungsmotor werden die *variablen Kosten* vor allem durch den Kraftstoffverbrauch verursacht, während sie bei einem Elektroauto hauptsächlich durch den Stromverbrauch entstehen. Darüber hinaus werden variable Kosten durch weitere Verbrauchsstoffe und Verschleißteile (z. B. Motoröl oder Bremsbeläge) verursacht. Neben den variablen Kosten entstehen *fixe Kosten* durch die Betriebsbereitschaft des Wagens, z. B. Kosten für Versicherung oder Steuern. Weitere Fixkosten entstehen durch das gebundene Kapital sowie den Wertverlust des Fahrzeuges. Für die durch die Kapitalbindung verursachten Kosten setzen Sie *kalkulatorische Zinsen* an, während der Wertverlust durch die *Verrechnung von Abschreibungen* berücksichtigt wird. Als Ergebnis Ihrer Rechnung erhalten Sie die Fahrzeugkosten pro Jahr. Auch wenn Sie kein eigenes Auto fahren, haben Sie eine entsprechende Rechnung vielleicht schon einmal durchgeführt. Dann wird Ihnen aufgefallen sein, dass Sie mit Bahn, Bus oder Fahrrad wesentlich kostengünstiger unterwegs sind – mit dem Fahrrad zudem auch noch gesünder.

Der Kostenvergleich in der Investitionsrechnung erfolgt nach dem gleichen Grundprinzip wie die hier skizzierte Ermittlung der Kosten für die Autonutzung. Dennoch besteht das Ziel dieses Kapitels nicht darin, Sie von den Vorteilen des Fahrradfahrens zu überzeugen. Das *Lernziel von Kapitel 8.2* besteht darin, die Kostenvergleichsrechnung kennenzulernen sowie die mit diesem Verfahren verbundenen Einsatzmöglichkeiten und Grenzen zu verstehen.

8.2.1 Vorteilhaftigkeitsanalyse von Investitionsprojekten

Grundlagen

Die Kostenvergleichsrechnung verfolgt das Ziel, die durch ein Investitionsprojekt entstehenden Kosten zu ermitteln und im Alternativenvergleich die Investitionsalternative mit den geringsten Kosten zu bestimmen. Hierzu werden die gesamten durch Realisierung und Betrieb eines Investitionsprojektes entstehenden Kosten ermittelt, um alternative Investitionsprojekte anhand ihrer *Gesamtkosten pro Periode* zu vergleichen. Beim Alternativenvergleich wird üblicherweise eine Vergleichsperiode von einem Geschäftsjahr gewählt; es sind aber auch andere Vergleichszeiträume (z. B. ein Monat) möglich. Sofern nichts anderes angegeben ist, beziehen sich die weiteren Ausführungen zur Kostenvergleichsrechnung sowie zu den anderen statischen Investitionsrechenverfahren auf jährliche Vergleichsperioden. Entscheidungskriterium der Kostenvergleichsrechnung sind die für das Geschäftsjahr errechneten Gesamtkosten, wobei die Investitionsalternative mit den geringsten Gesamtkosten pro Jahr präferiert wird. Zur Beurteilung der *absoluten Vorteilhaftigkeit* eines einzelnen Investitionsvorhabens ist die Kostenvergleichsrechnung weniger geeignet, da der für eine sinnvolle Aussage erforderliche Vergleichsmaßstab fehlt. In der Praxis wird die Kostenvergleichsrechnung daher primär zur Ermittlung der *relativen Vorteilhaftigkeit*, d. h. beim Vergleich verschiedener Investitionsalternativen, eingesetzt.

Kostenbegriff

Bei der Ermittlung der Kosten orientiert sich die Kostenvergleichsrechnung an dem aus der Kosten- und Erfolgsrechnung bekannten wertmäßigen Kostenbegriff. Nach dem *wertmäßigen Kostenbegriff* sind Kosten der bewertete Verzehr von Gütern oder Dienstleistungen, sofern der Verzehr der Erfüllung des Betriebszwecks dient (vgl. *Brühl*, 2016, S. 54 f.). In der Investitionsrechnung wird üblicherweise eine lineare Kostenfunktion unterstellt, wobei die Kosten durch die eigentliche Investitionsentscheidung sowie durch den anschließenden Prozess der Leistungserbringung entstehen. Nach dem Verhalten bei Leistungsschwankungen wird zwischen fixen und variablen Kosten unterschieden. *Fixkosten* (z. B. Mieten, Gehälter oder Abschreibungen) entstehen durch die Aufrechterhaltung der Betriebsbereitschaft; sie fallen daher auch an, wenn keine Leistungen erbracht werden. *Variable Kosten* (z. B. Material- oder Energiekosten) entstehen dagegen nur, wenn das Unternehmen seine betrieblichen Leistungen erbringt. Die Höhe der variablen Kosten ist dabei von der Leistungsmenge abhängig.

Grundsätzlich kann die Vorteilhaftigkeit eines Investitionsvorhabens entweder auf Basis eines *Kostenvergleichs pro Periode (Jahr)* oder *pro Leistungseinheit (Stück)* ermittelt werden. Der periodenbezogene Kostenvergleich unterstellt, dass für die zu vergleichenden Investitionsprojekte die gleiche Leistungsmenge geplant ist. Dagegen muss bei unterschiedlicher Leistungsmenge ein Kostenvergleich pro Leistungseinheit durchgeführt werden. Die weiteren Ausführungen beziehen sich auf den Kostenvergleich pro Jahr; auf den Kostenvergleich pro Leistungseinheit wird am Ende des Abschnitts noch einmal kurz eingegangen.

Kostenarten

Die Vorteilhaftigkeitsanalyse auf Basis der Kostenvergleichsrechnung ermittelt die laufenden sowie die kalkulatorischen Kosten der zu vergleichenden Investitionsvorhaben (siehe Abbildung 8.2). *Laufende Kosten* sind beispielsweise Personalkosten, Materialkosten, Instandhaltungskosten, Mietkosten sowie Energiekosten. Bei den *kalkulatorischen Kosten* handelt es sich um die durch die Kapitalbindung sowie den Wertverlust entstehenden Kosten. Beispiele sind die kalkulatorischen Zinsen sowie die kalkulatorischen Abschreibungen (vgl. *Brühl*, 2016, S. 96 ff. sowie *Däumler/Grabe*, 2013, S. 129 ff.). Im Folgenden behandeln wir zunächst die Ermittlung der laufenden Kosten und daran anschließend die Bestimmung der kalkulatorischen Kosten.

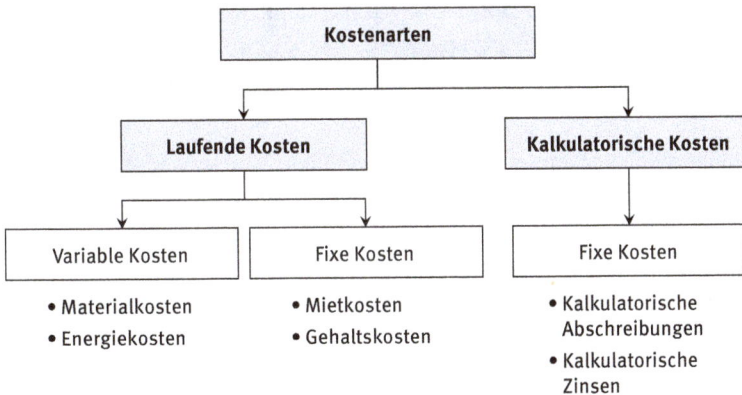

Abb. 8.2: Kostenarten in der statischen Investitionsrechnung.

Laufende Kosten

Die Planung der laufenden Kosten erfolgt getrennt nach den variablen bzw. fixen Kosten. *Variable Kosten (z. B. Material- oder Energiekosten)* werden geplant, indem zunächst die geplante Leistungsmenge (Kapazität) des Investitionsprojektes festgelegt wird. Die Leistungsart und ihre Größeneinheit sind vom Typ des Investitionsvorhabens abhängig. Als Beispiele lassen sich die Produktionsmenge einer Fertigungsanlage (Stück), die Kapazität eines Kraftwerks (Kilowattstunden) oder die Fahrleistung eines Kraftfahrzeugs (Kilometer) anführen. Im Anschluss an die Prognose der Leistungsmenge wird die geplante Menge (x) mit den variablen Kosten pro Einheit (k_{var}) multipliziert. Im Ergebnis erhält man die variablen Kosten pro Jahr.

Der zweite Schritt bei der Planung der laufenden Kosten betrifft die *Bestimmung der fixen Kosten*. Bei den laufenden Fixkosten handelt es sich um Kosten, die nicht auf eine Ausbringungs- oder Leistungseinheit bezogen werden können oder bei denen die Verrechnung auf die einzelne Einheit zu aufwendig ist. Typische Beispiele fixer Kosten sind Gehaltskosten, Mietkosten oder Leasingkosten. Die Summe aus variablen Kosten ($x \cdot k_{var}$) und laufenden Fixkosten (K_{fix}) ergibt die laufenden Kosten (K_l) pro Jahr.

$$K_l = (x \cdot k_{var}) + K_{fix} \qquad (8.1)$$

Die laufenden Kosten erfassen den durch die Geschäftstätigkeit verursachten Verzehr von Gütern und Dienstleistungen. Weiterer betrieblicher Wertverzehr entsteht bereits durch die Realisation des Investitionsvorhabens, da Kapital im Investitionsprojekt gebunden wird und da sich Investitionsgüter abnutzen. Analog zur Kosten- und Erfolgsrechnung werden der Wertverzehr und die Kapitalbindung auch in der Investitionsrechnung durch die Verrechnung kalkulatorischer Abschreibungen bzw. kalkulatorischer Zinsen erfasst.

Kalkulatorische Abschreibungen

Kalkulatorische Abschreibungen erfassen den *Wertverlust der Investitionsgüter*. Bei Realisierung eines Investitionsprojektes werden typischerweise verschiedene Vermögensgegenstände beschafft (z. B. Maschinen, Kraftfahrzeuge oder Büroausstattung), deren Wert während ihrer Nutzungsdauer sinkt. Dieser Wertverlust tritt durch die betriebliche Nutzung der Vermögensgegenstände oder auch durch Zeitablauf ein. Grundsätzlich können daher sämtliche Abschreibungsmethoden, die Ihnen aus dem Rechnungswesen bekannt sind, zur Ermittlung kalkulatorischer Abschreibungen verwendet werden. Hierzu zählen die lineare, degressive, progressive sowie die leistungsabhängige Abschreibung (vgl. *Döring/Buchholz*, 2021, S. 107 ff.). Die Verwendung nicht linearer Abschreibungsmethoden ist angesichts des Durchschnittsprinzips der Kostenvergleichsrechnung allerdings inkonsequent, da diese Verfahren zu jährlich schwankenden Abschreibungsbeträgen führen. Üblicherweise werden die kalkulatorischen Abschreibungen daher *nach der linearen Abschreibungsmethode* berechnet.

Investitionskalküle dienen dazu, Investitionsentscheidungen ökonomisch zu fundieren. Im Hinblick auf ihre Entscheidungsorientierung geht es in der Investitionsrechnung vor allem darum, *ökonomisch zutreffende Abschreibungen* zu ermitteln. Das bedeutet zum Beispiel, dass bei der Ermittlung des Abschreibungsbetrages neben den Anschaffungsausgaben auch ein am Ende der Nutzungsdauer verbleibender Restwert berücksichtigt wird. Darüber hinaus wird die Abschreibungsdauer auf Basis der tatsächlich geplanten Nutzungsdauer und nicht auf Grundlage der steuerlich zulässigen Nutzungsdauern (z. B. gemäß der einschlägigen AfA-Tabelle) festgelegt (zur handels- bzw. steuerrechtlichen Abschreibung siehe *Coenenberg/Haller/Schultze*, 2021, S. 159 ff.). Zusammenfassend folgt die Investitionsrechnung bei der Verrechnung von Abschreibungen den aus der internen Unternehmensrechnung bekannten Grundsätzen der Kosten- und Erfolgsrechnung und nicht den Prinzipien der extern ausgerichteten Finanzbuchhaltung. Daher unterscheiden sich die in der Investitionsrechnung verrechneten kalkulatorischen Abschreibungen typischerweise von den nach handels- bzw. steuerrechtlichen Vorschriften ermittelten buchhalterischen Abschreibungen.

Im Rahmen der statischen Investitionsrechenverfahren werden die kalkulatorischen Abschreibungen (D_t) ermittelt, indem die Differenz zwischen der Anschaffungs- bzw. Investitionsausgabe (I_0) und dem Restwert (R_n) durch die geplante Nutzungsdauer (n) dividiert wird.

$$D_t = \frac{I_0 - R_n}{n} \qquad (8.2)$$

Kalkulatorische Zinsen

Kosten für das in einem Investitionsprojekt gebundene Kapital entstehen nicht nur durch den Wertverlust der Vermögensgegenstände. Infolge der Realisierung eines Investitionsprojektes verzichtet der Investor darauf, das in diesem Projekt gebundene Kapital anderweitig zu nutzen. Durch die alternative Kapitalnutzung hätte der Investor ein Nutzungsentgelt, z. B. in Form von Zinszahlungen, realisieren können. Bei den Zinszahlungen, die dem Investor durch Verzicht auf die alternative Kapitalverwendung entgehen, handelt es sich um *Opportunitätskosten* (siehe S. 20). Analog zur Kosten- und Erfolgsrechnung werden die Opportunitätskosten auf das investierte Kapital auch in der Kostenvergleichsrechnung durch den Ansatz kalkulatorischer Zinsen berücksichtigt. Bezugsgröße für die Ermittlung der kalkulatorischen Zinsen ist das *durchschnittlich gebundene Kapital*, das sich errechnet, indem die Differenz zwischen den Anschaffungsausgaben (I_0) und dem Restwert (R_n) durch 2 geteilt wird. Diese Vorgehensweise unterstellt eine kontinuierliche Abnahme des im Investitionsobjekt gebundenen Kapitals (siehe Abbildung 8.3).

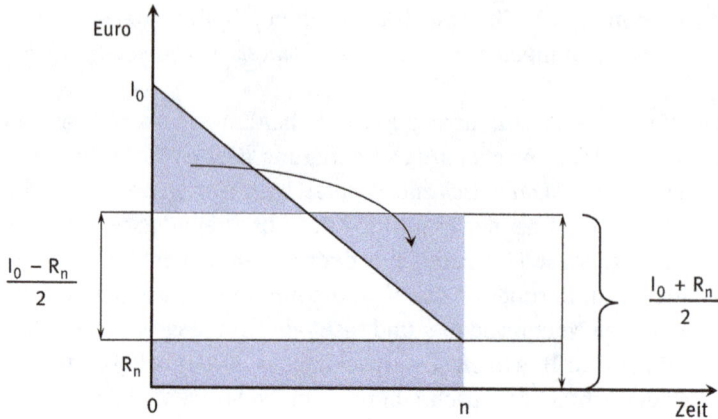

Abb. 8.3: Durchschnittlich gebundenes Kapital.

Bei der Ermittlung des durchschnittlich gebundenen Kapitals wird angenommen, dass die Anschaffungsausgaben (I_0) zu Beginn vollständig im Investitionsprojekt gebunden sind, während das gebundene Kapital am Ende der geplanten Nutzungsdauer dem Restwert (R_n) entspricht. Während der Nutzungsdauer (n) tritt der durch die kalkulatorischen Abschreibungen erfasste Wertverlust ein, wobei konsistent zur Ermittlung der kalkulatorischen Abschreibungen ein linearer Wertverzehr unterstellt wird. Mit Bezug auf Abbildung 8.3 gilt für die Ermittlung des durchschnittlich im Investitionsprojekt gebundenen Kapital (IK_d) somit folgende Berechnungsvorschrift:

$$IK_d = \frac{I_0 - R_n}{2} + R_n = \frac{I_0 + R_n}{2} \tag{8.3}$$

Im nächsten Schritt wird das durchschnittlich gebundene Kapital entsprechend Formel (8.4) mit dem kalkulatorischen Zinssatz (i) multipliziert, um die kalkulatorischen Zinsen (Z_t) pro Jahr zu ermitteln.

$$Z_t = \frac{I_0 + R_n}{2} \cdot i \tag{8.4}$$

Alternativ sind auch andere Annahmen zur Entwicklung des gebundenen Kapitals denkbar, z. B. ein schrittweiser Kapitalrückfluss (vgl. *Perridon/Steiner/Rathgeber*, 2017, S. 37 ff.). In diesen Fällen variieren jedoch die jährlichen Abschreibungsbeträge, sodass sich Probleme aufgrund der für die statischen Investitionsrechenverfahren charakteristischen Durchschnittsbetrachtung ergeben. Daher werden die kalkulatorischen Zinsen üblicherweise auf Basis des durchschnittlichen Kapitals errechnet.

Die kalkulatorischen Zinsen werden als Kapitalkosten auf das durchschnittlich in dem Investitionsvorhaben gebundene Kapital verrechnet. Wie bereits erwähnt, wird der *kalkulatorische Zinssatz* nach dem Opportunitätskostenprinzip abgeleitet. Hierzu wird aus allen dem Investor zur Verfügung stehenden Kapitalverwendungs- möglichkeiten die beste Verwendungsmöglichkeit ermittelt. Die Verzinsung der bes- ten Anlagealternative dient als Vergleichsmaßstab zur Bestimmung des kalkulatori- schen Zinssatzes. In der Unternehmenspraxis ist es vielfach zu aufwendig, die beste unter einer Vielzahl theoretisch möglicher Handlungsalternativen zu ermitteln. Da- her wird in den meisten Fällen eine Kapitalmarktanlage als Anlagealternative unter- stellt. Die Verzinsung dieser Kapitalmarktanlage dient dann zur Ableitung des kal- kulatorischen Zinssatzes, wobei darauf zu achten ist, dass die Kapitalmarktanlage hinsichtlich Laufzeit und Risiko äquivalent zu dem betreffenden Investitionsvorha- ben ist. Abschließend sei noch einmal darauf hingewiesen, dass es sich bei den kal- kulatorischen Zinsen um Opportunitätskosten handelt, denen kein Zahlungsmittel- abfluss gegenübersteht. Da die kalkulatorischen Zinsen auf das gesamte durchschnittlich gebundene Kapital berechnet werden, dürfen die für einen eventu- ell aufgenommenen Kredit zu zahlenden Zinsen nicht noch einmal zusätzlich als Kosten in der Kostenvergleichsrechnung berücksichtigt werden.

Ermittlung der Gesamtkosten

Im Anschluss an die Ermittlung der einzelnen Kostenarten werden die Gesamtkosten des Investitionsprojektes bestimmt. Bezogen auf das exemplarische Durchschnitts- jahr errechnen sich die jährlichen Gesamtkosten als Summe aus den laufenden va- riablen Kosten, den laufenden Fixkosten, den kalkulatorischen Abschreibungen so- wie den kalkulatorischen Zinsen.

$$K = (x \cdot k_{var}) + K_{fix} + \frac{I_0 - R_n}{n} + \frac{I_0 + R_n}{2} \cdot i \qquad (8.5)$$

mit

K = Gesamtkosten (pro Jahr)
x = Ausbringungsmenge (pro Jahr)
k_{var} = laufende variable Kosten (pro Stück)
K_{fix} = laufende Fixkosten (pro Jahr)
I_0 = Investitions- bzw. Anschaffungsausgabe
R_n = Restwert bzw. Liquidationserlös
n = Nutzungsdauer
i = kalkulatorischer Zinssatz

Zur Verdeutlichung der Kostenvergleichsrechnung dient das nachfolgende Beispiel der Holzwurm GmbH.

Beispiel: Kostenvergleichsrechnung

Die Holzwurm GmbH plant eine Kapazitätserweiterung, um das Segment der Holzei- senbahnen zu stärken (siehe auch S. 318). Ernst-August Holzwurm hat Andrea Kal-

kuletta, seine kaufmännische Leiterin, gebeten, die durch das geplante Investitionsprojekt entstehenden Kosten zu ermitteln. Zur Realisierung des bereits bekannten
Investitionsvorhabens (Alternative A) sind Anschaffungsausgaben von 550.000 Euro
erforderlich. Nach Rücksprache mit dem Produktionsleiter schätzt Andrea laufende
Fixkosten von 85.000 Euro pro Jahr sowie variable Herstellungskosten von 4,50 Euro
pro Stück. Als Nutzungsdauer setzt sie ebenfalls in Absprache mit dem Produktionsleiter vier Jahre an.

Darüber hinaus lässt sich Andrea ein Angebot für eine Anlage B erstellen, die
ein vergleichbares Leistungsspektrum aufweist und Anschaffungsausgaben von
460.000 Euro verursacht. Des Weiteren bietet der Hersteller an, Anlage B nach Ende
der vierjährigen Nutzungsdauer für einen Restwert von 50.000 Euro zurückzukaufen. Die laufenden Fixkosten betragen 55.000 Euro pro Jahr; die Herstellung eines
Produktes verursacht variable Kosten von 6,50 Euro pro Stück.

Nach Rücksprache mit dem Vertrieb setzt Andrea eine Auslastungsmenge von
50.000 Stück pro Jahr an – unabhängig davon, welche Anlage angeschafft wird. Zur
Berechnung der kalkulatorischen Zinsen verwendet sie die von der Holzwurm GmbH
erwartete Mindestverzinsung von 10 %. In Tabelle 8.1 sind die Daten der beiden Anlagen sowie der Kostenvergleich zwischen den beiden Alternativen A und B dargestellt:

Tab. 8.1: Kostenvergleichsrechnung.

	Anlage A	Anlage B
Anschaffungsausgabe (€)	550.000	460.000
Restwert (€)	0	50.000
Laufende Fixkosten (€/Jahr)	85.000	55.000
Variable Kosten (€/Stück)	4,50	6,50
Leistungsmenge (p. a.)	50.000 Stück	50.000 Stück
Nutzungsdauer	4 Jahre	4 Jahre
Variable Kosten (€/Jahr)	$50.000 \cdot 4,50 = 225.000$	$50.000 \cdot 6,50 = 325.000$
Laufende Fixkosten (€/Jahr)	85.000	55.000
Kalkulatorische Abschreibungen (€/Jahr)	$\frac{550.000}{4} = 137.500$	$\frac{460.000 - 50.000}{4} = 102.500$
Kalkulatorische Zinsen (€/Jahr)	$\frac{550.000}{2} \cdot 0,10 = 27.500$	$\frac{460.000 + 50.000}{2} \cdot 0,10 = 25.500$
Gesamtkosten (€/Jahr)	**475.000**	**508.000**

Bei gleicher Leistungsfähigkeit und Nutzungsdauer verursacht Alternative A die geringeren Gesamtkosten pro Jahr. Daher empfiehlt Andrea unter ausschließlicher Berücksichtigung der Kosten den Erwerb der Anlage A.

Aussagefähigkeit der Kostenvergleichsrechnung

Die entscheidenden Vorteile der Kostenvergleichsrechnung sind deren *einfache Verständlichkeit* und der *geringe Informationsbedarf.* Sofern die Vergleichbarkeit der Investitionsalternativen gegeben ist, lassen sich mit Hilfe der Kostenvergleichsrechnung schnelle Entscheidungen in Entscheidungssituationen mit geringer Komplexität treffen. Allerdings führt die Kostenvergleichsrechnung – ebenso wie die anderen statischen Investitionsrechenverfahren – eine statische Analyse auf Basis eines Durchschnittsjahres durch. Daher empfiehlt sich der Einsatz dieses Rechenverfahrens vor allem bei stabilen Rahmenbedingungen. Sofern der Investor für sein Investitionsprojekt eine über die Jahre hinweg konstante Kapazitätsauslastung erwartet, kann die Kostenvergleichsrechnung ein sinnvolles Rechenverfahren sein. Angesichts ihrer Durchschnittsbetrachtung sind die statischen Investitionsrechenverfahren dagegen für Projekte in zyklischen Branchen mit schwankenden Auslastungsmengen nicht geeignet.

Die Kostenvergleichsrechnung vergleicht zwei oder mehr Investitionsalternativen auf Basis der Gesamtkosten pro Jahr. Es gehen somit ausschließlich die Kosten in die Entscheidung ein. Die Art und Qualität der erbrachten Leistung sowie der Absatz der unternehmerischen Leistungen werden in der Kostenvergleichsrechnung nicht berücksichtigt. Charakteristisch für die Kostenvergleichsrechnung ist die *Orientierung am Input und nicht am Output des betrieblichen Leistungserstellungsprozesses.* Die ausschließliche Orientierung am Input führt nur dann zu aussagefähigen Ergebnissen, wenn die zu vergleichenden Investitionsalternativen keine Unterschiede bei der Leistungserstellung aufweisen. Insofern macht ein Investitionsvergleich auf Basis der Kostenvergleichsrechnung nur dann Sinn, wenn die alternativen Investitionsprojekte die gleiche Kapazität haben, die hergestellten Leistungen am Markt den gleichen Absatzpreis (pro Stück) erzielen und die geplante Nutzungsdauer der beiden Investitionsalternativen identisch ist. Da nur die Kosten, aber keine Erlöse berücksichtigt werden, kann die Kostenvergleichsrechnung keine Aussage über den Gewinn und damit über die absolute Vorteilhaftigkeit eines Investitionsprojektes treffen.

Zusammenfassend erscheint die Kostenvergleichsrechnung vor allem für Ersatzinvestitionen mit begrenztem Investitionsvolumen geeignet sowie für Projekte, in denen nur die Kostenseite relevant ist, wie z. B. reine Produktions- oder Servicebereiche (z. B. der IT-Bereich).

8.2.2 Ermittlung der kritischen Auslastung

Wie Sie im vorangegangenen Kapitel erfahren haben, kann die Kostenvergleichs-rechnung im Alternativenvergleich nur bei *vergleichbaren Leistungsmerkmalen* der Investitionsalternativen sinnvoll angewendet werden. Entscheidend ist dabei weni-ger die Höchstkapazität der Investitionsalternativen, sondern die Erfüllung der Min-destanforderungen durch die zu vergleichenden Investitionsprojekte. Allerdings ist auch die geplante Auslastungsmenge kein unverrückbares Datum. In der betriebli-chen Investitionspraxis lässt sich ex ante meistens nicht abschätzen, wie hoch die Auslastung eines Investitionsprojektes sein wird. Obwohl die statische Investitions-rechnung grundsätzlich von sicheren Erwartungen ausgeht, kann die Kostenver-gleichsrechnung auch dazu genutzt werden, die Auswirkungen einer schwankenden Auslastungsmenge zu verdeutlichen. Zur Verdeutlichung dieser Konsequenzen wird beim Vergleich zweier Investitionsalternativen die kritische Auslastungsmenge er-mittelt.

Unter ausschließlicher Betrachtung der Kosten der Investitionsalternativen han-delt es sich bei der *kritischen Menge* um die Kapazitätsauslastung, bei der die Kosten beider Alternativen gleich hoch sind. Um die kritische Auslastungsmenge zu ermit-teln, werden zunächst für beide Alternativen die von der Leistungsmenge abhängi-gen Kostenfunktionen aufgestellt. Die Gesamtkosten setzen sich aus variablen Kos-ten sowie den Fixkosten zusammen, wobei als fixe Kosten neben den laufenden Fixkosten auch die kalkulatorischen Abschreibungen und kalkulatorischen Zinsen zu berücksichtigen sind. Nach dem Aufstellen der Kostenfunktionen werden beide Funktionen gleichgesetzt und nach der kritischen Auslastungsmenge aufgelöst.

$$K_{fix, \, gesamt}^A + k_{var}^A \cdot x_{krit} = K_{fix, \, gesamt}^B + k_{var}^B \cdot x_{krit} \tag{8.6}$$

$$x_{krit} = \frac{K_{fix, \, gesamt}^A - K_{fix, \, gesamt}^B}{k_{var}^B - k_{var}^A} \tag{8.7}$$

mit $\quad K_{fix, \, gesamt}^A$ = Gesamte Fixkosten der Alternative A (p.a.)

k_{var}^A = Variable Stückkosten der Alternative A

x_{krit} = Kritische Auslastungsmenge (p.a.)

$K_{fix, \, gesamt}^B$ = Gesamte Fixkosten der Alternative B (p.a.)

k_{var}^b = Variable Stückkosten der Alternative B

Die Gleichung hat eine eindeutige Lösung, wenn Investitionsalternative A höhere Fixkosten und geringere variable Stückkosten als Alternative B aufweist (oder umge-kehrt). Solange die realisierte Auslastungsmenge unterhalb der kritischen Menge liegt, ist in diesem Beispiel Alternative B gegenüber A der Vorzug zu geben. Oberhalb der kritischen Auslastungsmenge ist demgegenüber Alternative A vorzuziehen.

Beispiel: Ermittlung der kritischen Auslastung

Nachdem Andrea Kalkuletta die Kostenvergleichsrechnung durchgeführt hat, meldet Michaela Porta, die Marketingleiterin der Holzwurm GmbH, Zweifel an der geplanten Kapazitätsauslastung an. Als Grund führt sie die in der jüngeren Vergangenheit am Spielwarenmarkt zu beobachtenden Absatzschwankungen an. Daher möchte Michaela wissen, welche Auswirkungen eventuelle Auslastungsschwankungen auf die Vorteilhaftigkeit der Investitionsalternativen haben. Andrea stimmt ihrer Kollegin zu und schlägt vor, die kritische Herstellungsmenge zu bestimmen, bei der die Kosten der beiden alternativen Anlagen A und B gleich hoch sind. In Tabelle 8.2 sind die für die Ermittlung der kritischen Menge relevanten Daten zusammengestellt.

Tab. 8.2: Daten zur Ermittlung der kritischen Auslastung.

	Anlage A	Anlage B
Variable Kosten (€/Stück)	4,50	6,50
Anschaffungsausgabe (€)	550.000	460.000
Restwert (€)	0	50.000
Geplante Nutzungsdauer	4 Jahre	4 Jahre
Laufende Fixkosten (€/Jahr)	85.000	55.000
Kalkulatorische Abschreibungen (€/Jahr)	$\dfrac{550.000}{4} = 137.500$	$\dfrac{460.000 - 50.000}{4} = 102.500$
Kalkulatorische Zinsen (€/Jahr)	$\dfrac{550.000}{2} \cdot 0,10 = 27.500$	$\dfrac{460.000 + 50.000}{2} \cdot 0,10 = 25.500$
Gesamte Fixkosten (€/Jahr)	250.000	183.000

Während Anlage A Fixkosten von insgesamt 250.000 Euro pro Jahr verursacht, liegen die gesamten Fixkosten von Anlage B bei 183.000 Euro pro Jahr. Die Herstellung eines einzelnen Produktes mit der Anlage A verursacht variable Kosten von 4,50 Euro pro Stück, während die variablen Stückkosten von Anlage B 6,50 Euro betragen. Durch Einsetzen dieser Daten in Formel (8.7) errechnet Andrea die kritische Ausbringungsmenge:

$$x_{krit} = \frac{250.000\,€ - 183.000\,€}{6,50\,€ - 4,50\,€} = \frac{67.000\,€}{2,00\,€} = 33.500 \text{ Stück} \tag{8.8}$$

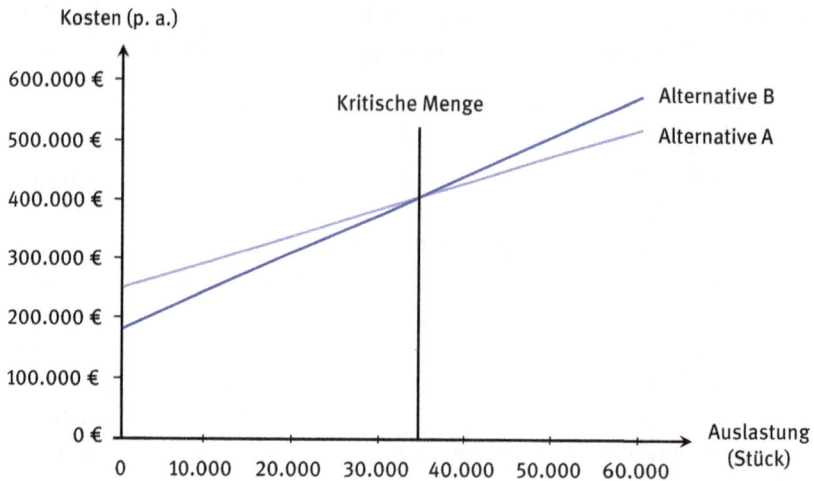

Abb. 8.4: Ermittlung der kritischen Auslastungsmenge.

Die von Andrea ermittelte kritische Menge liegt bei 33.500 Stück. Unter Zuhilfenahme der grafischen Darstellung (siehe Abbildung 8.4) erläutert die kaufmännische Leiterin ihrer Marketing-Kollegin, dass die fixkostenintensivere Anlage A bei Herstellungsmengen oberhalb von 33.500 Stück pro Jahr vorteilhaft ist, während Anlage B unterhalb dieser Menge vorzuziehen ist. Beide Damen stimmen darin überein, dass angesichts der geplanten Auslastungsmenge von 50.000 Stück ein ausreichender Sicherheitsspielraum besteht. Der Absatzmarkt müsse sich schon sehr negativ entwickeln, bevor sich die Entscheidung umkehrt. Insofern bleibt die Empfehlung zugunsten von Anlage A bestehen.

Die Ermittlung der kritischen Auslastung ist eine Anwendung der Kostenvergleichsrechnung für die Fälle, in denen die Kosten geplanter Investitionsvorhaben für unterschiedliche Leistungsmengen errechnet werden sollen. Die kritische Menge bezeichnet einen Grenzwert, bei dem sich die *Vorteilhaftigkeit zweier Investitionsalternativen* umkehrt. Dem Investor werden die Konsequenzen unterschiedlicher Leistungsmengen verdeutlicht, ohne dass eine eindeutige Handlungsempfehlung abgeleitet wird. Das wird insbesondere in den Fällen deutlich, in denen die erwartete Auslastung in einem symmetrischen Intervall um die kritische Menge liegt. Wenn das Unternehmen in dem o. a. Beispiel z. B. eine Auslastung zwischen 23.500 und 43.500 Stück erwartet, wird es angesichts der kritischen Menge von 33.500 Stück schwierig, eine eindeutige Handlungsempfehlung abzuleiten. In diesem Fall muss sich ein Investor auf Basis seiner subjektiven Risikoeinschätzung für eine der beiden Alternativen entscheiden, wobei verschiedene Investoren unterschiedliche Entscheidungen treffen können.

Vergleich von Stückkosten

Eine weitere Anwendungsmöglichkeit der Kostenvergleichsrechnung besteht in der *Berechnung von Stückkosten*. Beim Vergleich von Investitionsalternativen mit unterschiedlicher Kapazität kann man die Kosten pro Stück ermitteln. Hierzu werden die Gesamtkosten pro Jahr durch die für dieses Jahr geplante Leistungsmenge geteilt. Im Alternativenvergleich wird die Alternative mit den geringsten Stückkosten ausgewählt. Sinnvoll ist der Vergleich der Stückkosten allerdings nur bei konstanter Auslastung. Sofern die Investitionsalternativen schwankende Leistungsmengen aufweisen, besteht aufgrund der Fixkostenverrechnung die Gefahr von Entscheidungsfehlern. Bei der Ermittlung der vollen Stückkosten werden neben den variablen Kosten auch die Fixkosten proportionalisiert und damit auf die einzelne Einheit verrechnet. Wie Sie bereits bei der Ermittlung der kritischen Auslastungsmenge sehen konnten, verhalten sich die fixen Kosten im Gegensatz zu den variablen Kosten nicht proportional. Da die Proportionalisierung der Fixkosten zu falschen Entscheidungen führen kann, soll der Kostenvergleich auf Basis der vollen Stückkosten an dieser Stelle nicht weiter vertieft werden.

8.3 Gewinnvergleichsrechnung

In der Kostenvergleichsrechnung wird ausschließlich *der Input* des betrieblichen Leistungserstellungsprozesses berücksichtigt, während unterstellt wird, dass das Ergebnis des Leistungserstellungsprozesses *(der Output)* irrelevant für die Investitionsentscheidung ist. Diese Annahme gilt jedoch nur, wenn die erstellten Leistungen die gleiche Qualität aufweisen und die gleichen Erlöse pro Stück erzielen. Für den Fall von Unterschieden im Output der zu vergleichenden Investitionsalternativen ist eine Investitionsentscheidung auf Basis der Kostenvergleichsrechnung nicht ausreichend. Stattdessen ist eine Gewinnvergleichsrechnung erforderlich, die neben den Kosten auch die Erlöse in den Alternativenvergleich einbezieht. Vor diesem Hintergrund lautet das *Lernziel von Kapitel 8.3*, die Gewinnvergleichsrechnung kennenzulernen sowie die mit diesem Verfahren verbundenen Einsatzmöglichkeiten und Grenzen zu verstehen.

8.3.1 Vorteilhaftigkeitsanalyse von Investitionsprojekten

Gewinnbegriff

Die Gewinnvergleichsrechnung ist eine Erweiterung der Kostenvergleichsrechnung, die neben den Kosten auch die Erlöse in die Vorteilhaftigkeitsanalyse einbezieht. Zielsetzung der Gewinnvergleichsrechnung ist es, Investitionsalternativen mit unterschiedlichen Kapazitäten oder unterschiedlichem Leistungsspektrum vergleichbar zu machen. Hierzu werden die Investitionsprojekte anhand ihres Gewinns pro Jahr verglichen. Der Gewinn ist die *Differenz zwischen Umsatzerlösen und Kosten*. Die Umsatzerlöse errechnen sich als Produkt aus der erwarteten Absatzmenge und dem Absatzpreis pro Stück, während die Kosten analog zur Kostenvergleichsrechnung ermittelt werden (siehe S. 355 ff.). Die Umsatzerlöse sowie die variablen Kosten werden unter der Annahme ermittelt, dass die Absatzmenge gleich der Herstellungsmenge ist. Es wird also weder auf Lager produziert noch werden Produkte aus einem Lager verkauft.

In Abhängigkeit von der Berücksichtigung kalkulatorischer Zinsen wird zwischen dem Gewinn vor bzw. nach Zinsen unterschieden. Zur Ermittlung des *Gewinns nach Zinsen* werden die Umsatzerlöse um sämtliche aus der Kostenvergleichsrechnung stammenden Kosten vermindert. Dagegen werden bei der Ermittlung des *Gewinns vor Zinsen* keine kalkulatorischen Zinsen abgezogen, sondern nur die laufenden Kosten sowie die kalkulatorischen Abschreibungen. Die Gewinnvergleichsrechnung verwendet als Entscheidungsgrundlage üblicherweise den Gewinn nach Zinsen, der das nach Abzug sämtlicher Kosten verbleibende Ergebnis ausweist.

Gewinnermittlung

Entsprechend den Formeln (8.9) bzw. (8.10) wird der *Gewinn vor Zinsen* (G_{vZ}) bzw. der *Gewinn nach Zinsen* (G_{nZ}) als Differenz von Umsatzerlösen und Kosten ermittelt. Sofern nichts anderes angegeben ist, beziehen sich die weiteren Ausführungen auf den Gewinn nach Zinsen.

$$G_{vZ} = (x \cdot p) - \left[(x \cdot k_{var}) + K_{fix} + \frac{I_0 - R_n}{n} \right] \tag{8.9}$$

$$G_{nZ} = (x \cdot p) - \left[(x \cdot k_{var}) + K_{fix} + \frac{I_0 - R_n}{n} + \frac{I_0 + R_n}{2} \cdot i \right] \tag{8.10}$$

$$
\begin{aligned}
\text{mit} \quad & G_{vZ} = \text{Gewinn vor Zinsen (pro Jahr)} \\
& G_{nZ} = \text{Gewinn nach Zinsen (pro Jahr)} \\
& x = \text{Absatzmenge (pro Jahr)} \\
& p = \text{Absatzpreis (pro Stück)} \\
& k_{var} = \text{laufende variable Kosten (pro Stück)} \\
& K_{fix} = \text{laufende Fixkosten (pro Jahr)} \\
& I_0 = \text{Investitions- bzw. Anschaffungsausgabe} \\
& R_n = \text{Restwert bzw. Liquidationserlös} \\
& n = \text{Nutzungsdauer} \\
& i = \text{kalkulatorischer Zinssatz}
\end{aligned}
$$

Absolute und relative Vorteilhaftigkeit

Mit der Gewinnvergleichsrechnung können sowohl die absolute als auch die relative Vorteilhaftigkeit von Investitionsprojekten ermittelt werden (siehe auch S. 347 f.). Bei der *absoluten Vorteilhaftigkeitsanalyse* wird zunächst der Gewinn pro Jahr ermittelt, den das betreffende Investitionsprojekt erzielt. Projekte mit einem positiven Gewinn nach Zinsen sind absolut vorteilhaft, da die geforderte Mindestverzinsung in den kalkulatorischen Zinsen berücksichtigt wird. Neben den Finanzierungskosten enthält der kalkulatorische Zinssatz auch die von den Investoren angesetzten Risiko- und Gewinnzuschläge.

Neben der absoluten Vorteilhaftigkeit lässt sich mit der Gewinnvergleichsrechnung auch die *relative Vorteilhaftigkeit* von Investitionsprojekten bestimmen. Beim Vergleich alternativer Projekte wird die Investitionsalternative ausgewählt, die den höchsten Gewinn pro Jahr erwirtschaftet. Nachfolgend wird auch die Anwendung der Gewinnvergleichsrechnung anhand des Zahlenbeispiels der Holzwurm GmbH verdeutlicht.

Beispiel: Gewinnvergleichsrechnung

Einige Tage, nachdem Andrea Kalkuletta die Kostenvergleichsrechnung für die beiden in Frage stehenden Investitionsprojekte durchgeführt hat, wendet sich Michaela Porta noch einmal an die kaufmännische Leiterin der Holzwurm GmbH. Anlässlich einer detaillierten Analyse von Produkten und Märkten sei leider erst jetzt aufgefallen, dass auf den beiden alternativen Anlagen unterschiedliche Produkte gefertigt werden sollen. Infolgedessen unterscheiden sich die für die jeweiligen Produkte erzielbaren Absatzpreise.

Nach Einschätzung der Marketingleiterin lässt sich mit den auf Anlage A zu fertigenden Erzeugnissen ein durchschnittlicher Absatzpreis von 10,00 Euro je Stück erzielen, während die auf der Anlage B gefertigten Produkte einen durchschnittlichen Absatzpreis von 10,50 Euro erzielen können. Wie bereits aus der Kostenvergleichsrechnung bekannt, betragen die variablen Stückkosten 4,50 Euro für Anlage A und 6,50 Euro für Anlage B. Anlage A verursacht laufende Fixkosten von 85.000 Euro pro Jahr und Anlage B laufende Fixkosten von 55.000 Euro.

Die weiteren Rahmenbedingungen der Investitionsentscheidung bleiben unverändert. Andrea rechnet weiterhin mit einer Auslastungsmenge von 50.000 Stück pro Jahr. Der kalkulatorische Zinssatz beträgt 10 % und die geplante Nutzungsdauer liegt bei vier Jahren. Im oberen Teil von Tabelle 8.3 sind die Daten der beiden Investitionsalternativen dargestellt. Im unteren Teil finden Sie den Gewinnvergleich zwischen den Anlagen A und B, wobei Andrea sowohl den Gewinn vor Zinsen als auch nach Zinsen ermittelt hat.

Das Ergebnis der Gewinnvergleichsrechnung ist eindeutig, da Alternative A sowohl vor als auch nach Zinsen den höheren Gewinn erwirtschaftet und damit den höheren Zielbeitrag leistet. Unter Bezug auf das Gewinnziel empfiehlt Andrea daher die Realisierung von Alternative A.

Tab. 8.3: Gewinnvergleichsrechnung.

	Anlage A	Anlage B
Anschaffungsausgabe (€)	550.000	460.000
Restwert (€)	0	50.000
Absatzpreis (€/Stück)	10,00	10,50
Variable Kosten (€/Stück)	4,50	6,50
Laufende Fixkosten (€/Jahr)	85.000	55.000
Leistungsmenge (p. a.)	50.000 Stück	50.000 Stück
Nutzungsdauer	4 Jahre	4 Jahre
Gewinnermittlung		
Umsatzerlöse (€)	500.000	525.000
Variable Kosten (€)	−225.000	−325.000
Laufende Fixkosten (€)	−85.000	−55.000
Kalkulatorische Abschreibungen (€)	−137.500	−102.500
Gewinn vor Zinsen (€)	**52.500**	**42.500**
Kalkulatorische Zinsen (p. a.)	−27.500	−25.500
Gewinn nach Zinsen (€)	**25.000**	**17.000**

Aussagefähigkeit der Gewinnvergleichsrechnung

Im Alternativenvergleich ermittelt die Gewinnvergleichsrechnung das Investitionsprojekt, das den höchsten Beitrag zur Erfüllung des Gewinnzieles leistet. Verglichen mit der Kostenvergleichsrechnung berücksichtigt die Gewinnvergleichsrechnung neben dem Leistungsinput auch den Leistungsoutput (d. h. die Umsatzerlöse). Damit können auch Investitionsalternativen mit einem unterschiedlichen Leistungsspektrum verglichen werden. Darüber hinaus ermittelt die Gewinnvergleichsrechnung mit dem *Gewinn pro Jahr* eine Zielgröße, die kompatibel zu dem in der Unternehmenspraxis weit verbreiteten Gewinnziel ist.

Ebenso wie die anderen statischen Investitionsrechenverfahren unterliegt auch die Gewinnvergleichsrechnung *einschränkenden Prämissen*. Die Gewinnvergleichsrechnung ermittelt die Vorteilhaftigkeit von Investitionsprojekten auf Basis eines Durchschnittsjahres. Bei Alternativen unterschiedlicher Nutzungsdauer wird dabei keine Aussage darüber getroffen, welcher Gewinn für den Differenzzeitraum erwirtschaftet wird. Wird die unterschiedliche Nutzungsdauer ignoriert, so ist damit die implizite Annahme verbunden, dass die Investition mit der kürzeren Nutzungsdauer einen konstanten Jahresgewinn bis zum Ende der Investition mit der längeren Nutzungsdauer erwirtschaftet. Diese Annahme ist natürlich unrealistisch. Sofern keine expliziten Annahmen über den Differenzzeitraum bekannt sind, sollte die Gewinnvergleichsrechnung daher nur bei Investitionsalternativen mit gleicher Nutzungsdauer zum Einsatz kommen. Eine weitere Prämisse betrifft den Fall, dass alternative Investitionsprojekte unterschiedlich hohe Investitionsausgaben erfordern. Werden diese Unterschiede beim Alternativenvergleich nicht berücksichtigt, unterstellt der Investor implizit, dass der Differenzbetrag keinen über die kalkulatorischen Zinsen hinausgehenden Gewinn erwirtschaftet. Auch diese Annahme muss nicht zutreffen. Solange also nicht bekannt ist, wie der Differenzbetrag verwendet wird, sollte die Gewinnvergleichsrechnung nur bei gleichem Kapitaleinsatz der zu vergleichenden Alternativen zum Einsatz kommen.

8.3.2 Break-Even-Analyse

Über die Ermittlung der absoluten bzw. relativen Vorteilhaftigkeit hinaus wird die Gewinnvergleichsrechnung auch zur *Break-Even-Analyse (Gewinnschwellenanalyse)* von Investitionsprojekten genutzt. Die Break-Even-Analyse ermittelt die Gewinnschwelle und damit die unter Gewinnaspekten kritische Absatzmenge eines Investitionsprojektes. Die Gewinnschwelle ist die jährliche Absatzmenge, bei der die Umsatzerlöse ebenso hoch sind wie die Gesamtkosten. Bei Absatzmengen oberhalb der Gewinnschwelle ist das Investitionsprojekt vorteilhaft, während das Projekt bei geringeren Absatzmengen Verluste erwirtschaftet. Damit verdeutlicht die Break-Even-Analyse die Auswirkungen von Absatzschwankungen auf die Höhe des Gewinns, sodass sie auch gut für Simulationsrechnungen geeignet ist.

Um die Gewinnschwelle eines Investitionsprojektes zu ermitteln, wird zunächst die Gewinnfunktion dieses Projektes in Abhängigkeit von der Absatzmenge aufgestellt. Anschließend wird die Gewinnfunktion gleich null gesetzt und nach der Absatzmenge aufgelöst. Abschließend wird ausgerechnet, bei welcher Absatzmenge die Gewinnschwelle erreicht wird.

$$G = 0 \rightarrow (x_{krit} \cdot p) - \left[(x_{krit} \cdot k_{var}) + K_{fix} + \frac{I_0 - R_n}{n} + \frac{I_0 + R_n}{2} \cdot i \right] = 0 \qquad (8.11)$$

mit:

$$
\begin{aligned}
G &= \text{Gewinn (pro Jahr)} \\
x_{krit} &= \text{Gewinnschwelle (kritische Absatzmenge pro Jahr)} \\
p &= \text{Absatzpreis (pro Stück)} \\
k_{var} &= \text{laufende variable Kosten (pro Stück)} \\
K_{fix} &= \text{laufende Fixkosten (pro Jahr)} \\
I_0 &= \text{Investitions- bzw. Anschaffungsausgabe} \\
R_n &= \text{Restwert bzw. Liquidationserlös} \\
n &= \text{Nutzungsdauer} \\
i &= \text{kalkulatorischer Zinssatz}
\end{aligned}
$$

Der Einsatz der Gewinnvergleichsrechnung im Rahmen einer Break-Even-Analyse wird im Folgenden anhand des Ihnen bereits bekannten Beispiels der Holzwurm GmbH demonstriert.

Beispiel: Break-Even-Analyse

Bevor sich die Holzwurm GmbH für die unter Gewinnaspekten vorteilhafte Alternative A entscheidet, bittet Ernst-August Holzwurm darum, die Sensitivität des Gewinns bei möglichen Schwankungen der Absatzmenge zu ermitteln. Um diese Frage zu beantworten, führt Andrea Kalkuletta für die Anlage A eine Break-Even-Analyse durch. Es gelten weiterhin die bereits bekannten und in Tabelle 8.4 nochmals dargestellten Daten. Als Zielgröße für die Break-Even-Analyse verwendet Andrea den Gewinn nach Zinsen.

Tab. 8.4: Ausgangsdaten für die Break-Even-Analyse.

	Anlage A
Anschaffungsausgabe (€)	550.000
Restwert (€)	0
Absatzpreis (€/Stück)	10,00
Variable Kosten (€/Stück)	4,50
Leistungsmenge (p. a.)	50.000 Stück
Nutzungsdauer	4 Jahre
Laufende Fixkosten (€/Jahr)	85.000
Kalkulatorische Abschreibungen (€/Jahr)	137.500
Kalkulatorische Zinsen (€/Jahr)	27.500

Durch Einsetzen der Werte aus Tabelle 8.4 in Formel (8.11) lässt sich die kritische Absatzmenge (Gewinnschwelle) gemäß Formel (8.12) errechnen:

$$(x_{krit} \cdot p) - \left[(x_{krit} \cdot kvar) + K_{fix} + \frac{I_0 - R_n}{n} + \frac{I_0 + R_n}{2} \cdot i \right] = 0 \qquad (8.12)$$

$$(x_{krit} \cdot 10,00\,€) - [(x_{krit} \cdot 4,50\,€) + 85.000\,€ + 137.500\,€ + 27.500\,€] = 0$$

$$(x_{krit} \cdot 10,00\,€) - (x_{krit} \cdot 4,50\,€) - 250.000\,€ = 0$$

$$(10,00\,€ - 4,50\,€) \cdot x_{krit} - 250.000\,€ = 0$$

$$5,50\,€ \cdot x_{krit} = 250.000\,€$$

$$x_{krit} = 45.455$$

Die von Andrea für Anlage A ermittelte Gewinnschwelle liegt bei 45.455 Stück. Wenn die Herstellungs- und Absatzmenge mindestens 45.455 Stück beträgt, erwirtschaftet die Anlage einen Gewinn. Liegt die erwartete Absatzmenge dagegen unterhalb der Gewinnschwelle, ist die Anlage in Bezug auf das Gewinnziel nicht vorteilhaft (siehe Abbildung 8.5).

Erlöse bzw. Kosten

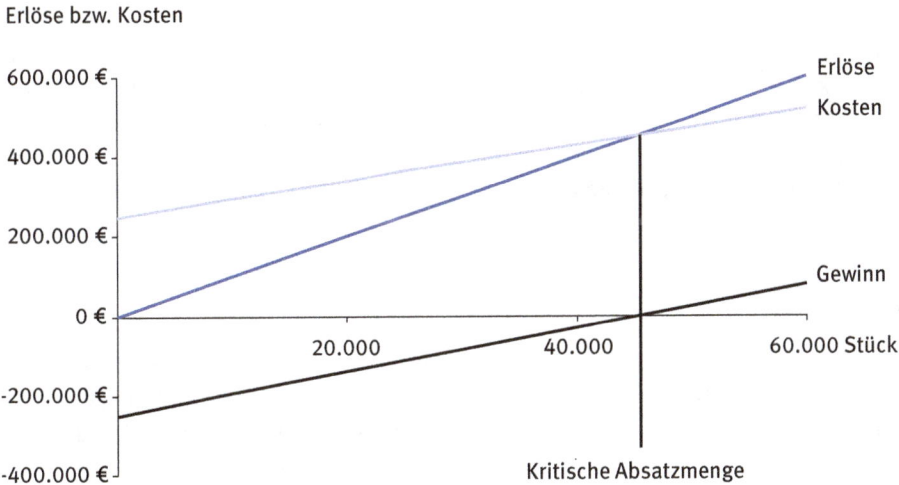

Abb. 8.5: Ermittlung der kritischen Absatzmenge.

Die Mitarbeiter der Holzwurm GmbH orientieren sich an der konservativen Unternehmenspolitik ihres Chefs und haben die Absatzmenge von 50.000 Stück sehr vorsichtig geschätzt. Da die kritische Absatzmenge um knapp 10 % unter dieser vorsichtigen Schätzung liegt, hält Ernst-August das Investitionsrisiko für vertretbar. Insofern stimmt er Andrea zu, die nach Durchführung der Break-Even-Analyse weiterhin die Investitionsentscheidung zugunsten der Anlage A befürwortet.

Wie Sie anhand des Beispiels erkennen können, verdeutlicht die Break-Even-Analyse dem Investor die Auswirkungen möglicher Absatzschwankungen auf die Höhe des jährlich erzielbaren Gewinns. Das Verfahren leitet allerdings *keine eindeutige Entscheidungsregel* ab. Die Entscheidung bleibt den Investoren überlassen. Diese müssen auf Basis der Break-Even-Analyse entscheiden, für wie wahrscheinlich sie ein Sinken der Absatzmenge unter die Gewinnschwelle halten und ob sie dieses Risiko eingehen wollen. Die Entscheidung ist nicht zuletzt von der Risikopräferenz des Investors abhängig. Zwei Investoren können daher trotz identischer Gewinnschwelle zu unterschiedlichen Entscheidungen kommen, wenn sich ihre Risikoeinstellungen unterscheiden.

8.4 Rentabilitätsvergleichsrechnung

Die Gewinnvergleichsrechnung ermittelt den Gewinn der zu beurteilenden Investitionsprojekte und ist somit grundsätzlich dazu in der Lage, die absolute und die relative Vorteilhaftigkeit der Projekte zu ermitteln. Bei der Beurteilung von Projekten mit unterschiedlichem Kapitaleinsatz stößt die Gewinnvergleichsrechnung allerdings an ihre Grenzen, da sie den Gewinn nicht ins Verhältnis zum investierten Kapital setzt. Um auch bei Projekten mit unterschiedlichem Kapitaleinsatz eine sinnvolle Aussage treffen zu können, ist die Ermittlung der Rentabilität erforderlich. Vor diesem Hintergrund lautet das *Lernziel von Kapitel 8.4*, die Rentabilitätsvergleichsrechnung kennenzulernen sowie die mit diesem Verfahren verbundenen Einsatzmöglichkeiten und Grenzen zu verstehen.

8.4.1 Vorteilhaftigkeitsanalyse von Investitionsprojekten

Bei der Beurteilung der Gewinnvergleichsrechnung haben wir festgestellt, dass ein Vergleich alternativer Investitionsprojekte anhand ihres durchschnittlichen Jahresgewinns nur dann sinnvoll ist, wenn die Projekte vergleichbare Investitionsausgaben erfordern. Weisen die Projekte einen *unterschiedlichen Kapitaleinsatz* auf, sollten diese Unterschiede in die Investitionsrechnung einbezogen werden. In diesen Fällen empfiehlt sich der Einsatz der Rentabilitätsvergleichsrechnung, bei der es sich um eine Erweiterung der Gewinnvergleichsrechnung handelt. Die Rentabilitätsvergleichsrechnung ist darüber hinaus *bei begrenztem Investitionsbudget* sinnvoll, da die Gewinnvergleichsrechnung auch hier zu falschen Entscheidungen führen kann. Die Grenzen des Gewinnvergleichs resultieren in den genannten Fällen daraus, dass die Gewinnvergleichsrechnung nur den absoluten Gewinn zur Entscheidungsfindung heranzieht. Um eine Auswahl unter mehreren um die begrenzten Finanzmittel konkurrierenden Investitionsprojekten treffen zu können, benötigt der Investor jedoch Angaben über die Vorteilhaftigkeit der Projekte im Verhältnis zum eingesetzten Kapital und damit über die Rangfolge der Projekte. Zur Ermittlung dieser Rangfolge dient die *Rentabilität (Rendite) des Investitionsvorhabens*, die den Gewinn ins Verhältnis zum investierten Kapital setzt.

Rentabilitätsbegriff

In der Finanzierungspraxis, aber auch in den unterschiedlichen Teildisziplinen der Betriebswirtschaftslehre ist eine Vielzahl von Rentabilitätsbegriffen bekannt (vgl. S. 19 ff.). Bezogen auf die an dieser Stelle relevante Kapitalrentabilität wird die Rentabilität grundsätzlich nach einem einheitlichen Schema errechnet: Der Gewinn wird durch das eingesetzte Kapital geteilt. Unterschiede zwischen verschiedenen Rentabilitätsbegriffen bestehen in der Ermittlung der verwendeten Gewinn- bzw. Kapitalgröße. Auch in der statischen Investitionsrechnung wird die *Rentabilität (R) als Quotient aus Gewinn (G) und Kapitaleinsatz* errechnet. Der Gewinn im Zähler der Formel (8.13) stammt aus der Gewinnvergleichsrechnung (siehe S. 368), wobei die Rentabilität sowohl auf Grundlage des Gewinns vor als auch nach Zinsen ermittelt werden kann. Als Kapitaleinsatz im Nenner wird das aus der Kostenvergleichsrechnung bekannte durchschnittlich gebundene Kapital verwendet (siehe Formel (8.3) auf S. 360).

$$R = \frac{G}{\frac{I_0 + R_n}{2}} \qquad (8.13)$$

mit :
R = Rentabilität bzw. Rendite
G = Gewinn (pro Jahr)
I_0 = Investitions- bzw. Anschaffungsausgabe
R_n = Restwert bzw. Liquidationserlös

Die nach der Rentabilitätsvergleichsrechnung ermittelte Rentabilität gibt die *durchschnittliche Verzinsung des Investitionsvorhabens* (in Prozent p. a.) an. In Abhängigkeit davon, welcher Gewinn zur Rentabilitätsermittlung verwendet wird, ergibt sich entweder die *Rentabilität vor kalkulatorischen Zinsen* (auf Basis des Gewinns vor Zinsen) oder die *Rentabilität nach kalkulatorischen Zinsen* (auf Basis des Gewinns nach Zinsen). Bei richtiger Interpretation beeinflusst der verwendete Gewinnbegriff das Ergebnis des Vorteilhaftigkeitsvergleichs nicht; die Rentabilitätsvergleichsrechnung kann sowohl vor als auch nach Zinsen durchgeführt werden. Bei der Vorteilhaftigkeitsbeurteilung von Investitionsvorhaben sind wiederum die beiden Fälle der absoluten bzw. relativen Vorteilhaftigkeit zu unterscheiden (siehe auch S. 347 f.).

Wenn die Rentabilitätsvergleichsrechnung zur *Ermittlung der absoluten Vorteilhaftigkeit* eines einzelnen Investitionsvorhabens genutzt wird, ist zunächst der kalkulatorische Zinssatz auf Basis der von den Investoren geforderten Mindestrendite festzulegen. Die Vorteilhaftigkeitsanalyse lässt sich sowohl auf Basis der Rentabilität vor als auch nach Zinsen durchführen. Angenommen, ein Investitionsprojekt A erwirtschaftet eine Rentabilität vor Zinsen in Höhe von 15 % und der kalkulatorische Zinssatz (= geforderte Mindestverzinsung der Investoren) beträgt 10 % (siehe Tabelle 8.5). In diesem Fall ist Projekt A vorteilhaft, da die Rentabilität vor Zinsen über dem kalkulatorischen Zinssatz liegt. Auf Grundlage der Rentabilität nach Zinsen, die für Projekt A 5 % beträgt, kommen wir zu der gleichen Entscheidung. Auch aus dieser Perspektive ist Projekt A vorteilhaft, da die Rentabilität nach Zinsen positiv ist.

Tab. 8.5: Investitionsprojekte unterschiedlicher Rentabilität.

Investitionsvorhaben	A	B	C
Rentabilität vor Zinsen	15 %	12 %	8 %
Kalkulatorischer Zinssatz	10 %	10 %	10 %
Rentabilität nach Zinsen	5 %	2 %	−2 %

Zusätzlich zur Analyse der absoluten Vorteilhaftigkeit kann die Rentabilitätsvergleichsrechnung auch zur *Ermittlung der relativen Vorteilhaftigkeit* genutzt werden. Hierzu wird die Rentabilität verschiedener Investitionsalternativen verglichen. Dieser Vergleich kann ebenfalls auf Basis der Rentabilität vor oder nach Zinsen erfolgen. Entscheidend ist allerdings, dass *keine Äpfel mit Birnen verglichen* werden, sondern dass die gleiche Bezugsgröße für den Vergleich der Investitionsalternativen herangezogen wird. Darüber hinaus unterstellen wir, dass die Investoren für sämtliche Projekte die gleiche Mindestrendite fordern. Wie anhand des obigen Beispiels zu erkennen ist, ergibt sich sowohl vor als auch nach Zinsen die Rangfolge A vor B vor C. Im Folgenden kommt die Rentabilitätsvergleichsrechnung in dem bereits bekannten Beispiel der Holzwurm GmbH zum Einsatz.

Beispiel: Rentabilitätsvergleichsrechnung

Angesichts der Tatsache, dass die beiden in Frage stehenden Anlagen eine unterschiedlich hohe Kapitalbindung erfordern, hat sich Ernst-August Holzwurm am vergangenen Wochenende die Frage gestellt, ob die nach der Gewinnvergleichsrechnung getroffene Investitionsentscheidung zulässig ist. Am Montagmorgen bittet er daher seine kaufmännische Leiterin, zusätzlich zu den bisherigen Rechnungen auch einen Rentabilitätsvergleich durchzuführen. Andrea Kalkuletta hat die zur Ermittlung der Rentabilität erforderlichen Informationen in Tabelle 8.6 zusammengestellt, wobei die Daten des Ausgangsbeispiels unverändert bleiben (siehe S. 346 f.). Der kalkulatorische Zinssatz beträgt weiterhin 10 % und die geplante Nutzungsdauer liegt immer noch bei vier Jahren. Neben den Ausgangsdaten finden Sie in der Tabelle den von Andrea für die beiden alternativen Anlagen A und B durchgeführten Rentabilitätsvergleich.

Nach der Rentabilitätsvergleichsrechnung sind beide Investitionsalternativen absolut vorteilhaft, da beide Projekte eine positive Rentabilität nach Zinsen erwirtschaften. In Bezug auf die relative Vorteilhaftigkeit ist Alternative A vorziehenswürdig, da deren Rentabilität sowohl vor als auch nach Zinsen höher als diejenige von Alternative B ist. In diesem Fall wird also die auf Basis der Gewinnvergleichsrechnung getroffene Entscheidung bestätigt.

Tab. 8.6: Rentabilitätsvergleich.

	Anlage A	Anlage B
Anschaffungsausgabe (€)	550.000	460.000
Restwert (€)	0	50.000
Durchschnittlich gebundenes Kapital (€)	$\dfrac{550.000}{2} = 275.000$	$\dfrac{460.000 + 50.000}{2} = 255.000$
Ermittlung des Gewinns		
Umsatzerlöse (€/Jahr)	500.000	525.000
Variable Kosten (€/Jahr)	−225.000	−325.000
Laufende Fixkosten (€/Jahr)	−85.000	−55.000
Kalkulatorische Abschreibungen (€/Jahr)	−137.500	−102.500
Gewinn vor Zinsen (€/Jahr)	52.500	42.500
Kalkulatorische Zinsen (€/Jahr)	−27.500	−25.500
Gewinn nach Zinsen (€/Jahr)	25.000	17.000
Ermittlung der Rentabilität		
Gewinn vor Zinsen (€/Jahr)	52.500	42.500
Durchschnittlich gebundenes Kapital (€)	275.000	255.000
Rentabilität vor Zinsen	**19,09 %**	**16,67 %**
Gewinn nach Zinsen (€/Jahr)	25.000	17.000
Durchschnittlich gebundenes Kapital (€)	275.000	255.000
Rentabilität nach Zinsen	**9,09 %**	**6,67 %**

Aussagefähigkeit der Rentabilitätsvergleichsrechnung

Da die Rentabilitätsvergleichsrechnung dem Investor zusätzliche Informationen liefert, ist sie eine sinnvolle Ergänzung der Gewinnvergleichsrechnung. Die Ermittlung der Rentabilität ist insbesondere beim Vergleich von *Investitionsprojekten mit unterschiedlichem Kapitaleinsatz* zweckmäßig. Darüber hinaus weist die Rentabilitätsvergleichsrechnung den in der Praxis geschätzten Vorteil auf, dass die Rentabilität als *prozentuale Zielgröße* den im Finanz- und Rechnungswesen üblichen Kennzahlen entspricht. Prozentuale Zielgrößen sind für die Investoren leicht interpretierbar und gut mit anderen Kennzahlen (z.B. Kapitalkosten oder branchenübliche Renditen) vergleichbar.

Besondere Bedeutung hat die Rentabilitätsvergleichsrechnung beim Vergleich alternativer Investitionsprojekte. Im Alternativenvergleich weist die Rentabilitätsvergleichsrechnung den Vorteil auf, eine absolute Größe (Gewinn in Euro) ins Verhältnis zum durchschnittlich gebundenen Kapital zu setzen. Das Ergebnis ist ein relativer Zielbeitrag (in Prozent). Auf Basis der Rentabilität lässt sich eine *Rangfolge der Investitionsvorhaben* erstellen, die insbesondere bei den in der Praxis regelmäßig begrenzten Investitionsbudgets von Bedeutung ist. Diese Rangfolge gibt Auskunft über die Priorität, mit der die einzelnen Projekte in das Investitionsprogramm aufgenommen werden sollen.

8.4.2 Rentabilität der Differenzinvestition

Obwohl sie die Investitionsalternativen nach ihrer Rentabilität ordnet, kann auch die Rentabilitätsvergleichsrechnung die *Problematik des unterschiedlichen Kapitaleinsatzes* nicht vollständig lösen. Insofern führt der Rentabilitätsvergleich nicht zwingend zur optimalen Investitionsentscheidung. Diese Problematik tritt auf, wenn sich die Investitionsausgaben oder die Nutzungsdauern der zu vergleichenden Investitionsprojekte unterscheiden und der aus dieser Differenz resultierende Ergebnisbeitrag nicht berücksichtigt wird. Sofern sich der Investor bei seiner Entscheidung ausschließlich an der Rentabilität orientiert, unterstellt er implizit, dass diese Rentabilität auch für eventuelle Differenzen im Kapitaleinsatz sowie bei unterschiedlichen Nutzungsdauern erzielt wird. Um derartige Bewertungsfehler zu vermeiden, muss bei Unterschieden zwischen den Investitionsalternativen die *Rentabilität der Differenzinvestition* in den Alternativenvergleich einbezogen werden.

Begriff der Differenzinvestition

Als Differenzinvestitionen werden reale oder fiktive *Ergänzungsinvestitionen* bezeichnet, welche die zwischen zwei Investitionsalternativen existierenden Unterschiede hinsichtlich des gebundenen Kapitals bzw. hinsichtlich der Nutzungsdauer ausgleichen. Der Begriff der Differenzinvestition mag auf den ersten Blick etwas abstrakt klingen; die dahinter stehende Problematik lässt sich aber anhand eines kleinen Beispiels relativ einfach verdeutlichen. Stellen Sie sich vor, nach einer kritischen Zwischenfrage bietet Ihnen Ihr Professor in der Finanzierungsvorlesung eines der beiden nachfolgenden Tauschgeschäfte an. Im ersten Fall zahlen Sie heute 5 Euro und erhalten nach einer Woche eine Rückzahlung von 10 Euro, während Sie im zweiten Fall 100 Euro zahlen, um in der folgenden Woche eine Rückzahlung von 150 Euro zu erhalten. Unterstellen wir, dass Sie Ihren Professor auch in einer Woche noch für zahlungsfähig halten. Welche Alternative würden Sie bevorzugen? Da Sie in der Vorlesung gerade die Rentabilitätsvergleichsrechnung behandeln, errechnen Sie die Rentabilität der beiden Alternativen (R_1 bzw. R_2), wobei Sie das gesamte investierte Kapital als Bezugsgröße verwenden, da es keine zwischenzeitlichen Rückflüsse gibt.

$$R_1 = \frac{10\,€ - 5\,€}{5\,€} = 100\,\%$$ (8.14)

$$R_2 = \frac{150\,€ - 100\,€}{100\,€} = 50\,\%$$ (8.15)

Aufgrund des Rentabilitätsvergleichs müssten Sie sich für die erste Alternative entscheiden, da deren *Rentabilität von 100 %* (pro Woche) doppelt so hoch ist wie diejenige der zweiten Alternative. Allerdings erzielen Sie diese Rendite nur auf den vergleichsweise geringen Kapitaleinsatz von 5 Euro. Im Gegensatz zur Rentabilität spricht der *absolute Gewinn von 50 Euro* für die zweite Alternative, da deren Gewinn um das Zehnfache höher ist. In diesem Fall ignorieren Sie allerdings die Tatsache, dass für die zweite Alternative ein um 95 Euro höherer Kapitaleinsatz erforderlich ist.

Bereits an diesem kleinen Beispiel erkennen Sie, dass weder die Gewinnvergleichsrechnung noch die Rentabilitätsvergleichsrechnung die Entscheidungssituation vollständig abbilden können. Um die optimale Entscheidung zu treffen, müssen Sie den unterschiedlichen Kapitaleinsatz der beiden Geschäfte berücksichtigen. Nur wenn der mit dem Differenzbetrag in Höhe von 95 Euro erzielbare Gewinn in den Alternativenvergleich einbezogen wird, lässt sich die richtige Entscheidung ermitteln.

Vollständige Alternativen

Bei jedem Rentabilitätsvergleich unterschiedlicher Investitionsalternativen muss – analog zu unserem kleinen Beispiel – die Differenzinvestition in die Vorteilhaftigkeitsanalyse einbezogen werden, um *vollständige und damit vergleichbare Investitionsalternativen* zu erhalten. Hierbei geht es primär um die Frage, wie hoch die Rentabilität der Differenzinvestition sein muss, damit sich die ursprünglich ermittelte Vorteilhaftigkeit nicht umkehrt. Nachfolgend wird die Rentabilität der Differenzinvestition am Beispiel der Holzwurm GmbH untersucht.

Beispiel: Rentabilität der Differenzinvestition

Die Rentabilitätsvergleichsrechnung hat ergeben, dass sich die Holzwurm GmbH für die Anlage A entscheiden sollte, da deren Rentabilität vor Zinsen (19,09 %) deutlich höher ist als diejenige der Anlage B (16,67 %). Andrea Kalkuletta weist ihren Chef allerdings auf den im Vergleich zu Anlage B höheren Kapitaleinsatz der Anlage A hin (siehe Tabelle 8.7). Bevor die Investitionsentscheidung getroffen wird, will Andrea daher noch die Rentabilität der Differenzinvestition untersuchen. Mit dieser Ankündigung fängt sich die kaufmännische Leiterin einen fragenden Blick von Ernst-August Holzwurm ein. Mit der Rechnung möchte sie feststellen, erläutert Andrea ihrem Chef, ob der Differenzbetrag so rentabel investiert werden kann, dass sich die Vorteilhaftigkeit der beiden Investitionsalternativen umkehrt.

Tab. 8.7: Rentabilität der Differenzinvestition.

	Anlage A	Anlage B
Anschaffungsausgabe (€)	550.000	460.000
Restwert (€)	0	50.000
Durchschnittlich gebundenes Kapital (€)	$\frac{550.000}{2} = 275.000$	$\frac{460.000 + 50.000}{2} = 255.000$
Rentabilität vor Zinsen	**19,09 %**	**16,67 %**

Die Rentabilität der Differenzinvestition kann sowohl auf Basis der Anschaffungsausgaben als auch auf Basis des durchschnittlich gebundenen Kapitals ermittelt werden. Andrea verwendet das durchschnittlich gebundene Kapital, da diese Vorgehensweise konsistent zu den bisher durchgeführten statischen Investitionsrechnungen ist. Das durchschnittlich gebundene Kapital von Anlage A ist mit 275.000 Euro um 20.000 Euro höher als dasjenige von Anlage B. Andrea muss also die Frage beantworten, wie hoch die Rentabilität (x) des Differenzbetrages von 20.000 Euro sein muss, damit die Kombination aus Anlage B und der Differenzinvestition rentabler ist als Anlage A. Diese Frage lässt sich durch Gleichsetzen der beiden Rentabilitäten entsprechend Formel (8.16) beantworten.

$$255.000 € \cdot 16,67\% + 20.000 € \cdot x = 275.000 € \cdot 19,09\% \qquad (8.16)$$

$$42.508,50 € + 20.000 € \cdot x = 52.497,50 €$$

$$20.000 € \cdot x = 9.989 €$$

$$x = 49,95\%$$

Die erforderliche Rentabilität der Differenzinvestition beträgt 49,95 %. Nur wenn die Holzwurm GmbH ein drittes Projekt realisieren kann, das auf sein durchschnittlich gebundenes Kapital eine Rentabilität vor Zinsen von 49,95 % erwirtschaftet, ist die Kombination aus Anlage B und dem dritten Projekt im Vergleich zur kapitalintensiveren Anlage A vorteilhaft. Anderenfalls sollte das Unternehmen unter Rentabilitätsaspekten die Anlage A wählen. Ernst-August ist sich sicher, dass sich ein derart hoch verzinsliches Projekt in der Spielwarenindustrie nicht finden lässt. Daher bleibt es bei der Entscheidung für Alternative A. Im vorliegenden Beispiel haben wir die Rentabilität der Differenzinvestition auf Basis der Rentabilität vor Zinsen ermittelt. Wenn Sie die Rechnung auf Grundlage der Rentabilität nach Zinsen durchführen, gelangen Sie zu der gleichen Entscheidung. Probieren Sie es einfach aus!

8.5 Amortisationsrechnung

Als viertes statisches Investitionsrechenverfahren behandeln wir die Amortisationsrechnung. Auch wenn die statische Amortisationsrechnung grundsätzlich auf den gleichen Daten und Prämissen beruht wie die anderen statischen Investitionsrechenverfahren, unterscheidet sie sich aufgrund ihrer Zielgröße von den bisher erörterten Rechenverfahren. Während die Kosten-, Gewinn- und Rentabilitätsvergleichsrechnung auf die finanzielle Vorteilhaftigkeit abstellen, handelt es sich bei der Amortisationszeit um eine Maßgröße für das mit dem Investitionsprojekt verbundene Risiko. Vor diesem Hintergrund lautet das *Lernziel von Kapitel 8.5*, die Amortisationsrechnung kennenzulernen sowie die mit diesem Verfahren verbundenen Einsatzmöglichkeiten und Grenzen zu verstehen.

Begriff der Amortisationszeit

Die im Rahmen der Amortisationsrechnung zu optimierende Zielgröße ist die *Amortisationszeit bzw. -dauer*. Als Amortisationszeit wird der Zeitraum bezeichnet, innerhalb dessen das *investierte Kapital wieder zurückgeflossen* ist. Die Amortisationszeit ist eine Maßgröße für die Kapitalbindungsdauer von Investitionsprojekten. In der Praxis wird die Amortisationszeit typischerweise als Risikomaß genutzt, da Investitionsvorhaben mit kürzerer Amortisationszeit als risikoärmer gelten. In diesem Fall ist das investierte Kapital weniger lange den aus der Unternehmenstätigkeit resultierenden Geschäfts- und Liquiditätsrisiken ausgesetzt.

Meistens wird die statische Amortisationszeit nach der Durchschnittsmethode bestimmt, die die Rückflüsse konsistent zu den anderen statischen Investitionsrechenverfahren ermittelt. Nach der Durchschnittsmethode errechnet sich die *Amortisationszeit (AZ)*, indem der ursprüngliche *Kapitaleinsatz (I_0)* durch den durchschnittlichen *Rückfluss pro Jahr* geteilt wird:

$$AZ = \frac{I_0}{C} \qquad\qquad (8.17)$$

$$
\begin{aligned}
\text{mit:} \quad AZ &= \text{Amortisationszeit} \\
I_0 &= \text{Investitions- bzw. Anschaffungsausgabe} \\
C &= \text{Rückfluss pro Jahr}
\end{aligned}
$$

Als ursprünglicher Kapitaleinsatz werden die zur Realisierung des Investitionsprojektes getätigten Anschaffungsausgaben angesetzt. Der auch als Einzahlungsüberschuss oder Cashflow bezeichnete Rückfluss ist eine *zahlungsorientierte Größe* (siehe S. 338 f.) und unterscheidet sich daher von dem aus der Gewinnvergleichsrechnung bekannten Jahresgewinn. Der Rückfluss kann in der statischen Investitionsrechnung auf direkte oder indirekte Weise ermittelt werden (siehe auch S. 253 f.):

- Die *direkte Methode* errechnet den Rückfluss als Differenz zwischen den Umsatzeinzahlungen und den laufenden zahlungswirksamen Kosten.
- Die *indirekte Methode* bietet sich an, wenn zuvor bereits eine Gewinnvergleichsrechnung durchgeführt wurde. In diesem Fall werden die bei der Gewinnermittlung abgezogenen kalkulatorischen Kosten wieder dem Gewinn hinzugerechnet. Wenn der Gewinn um die zahlungsunwirksamen kalkulatorischen Kosten erhöht wird, erhält man als Ergebnis ebenfalls den Rückfluss.

Für die Ermittlung der *absoluten Vorteilhaftigkeit* benötigt die Amortisationsrechnung die Vorgabe einer maximalen Amortisationszeit. Akzeptiert wird ein Investitionsprojekt, wenn dessen Amortisationszeit unterhalb der vom Investor vorgegebenen Höchstamortisationszeit liegt. Beim Vergleich von zwei oder mehr alternativen Investitionsprojekten wird ceteris paribus die Alternative mit der kürzeren Amortisationszeit bevorzugt. Zusätzlich ist bei der *relativen Vorteilhaftigkeitsanalyse* zu beachten, dass die Amortisationszeit der ausgewählten Alternative unterhalb der Höchstamortisationszeit liegt. Nachfolgend wird auch die Amortisationsrechnung auf das Beispiel der Holzwurm GmbH angewendet.

Beispiel: Amortisationsrechnung

Nachdem Andrea Kalkuletta die von der Holzwurm GmbH geplanten Investitionsprojekte bereits mit der Kosten-, Gewinn- und Rentabilitätsvergleichsrechnung analysiert hat, bittet Ernst-August Holzwurm darum, die anstehende Investitionsentscheidung noch einmal unter Risikoaspekten zu untersuchen. Hierzu ermittelt Andrea die Amortisationszeit der beiden alternativen Anlagen. Die Ausgangsdaten der Investitionsentscheidung bleiben unverändert. In Tabelle 8.8 ist die Ermittlung der Amortisationszeit sowohl nach der direkten Methode ausgehend von den Umsatzerlösen (abwärts gerichteter Pfeil) dargestellt als auch nach der indirekten Methode ausgehend vom Gewinn nach Zinsen (aufwärts gerichteter Pfeil).

Angesichts der kürzeren Amortisationszeit empfiehlt Andrea ihrem Chef weiterhin die Anschaffung von Anlage A. Sie weist allerdings darauf hin, dass das Unternehmen seine Entscheidung nicht ausschließlich auf Basis der Amortisationsrechnung treffen sollte. Die Aussagefähigkeit der Amortisationsrechnung ist beschränkt, da dieses Verfahren lediglich das Investitionsrisiko berücksichtigt. Rentabilität bzw. Gewinn werden nicht beachtet. Auch wenn die Ergebnisse im vorliegenden Beispiel widerspruchsfrei sind, muss bei Investitionsentscheidungen grundsätzlich zwischen *Rendite* und *Risiko* (Amortisationszeit) abgewogen werden. Als Messgröße für die Rendite werden in der statischen Investitionsrechnung die Rentabilität bzw. der Gewinn verwendet, während die Amortisationszeit ein Maßstab für das mit dem Investitionsprojekt verbundene Risiko ist.

Tab. 8.8: Amortisationsrechnung.

	Anlage A	Anlage B
Ermittlung der Rückflüsse:		
Umsatzerlöse (€/Jahr)	500.000	525.000
Variable Kosten (€/Jahr)	−225.000	−325.000
Laufende Fixkosten (€/Jahr)	−85.000	−55.000
Rückfluss (€/Jahr)	190.000	145.000
Kalkulatorische Abschreibungen (€/Jahr)	+137.500	+102.500
Gewinn vor Zinsen (€/Jahr)	52.500	42.500
Kalkulatorische Zinsen (€/Jahr)	+27.500	+25.500
Gewinn nach Zinsen (€/Jahr)	25.000	17.000
Bestimmung der Amortisationszeit:		
Anschaffungsausgabe (€)	550.000	460.000
Rückfluss (€/Jahr)	190.000	145.000
Amortisationszeit	**2,89 Jahre**	**3,17 Jahre**

Aussagefähigkeit der Amortisationsrechnung

Die Amortisationsrechnung weicht in zwei Aspekten von den anderen statischen Investitionsrechenverfahren ab. Zum einen stellt sie *Zahlungsgrößen* anstelle von Umsatzerlösen bzw. Kosten in den Vordergrund. Zahlungsorientierte Größen sind notwendig, um die Frage zu beantworten, wann die Investitionsauszahlungen durch die mit dieser Investition erwirtschafteten Einzahlungsüberschüsse wieder zurückgeflossen sind. Zum anderen löst sich die Amortisationsrechnung von der *Prämisse vollkommener Information*, d. h. der Annahme sicherer Rückflüsse. Die Interpretation der Amortisationszeit als Risikomaß unterstellt, dass das Investitionsrisiko von der Zeitspanne bis zum Finanzmittelrückfluss abhängig ist. Darüber hinaus ist die Amortisationsrechnung auch für die Liquiditätsplanung des Unternehmens von Bedeutung. Eine kürzere Amortisationszeit bedeutet, dass die finanziellen Mittel eher wieder für neue Investitionsprojekte oder für andere Zwecke (z. B. zur Schuldentilgung) verfügbar sind. Zusammenfassend bevorzugen Investoren daher grundsätzlich Projekte mit kürzeren Amortisationszeiten.

Die Amortisationszeit erfasst allerdings ausschließlich das Risiko von Investitionsprojekten, da nur die Rückflüsse bis zum Ablauf der Amortisationszeit berücksichtigt werden. Spätere Rückflüsse werden ignoriert, sodass in die Entscheidung *keine Gewinn- bzw. Rentabilitätsaspekte* einfließen. Die fehlende Berücksichtigung der nach Ende der Amortisationszeit entstehenden Rückflüsse kann zu Fehlentscheidungen führen. Ein Investitionsprojekt A weist beispielsweise eine Rentabilität vor Zinsen von 25 % und eine Amortisationszeit von 4,5 Jahren auf, während das alternative Projekt B eine Rentabilität vor Zinsen von 14 % bei einer Amortisationszeit von vier Jahren erwirtschaftet. Viele Investoren werden in diesem Beispiel gerne ein halbes Jahr länger auf die Amortisation ihres eingesetzten Kapitals warten, wenn sie dadurch die höhere Rentabilität von Projekt A realisieren können. Bei ausschließlicher Betrachtung der Amortisationszeit würden sich diese Investoren jedoch für das Projekt B entscheiden. Insofern sollten Investoren die Amortisationsrechnung nur als ergänzendes, jedoch nicht als alleiniges Verfahren zur Vorteilhaftigkeitsbeurteilung von Investitionsvorhaben verwenden. Sinnvoll ist die Kombination der risiko- bzw. liquiditätsorientierten Amortisationsrechnung mit einem erfolgsorientierten Verfahren, wie z. B. der Gewinn- oder Rentabilitätsvergleichsrechnung.

Auf den vorangegangenen Seiten haben wir die statische Amortisationszeit nach der im Rahmen der statischen Investitionsrechnung üblichen Durchschnittsmethode errechnet. Im Gegensatz dazu wird die zu den dynamischen Investitionsrechenverfahren zählende dynamische Amortisationszeit nach der Kumulationsmethode ermittelt (siehe Kapitel 9.4.2). Grundsätzlich kann jedoch auch die statische Amortisationszeit nach der Kumulationsmethode bestimmt werden (vgl. *Perridon/ Steiner/Rathgeber*, 2017, S. 47 ff.).

8.6 Aussagefähigkeit der statischen Investitionsrechenverfahren

Der zentrale Vorteil der statischen Investitionsrechenverfahren besteht darin, dass diese Verfahren nur einen *begrenzten Informationsbedarf* haben. Im Vergleich zu komplexeren Investitionskalkülen sind die statischen Investitionsrechenverfahren daher weniger arbeitsaufwendig und damit auch weniger zeit- und kostenintensiv. Angesichts ihrer *geringen Komplexität* sind diese Rechenverfahren darüber hinaus relativ einfach anzuwenden. Auch wenn die Bedeutung dieses Vorteils im Zeitalter der elektronischen Datenverarbeitung gesunken ist, gilt die geringe Komplexität weiterhin als Vorteil für einfache Investitionsentscheidungen mit begrenztem Kapitaleinsatz.

Den Vorteilen der statischen Investitionsrechenverfahren stehen Grenzen beim Einsatz dieser Verfahren gegenüber, die sich insbesondere aus finanzierungstheoretischer Perspektive ergeben. Zunächst sind hier die *Prämissen der einzelnen Verfahren* bei der relativen Vorteilhaftigkeitsanalyse zu nennen. Beim Vergleich alternativer Investitionsvorhaben führen statische Investitionsrechenverfahren nur dann zu sinnvollen Ergebnissen, wenn die verfahrensspezifischen Prämissen (z. B. gleiche Nutzungsdauer oder gleicher Kapitaleinsatz) erfüllt sind. Anderenfalls müssen die Unterschiede zwischen den Investitionsalternativen explizit in die Vorteilhaftigkeitsanalyse einbezogen werden (z. B. durch Bildung von Differenzinvestitionen) oder es werden implizit unrealistische Annahmen unterstellt.

Ein weiterer Kritikpunkt gegenüber den statischen Investitionsrechenverfahren betrifft die *Annahme vollkommener Informationen* hinsichtlich der einbezogenen Daten. Auch wenn diese Annahme in der Realität regelmäßig nicht erfüllt ist, steht sie dem Einsatz statischer Investitionsrechenverfahren in der Unternehmenspraxis nicht zwingend entgegen. Vielfach rechnen Investoren in der Praxis mit quasi-sicheren Größen, da die benötigten Einflussfaktoren mit hinreichender Genauigkeit geschätzt werden können. Nur wenn das nicht möglich ist, muss die Unsicherheit der zukünftigen Rückflüsse durch Korrekturverfahren in die Investitionsrechnung einbezogen werden. Der Einbezug von Unsicherheit ist grundsätzlich auch auf Basis statischer Investitionsrechenverfahren möglich, wobei in der Praxis bei unsicheren Entscheidungssituationen meistens dynamische Investitionskalküle verwendet werden.

Der entscheidende Kritikpunkt gegenüber den statischen Investitionsrechenverfahren betrifft den Umstand, dass diese Verfahren die Investitionsentscheidung auf Basis eines Durchschnittsjahres treffen. Die *Durchschnittsbetrachtung* stellt eine starke Vereinfachung der Realität dar, da sämtliche Informationen über die zeitliche Verteilung der Rückflüsse ausgeblendet werden. Angesichts des fehlenden Zeitbezugs unterstellen die statischen Investitionsrechenverfahren, dass gleich hohe Rückflüsse für den Investor den gleichen Wert haben, auch wenn sie zu verschiedenen Zeitpunkten entstehen. Die Gewinnsumme der beiden in Tabelle 8.9 dargestellten Investitionsalternativen mit jeweils dreijähriger Nutzungsdauer ist gleich hoch. Unterschiede bestehen jedoch hinsichtlich der Gewinnentwicklung, da Alternative 1 ausgehend von einem geringeren Niveau steigende Gewinne erwirtschaftet, während sich die Gewinne der zweiten Alternative umgekehrt entwickeln.

Tab. 8.9: Problematik der Durchschnittsbetrachtung.

Jahr	1	2	3	∅ Gewinn
Gewinn der Alternative 1 (€)	3.000	5.000	7.000	5.000
Gewinn der Alternative 2 (€)	7.000	5.000	3.000	5.000

Auch wenn beide Alternativen den gleichen durchschnittlichen Gewinn pro Jahr erwirtschaften, bevorzugen rational handelnde Investoren Alternative 2, da diese Alternative den höchsten Gewinn bereits im ersten Jahr erwirtschaftet. Der *Zeitwert des Geldes* verweist darauf, dass Investoren Geldbeträge, die sie zu einem früheren Zeitpunkt erhalten, höher bewerten als spätere Zahlungen – getreu dem Motto „Ein Euro heute ist mehr wert als ein Euro morgen" (zum Zeitwert des Geldes siehe S. 51 ff.). Die in den statischen Investitionsrechenverfahren übliche Verwendung von Durchschnittswerten führt zu ungenauen Ergebnissen, da der Zeitwert des Geldes ignoriert wird. Bei stabilen Umweltverhältnissen und konstanten Rückflüssen kann die Durchschnittsbildung akzeptabel sein, während diese Vereinfachung bei komplexen Investitionsentscheidungen in einer dynamischen Umwelt zu Problemen führt. Besonders problematisch ist die Durchschnittsbetrachtung, wenn Investoren lediglich das erste Jahr der Investitionslaufzeit betrachten und dessen Werte als pauschale Näherungswerte für das Durchschnittsjahr verwenden.

Angesichts der aufgeführten Kritikpunkte wird die begrenzte Aussagefähigkeit der statischen Investitionsrechenverfahren *in komplexen Entscheidungssituationen* deutlich. So sind die statischen Rechenverfahren beispielsweise nicht für Erweiterungsinvestitionen geeignet, bei denen mit hohem finanziellem Volumen ein neues Leistungsangebot in einem für das investierende Unternehmen neuen Markt aufgebaut werden soll. Auf der anderen Seite existieren *einfache Entscheidungssituationen*, bei denen Unternehmen auf Basis statischer Investitionsrechenverfahren eine hinreichend genaue Investitionsentscheidung mit vergleichsweise geringem Aufwand treffen können. Dieses gilt insbesondere für Ersatzinvestitionen, bei denen es sich um repetitive und vielfach standardisierte Entscheidungen handelt (z. B. Beschaffung einer Ersatzmaschine oder eines neuen Lastkraftwagens). Der Einsatz statischer Rechenverfahren ist darüber hinaus auch für eine erste Einschätzung eines komplexeren Investitionsprojekts im Rahmen der Vorprüfung denkbar, bevor in einer späteren Phase des Entscheidungsprozesses die detaillierte Prüfung mit dynamischen Entscheidungskalkülen erfolgt. Angesichts ihrer Anwendungsvorteile kommen statische Investitionsrechenverfahren in der Unternehmenspraxis weiterhin zum Einsatz. Kaum ein Unternehmen verlässt sich bei der Analyse seiner Investitionsentscheidungen allerdings ausschließlich auf die statischen Investitionsrechenverfahren.

8.7 Fragen und Aufgaben zu den statischen Investitionsrechenverfahren

Die Fragen und Aufgaben dienen zur selbständigen Wiederholung des in diesem Kapitel behandelten Stoffes. Sie ergänzen die Ausführungen und Beispiele des vorliegenden Kapitels und bieten Ihnen gleichzeitig die Möglichkeit, Ihre Kenntnisse des behandelten Stoffes zu überprüfen.

8.7.1 Verständnisfragen

Die folgenden Fragen beziehen sich auf Kapitel 8. Nachdem Sie das Kapitel durchgearbeitet haben, sollten Sie in der Lage sein, die Fragen zu beantworten. In Zweifelsfällen finden Sie Hinweise auf die Antworten zu den nachfolgenden Fragen im Text der Unterkapitel, in denen das betreffende Thema behandelt wird.

1. Was sind die gemeinsamen Merkmale der statischen Investitionsrechenverfahren?
2. Welche statischen Investitionsrechenverfahren kennen Sie?
3. Erläutern Sie den in der Kostenvergleichsrechnung verwendeten Kostenbegriff!
4. Was ist der Unterschied zwischen laufenden und kalkulatorischen Kosten?

5. Wie werden kalkulatorische Abschreibungen bzw. kalkulatorische Zinsen ermittelt?
6. Welche Zielsetzung verfolgt die Kostenvergleichsrechnung und wie wird die Zielgröße ermittelt?
7. Beurteilen Sie die Aussagefähigkeit der Kostenvergleichsrechnung!
8. Was ist die kritische Auslastung und wie wird die kritische Menge ermittelt?
9. Erläutern Sie den in der Gewinnvergleichsrechnung verwendeten Gewinnbegriff sowie die Gewinnermittlung!
10. Welche Zielsetzung verfolgt die Gewinnvergleichsrechnung?
11. Beurteilen Sie die Aussagefähigkeit der Gewinnvergleichsrechnung!
12. Was versteht man unter einer Break-Even-Analyse?
13. Welche Zielsetzung verfolgt die Rentabilitätsvergleichsrechnung?
14. Wie wird die Rentabilität ermittelt?
15. Beurteilen Sie die Aussagefähigkeit der Rentabilitätsvergleichsrechnung!
16. Was versteht man unter der Rentabilität der Differenzinvestition und weshalb muss diese Größe ermittelt werden?
17. Was versteht man unter der Amortisationszeit eines Investitionsprojektes und wie wird die Amortisationszeit ermittelt?
18. Welche Zielsetzung verfolgt die Amortisationsrechnung?
19. Beurteilen Sie die Aussagefähigkeit der Amortisationszeit!
20. Nehmen Sie kritisch zur Aussagefähigkeit der statischen Investitionsrechenverfahren Stellung! Gehen Sie hierzu sowohl auf Vorteile als auch auf Grenzen ein!

8.7.2 Übungsaufgaben

Die nachfolgenden Übungsaufgaben beziehen sich auf die in Kapitel 8 behandelten statischen Investitionsrechenverfahren. Sie lassen sich mit Hilfe der in den einzelnen Unterkapiteln vorgestellten und erläuterten Formeln lösen. Eine PDF-Datei mit den Lösungen kann von der Homepage des Verlages De Gruyter Oldenbourg (www. degruyter.com) heruntergeladen werden.

Aufgabe 8.1: Kostenvergleichsrechnung

Nach einem herausragenden Geschäftsjahr verfügt die New Discounter AG über liquide Mittel von 600.000 €. Da die Filialen der New Discounter AG durch das Einwegpfand regelmäßig große Mengen an Kunststoffen erhalten, beschließt die Geschäftsleitung den Erwerb einer Anlage zur Aufbereitung von Altplastik für die spätere Nutzung als Verpackungsmaterial. Die Daten der beiden in Frage kommenden Anlagen A und B sind in der nachfolgenden Tabelle aufgeführt. Die Geschäftsleitung schätzt diese Informationen als hinreichend sicher ein, so dass die Daten als Basis für die Investitionsentscheidung verwendet werden.

	Anlage A	Anlage B
Investitionsausgabe (€)	400.000	425.000
Einmalige Installationskosten (€)	65.000	95.000
Restwert (€)	20.000	0
Lohnkosten (€/Tonne)	35	13
Stromkosten (€/Tonne)	42	32
Sonstige Betriebskosten (€/Tonne)	65	58
Raumkosten (€/Jahr)	125.000	170.000
Instandhaltungskosten (€/Jahr)	48.000	78.000
Sonstige fixe Gemeinkosten (€/Jahr)	37.000	57.000
Technische Nutzungsdauer	5 Jahre	5 Jahre
Geplante Auslastungsmenge	1.450 Tonnen	1.450 Tonnen

Der Kalkulationszinssatz der New Discounter AG beträgt 9 % und die kalkulatorischen Abschreibungen erfolgen linear. Entscheiden Sie mit Hilfe der Kostenvergleichsrechnung, welche der beiden Anlagen das Unternehmen erwerben sollte!

Aufgabe 8.2: Ermittlung der kritischen Auslastungsmenge

Die Traum OHG ist ein erfolgreicher Kopfkissenproduzent. Das Unternehmen plant die Anschaffung einer Produktionsanlage für die Herstellung einer neuen Kopfkissenkollektion. Es liegen zwei Alternativen zur Prüfung vor.

Die Anlage *Daunenkissen* verursacht Anschaffungskosten in Höhe von 600.000 € und Fixkosten in Höhe von 185.000 € pro Jahr. Am Ende der Nutzungsdauer hat die Anlage einen Restwert von 10.000 €. Die variablen Kosten für die Herstellung eines Kopfkissens belaufen sich auf 12 €.

Die Anlage *Wollkissen* kostet 450.000 €. Die jährlichen Fixkosten betragen 52.000 €, während für die Herstellung eines Kopfkissens auf dieser Anlage variable Kosten von 18 € pro Stück entstehen. Am Ende der Nutzungsdauer wird für die Anlage ein Restwert von lediglich 2.000 € erwartet.

Das Unternehmen rechnet mit einem Kalkulationszinssatz von 7 %. Die Nutzungsdauer beider Anlagen beträgt acht Jahre und die Anlagen werden linear abgeschrieben.

a) Führen Sie eine Kostenvergleichsrechnung auf Basis der geplanten Auslastungsmenge von 27.000 Stück durch! Für welche Investitionsalternative sollte sich das Unternehmen entscheiden?

b) Berechnen Sie die kritische Auslastungsmenge! Welche Auswirkungen haben mögliche Veränderungen der Auslastungsmenge auf die Vorteilhaftigkeit der beiden Investitionsalternativen? Stellen Sie Ihre Antwort auch grafisch dar!

Aufgabe 8.3: Gewinnvergleichsrechnung

Die Calcutta GmbH & Co. KG ist ein erfolgreicher Veranstalter von Musicals. Derzeit sucht das Unternehmen einen Spielort für ein neues Musical-Theater. Von einer Beratungsgesellschaft werden die beiden Standorte Löwenstadt bzw. Vampircity empfohlen, deren Umland jeweils ein ausreichendes Besucherpotenzial erwarten lässt. Im Auftrag der Geschäftsführung sollen Sie die beiden Standorte unter finanzwirtschaftlichen Gesichtspunkten vergleichen. Die Vorteilhaftigkeitsanalyse erfolgt auf Basis der Gewinnvergleichsrechnung; künstlerische Aspekte bleiben bei Ihrer Analyse unberücksichtigt. In der nachfolgenden Tabelle finden Sie die entscheidungsrelevanten Daten der beiden Musical-Standorte. Angesichts des mit einem neuen Standort verbundenen Risikos verwendet die Calcutta GmbH & Co. KG einen Kalkulationszinssatz von 13 %.

	Löwenstadt	Vampircity
Anschaffungsausgabe (€)	17.000.000	13.200.000
Durchschnittlicher Verkaufspreis (€/Karte)	180,00	150,00
Variable Kosten (€/Karte)	23,00	18,00
Personalkosten (€/Jahr)	5.500.000	5.000.000
Werbemaßnahmen (€/Jahr)	1.700.000	2.000.000
Energiekosten (€/Jahr)	450.000	650.000
Geplante Nutzungsdauer	10 Jahre	12 Jahre
Erwartete Besucheranzahl (p. a.)	75.000 Karten	85.000 Karten

Ermitteln Sie für beide Standorte den Gewinn pro Jahr und geben Sie der Calcutta GmbH & Co. KG eine Empfehlung, für welchen Standort sich das Unternehmen unter finanzwirtschaftlichen Aspekten entscheiden sollte!

Aufgabe 8.4: Break-Even-Analyse

Die Puresolar GmbH ist ein Start-up, das Solarzellen und -module herstellt. In diesem Jahr wird das Unternehmen eine hochmoderne Photovoltaikanlage in Betrieb nehmen, um die selbst entwickelten, neuartigen Solarzellen in größerer Serie herzustellen. Die Venture-Capital-Gesellschaft, die das Geschäftsmodell der Puresolar GmbH mitfinanziert, macht dem jungen Unternehmen jedoch detaillierte Auflagen. Unter anderem fordert die Venture-Capital-Gesellschaft, dass die Puresolar GmbH im laufenden Geschäftsjahr die Gewinnzone erreicht. Ohne zusätzliche Marketingmaßnahmen rechnet das Unternehmen in diesem Jahr mit dem Verkauf von 50.000 Solarzellen. Der Kalkulationszinssatz beträgt 10 % und die kalkulatorischen Abschreibungen erfolgen linear. Des Weiteren liegen die nachfolgend dargestellten Informationen vor.

Photovoltaik-Anlage	
Investitionsausgabe (€)	400.000.000
Fixkosten (€/Jahr)	69.000.000
Variable Kosten (€/Solarzelle)	2.400
Verkaufserlös (€/Solarzelle)	5.400
Nutzungsdauer	10 Jahre

a) Errechnen Sie die Mindestauslastungsmenge (Break-Even-Menge), die das Unternehmen herstellen und absetzen muss, um profitabel zu arbeiten! Stellen Sie diesen Sachverhalt auch grafisch dar! Sollte die Puresolar GmbH zusätzliche Werbemaßnahmen einleiten, um die Absatzmenge zu erhöhen und damit die Gewinnerwartungen der Venture-Capital-Gesellschaft zu erfüllen?

b) Aufgrund eines Angebotsüberschusses fällt der Preis für Solarzellen auf 4.800 €. Welche Auswirkungen hat diese Entwicklung für den Gewinn der Puresolar GmbH?

Aufgabe 8.5: Rentabilitätsvergleichsrechnung

Aus familiären Gründen hat der renommierte Uhrmachermeister Bernd Brandenburg vor einigen Jahren seine langjährige Heimatstadt Glashütte verlassen und ist in das in der Nähe von Berlin gelegene Kleinmachnow gezogen. Dort hat er in den letzten Jahren eine kleine, aber erfolgreiche Uhrenmanufaktur aufgebaut. Derzeit überlegt Bernd, ob er seine Manufaktur um eine zusätzliche Produktlinie erweitert, die vor allem den Geschmack eines jüngeren Publikums treffen soll und daher auch in höheren Stückzahlen verkauft werden könnte. Nach einigen Voruntersuchungen bleiben zwei Alternativen, die für die Investitionspläne zur Verfügung stehen – die beiden Produktlinien Tick bzw. Tack. Als kalkulatorischen Zinssatz setzt Bernd seine erwartete Mindestrendite von 8 % an. In der nachfolgenden Tabelle hat er die weiteren für die Investitionsentscheidung benötigten Informationen zusammengestellt:

	Tick	Tack
Anschaffungsausgabe (€)	490.000	610.000
Restwert (€)	70.000	130.000
Laufende Fixkosten (€/Jahr)	145.000	85.000
Variable Kosten (€/Stück)	30,00	35,00
Absatzpreis (€/Stück)	85,00	95,00
Geplante Nutzungsdauer	7 Jahre	6 Jahre
Erwartete Absatzmenge (p. a.)	4.800 Stück	4.000 Stück

a) Für welche Alternative sollte sich Bernd entscheiden? Vergleichen Sie die beiden Alternativen mit Hilfe der Rentabilitätsvergleichsrechnung und geben Sie ihm eine Handlungsempfehlung!

b) Welche Bedeutung hat der unterschiedliche Kapitaleinsatz für diese Investitionsentscheidung? Ermitteln Sie die Rentabilität der Differenzinvestition und erläutern Sie Ihr Ergebnis!

Aufgabe 8.6: Amortisationsrechnung

In der Flotte der Reederei Havelblick GmbH findet sich ein Ausflugsdampfer in desolatem Zustand. Die Reederei sieht für dieses Schiff zwei Möglichkeiten: Einerseits kann man das Schiff wieder fahrtüchtig machen, um es für Touristikfahrten auf der Spree einzusetzen. Andererseits lässt sich das Schiff mit geringerem Aufwand in ein Restaurantschiff umbauen und am malerischen Havelufer verankern. Bei beiden Alternativen werden die Anschaffungskosten linear abgeschrieben. Das Unternehmen rechnet mit einem Kalkulationszinssatz von 8 %.

Nach den unternehmensinternen Planungen wird die Alternative *Touristikdampfer* Investitionen in Höhe von 178.000 € erfordern und einen *Gewinn vor Zinsen* von 35.125 € pro Jahr abwerfen. Der Dampfer wird voraussichtlich für zwölf Jahre genutzt werden können, wobei am Ende der Nutzungsdauer ein Liquidationserlös von 2.000 € erzielt werden kann.

Die Alternative *Restaurantschiff* erfordert ein Investitionsvolumen von 95.000 € und wird einen *Gewinn nach Zinsen* in Höhe von 19.500 € pro Jahr erwirtschaften. Da das Schiff lediglich teilweise repariert wird, beträgt die voraussichtliche Nutzungsdauer nur zehn Jahre und es wird kein Liquidationserlös erwartet.

a) Berechnen Sie die statische Amortisationszeit und bestimmen Sie die absolute sowie die relative Vorteilhaftigkeit der beiden Alternativen! Die Havelblick GmbH akzeptiert bei ihren Investitionen eine maximale Amortisationszeit von vier Jahren. Für welche Alternative sollte sich das Unternehmen entscheiden?

b) Gehen Sie auf die Unterschiede der Amortisationsrechnung im Vergleich zu den anderen statischen Investitionsrechenverfahren ein! Ist die Amortisationsrechnung als alleiniges Entscheidungskriterium ausreichend?

Aufgabe 8.7: Statische Investitionsrechnung

Die Statik OHG beabsichtigt, ihre Herstellungskapazitäten zu erweitern. Hierzu soll eines der drei in der nachfolgenden Tabelle dargestellten Investitionsprojekte realisiert werden.

Projekt	A	B	C
Anschaffungsausgabe (€)	230.000	154.000	267.000
Restwert (€)	32.000	19.000	50.000
Laufende Fixkosten (€/Jahr)	16.000	21.000	12.500
Variable Kosten (€/Stück)	4,75	6,75	4,50
Absatzpreis (€/Stück)	14,00	14,00	14,00
Geplante Nutzungsdauer	9 Jahre	9 Jahre	7 Jahre
Kapazität pro Jahr	6.800 Stück	7.600 Stück	7.400 Stück

Das Unternehmen schreibt seine Sachanlagen grundsätzlich linear ab, als kalkulatorischer Zinssatz werden 12 % angesetzt.

a)   Vergleichen Sie die drei Projekte mit der Kostenvergleichsrechnung!

b)   Vergleichen Sie die drei Projekte mit der Gewinnvergleichsrechnung!

c)   Vergleichen Sie die drei Projekte mit der Rentabilitätsvergleichsrechnung!

d)   Vergleichen Sie die drei Projekte mit der Amortisationsrechnung!

e)   Geben Sie dem Unternehmen auf Basis Ihrer Rechnungen eine Investitionsempfehlung und begründen Sie Ihre Entscheidung!

9 Dynamische Investitionsrechenverfahren

Nachdem wir uns im vorangegangenen Kapitel mit der statischen Investitionsrechnung befasst haben, folgen jetzt die dynamischen Investitionsrechenverfahren. Im Gegensatz zu den einperiodigen Rechenverfahren handelt es sich bei den dynamischen Kalkülen um mehrperiodige Verfahren, welche die zeitliche Struktur der Investitionsrückflüsse in die Vorteilhaftigkeitsanalyse einbeziehen. Im Rahmen der dynamischen Investitionsrechnung befassen wir uns einleitend mit den gemeinsamen Grundlagen dieser Rechenverfahren (Kapitel 9.1), bevor die einzelnen dynamischen Investitionsrechenverfahren im Detail erläutert und anhand von Beispielen illustriert werden. Wir beginnen mit der Kapitalwertmethode (Kapitel 9.2), bei der es sich um das grundlegende und am weitesten verbreitete dynamische Investitionskalkül handelt. Anschließend wird die Interne-Zinsfuß-Methode erörtert und hinsichtlich ihrer Aussagefähigkeit mit der Kapitalwertmethode verglichen (Kapitel 9.3). Als ergänzende Rechenverfahren werden in Kapitel 9.4 die Kapitalwertrate sowie die dynamische Amortisationszeit vorgestellt. Im Anschluss daran erweitern wir die Anwendung der dynamischen Investitionsrechenverfahren auf Investitionsentscheidungen unter der Berücksichtigung von Steuern (Kapitel 9.5) und auf Entscheidungen unter Unsicherheit (Kapitel 9.6). Abgerundet wird auch das vorliegende Kapitel durch Verständnisfragen und Übungsaufgaben (Kapitel 9.7).

9.1 Grundlagen

Die dynamischen Investitionsrechenverfahren orientieren sich an den durch ein Investitionsprojekt verursachten Zahlungsgrößen und sie berücksichtigen die gesamte Investitionslaufzeit. Im Vergleich zu den statischen Rechenverfahren haben sie damit einen höheren Investitionsbedarf. Sie sind aber auch dazu in der Lage, die gegenüber den statischen Rechenverfahren geäußerten Kritikpunkte zu entkräften. Dynamische Investitionsrechenverfahren, vor allem Kapitalwertmethode und Interne-Zinsfuß-Methode, sind heute die in der Praxis am häufigsten genutzten Verfahren zur rechnerischen Fundierung von Investitionsentscheidungen. Das *Lernziel von Kapitel 9.1* lautet, die gemeinsamen Charakteristika und Prämissen der dynamischen Investitionsrechenverfahren kennenzulernen, um vor diesem Hintergrund die Anwendungsmöglichkeiten bzw. -grenzen dieser Verfahren beurteilen zu können.

Überblick
Unter dem Begriff der dynamischen Investitionsrechenverfahren werden verschiedene bar- bzw. endwertorientierte Verfahren zusammengefasst (siehe Abbildung 9.1 sowie *Kruschwitz/Lorenz*, 2019, S. 25 ff.; *Bieg/Kußmaul/Waschbusch*, 2016, S. 73 ff. oder Berk/DeMarzo, 2020, S. 245 ff.). Grundlegendes dynamisches Rechenverfahren

https://doi.org/10.1515/9783110987621-009

ist die *Kapitalwertmethode*, die den Wert eines Investitionsprojektes als Barwert sämtlicher projektbezogener Zahlungen errechnet. Zielgröße der Kapitalwertmethode ist der in Währungseinheiten (z. B. Euro) gemessene Vermögenszuwachs, den der Investor durch Realisierung des betreffenden Investitionsvorhabens erzielt. Die weiteren dynamischen Investitionsrechenverfahren basieren auf der Kapitalwertmethode, auch wenn sie eine andere Zielgröße verwenden und die Rechenmethodik entsprechend modifizieren. So ermittelt die *Annuitätenmethode* das in Währungseinheiten (z. B. Euro) ausgedrückte jährliche Einkommen, das der Investor durch Realisierung des Investitionsprojektes zusätzlich erzielt. Die *dynamische Amortisationsrechnung* ermittelt die Amortisationszeit des Investitionsvorhabens und damit ebenfalls eine absolute Zielgröße (in Jahren). Unter der dynamischen Amortisationszeit wird der Zeitraum verstanden, der vergeht, bis die ursprünglichen Investitionsauszahlungen unter Berücksichtigung von Zinsen zurückgeflossen sind.

Im Gegensatz zu den bisher genannten Kalkülen verwenden die folgenden dynamischen Investitionsrechenverfahren relative Zielgrößen. Die *Interne-Zinsfuß-Methode* ermittelt die mit dem Investitionsvorhaben erzielbare Rendite (in Prozent). Auch die *modifizierte Interne-Zinsfuß-Methode* verwendet eine prozentuale Zielgröße, die allerdings nach einer modifizierten Rechenmethodik ermittelt wird. Die *Kapitalwertrate* setzt den Kapitalwert ins Verhältnis zum investierten Kapital und ist damit ebenfalls eine relative Zielgröße. Diese dimensionslose Größe beschreibt den relativen Beitrag, um den sich das Vermögen des Investors infolge eines Investitionsprojektes erhöht.

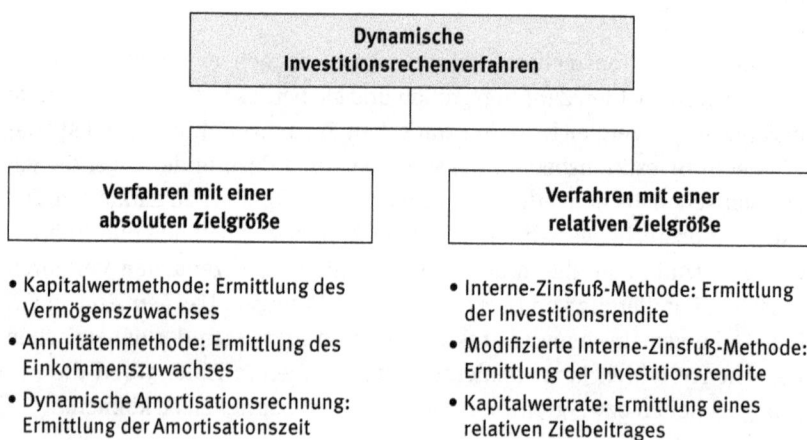

Abb. 9.1: Dynamische Investitionsrechenverfahren und ihre Zielgrößen.

Gemeinsame Charakteristika

Die dynamischen Investitionsrechenverfahren, die ihren theoretischen Ursprung in der kapitalmarktorientierten (neoklassischen) Finanzierungs- und Investitionstheorie haben (vgl. z. B. *Schmidt/Terberger*, 1997, S. 81 ff.), gelten heute in Theorie und Praxis als Standard der Investitionsrechnung. Bevor die einzelnen Investitionsrechenverfahren im Detail vorgestellt und beurteilt werden, sollen zunächst die gemeinsamen Charakteristika und die grundlegenden Prämissen dieser Verfahren angesprochen werden. Dynamische Investitionskalküle zeichnen sich durch folgende Merkmale aus:

– Ausschließliche *Orientierung an Zahlungsströmen*: Im Gegensatz zu den statischen Verfahren basieren dynamische Investitionsrechenverfahren nicht auf Kosten- oder Erlösgrößen, sondern auf den für das zu bewertende Investitionsprojekt prognostizierten Aus- und Einzahlungen.

– Explizite *Berücksichtigung der zeitlichen Struktur der Zahlungsströme*: Dynamische Investitionsrechenverfahren setzen die einzelnen Aus- bzw. Einzahlungen zum Zeitpunkt ihres Entstehens an und machen sie durch Auf- bzw. Abzinsung vergleichbar. Damit lösen sich diese Verfahren von der für die statische Investitionsrechnung typischen Orientierung an einem Durchschnittsjahr.

– Bewertung nach dem *Opportunitätskostenprinzip*: Die Investitionsprojekte werden vor dem Hintergrund der individuellen Handlungsalternativen des Investors bewertet. Hierzu sind zunächst die alternativen Kapitalverwendungsmöglichkeiten zu bestimmen, um auf Basis der besten Handlungsalternative den zur Auf- bzw. Abzinsung verwendeten Kalkulationszinssatz abzuleiten.

Gemeinsame Prämissen

Ebenso wie die statischen Rechenverfahren gehen auch die dynamischen Investitionsrechenverfahren in ihrer Grundversion vom Vorliegen *vollständiger Information* aus. Das bedeutet insbesondere, dass sämtliche Aus- und Einzahlungen hinsichtlich Betrag und Zeitpunkt bekannt sind bzw. mit hinreichender Genauigkeit geschätzt werden können. Sofern das nicht der Fall ist, sprechen wir nicht mehr von Investitionsentscheidungen unter Sicherheit, sondern von Entscheidungen unter Unsicherheit (siehe Kapitel 9.6). Allerdings erfolgt üblicherweise auch die Berücksichtigung von Unsicherheit auf Basis der dynamischen Investitionsrechenverfahren, da diese Verfahren die Unsicherheit wesentlich besser erfassen können als z. B. die statischen Investitionsrechenverfahren.

Darüber hinaus unterstellen dynamische Investitionsrechenverfahren die *Existenz eines vollkommenen und vollständigen Kapitalmarktes*, der durch nachfolgend aufgeführte Merkmale charakterisiert ist (vgl. *Perridon/Steiner/Rathgeber*, 2017, S. 86 f.; *Franke/Hax*, 2009, S. 153 ff. und *Schmidt/Terberger*, 1997, S. 90 ff.):

– Der Kapitalmarkt ist transparent und sämtliche Kapitalmarktteilnehmer verfügen über die gleichen Informationen.

- Das Kapitalmarktgeschehen kann nicht durch einzelne Kapitalmarktteilnehmer beeinflusst werden.
- Auf dem Kapitalmarkt existiert lediglich ein einheitlicher und im Zeitablauf konstanter Zinssatz. Der Anlagezinssatz (Habenzinssatz) ist also gleich dem Kreditzinssatz (Sollzinssatz).
- Zum einheitlichen Zinssatz sind jederzeit Geldanlagen und Kreditaufnahmen in unbeschränkter Höhe möglich.
- Es existieren weder Steuern noch Transaktions- oder Informationskosten.

Die durch das zu bewertende Investitionsprojekt verursachten Aus- und Einzahlungen werden in den dynamischen Investitionskalkülen auf- bzw. abgezinst. Daher ist die Kenntnis der einschlägigen finanzmathematischen Grundlagen zwingende Voraussetzung für das Verständnis der dynamischen Investitionsrechenverfahren. Bei Bedarf können Sie die finanzmathematischen Grundlagen in Kapitel 2.3 noch einmal nachlesen (S. 50 ff.).

9.2 Kapitalwertmethode

Die Kapitalwertmethode ist nicht nur das von der Finanzierungstheorie präferierte Investitionsrechenverfahren (vgl. *Brealey/Myers/Allen*, 2020, S. 108 ff.), sondern auch das in der Unternehmenspraxis international dominierende Verfahren. Das *Lernziel von Kapitel 9.2* lautet, die Kapitalwertmethode und ihre Anwendungsmöglichkeiten kennenzulernen, Kapitalwerte berechnen zu können sowie die Aussagefähigkeit dieses Investitionsrechenverfahrens beurteilen zu können.

9.2.1 Vorteilhaftigkeitsanalyse von Investitionsprojekten

Im Gegensatz zu den statischen Kalkülen sind die dynamischen Investitionsrechenverfahren investitionstheoretisch fundiert. Der folgende Exkurs beleuchtet die grundlegende Idee des hinter der Kapitalwertmethode stehenden Kapitalmarktmodells. Notwendigerweise bleiben diese Ausführungen knapp, sodass nur ein kurzer Einblick in das Kapitalmarktmodell vermittelt werden kann. Für detaillierte Ausführungen zur Investitionstheorie seien interessierte Leser auf die zitierte Literatur verwiesen.

Investitionstheoretische Grundlagen
Investitionstheoretisch wird die Kapitalwertmethode durch das *Kapitalmarktmodell nach Fisher* fundiert (vgl. z. B. *Hirth*, 2017, S. 107 ff.; *Busse von Colbe/Laßmann*, 1990, S. 3–7 sowie grundlegend *Fisher*, 1930). Im Rahmen der grundlegenden Ausführun-

gen zu Finanzierungs- und Investitionsentscheidungen haben wir festgehalten, dass diese Entscheidungen grundsätzlich nur anhand der subjektiven Konsumpräferenzen des Investors getroffen werden können (siehe S. 31 f.). Überwunden wird diese Einschränkung durch das Fisher-Modell, das mit dem Kapitalmarktzinssatz ein objektives Entscheidungskriterium ableitet. Hierzu wird ein vollkommener und vollständiger Kapitalmarkt unterstellt, an dem finanzielle Mittel zu einem konstanten Zinssatz in beliebiger Höhe angelegt bzw. aufgenommen werden können. Der Kapitalmarkt bietet jedem Investor die Möglichkeit, vorhandene Finanzmittel anzulegen oder einen Kredit gegen zukünftig erwartete Finanzmittelzuflüsse aufzunehmen.

Auf dem vollkommenen und vollständigen Kapitalmarkt hat jeder Investor die Möglichkeit, die aus Sachinvestitionen zurückfließenden Zahlungen nach seinen eigenen Präferenzen zu verteilen – unabhängig von der zeitlichen Struktur des ursprünglichen Zahlungsstroms. Aufgrund der Existenz des Kapitalmarktes gibt es ein *objektives Marktkriterium*, das anstelle der subjektiven Präferenzen der Investoren zur Investitionsbeurteilung genutzt werden kann. Das objektive Markkriterium ist der *Kapitalmarktzinssatz*. Im Fisher-Modell werden sämtliche Investitionsprojekte durchgeführt, deren Rendite oberhalb des Kapitalmarktzinssatzes liegt, während Projekte mit einer Rendite unterhalb der Kapitalmarktverzinsung abgelehnt werden. Wenn die Kapitalmarktverzinsung beispielsweise bei 10 % liegt, ist es unter finanzwirtschaftlichen Aspekten sinnvoll, ein Investitionsprojekt mit einer höheren Rendite von z. B. 12 % zu realisieren. Das gilt auch für Investoren, die nicht über die für die Investition erforderlichen Finanzmittel verfügen. In diesem Fall wäre es lohnenswert, die finanziellen Mittel zu 10 % am Kapitalmarkt aufzunehmen, um die Investitionsrendite von 12 % zu realisieren. Umgekehrt ist es für keinen Investor lohnenswert, in ein Investitionsprojekt mit einer Rendite von z. B. 8 % zu investieren, da der Kapitalmarkt in diesem Fall eine höhere Verzinsung bietet.

Nach dem Fisher-Modell entscheiden sich sämtliche Investoren für das *gleiche Investitionsprogramm*. Dieses Programm ist aus Investorenperspektive ebenso wie unter volkswirtschaftlichen Aspekten wohlstandsmaximierend. Allerdings wäre es reiner Zufall, wenn die zeitliche Verteilung des durch das optimale Investitionsprogramm generierten Zahlungsstroms mit den Konsumpräferenzen der Investoren übereinstimmt. Manche Investoren benötigen heute ein hohes Finanzmittelvolumen, um ihre Konsumwünsche zu finanzieren, während andere Investoren zunächst sparen wollen. Der Ausgleich zwischen den Investitionsrückflüssen und den für den Konsum erforderlichen Finanzmitteln erfolgt über den vollkommenen und vollständigen Kapitalmarkt. Durch Kapitalmarktanlage oder Kreditaufnahme können die Investoren die Investitionsrückflüsse an ihre *subjektiven Konsumpräferenzen* anpassen. Hierzu nehmen sie am Kapitalmarkt die Finanzmittel auf, die sie für den Konsum benötigen, während überschüssige finanzielle Mittel am Kapitalmarkt angelegt werden.

Im Hinblick auf die Beurteilung von Investitionsentscheidungen liegt die zentrale Bedeutung des Fisher-Modells darin, dass die *Investitionsentscheidung von den subjektiven Konsumpräferenzen der einzelnen Investoren getrennt* werden kann (vgl. z. B. *Schmidt/Terberger*, 1997, S. 111 ff.). Die Vorteilhaftigkeitsanalyse von Investitionsprojekten erfolgt auf Basis des aus Marktdaten abgeleiteten Kapitalmarktzinssatzes. Dieser Marktzinssatz entspricht den Opportunitätskosten sämtlicher Investoren, sodass er das einzige und von den subjektiven Präferenzen der Investoren unabhängige Kriterium zur Beurteilung von Investitionsprojekten ist. Solange die Rendite eines Investitionsprojektes oberhalb des Kapitalmarktzinssatzes liegt, ist es für sämtliche Investoren vorteilhaft, dieses Investitionsprojekt zu realisieren. Die im Folgenden behandelte *Kapitalwertmethode* setzt die investitionstheoretischen Überlegungen in die Praxis um, da der Kapitalwert in diesem Fall positiv ist. Für die Investitionspraxis ist das Kapitalmarktmodell nach Fisher von elementarer Bedeutung, da es die Grundlage dafür bildet, dass das Management einer Publikumsaktiengesellschaft wie beispielsweise der Siemens AG Investitionsentscheidungen treffen kann, ohne sämtliche ca. 850.000 Siemens-Aktionäre (vgl. *Siemens*, 2022) nach ihren subjektiven Konsumpräferenzen befragen zu müssen.

Ermittlung des Kapitalwertes

Der Kapitalwert eines Investitionsprojektes ist der *Barwert sämtlicher investitionsbedingter Aus- und Einzahlungen*. Ermittelt wird der Kapitalwert (KW_0), indem für jedes Jahr der geplanten Nutzungsdauer (n) die Rückflüsse (Einzahlungsüberschüsse) als Differenz der investitionsbedingten Einzahlungen (E_t) und Auszahlungen (A_t) prognostiziert werden. Anschließend werden die jährlichen Rückflüsse mit dem nach dem Opportunitätskostenprinzip abgeleiteten Kalkulationszinssatz (i) auf den Bewertungsstichtag (t = 0) diskontiert und dann addiert. Damit ergibt sich die nachfolgende Formel (9.1) für den Kapitalwert:

$$KW_0 = \sum_{t=0}^{n} (E_t - A_t) \cdot (1+i)^{-t} \qquad (9.1)$$

mit:
KW_0 = Kapitalwert im Zeitpunkt 0
E_t = Einzahlung im Zeitpunkt t
A_t = Auszahlung im Zeitpunkt t
n = Nutzungsdauer
i = Kalkulationszinssatz

In der Bewertungspraxis wird die Kapitalwertformel vielfach leicht modifiziert. Wie auch in der Mehrzahl der weiteren Beispiele in diesem Lehrbuch wird davon ausgegangen, dass die zur Realisierung des Investitionsvorhabens notwendigen Anschaffungsauszahlungen im Zeitpunkt t = 0 fällig sind. Für die geplante Nutzungsdauer von t = 1 bis t = n werden die jeweils zum Jahresende zufließenden Rückflüsse geschätzt. Wenn die Investitionsobjekte am Ende der Nutzungsdauer verkauft werden können, wird der erwartete Verkaufserlös als Restwert in die Berechnung einbezogen und ebenfalls auf den Bewertungsstichtag diskontiert.

Nach Ausgliederung von Anschaffungsauszahlung und Restwert sowie nach Ersatz der Differenz von Ein- und Auszahlungen durch den Rückfluss (Cashflow) ergibt sich die nachfolgende *Ermittlungsvorschrift* für den Kapitalwert. Der Kapitalwert errechnet sich nach Formel (9.2) als Summe aus den diskontierten Rückflüssen (C_t) und dem diskontierten Restwert (R_n) abzüglich der Anschaffungsauszahlung (I_0). In dieser Schreibweise wird die Kapitalwertformel üblicherweise zur Bewertung von Investitionsvorhaben eingesetzt.

$$KW_0 = -I_0 + \sum_{t=1}^{n} C_t \cdot (1+i)^{-t} + R_n \cdot (1+i)^{-n} \tag{9.2}$$

$$
\begin{aligned}
\text{mit:} \quad KW_0 &= \text{Kapitalwert im Zeitpunkt 0} \\
I_0 &= \text{Anschaffungsauszahlung im Zeitpunkt 0} \\
C_t &= \text{Rückfluss im Zeitpunkt t} \\
n &= \text{Nutzungsdauer} \\
i &= \text{Kalkulationszinssatz} \\
R_n &= \text{Restwert (Liquidationserlös) im Zeitpunkt n}
\end{aligned}
$$

Absolute Vorteilhaftigkeit

Investitionsprojekte mit *positivem Kapitalwert* sind absolut vorteilhaft, da die Summe der diskontierten Rückflüsse höher ist als die Anschaffungsauszahlungen (siehe Abbildung 9.2).

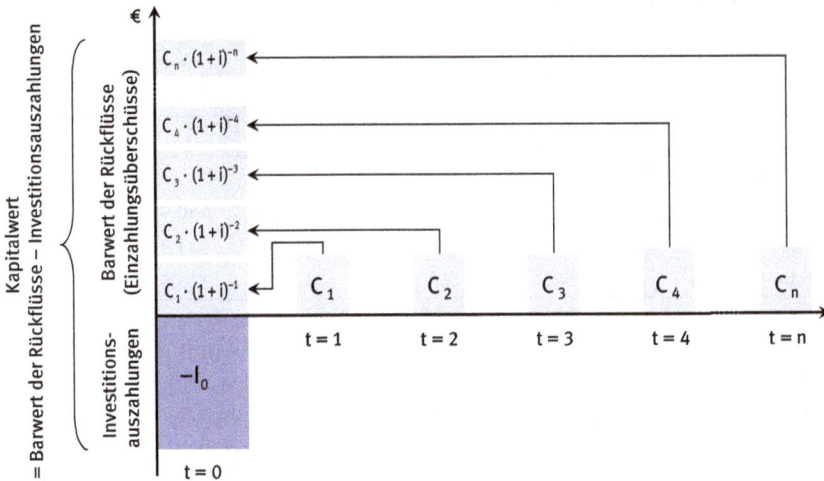

Abb. 9.2: Ermittlung des Kapitalwertes.

Die Kapitalwertmethode ermittelt die Vorteilhaftigkeit von Investitionsprojekten vor dem Hintergrund einer alternativen Kapitalmarktanlage, die sich zum Kalkulationszinssatz verzinst. Ein positiver Kapitalwert verweist darauf, dass die Rendite des betreffenden Investitionsprojektes oberhalb der Kapitalmarktverzinsung liegt. Für die Investoren generieren Projekte mit positivem Kapitalwert einen Vermögenszuwachs, sodass diese Projekte unter finanzwirtschaftlichen Aspekten realisiert werden sollten. Investitionsprojekte mit *negativem Kapitalwert* erwirtschaften dagegen eine Rendite unterhalb der geforderten Verzinsung. Diese Projekte vermindern das Vermögen der Investoren, sodass sie nicht realisiert werden sollten. Investitionsprojekte mit einem Kapitalwert von null erwirtschaften genau die von den Investoren geforderte Mindestverzinsung. In diesem Fall sind die Investoren indifferent zwischen dem Investitionsprojekt und der durch den Kalkulationszinssatz repräsentierten Alternativanlage.

Nachdem wir uns mit den theoretischen Grundlagen der Kapitalwertmethode beschäftigt haben, ist es an der Zeit, die Ermittlung des Kapitalwertes sowie die Interpretation des Ergebnisses an einem Beispiel zu verdeutlichen. Hierzu dient wieder die Ihnen bereits bekannte Holzwurm GmbH.

Beispiel: Kapitalwertmethode

Die Holzwurm GmbH plant weiterhin die Erweiterung der Herstellungskapazitäten durch den Erwerb einer neuen Anlage (siehe S. 318 f.). Angesichts des für das mittelständische Unternehmen nicht unbeträchtlichen Investitionsvolumens hält Andrea Kalkuletta, die kaufmännische Leiterin, die bisher durchgeführten statischen Investitionsrechnungen für unzureichend. Daher schlägt sie Ernst-August Holzwurm vor, die absolute Vorteilhaftigkeit des geplanten Investitionsvorhabens mit Hilfe der Kapitalwertmethode zu überprüfen.

Tab. 9.1: Zahlungsreihe des Investitionsvorhabens.

Jahr	0	1	2	3	4
Anschaffungsauszahlung (€)	−550.000				
Einzahlungen (€/Jahr)		460.000	490.000	530.000	520.000
Auszahlungen (€/Jahr)		−292.000	−305.500	−323.500	−319.000
Zahlungsreihe (€/Jahr)	−550.000	168.000	184.500	206.500	201.000

Die entscheidungsrelevanten Daten sind bekannt: Für den Erwerb der präferierten Anlage A sind Anschaffungsauszahlungen von 550.000 Euro erforderlich, wobei sich am Ende der Nutzungsdauer für die Anlage annahmegemäß kein Restwert erzielen lässt. Die geplante Nutzungsdauer der Produktionsanlage beträgt vier Jahre; während der Nutzungsdauer werden durch den Betrieb der neuen Anlage die in Tabelle 9.1 dargestellten zusätzlichen Ein- und Auszahlungen erwartet. Als Kalkulationszinssatz verwendet die Holzwurm GmbH die von allen Investitionsprojekten erwartete Mindestrendite von 10 %.

Um die absolute Vorteilhaftigkeit der Anlage zu überprüfen, errechnet Andrea den Kapitalwert des Investitionsprojektes. Hierzu diskontiert sie die aus dem Betrieb der neuen Produktionsanlage erwarteten Rückflüsse und vermindert diese um die Anschaffungsauszahlungen:

$$
\begin{aligned}
KW_0 &= -550.000\,€ + 168.000\,€ \cdot (1+0,10)^{-1} + 184.500\,€ \cdot (1+0,10)^{-2} \\
&\quad + 206.500\,€ \cdot (1+0,10)^{-3} + 201.000\,€ \cdot (1+0,10)^{-4} \\
KW_0 &= -550.000\,€ + 168.000\,€ \cdot 0,9091 + 184.500\,€ \cdot 0,8264 \\
&\quad + 206.500\,€ \cdot 0,7513 + 201.000\,€ \cdot 0,6830 \\
KW_0 &= -550.000\,€ + 597.639\,€ = 47.639\,€
\end{aligned}
$$

Der Kapitalwert der neuen Produktionsanlage beträgt 47.639 Euro. Angesichts des positiven Kapitalwertes ist das Investitionsprojekt unter finanzwirtschaftlichen Aspekten absolut vorteilhaft, da das Unternehmen durch die Projektrealisierung einen Vermögenszuwachs generiert. Andrea schlägt ihrem Chef daher vor, die neue Anlage zu erwerben.

Relative Vorteilhaftigkeit

In der Praxis müssen Unternehmen meistens nicht nur entscheiden, ob sie ein neues Investitionsvorhaben realisieren sollen, sondern auch, welche von mehreren Investitionsalternativen sie auswählen sollen. Wenn mehrere alternative Investitionsprojekte miteinander konkurrieren, von denen nur eines realisiert werden kann oder soll, dann muss die relative Vorteilhaftigkeit dieser Projekte untereinander ermittelt werden (siehe S. 347 f.). Auch die relative Vorteilhaftigkeit lässt sich mit der Kapitalwertmethode bestimmen. Wie wir im vorangegangenen Beispiel gesehen haben, ist ein Investitionsvorhaben absolut vorteilhaft, wenn es einen positiven Kapitalwert hat. Bei der Ermittlung der relativen Vorteilhaftigkeit geht es darum, aus mehreren alternativen Investitionsprojekten das unter finanzwirtschaftlichen Aspekten vorteilhafteste Projekt auszuwählen.

Nach der Kapitalwertmethode wird beim *Vergleich alternativer Projekte* die Investitionsalternative mit dem höchsten Kapitalwert bevorzugt. Vor der Ermittlung der relativen Vorteilhaftigkeit ist allerdings die absolute Vorteilhaftigkeit der einzelnen Investitionsprojekte zu überprüfen. Um keine finanzwirtschaftlich unvorteilhaften Projekte zu realisieren, werden im Alternativenvergleich ausschließlich Investitionsprojekte mit positivem Kapitalwert berücksichtigt. Auch die Holzwurm GmbH prüft im nachfolgenden Beispiel die relative Vorteilhaftigkeit der bisher präferierten Anlage.

Beispiel: Alternativenvergleich

Auch wenn Anlage A die finanzwirtschaftlichen Anforderungen der Holzwurm GmbH erfüllt, fragt sich Ernst-August Holzwurm, ob sich nicht noch ein Investitionsprojekt mit höherem Kapitalwert finden lässt. Wie im vorangegangenen Abschnitt errechnet, hat Anlage A einen Kapitalwert von 47.639 Euro, dessen Ermittlung in Tabelle 9.2 noch einmal dargestellt ist.

Tab. 9.2: Kapitalwert von Alternative A.

Jahr	1	2	3	4
Einzahlungen (€)	460.000	490.000	530.000	520.000
Auszahlungen (€)	−292.000	−305.500	−323.500	−319.000
Rückflüsse (€)	168.000	184.500	206.500	201.000
Abzinsungsfaktoren	0,9091	0,8264	0,7513	0,6830
Barwerte (€)	152.727	152.479	155.147	137.286
Summe der Barwerte (€)	597.639			
Anschaffungsauszahlung (€)	−550.000			
Kapitalwert (€)	47.639			

Auf Wunsch ihres Chefs beginnt Andrea mit der Überprüfung möglicher Alternativen. Die bereits im Rahmen der statischen Investitionsrechnung überprüfte Anlage B ist weniger vorteilhaft als Anlage A. In diesem Zusammenhang verweist Leon Lukas, der für die Holzeisenbahnen zuständige Produktmanager, darauf, dass ihm das Angebot für eine weitere Herstellungsanlage C vorliegt. Mit der Anlage C könnte er insbesondere die Bedruckung der Holzeisenbahnen verbessern, wodurch Leon sich verbesserte Absatzchancen verspricht. Vor diesem Hintergrund ist er sich sicher, dass die Holzwurm GmbH die auf Anlage C gefertigten Produkte vollständig absetzen kann.

Tab. 9.3: Kapitalwert von Alternative C.

Jahr	1	2	3	4	5
Einzahlungen (€)	575.000	645.000	670.000	620.000	585.000
Restwert (€)					75.000
Auszahlungen (€)	−400.000	−440.000	−450.000	−435.000	−415.000
Rückflüsse (€)	175.000	205.000	220.000	185.000	245.000
Abzinsungsfaktoren	0,9091	0,8264	0,7513	0,6830	0,6209
Barwerte (€)	159.091	169.421	165.289	126.357	152.126
Summe der Barwerte (€)	772.284				
Anschaffungsauszahlung (€)	−700.000				
Kapitalwert (€)	72.284				

Die zur Anschaffung der Anlage C erforderliche Auszahlung liegt bei 700.000 Euro; die geplante Nutzungsdauer beträgt fünf Jahre. Es handelt sich um eine flexibel einsetzbare Anlage, die nach Auskunft von Leon am Ende der geplanten Nutzungsdauer für 75.000 Euro verkauft werden kann. Diesen Verkaufserlös setzt Andrea als Restwert am Ende der Nutzungsdauer an. In Tabelle 9.3 sind die bei einem Einsatz von Anlage C zusätzlich erwarteten Ein- und Auszahlungen dargestellt. Im Vergleich zu Anlage A erwirtschaftet die Anlage C höhere Rückflüsse, erfordert allerdings auch einen höheren Kapitaleinsatz. Da die Holzwurm GmbH nur eines der beiden Investitionsprojekte realisieren kann, stellt sich die Frage, welches der beiden Projekte vorziehenswürdig ist. Zur Beantwortung dieser Frage ermittelt Andrea den Kapitalwert der Anlage C, wobei sie wiederum einen Kalkulationszinssatz von 10 % verwendet.

Da Anlage C ebenfalls einen positiven Kapitalwert hat, ist auch diese Anlage absolut vorteilhaft. Im Vergleich zwischen den beiden Anlagen A und C sollte sich das Unternehmen für die Anlage mit dem höheren Kapitalwert entscheiden, weil dieses Projekt den höheren Vermögenszuwachs generiert. Da der Kapitalwert von Anlage C (72.284 Euro) oberhalb des Kapitalwertes von A (47.639 Euro) liegt, empfiehlt Andrea ihrem Chef eine Entscheidung zugunsten der Anlage C.

Aufgrund des höheren Kapitalwertes entscheidet sich die Holzwurm GmbH im o. a. Beispiel für die Anlage C, obwohl diese Anlage die höheren Anschaffungsausgaben und eine längere Nutzungsdauer aufweist. Wie wir bei den statischen Investitionsrechenverfahren gesehen haben, können entsprechende Differenzen zwischen den Investitionsalternativen zu Problemen hinsichtlich der Aussagefähigkeit der Investitionsrechnung führen. Um keine unrealistischen Prämissen unterstellen zu müssen, sollten die zu vergleichenden Investitionsprojekte in der statischen Investitionsrechnung den gleichen Kapitaleinsatz und die gleiche Nutzungsdauer aufweisen. Demgegenüber führt die Kapitalwertmethode auch bei unterschiedlichen Anschaffungsausgaben und Nutzungsdauern zu richtigen Entscheidungen (siehe auch Kapitel 9.2.2).

Opportunitätskostenprinzip und Kalkulationszinssatz
Neben den zukünftigen Rückflüssen hat der Kalkulationszinssatz (Diskontierungszinssatz) entscheidende Bedeutung für die Höhe des Kapitalwertes und damit für die Vorteilhaftigkeit eines Investitionsvorhabens. Wie bereits angesprochen, wird der Kalkulationszinssatz nach dem *Opportunitätskostenprinzip* auf Basis der besten alternativen Anlagemöglichkeit des Investors abgeleitet (siehe S. 57 sowie *Brealey/ Myers/Allen*, 2020, S. 7 ff.). Wenn der Investor das geplante Investitionsprojekt realisiert, verzichtet er auf die Rückflüsse, die er bei Verwirklichung der alternativen Anlage hätte erzielen können. Die entgangene Rendite der Alternativanlage entspricht den Opportunitätskosten des Investors. Im Rahmen der Kapitalwertmethode wird der Kapitalwert mit Hilfe des nach dem Opportunitätskostenprinzip abgeleiteten

Kalkulationszinssatzes berechnet. Nur wenn der Kapitalwert positiv ist, liegt die Rendite des Investitionsvorhabens oberhalb des Kalkulationszinssatzes und damit auch oberhalb der Opportunitätskosten. In diesem Fall lohnt es sich für den Investor, das Investitionsprojekt anstelle der Anlagealternative zu realisieren. Die Opportunitätskosten entsprechen damit dem als *Hürde (Hurdle Rate)* bezeichneten kritischen Zinssatz, den ein Investitionsprojekt überschreiten muss, um vom Investor akzeptiert zu werden.

Angesichts des hohen Einflusses auf die Vorteilhaftigkeit von Investitionsprojekten kommt der *Ableitung des Kalkulationszinssatzes* entscheidende Bedeutung zu. Zur Ableitung des Kalkulationszinssatzes dienen die Opportunitätskosten, die grundsätzlich auf Basis der subjektiven Handlungsalternativen des einzelnen Investors bestimmt werden. Die Kapitalwertmethode verallgemeinert dieses Grundprinzip, indem ein vollkommener und vollständiger Kapitalmarkt unterstellt wird (siehe S. 371). Damit kann der aus Marktdaten abgeleitete Kapitalmarktzinssatz zur Berechnung des Kapitalwertes verwendet werden. Der Rückgriff auf Kapitalmarktdaten weist den Vorteil auf, dass für die Beurteilung von Investitionsprojekten ein objektives Marktkriterium zur Verfügung steht.

In der Praxis sind Kapitalmärkte allerdings weder vollkommen noch vollständig. Auf realen Kapitalmärkten existieren beispielsweise unterschiedliche Zinssätze. Nach dem Opportunitätskostenprinzip muss der Investor in diesen Fällen entscheiden, welcher Zinssatz in der konkreten Bewertungssituation relevant ist. Bei einer kreditfinanzierten Investition ist das der entsprechende Kreditzinssatz, während bei einem eigenfinanzierten Projekt die Rendite der besten Alternativanlage zur Bestimmung der Opportunitätskosten dient. Wenn das Projekt, wie in der Unternehmenspraxis üblich, mit Eigen- und Fremdkapital finanziert wird, kommt ein gewichteter Zinssatz zur Anwendung. Im Ergebnis ist es auch auf realen Kapitalmärkten möglich, den Kalkulationszinssatz nach dem Opportunitätskostenprinzip zu bestimmen.

Neben der risikofreien Verzinsung wird die Höhe des Kalkulationszinssatzes vor allem durch das Investitionsrisiko sowie durch die Inflation beeinflusst. Da die Grundform der Kapitalwertmethode vollständige Information unterstellt, bleibt das Risiko vorerst ausgeblendet. Die Berücksichtigung des Risikos behandeln wir in Kapitel 9.6. Im Folgenden befassen wir uns zunächst mit der Frage, wie Inflationsauswirkungen im Rahmen der Kapitalwertermittlung berücksichtigt werden.

Inflation

Bei der praktischen Anwendung der Kapitalwertmethode ist die zutreffende Berücksichtigung der Inflation zu beachten (vgl. z.B. *Koller/Goedhart/Wessels*, 2020, S. 493 ff. und *Cornell et al.*, 2021, S. 1 ff.). Die abgezinsten zukünftigen Investitionsrückflüsse unterliegen ebenso inflationären Auswirkungen wie die Kapitalmarktanlage. Je höher die Inflationsrate ist, umso stärker leidet der Investor unter dem inflationsbedingten Kaufkraftverlust. Deshalb erwarten Kapitalgeber für die Kapitalüberlassung zusätzlich zur Realverzinsung einen Inflationsausgleich. Der am Kapitalmarkt zu beobachtende Nominalzinssatz setzt sich daher aus Realverzinsung und Inflationsprämie zusammen, wobei die Höhe der Inflationsprämie von der erwarteten Inflationsrate abhängig ist.

Für die zahlungsorientierte Investitionsrechnung stellt sich in Verbindung mit der Inflationsproblematik die Frage, wie die inflationsbedingten Auswirkungen bei der Kapitalwertermittlung zu berücksichtigen sind. Grundsätzlich kann die Berücksichtigung der Inflation auf Basis nominaler oder realer Größen erfolgen:

- Bei der *Rechnung mit nominalen Größen* werden nominale Einzahlungsüberschüsse mit dem nominalen Kapitalmarktzinssatz abgezinst. Die zukünftigen Ein- und Auszahlungen werden in diesem Fall zu Zeitwerten der jeweiligen Prognosejahre geschätzt, während der nominale Zinssatz aus aktuellen Kapitalmarktdaten abgeleitet wird.
- Bei der *Rechnung mit realen Größen* werden reale Einzahlungsüberschüsse mit dem realen Kapitalmarktzinssatz diskontiert. Hierzu werden die zukünftigen Ein- und Auszahlungen auf Basis des aktuellen Preisniveaus geschätzt, sodass die prognostizierten Rückflüsse keine Inflationsauswirkungen enthalten. Da der Diskontierungszinssatz somit auch keine Inflationsauswirkungen enthalten darf, wird der aktuelle Kapitalmarktzinssatz um die Inflationsprämie vermindert.

Grundsätzlich führen beide Alternativen der Inflationsberücksichtigung zum gleichen Ergebnis. Wichtig ist allerdings die *konsistente Vorgehensweise*, sodass entweder nominale Zahlungsgrößen mit einem nominalen Zinssatz oder reale Zahlungsgrößen mit einem realen Zinssatz diskontiert werden. Die Kombination von nominalen mit realen Größen führt unweigerlich zu Bewertungsfehlern. In der Praxis wird überwiegend mit nominalen Größen gerechnet, da die für die Investitionsrechnung prognostizierten Zahlungsgrößen kompatibel zu anderen Planungsrechnungen des Unternehmens sind. In Hochinflationsländern wird dagegen teilweise mit realen Größen gerechnet, weil befürchtet wird, dass sich die Inflationsauswirkungen nicht mehr zuverlässig prognostizieren lassen. Soweit nichts anderes angegeben ist, handelt es sich bei den weiteren Beispielen in diesem Buch um nominale Größen.

9.2.2 Wiederanlageprämisse der Kapitalwertmethode

Auch die dynamischen Investitionsrechenverfahren unterstellen bei der Vorteilhaftigkeitsanalyse von Investitionsprojekten bestimmte Prämissen. Diese *Prämissen reduzieren die Komplexität realer Investitionsentscheidungen* und gewährleisten damit, dass die Vorteilhaftigkeitsentscheidungen mit vertretbarem Aufwand getroffen werden können. Für sämtliche dynamischen Rechenverfahren gelten sowohl die Prämisse vollständiger Information als auch die Annahme eines vollkommenen und vollständigen Kapitalmarktes (siehe S. 371 f.). Über diese Prämissen hinaus treffen die einzelnen Verfahren Annahmen hinsichtlich der Wiederanlage investitionsbedingter Ein- bzw. Auszahlungsüberschüsse. Nach der für die Kapitalwertmethode gültigen Wiederanlageprämisse können zu jedem Zeitpunkt Beträge in beliebiger Höhe am Kapitalmarkt zum Kalkulationszinssatz angelegt oder aufgenommen werden.

Vollständige Alternativen

Die Wiederanlageprämisse ist eine notwendige Voraussetzung für den Vergleich unterschiedlicher Investitionsalternativen, da durch diese Prämisse vollständige und damit vergleichbare Alternativen hergestellt werden. Investitionsprojekte können sich hinsichtlich ihrer Anschaffungsausgaben, ihrer Nutzungsdauer oder der Struktur ihrer Rückflüsse unterscheiden. Beim Vergleich alternativer Projekte stellt sich zwangsläufig die Frage nach den Auswirkungen dieser Unterschiede. Sofern die Differenzbeträge nicht explizit in den Vorteilhaftigkeitsvergleich einbezogen werden, muss eine Annahme hinsichtlich der Verwendung dieser Beträge getroffen werden. Im Rahmen der Kapitalwertmethode wird unterstellt, dass sämtliche Differenzbeträge am Kapitalmarkt angelegt werden können. Hierzu werden *Ergänzungsinvestitionen* gebildet, die die Unterschiede der verschiedenen Investitionsalternativen ausgleichen. Wenn Sie z. B. zwei alternative Investitionsprojekte A und B vergleichen wollen, deren Anschaffungsauszahlungen bei 2 Mio. Euro (Projekt A) bzw. bei 1,7 Mio. Euro (Projekt B) liegen, müssen Sie eine Ergänzungsinvestition in Höhe des Differenzbetrages von 300.000 Euro bilden. Diese Ergänzungsinvestition wird zum Kalkulationszinssatz am Kapitalmarkt angelegt. Die Ergänzungsinvestition bildet mit dem betragsmäßig kleineren Projekt B eine gemeinsame Handlungsalternative, sodass zwei vollständige Alternativen mit einem Investitionsvolumen von jeweils 2 Mio. Euro verglichen werden.

Bedeutung der Wiederanlageprämisse

Bei der praktischen Anwendung der Kapitalwertmethode müssen Sie meistens keine Ergänzungsinvestitionen bilden. Denn die Wiederanlageprämisse der Kapitalwertmethode weist den entscheidenden Vorteil auf, dass der *Kapitalwert sämtlicher Ergänzungsinvestitionen gleich null* ist. Ergänzungsinvestitionen werden am Kapitalmarkt zum gleichen Kalkulationszinssatz angelegt, der auch für die Ermittlung des Kapitalwertes verwendet wird. Unabhängig davon, ob die Ergänzungsinvestitionen für unterschiedliche Anschaffungsauszahlungen, unterschiedliche Nutzungsdauern oder unterschiedliche Rückflüsse gebildet werden, errechnet sich für jede Ergänzungsinvestition ein Kapitalwert von null. Für die praktische Anwendung der Kapitalwertmethode ergibt sich damit die angenehme Schlussfolgerung, dass die Unterschiede zwischen den Investitionsalternativen ignoriert werden können. Solange die

Voraussetzungen der Kapitalwertmethode erfüllt sind, kann die Kapitalwertmethode für den Vergleich von Investitionsalternativen mit unterschiedlichen Anschaffungsauszahlungen oder unterschiedlicher Nutzungsdauer herangezogen werden. Im Folgenden wird die Bedeutung der Wiederanlageprämisse anhand des Beispiels der Holzwurm GmbH illustriert.

Beispiel: Wiederanlageprämisse

Im Beispiel des vorangegangenen Abschnitts hat Andrea Kalkuletta ermittelt, dass die Anlage C aufgrund des höheren Kapitalwertes gegenüber Anlage A vorziehenswürdig ist (siehe S. 377 ff.). Allerdings erfordert Anlage C mit 700.000 Euro höhere Anschaffungsauszahlungen als Anlage A (550.000 Euro) und die Nutzungsdauer von C ist mit fünf Jahren um ein Jahr länger als diejenige der Anlage A (siehe Tabelle 9.4).

Tab. 9.4: Kapitalwerte der Investitionsprojekte A bzw. C.

Jahr	0	1	2	3	4	5
Zahlungsreihe von Anlage A (€)	−550.000	168.000	184.500	206.500	201.000	
Kapitalwert (€)	47.639					
Zahlungsreihe von Anlage C (€)	−700.000	175.000	205.000	220.000	185.000	245.000
Kapitalwert (€)	72.284					

Ernst-August Holzwurm, der geschäftsführende Gesellschafter der Holzwurm GmbH, fragt seine kaufmännische Leiterin, ob der durchgeführte Alternativenvergleich methodisch korrekt sei. Er meine gehört zu haben, dass bei einem Alternativenvergleich Ergänzungsinvestitionen gebildet werden müssen, um vollständige und damit vergleichbare Alternativen herzustellen. Andrea gibt ihrem Chef recht *(Was sollte sie auch sonst tun?)* und erläutert ihm, dass sie eine fiktive Ergänzungsinvestition in Höhe der Differenz zwischen den Anschaffungsauszahlungen in Höhe von 150.000 Euro bildet. Annahmegemäß wird diese Ergänzungsinvestition zum Kalkulationszinssatz von 10 % für fünf Jahre am Kapitalmarkt angelegt. Aus dieser Kapitalmarktanlage fließen der Holzwurm GmbH jährlich 15.000 Euro Zinsen zu. Am Ende der fünfjährigen Laufzeit wird der Anlagebetrag von 150.000 Euro zurückgezahlt. In der nachfolgenden Tabelle ist die Zahlungsreihe der Ergänzungsinvestition dargestellt. Zur Ermittlung des Kapitalwertes wird diese Zahlungsreihe mit dem Kalkulationszinssatz von 10 % abgezinst.

Tab. 9.5: Kapitalwert der Ergänzungsinvestition.

Jahr	0	1	2	3	4	5
Ergänzungsinvestition (€)	−150.000	15.000	15.000	15.000	15.000	165.000
Abzinsungsfaktoren	1,0000	0,9091	0,8264	0,7513	0,6830	0,6209
Barwerte (€)	−150.000	13.636	12.397	11.270	10.245	102.452
Kapitalwert (€)	0					

Die Ergänzungsinvestition hat einen Kapitalwert von null (siehe Tabelle 9.5). Daher, so erläutert Andrea ihrem Chef, muss die Differenz der Anschaffungsauszahlungen beim Alternativenvergleich nicht berücksichtigt werden. In vergleichbarer Weise lassen sich Ergänzungsinvestitionen für die unterschiedliche Nutzungsdauer sowie für die unterschiedlichen Rückflüsse bilden, die ebenfalls einen Kapitalwert von null haben. Abschließend weist Andrea noch einmal darauf hin, dass die realitätsnahe Wiederanlageprämisse den praktischen Einsatz der Kapitalwertmethode stark erleichtert. Die Holzwurm GmbH kann sich für die Anlage mit dem höheren Kapitalwert entscheiden, ohne die Unterschiede zwischen den Investitionsalternativen beachten zu müssen.

Wiederanlageprämisse auf realen Kapitalmärkten

Die Ausführungen zur Wiederanlageprämisse der Kapitalwertmethode sollten Sie allerdings nicht dazu verleiten, diese Prämisse in der Investitionspraxis gänzlich zu ignorieren. Die Wiederanlageprämisse gilt nur unter der Annahme des vollkommenen und vollständigen Kapitalmarktes, an dem Differenzbeträge in beliebiger Höhe zum einheitlichen Kalkulationszinssatz angelegt oder aufgenommen werden können. Auf realen Kapitalmärkten existieren dagegen unterschiedliche Zinssätze und es kann Anlage- oder Kreditbeschränkungen geben. Sofern Ergänzungsinvestitionen zu einem anderen als dem Kalkulationszinssatz vorgenommen werden, ist deren Kapitalwert ungleich null. In realen Entscheidungssituationen ist daher regelmäßig zu überprüfen, ob die hinter der Wiederanlageprämisse stehenden Annahmen erfüllt sind. Nur in den Fällen, in denen die Wiederanlageprämisse als unrealistisch abgelehnt wird, muss bei der Kapitalwertberechnung eine explizite Annahme über Ergänzungsinvestitionen getroffen werden. In der Praxis werden üblicherweise die Kapitalkosten des Unternehmens als Kalkulationszinssatz verwendet. Diese Vorgehensweise unterstellt, dass eventuelle Differenzbeträge zur Finanzierung der unternehmerischen Geschäftstätigkeit beitragen, ohne dass der Einsatzzweck dieser Finanzmittel explizit spezifiziert wird. In der Unternehmenspraxis dürfte diese Unterstellung überwiegend zutreffen, sodass die Wiederanlageprämisse mehrheitlich eine realistische und damit akzeptable Annahme ist.

9.2.3 Beurteilung der Kapitalwertmethode

Anwendungsvorteile

Die Kapitalwertmethode zeichnet sich durch ihre *Zahlungsorientierung* aus, da der Kapitalwert ausschließlich auf Basis von Zahlungsgrößen ermittelt wird. Als Saldo der betrieblichen Ein- und Auszahlungen bilden die zur Ermittlung des Kapitalwertes verwendeten Rückflüsse die finanziellen Überschüsse ab, die durch das Investitionsprojekt erwirtschaftet werden. Im Gegensatz zu den statischen Investitionsrechenverfahren erfolgen keine Verzerrungen durch den Einbezug kalkulatorischer Erfolgsgrößen. Die Kapitalwertmethode informiert den Investor unmittelbar darüber, welchen Beitrag ein Investitionsprojekt zur Erfüllung seiner finanzwirtschaftlichen Ziele leistet.

Neben der Zahlungsorientierung ist die Kapitalwertmethode durch ihre *Zukunftsorientierung* charakterisiert. Bei der Vorteilhaftigkeitsanalyse von Investitionsprojekten werden keine periodisierten Durchschnittswerte verwendet. Stattdessen wird der Zeitwert des Geldes berücksichtigt, indem für jede Periode des Planungszeitraums Rückflüsse mit ihren Zeitwerten prognostiziert und mit dem Kalkulationszinssatz diskontiert werden.

Zur Diskontierung der prognostizierten Rückflüsse dient der nach dem *Opportunitätskostenprinzip* abgeleitete Kalkulationszinssatz. Da die Opportunitätskosten die Handlungsalternativen des Investors widerspiegeln, werden dessen Rahmenbedingungen bei der Entscheidung berücksichtigt. Indem die Kapitalwertmethode die erwarteten zukünftigen Rückflüsse sowie die Opportunitätskosten des eingesetzten Kapitals zur Entscheidungsfindung nutzt, orientiert sich dieses Verfahren an den für den Investor relevanten Größen. Die investitionstheoretisch fundierte Kapitalwertmethode führt zu einer widerspruchsfreien Entscheidung mit einem eindeutigen Vorteilhaftigkeitskriterium. Aufgrund ihrer Entscheidungsorientierung ist die Kapitalwertmethode dazu geeignet, den Investor bei seiner Entscheidungsfindung unter Bezug auf die finanzwirtschaftlichen Ziele zu unterstützen.

In diesem Zusammenhang ist abschließend auf die Eigenschaft der *Wertadditivität* zu verweisen. Kapitalwerte unabhängiger Investitionsprojekte können addiert werden, um beispielsweise den Vermögenszuwachs zu ermitteln, den ein Unternehmen durch sämtliche Investitionsentscheidungen eines bestimmten Jahres generiert (vgl. *Kruschwitz/Husmann*, 2012, S. 121 f.). Zumindest theoretisch lässt sich auf diesem Weg auch der Wert des Gesamtunternehmens ermitteln, da der Unternehmenswert als Summe der Barwerte sämtlicher Projekte des Unternehmens verstanden werden kann (vgl. *Pape*, 2010, S. 198 f.). Aufgrund der Wertadditivität der Kapitalwertmethode realisiert das Unternehmen das optimale Investitionsprogramm, auch wenn die Vorteilhaftigkeit einzelner Investitionsprojekte separat beurteilt wird.

Anwendungsgrenzen

Trotz aller Vorteile weist auch die Kapitalwertmethode ihre Grenzen auf. So erfordert bereits die Ermittlung der Zahlungsreihe einen nicht unerheblichen *Planungs- und Prognoseaufwand*, da jedem Investitionsvorhaben die zugehörigen Ein- bzw. Auszahlungen zugerechnet werden müssen. So kann es z. B. außerordentlich schwierig sein, die bei Ersatz einer alten durch eine neue Maschine entstehenden zusätzlichen Einzahlungen zu schätzen. Hier bestehen innerhalb des Unternehmens vielfältige Interdependenzen, insbesondere bei mehrstufigen Leistungserstellungsprozessen. Weitere Probleme resultieren aus der Tatsache, dass die mit einem Investitionsvorhaben verbundene Zahlungsreihe unsicher ist. Angesichts der Unsicherheit der zukünftigen Rückflüsse stellt sich in der Praxis die Aufgabe, die zukünftigen Ein- und Auszahlungen mit hinreichender Genauigkeit zu schätzen. Die Prognose der zukünftigen Rückflüsse kann insbesondere dann zu Verzerrungen führen, wenn die Unsicherheit nur durch pauschale Korrekturverfahren einbezogen wird.

Der Kapitalwert ist eine *interpretationsbedürftige Zielgröße*. In der Praxis sind periodenbezogene Größen (z. B. jährliche Gewinne) oder relative Zielgrößen (z. B. Rentabilitäten) verbreitet, in die sich der Kapitalwert nicht ohne weiteres transformieren lässt. Interpretationsprobleme entstehen insbesondere bei der Performanceanalyse, wenn ex post die Vorteilhaftigkeit eines Investitionsvorhabens überprüft werden soll. Aber auch ex ante fehlen exakte Angaben zur Höhe der Investitionsrendite. Wir wissen, dass ein Investitionsprojekt mit positivem Kapitalwert eine Rendite oberhalb des Kalkulationszinssatzes erwirtschaftet (siehe S. 399 ff.). Die Frage nach der exakten Höhe dieser Rendite kann die Kapitalwertmethode nicht beantworten. Unter Interpretationsaspekten kann es daher sinnvoll sein, dem Investor die Bedeutung der Investitionsentscheidung durch eine ergänzende Zielgröße, wie z. B. der Rentabilität, zu verdeutlichen. Getroffen werden sollte die Investitionsentscheidung allerdings in jedem Fall auf Basis der Kapitalwertmethode.

Abschließendes Fazit

Zusammenfassend bleibt festzuhalten, dass es sich bei der Kapitalwertmethode um das aus theoretischer Perspektive beste Investitionsrechenverfahren handelt. Die Vorteile überwiegen die Anwendungsgrenzen eindeutig, zumal sich die Grenzen vielfach überwinden lassen. Das Problem der Zurechnung von Zahlungen entschärft sich häufig bereits dadurch, dass zur Investitionsbeurteilung nur die durch das Projekt zusätzlich ausgelösten Zahlungen erforderlich sind. Sofern sich beispielsweise bei einer Ersatzinvestition keine projektspezifischen Einzahlungen zurechnen lassen, kann der Kapitalwert im Alternativenvergleich ausschließlich auf Basis der Auszahlungen ermittelt werden. In diesem Fall entscheidet sich der Investor für die Alternative mit dem geringeren negativen Kapitalwert. Die mit der Prognose zukünftiger Rückflüsse verbundene Unsicherheit ist charakteristisch für jedes zukunftsorientierte Bewertungsverfahren. Allerdings kann die Schlussfolgerung der Unsicher-

heitsproblematik nicht darin bestehen, auf zukunftsorientierte Investitionsrechenverfahren zu verzichten. Stattdessen ist die Unsicherheit in das Investitionskalkül zu
integrieren. Zur Berücksichtigung der Unsicherheit existieren verschiedene in Theorie bzw. Praxis bewährte Verfahren, die wir in Kapitel 9.6 diskutieren werden.

9.2.4 Annuitätenmethode als Variante der Kapitalwertmethode

Die Kapitalwertmethode ist das von der Investitionstheorie bevorzugte Rechenverfahren und gleichzeitig das in der Praxis am weitesten verbreitete Investitionsrechenverfahren. Trotz der eindeutigen Entscheidungsregel wird der Kapitalwert
teilweise als interpretationsbedürftig empfunden. Ein Grund für diese Interpretati-
onsschwierigkeiten liegt darin, dass der Kapitalwert eine Zielgröße ist, die den über
die gesamte Nutzungsdauer des Investitionsprojektes erzielten Vermögenszuwachs
ermittelt. In der Praxis ist demgegenüber das Denken in jährlichen Erfolgsgrößen
vorherrschend. Diese Divergenz zwischen Perioden- und Totalerfolg kann mit Hilfe
der Annuitätenmethode überwunden werden. Bei der Annuitätenmethode handelt
es sich um eine formale Variante der Kapitalwertmethode.

Ermittlung der Annuität

Ebenso wie die Kapitalwertmethode zählt auch die Annuitätenmethode zu den dynamischen Investitionsrechenverfahren. Die Annuität ist eine *in gleichmäßigen Abständen wiederkehrende Zahlung in konstanter Höhe* (siehe auch S. 174 f.). Der Barwert
sämtlicher über die Nutzungsdauer verrechneter Annuitäten ist äquivalent zum Kapitalwert und damit auch zur ursprünglichen Zahlungsreihe des Investitionsprojektes. Errechnet wird die Annuität durch Multiplikation des Kapitalwerts mit dem Wie-
dergewinnungs- bzw. Annuitätenfaktor (siehe auch S. 54).

$$AN = KW_0 \cdot WF(i, n) = KW_0 \cdot \frac{(1+i)^n \cdot i}{(1+i)^n - 1} \tag{9.3}$$

mit:

AN	=	Annuität (p.a.)
KW_0	=	Kapitalwert im Zeitpunkt 0
WF	=	Wiedergewinnungs- bzw. Annuitätenfaktor
n	=	Nutzungsdauer
i	=	Kalkulationszinssatz

Analog zur Kapitalwertmethode kann auch die Annuitätenmethode zur Ermittlung
der absoluten ebenso wie der relativen Vorteilhaftigkeit von Investitionsprojekten
genutzt werden (siehe S. 399 ff.). Ein einzelnes Investitionsvorhaben ist absolut vorteilhaft, wenn die Annuität positiv ist. Beim Vergleich mehrerer alternativer Investitionsprojekte entscheidet sich der Investor für das Projekt mit der höchsten positiven

Annuität. Da die Annuität durch Transformation des Kapitalwertes mit einem konstanten finanzmathematischen Faktor errechnet wird, führen Annuitäten- und Kapitalwertmethode grundsätzlich zum gleichen Ergebnis. Beim Vergleich von Investitionsprojekten mit unterschiedlicher Nutzungsdauer ist allerdings darauf zu achten, dass die Annuität jeweils für den gleichen Zeitraum errechnet wird. Nachfolgend illustrieren wir die Annuitätenmethode anhand des Holzwurm-Beispiels.

Beispiel: Annuitätenmethode

Ernst-August Holzwurm beschäftigt sich noch einmal mit dem anstehenden Investitionsprojekt. Nach der Kapitalwertmethode ist die Entscheidung zugunsten von Anlage C ausgefallen, deren Kapitalwert mit 72.285 Euro über dem Kapitalwert von Anlage A (47.639 Euro) liegt. In diesem Zusammenhang denkt Herr Holzwurm an die anstehende Gesellschafterversammlung und fragt sich, wie er seinen Mitgesellschaftern die Bedeutung des Kapitalwertes erklären soll. Ernst-August bezweifelt, dass Elvira Holzwurm-Sägespan, Gesellschafterin der Holzwurm GmbH und gleichzeitig Patentante von Ernst-August, sich unter einem positiven Kapitalwert viel vorstellen kann. Als er seine kaufmännische Leiterin auf diese Thematik anspricht, schlägt ihm Andrea vor, ergänzend die Annuität zu berechnen.

Bei der Berechnung der Annuität muss Andrea die unterschiedliche Nutzungsdauer der beiden Anlagen von vier bzw. fünf Jahren beachten. Um ein sinnvolles Ergebnis zu erhalten, ist die Annuität in beiden Fällen für den gleichen Zeitraum zu ermitteln. Andrea entscheidet sich bei der Ermittlung der Annuität für eine Laufzeit von fünf Jahren, wobei sie wiederum die geforderte Mindestrendite von 10 % als Kalkulationszinssatz verwendet.

$$AN_A = 47.639\,€ \cdot \frac{(1+0,10)^5 \cdot 0,10}{(1+0,10)^5 - 1} = 47.639\,€ \cdot 0,2638 = 12.567\,€ \qquad (9.4)$$

$$AN_C = 72.285\,€ \cdot \frac{(1+0,10)^5 \cdot 0,10}{(1+0,10)^5 - 1} = 72.285\,€ \cdot 0,2638 = 19.069\,€ \qquad (9.5)$$

Andrea erläutert ihrem Chef, dass die Holzwurm GmbH bei Erwerb von Anlage C für einen Zeitraum von fünf Jahren eine Annuität von 19.069 Euro p. a. erwirtschaften würde, während es bei Realisierung von A für den gleichen Zeitraum lediglich 12.567 Euro p. a. wären. Ernst-August erkennt, dass sich die Entscheidung im Vergleich zur Kapitalwertmethode nicht ändert. Gleichzeitig hält er die Annuität für gut geeignet, seinen Mitgesellschaftern die finanziellen Konsequenzen der Investitionsentscheidung zu verdeutlichen. Die Annuität bezeichnet den Betrag, der dem Investor neben Zinsen und Tilgung zur Verfügung steht. Seiner Tante Elvira kann er erklären, dass die Holzwurm GmbH infolge des Investitionsprojektes in den nächsten fünf Jahren einen zusätzlichen Betrag von 19.069 Euro p. a. an die Gesellschafter ausschütten kann, ohne die Substanz des Unternehmens anzugreifen.

Tab. 9.6: Annuität bei Kreditfinanzierung.

Jahr	0	1	2	3	4	5
Zahlungsreihe der Anlage C (€)	−700.000	175.000	205.000	220.000	185.000	245.000
Annuität (€)		−19.069	−19.069	−19.069	−19.069	−19.069
Zinszahlungen (€)		−70.000	−61.407	−48.955	−33.757	−20.540
Tilgung (€)		−85.931	−124.524	−151.976	−132.174	−205.391
Restschuld (€)	700.000	614.069	489.545	337.569	205.395	4

Die Interpretation der Annuität verdeutlicht Andrea anhand der Tabelle 9.6. Hierzu geht sie von der Annahme aus, dass das Unternehmen die Produktionsanlage C vollständig über einen Kredit zu 10 % finanziert hat. Es handelt sich um einen Kreditrahmen von 700.000 Euro, der flexibel getilgt werden kann. Das Unternehmen schüttet in jedem Jahr einen Betrag in Höhe der Annuität an die Gesellschafter aus, während der restliche Teil der jährlichen Rückflüsse für Zins- und Tilgungsleistungen auf den Kredit verwendet wird. Andrea zeigt ihrem Chef, dass die Rückflüsse bei einer jährlichen Gewinnausschüttung i. H. v. 19.069 Euro ausreichen, um den Kredit inklusive Zinsen vollständig zurückzuführen. Der Restbetrag von 4 Euro ist rundungsbedingt. Ernst-August ist sich nunmehr sicher, seine Mitgesellschafter von der Vorteilhaftigkeit des Investitionsvorhabens überzeugen zu können.

Aussagefähigkeit der Annuität

Wie das Beispiel verdeutlicht, führt die Annuitätenmethode bei richtiger Anwendung zur gleichen Investitionsentscheidung wie die Kapitalwertmethode. Für die Annuitätenmethode gelten daher die bereits von der Kapitalwertmethode bekannten Vor- und Nachteile (siehe S. 409 ff.). Da zur Ermittlung der Annuität zunächst der Kapitalwert berechnet werden muss, ist die Annuitätenmethode als eigenständiges Verfahren zur Investitionsbeurteilung nicht zwingend erforderlich. Der Nutzen des Verfahrens liegt vielmehr darin, dass es die finanzwirtschaftlichen Konsequenzen von Investitionsentscheidungen periodenbezogen abbildet. Anwendungsmöglichkeiten bestehen daher vor allem im Rahmen der Finanzplanung, wo die Annuitätenmethode Informationen über die finanziellen Mittel bereitstellt, die in einer bestimmten Periode für Gewinnentnahmen oder Erweiterungsinvestitionen verfügbar sind.

9.3 Interne-Zinsfuß-Methode

Die Interne-Zinsfuß-Methode (IZF-Methode) ermittelt die Verzinsung, die auf das durch das Investitionsprojekt gebundene Kapital erzielt wird. Unterschieden wird zwischen zwei Varianten der IZF-Methode, die sich vor allem hinsichtlich ihrer Wiederanlageprämissen unterscheiden. Das *Lernziel von Kapitel 9.3* lautet, sowohl die traditionelle IZF-Methode als auch die modifizierte IZF-Methode kennenzulernen, die unterschiedlichen Wiederanlageprämissen der beiden Varianten zu verstehen und damit die Anwendungsmöglichkeiten bzw. -grenzen der beiden Varianten der IZF-Methode beurteilen zu können.

9.3.1 Traditionelle Interne-Zinsfuß-Methode

Die im Folgenden behandelte traditionelle IZF-Methode ist in der Praxis ähnlich weit verbreitet wie die Kapitalwertmethode.

Grundlagen und Ermittlungsmethodik

Die IZF-Methode ermittelt die *Verzinsung auf das investierte Kapital* und weist damit Ähnlichkeiten zur statischen Rentabilitätsvergleichsrechnung auf, da beide Verfahren die Rendite als Zielgröße zur Investitionsbeurteilung verwenden (siehe S. 374 ff.). Im Gegensatz zur Rentabilitätsvergleichsrechnung erfolgt die Ermittlung des internen Zinsfußes allerdings auf Basis von Zahlungsgrößen und unter Berücksichtigung der zeitlichen Struktur der Zahlungsreihe. Als dynamisches Investitionsrechenverfahren ermittelt die IZF-Methode die Investitionsrendite nach dem Barwertkonzept. Der interne Zinsfuß ist der Diskontierungszinssatz, bei dem der Kapitalwert des Investitionsprojektes gleich null ist.

$$KW_0 = 0 \rightarrow -I_0 + \sum_{t=1}^{n} C_t \cdot (1 + i_{IZF})^{-t} + R_n \cdot (1 + i_{IZF})^{-n} = 0 \qquad (9.6)$$

$$
\begin{aligned}
\text{mit:} \quad KW_0 &= \text{Kapitalwert im Zeitpunkt 0} \\
I_0 &= \text{Anschaffungsauszahlung im Zeitpunkt 0} \\
C_t &= \text{Rückfluss im Zeitpunkt t} \\
n &= \text{Nutzungsdauer} \\
i_{IZF} &= \text{Interner Zinsfuß} \\
R_n &= \text{Restwert (Liquidationserlös) im Zeitpunkt n}
\end{aligned}
$$

Zur Ermittlung des internen Zinsfußes muss die Kapitalwertgleichung nach dem internen Zinsfuß aufgelöst werden. Da es sich um ein Polynom n-ten Grades handelt, bereitet die Auflösung dieser Gleichung allerdings Probleme. Während sich quadratische Gleichungen noch lösen lassen, findet sich für Polynome höheren Grades meistens keine analytische Lösung (vgl. z. B. *Kruschwitz/Lorenz*, 2019, S. 87 ff.). Eine praktikable Lösungsmöglichkeit für diese Gleichungen bietet die lineare Interpolation. Auch wenn die bei der analytischen Lösung einer Gleichung n-ten Grades auftretenden Probleme angesichts von Tabellenkalkulationsprogrammen bzw. programmierbaren Taschenrechnern an Bedeutung verloren haben, sollten Sie die Näherungslösung mit Hilfe der linearen Interpolation kennen. Dann wissen Sie zum einen, wie Ihr Taschenrechner den internen Zinsfuß errechnet, und zum anderen helfen Ihnen die nachfolgenden Überlegungen dabei, den Zusammenhang zwischen IZF-Methode und Kapitalwertmethode zu verstehen.

Ermittlung durch lineare Interpolation

Die lineare Interpolation ist ein *heuristisches Lösungsverfahren*, das den gesuchten internen Zinsfuß näherungsweise durch mehrere Proberechnungen ermittelt. Durch gegebenenfalls mehrfaches Probieren werden zunächst zwei Zinssätze so ausgewählt, dass sich bei Diskontierung mit dem niedrigeren Versuchszinssatz i_1 ein positiver Kapitalwert ergibt, während der mit dem höheren Versuchszinssatz i_2 errechnete Kapitalwert negativ ist. Die Näherung für den gesuchten internen Zinsfuß lässt sich dann rechnerisch gemäß Formel (9.7) ermitteln.

$$i'_{IZF} = i_1 - \frac{i_1 - i_2}{KW_0(i_1) - KW_0(i_2)} \cdot KW_0(i_1) \qquad (9.7)$$

mit: $\quad i'_{IZF}$ = Näherungslösung für den internen Zinsfuß
$\quad\quad\quad\; i_1$ = Niedrigerer Versuchszinssatz
$\quad\quad\quad\; i_2$ = Höherer Versuchszinssatz
$\quad\; KW_0(i_1)$ = Positiver Kapitalwert (ermittelt mit i_1)
$\quad\; KW_0(i_2)$ = Negativer Kapitalwert (ermittelt mit i_2)

Mit Hilfe der linearen Interpolation erhalten wir eine Näherungslösung für den gesuchten internen Zinsfuß. Diese Lösung weicht vom exakten internen Zinsfuß ab, da es sich bei der Kapitalwertfunktion um eine nicht lineare Funktion handelt. Die Qualität der Näherungslösung lässt sich jedoch durch schrittweise Verkleinerung des Intervalls zwischen den beiden Versuchszinssätzen erhöhen, sodass der interne Zinsfuß mit der gewünschten Genauigkeit bestimmt werden kann. In der Mehrzahl der praxisrelevanten Fälle stellt die rechnerische Ermittlung des internen Zinsfußes kein ernsthaftes Problem dar und ist folglich auch kein grundlegender Kritikpunkt gegenüber der IZF-Methode.

Absolute und relative Vorteilhaftigkeit

Ebenso wie die Kapitalwertmethode kann auch die IZF-Methode zur Ermittlung sowohl der absoluten als auch der relativen Vorteilhaftigkeit von Investitionsvorhaben eingesetzt werden (siehe S. 399 ff.). Ein einzelnes Investitionsvorhaben ist vorteilhaft, wenn dessen interner Zinsfuß mindestens der vom Investor vorgegebenen Mindestverzinsung entspricht. Beim Vergleich mehrerer alternativer Investitionsprojekte entscheidet sich der Investor für das Projekt mit dem höchsten internen Zinsfuß. Nachfolgend wird die Anwendung der IZF-Methode am Beispiel der Holzwurm GmbH demonstriert.

Beispiel: Traditionelle IZF-Methode

Peter ist kaufmännischer Praktikant bei der Holzwurm GmbH und möchte die Vorteilhaftigkeit der Produktionsanlage C ergänzend mit Hilfe der IZF-Methode bestimmen. Auch wenn Andrea Kalkuletta berechtigte Zweifel an der IZF-Methode hat, lässt sie ihren Praktikanten gewähren. Peter soll den internen Zinsfuß durch lineare Interpolation ermitteln. Als Versuchszinssätze zur Annäherung an den internen Zinsfuß schlägt sie die beiden Zinssätze $i_1 = 10\,\%$ und $i_2 = 20\,\%$ vor (siehe Tabelle 9.7 bzw. Tabelle 9.8).

Tab. 9.7: Kapitalwert bei $i_1 = 10\,\%$.

Jahr	1	2	3	4	5
Rückflüsse (€)	175.000	205.000	220.000	185.000	245.000
Abzinsungsfaktoren (10 %)	0,909091	0,826446	0,751315	0,683013	0,620921
Barwerte (€)	159.091	169.421	165.289	126.357	152.126
Summe der Barwerte (€)	772.284				
Anschaffungsauszahlung (€)	−700.000				
Kapitalwert (€)	72.284				

Tab. 9.8: Kapitalwert bei $i_2 = 20\,\%$.

Jahr	1	2	3	4	5
Rückflüsse (€)	175.000	205.000	220.000	185.000	245.000
Abzinsungsfaktoren (20 %)	0,833333	0,694444	0,578704	0,482253	0,401878
Barwerte (€)	145.833	142.361	127.315	89.217	98.460
Summe der Barwerte (€)	603.186				
Anschaffungsauszahlung (€)	−700.000				
Kapitalwert (€)	−96.814				

Der mit dem Zinssatz von 10 % errechnete Kapitalwert ist positiv, während der mit 20 % ermittelte Kapitalwert negativ ist. Der gesuchte interne Zinsfuß muss zwischen den beiden Versuchszinssätzen liegen. Mit Hilfe der linearen Interpolation ermittelt

Peter gemäß Formel (9.8) für den internen Zinsfuß eine Nährungslösung von 14,2747 %.

$$i'_{IZF} = 0,10 - \frac{0,10 - 0,20}{72.284 - (-96.814)} \cdot 72.284 = 0,142747 \qquad (9.8)$$

Um zu überprüfen, wie nahe die Näherungslösung am exakten internen Zinsfuß liegt, errechnet Peter den Kapitalwert für das Investitionsprojekt noch einmal mit dem Zinssatz von 14,2747 % (siehe Tabelle 9.9).

Tab. 9.9: Kapitalwert bei i'_{IZF} = 14,2747 %.

Jahr	1	2	3	4	5
Rückflüsse (€)	175.000	205.000	220.000	185.000	245.000
Abzinsungsfaktoren	0,875084	0,765773	0,670116	0,586408	0,513156
Barwerte (€)	153.140	156.983	147.425	108.485	125.724
Summe der Barwerte (€)	691.757				
Anschaffungsauszahlung (€)	−700.000				
Kapitalwert (€)	−8.243				

Andrea weist ihren Praktikanten darauf hin, dass der exakte interne Zinsfuß unterhalb der Näherungslösung liegen muss, da der Kapitalwert weiterhin negativ ist. Den Zinssatz, bei dem der Kapitalwert genau gleich null wird, könnte Peter durch weitere Rechenschritte ermitteln. Die Anzahl der erforderlichen Rechenschritte hängt von der für das Ergebnis gewünschten Genauigkeit ab. Unter Zuhilfenahme eines programmierbaren Taschenrechners stellt Peter fest, dass der auf vier Dezimalstellen gerundete interne Zinsfuß bei 13,8015 % liegt. Das exakte Ergebnis liegt über dem von der Holzwurm GmbH als Mindestverzinsung verwendeten Kalkulationszinssatz von 10 %. Damit ist die Investition in die Produktionsanlage C auch nach der IZF-Methode absolut vorteilhaft.

Normalinvestition und Kapitalwertfunktion

Wie bereits im o. a. Beispiel deutlich wurde, weicht die durch lineare Interpolation ermittelte Näherungslösung vom exakten Ergebnis für den internen Zinsfuß ab. Diese Abweichung entsteht dadurch, dass bei Ermittlung der Näherungslösung eine lineare Funktion unterstellt wird, während die *Kapitalwertfunktion nicht linear* verläuft. Der Verlauf der in Abbildung 9.3 dargestellten Kapitalwertfunktion orientiert sich an den in der Investitionsrechnung üblicherweise unterstellten Normalinvestitionen (vgl. *Kilger*, 1965).

Eine *Normalinvestition* zeichnet sich dadurch aus, dass die Zahlungsreihe dieser Investition mit einer oder mehreren Auszahlungen beginnt. Im weiteren Verlauf hat die Zahlungsreihe nur einen Vorzeichenwechsel, sodass auf die Zahlung(en) mit negativen Vorzeichen ausschließlich Einzahlungsüberschüsse mit positivem Vorzeichen folgen. Darüber hinaus ist die Summe der Einzahlungsüberschüsse höher als die Summe der Auszahlungsüberschüsse; eine Normalinvestition hat daher zumindest bei einem Kalkulationszinssatz von null einen positiven Kapitalwert.

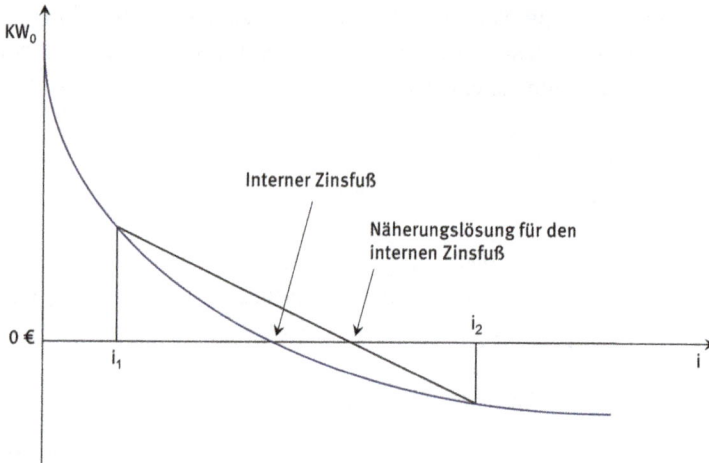

Abb. 9.3: Kapitalwertfunktion und lineare Interpolation.

Abbildung 9.3 zeigt exemplarisch die Kapitalwertfunktion einer Normalinvestition. Die Kapitalwertfunktion stellt den Kapitalwert in Abhängigkeit vom Kalkulationszinssatz dar, wobei der Kapitalwert negativ von der Höhe des Zinssatzes abhängig ist. Anhand der Kapitalwertfunktion können Sie erkennen, dass die lineare Interpolation zwangsläufig zu einer Abweichung vom exakten Wert für den internen Zinsfuß führen muss, da der Verlauf der Kapitalwertfunktion linear approximiert wird. Je enger das Interpolationsintervall zwischen den beiden Zinssätzen i_1 und i_2 gewählt wird, umso geringer ist diese Abweichung.

Wiederanlageprämisse der traditionellen IZF-Methode

Als dynamisches Investitionsrechenverfahren basiert die IZF-Methode zumindest teilweise auf den gleichen *Voraussetzungen* wie die Kapitalwertmethode. So geht auch die IZF-Methode davon aus, dass die Investoren über vollständige Informationen hinsichtlich Höhe und zeitlicher Struktur der durch ein Investitionsprojekt generierten Zahlungsreihe verfügen, sodass Investitionsentscheidungen unter Sicherheit getroffen werden. Darüber hinaus wird auch für die IZF-Methode die Existenz eines vollkommenen und vollständigen Kapitalmarktes unterstellt. Hinsichtlich ihrer Wiederanlageprämissen unterscheiden sich IZF-Methode und Kapitalwertmethode dagegen. Während die Kapitalwertmethode unterstellt, dass Differenzbeträge in beliebiger Höhe zum Kalkulationszinssatz am Kapitalmarkt angelegt werden können (siehe S. 405 ff.), geht die IZF-Methode von einer Wiederanlage zum internen Zinsfuß aus. Für Differenzbeträge, die beim Vergleich von alternativen Investitionsprojekten entstehen, werden *Ergänzungsinvestitionen zum internen Zinsfuß* gebildet.

Die Prämisse der IZF-Methode, dass Ergänzungsinvestitionen zum internen Zinsfuß des zu bewertenden Investitionsprojektes für jeden Betrag und zu jedem Zeitpunkt möglich sind, ist problematisch. So ist es sowohl theoretisch als auch praktisch wenig realistisch, dass beliebige Differenzbeträge jederzeit zum internen Zinsfuß eines speziellen Investitionsprojektes reinvestiert werden können. Besonders deutlich wird die problematische Wiederanlageprämisse der IZF-Methode beim *Vergleich alternativer Investitionsprojekte*. Angenommen, ein Unternehmen kann gleichzeitig zwei verschiedene Investitionsprojekte mit einer internen Verzinsung von 12 % (Projekt A) bzw. 18 % (Projekt B) realisieren, während am Kapitalmarkt eine Verzinsung von 5 % erzielbar ist. In diesem Fall unterstellt die IZF-Methode, dass Rückflüsse aus Projekt A zu 12 % reinvestiert werden, während Rückflüsse aus Projekt B zu 18 % angelegt werden. Weshalb sollte das Unternehmen jedoch die Rückflüsse von Projekt A zu lediglich 12 % anlegen, wenn es gleichzeitig eine Anlagemöglichkeit zu 18 % hat? Ergänzend stellt sich die Frage, ob eine Wiederanlage zu 12 % bzw. 18 % problemlos möglich ist, wenn der Kapitalmarktzinssatz nur 5 % beträgt. Die implizite Wiederanlageprämisse der IZF-Methode ist unrealistisch und widersprüchlich.

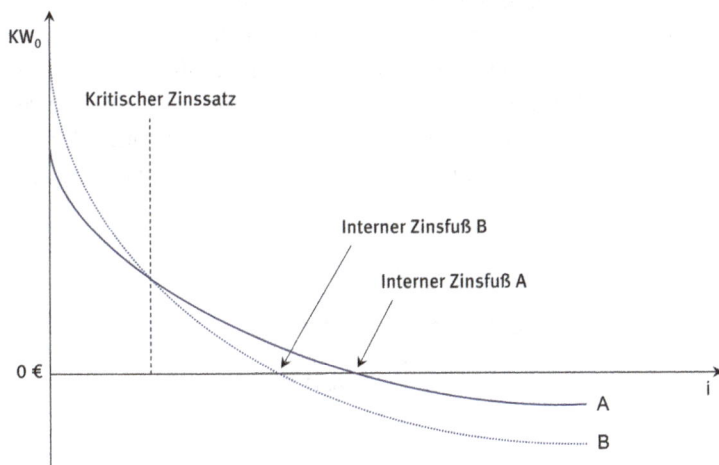

Abb. 9.4: Interner Zinsfuß und Kapitalwert.

Aufgrund der unterschiedlichen Wiederanlageprämissen können die IZF-Methode und die Kapitalwertmethode beim Vergleich alternativer Investitionsprojekte zu unterschiedlichen Ergebnissen kommen. Nach der IZF-Methode ist beispielsweise ein

Investitionsprojekt A unabhängig von der Höhe des Kalkulationszinssatzes vorziehenswürdig, da der interne Zinsfuß von A höher ist als derjenige von B (siehe Abbildung 9.4). Anders sieht die Entscheidung nach der Kapitalwertmethode aus. Da sich die beiden Kapitalwertfunktionen schneiden, existiert ein kritischer Zinssatz, bei dem sich die Vorteilhaftigkeit der beiden Projekte umkehrt. Liegt der relevante Kalkulationszinssatz unterhalb des kritischen Zinssatzes, ist der Kapitalwert von Projekt B höher als derjenige von Projekt A. Wird ein Kalkulationszinssatz oberhalb des kritischen Zinssatzes verwendet, ist dagegen der Kapitalwert von Projekt A höher.

Die IZF-Methode führt nur bei Kalkulationszinssätzen oberhalb des kritischen Zinssatzes zur gleichen Entscheidung wie die Kapitalwertmethode. Aufgrund der realitätsnäheren Wiederanlageprämisse wird die Kapitalwertmethode bei der Entscheidungsfindung bevorzugt, während die IZF-Methode zu fehlerhaften Entscheidungen führen kann. Nachfolgend wird die mit der impliziten Wiederanlageprämisse der IZF-Methode verbundene Problematik anhand eines Beispiels verdeutlicht.

Beispiel: Wiederanlageprämisse der traditionellen IZF-Methode
Cornelia Teekonto, die Finanzbuchhalterin der Holzwurm GmbH, hat für das vergangene Geschäftsjahr eine Bonuszahlung in Höhe von 10.000 Euro erhalten. Diesen Betrag möchte Cornelia für die nächsten beiden Jahre risikofrei anlegen. Hierzu bietet ihr die örtliche Sparkasse zwei alternative Sparbriefe mit jeweils zweijähriger Laufzeit an.

Bezogen auf den gewünschten Anlagebetrag von 10.000 Euro erhält die Anlegerin bei Sparbrief A nach dem ersten Jahr eine Rückzahlung von 6.000 Euro und nach dem zweiten Jahr eine weitere Zahlung von 5.000 Euro. Demgegenüber gibt es beim Sparbrief B nur eine einzige Rückzahlung in Höhe von 11.350 Euro am Ende der zweijährigen Laufzeit. In Tabelle 9.10 sind die Zahlungsreihen sowie die internen Zinsfüße (IZF) für beide Sparbriefe dargestellt. Für welche Alternative sollte sich Cornelia entscheiden?

Tab. 9.10: Zahlungsstrom und interner Zinsfuß der Sparbriefe A bzw. B.

Jahr	0	1	2	IZF
Sparbrief A (€)	−10.000	6.000	5.000	6,81 %
Sparbrief B (€)	−10.000	–	11.350	6,54 %

Angesichts der höheren internen Verzinsung präferiert Cornelia zunächst Sparbrief A. Während eines gemeinsamen Mittagessens spricht sie mit ihrer Kollegin Andrea über die Anlageidee. Als überzeugte Kritikerin der IZF-Methode äußert Andrea Zweifel an der Entscheidung und erläutert Cornelia die problematische Wiederanlageprämisse dieses Rechenverfahrens. Dabei verweist sie darauf, dass sich die beiden

Sparbriefe nur dann vergleichen lassen, wenn für den Sparbrief A eine Annahme über die Wiederanlage der ersten Rückzahlung getroffen wird. Angenommen, der Betrag von 6.000 Euro würde vom ersten zum zweiten Jahr unverzinslich angelegt, dann hätte Cornelia am Ende des zweiten Jahres entsprechend Formel (9.9) ein Endvermögen von 11.000 Euro und damit weniger als den Endbetrag von 11.350 Euro beim Sparbrief B. Sollte sie jedoch auch den Betrag von 6.000 Euro zu dem ursprünglichen Zinssatz von i = 6,81 % anlegen können, dann beliefe sich das Endvermögen gemäß Formel (9.10) auf 11.409 Euro und Sparbrief A wäre die bessere Alternative.

$$EW_2 = 6.000\,€ \cdot 1,00^1 + 5.000\,€ = 11.000\,€ \qquad (9.9)$$

$$EW_2 = 6.000\,€ \cdot 1,0681^1 + 5.000\,€ = 11.409\,€ \qquad (9.10)$$

Die Frage, welcher Sparbrief vorziehenswürdig ist, hängt also von der Verzinsung ab, die die Anlegerin für die vom nächsten auf das übernächste Jahr erforderliche Wiederanlage der 6.000 Euro erzielen kann. Die in einem Jahr erzielbare Verzinsung ist heute allerdings nicht bekannt. Um dennoch eine Entscheidung treffen zu können, kann sich Cornelia den kritischen Zinssatz ausrechnen. Der kritische Zinssatz bezeichnet die Verzinsung, die sie mindestens erzielen muss, damit beide Anlagealternativen gleich gut abschneiden.

$$6.000\,€ \cdot (1 + i_{krit})^1 + 5.000\,€ = 11.350\,€ \;\rightarrow\; i_{krit} = 0,0583 \qquad (9.11)$$

Der kritische Zinssatz beträgt 5,83 %. Wenn der Betrag von 6.000 Euro im kommenden Jahr zu mehr als 5,83 % angelegt werden kann, ist Sparbrief A vorziehenswürdig, anderenfalls Sparbrief B. Als Finanzbuchhalterin ist Cornelia qua Profession risikoavers. Insofern entscheidet sie sich für den Sparbrief B, da ihr bei dieser Variante die Verzinsung von 6,54 % p. a. für zwei Jahre sicher ist, während die Gesamtrendite des Sparbriefes A von dem im folgenden Jahr herrschenden Marktzinssatz abhängig ist.

Beurteilung der traditionellen IZF-Methode

Analog zur Kapitalwertmethode weist auch die IZF-Methode die grundlegenden *Vorteile der dynamischen Investitionsrechenverfahren* auf. Die IZF-Methode ist zahlungsorientiert, da der interne Zinsfuß auf Basis der durch das Investitionsprojekt generierten Zahlungsreihe ermittelt wird. Durch die konsequente Zahlungsorientierung werden eventuelle Verzerrungen durch den Einbezug buchhalterischer Erfolgsgrößen vermieden. Darüber hinaus ist auch die IZF-Methode zukunftsorientiert. Die einzelnen Zahlungen werden mit den jeweiligen Zeitwerten zu ihrem Entstehungszeitpunkt angesetzt; periodisierte Durchschnittswerte werden nicht verwendet. Durch die Abzinsung der zukünftig entstehenden Zahlungen wird der Zeitwert des Geldes berücksichtigt. Die IZF-Methode berücksichtigt die zukünftigen Rückflüsse sowie zumindest ansatzweise die Opportunitätskosten des eingesetzten Kapitals und orientiert sich damit am Entscheidungsumfeld des Investors.

Die relativ starke Verbreitung der IZF-Methode in der Praxis liegt an der Verständlichkeit des Ergebnisses. Als Rentabilitätskennzahl ist die interne Verzinsung eine allgemein *verständliche Zielgröße* zur Vorteilhaftigkeitsbeurteilung von Investitionsvorhaben, die intuitiv relativ einfach zu interpretieren ist. Dabei lässt sich der interne Zinsfuß eines Investitionsprojektes sowohl im Alternativenvergleich zu anderen Projekten nutzen als auch im Vergleich zur geforderten Mindestrendite bzw. zu den Kapitalkosten des Unternehmens.

Grenzen der IZF-Methode resultieren aus den *Prognoseschwierigkeiten* bei der Ermittlung der Zahlungsreihe. Aufgrund vielfältiger Interdependenzen ist es in der Praxis schwierig, einem bestimmten Investitionsprojekt sämtliche relevanten Ein- bzw. Auszahlungen zuzurechnen. Darüber hinaus sind die zukünftigen Rückflüsse des Investitionsvorhabens unsicher, sodass sich Schwierigkeiten bei der Prognose der Zahlungsreihe ergeben. Wie bereits in Zusammenhang mit der Kapitalwertmethode erläutert, lassen sich diese Anwendungsgrenzen jedoch weitgehend überwinden.

Der zentrale Kritikpunkt gegenüber der IZF-Methode ist die Gefahr von Fehlentscheidungen aufgrund der *unrealistischen impliziten Wiederanlageprämisse*. Diese Problematik ist insbesondere im Alternativenvergleich relevant, wenn alternative Investitionsvorhaben mit deutlichen Unterschieden hinsichtlich Anschaffungsausgaben, Rückflüssen oder Nutzungsdauern verglichen werden. Aus finanzierungstheoretischer Perspektive kann allein die Kapitalwertmethode eine eindeutige Entscheidung treffen, sodass dieses Verfahren für die Entscheidungsfindung zu bevorzugen ist. Wenn in der Praxis der nachvollziehbare Wunsch nach einer prozentualen Kennzahl besteht, kann der interne Zinsfuß zusätzlich zum Kapitalwert ermittelt werden. Bei widersprüchlichen Ergebnissen zwischen den beiden Rechenverfahren sollte die Investitionsentscheidung jedoch auf Basis der Kapitalwertmethode getroffen werden.

9.3.2 Modifizierte Interne-Zinsfuß-Methode

Die modifizierte IZF-Methode (Baldwin-Methode) entschärft die gegenüber der traditionellen IZF-Methode geäußerte Kritik, indem sie die implizite durch eine explizite Wiederanlageprämisse ersetzt (vgl. *Busse von Colbe/Laßmann*, 1990, S. 206 sowie grundlegend *Baldwin*, 1959, S. 98 ff.).

Grundlagen und Ermittlungsmethodik

Charakteristisches Merkmal der modifizierten IZF-Methode ist die Annahme, dass für sämtliche in Zusammenhang mit einem Investitionsprojekt erforderlichen Ergänzungsinvestitionen eine vom ursprünglichen Projekt unabhängige *externe Anlage- bzw. Finanzierungsmöglichkeit* existiert. Die externe Anlage- bzw. Finanzierungsmöglichkeit (z. B. der Kapitalmarkt) dient zur Ableitung des externen Zinssatzes, der zur Ermittlung des modifizierten internen Zinsfußes benötigt wird. Nachdem der externe Zinssatz identifiziert ist, wird der modifizierte interne Zinsfuß errechnet, indem sämtliche zukünftig erwarteten Einzahlungsüberschüsse (E_t) mit dem externen Zinssatz (r_{EXT}) auf das Ende des Planungszeitraums aufgezinst werden, während die Investitionsauszahlung sowie weitere Auszahlungsüberschüsse (A_t) mit dem externen Zinssatz auf den Bewertungsstichtag abgezinst werden. Anschließend wird der Endwert der Einzahlungen durch den Barwert der Auszahlungen dividiert. Der modifizierte interne Zinsfuß (r_{IZF}) ergibt sich gemäß Formel (9.12), indem aus dem Ergebnis der Division die der geplanten Nutzungsdauer (n) entsprechende Wurzel gezogen wird.

$$r_{IZF} = \sqrt[n]{\frac{\sum_{t=1}^{n} E_t \cdot (1+r_{EXT})^{n-t} + R_n}{\sum_{t=0}^{n} A_t \cdot (1+r_{EXT})^{-t}}} - 1 \qquad (9.12)$$

mit r_{IZF} = Modifizierter interner Zinsfuß
A_t = (Anschaffungs-)Auszahlung im Zeitpunkt t
E_t = Einzahlungsüberschuss im Zeitpunkt t
r_{EXT} = Externer Zinssatz
n = Nutzungsdauer
R_n = Restwert (Liquidationserlös) im Zeitpunkt n

Externer Zinssatz

Die Höhe des externen Zinssatzes hängt dabei von den Annahmen zur Finanzierungssituation und den Handlungsalternativen des investierenden Unternehmens ab. Somit spiegelt die Wahl des externen Zinssatzes das jeweilige Entscheidungsumfeld wider:

- Die *durchschnittliche Unternehmensrendite* wird in der Ursprungsversion der modifizierten IZF-Methode verwendet, da die Investitionsrückflüsse annahmegemäß zur Finanzierung der laufenden Geschäftstätigkeit dienen werden (vgl. *Busse von Colbe/Laßmann*, 1990, S. 118–121).
- Die *erzielbare Kapitalmarktverzinsung* wird verwendet, wenn die zwischenzeitlichen Rückflüsse bis zum Ende der Nutzungsdauer am Kapitalmarkt angelegt werden.
- Der *relevante Kreditzinssatz* wird als externer Zinssatz genutzt, wenn die Investitionsrückflüsse zur Tilgung von Krediten vorgesehen sind.

Absolute und relative Vorteilhaftigkeit

Analog zur traditionellen IZF-Methode ermittelt auch die modifizierte IZF-Methode einen relativen Zielbeitrag (in Prozent). Infolge der realistischeren Wiederanlageprämisse ist dieses Ergebnis jedoch aussagefähiger als der traditionelle interne Zinsfuß. Mit der modifizierten IZF-Methode kann sowohl die absolute als auch die relative Vorteilhaftigkeit von Investitionsprojekten untersucht werden. Ein Investitionsprojekt ist *absolut vorteilhaft*, wenn dessen modifizierte interne Verzinsung oberhalb der vom Investor vorgegebenen Mindestrendite liegt. Bei der Ermittlung der *relativen Vorteilhaftigkeit* wird das Investitionsprojekt mit der höheren internen Verzinsung vorgezogen.

Beim Vergleich alternativer Investitionsprojekte ist zu beachten, dass die modifizierte IZF-Methode keine implizite, sondern eine explizite Wiederanlageprämisse verwendet. Im Gegensatz zu anderen dynamischen Investitionsrechenverfahren sind deshalb sämtliche erforderlichen *Ergänzungsinvestitionen* explizit in den Vorteilhaftigkeitsvergleich einzubeziehen. Ergänzungsinvestitionen werden gebildet, wenn sich die zu vergleichenden Investitionsalternativen hinsichtlich der Anschaffungsauszahlungen oder hinsichtlich der Nutzungsdauern unterscheiden (siehe auch S. 405 ff.). Hierzu wird unterstellt, dass die entsprechenden Differenzbeträge zum externen Zinssatz (z. B. zur durchschnittlichen Unternehmensrendite) angelegt werden. Nachfolgend wird die modifizierte IZF-Methode auf das bereits bekannte Beispiel der Holzwurm GmbH angewendet.

Beispiel: Modifizierte IZF-Methode

Andrea Kalkuletta hat ihren Chef davon überzeugt, dass die traditionelle IZF-Methode für eine Entscheidung im Alternativenvergleich nur bedingt geeignet ist. Auch die Überlegenheit der Kapitalwertmethode hat Ernst-August Holzwurm längst verinnerlicht. Dennoch bittet er Andrea, für beide Investitionsprojekte zusätzlich zum Kapitalwert eine Renditekennzahl zu ermitteln. Ernst-August ist nämlich davon überzeugt, dass ihm leicht verständliche Kennzahlen wie die Investitionsrendite Vorteile bei den demnächst anstehenden Kreditgesprächen mit seiner Hausbank bringen. In Tabelle 9.11 sind noch einmal die Zahlungsreihen der beiden alternativen Herstellungsanlagen A und C dargestellt.

Tab. 9.11: Zahlungsreihen der Anlagen A bzw. C.

Jahr	0	1	2	3	4	5
Zahlungsreihe von Anlage A (€)	−550.000	168.000	184.500	206.500	201.000	
Zahlungsreihe von Anlage C (€)	−700.000	175.000	205.000	220.000	185.000	245.000

Zur Ermittlung des modifizierten internen Zinsfußes geht Andrea davon aus, dass sämtliche Investitionsrückflüsse zur Finanzierung der laufenden Geschäftstätigkeit verwendet werden. Ernst-August Holzwurm ist zuversichtlich, dass das Unternehmen die in der Vergangenheit erzielte Mindestrendite von 10 % auch in den kommenden Jahren erwirtschaften wird. Daher zinst Andrea die Rückflüsse mit einem Zinssatz von 10 % auf. Zunächst berechnet sie die interne Verzinsung für die Produktionsanlage C:

$$r_{IZF} = \sqrt[5]{\frac{175.000 \cdot 1,1^4 + 205.000 \cdot 1,1^3 + 220.000 \cdot 1,1^2 + 185.000 \cdot 1,1 + 245.000}{700.000}} - 1$$

$$= \sqrt[5]{\frac{1.243.773}{700.000}} - 1 = 1,1218 - 1 = 0,1218 \qquad (9.13)$$

Der modifizierte interne Zinsfuß der Produktionsanlage C beträgt 12,18 %. Da die Rendite oberhalb der geforderten Mindestverzinsung von 10 % liegt, ist die Realisierung dieser Anlage nach der modifizierten IZF-Methode absolut vorteilhaft. Vor einer Realisierung ist allerdings zu überprüfen, welche Anlage die höhere Verzinsung erwirtschaft. Daher ermittelt Andrea im nächsten Schritt den internen Zinsfuß der Anlage A, wobei die Unterschiede hinsichtlich der Anschaffungsauszahlungen und der Nutzungsdauer zu beachten sind. Für die entsprechenden Differenzbeträge muss sie fiktive Ergänzungsinvestitionen bilden. Die Differenz der Anschaffungsausgaben von 150.000 Euro wird über fünf Jahre zu 10 % angelegt, während die unterschiedliche Nutzungsdauer dadurch berücksichtigt wird, dass auch für Anlage A der Endwert der Rückflüsse für den Zeitpunkt t = 5 ermittelt wird. Entsprechend ist anschließend auch die fünfte Wurzel zu ziehen.

$$r_{IZF} = \sqrt[5]{\frac{168.000 \cdot 1,1^4 + 184.500 \cdot 1,1^3 + 206.500 \cdot 1,1^2 + 201.000 \cdot 1,1 + 150.000 \cdot 1,1^5}{550.000 + 150.000}} - 1$$

$$= \sqrt[5]{\frac{1.204.080}{700.000}} - 1 = 1,1146 - 1 = 0,1146 \qquad (9.14)$$

Der modifizierte interne Zinsfuß von Anlage A beträgt nur 11,46 %, sodass Andrea bei ihrer Empfehlung für Anlage C bleibt. Sie weist Ihren Chef noch einmal darauf hin, dass die Aussagefähigkeit dieses Verfahrens höher ist als ein Vergleich nach der traditionellen IZF-Methode. Durch die für Anlage A gebildeten Ergänzungsinvestitionen wurden zwei vollständige Investitionsalternativen hergestellt, die hinsichtlich Kapitaleinsatz und Nutzungsdauer vergleichbar sind.

Aussagefähigkeit der modifizierten IZF-Methode

Analog zur traditionellen IZF-Methode zeichnet sich auch die modifizierte IZF-Methode durch ihre *Zahlungsorientierung* aus. Es erfolgt daher auch bei diesem Verfahren keine Verzerrung durch den Einbezug buchhalterischer Erfolgsgrößen. Des Weiteren ist auch die modifizierte IZF-Methode zukunftsorientiert. Auch in diesem dynamischen Investitionsrechenverfahren wird die *zeitliche Struktur* der zukünftigen Ein- und Auszahlungen berücksichtigt. Schließlich orientiert sich die modifizierte IZF-Methode am *Entscheidungsumfeld des Investors,* da die Investitionsentscheidung auf Grundlage der aus dem Investitionsprojekt zukünftig erzielbaren Rückflüsse sowie der Opportunitätskosten des eingesetzten Kapitals getroffen wird.

Die modifizierte IZF-Methode ermittelt ebenso wie die traditionelle IZF-Methode eine Rentabilitätskennzahl und damit ein relativ leicht *verständliches Ergebnis.* Wie andere Rentabilitätskennzahlen auch, lässt sich der modifizierte interne Zinsfuß eines Investitionsprojektes sowohl im Alternativenvergleich zu anderen Projekten als auch im Vergleich zur geforderten Mindestrendite bzw. zu den Kapitalkosten des Unternehmens nutzen.

Im Vergleich zur traditionellen IZF-Methode weist die modifizierte IZF-Methode den entscheidenden Vorteil der *realitätsnahen Wiederanlageprämisse* auf. Anstelle einer impliziten Wiederanlageprämisse trifft die modifizierte IZF-Methode explizite Annahmen zur Wiederanlage investitionsbedingter Zahlungsüberschüsse, die wesentlich realitätsnäher sind und die zudem an die Rahmenbedingungen der jeweiligen Entscheidungssituation angepasst werden können.

Anwendungsgrenzen der modifizierten IZF-Methode resultieren wiederum aus der Zukunftsorientierung des Verfahrens sowie aus der Unsicherheitsproblematik. Wie bei den anderen dynamischen Investitionsrechenverfahren besteht für die modifizierte IZF-Methode die Notwendigkeit, dem zu bewertenden Investitionsprojekt die entsprechenden Ein- bzw. Auszahlungen zuzurechen, was in der Praxis aufgrund vielfältiger Interdependenzen problematisch sein kann. Darüber hinaus muss die in der Praxis existierende Unsicherheit zukünftiger Zahlungen in das Investitionskalkül einbezogen werden. Wie bereits in Zusammenhang mit der Kapitalwertmethode ausgeführt, sollten die hier angeführten Grenzen jedoch keineswegs gegen die Anwendung zukunftsorientierter Bewertungsverfahren sprechen.

Zusammenfassend ist festzuhalten, dass die modifizierte IZF-Methode den zentralen Kritikpunkt gegenüber der traditionellen IZF-Methode entschärft. Insofern ist die modifizierte IZF-Methode der traditionellen IZF-Methode unter theoretischen Gesichtspunkten überlegen. Unter entscheidungsorientierten Aspekten bieten beide IZF-Verfahren allerdings keinen Vorteil gegenüber der Kapitalwertmethode. Mit Hilfe der Kapitalwertmethode werden sowohl die absolute als auch die relative Vorteilhaftigkeit von Investitionsprojekten theoretisch konsistent ermittelt, sodass eine eindeutige Investitionsentscheidung möglich ist. Der *Mehrwert des internen Zinsfußes* betrifft die bessere Verständlichkeit des Ergebnisses. Wenn ein Investor unter diesen Aspekten Wert auf den Ausweis der internen Verzinsung legt, dann sollte diese

Kennzahl zusätzlich zum Kapitalwert ausgewiesen und mit Hilfe der modifizierten IZF-Methode ermittelt werden. Vor diesem Hintergrund verdient die in der Praxis relativ wenig genutzte modifizierte IZF-Methode eine stärkere Beachtung.

9.4 Weitere dynamische Investitionsrechenverfahren

Trotz der Dominanz von Kapitalwert- und IZF-Methode existieren in Theorie und Praxis weitere dynamische Rechenverfahren, die als ergänzende Verfahren oder in speziellen Entscheidungssituationen eingesetzt werden. Hierzu zählen die Kapitalwertrate sowie die dynamische Amortisationsdauer. Das *Lernziel von Kapitel 9.4* lautet, die beiden Verfahren kennenzulernen und ihre Anwendungsmöglichkeiten bzw. -grenzen beurteilen zu können.

9.4.1 Kapitalwertrate

Wie Sie den bisherigen Ausführungen entnehmen konnten, sind die Kapitalwertmethode und die IZF-Methode die beiden grundlegenden Verfahren der dynamischen Investitionsrechnung. Neben der methodischen Konsistenz weist die Kapitalwertmethode den Vorteil auf, dass sie den durch ein Investitionsprojekt realisierten absoluten Vermögenszuwachs ermittelt und dabei eine eindeutige Entscheidungsregel liefert. Die IZF-Methode hat dagegen den Vorzug, dass sich anhand der internen Verzinsung eine Rangfolge alternativer Investitionsprojekte aufstellen lässt. Die Güte dieser Rangfolge wird jedoch durch die problematische Wiederanlageprämisse der traditionellen IZF-Methode beeinträchtigt. Eine alternative Möglichkeit zur Bestimmung der *Rangfolge verschiedener Investitionsvorhaben* bietet die Kapitalwertrate. Die Kapitalwertrate basiert auf der Kapitalwertmethode, sodass die Problematik der unrealistischen Wiederanlageprämisse entfällt.

$$\text{KWR} = \frac{\text{KW}_0}{\text{I}_0} = -\text{I}_0 + \frac{\sum_{t=1}^{n} C_t \cdot (1+i)^{-t} + R_n \cdot (1+i)^{-n}}{\text{I}_0} \tag{9.15}$$

mit
$\quad$ KWR $\quad=$ Kapitalwertrate
$\quad$ KW_0 $\quad=$ Kapitalwert im Zeitpunkt 0
$\quad$ I_0 $\quad=$ Anschaffungsauszahlung im Zeitpunkt 0
$\quad$ C_t $\quad=$ Rückfluss im Zeitpunkt t
$\quad$ n $\quad=$ Nutzungsdauer
$\quad$ i $\quad=$ Kalkulationszinssatz
$\quad$ R_n $\quad=$ Restwert (Liquidationserlös) im Zeitpunkt n

Die Kapitalwertrate (KWR) wird ermittelt, indem der Kapitalwert (KW_0) eines Investitionsprojektes durch die bei Realisierung des Projektes zu leistenden Anschaffungsauszahlungen (I_0) dividiert wird.[1] Die Kapitalwertrate ist eine relative Größe, die den finanziellen Output eines Investitionsprojektes (Kapitalwert) ins Verhältnis zu dem hierfür erforderlichen finanziellen Input (Anschaffungsauszahlungen) setzt. Damit trifft die Kapitalwertrate eine Aussage über den relativen Zielbeitrag des Investitionsprojektes. Der relative Zielbeitrag misst die finanzwirtschaftliche Effizienz des unternehmerischen Kapitaleinsatzes.

Beispiel: Kapitalwertrate

Die Andalucia SE ist ein erfolgreicher Anbieter gehobener Urlaubsreisen. Seit einigen Jahren betreibt das Unternehmen eigene Hotelanlagen an ausgewählten Standorten der spanischen Mittelmeer- und Atlantikküste. Aufgrund der erfolgreichen Entwicklung in diesem Segment plant die Andalucia SE den Bau weiterer Hotelanlagen. Aus einer Vielzahl möglicher Projekte haben die Projektmanager des Unternehmens bereits einige besonders interessante Standorte ausgewählt, die vom Investitionscontrolling in Tabelle 9.12 zusammengestellt worden sind. Für sämtliche Projekte wird eine Nutzungsdauer von 20 Jahren angesetzt; als Kalkulationszinssatz dienen die Kapitalkosten von 10 %.

Tab. 9.12: Kapitalwerte der Hotelprojekte.

	Investitionsaus-zahlungen (Tsd. €)	Rückflüsse (Tsd. € p. a.)	Barwert der Rückflüsse (Tsd. €)	Kapitalwert (Tsd. €)
Barrosa Beach	30.000	8.250	70.237	40.237
Barrosa Garden	55.000	11.000	93.650	38.650
Barrosa Island	20.000	4.900	41.717	21.717
Barrosa Park	50.000	7.300	62.149	12.149
Barrosa Ressort	40.000	6.000	51.082	11.082

Da das Gesamtvolumen der fünf Projekte 195.000.000 Euro beträgt, während das Investitionsbudget der Andalucia SE auf 155.000.000 Euro beschränkt ist, können nicht alle Vorhaben realisiert werden. Unter finanzwirtschaftlichen Aspekten sollte das kapitalwertmaximale Investitionsprogramm realisiert werden. Um dieses Programm zusammenstellen zu können, ermittelt Carlos Tercero, Leiter des Investitionscontrollings, zunächst die Kapitalwerte der einzelnen Projekte und anschließend deren Kapitalwertraten. Zur Ermittlung des Kapitalwertes werden die konstanten Rückflüsse mit dem Rentenbarwertfaktor für 10 % und 20 Jahre (= 8,5136) diskontiert und dann um die Investitionsauszahlungen vermindert (siehe Tabelle 9.12). Im An-

---

[1] Eine alternative Möglichkeit zur Berechnung der Kapitalwertrate dividiert den Barwert der Rückflüsse durch die Investitionsausgaben. Sofern sie konsistent genutzt werden, können beide Varianten der Kapitalwertrate eine Rangfolge der alternativen Investitionsprojekte erstellen.

schluss an die Ermittlung der Kapitalwerte errechnet Carlos die Kapitalwertraten, indem er jeweils den Kapitalwert des Projektes durch die zugehörigen Investitionsauszahlungen dividiert (siehe Tabelle 9.13).

Tab. 9.13: Kapitalwertraten der Hotelprojekte (I).

	Auszahlungen (Tsd. €)	Kapitalwert (Tsd. €)	Kapitalwertrate
Barrosa Beach	30.000	40.237	1,34
Barrosa Garden	55.000	38.650	0,70
Barrosa Island	20.000	21.717	1,09
Barrosa Park	50.000	12.149	0,24
Barrosa Ressort	40.000	11.082	0,28

Auf Basis der Kapitalwertraten erstellt Carlos die Rangfolge der Projekte. Angesichts des auf 155.000.000 Euro beschränkten Investitionsbudgets können die vier in Tabelle 9.14 aufgeführten Projekte realisiert werden. Dieses Investitionsprogramm hat einen Gesamtkapitalwert von 111.686.000 Euro.

Tab. 9.14: Kapitalwertraten der Hotelprojekte (II).

	Auszahlungen (Tsd. €)	Kapitalwert (Tsd. €)	Kapitalwertrate
Barrosa Beach	30.000	40.237	1,34
Barrosa Island	20.000	21.717	1,09
Barrosa Garden	55.000	38.650	0,70
Barrosa Ressort	40.000	11.082	0,28
Summe	**145.000**	**111.686**	

Das zur Verfügung stehende Investitionsbudget ist mit dem o. a. Programm allerdings noch nicht ausgeschöpft. Daher untersucht Carlos, ob sich der Gesamtkapitalwert durch Modifikation des Investitionsprogramms steigern lässt. Anstelle des *Barrosa Ressort* nimmt er das Projekt *Barrosa Park* in das Programm auf (siehe Tabelle 9.15). Hierdurch schöpft die Andalucia SE ihr Investitionsbudget aus und der Gesamtkapitalwert steigt auf 112.753.000 Euro.

Tab. 9.15: Kapitalwertraten der Hotelprojekte (III).

	Auszahlungen (Tsd. €)	Kapitalwert (Tsd. €)	Kapitalwertrate
Barrosa Beach	30.000	40.237	1,34
Barrosa Island	20.000	21.717	1,09
Barrosa Garden	55.000	38.650	0,70
Barrosa Park	50.000	12.149	0,24
Summe	155.000	112.753	

Das Beispiel der Andalucia SE verdeutlicht, dass die Kapitalwertrate bei Budgetbeschränkungen wertvolle Informationen zur Zusammenstellung des optimalen Investitionsprogramms liefert. Die abschließende Entscheidung über die Aufnahme einzelner Investitionsprojekte in das Programm sollte allerdings immer auf Grundlage des Kapitalwertes getroffen werden. Nur die Kapitalwertmethode gewährleistet, dass das unter finanzwirtschaftlichen Aspekten optimale Investitionsprogramm gefunden wird.

9.4.2 Dynamische Amortisationsrechnung

Die bisher diskutierten dynamischen Investitionsrechenverfahren verwenden vermögens-, einkommens- oder renditeorientierte Zielgrößen. Auch wenn sich diese Zielgrößen im Detail unterscheiden, verfolgen die Rechenverfahren grundsätzlich ähnliche Ziele. Um die Vorteilhaftigkeit von Investitionsprojekten zu beurteilen, wird der Wohlstandszuwachs ermittelt, den ein Investor realisieren kann. Wenn die Investitionsrechnungen – wie in den bisherigen Ausführungen – unter der Annahme vollständiger Information durchgeführt werden, bleibt die Unsicherheit der zukünftigen Investitionsrückflüsse unberücksichtigt. Im Rahmen der statischen Investitionsrechenverfahren haben Sie mit der Amortisationsrechnung bereits ein Verfahren kennengelernt, das primär zur *Risikobeurteilung* und weniger zur Wohlstandsmessung verwendet wird (siehe S. 381 ff.). Ebenso wie bei der statischen Amortisationszeit steht die Unsicherheit des Investitionsvorhabens auch im Mittelpunkt der dynamischen Amortisationsrechnung.

Zu optimierende Zielgröße der dynamischen Amortisationsrechnung ist die Amortisationszeit. Unter der *dynamischen Amortisationszeit* wird der Zeitraum verstanden, innerhalb dessen das investierte Kapital unter Berücksichtigung der auf dieses Kapital anzusetzenden Verzinsung wieder an die Investoren zurückgeflossen ist (siehe Abbildung 9.5). Die dynamische Amortisationszeit entspricht der Kapitalbindungsdauer des Investitionsprojektes unter Berücksichtigung von Opportunitätskosten. Ermittelt wird die dynamische Amortisationszeit dadurch, dass der Zeitpunkt bestimmt wird, in dem die Summe der diskontierten Rückflüsse gleich den gesamten Anschaffungsauszahlungen ist. Analog zur statischen Amortisationszeit ist auch die dynamische Amortisationszeit primär ein Maß für die Unsicherheit von Investitionsprojekten. Dabei gelten Investitionsvorhaben mit einer kürzeren Amortisationszeit ceteris paribus als risikoärmer, da das investierte Kapital weniger lange den aus der Unternehmenstätigkeit resultierenden Geschäfts- und Liquiditätsrisiken ausgesetzt ist. Bei einer kürzeren Amortisationszeit stehen die finanziellen Mittel dem Unternehmen darüber hinaus vergleichsweise früher wieder für Reinvestitionszwecke zur Verfügung.

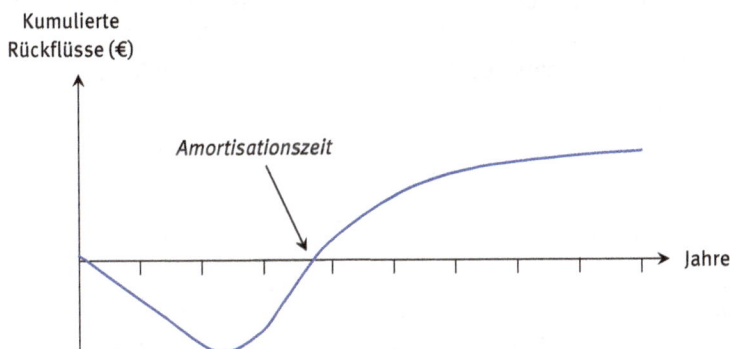

Abb. 9.5: Dynamische Amortisationszeit.

Zur Bestimmung der *absoluten Vorteilhaftigkeit* benötigt die dynamische Amortisationsrechnung die Vorgabe einer maximalen Amortisationszeit. Ein Investitionsprojekt wird akzeptiert, wenn dessen Amortisationszeit unterhalb der vom Investor vorgegebenen Höchstamortisationszeit liegt. Beim *Vergleich* von zwei oder mehr alternativen Investitionsprojekten wird die Alternative mit der kürzeren Amortisationszeit bevorzugt.

Auch die dynamische Amortisationsrechnung stellt nur auf den Zeitraum bis zum Rückfluss des investierten Kapitals ab (siehe auch S. 383 f.). Es wird keine Aussage über den Gesamterfolg des Investitionsprojektes getroffen, da die nach Ablauf der Amortisationszeit entstehenden Rückflüsse nicht berücksichtigt werden. Ebenso wie die statische Amortisationszeit sollte daher auch die dynamische Amortisationszeit nur als *ergänzendes Investitionsrechenverfahren* eingesetzt werden. Um eine Aussage über das Erfolgspotenzial eines Investitionsprojektes zu treffen, ist zusätzlich ein Verfahren wie z. B. die Kapitalwertmethode notwendig, die den durch dieses Projekt erwirtschafteten Vermögenszuwachs ermittelt. Nachfolgend wird die dynamische Amortisationszeit für das Beispiel der Holzwurm GmbH ermittelt.

Beispiel: Dynamische Amortisationsrechnung

Ernst-August Holzwurm geht noch einmal die von Andrea Kalkuletta erstellten Investitionspläne durch. Dabei fällt ihm auf, dass sämtliche bisher durchgeführten dynamischen Investitionskalküle den Erfolg der Projekte untersucht haben. Um die Entscheidungsgrundlagen abzurunden, fehlt seiner Meinung nach ein Risikomaß. Daher bittet Ernst-August seine kaufmännische Leiterin, ergänzend die dynamische Amortisationszeit der beiden Anlagen A und C zu ermitteln. Andrea diskontiert hierzu die bereits im Rahmen der Kapitalwertmethode ermittelten Rückflüsse. Anschließend addiert sie schrittweise die Barwerte der Rückflüsse, bis die Summe der Barwerte der Anschaffungsauszahlung entspricht. Nachfolgend ist die Berechnung der dynamischen Amortisationszeit zunächst für Projekt A dargestellt; der Kalkulationszinssatz beträgt weiterhin 10 %.

Tab. 9.16: Dynamische Amortisationszeit von Projekt A.

Jahr	Zahlungsreihe (€)	Abzinsungsfaktoren	Barwerte (€)	Kumulierte Barwerte (€)
0	−550.000	1,0	−550.000	−550.000
1	168.000	0,9091	152.727	−397.273
2	184.500	0,8264	152.479	−244.794
3	206.500	0,7513	155.147	−89.647
4	201.000	0,6830	137.286	47.639

Bis zum Ende des dritten Jahres ist die Summe der Barwerte von Anlage A noch negativ; erst am Ende des vierten Jahres hat die Anlage einen positiven kumulierten Barwert (nämlich den Kapitalwert!). Wenn die Rückflüsse erst am jeweiligen Jahresende zufließen, beträgt die Amortisationszeit vier Jahre. Andrea geht jedoch davon aus, dass sich die Rückflüsse gleichmäßig über die einzelnen Jahre verteilen. Damit amortisiert sich die Anlage im Laufe des vierten Jahres, wobei sich bei linearer Interpolation eine dynamische Amortisationszeit von 3,65 Jahren errechnet:

$$3 + \frac{89.647\,€}{47.639\,€ - (-89.647\,€)} = 3{,}65\text{ Jahre} \tag{9.16}$$

In analoger Weise ermittelt Andrea die Amortisationszeit der alternativen Anlage C:

Tab. 9.17: Dynamische Amortisationszeit von Projekt C.

Jahr	Zahlungsreihe (€)	Abzinsungsfaktoren	Barwerte (€)	Kumulierte Barwerte (€)
0	−700.000	1,0	−700.000	−700.000
1	175.000	0,9091	159.091	−540.909
2	205.000	0,8264	169.421	−371.488
3	220.000	0,7513	165.289	−206.199
4	185.000	0,6830	126.357	−79.842
5	245.000	0,6209	152.126	72.284

Da Andrea wiederum von einer gleichmäßigen Verteilung der Rückflüsse ausgeht, errechnet sich für Anlage C eine dynamische Amortisationszeit von 4,52 Jahren:

$$4 + \frac{79.842\,€}{72.284\,€ - (-79.842\,€)} = 4,52 \text{ Jahre} \tag{9.17}$$

Zur Beurteilung der absoluten Vorteilhaft müsste Ernst-August Holzwurm eine maximale Amortisationszeit vorgeben. Andrea hat ihren Chef jedoch bereits vor längerem davon überzeugt, die Amortisationszeit nicht als absolutes Vorteilhaftigkeitskriterium zu nutzen, sondern nur als ergänzendes Kriterium bei der Ermittlung der relativen Vorteilhaftigkeit. Die Frage lautet also, ob die Holzwurm GmbH die längere Amortisationszeit der Anlage C (4,52 Jahre) akzeptieren kann, um dafür den höheren Kapitalwert (72.284 Euro) zu realisieren. Oder präferiert das Unternehmen Anlage A mit der kürzeren Amortisationszeit (3,65 Jahre) und dem geringeren Kapitalwert (47.639 Euro)? Angesichts der positiven Aussichten auf dem Absatzmarkt sowie der stabilen Liquiditätssituation des Unternehmens entscheidet sich Ernst-August in Absprache mit seiner kaufmännischen Leiterin für Anlage C.

Beurteilung der dynamischen Amortisationsrechnung

Analog zur Kapitalwertmethode, auf deren Ermittlungsmethodik sie basiert, ist die dynamische Amortisationsrechnung *zahlungs- und zukunftsorientiert*. Infolge der ausschließlichen Orientierung an Zahlungsgrößen entstehen keine Verzerrungen durch den Einbezug buchhalterischer Erfolgsgrößen. Durch die Zukunftsorientierung ist darüber hinaus gewährleistet, dass die zeitliche Struktur der Rückflüsse berücksichtigt wird. Auch bei diesem dynamischen Investitionsrechenverfahren existieren die mit der Unsicherheit zukünftiger Zahlungsgrößen verbundenen Prognoseprobleme.

Beim Einsatz der dynamischen Amortisationsrechnung ist jedoch vor allem zu beachten, dass dieses Rechenverfahren ausschließlich auf das mit der Unsicherheit der zukünftigen Rückflüsse verbundene Investitionsrisiko abstellt. Die Risikoorientierung erfolgt unter der Annahme, dass sich die aus dem Investitionsprojekt resultierenden Geschäfts- bzw. Liquiditätsrisiken proportional zu der Zeit bis zum Finanzmittelrückfluss verhalten. Rückflüsse nach Ablauf der Amortisationszeit und damit die absolute Vorteilhaftigkeit des Projektes werden bei der Entscheidungsfindung ignoriert. Insofern sollte die dynamische Amortisationszeit *nicht als alleiniges Vorteilhaftigkeitskriterium* verwendet werden. Als zusätzliches Verfahren zur Risikoberücksichtigung ist die dynamische Amortisationszeit dagegen gut geeignet, um die Vorteilhaftigkeit von Investitionsprojekten unter Rendite-Risiko-Aspekten zu beurteilen. Darüber hinaus ist die dynamische Amortisationsrechnung für die Liquiditätsplanung des Unternehmens von Bedeutung. Je kürzer die Amortisationszeit ist, umso früher stehen die finanziellen Mittel wieder für neue Investitionsprojekte oder für andere Zwecke (z. B. Schuldentilgung) zur Verfügung.

9.5 Berücksichtigung von Steuern in der Investitionsrechnung

In den bisherigen Ausführungen zur Investitionsrechnung haben wir steuerliche Fragestellungen ausgeblendet, um uns zunächst auf die grundlegende Funktionsweise der einzelnen Investitionsrechenverfahren zu konzentrieren. In der Praxis werden diese Entscheidungen dagegen in einer Welt mit Steuern getroffen. Da Investitionsentscheidungen steuerliche Konsequenzen haben, müssen selbige bei der Investitionsbeurteilung berücksichtigt werden. Das *Lernziel von Kapitel 9.5* lautet daher, die Bedeutung von Steuern für die Investitionsrechnung zu verstehen und Investitionsprojekte unter Berücksichtigung der steuerlichen Auswirkungen beurteilen zu können.

9.5.1 Grundlagen

Steuerliche Auswirkungen können grundsätzlich in jedem Investitionsrechenverfahren berücksichtigt werden. Wir werden das Thema „Steuern" allerdings vor allem in Verbindung mit der Kapitalwertmethode behandeln, da dieses Verfahren – wie Sie mittlerweile wissen – aus theoretischer ebenso wie aus praktischer Perspektive den anderen Investitionsrechenverfahren überlegen ist. Die am Beispiel der Kapitalwertmethode demonstrierte Einbeziehung von Steuern lässt sich analog auf andere Investitionsrechenverfahren anwenden.

Aus Unternehmenssicht handelt es sich bei den durch ein Investitionsprojekt ausgelösten Steuerzahlungen um Auszahlungen, die bei der Ermittlung der Zahlungsreihe zu berücksichtigen sind. Bei der Ermittlung der Steuerzahlungen wird zwischen gewinnunabhängigen sowie gewinnabhängigen Steuerarten unterschieden.

Gewinnunabhängige Steuern

Bei gewinnunabhängigen Steuerarten handelt es sich um Substanz- oder Verbrauchsteuern (z. B. Grund-, Kraftfahrzeug- oder Mineralölsteuer). Diese Steuerzahlungen sind *Auszahlungen*, die bei der Prognose der Zahlungsreihe analog zu anderen betrieblichen Auszahlungen geplant werden. Methodisch ist der Einbezug gewinnunabhängiger Steuern in die Investitionsrechnung damit relativ unproblematisch.

Die Umsatzsteuer ist ebenfalls eine gewinnunabhängige Steuerart. Allerdings weist die Umsatzsteuer die Besonderheit auf, dass sie letztendlich vom Endverbraucher getragen wird. Aus Unternehmenssicht handelt es sich bei den vereinnahmten Umsatzsteuerzahlungen um einen *durchlaufenden Posten*, der um die gezahlte Umsatzsteuer (Vorsteuer) vermindert und an den Fiskus abgeführt wird. In der Investitionsrechnung wird daher weder die gezahlte noch die vereinnahmte Umsatzsteuer berücksichtigt.

Gewinnabhängige Steuern

Im Gegensatz zu den gewinnunabhängigen Steuern ist die Berücksichtigung der gewinnabhängigen Steuerarten etwas aufwendiger. Gewinn- bzw. ertragsabhängige Steuern (z. B. Einkommen-, Körperschaft- oder Gewerbesteuer) mindern ebenfalls die zukünftigen Rückflüsse (Einzahlungsüberschüsse). *Steuerbemessungsgrundlage* sind allerdings nicht die Rückflüsse, sondern der steuerpflichtige Gewinn. Letzterer wird mit dem relevanten Ertragsteuersatz multipliziert, um die Steuerzahlungen zu ermitteln. Aus investitionstheoretischer Perspektive entsteht hierbei das Problem, dass es sich beim steuerpflichtigen Gewinn um einen unter steuerrechtlichen Vorschriften ermittelten Ertragsüberschuss handelt, während in der Kapitalwertmethode Einzahlungsüberschüsse abgezinst werden. Daher gibt es keine proportionale Beziehung zwischen dem Ertragsteuersatz und den Rückflüssen nach Steuern.

Steuerpflichtiger Gewinn und Ertragsteuersatz

Um die steuerlichen Konsequenzen eines Investitionsvorhabens exakt quantifizieren zu können, müssten steuerliche Planungsrechnungen aufgestellt und die *steuerpflichtigen Gewinne* für jedes Jahr der Nutzungsdauer geschätzt werden. Hierzu müssten die steuerbaren Umsätze, die aus dem Projekt zukünftig erzielt werden, um die steuerlich relevanten Betriebsausgaben vermindert werden. Neben zahlungswirksamen Aufwendungen (z. B. Lohn- oder Materialkosten) umfassen die steuerlich relevanten Betriebsausgaben auch zahlungsunwirksame Aufwendungen (z. B. Abschreibungen oder Zuführungen zu den Rückstellungen). In dem Umfang, in dem Zinszahlungen auf das Fremdkapital den steuerpflichtigen Gewinn mindern, sind darüber hinaus die zukünftigen Finanzierungsverhältnisse des Unternehmens zu berücksichtigen. Die Investitionsrechnung abstrahiert bei der Prognose der zukünftigen Rückflüsse allerdings von den konkreten Finanzierungsverhältnissen, da die Finanzierungsstruktur des Unternehmens im Kalkulationszinssatz erfasst wird.

Neben den Problemen, die bei der Prognose der zukünftigen steuerpflichtigen Gewinne entstehen, ergeben sich weitere Prognoseschwierigkeiten bei der Schätzung des *Ertragsteuersatzes*. Der während der Laufzeit des Investitionsvorhabens relevante Ertragsteuersatz ist zum Investitionszeitpunkt vielfach nicht bekannt. Darüber hinaus lehrt die Erfahrung, dass sich Steuersätze infolge politischer Entscheidungen während der Investitionslaufzeit ändern können. Schließlich bestehen steuerlich relevante Interdependenzen zwischen verschiedenen Investitionsprojekten, z. B. infolge des progressiv verlaufenden Einkommensteuersatzes.

Angesichts der skizzierten Schwierigkeiten können die für eine Investitionsentscheidung relevanten steuerlichen Rahmenbedingungen typischerweise nicht oder nur mit unverhältnismäßig hohem Aufwand exakt spezifiziert werden. Daher wird in der Investitionsrechnung üblicherweise auf eine exakte Steuerrechnung verzichtet. Stattdessen werden die Auswirkungen der Ertragsteuern auf die zu bewertenden Investitionsprojekte in vereinfachter Form berücksichtigt. Ertragsteuerliche Auswirkungen werden dabei sowohl bei der Prognose der zukünftigen *Rückflüsse* als auch bei der Ableitung des *Kalkulationszinssatzes* berücksichtigt.

9.5.2 Ermittlung des Kapitalwertes nach Steuern

Zur Berücksichtigung der ertragsteuerlichen Auswirkungen werden die zukünftigen Rückflüsse um die gewinnabhängigen Steuerzahlungen vermindert. Hierzu müssen die für sämtliche Prognoseperioden erwarteten Ertragsteuerzahlungen geschätzt werden.

Rückfluss nach Steuern

Ausgangspunkt für die Bestimmung der Ertragsteuerzahlung ist der *Rückfluss vor Steuern* (siehe Abbildung 9.6). Der Rückfluss vor Steuern ergibt sich als Saldo der betrieblichen Ein- und Auszahlungen. Zur Ermittlung der steuerlich relevanten Bemessungsgrundlage wird der Rückfluss vor Steuern um die nicht zahlungswirksamen Betriebsausgaben vermindert. Üblicherweise werden hierbei lediglich die steuerrechtlichen Abschreibungen berücksichtigt, während andere zahlungsunwirksame Betriebsausgaben vernachlässigt werden. Andere zahlungsunwirksame Betriebsausgaben können bei Bedarf analog zu den Abschreibungen berücksichtigt werden. Der relevante Abschreibungsbetrag ist die nach steuerrechtlichen Vorschriften ermittelte *Absetzung für Abnutzung (AfA)*.[2] Die Differenz zwischen dem Rückfluss

---

2 In diesem Zusammenhang ist darauf hinzuweisen, dass sich die nach steuerrechtlichen Vorschriften ermittelten Abschreibungen (AfA) von den in der statischen Investitionsrechnung verwendeten kalkulatorischen Abschreibungen unterscheiden. Darüber hinaus ist zu beachten, dass die Abschreibungen lediglich zur Ermittlung der Ertragsteuerzahlungen dienen. Eine direkte Berücksichtigung von Abschreibungen bei der Ermittlung der Rückflüsse findet in der dynamischen Investitionsrechnung nicht statt.

vor Steuern eines Jahres (C_t) und den Abschreibungen des gleichen Jahres (AfA_t) wird in der Investitionsrechnung als Näherungsgröße für den steuerpflichtigen Gewinn und damit als *steuerliche Bemessungsgrundlage* verwendet.

Rückfluss vor Steuern	C_t
Steuerrechtliche Abschreibung	AfA_t
Steuerpflichtiger Gewinn	$(C_t - AfA_t)$
Durchschnittlicher Ertragsteuersatz	s
Ertragsteuerzahlung	$s \cdot (C_t - AfA_t)$
Rückfluss nach Steuern	$C_{ts} = C_t - s \cdot (C_t - AfA_t)$

Abb. 9.6: Ermittlung der Rückflüsse nach Steuern.

Nach der Ermittlung des steuerpflichtigen Gewinns wird dieser mit dem *durchschnittlichen Ertragsteuersatz (s)* des Unternehmens multipliziert, um die Höhe der *Ertragsteuerzahlung* zu errechnen. Der Ertragsteuersatz wird ebenfalls in vereinfachter Form abgeleitet, da weder für jedes einzelne Investitionsvorhaben noch für jedes Jahr des Planungszeitraums ein individueller Steuersatz geschätzt wird. Aus Praktikabilitätsgründen wird vielmehr ein durchschnittlicher Ertragsteuersatz verwendet, der die für das Unternehmen während des Planungszeitraums relevanten Besteuerungsverhältnisse widerspiegelt. Um den *Rückfluss nach Steuern (C_{ts})* zu ermitteln, wird schließlich der Rückfluss vor Steuern gemäß Formel (9.18) um die Ertragsteuerzahlungen vermindert.

$$C_{ts} = C_t - s \cdot (C_t - AfA_t) \qquad (9.18)$$

Kalkulationszinssatz nach Steuern
Neben den Rückflüssen unterliegt auch der Kalkulationszinssatz steuerlichen Auswirkungen. Wie Sie bei den grundlegenden Ausführungen zur Kapitalwertmethode erfahren haben, wird der für die Vorteilhaftigkeitsbeurteilung von Investitionsprojekten relevante Kalkulationszinssatz nach dem *Opportunitätskostenprinzip* abgeleitet (siehe S. 403 f.). Die beste alternative Kapitalverwendungsmöglichkeit des Investors wird dabei in den meisten Fällen durch eine Kapitalmarktanlage repräsentiert. In der Praxis sind die aus dieser Kapitalmarktanlage erzielbaren Rückflüsse ebenfalls steuerpflichtig. Wenn beispielsweise ein Investor einen persönlichen Einkommensteuersatz von 30 % hat und sein Kapital zu einem Zinssatz von 10 % anlegt, erzielt dieser Investor gemäß Formel (9.19) eine Rendite nach Steuern in Höhe von

$(1 - 0,30) \cdot 10\,\% = 7\,\%$. Der für die Diskontierung der Rückflüsse nach Steuern relevante *Kalkulationszinssatz* (i_s) entspricht somit der Rendite nach Steuern.

$$i_s = (1 - s) \cdot i \tag{9.19}$$

Kapitalwert nach Steuern

Im Ergebnis werden sowohl die Rückflüsse als auch der Kalkulationszinssatz korrigiert, um die steuerlichen Auswirkungen zu berücksichtigen. Die Ergebnisse der Formeln (9.18) und (9.19) werden in die Kapitalwertformel (siehe Formel (9.2) auf S. 399) eingesetzt, sodass sich folgende Vorschrift für die Ermittlung des Kapitalwertes nach Steuern ergibt:

$$KW_{0s} = -I_0 + \sum_{t=1}^{n} C_{ts} \cdot (1 + i_s)^{-t} + R_{ns} \cdot (1 + i_s)^{-n} \tag{9.20}$$

mit:
$$
\begin{aligned}
KW_{0s} &= \text{Kapitalwert nach Steuern} \\
I_0 &= \text{Anschaffungsauszahlung} \\
AfA_t &= \text{Steuerrechtliche Abschreibung} \\
C_t &= \text{Rückfluss vor Steuern} \\
C_{ts} &= \text{Rückfluss nach Steuern} \\
R_{ns} &= \text{Restwert nach Steuern} \\
i &= \text{Kalkulationszinssatz vor Steuern} \\
i_s &= \text{Kalkulationszinssatz nach Steuern} \\
n &= \text{Nutzungsdauer}
\end{aligned}
$$

Unter Berücksichtigung von Ertragsteuern vermindern sich im Vergleich zur Rechnung ohne Steuern sowohl die Rückflüsse als auch der Kalkulationszinssatz. Verminderte Rückflüsse führen ceteris paribus zu einem geringeren Kapitalwert, während der reduzierte Kalkulationszinssatz ebenfalls ceteris paribus einen höheren Kapitalwert zur Folge hat. Die Berücksichtigung von Ertragsteuern löst damit zwei *gegenläufige Effekte* aus, ohne dass sich die Gesamtauswirkung dieser beiden Effekte auf die Höhe des Kapitalwertes allgemeingültig spezifizieren lässt. Ob der Kapitalwert durch den Einbezug steuerlicher Auswirkungen steigt oder sinkt, hängt von der zeitlichen Struktur der Rückflüsse, von der Abschreibungsmethode, vom Kalkulationszinssatz sowie vom Steuersatz ab.

Im Ergebnis ist der Einfluss der Steuern auf die Vorteilhaftigkeit eines Investitionsprojektes von den konkreten Rahmenbedingungen der einzelnen Investitionsentscheidung abhängig. Daher müssen steuerliche Auswirkungen in der Praxis zwingend berücksichtigt werden. Nur durch den Einsatz eines Investitionskalküls nach Steuern kann festgestellt werden, ob Investitionsprojekte in der realen Welt mit Steuern vorteilhaft sind. Nachfolgend wird die Kapitalwertberechnung unter Berücksichtigung von Steuern am Beispiel der Holzwurm GmbH illustriert.

Beispiel: Kapitalwertmethode unter Berücksichtigung von Steuern
Andrea Kalkuletta hat gemeinsam mit dem neuen Produktionsleiter die Daten für
ein weiteres Investitionsprojekt aufbereitet. Es handelt sich um eine flexible Anlage,
die u. a. zum Einbau von Miniaturmotoren in Holzprodukte genutzt werden kann.
Die Holzwurm GmbH könnte ihr Angebot somit um Holzeisenbahnen mit Batterieantrieb
erweitern. Die Anlage hat eine Nutzungsdauer von fünf Jahren, verursacht Anschaffungsauszahlungen
von 800.000 Euro und generiert die in Tabelle 9.18 dargestellten
zukünftigen Rückflüsse.

Tab. 9.18: Rückflüsse vor Steuern.

Jahr	1	2	3	4	5
Einzahlungen (€)	400.000	425.000	445.000	440.000	425.000
Auszahlungen (€)	−205.000	−215.000	−225.000	−225.000	−220.000
Rückflüsse vor Steuern (€)	195.000	210.000	220.000	215.000	205.000

Bevor Ernst-August Holzwurm seine Zustimmung zur Ausweitung der Produktion
gibt, möchte er wissen, ob die neue Anlage unter finanzwirtschaftlichen Aspekten
vorteilhaft ist. Hierzu soll der Kapitalwert nach Steuern ermittelt werden. Als Kalkulationszinssatz
vor Steuern verwendet das Unternehmen weiterhin 10 %, der durchschnittliche
Ertragsteuersatz beträgt 30 % und die Holzwurm GmbH schreibt ihr Anlagevermögen
linear ab. Zur Ermittlung des Kapitalwertes nach Steuern vermindert
Andrea zunächst die Rückflüsse vor Steuern um die Abschreibungen (siehe Tabelle
9.19). Bei linearer Abschreibung beträgt der jährliche Abschreibungsbetrag
160.000 Euro (= 800.000 Euro : 5 Jahre).

Tab. 9.19: Ermittlung des Kapitalwertes nach Steuern (I).

Jahr	1	2	3	4	5
Rückflüsse vor Steuern (€)	195.000	210.000	220.000	215.000	205.000
Abschreibungen (€)	−160.000	−160.000	−160.000	−160.000	−160.000
Steuerpflichtige Gewinne (€)	35.000	50.000	60.000	55.000	45.000
Ertragsteuerzahlungen (€)	−10.500	−15.000	−18.000	−16.500	−13.500
Rückflüsse nach Steuern (€)	184.500	195.000	202.000	198.500	191.500
Abzinsungsfaktoren ($i_s = 7\%$)	0,9346	0,8734	0,8163	0,7629	0,7130
Barwerte (€)	172.430	170.321	164.892	151.435	136.537
Summe der Barwerte (€)	795.615				
Anschaffungsauszahlung (€)	−800.000				
Kapitalwert (€)	−4.385				

Im nächsten Schritt errechnet Andrea die Höhe der Ertragsteuerzahlungen, indem sie den steuerpflichtigen Gewinn mit dem Steuersatz von 30 % multipliziert. Die Rückflüsse vor Steuern werden dann um die Steuerzahlungen vermindert, sodass sich die Rückflüsse nach Steuern ergeben. Im letzten Schritt erfolgt die Abzinsung der Rückflüsse nach Steuern mit dem Kalkulationszinssatz nach Steuern. Bei einem Kalkulationszinssatz von 10 % vor Steuern und einem Steuersatz von 30 % beträgt der Kalkulationszinssatz nach Steuern 7 %. Der Kapitalwert des Investitionsprojektes ist negativ (siehe Tabelle 9.19). Unter finanzwirtschaftlichen Aspekten lohnt sich die Anschaffung der Produktionsanlage für die Holzwurm GmbH daher nicht.

Während Andrea das Ergebnis mit dem Produktionsleiter und ihrem Chef diskutiert, erläutert sie, dass die Regierung im kommenden Jahr Investitionsanreize für mittelständische Unternehmen plane und die neue Anlage unter diesen Gesetzesentwurf falle. Nach der Neuregelung dürfen in den ersten beiden Nutzungsjahren jeweils 35 % p. a. des ursprünglichen Investitionsbetrages abgeschrieben werden. Der verbleibende Betrag ist gleichmäßig über die restlichen Nutzungsjahre zu verteilen. Um herauszufinden, welchen Einfluss die neuen Abschreibungsregeln auf die Vorteilhaftigkeit des geplanten Investitionsprojektes haben, errechnet Andrea den Kapitalwert der Anlage ein zweites Mal. In den ersten beiden Jahren werden jeweils 800.000 Euro · 0,35 = 280.000 Euro p. a. abgeschrieben, während die Abschreibungen der verbleibenden drei Jahre 80.000 Euro p. a. betragen. Die restlichen Daten ändern sich nicht und auch der Kalkulationszinssatz nach Steuern bleibt mit 7 % konstant.

Tab. 9.20: Ermittlung des Kapitalwertes nach Steuern (II).

Jahr	1	2	3	4	5
Rückflüsse vor Steuern (€)	195.000	210.000	220.000	215.000	205.000
Abschreibungen (€)	−280.000	−280.000	−80.000	−80.000	−80.000
Steuerpflichtige Gewinne (€)	−85.000	−70.000	140.000	135.000	125.000
Ertragsteuerzahlungen (€)	25.500	21.000	−42.000	−40.500	−37.500
Rückflüsse nach Steuern (€)	220.500	231.000	178.000	174.500	167.500
Abzinsungsfaktoren (i_s = 7 %)	0,9346	0,8734	0,8163	0,7629	0,7130
Barwerte (€)	206.075	201.764	145.301	133.125	119.425
Summe der Barwerte (€)	805.690				
Anschaffungsauszahlung (€)	−800.000				
Kapitalwert (€)	5.690				

Unter den veränderten steuerlichen Rahmenbedingungen ist der Kapitalwert positiv (siehe Tabelle 9.20). Nach Inkrafttreten der neuen Abschreibungsregeln lohnt sich die Anschaffung der Anlage. Nachdem Andrea ihrem Chef die neuen Zahlen präsentiert hat, gibt dieser grünes Licht für das geplante Projekt. Angesichts seiner Erfahrungen mit steuerpolitischen Ankündigungen besteht Ernst-August allerdings darauf, die neue Anlage erst anzuschaffen, nachdem das Gesetz im Bundesanzeiger veröffentlicht worden ist.

Steuerliche Verlustberücksichtigung

Die Verrechnung der Steuern im o. a. Beispiel bedarf noch einer ergänzenden Erläuterung. Wie Sie bemerkt haben, sind die Abschreibungen in den ersten beiden Jahren höher als die Rückflüsse vor Steuern, sodass sich für die ersten beiden Jahre ein *negativer* steuerpflichtiger Gewinn ergibt. Dieser steuerliche Verlust führt dazu, dass in den ersten beiden Jahren keine Ertragsteuerzahlungen an den Fiskus ausgewiesen werden, sondern ein *Steuerguthaben* (in Höhe von 25.500 Euro bzw. 21.000 Euro). Im deutschen Steuerrecht gibt es allerdings keine Steuerzahlungen vom Fiskus an das steuerpflichtige Unternehmen. Insofern handelt es sich bei der negativen Steuerzahlung nicht um eine tatsächliche Einzahlung. Es wird vielmehr unterstellt, dass das Unternehmen den entstehenden Verlust verrechnen kann. Bei der steuerlichen Verlustverrechnung werden die aus diesem Investitionsprojekt entstehenden Verluste mit Gewinnen verrechnet, die das Unternehmen im gleichen Geschäftsjahr durch andere Geschäftsaktivitäten erzielt. Sofern in der betreffenden Periode kein Gewinn erzielt wird, werden die Verluste in das vorangegangene Geschäftsjahr zurückgetragen oder in zukünftige Geschäftsjahre vorgetragen. Im Ergebnis nutzt die Holzwurm GmbH das entstehende Steuerguthaben durch die Möglichkeit zur Verlustverrechnung, wodurch sich die Vorteilhaftigkeit des zu bewertenden Projektes erhöht.

Bei der Berücksichtigung von Steuern in der Investitionsrechnung wird üblicherweise unterstellt, dass der Investor die *Möglichkeit zur Verlustverrechnung* im jeweiligen Geschäftsjahr hat. In diesem Fall werden die steuerlichen Konsequenzen wie im o. a. Beispiel dem neuen Investitionsprojekt zugerechnet, da die Steuervorteile durch die Abschreibungen dieses Projektes ausgelöst werden. Voraussetzung hierfür ist allerdings, dass das Unternehmen durch seine Geschäftstätigkeit im betreffenden Geschäftsjahr steuerpflichtige Gewinne erwirtschaftet. Sofern diese Annahme nicht zutrifft, z. B. bei jungen Wachstumsunternehmen, die noch keine Gewinne erwirtschaften, muss der Verlust auf zukünftige Jahre vorgetragen werden.

Auswirkungen der Berücksichtigung von Steuern

Anhand des Beispiels haben wir festgestellt, dass sich die Vorteilhaftigkeit eines Investitionsvorhabens allein aufgrund veränderter steuerlicher Rahmenbedingungen ändern kann. In beiden Kapitalwertberechnungen werden die gesamten Anschaffungsauszahlungen über die geplante Nutzungsdauer der Produktionsanlage abgeschrieben. Die Summe der Abschreibungen ist mit 800.000 Euro konstant; lediglich die Verteilung der Abschreibungsbeträge auf die einzelnen Nutzungsjahre unterscheidet sich. Die Auswirkungen der unterschiedlichen Abschreibungsmethoden auf die Höhe des Kapitalwertes resultieren ausschließlich aus dem Zeiteffekt.

Infolge der veränderten Abschreibungsregeln erhält das Unternehmen im zweiten Szenario die Möglichkeit, die Abschreibungen zeitlich teilweise vorzuziehen. Hierdurch vermindern sich in den ersten beiden Jahren der steuerpflichtige Gewinn sowie die Ertragsteuerzahlungen. In den späteren Jahren sind die Abschreibungen entsprechend niedriger und das Unternehmen zahlt mehr Steuern. Zu Zeitwerten bleibt die Summe der Ertragsteuerzahlungen über die gesamte Nutzungsdauer konstant. Da sich Steuerzahlungen aus den ersten beiden Jahren auf die späteren Jahre verschieben, entsteht jedoch ein *Steuerstundungseffekt*. Mit Bezug auf den Zeitwert des Geldes lässt sich somit erklären, weshalb der Kapitalwert nach Steuern im zweiten Szenario höher ausfällt als im Ausgangsfall. Wie im Beispiel gezeigt, kann sich die Vorteilhaftigkeit einer Investition durch den Einbezug von Steuern sogar umkehren. Gleichzeitig zeigt das Beispiel, wie der Staat durch eine Veränderung der steuerlichen Abschreibungsregeln bestimmte Investitionsanreize setzen kann.

Abschließend ist noch einmal festzuhalten, dass die steuerlichen Rahmenbedingungen ein entscheidender Faktor für die Vorteilhaftigkeit von Investitionsvorhaben sind. In der Praxis werden Investitionsentscheidungen daher grundsätzlich unter Berücksichtigung von Steuern getroffen.

9.6 Berücksichtigung von Unsicherheit in der Investitionsrechnung

9.6.1 Entscheidungstheoretische Grundlagen

Die bisherigen Ausführungen bezogen sich auf Investitionsentscheidungen unter Sicherheit, d.h. bei Vorliegen vollkommener Information (siehe S. 353 f. und S. 395 f.). In der Praxis sind dagegen die meisten der für Investitionsentscheidungen benötigten Einflussgrößen unsicher. Diese Unsicherheit betrifft die erwarteten Absatzmengen und -preise ebenso wie die Kosten für die Leistungserstellung. Daher sind die aus dem Investitionsprojekt erwarteten Ein- und Auszahlungen ebenfalls unsicher. Während wir bisher sichere (einwertige) Rückflüsse unterstellt haben, werden Investitionsentscheidungen in der Praxis typischerweise auf Basis *unsicherer bzw. mehrwertiger Rückflüsse* getroffen. Zusätzlich zu den Rückflüssen sind vielfach auch der als Vergleichsmaßstab genutzte Kalkulationszinssatz sowie die erwartete Nutzungsdauer unsicher.

Für die Investitionsrechnung stellt sich die Aufgabe, die Unsicherheit in das Entscheidungskalkül so zu integrieren, dass der Investor eine rationale Entscheidung treffen kann. Sie müssen jetzt aber nicht befürchten, dass Sie die Abschnitte zu den Investitionsrechenverfahren unter Sicherheit vergeblich gelesen haben. Grundsätzlich werden Investitionsentscheidungen auch unter Unsicherheit auf Basis der Ihnen bereits bekannten Investitionsrechenverfahren getroffen. Die Berücksichtigung der Unsicherheit erfolgt dadurch, dass entweder die Einflussgrößen angepasst werden (z. B. durch Risikozuschläge) oder dass die Rechnung modifiziert wird (z. B. Berechnung mehrerer Zielgrößen für unterschiedliche Szenarien). Bevor wir einige ausgewählte Möglichkeiten zur Erfassung der Unsicherheit innerhalb der Investitionsrechnung behandeln, ist der Unsicherheitsbegriff abzugrenzen.

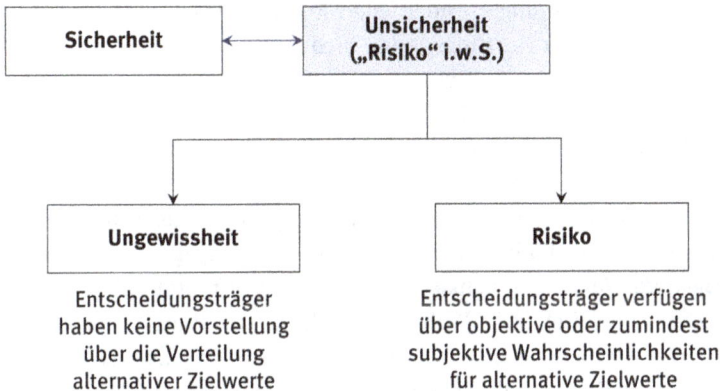

```
┌─────────────────┐        ┌─────────────────────┐
│                 │        │   Unsicherheit      │
│   Sicherheit    │<──────>│  („Risiko" i.w.S.)  │
│                 │        │                     │
└─────────────────┘        └─────────────────────┘
                                      │
                       ┌──────────────┴──────────────┐
                       ▼                              ▼
              ┌─────────────────┐           ┌─────────────────┐
              │  Ungewissheit   │           │     Risiko      │
              └─────────────────┘           └─────────────────┘
```

Entscheidungsträger haben keine Vorstellung über die Verteilung alternativer Zielwerte	Entscheidungsträger verfügen über objektive oder zumindest subjektive Wahrscheinlichkeiten für alternative Zielwerte

Abb. 9.7: Formen der Unsicherheit
(Quelle: *Perridon/Steiner/Rathgeber*, 2017, S. 118).

Während Unsicherheit bzw. Risiko umgangssprachlich vielfach synonym verwendet werden, unterscheidet die Entscheidungstheorie zwischen beiden Begriffen (vgl. *Bamberg/Coenenberg/Krapp*, 2019, S. 18 ff. und *Bartscher/Bomke*, 1995, S. 67 ff.). Entscheidungstheoretisch wird zunächst zwischen Entscheidungen unter Sicherheit bzw. unter Unsicherheit differenziert (siehe Abbildung 9.7). Bei Vorliegen von Sicherheit verfügen Entscheidungsträger über sämtliche für eine rationale Entscheidungsfindung erforderlichen Informationen. In unsicheren Entscheidungssituationen lassen sich die Ergebnisse der Entscheidungen dagegen nicht exakt prognostizieren. Die Ergebnisse können von den Erwartungswerten positiv oder negativ abweichen. In diesem Zusammenhang geht die Finanzierungs- und Investitionstheorie ebenso wie die Unternehmens- bzw. Kapitalmarktpraxis von risikoaversen bzw. risikoscheuen Investoren aus (vgl. *Berk/DeMarzo et al.*, 2020, S. 355 ff. und *Franke/Hax*, 2009, S. 302 ff.). Im Gegensatz zu risikofreudigen oder risikoneutralen Investoren zeichnen sich *risikoaverse Investoren* dadurch aus, dass sie die Gefahr negativer Abweichungen stärker gewichten als die Chance positiver Abweichungen. Investitionsprojekte sind durch ihren langfristigen Planungshorizont, die hohe Kapitalbindung sowie weitreichende Interdependenzen charakterisiert (siehe S. 341 f.). Investitionsentscheidungen sind zudem kaum reversibel. Da negative Abweichungen erhebliche Auswirkungen auf die Vorteilhaftigkeit eines Investitionsprojektes haben können, muss die Unsicherheit bei der Entscheidungsfindung berücksichtigt werden.

In der Entscheidungstheorie wird zwischen Entscheidungen unter Ungewissheit bzw. unter Risiko unterschieden (siehe Abbildung 9.7):

– Bei Investitionsentscheidungen unter *Ungewissheit* hat der Investor keine Vorstellung über die Verteilung der zukünftigen Ergebnisse. Bei Ungewissheit ist keine rationale Investitionsentscheidung möglich, da die Ergebnisverteilung der für die Investitionsrechnung erforderlichen Einflussgrößen (z. B. Rückflüsse, Kalkulationszinssatz oder Nutzungsdauer) nicht bekannt ist.

– Bei Vorliegen von *Risiko* kann der Investor objektive oder zumindest subjektive Wahrscheinlichkeiten für das Eintreten alternativer Zielwerte ermitteln. Objektive Wahrscheinlichkeiten werden empirisch aus der Verteilung vergleichbarer Entscheidungssituationen gewonnen (z. B. Wahrscheinlichkeit für Zahlungsausfall bestimmter Kundengruppen) oder sie werden aufgrund statistischer Zusammenhänge errechnet (z. B. Wahrscheinlichkeit für den Hauptgewinn bei einer Lotterie). Subjektive Wahrscheinlichkeiten werden vom Investor auf Basis von Erfahrungswerten abgeleitet (z. B. Wahrscheinlichkeit für einen erfolgreichen Markteintritt). Wenn objektive oder subjektive Wahrscheinlichkeiten für das Eintreten bestimmter Zielwerte vorliegen, können die Auswirkungen der Unsicherheit quantifiziert und für die Entscheidungsfindung genutzt werden.

Entscheidungstheoretisch orientieren sich die weiteren Ausführungen am Begriff des Risikos. Es lassen sich also objektive oder subjektive Wahrscheinlichkeiten für die Verteilung der bewertungsrelevanten Einflussgrößen angeben. Nachdem die entscheidungstheoretischen Grundlagen dargelegt wurden, geht es im Folgenden um die Risikoberücksichtigung bei der konkreten Investitionsentscheidung. Risiko kann in der Kapitalwertmethode, in der IZF-Methode oder in den statischen Investitionsrechenverfahren berücksichtigt werden. Angesichts ihrer herausragenden Bedeutung nutzen wir im Weiteren die Kapitalwertmethode (siehe S. 396 ff.), um die Risikoberücksichtigung in der Investitionsrechnung zu erläutern. Die Ausführungen zur Risikoberücksichtigung lassen sich jedoch grundsätzlich auf andere Investitionsrechenverfahren übertragen.

9.6.2 Korrekturverfahren

Vorgehensweise

Bei den Korrekturverfahren handelt es sich um Praktikerverfahren, die die bewertungsrelevanten Einflussgrößen modifizieren. In Abhängigkeit von der Wirkungsrichtung einer Einflussgröße wird das Risiko entweder durch einen Risikozuschlag oder einen Risikoabschlag erfasst. Bezogen auf die Kapitalwertmethode besteht z. B. zwischen den *erwarteten Einzahlungen* und dem Kapitalwert ein positiver Zusammenhang, während der *Kalkulationszinssatz* negative Auswirkungen auf die Höhe des Kapitalwertes hat. Bei der Prognose der zukünftigen Einzahlungen wird das Risiko daher durch einen Abschlag berücksichtigt, während die Risikoberücksichtigung im Kalkulationszinssatz durch einen Zuschlag erfolgt (siehe Abbildung 9.8).

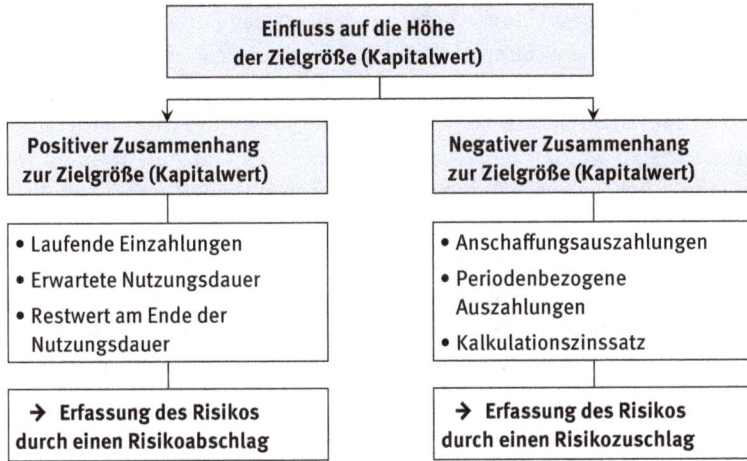

Abb. 9.8: Einflussgrößen auf den Kapitalwert.

Durch den Risikoabschlag auf die zukünftigen Einzahlungen bzw. durch den Risikozuschlag auf den Kalkulationszinssatz vermindert sich jeweils ceteris paribus der Kapitalwert. Das Ergebnis kann auch als vorsichtige Schätzung für den ohne Risikoberücksichtigung erwarteten Kapitalwert interpretiert werden. Wenn sich trotz Risikozuschlag bzw. -abschlag ein positiver Kapitalwert ergibt, ist das Investitionsprojekt unter Berücksichtigung des Risikos absolut vorteilhaft. Beim Vergleich alternativer Investitionsprojekte wird das Projekt vorgezogen, das den höheren Kapitalwert aufweist. Für Projekte mit unterschiedlichem Risiko werden dabei unterschiedlich hohe Zu- bzw. Abschläge angesetzt.

In der Praxis werden die Risikozuschläge bzw. -abschläge vielfach aufgrund subjektiver Erfahrungswerte festgelegt. Wie bereits erwähnt, können grundsätzlich sämtliche Einflussgrößen durch einen Risikozuschlag oder -abschlag modifiziert werden. Sinnvollerweise sollte sich die Risikoberücksichtigung allerdings auf die Modifikation einer Einflussgröße beschränken, da ansonsten die Gefahr besteht, dass das Risiko mehrfach berücksichtigt wird.

- Eine gängige Form des Korrekturverfahrens ist ein Risikoabschlag auf die erwarteten *Rückflüsse*. Üblicherweise werden dabei nicht die einzelnen Ein- und Auszahlungen korrigiert. Stattdessen wird der Rückfluss als Saldo der Ein- und Auszahlungen pauschal um einen Risikoabschlag von z. B. 10 % gekürzt. Die Höhe des Risikoabschlags, um den die aus dem Investitionsprojekt erwarteten Rückflüsse vermindert werden, ist von der subjektiven Risikoeinschätzung des Investors abhängig. Je höher der Risikoabschlag ist, umso kleiner ist der Kapitalwert des Investitionsprojektes und umso geringer ist die Wahrscheinlichkeit, dieses Projekt zu akzeptieren.

– Alternativ zur Verminderung der Rückflüsse kann der risikofreie *Kalkulationszinssatz* um einen Risikozuschlag erhöht werden. In der Praxis ist es üblich, den risikofreien Zinssatz von beispielsweise 5 % noch einmal um einen Risikozuschlag von z. B. fünf bis zehn Prozentpunkten zu erhöhen, sodass sich ein risikoadjustierter Kalkulationszinssatz von 10 % bis 15 % ergibt. In Abhängigkeit vom Investitionsrisiko werden teilweise noch höhere Zinssätze verwendet. Im Rahmen außerbörslicher Unternehmensbeteiligungen (Private Equity) kalkulieren Finanzinvestoren mit risikoadjustierten Kalkulationszinssätzen von 20 % bis 25 %. Letztendlich ist die Höhe des Risikozuschlags von den subjektiven Erwartungen des Investors abhängig. Zu beachten ist allerdings, dass ein höherer Kalkulationszinssatz ceteris paribus einen geringeren Kapitalwert zur Folge hat. Je höher der Risikozuschlag im Kalkulationszinssatz ist, desto geringer wird die Wahrscheinlichkeit, ein risikobehaftetes Investitionsprojekt zu akzeptieren.

– Eine dritte Möglichkeit zur pauschalen Risikoberücksichtigung durch ein Korrekturverfahren ist die Verkürzung der *Nutzungsdauer*. Bei einem risikobehafteten Investitionsprojekt wird der Kapitalwert nicht für die erwartete, sondern für eine verkürzte Nutzungsdauer ermittelt. Mit der Modifikation der Nutzungsdauer ist die Annahme verbunden, dass das Investitionsrisiko nicht gleich verteilt ist, sondern über die Laufzeit des Investitionsvorhabens ansteigt. Je höher das Risiko des Investitionsprojektes ist, umso stärker wird die ursprünglich geplante Nutzungsdauer verkürzt. Nur wenn die während des verkürzten Zeitraums erwirtschafteten Rückflüsse einen positiven Kapitalwert generieren, wird das Investitionsprojekt akzeptiert. Je kürzer die vom Investor angesetzte Nutzungsdauer ist, umso geringer ist die Wahrscheinlichkeit, dass das Projekt akzeptiert wird.

Beurteilung

Die Korrekturverfahren sind ein pragmatischer Ansatz der Risikoberücksichtigung. Grundsätzlich erfassen die gängigen Formen der Korrekturverfahren den Zusammenhang zwischen dem Investitionsrisiko und der zu optimierenden Zielgröße mit der richtigen Wirkungsrichtung. So erfolgt die Risikoberücksichtigung beispielsweise auch in finanzierungstheoretisch fundierten Verfahren durch eine Verminderung der Rückflüsse bzw. durch eine Erhöhung des Kalkulationszinssatzes. Problematisch ist allerdings die *Höhe der Risikozuschläge bzw. -abschläge*. Aus finanzierungstheoretischer Sicht ist zu kritisieren, dass die Korrekturverfahren kein theoretisch fundiertes Modell zur Ableitung der Zu- bzw. Abschläge nutzen. Mangels objektiver Kriterien werden pauschale Korrekturfaktoren verwendet, die auf Basis von Erfahrungswerten oder nach subjektivem Ermessen festgelegt werden, sodass die Gefahr von Fehlbewertungen besteht.

Die Verwendung pauschaler Risikozuschläge bzw. -abschläge beinhaltet darüber hinaus die *Gefahr der mehrfachen Risikoberücksichtigung*. Anstelle einer systematischen Risikoberücksichtigung werden vielfach mehrere Einflussgrößen gleichzeitig korrigiert, indem beispielsweise das spezielle Projektrisiko durch einen Risikoabschlag auf die Rückflüsse erfasst wird, während gleichzeitig der Kalkulationszinssatz um einen Zuschlag für das allgemeine Unternehmensrisiko erhöht wird. Da sich die verschiedenen Risiken jedoch nur schwer trennen lassen, werden Risiken mehrfach erfasst. In diesem Fall könnten Investitionsprojekte abgelehnt werden, obwohl sie bei zutreffender Risikoberücksichtigung vorteilhaft sind.

Schließlich weisen die Korrekturverfahren den Nachteil auf, dass sie *mehrwertige Einflussgrößen zu einwertigen Größen* verdichten. Mit einer einwertigen Zielgröße wie dem Kapitalwert lassen sich zwar eindeutige Entscheidungen treffen; es besteht allerdings die Gefahr von Fehlentscheidungen, da die Verdichtung pauschal und häufig wenig transparent erfolgt. Bei Investitionsentscheidungen unter Sicherheit weist die Kapitalwertmethode den Vorteil der eindeutigen Entscheidungsregel auf. Bei Investitionsentscheidungen auf Basis von Korrekturverfahren wird dieser Vorteil durch die pauschale Ermittlung der Korrekturfaktoren wieder zunichte gemacht.

9.6.3 Kapitalmarktorientierte Risikoberücksichtigung

Kapitalmarktmodelle nutzen die auf Kapitalmärkten verfügbaren Informationen zur Berücksichtigung des Risikos von Finanzierungs- und Investitionsentscheidungen. Auf Grundlage von Kapitalmarktdaten werden die risikoabhängigen Renditeforderungen der Investoren abgeleitet. Für die Übernahme des Investitionsrisikos erwarten risikoaverse Investoren eine Risikoprämie, sodass die risikoadjustierten Renditeforderungen oberhalb des risikofreien Kalkulationszinssatzes liegen. In der Investitionsrechnung werden die Renditeforderungen der Investoren anschließend als Kalkulationszinssatz, z. B. im Rahmen der Kapitalwertmethode, verwendet.

Das bekannteste und in der Praxis weit verbreitete Kapitalmarktmodell ist das *Capital Asset Pricing Model (CAPM)*, das die risikoabhängigen Mindestrenditeforderungen der Eigenkapitalgeber ableitet. Verschuldete Unternehmen, die neben Eigen- auch Fremdkapital nutzen, benötigen neben den risikoadjustierten Eigenkapitalkosten auch die von der Finanzierungsstruktur abhängigen Gesamtkapitalkosten. Zur Ermittlung der gewichteten Gesamtkapitalkosten dient der Ansatz der *Weighted Average Cost of Capital (WACC)*. Im Folgenden ermitteln wir zunächst die risikoadjustierten Eigenkapitalkosten nach dem CAPM sowie anschließend die gewichteten Gesamtkapitalkosten nach dem WACC-Ansatz.

Capital Asset Pricing Model
Das Capital Asset Pricing Model (CAPM) ist ebenso wie die zugrunde liegende Portfoliotheorie eines der zentralen Modelle der neoklassischen Kapitalmarkttheorie. Die

neoklassische Kapitalmarkttheorie untersucht den Zusammenhang zwischen Risiko und Rendite unter Annahme vollkommener und vollständiger Kapitalmärkte sowie unter der Prämisse risikoaverser Investoren (vgl. *Pape*, 2009b, S. 155 ff.). Ausgangspunkt des CAPM ist die Portfoliotheorie, die das Ziel verfolgt, durch Kombination verschiedener Wertpapiere das Risiko eines Wertpapierportfolios zu vermindern (vgl. *Markowitz*, 1952, S. 77 ff.). Das Portfoliorisiko lässt sich durch Diversifikation vermindern, indem der Anlagebetrag auf verschiedene, voneinander unabhängige Anlageformen aufgeteilt wird.

Systematisches und unsystematisches Risiko

Durch Diversifikation wird das Risiko eines Aktienportfolios reduziert, wobei das Gesamtrisiko mit zunehmender Aktienanzahl sinkt (siehe Abbildung 9.9). Im Vergleich zu einer risikofreien Anlage (z. B. einer Staatsanleihe) lässt sich das Risiko des Aktienportfolios allerdings nicht vollständig ausschalten.

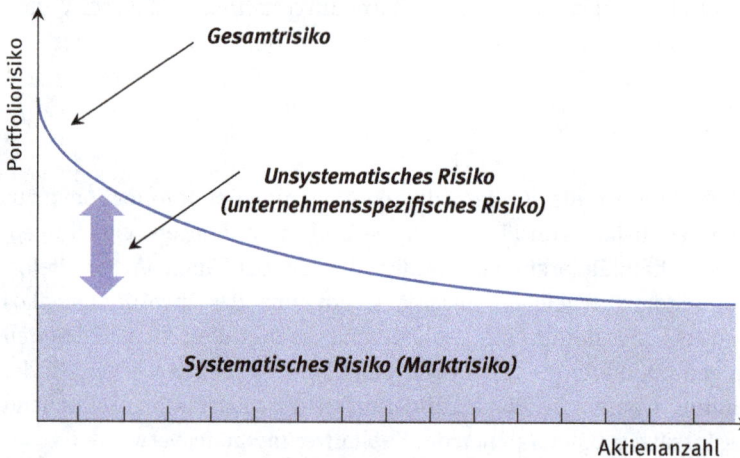

Abb. 9.9: Risikoreduktion durch Diversifikation.

Vor diesem Hintergrund wird in der Kapitalmarkttheorie zwischen dem systematischen und dem unsystematischen Risiko unterschieden (vgl. *Brealey/Myers/Allen*, 2020, S. 174 ff.):

– Als *unsystematisches Risiko* werden unternehmensindividuelle Risiken (z. B. Managementfehler) bezeichnet, deren Auswirkungen Investoren durch Diversifikation ihres Portfolios vermeiden können. Da ein breit diversifiziertes Portfolio neben unternehmensindividuellen Risiken auch unternehmensindividuelle Chancen eröffnet (z. B. erfolgreiche Investitionsentscheidungen), gewährt der Kapitalmarkt für die Übernahme des unsystematischen Risikos keine Prämie.

– Der nicht zu diversifizierende Teil des Gesamtrisikos wird als *systematisches Risiko* bzw. *Marktrisiko* bezeichnet. Das systematische Risiko entsteht durch die mit unternehmerischer Tätigkeit verbundenen Risiken (z. B. Konjunkturschwankungen oder Wirtschaftskrisen), denen jedes Unternehmen ausgesetzt ist. Jeder Investor, der in Aktien investiert, trägt systematisches Risiko. Daher gewährt der Kapitalmarkt eine Risikoprämie für die Übernahme des systematischen Risikos.

Aufbauend auf der Portfoliotheorie wurde in den 1960er Jahren das CAPM entwickelt (vgl. *Sharpe*, 1964; *Lintner*, 1965 und *Mossin*, 1966). Das CAPM ist ein Kapitalmarktmodell, das Gleichgewichtspreise und -renditen für risikobehaftete Wertpapiere auf vollkommenen und vollständigen Kapitalmärkten ableitet. Ausgangspunkt ist die Annahme, dass Anleger in risikobehaftete Wertpapiere (Aktien) sowie in risikofreie Wertpapiere (Staatsanleihen) investieren können. Nach dem CAPM existiert ein unter Risiko-Rendite-Gesichtspunkten effizientes Portfolio risikobehafteter Wertpapiere, das als *Marktportfolio* bezeichnet wird. Das Marktportfolio unterliegt nur dem systematischen Risiko, da unsystematische Risiken durch Diversifikation ausgeschaltet sind. Während das Marktportfolio in der Theorie sämtliche risikobehafteten Anlageformen umfasst, wird in der Praxis meistens ein Aktienindex (z. B. DAX) als Näherungsgröße für das Marktportfolio verwendet. Angesichts der Diversifikationsvorteile investiert jeder Investor unabhängig von seiner individuellen Risikoeinstellung in das Marktportfolio. Die Anpassung des Risikos an die subjektiven Risikoeinstellungen der Investoren erfolgt dadurch, dass die Investoren ihre Aktienanlagen in unterschiedlichem Verhältnis mit Staatsanleihen kombinieren. Ein risikoscheuer Investor legt z. B. 90 % seiner Finanzmittel in risikofreie Staatsanleihen und nur 10 % in das risikobehaftete Aktienportfolio an, während Investoren mit höherer Risikobereitschaft einen entsprechend größeren Aktienanteil in ihrem Portfolio halten.

Risikoadjustierte Eigenkapitalkosten

Über die Zusammenstellung effizienter Portfolios hinaus dient das CAPM zur Bestimmung risikoadjustierter Eigenkapitalkosten, die wiederum zur Vorteilhaftigkeitsbeurteilung von Finanzierungs- bzw. Investitionsprojekten verwendet werden. Die Eigenkapitalkosten werden auf Basis der von den Investoren geforderten Rendite abgeleitet, die vom systematischen Risiko der betreffenden Aktie abhängig ist. Zur Ableitung des risikoadjustierten Eigenkapitalkostensatzes nach dem CAPM wird gemäß Formel (9.21) die Verzinsung risikofreier Kapitalmarktanlagen um einen kapitalmarktbezogenen Risikozuschlag erhöht (vgl. z. B. *Steiner/Bruns/Stöckl*, 2017, S. 22 ff.; *Hillier et al.*, 2021, S. 279 ff. und *Serfling/Pape*, 1994, S. 519 f.):

$$k_{EK} = r_f + \beta_i \cdot (r_M - r_f) \tag{9.21}$$

mit : k_{EK} = Risikoadjustierter Eigenkapitalkostensatz
$\quad\quad\quad r_f$ = Risikofreier Kapitalmarktzinssatz
$\quad\quad\quad \beta_i$ = Unternehmensspezifischer Beta-Faktor
$\quad\quad\quad r_M$ = Rendite des Aktienmarktes (Marktrendite)

Der kapitalmarktbezogene Risikozuschlag errechnet sich durch Multiplikation der Marktrisikoprämie ($r_M - r_f$) mit dem Beta-Faktor des Unternehmens (β_i). Die Marktrisikoprämie entspricht der Differenz zwischen der Rendite des Aktienmarktes (r_M) und dem risikofreien Kapitalmarktzinssatz (r_f). Zur Ermittlung der risikoadjustierten Eigenkapitalkosten werden somit folgende Einflussgrößen benötigt:

– Als *risikofreier Kapitalmarktzinssatz* dient üblicherweise die Umlaufrendite langfristiger Staatsanleihen (z. B. Bundesanleihen).

– Die *Marktrendite* wird anhand der prozentualen Entwicklung des Aktienmarktes quantifiziert, wobei in der Kapitalmarktpraxis die langfristige Rendite eines Aktienindexes (z. B. DAX[3], EURO STOXX 50[4] oder S&P 500[5]) als Maßstab für die Marktentwicklung verwendet wird.

– Der unternehmensspezifische *Beta-Faktor* ist der Maßstab für das systematische Risiko der betreffenden Aktie. Dieser Faktor spiegelt den Beitrag des einzelnen Wertpapiers zum Risiko des gesamten Aktienmarktes wider.

Der Zusammenhang zwischen dem Beta-Faktor und der Höhe des risikoadjustierten Eigenkapitalkostensatzes lässt sich grafisch durch die Wertpapierlinie (Security Market Line) darstellen (siehe Abbildung 9.10). Anhand der grafischen Darstellung ist zu erkennen, dass der Eigenkapitalkostensatz (k_{EK}) positiv von der Höhe des Beta-Faktors (β_i) abhängt, wobei das CAPM einen linearen Zusammenhang zwischen dem systematischen Risiko einer Aktie und dem Eigenkapitalkostensatz des Unternehmens modelliert.

---

3 Der DAX setzt sich aus den Aktien der 40 größten deutschen Aktiengesellschaften zusammen (nach Marktkapitalisierung).
4 Der EURO STOXX 50 umfasst die Aktien der 50 größten Aktiengesellschaften der Eurozone (nach Marktkapitalisierung).
5 Der S&P 500 beinhaltet die Aktien der 500 größten US-amerikanischen Aktiengesellschaften (nach Marktkapitalisierung).

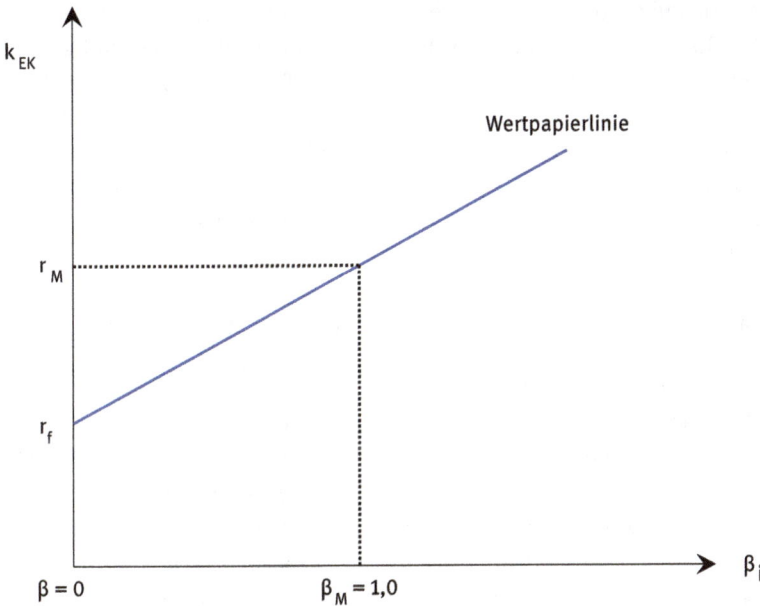

Abb. 9.10: Wertpapierlinie (Security Market Line).

Beta-Faktor

Entscheidende Bedeutung für die Höhe der risikoadjustierten Eigenkapitalkosten hat der *Beta-Faktor*, der sich gemäß Formel (9.22) errechnet. Hierzu wird die Kovarianz zwischen der betreffenden Aktie und dem Aktienmarkt [COV(i,m)] durch die Varianz des Aktienmarktes (σ_m^2) geteilt (vgl. *Steiner/Bruns/Stöckl*, 2017, S. 23 ff.).

$$\beta_i = \frac{COV\ (i,m)}{\sigma_m^2} \qquad (9.22)$$

Der Beta-Faktor verdeutlicht die Sensitivität der Rendite einer bestimmten Aktie im Verhältnis zur Marktrendite. Damit ist der Beta-Faktor ein Maß für das systematische Risiko, d. h. für das Risiko einer einzelnen Aktie im Vergleich zum Gesamtmarkt. Je höher der Beta-Faktor ist, umso volatiler ist die Aktie im Vergleich zum Gesamtmarkt. In der Kapitalmarktpraxis werden Beta-Faktoren üblicherweise durch eine vergangenheitsbezogene Regressionsanalyse ermittelt, wobei die Entwicklung des betreffenden Aktienkurses mit der Entwicklung eines Aktienindexes (z. B. DAX) verglichen wird. Der Beta-Faktor des Gesamtmarktes liegt aufgrund der Ermittlungsmethode bei 1,0. Unternehmen, deren Risiko über dem Marktdurchschnitt liegt (z. B. Industrie- oder Technologieunternehmen), weisen einen Beta-Faktor von mehr als 1,0 auf, während der Beta-Faktor von Aktien mit unterdurchschnittlichem Risiko (z. B. Versorgungs- oder Telekommunikationsunternehmen) weniger als 1,0 beträgt.

In Tabelle 9.21 sind exemplarisch die Beta-Faktoren der im DAX enthaltenen Aktien dargestellt. Die Beta-Faktoren (Stand: Juli 2022) sind auf Basis börsentäglicher Daten für die letzten 250 Handelstage ermittelt worden. Typische Beispiele für Aktien mit einem Beta-Faktor von kleiner als 1,0 stammen aus weniger konjunkturabhängigen Branchen (z. B. Beiersdorf AG, Deutsche Telekom AG, E.ON SE oder Vonovia SE). Demgegenüber liegen Beta-Faktoren von Unternehmen aus stärker konjunkturabhängigen Branchen (z. B. Infineon AG, Siemens AG oder Volkswagen AG) üblicherweise oberhalb von 1,0.

Tab. 9.21: Beta-Faktoren der im DAX enthaltenen Aktien (Quelle: *Onvista*, 2022).

Adidas	1,25	Daimler Truck	1,21	HelloFresh	1,37	Qiagen	0.70
Airbus	1,16	Deutsche Bank	1,42	Henkel	0,60	RWE	1,14
Allianz	0,88	Deutsche Börse	0,42	Infineon	1,44	SAP	0,85
BASF	1,19	Deutsche Post	1,17	Linde	0,96	Sartorius	0,87
Bayer	0,73	Deutsche Telekom	0,70	Mercedes Benz	1,20	Siemens	1,41
Beiersdorf	0,48	E.ON	0,87	Merck	0,68	Siemens Health.	0,73
BMW	1,14	FMC	0,43	MTU	1,06	Symrise	0,45
Brenntag	0,97	Fresenius	0,66	Münchener Rück	0,94	Volkswagen	1,37
Continental	1,14	Hannover Rück	0,95	Porsche Auto.	1,44	Vonovia	0,88
Covestro	1,19	HeidelbergCement	1,05	PUMA	1,32	Zalando	1,42

Beispiel: Risikoadjustierte Eigenkapitalkosten

Um den risikoadjustierten Eigenkapitalkostensatz auf Basis des CAPM berechnen zu können, müssen zunächst die für Formel (9.21) benötigten Einflussgrößen quantifiziert werden. Zur Abschätzung des risikofreien Kapitalmarktzinssatzes werden üblicherweise ausfallrisikofreie Bundesanleihen verwendet. Im Folgenden gehen wir davon aus, dass die Umlaufrendite zehnjähriger Bundesanleihen bei 2% liegt. Zur Ableitung der Marktrendite wird auf die Entwicklung des Aktienmarktes zurückgegriffen. Bezogen auf langfristige Anlagezeiträume können wir für den deutschen Aktienmarkt eine Rendite in Höhe von 9% p. a. annehmen. Auf Basis dieser Daten sowie der in Tabelle 9.21 dargestellten Beta-Faktoren lassen sich die risikoadjustierten Eigenkapitalkosten exemplarisch für die Deutsche Telekom AG, die Allianz SE und die Infineon AG errechnen:

$$k_{EK}(\text{Telekom}) = 2\% + 0,70 \cdot (9\% - 2\%) = 6,9\% \tag{9.23}$$

$$k_{EK}(\text{Allianz}) = 2\% + 0,88 \cdot (9\% - 2\%) = 8,16\% \tag{9.24}$$

$$k_{EK}(\text{Infineon}) = 2\% + 1,44 \cdot (9\% - 2\%) = 12,08\% \tag{9.25}$$

Ein Unternehmen wie die Deutsche Telekom AG hat ein vergleichsweise geringes systematisches Risiko, sodass die risikoadjustierten Eigenkapitalkosten bei 6,90 % liegen. Angesichts des höheren Risikos der anderen beiden Unternehmen erwarten die Investoren von der Allianz SE eine risikoadjustierte Mindestrendite von 8,16 % und von der Infineon AG eine Rendite von 12,08 %.

CAPM und Investitionsbeurteilung

Der Einsatz des CAPM in der Investitionsrechnung verfolgt das Ziel, den zur Vorteilhaftigkeitsbeurteilung von Investitionsprojekten benötigten *risikoadjustierten Kalkulationszinssatz* auf Basis von Kapitalmarktdaten abzuleiten. Für börsennotierte Unternehmen ist die Ermittlung des Beta-Faktors relativ unproblematisch. Unternehmen, die nicht an der Börse notiert sind, können den Beta-Faktor eines vergleichbaren Unternehmens oder einen branchenbezogenen Beta-Faktor nutzen. Auf Basis der Kapitalmarktdaten werden die Renditeforderungen der Investoren abgeleitet, die den risikoadjustierten Eigenkapitalkosten des Unternehmens entsprechen. Unter der Voraussetzung, dass das Investitionsprojekt vollständig eigenfinanziert ist, dient der risikoadjustierte Eigenkapitalkostensatz als Kalkulationszinssatz zur Ermittlung des Kapitalwertes. Ist der auf diese Weise errechnete Kapitalwert positiv, liegt die Rendite des Investitionsprojektes oberhalb der risikoadjustierten Eigenkapitalkosten und das Projekt ist aus Sicht der Investoren vorteilhaft.

Beispiel: Investitionsbeurteilung mit dem CAPM

Ein Investor, der ein Budget von 500.000 Euro zur Verfügung hat, kann zwischen zwei Projekten mit jeweils zweijähriger Laufzeit, aber unterschiedlichem Risiko wählen. Die Zahlungsströme der beiden Projekte sowie deren Beta-Faktoren sind in Tabelle 9.22 dargestellt. Die Verzinsung risikofreier Staatsanleihen beträgt 4 %, während die Rendite des Aktienmarktes bei 10 % liegt. Als Vorteilhaftigkeitskriterium verwendet der Investor den Kapitalwert.

Tab. 9.22: Zahlungsströme und Beta-Faktoren der Projekte.

	0	1	2	Beta-Faktor
Projekt A (€)	−500.000	300.000	300.000	0,75
Projekt B (€)	−500.000	320.000	320.000	1,25

Da sich das Risiko der beiden Investitionsprojekte unterscheidet, muss der Investor zunächst die risikoadjustierten Eigenkapitalkosten ermitteln, bevor er den Kapitalwert beider Projekte errechnen kann. Die risikoadjustierten Eigenkapitalkosten lassen sich unter Rückgriff auf Formel (9.21) bestimmen:

$$k_{EK}(A) = 4\% + 0,75 \cdot (10\% - 4\%) = 4\% + 4,5\% = 8,5\% \qquad (9.26)$$

$$k_{EK}(B) = 4\% + 1,25 \cdot (10\% - 4\%) = 4\% + 7,5\% = 11,5\% \qquad (9.27)$$

Die beiden Investitionsprojekte weisen unterschiedlich hohe Eigenkapitalkosten auf, da sich die risikoabhängigen Mindestrenditeforderungen ebenfalls unterscheiden. Für die Vorteilhaftigkeitsbeurteilung lautet die entscheidende Frage, ob die höheren Gesamtrückflüsse von Projekt B ausreichen, um das im Vergleich zu Projekt A höhere Risiko auszugleichen. Diese Frage lässt sich durch Ermittlung der Kapitalwerte beantworten. Hierzu diskontiert der Investor die Projektrückflüsse jeweils mit dem projektspezifischen Eigenkapitalkostensatz:

$$KW_0(A) = 300.000 \cdot 1,085^{-1} + 300.000 \cdot 1,085^{-2} - 500.000 = 31.334\,\text{€} \qquad (9.28)$$

$$KW_0(B) = 320.000 \cdot 1,115^{-1} + 320.000 \cdot 1,115^{-2} - 500.000 = 20.227\,\text{€} \qquad (9.29)$$

Beide Investitionsprojekte weisen einen positiven Kapitalwert und sind daher absolut vorteilhaft. Da der Investor aus Budgetgründen nur ein Projekt verwirklichen kann, entscheidet er sich aufgrund des höheren Kapitalwertes für das Projekt A. Unter Berücksichtigung des Projektrisikos ist Projekt A relativ vorteilhafter als Projekt B.

Bisher haben wir die risikoadjustierten Eigenkapitalkosten für ein eigenfinanziertes Unternehmen bestimmt. In der Praxis sind die meisten Unternehmen allerdings verschuldet, sodass die Verschuldung bei der Ermittlung der Kapitalkosten zu berücksichtigen ist. Hierzu dienen die gewichteten Gesamtkapitalkosten (Weighted Average Cost of Capital).

Gewichtete Gesamtkapitalkosten (WACC)
Um die Kapitalkosten verschuldeter Unternehmen zu bestimmen, werden die gewichteten Gesamtkapitalkosten nach dem WACC-Ansatz ermittelt (vgl. z. B. *Brealey/Myers/Allen*, 2020, S. 507 ff. und *Serfling/Pape*, 1996, S. 60 ff.). Der WACC-Ansatz berücksichtigt die Verzinsungsansprüche sämtlicher Kapitalgeber. Hierzu werden gemäß Formel (9.30) der Eigenkapital- und der Fremdkapitalkostensatz jeweils mit den Marktwerten des Eigen- bzw. Fremdkapitals gewichtet.

$$k_{GK} = k_{EK} \cdot \frac{EK}{GK} + k_{FK} \cdot (1 - s) \cdot \frac{FK}{GK} \qquad\qquad (9.30)$$

mit: k_{GK} = Gewichteter Gesamtkapitalkostensatz
$\quad\ \ k_{EK}$ = Risikoadjustierter Eigenkapitalkostensatz
$\quad\ \ k_{FK}$ = Fremdkapitalkostensatz
$\qquad s$ = Ertragsteuersatz
$\quad\ \ EK$ = Marktwert des Eigenkapitals
$\quad\ \ FK$ = Marktwert des Fremdkapitals
$\quad\ \ GK$ = Marktwert des Gesamtkapitals

Der *risikoadjustierte Eigenkapitalkostensatz* liegt üblicherweise über dem Fremdkapitalkostensatz, da die Eigenkapitalkosten eine Prämie für die Übernahme des Risikos aus unternehmerischer Tätigkeit enthalten. Auch unter Berücksichtigung von Risiko werden Eigenkapitalkosten nach dem Opportunitätskostenprinzip ermittelt (siehe S. 403 f.). Hierzu wird das Bewertungsobjekt mit einer Anlagealternative gleichen Risikos verglichen. Dient der Kapitalmarkt als Alternative, kann das Capital Asset Pricing Model (CAPM) zur Ableitung der risikoadjustierten Eigenkapitalkosten verwendet werden (siehe S. 447 ff.). Daneben können auch pauschale Schätzverfahren oder andere Kapitalmarktmodelle zum Einsatz kommen (zu alternativen Modellen siehe z. B. *Brealey/Myers/Allen*, 2020, S. 213 ff. und *Hillier et al.*, 2021, S. 296 ff.). In der Kapitalmarkt- und Unternehmenspraxis dominiert allerdings die Eigenkapitalkostenbestimmung auf Grundlage des CAPM.

Der *Fremdkapitalkostensatz* wird aus den Zinssätzen abgeleitet, die für das aufgenommene Fremdkapital (z. B. Kredite oder Anleihen) zu zahlen sind. Bei der Bestimmung der Fremdkapitalkosten wird üblicherweise nur das zinstragende mittel- bis langfristige Fremdkapital berücksichtigt, während kurzfristige Verbindlichkeiten (z. B. Lieferantenkredite), die dem Unternehmen ohne laufende Zinszahlungen gewährt werden, nicht berücksichtigt werden. Alternativ zu den tatsächlichen Fremdkapitalkosten können aktuelle Marktkonditionen verwendet werden, die hinsichtlich der Dimensionen Laufzeit, Bonität sowie Währung dem Fremdkapital des Unternehmens vergleichbar sind (siehe auch S. 203 ff.). Die Ableitung des Fremdkapitalkostensatzes aus aktuellen Marktkonditionen folgt dem Opportunitätskostenprinzip und ist daher aus finanzierungstheoretischer Sicht zu präferieren.

Der WACC-Ansatz erfasst den Steuervorteil der Fremdfinanzierung im Kapitalkostensatz und differenziert daher zwischen leistungs- und finanzwirtschaftlicher Ebene. Als zukünftige Rückflüsse (Cashflows) werden die aus der laufenden Geschäftstätigkeit erwarteten Erfolge angesetzt. Bei der Prognose dieser Rückflüsse werden keine Zinszahlungen abgezogen, sodass von Finanzierungsaspekten abstrahiert wird. Die Finanzierungsverhältnisse des Unternehmens werden ausschließlich bei der Ableitung der Kapitalkosten erfasst. Der gewichtete Gesamtkapitalkostensatz gemäß Formel (9.30) berücksichtigt sowohl die Kapitalstruktur als auch den *Steuervorteil* der Fremdfinanzierung (siehe S. 42 f.). Hierzu wird der Fremdkapitalkostensatz vor Steuern um den durchschnittlichen Ertragsteuersatz (s) vermindert. Bei der

Ableitung des ertragsabhängigen Steuersatzes werden in der Praxis meistens nur die auf Unternehmensebene anfallenden Steuerarten berücksichtigt. Die private Einkommensbesteuerung der Gesellschafter wird insbesondere bei Kapitalgesellschaften nicht einbezogen. Bei Personengesellschaften fällt diese Unterscheidung weniger ins Gewicht, da sämtliche steuerpflichtigen Einkünfte der Gesellschafter der Einkommensteuer unterliegen. Aber auch in diesen Fällen sind die zukünftigen steuerlichen Verhältnisse von Unternehmen und Gesellschaftern unsicher, sodass der durchschnittliche Ertragsteuersatz meistens unter vereinfachenden Annahmen abgeleitet wird.

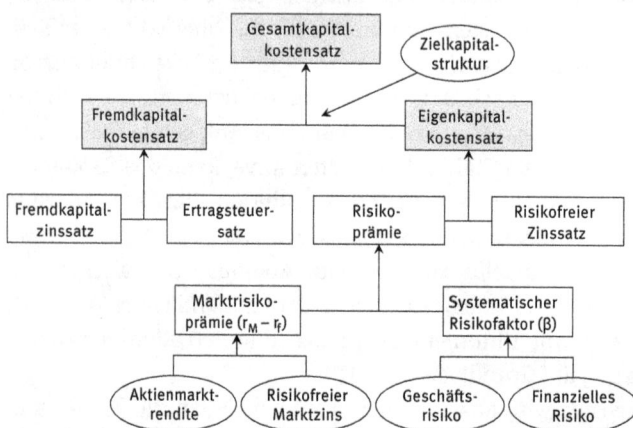

Abb. 9.11: Ermittlung der gewichteten Gesamtkapitalkosten (Quelle: *Pape*, 2010, S. 109).

Die Eigen- bzw. Fremdkapitalkostensätze werden anschließend mit den *Marktwerten des Eigen- bzw. Fremdkapitals* gemäß der unternehmerischen Zielkapitalstruktur gewichtet (siehe Abbildung 9.11). Da die Kapitalkosten auf Basis von Marktdaten ermittelt werden, ist es wichtig, dass auch die Gewichtungsfaktoren aus Marktdaten abgeleitet werden. Bei der Verwendung von Buchwerten bestände die Gefahr, einen zu geringen Eigenkapitalwert zu verwenden, weil der Buchwert angesichts der stillen Reserven üblicherweise unter dem Marktwert des Eigenkapitals liegt. Da Eigenkapitalkosten aufgrund des höheren Risikos regelmäßig über den Fremdkapitalkosten liegen, würden bei der Rechnung mit Buchwerten die gewichteten Gesamtkapitalkosten unterschätzt.

Der nach dem WACC-Ansatz ermittelte gewichtete Gesamtkapitalkostensatz wird für die Bewertung von Investitionsprojekten bei verschuldeten Unternehmen verwendet. Darüber hinaus kommt der WACC-Ansatz im Rahmen einer Vielzahl weiterer Bewertungsanlässe zum Einsatz, insbesondere in der Unternehmensbewertung. Im folgenden Beispiel nutzt die verschuldete Elektra AG die gewichteten Gesamtkapitalkosten, um ein Investitionsprojekt mit Hilfe der Kapitalwertmethode zu bewerten.

Beispiel: Gewichtete Gesamtkapitalkosten und Investitionsbewertung

Die Elektra AG ist einer der führenden Produzenten von elektrischen Steckverbindungen weltweit. Aufgrund steigender Produktnachfrage möchte das Unternehmen seine Kapazitäten durch eine neue Produktionsanlage ausbauen. Die erwartete Nutzungsdauer des Investitionsprojektes beträgt fünf Jahre. Angesichts der rapiden technologischen Entwicklung dieses Industriezweigs erreicht die Produktionsanlage ihre maximale Herstellungsmenge bereits im ersten Nutzungsjahr (siehe Tabelle 9.23). In den Folgejahren sinkt die Ausbringungsmenge kontinuierlich um 500.000 Stück pro Jahr. Die hinsichtlich der Finanzierungsverhältnisse vorliegenden Informationen sind ebenfalls in Tabelle 9.23 zusammengestellt.

Tab. 9.23: Informationen zum Investitionsprojekt und zur Finanzierung.

Informationen zur neuen Produktionsanlage	
Investitionsausgabe (€):	350.000
Herstellungsmenge im ersten Jahr:	3.000.000 Stück
Rückgang der Herstellungsmenge:	500.000 Stück p. a.
Verkaufspreis (€/Steckverbindung):	0,30
Materialkosten (€/Steckverbindung):	0,22
Personalkosten (€/Steckverbindung):	zu vernachlässigen
Lineare Abschreibungsdauer:	5 Jahre

Finanzwirtschaftliche Informationen	
Risikofreier Zinssatz:	5 %
Marktrendite:	11 %
Beta-Faktor (β):	1,30
Fremdkapitalkostensatz:	8 %
Durchschnittlicher Ertragsteuersatz:	30 %
Fremdkapitalquote:	55 %
Eigenkapitalquote:	45 %

Zunächst werden die risikoadjustierten Eigenkapitalkosten (k_{EK}) nach dem CAPM sowie die gewichteten Gesamtkapitalkosten (k_{GK}) nach dem WACC-Ansatz bestimmt:

$$k_{EK} = 5,0\% + 1,30 \cdot (11,0\% - 5,0\%) = 12,8\% \tag{9.31}$$

$$k_{GK} = 12,8\% \cdot \frac{45\%}{100\%} + 8\% \cdot (1 - 0,30) \cdot \frac{55\%}{100\%} = 8,84\% \tag{9.32}$$

Die risikoadjustierten Eigenkapitalkosten der Elektra AG betragen 12,8 %, während die gewichteten Gesamtkapitalkosten bei 8,84 % liegen. Letztere werden für die weitere Rechnung auf 9,0 % aufgerundet. In diesem Zusammenhang sei der grundsätzliche Hinweis erlaubt, dass die Kapitalkosten in Zweifelsfällen auf- und nicht abgerundet werden sollten. Bei einer Abrundung besteht die Gefahr, fälschlicherweise ein Projekt zu akzeptieren, dessen Rendite knapp unterhalb der Kapitalkosten liegt.

Nach der Kapitalkostenbestimmung werden die erwarteten Rückflüsse nach Steuern ermittelt (siehe Tabelle 9.24). Auf Basis der geschätzten Absatzmengen sowie der Stückpreise bzw. -kosten werden zunächst die erwarteten Umsatzerlöse sowie die laufenden Kosten pro Jahr ermittelt. Als Saldo der Ein- bzw. Auszahlungen errechnen sich die Rückflüsse vor Steuern. Zur Ermittlung der Steuerzahlungen wird zunächst der steuerpflichtige Gewinn errechnet, der anschließend mit dem durchschnittlichen Ertragsteuersatz von 30 % multipliziert wird. Die beiden kursiv gedruckten Zeilen werden ausschließlich zur Ermittlung der Steuerzahlungen benötigt; sie gehen ansonsten nicht weiter in die Ermittlung der Rückflüsse ein. Nach Abzug der Ertragsteuerzahlungen ergeben sich die Rückflüsse nach Steuern.

Tab. 9.24: Kapitalwert und gewichtete Gesamtkapitalkosten.

Jahr	1	2	3	4	5
Menge (Stück)	3.000.000	2.500.000	2.000.000	1.500.000	1.000.000
Stückpreis (€)	0,30	0,30	0,30	0,30	0,30
Variable Stückkosten (€)	0,22	0,22	0,22	0,22	0,22
Umsatzerlöse (€)	900.000	750.000	600.000	450.000	300.000
Laufende Kosten (€)	−660.000	−550.000	−440.000	−330.000	−220.000
Rückfluss vor Steuern (€)	240.000	200.000	160.000	120.000	80.000
Abschreibungen (€)	*−70.000*	*−70.000*	*−70.000*	*−70.000*	*−70.000*
Steuerpflichtiger Gewinn (€)	*170.000*	*130.000*	*90.000*	*50.000*	*10.000*
Ertragsteuerzahlungen (€)	−51.000	−39.000	−27.000	−15.000	−3.000
Rückfluss nach Steuern (€)	189.000	161.000	133.000	105.000	77.000
Abzinsungsfaktoren (9,00 %)	0,9174	0,8417	0,7722	0,7084	0,6499
Barwerte (€)	173.394	135.510	102.700	74.385	50.045
Summe der Barwerte (€)	435.869				
Anschaffungsauszahlung (€)	−350.000				
Kapitalwert (€)	186.034				

Die Rückflüsse nach Steuern werden mit den gewichteten Gesamtkapitalkosten abgezinst. Abschließend werden die kumulierten Barwerte der einzelnen Geschäftsjahre um die Anschaffungsauszahlung vermindert und es ergibt sich als Ergebnis der Kapitalwert nach Steuern. Im vorliegenden Beispiel ist der Kapitalwert positiv, wobei das mit dem Investitionsprojekt verbundene Risiko ebenso berücksichtigt wird wie die Verschuldung und die steuerlichen Auswirkungen. Unter finanzwirtschaftlichen Aspekten sollte die Elektra AG das Projekt realisieren.

Beurteilung der Kapitalmarktmodelle

Die kapitalmarktorientierte Risikoberücksichtigung ermöglicht es, das Risiko von Investitionsprojekten auf Basis von Marktdaten zu berücksichtigen. Im Vergleich zur Rechnung mit pauschalen Risikozuschlägen bzw. -abschlägen zeichnet sich die kapitalmarktorientierte Vorgehensweise durch die *objektivierte Ermittlung* der risikoadjustierten Kapitalkosten aus. Darüber hinaus ist die kapitalmarktorientierte Kapitalkostenermittlung nach dem CAPM bzw. dem WACC-Ansatz *transparent und nachvollziehbar*. Die auf diesem Wege errechneten Kapitalkosten beziehen zudem die Mindestrenditeforderungen sämtlicher Kapitalgeber explizit in die finanzwirtschaftliche Entscheidungsfindung ein. Damit ist gewährleistet, dass das Finanzziel der *Kapitalmarkt- bzw. Wertorientierung* (siehe S. 16 ff.) auch bei einzelnen Investitionsentscheidungen berücksichtigt wird.

Um sinnvolle Entscheidungen auf Basis der kapitalmarktorientierten Risikoberücksichtigung treffen zu können, müssen die erforderlichen Kapitalmarktdaten mit hinreichender Sicherheit bestimmt werden können. Zur Kapitalkostenbestimmung auf Basis von Kapitalmarktmodellen werden grundsätzlich *zukunftsorientierte Daten (Erwartungswerte)* benötigt. In der Praxis liegen jedoch nur *aktuelle bzw. historische Daten (Vergangenheitswerte)* vor. So werden beispielsweise die Risikofaktoren im Rahmen des CAPM vergangenheitsorientiert ermittelt. Die Verwendung von Vergangenheitsdaten ist unproblematisch, wenn Marktrisikoprämie und Beta-Faktoren im Zeitablauf stabil sind. In der Kapitalmarktpraxis lässt sich dagegen beobachten, dass sich diese Risikofaktoren ändern, wobei die Änderungen sukzessive erfolgen. Auch bei der Ermittlung der gewichteten Gesamtkapitalkosten nach dem WACC-Ansatz wird unterstellt, dass sich die Finanzierungsverhältnisse des Unternehmens nicht ändern. Um diese Problematik abzumildern, wird daher üblicherweise mit einer Zielkapitalstruktur gerechnet, an der sich die langfristige Finanzierungspolitik des Unternehmens orientiert.

Zusammenfassend ist bei der kapitalmarktorientierten Risikoberücksichtigung zwischen den Vorteilen der Transparenz, Objektivierbarkeit sowie Kapitalmarktorientierung einerseits und den aus der Datenverfügbarkeit resultierenden Grenzen andererseits abzuwägen. In der Finanzierungspraxis hat sich die Kapitalkostenermittlung mit Hilfe des CAPM sowie des WACC-Ansatzes weitgehend durchgesetzt, sodass diese Modelle heute *State-of-the-Art* der Risikoberücksichtigung in der Investitionsrechnung ebenso wie in der Unternehmensbewertung sind.

9.7 Fragen und Aufgaben zu den dynamischen Investitionsrechenverfahren

Die Fragen und Aufgaben dienen zur selbständigen Wiederholung des in diesem Kapitel behandelten Stoffes. Sie ergänzen die Ausführungen und Beispiele des vorliegenden Kapitels und bieten Ihnen gleichzeitig die Möglichkeit, Ihre Kenntnisse des behandelten Stoffes zu überprüfen.

9.7.1 Verständnisfragen

Die folgenden Fragen beziehen sich auf Kapitel 9. Nachdem Sie das Kapitel durchgearbeitet haben, sollten Sie in der Lage sein, die Fragen zu beantworten. In Zweifelsfällen finden Sie Hinweise auf die Antworten zu den nachfolgenden Fragen im Text der Unterkapitel, in denen das betreffende Thema behandelt wird.

1. Wodurch unterscheiden sich die dynamischen Investitionsrechenverfahren von den statischen Investitionsrechenverfahren?
2. Nennen Sie die wesentlichen dynamischen Investitionsrechenverfahren!
3. Welche gemeinsamen Prämissen gelten für die dynamischen Investitionsrechenverfahren?
4. Weshalb werden Zahlungen auf- bzw. abgezinst?
5. Was verstehen Sie unter dem Zeitwert, dem Barwert bzw. dem Endwert einer Zahlung?
6. Wie kann man den Barwert einer Rente bzw. einer ewigen Rente errechnen?
7. Was ist der Kapitalwert eines Investitionsprojektes und wie wird er errechnet?
8. Wie lässt sich der Kapitalwert eines Investitionsprojektes interpretieren?
9. Wie lautet die Wiederanlageprämisse der Kapitalwertmethode und welche Bedeutung hat die Wiederanlageprämisse für den Alternativenvergleich?
10. Wie beurteilen Sie die Aussagefähigkeit der Kapitalwertmethode?
11. Was ist die Annuität eines Investitionsprojektes und wie errechnet sie sich?
12. Was müssen Sie beachten, wenn Sie mehrere Investitionsprojekte mit Hilfe der Annuitätenmethode vergleichen?
13. Was verstehen Sie unter dem internen Zinsfuß eines Investitionsprojektes?
14. Wie lässt sich der interne Zinsfuß eines Investitionsprojektes interpretieren?
15. Erläutern Sie die Wiederanlageprämisse der IZF-Methode!
16. Wie beurteilen Sie die Aussagefähigkeit der IZF-Methode?
17. Kommen Interne-Zinsfuß-Methode und Kapitalwertmethode beim Vergleich mehrerer Investitionsalternativen zwangsläufig zum gleichen Ergebnis?
18. Erläutern Sie die modifizierte IZF-Methode!
19. Wie lauten die unterschiedlichen Wiederanlageprämissen der traditionellen bzw. der modifizierten IZF-Methode?
20. In welchen Fällen ist die Ermittlung der Kapitalwertrate empfehlenswert?

21. Was ist bei der praktischen Anwendung der dynamischen Amortisationsdauer zu beachten?
22. Welche Steuerarten werden im Rahmen der Investitionsrechnung berücksichtigt?
23. Wie werden die relevanten Steuerarten im Rahmen der Kapitalwertmethode berücksichtigt?
24. Was sind die risikoadjustierten Eigenkapitalkosten und wie werden diese unter Rückgriff auf das CAPM ermittelt?
25. Was sind die gewichteten Gesamtkapitalkosten und wie werden diese nach dem WACC-Ansatz ermittelt?

9.7.2 Übungsaufgaben

Die nachfolgenden Übungsaufgaben beziehen sich auf die in Kapitel 9 behandelten dynamischen Investitionsrechenverfahren. Sie lassen sich mit Hilfe der in den einzelnen Unterkapiteln vorgestellten und erläuterten Formeln lösen. Eine PDF-Datei mit den Lösungen kann von der Homepage des Verlages De Gruyter Oldenbourg (www.degruyter.com) heruntergeladen werden.

Aufgabe 9.1: Kapitalwertmethode

Johannes Reed ist Betreiber eines Fitnessstudios. Angesichts der anhaltend positiven Nachfrage möchte er die Kapazitäten seines Fitnessstudios erweitern. Um seinen Kunden weitere Betätigungsmöglichkeiten zu bieten und dadurch auch neue Kunden zu gewinnen, plant Johannes den Erwerb neuer Sportgeräte mit einem finanziellen Volumen von 200.000 €. Bei der Eröffnung seines Sportstudios hat er in kluger Voraussicht vergleichsweise große Räume angemietet, so dass ausreichend Platz zum Aufstellen der neuen Geräte vorhanden ist. Für die neuen Sportgeräte rechnet Johannes mit einer Nutzungsdauer von fünf Jahren. Er geht des Weiteren davon aus, dass er die Geräte am Ende der fünfjährigen Nutzungsdauer für einen Liquidationserlös von 30.000 € verkaufen kann.

Auf Basis von Kundenbefragungen schätzt Johannes zunächst die für den fünfjährigen Planungszeitraum zusätzlich erwarteten Einzahlungen. Infolge der intensiveren Nutzung des Fitnessstudios werden jedoch auch die Personalkosten sowie weitere laufende Kosten ansteigen. In einem zweiten Schritt plant Johannes daher die mit diesen Kosten verbundenen zusätzlichen Auszahlungen. Abschließend ermittelt er als Saldo der prognostizierten Ein- und Auszahlungen die zukünftig erwarteten Rückflüsse. Die relevanten Daten hat Johannes in der nachfolgenden Tabelle zusammengefasst.

Jahr	1	2	3	4	5
Einzahlungen (€)	110.000	135.000	160.000	145.000	105.000
Auszahlungen (€)	70.000	85.000	100.000	90.000	60.000
Rückflüsse (€)	40.000	50.000	60.000	55.000	45.000

Berechnen Sie den Kapitalwert des Investitionsvorhabens und entscheiden Sie, ob Johannes die Kapazitäten seines Fitnessstudios erweitern sollte! Der Kalkulationszinssatz beträgt 8 %; steuerliche Aspekte werden nicht berücksichtigt.

Aufgabe 9.2: Kostenvergleichsrechnung und Kapitalwertmethode

Die Hansafunk e. G. ist ein erfolgreiches Taxiunternehmen. Aufgrund der gestiegenen Nachfrage plant das Unternehmen den Erwerb eines zusätzlichen Fahrzeugs. Hierzu hat die Hansafunk e. G. verschiedene Angebote von Automobilherstellern eingeholt, aus denen das geeignete Fahrzeug ausgewählt werden soll. In einer qualitativen Vorauswahl wurden zunächst die Zuverlässigkeit, Fahrgastfreundlichkeit und Emissionswerte der Fahrzeuge analysiert. Des Weiteren ist das Unternehmen bestrebt, möglichst wenig verschiedene Fahrzeugtypen einzusetzen, um günstige Wartungs- und Reparaturkonditionen erzielen zu können.

Als Ergebnis der Vorauswahl hält das Unternehmen drei Fahrzeugtypen für grundsätzlich geeignet: das Modell *Fugger* aus Augsburger Produktion, das in Norwegen hergestellte Modell *Rentier* sowie das in Ingolstadt gefertigte Modell *Ring*. Sämtliche Fahrzeuge erfüllen die qualitativen Anforderungen, die die Hansafunk e. G. an ihre Taxis stellt. Zwischenzeitlich wurden mit den Vertragshändlern Gespräche über die Konditionen der jeweiligen Fahrzeuge geführt. Das Unternehmen hat die verfügbaren Informationen in der nachfolgenden Tabelle zusammengestellt:

	Fugger	Rentier	Ring
Nettoverkaufspreis (€)	54.000	45.000	60.000
Erwarteter Liquidationserlös (€)	22.500	15.000	27.000
Geplante Nutzungsdauer	3 Jahre	3 Jahre	3 Jahre
Fixe Kosten für Versicherung, Steuern, Wartung (€/Jahr)	3.400	2.300	3.850
Sprit- und weitere laufende Fahrtkosten (€/Kilometer)	0,23	0,26	0,28
Reparatur- und Wartungskosten (€/Kilometer)	0,15	0,18	0,11

Bei allen drei Modellen rechnet das Unternehmen mit einer durchschnittlichen Fahrleistung von 65.000 km im Jahr.

a) Vergleichen Sie die drei Fahrzeuge nach der statischen Kostenvergleichsrechnung (siehe Kapitel 8.2 auf S. 355 ff.)! Ermitteln Sie hierzu die durchschnittlichen Kosten pro Jahr. Der Kalkulationszinssatz beträgt 8 %. Welches Modell sollte die Hansafunk e. G. auswählen?

Nachdem sich die Hansafunk e. G. aufgrund der durchschnittlichen Kosten pro Jahr für das Modell *Fugger* entschieden hat, kommt in den weiteren Gesprächen mit dem Autohändler die Frage nach der Finanzierung zur Sprache. Der Autohändler bietet dem Unternehmen eine Finanzierung zu einem Zinssatz von 9 % p. a. an. Wenn das Taxi bar bezahlt wird, würde der Autohändler einen Nachlass von 12 % auf den o. a. Verkaufspreis gewähren. Bei Barzahlung würde die Hansafunk e. G. einen Kredit ihrer Hausbank in Anspruch nehmen, die einen Kreditzinssatz von 10 % p. a. berechnet. Das Unternehmen trifft die endgültige Entscheidung über die Vorteilhaftigkeit des neuen Fahrzeugs mit der Kapitalwertmethode. Zusätzlich zu den bereits bekannten Informationen sind nachfolgend die Planungsdaten für die kommenden drei Jahre zusammengestellt worden, die als Grundlage für die Berechnung des Kapitalwertes dienen sollen.

Hinweis: Steuerliche Aspekte werden nicht berücksichtigt.

	t = 1	t = 2	t=3
Fahrleistung (p. a.)	63.000 km	63.000 km	73.000 km
Fahrtkosten (€/Kilometer)	0,24	0,24	0,25
Reparaturkosten (€/Kilometer)	0,13	0,13	0,15
Fahrpreiserlöse (€/Kilometer)	1,45	1,45	1,52
Personalkosten (€/Jahr)	40.000	40.000	44.000
Fixe Fahrzeugkosten (€/Jahr)	4.750	4.750	4.750

b) Bestimmen Sie zunächst die jeweiligen Ein- und Auszahlungen, die beim Betrieb des ausgewählten Fahrzeugs in den folgenden drei Jahren entstehen werden!

c) Berechnen Sie für beide Finanzierungsalternativen jeweils den Kapitalwert des Investitionsvorhabens! Lohnt sich die Anschaffung des Fahrzeugs? Sollte die Hansafunk e. G. das neue Fahrzeug bar bezahlen oder über den Kredit des Autohändlers finanzieren?

Aufgabe 9.3: Zahlungsreihe und Kapitalwertmethode

Die Steel Europe SE ist einer der führenden Stahlproduzenten in Europa. Das Unternehmen plant die Investition in eine neue und besonders energieeffiziente Produktionsanlage für kalt gewalzten Karbonstahl. Die Anlage hat eine wirtschaftliche Nutzungsdauer von zehn Jahren, wobei das Unternehmen für die Investitionsplanung davon ausgeht, dass am Ende der Nutzungsdauer kein Liquidationserlös erzielt werden kann. Der Steel Europe SE liegt folgendes Angebot für die neue Produktionsanlage vor:

Informationen zur Produktionsanlage	
Investitionsausgabe (€)	2.150.000.000
Kapazität (pro Jahr)	4.500.000 Tonnen
Weitere Informationen	
Verkaufspreis (€/Tonne)	860
Herstellungskosten pro Tonne (€/Jahr)	595
Personalkosten pro Tonne (€/Jahr)	165
Steuersatz	30 %
Abschreibung	linear

Mit Bezug auf Prognosen für die zukünftige Marktentwicklung geht das Unternehmen davon aus, dass es sich bei dem o. a. Stahlpreis von 860 € pro Tonne um eine realistische Schätzung für den Durchschnittspreis der nächsten zehn Jahre handelt. Darüber hinaus wird angenommen, dass während der Nutzungsdauer auch die Material- und Personalkosten konstant bleiben. Des Weiteren wird für die Rechnung unterstellt, dass die o. a. Kapazität des neuen Werkes ausgelastet werden kann. Die Zeiten, in denen das Stahlwerk z. B. aufgrund von Wartungsarbeiten heruntergefahren werden muss, sind bei der Prognose der durchschnittlichen Kapazität pro Jahr bereits berücksichtigt worden.

Berechnen Sie den Kapitalwert nach Steuern und entscheiden Sie, ob die Steel Europe SE die Investition durchführen soll! Der relevante Kalkulationszinssatz nach Steuern beträgt 9 % p. a.

Aufgabe 9.4: Kapitalwert- und Annuitätenmethode

Die Emobile AG ist ein innovativer Hersteller von Elektroautos. Um die Position als Innovationsführer auf dem europäischen Markt weiter zu stärken, plant der Vorstand der Emobile AG ein Projekt zur weiteren Reduzierung des Stromverbrauchs. Mit diesem Projekt soll der durchschnittliche kWh-Verbrauch pro gefahrenen Kilometer für die von dem Unternehmen hergestellten Fahrzeuge noch einmal deutlich reduziert werden. Um dieses ehrgeizige Ziel zu erreichen, sind neben Forschungs- und Entwicklungsinvestitionen weitere Investitionen in die Herstellungstechnik erforderlich.

Nachdem verschiedene Anlagen vor allem unter technologischen Aspekten geprüft wurden, erscheinen zwei Investitionsalternativen als geeignet, zwischen denen sich das Unternehmen entscheiden muss. Daher sollen diese beiden Alternativen unter finanzwirtschaftlichen Aspekten beurteilt werden. Anlage A erfordert eine Investitionsausgabe von 7 Mio. € und Anlage B kostet 10 Mio. €. In der nachfolgenden Tabelle sind die nach Inbetriebnahme der beiden Anlagen jeweils zusätzlich erwarteten Ein- und Auszahlungen dargestellt. Auf Basis der von den Investoren erwarteten Mindestrendite hat die Emobile AG zur Projektbeurteilung einen Kalkulationszinssatz von 9 % abgeleitet.

Hinweis: Steuern werden in diesem Beispiel nicht berücksichtigt.

Anlage A

Jahr	1	2	3	4	5
Einzahlungen (€)	2.740.000	3.240.000	3.790.000	2.950.000	3.680.000
Auszahlungen (€)	1.350.000	1.405.000	1.790.000	1.240.000	1.580.000

Anlage B

Jahr	1	2	3	4	5	6	7
Einzahlungen (€)	2.540.000	2.450.000	3.910.000	4.360.000	3.420.000	4.040.000	3.390.000
Restwert (€)							100.000
Auszahlungen (€)	1.310.000	1.000.000	1.350.000	1.700.000	1.620.000	1.740.000	1.100.000

a) Ermitteln Sie für die beiden Investitionsalternativen A und B jeweils den Kapitalwert! Für welche Alternative sollte sich die Emobile AG unter finanzwirtschaftlichen Aspekten entscheiden?

b) Ermitteln Sie die Annuitäten der beiden Investitionsalternativen A und B! Erläutern Sie Gemeinsamkeiten und Unterschiede im Vergleich zur Kapitalwertmethode!

c) Die Emobile AG entscheidet sich für Anlage B. Die Investitionsausgabe in Höhe von 10 Mio. € wird vollständig über einen Kredit zu 9 % finanziert. Zeigen Sie, dass die von Anlage B generierten Zahlungsüberschüsse ausreichen, jährlich die unter b) errechnete Annuität auszuzahlen – zusätzlich zu den Zins- und Tilgungszahlungen für den Kredit!

Aufgabe 9.5: IZF-Methode

Achim Anlagekönig hat von seiner Großmutter einen Betrag von 25.000 € geerbt und möchte diesen Betrag anlegen. Seine Hausbank empfiehlt ihm die nachfolgend dargestellten Anlagemöglichkeiten, die jeweils einen Anlagebetrag von 25.000 € erfordern.

Jahr	0	1	2
Sparbrief Alpha (€)	−25.000	13.000	15.500
Sparbrief Omega(€)	−25.000	–	28.850

a) Berechnen Sie die interne Verzinsung der beiden Sparbriefe! Für welche Alternative sollte sich Achim unter Bezug auf den internen Zinsfuß entscheiden?

b) Erläutern Sie die Bedeutung der Wiederanlageprämisse der IZF-Methode anhand des obigen Beispiels! Welche Auswirkungen hat die Wiederanlageprämisse auf Achims Entscheidung? Bestimmen Sie zur Verdeutlichung den kritischen Zinssatz, der die beiden Anlagealternativen *Alpha* und *Omega* gleichstellt!

Aufgabe 9.6: IZF-Methode und modifizierte IZF-Methode

Die Baumschule Schöneweide OHG aus Berlin hat sich bisher auf die Aufzucht von Alleebäumen spezialisiert. Ihre durchschnittliche Unternehmensrendite beträgt 9 %. Die beiden geschäftsführenden Gesellschafter Max Kasupke und Jens Jensen möchten das Betätigungsfeld des florierenden Unternehmens erweitern. Hierzu überlegen sie, entweder mit der Aufzucht von Trauerweiden zu beginnen oder Bonsai-Bäume zu züchten. Die mit den beiden Investitionsprojekten verbundenen Ein- bzw. Auszahlungen finden sich in der nachfolgenden Tabelle.

Jahr	0	1	2	3
Projekt Trauerweide (€)	−500.000	280.000	320.000	300.000
Projekt Bonsai (€)	−700.000	300.000	300.000	300.000

a) Bestimmen Sie den internen Zinsfuß für die beiden Investitionsprojekte! Welches Projekt ist nach der IZF-Methode vorteilhafter? Für die Näherungslösung (lineare Interpolation) sollten Sie folgende Versuchszinssätze verwenden: $i_1 = 20\%$ und $i_2 = 37\%$ (Projekt Trauerweide) bzw. $i_1 = 12\%$ bzw. $i_2 = 15\%$ (Projekt Bonsai).

b) Beurteilen Sie für beide Investitionsalternativen die absolute sowie die relative Vorteilhaftigkeit nach der modifizierten IZF-Methode! Welches Investitionsprojekt sollte die Baumschule Schöneweide OHG durchführen? Bitte begründen Sie Ihre Entscheidung!

Aufgabe 9.7: Dynamische Amortisationsrechnung

Die Knopf24 GmbH ist ein mittelständisches Unternehmen, das sich auf die Produktion hochwertiger Knöpfe spezialisiert hat. Seit zwölf Jahren werden die Knöpfe des Unternehmens auch erfolgreich ins europäische Ausland exportiert. Nach Aufnahme der Exporttätigkeit ist der Umsatz deutlich angestiegen, wobei sich die Umsatzzahlen in den letzten Jahren auf hohem Niveau stabilisiert haben. Um weiteres Wachstum zu generieren, plant die Geschäftsleitung der Knopf24 GmbH den Start einer neuen Produktlinie. Im Rahmen der neuen Produktlinie sollen modische Knöpfe aus natürlichen Materialien hergestellt und anschließend an nachhaltige Modeunternehmen verkauft werden. Für die neue Produktlinie ist der Kauf einer weiteren Produktionsanlage erforderlich. Nach umfangreichen Vorprüfungen stehen mit den Anlagen *Edel* und *Stark* zwei Investitionsalternativen zur Auswahl, für die die nachfolgend dargestellten Zahlungsströme (Cashflows) prognostiziert werden.

Jahr	0	1	2	3	4	5	6
Anlage Edel (€)	–1.000.000	300.000	350.000	280.000	200.000	150.000	140.000
Anlage Stark (€)	–600.000	200.000	200.000	170.000	200.000		

a) Berechnen Sie die dynamische Amortisationszeit der Investitionsalternativen *Edel* und *Stark*, wenn die Knopf24 GmbH einen Kalkulationszinssatz in Höhe von 10,0 % verwendet!

b) Berechnen Sie die Kapitalwerte der beiden Alternativen! Erläutern Sie darüber hinaus, inwiefern die dynamische Amortisationszeit als alleiniges Entscheidungskriterium zur Beurteilung der Vorteilhaftigkeit von Investitionsalternativen herangezogen werden sollte!

Aufgabe 9.8: Kapitalwert und risikoadjustierte Eigenkapitalkosten

Ein mittelständischer Fahrradhersteller plant die Investition in eine Anlage zur Bearbeitung von Aluminium-Rahmen, um leichte und gleichzeitig elegante Fahrräder fertigen zu können. Infolge dieser Investition erwartet der Hersteller zusätzliche Einzahlungsüberschüsse (Rückflüsse) von 75.000 € im ersten Jahr, von 100.000 € im zweiten Jahr und von 125.000 € im dritten Jahr. Die Investitionsausgaben betragen 200.000 €. Die risikofreie Verzinsung liegt bei 2 %, die Aktienmarktrendite beträgt 10 % und als Risikomaß verwendet das Unternehmen einen Beta-Faktor von 1,15.

a) Wie hoch sind die risikoadjustierten Eigenkapitalkosten des Unternehmens?

b) Sollte das Unternehmen die neue Anlage erwerben? Berechnen Sie hierzu den Kapitalwert des Projektes!

Aufgabe 9.9: Kapitalwert und gewichtete Gesamtkapitalkosten

Die Expressbus GmbH bietet auf mehreren Fernverkehrslinien einen regelmäßigen und überwiegend pünktlichen Busverkehr an. Da sich einige weniger erfolgreiche Anbieter vom Markt für Fernbusreisen zurückziehen, plant das Unternehmen den Erwerb eines weiteren Busses. Die Anschaffungsausgaben für das Fahrzeug betragen 320.000 €. Die Planungsperiode von fünf Jahren orientiert sich an der durchschnittlichen Nutzungsdauer des Busses. Das Fahrzeug wird über den Zeitraum von fünf Jahren linear auf einen Restbuchwert von 0 € abgeschrieben. Nach Ende der geplanten Nutzungsdauer kann der Bus annahmegemäß für einen Preis von 50.000 € verkauft werden. Für das erste Jahr erwartet die Expressbus GmbH aus dem Betrieb des neuen Busses zusätzliche Umsatzerlöse von 205.000 €, die in den folgenden Nutzungsjahren um 25.000 € pro Jahr steigen werden. In der nachfolgenden Tabelle sind die für die Planungsperiode geschätzten Kosten dargestellt:

Jahr	1	2	3	4	5
Personalkosten (€)	34.000	39.000	42.000	41.000	46.000
Kosten für Benzin (€)	100.000	102.000	105.000	108.000	112.000
Wartungskosten (€)	4.000	7.000	9.000	12.000	14.000
Weitere Kosten (€)	4.000	5.500	7.000	9.000	8.000

Der risikofreie Zinssatz beträgt 2,0 % und die aktuelle Rendite des Aktienmarktes 9,0 %. Der Beta-Faktor wird auf 1,15 geschätzt. Die Kapitalstruktur der Expressbus GmbH setzt sich zu 40 % aus Eigenkapital und zu 60 % aus Fremdkapital zusammen. Für das Fremdkapital zahlt das Unternehmen eine Kreditrisikoprämie (Credit Spread) von 2,0 % (200 Basispunkte). Die Expressbus GmbH verwendet für Planungszwecke einen durchschnittlichen Ertragsteuersatz von 30 %.

a) Berechnen Sie die risikoadjustierten Eigenkapitalkosten sowie die gewichteten Gesamtkapitalkosten des Unternehmens!

b) Berechnen Sie den Kapitalwert des Projektes nach Steuern und entscheiden Sie auf Basis dieser Rechnung über die Vorteilhaftigkeit des geplanten Investitionsprojektes!

10 Unternehmensbewertung

Nachdem wir uns in den vorangegangenen Kapiteln mit der Beurteilung von Investitionsprojekten befasst haben, behandelt das vorliegende Kapitel die Bewertung ganzer Unternehmen. Die Grundprinzipien der Unternehmensbewertung sowie die wichtigsten Bewertungsverfahren basieren auf Modellen, die Ihnen aus der Beurteilung von Aktien und Investitionsprojekten bekannt sind. Zu nennen sind zum einen die in der Aktienbewertung eingesetzten Verfahren (siehe S. 115 ff.), z. B. das Kurs-Gewinn-Verhältnis (KGV), sowie zum anderen die dynamischen Investitionsrechenverfahren, insbesondere die Kapitalwertmethode (siehe S. 468 ff.).

Im Folgenden befassen wir uns zunächst mit den Grundlagen der Unternehmensbewertung (Kapitel 10.1), bevor anschließend zwei grundlegende Bewertungsverfahren im Detail erläutert und anhand von Beispielen illustriert werden. In Kapitel 10.2 behandeln wir die in der Praxis populären Multiplikatorverfahren. Anschließend wird die Discounted-Cashflow-Methode erörtert, die als bedeutendes zukunftsorientiertes Bewertungsverfahren in der Bewertungspraxis ebenfalls weit verbreitet ist (Kapitel 10.3). Ergänzt werden die Ausführungen zu den Bewertungsverfahren um einen Abschnitt (Kapitel 10.4) zu Unternehmensübernahmen und -fusionen (Mergers & Acquisitions), da diese Transaktionen in der Praxis bedeutende Anlässe für Unternehmensbewertungen sind. Abgeschlossen wird auch das vorliegende Kapitel durch Verständnisfragen und Übungsaufgaben (Kapitel 10.5).

10.1 Grundlagen und Überblick

Wenn Sie sich mit dem Thema „Unternehmensbewertung" befassen, stellen Sie schnell fest, dass sowohl in der Literatur als auch in der Praxis eine Vielzahl von Verfahren zur Bewertung ganzer Unternehmen existiert. Die Vielfalt an Bewertungsverfahren lässt sich nicht zuletzt dadurch erklären, dass Unternehmensbewertungen aus unterschiedlichen Anlässen durchgeführt werden. Typische Bewertungsanlässe sind z. B. der geplante Erwerb eines Unternehmens durch einen Investor oder durch ein anderes Unternehmen, der Eintritt oder das Ausscheiden eines GmbH-Gesellschafters sowie die bilanzielle Bewertung von Beteiligungen nach internationalen Rechnungslegungsstandards (IFRS). In den einzelnen Bewertungsanlässen nehmen die Bewertenden verschiedene Funktionen ein und verwenden dabei unterschiedliche Bewertungsverfahren. Im Folgenden gehen wir zunächst auf einige begriffliche Grundlagen ein, anschließend wird der Zusammenhang von Bewertungsanlass und -funktion erläutert, bevor schließlich wesentliche Bewertungsverfahren im Überblick vorgestellt werden.

Das *Lernziel von Kapitel 10.1* lautet, die im Rahmen einer Unternehmensbewertung relevanten Bewertungsanlässe und -funktionen kennenzulernen, um die situationsspezifischen Anforderungen zu verstehen, mit denen sich die an einer Unter-

https://doi.org/10.1515/9783110987621-010

nehmensbewertung beteiligten Personen konfrontiert sehen. Des Weiteren soll der Überblick über die wichtigsten Bewertungsverfahren dabei helfen, die unterschiedliche Vorgehensweise der einzelnen Verfahren kennenzulernen und ihre jeweiligen Anwendungsmöglichkeiten und -grenzen einschätzen zu können.

10.1.1 Begriffliche und konzeptionelle Grundlagen

Der folgende Abschnitt behandelt begriffliche und konzeptionelle Grundlagen, die für das Verständnis der in den weiteren Abschnitten erläuterten Bewertungsverfahren notwendig sind.

Wert versus Preis

Bevor wir uns mit den Anlässen und Funktionen der Unternehmensbewertung beschäftigen, ist eine grundlegende Begriffsabgrenzung vorzunehmen. Der Unternehmenswert darf nicht mit dem Preis des Unternehmens gleichgesetzt werden (zur begrifflichen Abgrenzung siehe z.B. *Münstermann*, 1976, Sp. 170; *Wittmann*, 1956, S. 23 oder *Mellerowicz*, 1952, S. 14.). Der *Wert eines Vermögensgegenstandes* ergibt sich aus den Nutzungsmöglichkeiten, den dieser Gegenstand für einen bestimmten Nutzer hat (siehe auch S. 115). Auf Kapitalmärkten konzentriert man sich bei der nutzenorientierten Bewertungsperspektive vielfach auf den finanziellen Nutzen des Vermögensgegenstandes. Damit entspricht der Unternehmenswert dem finanziellen Nutzen, den das Unternehmen für einen bestimmten Investor hat. Diese Aussage macht deutlich, dass der Wert eines Unternehmens grundsätzlich eine subjektive Größe ist, da verschiedene Investoren den finanziellen Nutzen, den sie aus einem bestimmten Unternehmen erzielen, unterschiedlich bewerten.

Zum einen können die Bewertungsunterschiede aus unterschiedlichen Nutzungsmöglichkeiten resultieren. Eine Investorin, die bereits ein Unternehmen A besitzt, kann durch den Erwerb des Unternehmens B Effizienzgewinne erzielen, indem beide Unternehmen bestimmte Funktionen (z. B. Beschaffung oder Leistungserstellung) zusammenlegen. Aufgrund dieser Synergieeffekte ordnet diese Investorin dem Unternehmen B einen höheren Unternehmenswert zu als ein anderer Investor, der keine Synergieeffekte realisieren kann. Zum anderen können Bewertungsunterschiede dadurch entstehen, dass verschiedene Investoren unterschiedliche Handlungsalternativen haben. Für die Bewertung eines Unternehmens sind nach dem Opportunitätskostenprinzip die alternativen Handlungsmöglichkeiten der Investoren relevant, da der Unternehmenswert durch den Vergleich des Bewertungsobjekts mit einer alternativen Anlagemöglichkeit ermittelt wird (siehe S. 403). Wenn die Investoren über unterschiedliche Anlagealternativen verfügen, bewerten sie das Unternehmen mit unterschiedlichen Werten. Daher nutzen Investoren ihren subjektiven Unternehmenswert bei der Entscheidung zwischen verschiedenen Handlungsalternativen.

Im Gegensatz zum Unternehmenswert ist der Preis des Unternehmens eine marktbezogene Größe. Der *Marktpreis* entspricht dem Entgelt, für das ein Unternehmen auf einem Markt den Eigentümer wechselt. Der Eigentumsübergang kann dabei an einer Börse erfolgen oder im Rahmen einer außerbörslichen Unternehmenstransaktion. Preise gelten als objektivierte Größen, da der Marktpreis die Vorstellungen von Käufer und Verkäufer bezogen auf einen bestimmten Zeitpunkt widerspiegelt. Allerdings ist auch der Preis eines Unternehmens bzw. eines Unternehmensanteils keine feste Größe, da sich Marktpreise im Zeitablauf ändern können.

Der Unterschied zwischen dem Preis und dem Wert eines Unternehmens lässt sich zusammenfassend mit dem aus der Bewertungspraxis stammenden Ausspruch illustrieren, der analog auch für andere Vermögenswerte gilt: *Price is what you pay, value is what you get!*

Bewertungsanlässe

Die Tatsache, dass in Theorie und Praxis viele unterschiedliche Bewertungsverfahren existieren, kann nicht zuletzt durch die verschiedenen *Bewertungsanlässe* erklärt werden. Eine Unternehmensbewertung wird beispielsweise erforderlich, wenn ein Unternehmen einen Wettbewerber übernehmen möchte. Ein anderes Beispiel ist der aus Altersgründen erfolgende Verkauf einer Arztpraxis an eine Nachfolgerin. Eine Unternehmensbewertung ist auch notwendig, wenn im Rahmen von Auseinandersetzungen im Erbfall der faire Wert der vererbten Unternehmensanteile ermittelt werden soll. Weitere Bewertungsanlässe ergeben sich schließlich aufgrund rechtlicher Vorschriften zu Bilanzierungs- oder Besteuerungszwecken. Bereits diese Beispiele verdeutlichen, dass die verschiedenen Bewertungsanlässe durch sehr unterschiedliche Rahmenbedingungen gekennzeichnet sind.

Die Bedeutung des Bewertungsanlasses liegt darin, dass der Anlass entscheidende Bedeutung für die Auswahl des geeigneten Bewertungsverfahrens hat (vgl. *Matschke/Brösel*, 2013, S. 87 ff.). Wie in Abbildung 10.1 dargestellt, lassen sich die Bewertungsanlässe danach differenzieren, ob der Anlass zu einem Eigentumswechsel führen kann oder nicht. *Transaktionsbezogene Anlässe* können zu einem Wechsel der Unternehmenseigner führen, während in den nicht transaktionsbezogenen Anlässen kein Eigentumswechsel beabsichtigt ist. Beispiele für transaktionsbezogene Bewertungsanlässe sind ein Unternehmenskauf oder ein Börsengang. Im Gegensatz dazu bleiben die Eigentumsverhältnisse z. B. bei einer Bewertung im Rahmen wertorientierter Managementkonzepte oder bei einer Kreditwürdigkeitsprüfung durch die kreditgebende Bank unverändert.

Transaktionsbezogene Anlässe		Nicht transaktions-bezogene Anlässe
Freie unternehmerische Entscheidung	Interessenausgleich erforderlich	
• Kauf oder Verkauf von Unternehmen • Verschmelzung von Unternehmen • Kauf oder Verkauf von Unternehmensanteilen • Aufnahme neuer Gesellschafter • Gang an die Börse	• Abfindung von Minderheitsgesellschaftern • Squeeze-out • Erbauseinandersetzungen • Enteignung	• Wertorientiertes Management • Rating von Unternehmen • Kreditwürdigkeits-prüfungen • Bilanzielle Anlässe • Steuerliche Anlässe

Abb. 10.1: Anlässe von Unternehmensbewertungen.

Die transaktionsbezogenen Bewertungsanlässe werden des Weiteren dahingehend unterschieden, ob die Vertragsparteien selbstbestimmt und aus eigener unternehmerischer Initiative handeln oder ob eine der Parteien ihre Interessen auch gegen den Willen der anderen Partei durchsetzen kann. Wenn beide Verhandlungspartner ihre Entscheidung selbstbestimmt treffen können, entscheiden die Verhandlungen darüber, ob und zu welchem Kaufpreis ein Eigentumsübergang zustande kommt. In diesen Fällen bedarf keine der beteiligten Parteien eines besonderen Schutzes. Das gilt für typische *M&A-Transaktionen*, d. h. für den Kauf bzw. Verkauf von Unternehmen (Acquisitions) oder für Unternehmenszusammenschlüsse (Mergers). In diesen Bewertungsanlässen benötigen die beteiligten Akteure vor allem Unterstützung bei der Entscheidung, ob und zu welchem Preis die Unternehmenstransaktion zustande kommen soll.

Wenn eine Partei dagegen die Entscheidungssituation dominiert und ihre Interessen auch gegen den Willen der anderen Partei durchsetzen kann, sind die Interessen der dominierten Partei zu schützen. Das ist beispielsweise im Rahmen eines aktienrechtlichen *Squeeze-out* der Fall (vgl. §§ 327a bis 327 f. AktG). Bei einem Squeeze-out kann ein Mehrheitsaktionär von den Minderheitsaktionären verlangen, dass diese ihre Aktien auf den Mehrheitsaktionär übertragen. Voraussetzung für einen Squeeze-out ist, dass der Mehrheitsaktionär mindestens 95 % der ausgegebenen Aktien besitzt. Den Minderheitsaktionären steht eine angemessene Barabfindung zu, deren Angemessenheit gerichtlich überprüft werden kann. Ebenso wie beim Squeeze-out geht es auch bei der Abfindung von Minderheitsgesellschaftern nicht börsennotierter Unternehmen, bei Erbauseinandersetzungen oder bei Enteignungsverfahren um den Interessenausgleich zwischen den beteiligten Parteien.

In den *nicht transaktionsbezogenen Bewertungsanlässen* geht es um die Frage, wie die benötigten Unternehmenswerte zweckgemäß, aber auch transparent und nachvollziehbar ermittelt werden können. Für Zwecke des wertorientierten Managements werden beispielsweise wertorientierte Steuerungsgrößen benötigt, die den in einer bestimmten Periode (z. B. Geschäftsjahr) ermittelten Beitrag zur Steigerung des Unternehmenswertes messen und die sich auch als Bemessungsgrundlage für wertorientierte Vergütungssysteme nutzen lassen. Bei Bewertungsanlässen, die aufgrund gesetzlicher Vorschriften erfolgen, stehen vor allem die Grundsätze der Gleichbehandlung sowie der Nachvollziehbarkeit im Vordergrund. Daher können die für bilanzielle oder steuerliche Zwecke verwendeten Unternehmenswerte nicht auf Grundlage der subjektiven Wertvorstellungen von Investoren ermittelt werden. Notwendig sind vielmehr objektivierte Wertmaßstäbe, die nachvollziehbar sind und vergleichbare Sachverhalte auch gleich abbilden.

Bewertungsfunktionen

In der Praxis gibt es eine Vielzahl von Berufsgruppen, die hauptberuflich Unternehmensbewertungen durchführen. Hierzu zählen z. B. professionelle Investoren, Investmentbanker, Finanzanalysten, Unternehmensberater, Wirtschaftsprüfer oder Steuerberater. Darüber hinaus beschäftigen sich aber auch Unternehmer oder Manager mit Unternehmensbewertungen, wenn beispielsweise der Kauf eines anderen Unternehmens oder der Verkauf des eigenen Unternehmens geplant ist. Für die an einer Unternehmensbewertung Beteiligten stellt sich die Frage nach der relevanten *Bewertungsfunktion*, die maßgeblich durch den zugrunde liegenden Bewertungsanlass bestimmt wird.

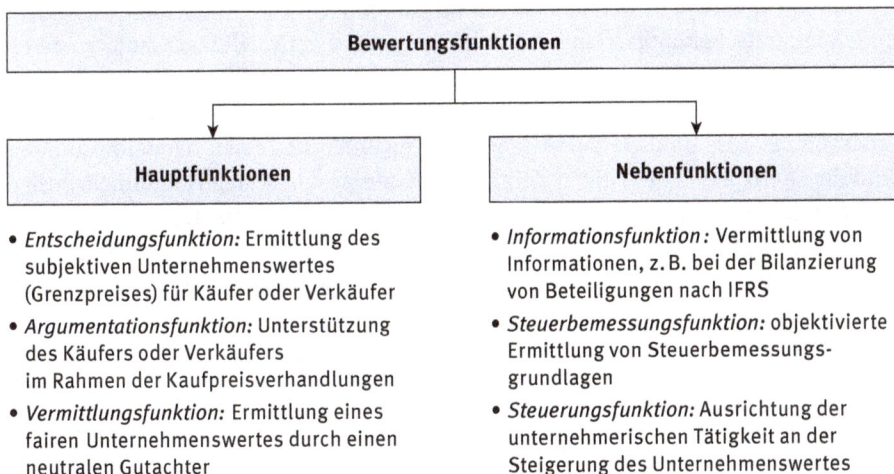

Bewertungsfunktionen

Hauptfunktionen

- *Entscheidungsfunktion:* Ermittlung des subjektiven Unternehmenswertes (Grenzpreises) für Käufer oder Verkäufer
- *Argumentationsfunktion:* Unterstützung des Käufers oder Verkäufers im Rahmen der Kaufpreisverhandlungen
- *Vermittlungsfunktion:* Ermittlung eines fairen Unternehmenswertes durch einen neutralen Gutachter

Nebenfunktionen

- *Informationsfunktion:* Vermittlung von Informationen, z. B. bei der Bilanzierung von Beteiligungen nach IFRS
- *Steuerbemessungsfunktion:* objektivierte Ermittlung von Steuerbemessungsgrundlagen
- *Steuerungsfunktion:* Ausrichtung der unternehmerischen Tätigkeit an der Steigerung des Unternehmenswertes

Abb. 10.2: Bewertungsfunktionen.

Grundsätzlich wird der Unternehmenswert mit Bezug auf die funktionale Unternehmensbewertungslehre in Abhängigkeit von den Anforderungen des konkreten Bewertungsanlasses ermittelt (vgl. *Drukarczyk/Schüler*, 2021, S. 8 ff.; *Matschke/Brösel*, 2013, S. 52 ff. sowie *IDW*, 2018, S. 6 ff.). Die Aufgaben des Bewertenden leiten sich jedoch nicht unmittelbar aus dem Bewertungsanlass ab; entscheidend ist vielmehr die für den entsprechenden Anlass maßgebliche Bewertungsfunktion. In diesem Zusammenhang werden *Haupt- und Nebenfunktionen* unterschieden (siehe Abbildung 10.2).

Die *Hauptfunktionen*, zu denen die Entscheidungs-, Argumentations- und Vermittlungsfunktion zählen, zeichnen sich dadurch aus, dass der Unternehmensbewertung ein transaktionsbezogener Anlass zugrunde liegt. Demgegenüber betreffen die *Nebenfunktionen* Bewertungsanlässe, in denen kein Eigentumswechsel beabsichtigt ist. Nebenfunktionen sind beispielsweise die Informationsfunktion, die Steuerbemessungsfunktion sowie die Steuerungsfunktion (vgl. z. B. *Brösel*, 2006, S. 128 ff.). Im Rahmen der Nebenfunktionen ist keine Entscheidung über einen Eigentumswechsel zu treffen und die Ermittlung des Unternehmenswertes erfolgt üblicherweise unter Vereinfachungs- und Konventionalisierungsaspekten. Daher sollen diese Funktionen hier nicht weiter vertieft werden. Der Fokus der weiteren Ausführungen liegt auf den Hauptfunktionen, insbesondere der Entscheidungs- und Argumentationsfunktion.

In der Bewertungspraxis wird die vielfach auch als *Beratungsfunktion* bezeichnete *Entscheidungsfunktion* typischerweise von Investmentbankern, Unternehmensberatern, Wirtschaftsprüfern oder Steuerberatern wahrgenommen, die entweder den Käufer oder den Verkäufer bei der Entscheidung über eine geplante Unternehmenstransaktion beraten. In der Entscheidungsfunktion wird eine dezidiert subjektive und damit entscheidungsorientierte Unternehmensbewertung eingenommen, deren Ziel die Ermittlung des Grenzpreises ist. Der *Grenzpreis* ist der Unternehmenswert, der den maximalen Grad an Konzessionsbereitschaft von Käufer bzw. Verkäufer ausdrückt, ohne dass die Beteiligten gegen ihre eigenen Interessen handeln. Ermittelt wird der Grenzpreis durch einen Vergleich mit der jeweils besten Handlungsalternative von Käufer bzw. Verkäufer. Der Grenzpreis des Käufers entspricht dessen maximaler Zahlungsbereitschaft *(Preisobergrenze)*, während der Grenzpreis des Verkäufers den Betrag bezeichnet, den dieser durch den Verkauf seines Unternehmens mindestens erzielen muss *(Preisuntergrenze)*. Die Grenzpreise von Käufer und Verkäufer definieren somit den Einigungsbereich für die Kaufpreisverhandlungen. Folgerichtig kann eine Einigung über den Kaufpreis nur zustande kommen, wenn der Grenzpreis des Käufers (maximale Zahlungsbereitschaft) über dem Grenzpreis des Verkäufers (Mindestforderung) liegt.

Nachdem Käufer und Verkäufer ihre jeweiligen Preisvorstellungen ermittelt haben, können die Kaufpreisverhandlungen beginnen. Beide Verhandlungsparteien werden der jeweils anderen Seite ihre Grenzpreise nicht mitteilen, um die eigene Verhandlungsposition nicht zu gefährden. Stattdessen werden die Kaufpreisverhandlungen auf Basis von Wertgrößen geführt, mit denen die eigenen Interessen durchgesetzt werden sollen. Die Ermittlung dieser Wertgrößen, die die Verhandlungsposition der jeweiligen Partei argumentativ unterstützen sollen, ist Aufgabe der *Argumentationsfunktion*. Die im Rahmen der Argumentationsfunktion ermittelten Unternehmenswerte dienen dem Käufer bzw. Verkäufer als Argumentationshilfe bei den Kaufpreisverhandlungen. Unterstützt von seinen Beratern versucht der Käufer, in den Verhandlungen niedrige Bewertungsergebnisse zu präsentieren und dadurch einen möglichst geringen Kaufpreis zu vereinbaren. Umgekehrt verfolgen der Verkäufer und seine Berater das Ziel, einen möglichst hohen Kaufpreis zu erreichen. Zur Begründung präsentiert die Verkäuferseite entsprechend hohe Unternehmenswerte. Der Käufer nutzt in den Verhandlungen also Werte unterhalb seines Grenzpreises, während der Verkäufer Werte verwendet, die über seinem Grenzpreis liegen. Im Rahmen der Kaufpreisverhandlungen versucht die Argumentationsfunktion ein Verhandlungsergebnis zu erzielen, das möglichst nahe am Grenzpreis des Verhandlungspartners liegt. Auf diese Weise versuchen beide Parteien, einen möglichst hohen Anteil an dem von den beiden Grenzpreisen begrenzten Einigungsbereich zu erzielen.

Können sich Käufer und Verkäufer im Rahmen ihrer Verhandlungen nicht auf einen Kaufpreis einigen, besteht die Möglichkeit, einen unparteiischen Dritten als neutralen Gutachter hinzuzuziehen. Der Gutachter nimmt eine *Vermittlungsfunktion* ein und hat die Aufgabe, den Vermittlungswert (Arbitriumwert, Schiedswert) zu ermitteln, der dem Interessenausgleich der Verhandlungsparteien dient. Basis für den Interessenausgleich der Parteien sind die Grenzpreise von Käufer bzw. Verkäufer. Ein Vermittlungswert kann allerdings nur dann ermittelt werden, wenn der Grenzpreis des Käufers über demjenigen des Verkäufers liegt. In diesem Fall existiert ein Einigungsbereich zwischen Käufer und Verkäufer und beide Parteien könnten Vorteile durch die Transaktion erzielen. Aufgabe des Gutachters ist es, einen Vermittlungswert als angemessenen Kompromiss innerhalb dieses Einigungsbereiches vorzuschlagen. Die Angemessenheit des Kompromissvorschlages kann allerdings nicht allgemeingültig hergeleitet werden, sondern nur unter Berücksichtigung des konkreten Bewertungsanlasses sowie der beteiligten Parteien bestimmt werden.

10.1.2 Bewertungsverfahren im Überblick

Ausgehend von der zugrunde liegenden Bewertungsfunktion muss der Bewertende ein zweckmäßiges *Bewertungsverfahren* auswählen. Die aus der Unternehmensbewertungslehre sowie aus der Bewertungspraxis bekannten Verfahren lassen sich auf unterschiedliche Weise differenzieren (vgl. *Ernst/Schneider/Thielen*, 2018, S. 1 ff.; *IDW*, 2018, S. 39 ff.; *Matschke/Brösel*, 2013, S. 122 ff.; *Damodaran*, 2012, S. 11 ff. sowie *Schultze*, 2003, S. 71 ff.). So können Bewertungsverfahren beispielsweise danach unterschieden werden, ob sie den Unternehmenswert als Gesamtwert oder als Summe der einzelnen Vermögenswerte ermitteln. Eine andere Abgrenzung unterscheidet danach, ob die Bewertung primär auf fundamentalen Unternehmensdaten oder auf Marktdaten basiert.

Einzelbewertungs-verfahren	Gesamtbewertungsverfahren	
	Vergleichsorientierte Bewertungsverfahren	Zukunftsorientierte Bewertungsverfahren
• Substanzwertverfahren • Liquidationswertverfahren	• Multiplikatorverfahren auf Basis vergleichbarer Transaktionen • Multiplikatorverfahren auf Basis von Börsenkursen	• Ertragswertverfahren • Discounted-Cashflow-Methode • Residualgewinnverfahren

Abb. 10.3: Bewertungsverfahren.

Im Folgenden unterscheiden wir auf der ersten Ebene zwischen Einzel- und Gesamt-bewertungsverfahren (siehe Abbildung 10.3). *Einzelbewertungsverfahren* bewerten zunächst sämtliche durch das Unternehmen gehaltenen Vermögensgegenstände und Schulden, bevor sie anschließend den Unternehmenswert als Saldo der isoliert ermittelten Einzelwerte bestimmen. Demgegenüber verstehen *Gesamtbewertungsver-fahren* das Unternehmen als Bewertungseinheit und errechnen den Unternehmens-wert, indem sie den aus dem Unternehmen erzielbaren finanziellen Nutzen bewer-ten. Im Folgenden behandeln wir zunächst die Einzelbewertungsverfahren. Im Anschluss werden die Gesamtbewertungsverfahren vorgestellt, die wiederum in zu-kunftsorientierte und vergleichsorientierte Bewertungsverfahren unterschieden wer-den.

Einzelbewertungsverfahren

Die *Einzelbewertungsverfahren* folgen einem einzelwertorientierten Ansatz und be-werten ein Unternehmen auf Basis seiner Einzelteile. Zu diesen Verfahren zählen das Substanzwert- und das Liquidationswertverfahren, die auf einer vergleichbaren Ermittlungsmethodik basieren, sich aber hinsichtlich der einbezogenen Wertgrößen unterscheiden.

Das *Substanzwertverfahren* ermittelt den Unternehmenswert als Differenz zwi-schen dem Wert sämtlicher Vermögensgegenstände und Schulden des Unterneh-mens zu einem bestimmten Stichtag. Da das Substanzwertverfahren eine Rekon-struktion des Unternehmens unterstellt, werden die Vermögensgegenstände und Schulden nicht mit ihren Buchwerten, sondern mit ihren auf den Bewertungsstich-tag bezogenen Marktpreisen bewertet. Vor diesem Hintergrund entspricht der *Sub-stanzwert* dem Volumen an finanziellen Mitteln, das ein potenzieller Investor auf-wenden müsste, um das existierende Unternehmen vollständig zu rekonstruieren. Der Substanzwert wird daher auch als *Rekonstruktionswert* bezeichnet. Wenn die

Vermögensgegenstände und Schulden auf Basis ihrer aktuellen Wiederbeschaffungspreise bewertet werden, handelt es sich um den Rekonstruktionsneuwert. Der Rekonstruktionszeitwert ergibt sich dagegen, wenn der Wert der einzelnen Vermögensgegenstände durch die Verrechnung von Abschreibungen gemindert wird, um den Wertverlust dieser Vermögensgegenstände zu berücksichtigen. Üblicherweise wird der Substanzwert wie beschrieben als Eigenkapitalwert nach Abzug der Schulden ermittelt; alternativ lässt sich allerdings auch ein substanzorientierter Gesamtkapitalwert vor Abzug der Schulden errechnen.

Ebenso wie das Substanzwertverfahren ermittelt auch das *Liquidationswertverfahren* den Unternehmenswert als Differenz zwischen den Vermögensgegenständen und Schulden des Unternehmens. Der *Liquidationswert* ist damit ebenfalls das Ergebnis einer Einzelbewertung. Es ändert sich allerdings die Bewertungsperspektive. Während bei der Ermittlung des Substanzwertes von einer Fortführung der Geschäftstätigkeit (Going-Concern-Prinzip) ausgegangen wird, unterstellt das Liquidationswertverfahren die Zerschlagung (Liquidation) des Unternehmens. Der Liquidationswert basiert daher auf realisierbaren Veräußerungserlösen anstelle von Wiederbeschaffungspreisen. Zur Ermittlung des Liquidationswertes werden die einzelnen Vermögensgegenstände mit ihren maximal erzielbaren Veräußerungserlösen bewertet. Die Summe dieser Vermögenswerte wird anschließend um die Schulden und die entstehenden Liquidationskosten, z. B. für einen Sozialplan, vermindert. Der auf diese Weise ermittelte Liquidationswert entspricht dem Wert des Eigenkapitals unter der Annahme einer Unternehmenszerschlagung.

Theoretisch müssen bei der Ermittlung des Substanz- sowie Liquidationswertes sämtliche Vermögensgegenstände und Schulden einbezogen werden. In der Praxis ist die Einbeziehung sämtlicher Vermögensgegenstände jedoch kaum möglich. Schwierigkeiten bereitet insbesondere die vollständige Erfassung und zutreffende Bewertung von *immateriellen Vermögensgegenständen*. Während für bilanzierte immaterielle Vermögensgegenstände (z. B. erworbene Patente oder Lizenzen) zumindest Bilanzwerte als Anhaltspunkte vorhanden sind, ist die Erfassung und Bewertung der nicht bilanzierten immateriellen Vermögensgegenstände schwieriger. Als Beispiele seien das Know-how der Mitarbeiter, der Kundenstamm oder der Markenwert genannt. Diese Vermögensgegenstände begründen den originären Firmenwert (Goodwill) des Unternehmens, dessen Höhe nur geschätzt werden kann. Die Informationsprobleme bestehen insbesondere bei Unternehmen, für die ausschließlich Jahresabschlüsse nach dem HGB vorliegen. Für Unternehmen, die nach internationalen Rechnungslegungsstandards (IFRS) bilanzieren, sind üblicherweise mehr Informationen verfügbar. Dennoch bleiben auch in diesen Fällen Probleme bei der vollständigen Erfassung und Bewertung sämtlicher immaterieller Vermögensgegenstände.

Im Hinblick auf das Substanzwertverfahren besteht ein weiteres Problem darin, dass der Substanzwert das Resultat einer *stichtagsbezogenen Einzelbewertung* ist. Damit ist der Substanzwert eine vergangenheitsbezogene Größe und kein zukunftsorientierter Maßstab für den Wert des Unternehmens. Der Substanzwert bietet dem potenziellen Käufer daher ebenso wenig eine Entscheidungshilfe wie dem Verkäufer. Die stichtagsbezogene Betrachtung ist lediglich für den Fall einer Unternehmenszerschlagung angemessen. In diesen Fällen ist der Liquidationswert für die Entscheidung der Unternehmenseigner relevant, da dieser Wertmaßstab über das durch die Liquidation erzielbare Volumen an finanziellen Mitteln informiert. Da die bisherigen Eigentümer zumindest theoretisch immer die Möglichkeit haben, das Unternehmen zu liquidieren und die einzelnen Vermögensgegenstände zu verkaufen, hat der Liquidationswert eine weitere Funktion: Er definiert die Untergrenze für den Grenzpreis des Verkäufers.

Zusammenfassend sind die Einzelbewertungsverfahren in den meisten Fällen nicht zur Bewertung von Unternehmen geeignet, deren Geschäftstätigkeit fortgeführt werden soll. Der Anwendungsbereich des Liquidationswertverfahrens beschränkt sich auf die Fälle, in denen eine Unternehmenszerschlagung geplant ist oder ein Teilbereich des Unternehmens liquidiert werden soll. Das Substanzwertverfahren kommt darüber hinaus teilweise im Rahmen von Gesamtbewertungsverfahren zur Anwendung, um den Zustand der betrieblichen Substanz zu bewerten und den zukünftig resultierenden Investitionsbedarf abzuleiten.

Gesamtbewertungsverfahren

Im Gegensatz zu den Einzelbewertungsverfahren orientieren sich die *Gesamtbewertungsverfahren*, die das Unternehmen als Bewertungseinheit verstehen, an dessen zukünftiger Ertragskraft. Daher ermitteln diese Verfahren den Unternehmenswert nicht als Summe von Einzelwerten, sondern bewerten es auf Basis des aus dem Unternehmen erzielbaren finanziellen Nutzens. Der Fokus der Gesamtbewertungsverfahren liegt somit auf den finanziellen Erfolgen, die aus dem Zusammenwirken sämtlicher Unternehmensteile resultieren, und nicht auf den einzelnen Vermögensgegenständen, die das Unternehmen zur betrieblichen Leistungserstellung nutzt.

Das aus dem Verständnis der Gesamtbewertungsverfahren abgeleitete Grundprinzip lautet: *Bewerten bedeutet vergleichen!* Die durch das Unternehmen erwirtschafteten finanziellen Erfolge werden hierzu im Vergleich mit einer risikoäquivalenten Anlage bewertet. Als Vergleichsmaßstab für die Bewertung dient entweder der Marktwert der vergleichbaren Anlage oder die aus der Anlagealternative erzielbare Rendite (siehe Abbildung 10.4).